HISTOIRE
POPULAIRE
DU QUÉBEC

Jacques Lacoursière

HISTOIRE POPULAIRE DU QUÉBEC

II
De 1791 à 1841

septentrion

Les éditions du Septentrion sont inscrites au Programme de subvention globale du Conseil des Arts du Canada et reçoivent l'appui de la SODEC.

Illustration de la couverture : Cornelius Krieghoff, *French Canadian habitants playing at cards*. Lithographie en couleurs, Archives nationales du Canada.

Chargés de projet : Marcelle Cinq-Mars, Denis Vaugeois

Corrections d'épreuve : Andrée Laprise

Mise en pages : Folio infographie

Si vous désirez être tenu au courant des publications
des ÉDITIONS DU SEPTENTRION
vous pouvez nous écrire au
1300, av. Maguire, Sillery (Québec) G1T 1Z3
ou par télécopieur (418) 527-4978

Diffusion Dimedia
539, boul. Lebeau
Saint-Laurent (Québec)
H4N 1S2

Dépôt légal – 1er trimestre 1996
Bibliothèque nationale du Québec
ISBN 2-89448-051-2

AVANT-PROPOS

A<small>U COURS DES DERNIÈRES ANNÉES</small>, plusieurs historiens ont eu tendance à se tourner vers des travaux de compilation ou, à partir de grilles théoriques, à des tentatives d'analyse plus ou moins abstraites. Le public a hésité devant des histoires quantitatives ou des récits sans acteurs et sans vie.

Quelques historiens sont restés fidèles à une approche plus humaine. Jacques Lacoursière est de ceux-là. Heureusement pour nous.

Aujourd'hui, on peut ainsi avoir entre les mains une histoire du Québec qui présente des événements et des personnages. Toutefois, par rapport aux synthèses traditionnelles, l'aspect militaire cède une large place à la vie sociale ; le culturel et l'économique côtoient le politique, preuves que l'auteur est demeuré attentif aux changements de mentalité et aux intérêts des lecteurs d'aujourd'hui.

Alors qu'on s'interroge de plus en plus sur l'absence de l'histoire de nos programmes scolaires, la parution d'un premier tome de *L'Histoire populaire du Québec*, en novembre 1995, a été accueillie avec enthousiasme. En moins de quatre semaines, le premier tirage s'était envolé. En décembre et en janvier, l'ouvrage s'installait dans la liste des best-sellers du *Soleil*, du *Devoir*, de la *Presse* et de la *Gazette*.

De toute évidence, la manière de raconter, propre à Jacques Lacoursière, plaît à l'amateur d'histoire et aussi au spécialiste qui retrouve la trame dont il a grand besoin.

Le présent ouvrage reprend le texte de base de *Nos Racines*, lequel a été attentivement révisé pour tenir compte des recherches les plus récentes et pour compenser la disparition des illustrations, de leurs légendes, des encarts et des notes généalogiques qui avaient été rédigés par Hélène-Andrée Bizier. Avec la parution du quatrième tome, il est prévu un CD-ROM qui, outre l'intégralité de *Nos Racines*, présentera le texte complet de *L'Histoire populaire du Québec*, de nouvelles cartes, des entrevues, une partie musicale, des références et des développements additionnels.

Les éditions du Septentrion ont mis trois ans à préparer la présente collection. Aussi, les quelque 2000 pages prévues, constituant quatre tomes, seront rendues disponibles en moins de douze mois. Une telle entreprise nous conduira à l'année

1960. « D'Érik le Rouge à Maurice Duplessis », a déjà indiqué l'auteur qui nous promet de conserver, jusqu'aux dernières lignes, son style vivant et clair.

Les spécialistes regretteront un peu l'absence de références précises. D'abord, que chacun se rassure : l'auteur n'avance rien qui ne soit appuyé sur des documents fiables. Également, il fournit généralement assez de précisions pour donner une bonne idée de la source utilisée : journal d'époque, correspondance officielle, rapport d'administrateurs, etc.

L'œuvre de Jacques Lacoursière est monumentale. Depuis François-Xavier Garneau, aucun historien n'avait osé entreprendre une histoire aussi vaste de ce qui était hier le Canada et qui est devenu pour l'essentiel le Québec.

Le travail de Jacques Lacoursière nous réconcilie avec l'histoire parce qu'il sait nous conduire à la rencontre des acteurs, des plus célèbres aux plus humbles, et nous mettre en présence des événements de la grande et de la petite histoire. N'est-ce pas la seule vraie façon de comprendre le présent ?

Denis Vaugeois

L'Acte
CONSTITUTIONNEL
DE 1791

L A CONSTITUTION ÉTABLIE PAR L'ACTE DE QUÉBEC ne répond plus aux besoins de la population de la colonie. Les nombreuses pétitions et les pressions exercées dans la métropole par les marchands anglais et les représentants de pétitionnaires amènent les autorités métropolitaines, sous l'impulsion de William Pitt, fils de Lord Greville, à préconiser une nouvelle constitution pour la province de Québec.

Le 25 février 1791, le chancelier de l'Échiquier présente aux membres de la Chambre des communes un message du roi George III où il est dit :

> Sa Majesté croit qu'il est à propos d'informer la Chambre des communes qu'il lui paraît être à l'avantage de ses sujets dans la province de Québec, qu'elle soit divisée en deux provinces séparées, qui seront appelées la province du Haut-Canada et la province du Bas-Canada ; et que c'est, en conséquence, l'intention de Sa Majesté de la diviser, dès qu'elle sera autorisée, par acte du Parlement, de faire les règlements nécessaires au gouvernement desdites provinces ; Sa Majesté recommande en conséquence cet objet à la considération de la Chambre. Sa Majesté recommande aussi à cette Chambre d'aviser des provisions qui peuvent être nécessaires pour la mettre en état d'approprier d'une manière permanente des terres dans lesdites provinces pour y maintenir un clergé protestant, en proportion des terres qui ont déjà été concédées dans icelles par Sa Majesté.

À la suite de la demande du roi, le chancelier de l'Échiquier informe les députés qu'un comité formé de tous les députés de la Chambre commencera, dès la semaine suivante, l'étude du projet de loi sur la nouvelle constitution.

Le 4 mars, le premier ministre William Pitt, dit Pitt le Second, dépose en Chambre le projet de loi. Un membre de l'opposition, Charles James Fox, déclare alors que, « comme il y avait dans le bill des clauses pour l'établissement d'un conseil et d'une chambre d'assemblée dans chacune des provinces, ceci le prévenait extrêmement en faveur des autres parties du bill ; que c'était donner aux habitants de ce pays les moyens de se gouverner eux-mêmes ».

Le projet de loi, dont on connaît déjà les grandes lignes dans la colonie, suscite beaucoup d'appréhension chez plusieurs anciens sujets. Ces derniers chargent donc le marchand Adam Lymburner de présenter leurs doléances aux membres de la Chambre des communes. L'agent des colons britanniques de Québec obtient la permission de paraître à la barre le 23 mars. Il tente de démontrer que la majorité des gens éclairés de la province de Québec demandent le rappel de l'Acte de 1774. Puis il se prononce contre le projet de division de la colonie.

> En supposant, dit-il, que cette division ait été proposée en conséquence du souhait et du désir général des loyalistes, j'espère que cette honorable chambre voudra bien considérer sur un objet d'aussi grande importance que séparer pour toujours les intérêts et connexions de peuples que la nature semble avoir destiné à n'en faire jamais qu'un seul par la situation et le local du pays qu'on devrait consulter et avoir au moins autant d'égard aux intérêts, aux sentiments et aux désirs du peuple du Bas-Canada qu'aux projets extravagants d'une poignée de monde répandue ça et là dans la partie supérieure de la province, qui n'ont pas eu le temps de connaître et d'approfondir la relation de leur situation et la dépendance naturelle de leur pays à la partie inférieure de la province.

Selon Lymburner, la situation financière de la province de Québec est telle qu'on aura de la difficulté à faire vivre une unique chambre d'assemblée. Et s'il y en a deux, le mécontentement de la population engendrera une foule de problèmes graves. L'agent des sujets anglais de la colonie demande que les lois et coutumes du commerce d'Angleterre soient les seules valides dans la province. À l'appui de cette demande, il fait valoir que tout le commerce est entre les mains des Anglais et que le Code civil et la Coutume de Paris sont sources de problèmes sans nombre.

> S'il faut que nous suivions la Coutume de Paris et le Code civil pour cet objet, un marchand serait obligé d'avoir un notaire public à sa suite du matin au soir ; dans son comptoir, pour certifier chaque papier qu'il écrit ; dans son magasin ou dans sa cave, pour certifier la vente des marchandises et liqueurs ; dans les rues ou au café, pour prendre minute de chaque marché ou transaction qu'il voudrait faire ; autrement, il serait exposé à voir ses livres et ses commis regardés, dans les cours, comme des preuves insuffisantes pour établir une dette, ses papiers et ses lettres rejetés comme dénués des formes requises, et le témoignage oral refusé pour faire preuve d'une convention.

La nouvelle constitution, selon Lymburner, devrait imposer comme lois fondamentales, outre les lois de commerce anglaises, « les lois criminelles anglaises pour toute la province ; [...] l'Acte d'*Habeas Corpus* de la 31ᵉ année de Charles II et les autres actes qui ont rapport à la liberté personnelle, pour toute la province ; les anciennes lois et coutumes du Canada concernant les biens-fonds, les conventions matrimoniales, l'héritage et le douaire, pour les districts de Québec, Montréal et Trois-Rivières, tels qu'ils sont présentement bornés, avec une réserve qui autorise les propriétaires d'aliéner par testament ; le droit coutumier d'Angleterre pour les districts de Lunenburg, Machlenburg, Nassau, Hesse et Gaspé ». Enfin, le projet de loi devrait accorder « une chambre d'assemblée triennale ou de représentants du peuple, avec une libre admission des catholiques romains en icelle ».

Dans la conclusion de sa longue intervention, Lymburner soulève le danger d'une mise en minorité de l'élément anglophone de la colonie dans un Bas-Canada majoritairement francophone.

> Si l'on divise la province, déclare-t-il, et si l'on continue l'ancien système des lois, si l'on s'attend que chaque partie de la province, séparée comme il est proposé dans le bill, lèvera, dans son état actuel d'épuisement et de pauvreté, les fonds nécessaires pour soutenir la totalité des dépenses du gouvernement, ce sera réduire la province à une situation aussi critique que l'était celle des enfants d'Israël en Égypte, lorsqu'on voulut les obliger à faire de la brique sans paille. Le peuple verra que la liberté apparente contenue dans le nouveau système n'est qu'une illusion et la nouvelle constitution ne fera que compléter la ruine que le premier système avait laissé imparfaite.

L'intervention d'Adam Lymburner a peu d'influence sur la décision prise par le gouvernement anglais. Elle fournit par contre des armes à l'opposition. Lors de la séance du 8 avril, après que des négociants et des manufacturiers anglais en liaison avec le Canada eurent présenté une pétition contre le projet de loi, Fox dénonce le nombre de représentants indiqué dans le bill pour chacune des deux Chambres d'assemblée, 30 pour le Bas-Canada et 16 pour le Haut. Il attaque ensuite le but premier du projet : la division de la province en deux parties.

> On a prétendu que, par ce moyen, on pourrait séparer les habitants anglais et français, on pourrait faire la distinction de ceux qui étaient d'origine française et de ceux qui étaient d'origine anglaise. Mais cela est-il désirable ? Ne devrait-on pas l'éviter ? Cela est-il conforme à la convenance politique ? Ce qui serait plutôt à souhaiter, ce serait que les habitants anglais et français du Canada s'unissent et se combinent comme en un seul corps et que les distinctions nationales puissent disparaître pour toujours.

Pour Pitt, le projet de loi, tel que formulé, est apte à amener la fusion en douce des deux groupes ethniques.

> Les sujets français se convaincront ainsi que le gouvernement britannique n'a aucune intention de leur imposer les lois anglaises. Et alors ils considéreront d'un esprit plus libre l'opération et les effets des leurs. Ainsi avec le temps, ils adopteront peut-être les nôtres par conviction. Cela arrivera beaucoup plus probablement que si le gouvernement entreprenait soudain de soumettre tous les habitants du Canada à la constitution et aux lois de ce pays. Ce sera l'expérience qui devra leur enseigner que les lois anglaises sont les meilleures. Mais ce qu'il faut admettre, c'est qu'ils doivent être gouvernés à leur satisfaction.

Le débat se continue pendant plusieurs séances. Le 11 mai, le député de l'opposition Edmund Burke fait remarquer « qu'une tentative de joindre des gens dont les lois, le langage et les mœurs sont dissemblables lui paraissait très absurde. [...] Joindre ensemble les conquérants et les conquis, dit-il, doit causer beaucoup de sensations désagréables et plusieurs distinctions mortifiantes. » Enfin, le 13 mai, le projet de loi franchit sa troisième lecture à la Chambre des communes ; peu discuté à la Chambre des lords, il reçoit la sanction royale le 10 juin 1791.

Une nouvelle constitution

L'Acte constitutionnel de 1791 comprend 50 articles. Il institue, pour le Haut et le Bas-Canada, un Conseil législatif et une Assemblée. Le Conseil du Haut-Canada se composera d'au moins sept membres et celui du Bas, d'au moins quinze. Les conseillers sont nommés à vie. Ils doivent être âgés d'au moins 21 ans révolus, être sujet naturel de Sa Majesté « ou sujet de Sa Majesté naturalisé par une loi du Parlement britannique ou sujet de Sa Majesté devenu tel en vertu de la conquête et de la cession de la province de Canada ». L'article 6 prévoit la nomination héréditaire du titre de conseiller, c'est-à-dire qu'un conseiller, s'il en a obtenu le privilège du roi, pourra transmettre son poste à son fils. Le gouverneur de la province peut nommer ou destituer, lorsqu'il le juge à propos, le président du Conseil législatif.

Les articles 13 à 22 concernent la Chambre d'assemblée que le gouverneur ou son représentant devra convoquer d'abord dans le délai prescrit, « et ensuite de temps à autre comme l'occasion s'en présentera ». Pour la mise sur pied du système représentatif, on divisera le territoire en districts électoraux. La Chambre d'assemblée du Haut-Canada se composera d'au moins seize membres et celle du Bas-Canada, d'au moins cinquante.

> Le gouverneur ou le lieutenant-gouverneur ou l'administrateur de Sa Majesté dans lesdites provinces, précise l'article 18, devra délivrer les writs* convoquant les collèges électoraux à élire leurs députés aux assemblées respectivement dans les quatorze jours après l'apposition du sceau à l'acte susdit pour la convocation des chambres ; on devra adresser ces writs aux divers rapporteurs desdits districts ou comtés ou circonscriptions et desdites villes ou municipalités ; ces writs devront être retournés dans les cinquante jours tout au plus après la date de leur signature, à moins que le conseil législatif et l'assemblée de la province, en tout temps, n'en décident autrement par toute loi sanctionnée par Sa Majesté, ses héritiers ou successeurs.

La même procédure sera suivie dans le cas d'un poste à combler par suite de la mort ou de la démission d'un député ou par suite de sa nomination au Conseil législatif.

Les représentants seront élus à la majorité des voix des personnes qualifiées pour voter : dans les milieux ruraux, ces personnes sont celles qui possèdent des terres dont le revenu annuel est d'au moins 40 chelins, « en sus de toutes rentes ou redevances, payables à même ces biens ou en considération de ces biens ». Pour avoir droit de vote dans les bourgs ou municipalités, il faut posséder une habitation et un lopin de terre dans telle ville ou municipalité, « possédant cette maison et ce terrain de la même manière que ci-dessus et en retirant un revenu annuel de cinq livres sterling ou plus ». « Des personnes qui, ayant résidé dans ladite ville ou municipalité pendant l'espace de douze mois précédant immédiatement la date de délivrance des writs ordonnant l'élection, auront payé *bona fide* une année de loyer du logement qu'elles auront ainsi occupé au taux de dix livres sterling ou plus par

---

*   Autrefois, brefs électoraux, aujourd'hui, décrets électoraux.

année », jouiront du même privilège. Pour posséder le droit de vote, il faut de plus être âgé d'au moins 21 ans révolus, être sujet britannique par naissance, naturalisation ou par conquête et ne s'être pas rendu coupable de trahison ou de félonie.

La loi ne fait pas de distinction de sexe, de sorte qu'une femme qui répond aux exigences de la loi possède les mêmes droits de vote que les hommes. Certaines personnes, de par leur fonction, ne peuvent exercer ce droit qui leur est dénié : les membres du Conseil législatif, « ou toute personne qui sera ministre de l'Église d'Angleterre ou ministre, prêtre, clerc ou professeur, soit suivant les rites de l'Église de Rome ou suivant toute autre forme ou profession de foi ou de culte religieux ».

Mécanisme législatif

Le Conseil législatif et la Chambre d'assemblée doivent siéger au moins une fois par année et toutes les décisions se prennent à la majorité des voix. En cas d'égalité, le président de l'un ou l'autre organisme a voix prépondérante. Personne ne pourra siéger avant d'avoir prêter le serment de fidélité au souverain. Enfin, la durée de l'Assemblée sera de quatre ans « à compter du jour du renvoi des writs d'élection et non plus longtemps ».

Tout projet de loi, voté tant par le Conseil législatif que par la Chambre d'assemblée, avant d'entrer en vigueur, devra recevoir la sanction royale. Le gouverneur ou son représentant, face à un projet de loi qui lui est soumis, peut soit le sanctionner, soit le refuser ou en réserver l'approbation pour connaître le bon plaisir du souverain sur la question. Même un projet de loi sanctionné dans la colonie n'est pas à l'abri d'un désaveu de la part du roi. Le gouverneur est obligé de transmettre au secrétaire d'État un exemplaire des projets de lois qui ont reçu la sanction et Sa Majesté « pourra les rejeter dans les deux années après leur réception ». Quant aux projets de loi réservés au bon plaisir de Sa Majesté, ils n'auront force de loi que lorsque le roi aura donné son assentiment et que cette décision aura été transmise au Conseil et à la Chambre d'assemblée.

L'article 33 précise que les lois existant lors de l'entrée en vigueur de la nouvelle constitution demeureront valides tant qu'elles ne seront pas abrogées ou amendées par Sa Majesté « de l'avis et du consentement des conseils législatifs et assemblées desdites provinces ».

La question du mode de concession des terres est réglée de la façon suivante : d'abord, on crée des réserves de terre dans chaque district pour venir en aide au clergé protestant. Dans le Haut-Canada, toutes les terres à concéder le seront en franc et commun soccage, c'est-à-dire sans rentes. Dans le Bas-Canada, le même mode de concession sera accordé à tous ceux qui en feront la demande.

L'article 47 concerne les droits douaniers dont les produits nets seront « à l'avenir et en tout temps affectés aux besoins de chacune desdites provinces et de la manière seulement que prescriront toutes les lois que porteront Sa Majesté, ses héritiers ou successeurs, de l'avis et du consentement du Conseil législatif et de l'Assemblée de telle province ». Voilà un article qui entraînera beaucoup de difficultés entre les deux nouvelles provinces lorsqu'il faudra régler le partage des droits.

Enfin, le Conseil législatif et la Chambre d'assemblée devront être convoqués avant le 31 décembre 1792.

Que penser ?

Le Bas-Canada va bientôt faire l'apprentissage du système démocratique à l'anglaise : un gouverneur nommé par le roi, un Conseil exécutif et un Conseil législatif dont les membres sont, de fait, nommés par le gouverneur, et une Chambre d'assemblée aux pouvoirs relativement limités. L'historien Lionel Groulx parle d'un « parlementarisme truqué » qui débouchera sur un conflit violent. Pour John Hare,

> il est évident que la Grande-Bretagne, en 1791, n'avait aucune intention d'imposer un parlementarisme truqué aux Canadiens. [...] Néanmoins, ajoute-t-il, il faut admettre que la forme de constitution, préconisée par Grenville, contenait les germes d'une confrontation entre le pouvoir législatif accordé au peuple et le pouvoir exécutif. Si l'assemblée populaire est complètement coupée d'une participation au pouvoir exécutif, elle essaiera de limiter le rôle du gouverneur et de l'Exécutif, et de faire participer, de plus en plus, les représentants du peuple à l'administration réelle par tous les moyens possibles ; les méthodes devenant plus violentes à mesure que le sentiment de frustration gagne la population. Il est évident qu'on ne peut comprendre le demi-siècle d'agitation politique qui a suivi le nouveau régime inauguré le 26 décembre 1791, sans tenir compte des illogismes de cette constitution.

> Selon l'historien André Garon, « vue de Londres, la loi de 1791 n'était rien d'autre qu'un compromis par lequel on espérait régler les aspects les plus urgents du problème constitutionnel canadien, en donnant à chacun des deux groupes ethniques en présence la possibilité de vivre selon ses coutumes et ses idées particulières ». Une analyse fouillée des débats permet à l'historien Pierre Tousignant de conclure : « Si on examine les raisons fondamentales qui ont motivé la décision ministérielle de créer deux gouvernements provinciaux distincts au Canada, on n'y trouve aucun dessein ni aucune volonté de traduire en acte législatif une quelconque politique d'assimilation. »

Une nouvelle frontière

Le soir du 17 août 1791, lord Dorchester, lady Dorchester, leur famille et leur suite s'embarquent à bord du vaisseau du roi l'*Alligator*, qui, le lendemain matin, fait voile vers l'Angleterre. Le président du Conseil législatif, Alured Clarke, assume l'intérim pendant l'absence du gouverneur en titre.

Avant même l'arrivée du représentant du roi en Angleterre, lors d'une réunion du Conseil tenue à la cour de Saint James, le 24 août 1791, sous la présidence de George III, on fixe les limites territoriales des provinces du Haut et du Bas-Canada, de la manière déjà prévue dans une correspondance antérieure :

> Commençant à une borne en pierre sur la rive nord du lac Saint-François, à l'anse située à l'est de la Pointe-Beaudet, dans la limite entre le township de Lancaster et la seigneurie du Nouveau-Longueuil, suivant ladite limite, dans la direction du nord, jusqu'au trente-quatrième degré ; à l'ouest, jusqu'à l'angle le plus à l'ouest de ladite seigneurie du Nouveau-Longueuil, s'étendant ensuite le long de la limite nord-ouest de la seigneurie de Vaudreuil dans la direction du nord jusqu'au vingt-

cinquième degré ; à l'est jusqu'à la rivière Ottawa, remontant ladite rivière jusqu'au lac Témiscamingue et, de la tête dudit lac, par une ligne s'étendant directement au nord jusqu'à la frontière de la Baie d'Hudson, comprenant tout le territoire situé à l'ouest et au sud s'étendant jusqu'à l'extrémité de la contrée appelée communément ou connue sous le nom de Canada.

Gouverneur avec instructions

Pendant son séjour en Angleterre, lord Dorchester voit son mandat élargi : il occupera le poste de gouverneur du Haut et du Bas-Canada. Le 16 septembre 1791, le jour même où sa commission est signée, le représentant du roi reçoit des instructions séparées pour chacune des provinces. L'article 4 énumère les membres qui formeront le nouveau Conseil exécutif : le juge en chef William Smith, Paul-Roch de Saint-Ours, membre du Conseil législatif depuis 1775, le sous-directeur général des Postes Hugh Finlay, François Baby, Thomas Dunn, Joseph-Dominique-Emmanuel Le Moyne de Longueuil, Adam Mabane, Pierre Panet et Adam Lymburner. Seulement quatre membres du Conseil sont francophones, alors que les Canadiens forment l'immense majorité de la population, soit 150 000 habitants sur une population totale de 160 000 âmes.

La même situation prévaut au Conseil législatif où, sur quinze membres, sept sont Canadiens. Certaines personnalités siègent aux deux conseils : William Smith, Hugh Finlay, Thomas Dunn, Paul-Roch de Saint-Ours, François Baby, Joseph Le Moyne de Longueuil et Adam Mabane. Par contre, Gaspard-Joseph Chaussegros de Léry, François-Marie Picoté de Belestre, Edward Harrison, John Collins, Charles-Louis Tarieu de Lanaudière, George Pownall, René-Amable Boucher de Boucherville et John Fraser complètent les cadres du Conseil législatif.

Un des articles contenus dans les instructions, concernant le commerce et la navigation, exclut des jurés certains sujets, dans les contestations concernant les domaines ci-après énumérés.

> À l'égard de toute action, poursuite ou dénonciation portées, commencées ou intentées dans quelque cour dans les limites de votre gouvernement, en vertu de quelque loi ou statut relatif à nos droits ou aux vaisseaux ou aux marchandises qui doivent être confisquées par suite d'importations ou d'exportations frauduleuses, vous devrez avoir soin qu'il ne soit accepté qu'un jury composé de personnes nées dans la Grande-Bretagne, en Irlande ou dans quelqu'une de nos plantations et qui en vertu de la loi ont droit aux privilèges des sujets britanniques.

On lève son verre

Par sa proclamation du 18 novembre 1791, le lieutenant-gouverneur Alured Clarke fixe au lundi 26 décembre suivant la date d'entrée en vigueur de l'Acte constitutionnel ou « Acte pour abroger certaines parties d'un acte adopté dans la quatorzième année du règne de Sa Majesté, intitulé Acte à l'effet d'adopter des mesures plus efficaces à l'égard du gouvernement de la province de Québec dans l'Amérique du Nord et d'adopter d'autres mesures à l'égard du gouvernement de ladite province ».

Les habitants de la ville de Québec veulent souligner la nouvelle constitution. On songe tout d'abord à organiser des banquets séparés pour chacun des groupes ethniques, mais, par suite des protestations, il est décidé qu'il y aurait deux réunions, une pour les gens de la basse ville et une autre pour ceux de la haute. Dès le 16 décembre, « une liste est ouverte à la Taverne de Franks pour tous les bons citoyens, sans distinction, qui voudront se joindre aux amis de la Constitution, lesquels s'assembleront lundi le 26 courant, pour célébrer cet heureux jour, qui formera une époque mémorable dans les annales de cette province et à laquelle tous les citoyens commenceront à jouir des droits et de la liberté qui leur ont été accordés par la sagesse et la générosité de notre gracieux Souverain et du Parlement britannique ».

Cette annonce, publiée dans la *Gazette* de Québec, précise que le dîner sera servi à trois heures et que la liste des participants sera close le 24 au soir, « afin de donner le temps de faire les préparations nécessaires ».

Le lendemain de Noël, les citoyens de la haute ville, au nombre de 165, se réunissent chez Franks et soulignent « le premier jour de la nouvelle constitution du Canada ». Le président de l'Assemblée, Godfrey King, s'adresse aux participants dès le début de la rencontre. « Voilà, déclare-t-il, la fin de cette époque si longtemps désirée et laquelle nous doit cimenter par la véritable amitié. Puissent toutes les distinctions entre les anciens et les nouveaux sujets se terminer et que nous soyons unis en un seul corps, comme l'unique moyen d'assurer le bonheur et la prospérité des uns et des autres. »

Le repas est abondamment arrosé et les convives lèvent 23 fois leur verre à toutes sortes de « santé ». Tout d'abord, au son de la trompette suivi par trois fois d'un hourra, on clame « vive le roi » ; puis, on porte un toast en l'honneur de la nouvelle constitution, de la révolution de 1688, du prince de Galles, du prince Edward, de la reine et la famille royale, du gouverneur général de l'Amérique britannique, des lieutenants-gouverneurs Clarke et Simcoe, d'Adam Lymburner, des comités de Québec et de Montréal, des marchands de Londres qui ont aidé Lymburner, des membres des deux Chambres du Parlement qui ont maintenu la cause du public en supportant leur requête, de la marine et de l'armée, des amis de la Liberté qui s'assemblent pour célébrer ce jour, de la liberté de presse, etc. On chante le *God save the King* et François Baby y va d'un impromptu de sa composition.

Au même moment, dans la basse ville, au Café des Marchands, se tient une réunion similaire. Les sentiments patriotiques ou l'imagination des participants sont plus fertiles que ceux des habitants de la haute ville, puisque les toasts portés sont au nombre de 36. On lève son verre à la santé de « la Révolution française et la vraie liberté dans tout l'univers ».

La classe marchande qui forme la majorité des convives souligne son esprit pratique dans ses toasts :

> 22e De l'argent comptant et de la santé ; 23e Puisse le succès de l'agriculture nous procurer l'abondance de bons vins ; 24e Liberté de conscience [...] ; 25e L'abolition du système féodal ; 26e Puisse la distinction d'anciens et de nouveaux sujets être ensevelie dans l'oubli et puisse la dénomination de sujets canadiens exister toujours ; [...] 28e Puisse l'agriculture faire fleurir le commerce et le commerce

soutenir l'agriculture ; 29ᵉ Puissent l'unanimité, l'union et la paix régner parmi les citoyens de Québec et ceux qui sont destinés à habiter avec eux ; [...] 36ᵉ Des jours d'aisance et des nuits de plaisir sous la nouvelle Constitution.

Des délégués de la basse ville se rendent chez Franks et ceux de la haute descendent au Café des Marchands pour un échange de bons vœux. Au Séminaire de Québec, on souligne l'événement par un banquet de vingt couverts où on ne lève son verre, du moins officiellement, que trois fois : au Souverain, au Parlement et à la Constitution.

Pendant ce temps, à Montréal, l'entrée en vigueur de l'Acte constitutionnel passe presque inaperçu.

Les suites des banquets

La ville de Québec, plus que Trois-Rivières et Montréal, se ressent des changements qu'apporte la nouvelle constitution. Le 14 janvier 1792, quelques convives présents aux réjouissances du 26 décembre décident de former un club constitutionnel. Ils désignent treize des leurs pour préparer les règlements de l'association. Le 21 janvier, 90 membres approuvent les 25 articles qui régiront leurs rencontres.

> Le but général de cette institution, lit-on dans le préambule, est d'avoir une libre et entière communication réciproque de sentiments, pour acquérir et étendre une connaissance de la Constitution britannique et de celle de la colonie présentement établie [...] pour promouvoir un attachement aux deux Constitutions et une aversion à toute démarche injuste faite contre les principes de la Constitution britannique, répandre parmi le peuple autant qu'il sera en leur pouvoir, ou que l'on aura l'occasion de le faire, l'encouragement de l'agriculture et l'esprit du commerce pour l'utilité publique et pour s'opposer à toute démarche tendant à retarder ou à prévenir l'extension des connaissances et de l'industrie dans la colonie.

Les assemblées du club se tiendront les premier et troisième samedis de chaque mois. Tous les citoyens y seront admis.

> Les conversations et débats de chaque assemblée pourront commencer à six heures et continuer jusqu'à huit, durant lequel temps il sera du devoir des intendants ou stewards de pourvoir de bon porter ou de bonne bière, et, à huit heures, ils feront apporter du pain, du biscuit et du fromage et pourvoiront également à ce qu'il soit apporté des pipes pour chaque membre qui désirera fumer, qui aura la bonté de passer dans une chambre voisine ; les intendants ou stewards prendront aussi un compte exact des dépenses de la soirée qu'ils arrangeront avec le trésorier et l'aubergiste à huit heures et trois quarts, et à neuf heures le Club sera ajourné.

Presque tous les sujets peuvent être matière à discussion au Club constitutionnel de Québec, sauf ceux énumérés à l'article 16 des règlements : « Aucune matière quelconque concernant la religion ou le culte divin, ni aucun sujet sur la Révolution dernièrement arrivée en France ne pourront être débattus dans ce Club. » Au cours de ses six mois d'existence, le Club constitutionnel de Québec présente à ses membres et au public quelques conférences étudiant divers aspects de la nouvelle constitution.

Une réforme agraire

Pour clarifier l'application de l'article 43 de l'Acte constitutionnel, le lieutenant-gouverneur Clarke signe, le 7 février 1792, une proclamation à l'intention de « ceux qui désirent s'établir sur les terres de la Couronne dans la province du Bas-Canada ». Les terres à concéder devront faire partie d'un township. « Si un township est situé dans l'intérieur, il devra mesurer dix milles carrés ; s'il est contigu à des eaux navigables, il devra avoir neuf milles de front et douze milles de profondeur. » Dans chaque township, un septième du territoire sera réservé à la Couronne et un autre septième, au maintien du clergé protestant. Ces deux septièmes « ne forme-ront pas deux portions de terrain séparées l'une de l'autre et comprenant chacune un septième du township, mais ils comprendront tels lots ou fermes d'icelui qui, dans le rapport de l'arpenteur général sur l'arpentage du township, seront indiqués à cette fin entre les autres fermes dont se composera ledit township, afin que les terres qui devront être ainsi réservées aient à peu près la même valeur qu'une quantité équivalente des autres parties qui devront être concédées tel que susdit ».

Pour obtenir une concession dans un township, il faut faire une demande sous forme de pétition adressée au gouverneur ou à son représentant, fournir la preuve qu'on est apte à cultiver ou à améliorer la terre demandée et prêter, en plus du serment usuel, le serment suivant : « Je, A. B., promets et déclare que je maintien-drai et défendrai de toutes mes forces l'autorité du roi en son parlement comme législature suprême de cette province. »

Un concessionnaire ne recevra pas plus de 200 acres, à moins que le gou-verneur ou son représentant en décide autrement. Même dans ce cas, le lot ne devra pas dépasser mille acres. Les seuls frais auxquels fera face le nouveau propriétaire sont les honoraires « qui sont ou pourront être alloués, exigés et acceptés par les fonctionnaires chargés de l'émission des patentes et leur enregistrement qui devront être indiqués sur un tableau que le gouvernement devra établir et placer dans les bureaux du greffier du conseil, de l'arpenteur général et du secrétaire de la province ».

La Couronne se réserve, dans toutes les terres concédées, la propriété des mines d'or, d'argent, de cuivre, d'étain, de fer et de plomb, ainsi que celle du charbon de bois. Enfin, les lettres patentes de concession pourront contenir une clause réservant pour la marine royale de Sa Majesté les bois de charpente tout comme durant la période française.

Des noms anglais

La mise en place de la nouvelle constitution s'effectue par étapes. Un nouveau pas est franchi, le 7 mai, lorsque l'on publie les limites des nouvelles circonscriptions électorales. Seulement six comtés sur vingt et un portent des noms d'origine fran-çaise ou amérindienne : Gaspé qui a droit à un représentant ; Richelieu qui est représenté par deux députés et le bourg de William-Henry par un ; Montréal avec députés pour le comté et deux autres pour la ville de Trois-Rivières ; Québec, deux députés pour le comté et quatre pour la ville ; et Orléans qui n'a droit qu'à un seul député.

Les autres circonscriptions électorales affichent un nom d'origine anglaise : Cornwallis, Devon, Hertford, Dorchester, Buckinghampshire, Surrey, Kent, Huntingdon, York, Effingham, Leinster, Warwick, Hampshire et Northumberland ont droit à deux députés chacune, alors que Bedford et le bourg des William-Henry n'en ont qu'un chacun.

S'il faut en croire le lieutenant-gouverneur Clarke, la population est satisfaite de la division imposée.

> Vous constaterez, écrit-il au secrétaire d'État à l'Intérieur Henry Dundas, le 2 juillet, que tout n'est pas conforme aux avis contenus dans votre lettre [...], car à l'égard de William-Henry et de Saint-Jean, on a jugé qu'un représentant était suffisant pour le premier et considéré que l'importance du second ne lui donnait pas le droit de former une partie distincte. Il n'a pas été jugé praticable non plus, dans l'état et les conditions où se trouve la province de diviser celle-ci en un aussi grand nombre de comtés qu'il l'aurait fallu nécessairement si un seul représentant avait été assigné pour chaque comté. Cependant, j'ai eu le plaisir d'apprendre que la division indiquée dans la proclamation a donné, en général, plus de satisfaction que l'on pouvait en attendre d'un travail si difficile à exécuter.

Le 10 mai, une ordonnance fixe au 24 du même mois la date d'émission des writs pour les élections générales, tandis que le jour de retour desdits writs est fixé au 10 juillet suivant. Les électeurs doivent entre-temps choisir leurs représentants. Le Conseil exécutif a suggéré cette période « afin de profiter de l'intervalle compris entre les semailles et la récolte des foins, car c'est de toutes les façons le temps le moins préjudiciable à la province en général ».

La campagne électorale

Avant même le déclenchement de la campagne électorale, plusieurs se demandent quelle sera la composition ethnique de la Chambre d'assemblée. En raison de leur supériorité numérique, les Canadiens peuvent choisir une majorité très importante de représentants francophones. C'est du moins la crainte que le correspondant « John Bull » manifeste dans le *Quebec Herald* : « Avez-vous jamais pensé, lorsque vous demandiez une Chambre d'assemblée qu'il y a dans la province dix-neuf Canadiens à être représentés contre un Anglais ? Ne voyez-vous pas que dans les conditions actuelles il y a cinquante à parier contre un que les Canadiens n'éliront pas un seul Anglais ? Avez-vous pris en considération cette question avant de demander par pétition des maîtres pour vous gouverner ? »

La campagne électorale semble débuter le 14 mai. Ce jour-là, plusieurs candidats signent des avis « aux libres et indépendants électeurs ». La plupart font valoir les pressions et sollicitations dont ils sont l'objet pour expliquer leur décision de briguer les suffrages.

George Allsopp, candidat dans la haute ville de Québec, libelle ainsi son annonce publiée dans la *Gazette* de Québec du 17 mai :

> Sollicité par mes amis de vous offrir mes services pour vous représenter dans la Chambre d'assemblée, je me présente comme candidat, vous suppliant humblement de m'accorder vos suffrages et vous priant de vous intéresser en ma faveur à la prochaine élection générale. Ayant donné les preuves les plus certaines et les plus invariables de mon zèle pour le bien public, en cet hors de place [sic], durant l'espace de trente et un ans, dont j'appelle avec confiance votre témoignage ; et toujours animé par les mêmes principes et sentiments, je me flatte que vous voudrez bien considérer les faibles efforts que j'ai faits ci-devant comme de sûrs garants de mon attachement futur et d'une exacte adhérence à l'avancement et prospérité de la province du Bas-Canada en général, et de la ville de Québec en particulier. J'ose donc solliciter et je me flatte d'obtenir vos suffrages et votre protection.

Un groupe de citoyens présente même un candidat absent, Adam Lymburner, qui n'est pas encore de retour dans la colonie. Pierre-Louis Panet, candidat dans le comté de Québec, fait valoir le fait qu'il est né dans la province, qu'il a quelque propriété en terres et biens-fonds. « Mes intérêts sont les vôtres », affirme-t-il. Mathew Macnider se présente dans la circonscription électorale de Hampshire qui regroupe les paroisses de Saint-Augustin, Pointe-aux-Trembles, Écureuils, Cap-Santé, Deschambault, Grondines et Sainte-Anne. Une des raisons qu'il fait valoir pour attirer les votes est son indépendance de fortune : « Retiré du commerce pour passer mes jours avec vous, vous pouvez compter sur mon zèle à soutenir les droits et privilèges communs entre nous et que vos intérêts me seront aussi chers que les miens. »

L'indépendance de fortune devient un thème majeur pour justifier les candidatures car, à cette époque, les députés ne reçoivent aucune compensation monétaire et ils doivent défrayer eux-mêmes leurs frais de séjour dans la capitale lors des sessions. Sous la signature du pseudonyme Probus, la *Gazette* de Québec du 7 juin publie une lettre aux électeurs. « Vous sentez naturellement, écrit l'auteur, que la première considération des électeurs doit être de choisir des gens de bonnes mœurs, d'intégrité et de confiance ; et nous nous faisons gloire de dire qu'il n'y en a peu d'autres dans cette province, au moins tous les candidats qui se sont présentés jusqu'ici sont de cette description. »

Les qualités que doivent posséder les candidats sont, d'après Probus, la considération envers les électeurs, leurs familles et leurs principes, un génie vaste et éclairé, et l'absence de préjugés.

> Outre les qualités sus-mentionnées, ajoute-t-il, on peut ajouter celle d'une fortune indépendante. C'est à des hommes possédant de grands biens et d'un esprit actif, droit et vigoureux que vous devez vos suffrages. Ceux qui possèdent diverses propriétés en terre, manufactures et commerce peuvent vous être recommandés comme les mieux qualifiés pour être vos représentants, car en nul cas quelconque ils ne peuvent sanctionner aucune loi qui n'affecte d'une manière sérieuse à un point considérable cette variété de propriétés.

Les propriétaires de seigneuries qui se présentent candidats se rendent compte que les marchands anglais représentent leurs principaux adversaires. Ils essaient de promouvoir l'idée que les marchands ne sont pas des citoyens « stables » et qu'ils peuvent quitter la province n'importe quand pour toutes sortes de raisons. Probus leur répond :

> Peut-on vous faire croire que vous ne devez pas donner vos voix aux marchands dont les intérêts sont les mêmes que les vôtres ? D'autres professions peuvent s'élever sur votre ruine : celle des marchands ne peut fleurir qu'autant que vous prospérez ; si vous êtes ruinés, le marchand l'est aussi, son intérêt et le vôtre sont inséparables. Les seigneurs ont tenu à votre égard une conduite despotique : ils se sont efforcés de la continuer ; les marchands, au contraire, ont uni leurs efforts aux vôtres pour vous procurer un gouvernement libre et des lois équitables.

Pour convaincre les électeurs, les candidats utilisent les trois journaux que possède la province, des circulaires et manifestes imprimés ou des lettres. « D'autres, écrit encore Probus, se sont adressés personnellement ou par leurs amis, ce que l'on appelle communément intriguer ou briguer les suffrages. » Quelques-uns distribuent des insignes ou des cocardes, mais cette mesure est très mal vue à cette époque. Enfin, certains font couler en abondance la bière et l'alcool. Le clergé n'intervient pas lors de cette première campagne électorale, sauf dans de rares cas.

La votation

La votation n'a pas lieu en même temps dans chacune des circonscriptions électorales. Ainsi, les habitants de la basse ville de Québec se présentent au bureau de votation le 11 juin, alors que ceux de Charlesbourg votent le 25. Il n'y a qu'un seul bureau de votation par comté, qui demeure ouvert tant qu'il ne s'est pas écoulé une heure sans voteur. Chaque personne habilitée à voter doit se présenter devant l'officier rapporteur, déclarer son nom et, au besoin, prêter serment. Elle déclare ensuite à haute et intelligible voix le nom du candidat auquel elle accorde son vote. L'officier inscrit son choix dans un registre officiel des votes. Cette façon de voter permet de suivre l'évolution de la votation qui peut durer plusieurs jours. Les partisans d'un candidat prendront vite l'habitude de tenter d'empêcher ceux de l'adversaire d'accéder au bureau de votation. Dans le cas des comtés qui ont droit à deux représentants, chaque voteur dispose alors de deux votes.

Le fait que la votation n'ait pas lieu partout le même jour permet à Jean-Antoine Panet, qui subit la défaite dans la basse ville de Québec, de se présenter dans la partie haute de la capitale et de remporter la victoire. De plus, rien n'empêchait un citoyen, en 1792, de se présenter dans deux circonscriptions. Ainsi Ignace-Michel-Louis-Antoine d'Irumberry de Salaberry est élu député du comté de Québec et de celui de Dorchester.

Le bureau de votation du comté de Québec avait été fixé à Charlesbourg. Le vote débute le 25 juin à dix heures du matin, heure d'ouverture normale des bureaux, et se poursuit les deux jours suivants. Le mercredi 27, Salaberry a 515 voix, David Lynd, 462 et Michel-Amable Berthelot Dartigny, 436. Ce dernier compte sur l'arrivée prochaine de partisans pour l'aider à remporter la victoire, mais l'officier rapporteur ou président d'élections, James Shepherd, déclare la votation close et proclame élus les candidats Salaberry et Lynd. Ceux qui s'apprêtaient à voter commencent à manifester violemment et brisent le husting, c'est-à-dire le bâtiment érigé pour tenir lieu de cour d'élection.

Il y eut une émeute qui était sur le point d'éclater par les actes de violence, rapporte la *Gazette* de Québec. Dès l'instant que le prince [le duc de Kent, qui s'était sans doute rendu à Charlesbourg pour célébrer la victoire de son ami Salaberry] aperçut la multitude irritée, il s'avança et, avec une rare présence d'esprit, se posta de manière à pouvoir être vu de tout le monde et, ayant ordonné le silence, « Messieurs, dit-il, y a-t-il parmi vous qui que ce soit qui ne regarde le roi comme le père de son peuple ? » À ces paroles, le peuple répondit par des huzzas et des acclamations de « Vive le roi. » Le prince ajouta : « Y a-t-il parmi vous qui que ce soit qui ne regarde ou qui ne croie la nouvelle Constitution comme la meilleure qui soit possible pour opérer le bonheur des sujets de Sa Majesté et le bon gouvernement de ce pays ? » Les huzzas et cris de « Vive le Prince » réitérés. Le tumulte cessa et les menaces, la rage et la fureur firent place à l'admiration et aux applaudissements.

Dans la plupart des autres circonscriptions électorales, la situation reste plus calme. Jean-Antoine Panet, à la suite de sa victoire dans la haute ville de Québec, donne aux pauvres de son comté la somme de cent louis d'or, soit, selon la *Gazette* de Québec, l'équivalent de 450 piastres, vu qu'il n'avait point donné « de cocardes ni de liqueurs avant ni pendant son élection ». Le dimanche 1er juillet, les avocats de la haute ville distribuent la somme promise aux pauvres malades de l'hôpital, aux prisonniers et aux pauvres « honteux ». Plus de 230 pauvres assistent à la cérémonie.

Le député élu dans le comté de Warwick, Pierre-Paul Margane de Lavaltrie, dans le moment d'exaltation qui suit son élection, le 19 juin, déclare à ses censitaires : « Mes chers enfants, je vous abandonne les lods et ventes, le droit de retrait, les journées de corvées, le mai, etc. et je vous donnerai un acte passé devant notaire quand vous voudrez. »

Les électeurs du comté de Huntingdon débordent d'enthousiasme, s'il faut en croire un rapport publié dans la *Gazette* de Montréal du 5 juillet. Le mercredi 20 juin, Georges-Hippolyte Le Comte Dupré dit Saint-Georges Dupré et Claude-Nicolas-Guillaume de Lorimier sont élus. Un chef amérindien qui assiste au triomphe déclare à Dupré : « Mon frère, désormais nous serons tous Canadiens ; Lorimier et toi ne nous considérerez plus comme des Sauvages grossiers ; et, en retour, nous vous regarderons, toi et lui, comme nos Pères et nos Protecteurs. »

Dans le comté d'Effingham, l'élection commencée le 23 se termine deux jours plus tard par la victoire de Jacob Jordan et Joseph Lacroix. La circonscription électorale comprend l'île Jésus, Blainville et Terrebonne. Jordan, seigneur de Terrebonne et riche marchand, veut séduire ses électeurs par le faste de ses réceptions.

Le samedi, premier jour du poll, raconte la *Gazette* de Montréal, il y eut un dîner splendide donné chez M. Jordan auquel assistèrent plusieurs visiteurs de la ville de Montréal et les principaux habitants de Terrebonne ; les trois candidats, pendant cet intervalle, témoignèrent, nonobstant le zèle de leurs amis, l'union la plus parfaite et l'harmonie la plus entière. On eut dit que chacun d'eux, dans cette occasion, oubliait la concurrence pour faire succéder tout ce qu'une liberté honnête et une convivialité soutenue ont d'agréable et de charmant. Lundi, jour de la clôture du poll, et immédiatement après l'élection, les deux messieurs élus, accompagnés de leurs amis et de la multitude des électeurs, se transportèrent dans deux maisons où ils avaient pourvu aux rafraîchissements de plus de trois cents personnes.

Ce style de campagne électorale et d'élection ne réussit pas partout. John Young, élu député de la basse ville de Québec, doit faire face à une contestation d'élection qui se termine en queue de poisson. Les pétitionnaires, au nombre de sept, accusent le nouveau député d'avoir payé à boire à qui veux-tu dans plusieurs tavernes sises près de la Place du Marché où était situé le bureau de votation. En plus de boire des liqueurs fortes et de déguster des jambons aux frais du candidat, les habitants et les ouvriers de son comté auraient reçu la promesse d'augmentations de salaires.

La première fournée

Normalement, la première séance du premier Parlement devait se tenir à Québec le mardi 10 juillet, mais une proclamation du lieutenant-gouverneur Clarke en reporte la tenue au 20 août « vu certaines affaires épineuses et urgentes nous concernant, l'état et la défense de notre dite province ». L'ouverture du Parlement sera, par la suite, retardée au 1er octobre, puis au 12 novembre et, enfin, au 17 décembre 1792.

Parmi les députés élus, 15 sont de langue anglaise. Les anciens sujets, avec seulement dix pour cent de la population, ont obtenu le tiers des sièges. Le milieu urbain, surtout, a choisi de se faire représenter à la Chambre d'assemblée par des anciens sujets. Sur les six députés auxquels ont droit la ville et le comté de Montréal, quatre sont anglophones : Joseph Frobisher, James McGill, John Richardson et James Walker. Montréal-Ouest élit le marchand de fourrures membre du Beaver Club, Jean-Baptiste Durocher, alors que le comté de Montréal désigne le notaire et arpenteur Joseph Papineau comme représentant. La même situation prévaut dans la ville et le comté de Québec : William Grant et Jean-Antoine Panet sont élus dans la haute ville ; Robert Lester et John Young, dans la basse ville, et Salaberry et Lynd pour le comté. La ville de Trois-Rivières désigne John Lees et Nicolas de Saint-Martin. Le bourg de William-Henry choisit comme représentant un loyaliste, John Barnes. Un autre loyaliste, Thomas Coffin, devient député de la circonscription de Saint-Maurice avec Augustin Rivard. Ce comté est en majorité francophone. Gaspé élit le plus jeune député de la Chambre, Edward O'Hara, âgé de 25 ans seulement.

Le comté de Cornwallis, qui comprend le territoire situé entre Cap-Chat et Sainte-Anne-de-la-Pocatière, est représenté par Jean Digé, un navigateur de Sainte-Anne né en France, et par l'avocat québécois Pierre-Louis Panet ; Devon, qui regroupe les paroisses de Saint-Roch, Saint-Jean, l'Islet, Cap-Saint-Ignace, Île-aux-Grues et Saint-Thomas, par le colonel François Dambourgès et James Tod ; Hertford, qui se rend de Saint-Thomas de Montmagny à la limite nord-est de Lauzon, par le marchand de Québec Louis Dunière et par Pierre Marcoux ; Dorchester, qui regroupe les paroisses de Pointe-Lévis, Saint-Henri, Sainte-Marie, Saint-Joseph et Saint-François, ces trois dernières de la Nouvelle-Beauce, par le seigneur Gabriel-Elzéar Taschereau et par Salaberry.

La circonscription de Buckinghampshire est immense : son territoire va de Lauzon à Sorel. Le seigneur Antoine Juchereau Duchesnay et l'ex-étudiant de l'université d'Oxford Joseph-Marie Godefroy de Tonnancour assurent la représentation de la population. Le comté de Richelieu regroupe Sorel, l'île-du-Pas, l'île-Saint-Ignace, partie de Saint-Ours et de Yamaska, Saint-Denis, Saint-Charles et Saint-Hyacinthe et ses députés sont : l'arpenteur Benjamin Cherrier et le protestant Pierre Guerout. Jean-Baptiste-Melchior Hertel de Rouville assure la représentation du comté de Bedford qui ne compte qu'une paroisse importante, celle de la Pointe-Olivier.

Les paroisses de Saint-Ours, Contrecœur, Verchères, Varennes, Saint-Antoine et Belœil forment le comté de Surrey, représenté par le marchand François Malhiot et par Philippe-François de Rastel de Rocheblave, né en France. Le comté de Kent est formé de Boucherville, Longueuil, Chambly et Blairfindie. Ses députés sont René Boileau et Pierre Legras Pierreville. Le dernier comté sur la rive sud se nomme Huntingdon et comprend sept paroisses : La Prairie, Saint-Philippe, Saint-Pierre, Sault-Saint-Louis, Châteauguay, Saint-Régis et Saint-Constant, avec comme représentants, Le Comte Dupré et Lorimier.

La rive nord du fleuve Saint-Laurent est divisée en huit circonscriptions électorales : York, avec Soulange, l'île-Perrot, Vaudreuil, Lac-des-Deux-Montagnes et Rivière-du-Chêne ; Effingham ; Leinster, avec Lachenaie, Sainte-Anne-de-Mascouche, Saint-Henri-de-Mascouche, Saint-Roch-de-l'Achigan, Saint-Jacques, Saint-Pierre, Repentigny et Saint-Sulpice ; Warwick, avec Lavaltrie, Lanoraie, Berthier et Saint-Cuthbert ; Saint-Maurice, avec Maskinongé, Rivière-du-Loup, Yamachiche, Pointe-du-Lac, Cap-de-la-Madeleine et Batiscan ; Hampshire, avec Sainte-Anne, Grondines, Cap-Santé, les Écureuils, Pointe-aux-Trembles et Saint-Augustin ; Northumberland, qui va de Beauport « jusqu'aux bornes de la province en descendant ». Chacun de ces comtés a droit à deux représentants : Pierre-Amable De Bonne et Michel-Eustache-Gaspard-Alain Chartier de Lotbinière pour York ; Jacob Jordan et Hubert-Joseph Lacroix pour Effingham ; George McBeath et François-Antoine Larocque pour Leinster ; Pierre-Paul Margane de Lavaltrie et Louis Olivier pour Warwick ; l'Acadien Jean Boudreau et Mathew Macnider pour Hampshire ; Pierre-Stanislas Bédard et Joseph Dufour pour Northumberland. Quant à l'île d'Orléans, elle a droit à un représentant et elle a choisi Nicolas-Gaspard Boisseau.

Selon une étude de John Hare, l'âge moyen de la députation de 1792 se situe à 41,3 ans pour l'élément anglais et à 42,4 pour l'élément français. Il n'y a qu'un seul député dans la soixantaine.

Le lundi 17 décembre 1792, 47 députés se présentent dans la chapelle de l'évêché de Québec pour assister à la première séance du premier Parlement de la province du Bas-Canada. En effet, trois sièges sont vacants : François-Antoine Larocque était décédé le 31 octobre précédent, Claude-Nicolas-Guillaume de Lorimier n'arrivera qu'au mois de janvier et Salaberry avait abandonné le siège de Dorchester. Les délibérations vont maintenant commencer !

Le premier parlement

L E LUNDI 17 DÉCEMBRE 1792, vers les onze heures du matin, les députés commencent à prêter leur serment d'office. On commence d'abord par les représentants de langue anglaise qui récitent la formule d'usage en présence du juge des Plaidoyers communs Jenkin Williams. Le commissaire Pierre Panet reçoit ensuite les serments des députés francophones. Quant au représentant de la circonscription de Richelieu, Pierre Guerout, il préfère utiliser la langue anglaise. Une fois la cérémonie terminée, l'huissier à la Verge noire, William Boutillier, invite les membres de la Chambre à se rendre dans la salle du Conseil législatif pour assister à l'allocution du lieutenant-gouverneur Clarke. Ses propos, tenus en anglais, sont traduits par le commissaire Pierre Panet.

> L'usage du Parlement et les affaires que vous allez entreprendre, déclare le représentant du gouverneur Dorchester, exigent que vous ayiez un orateur. Ma volonté est que vous retourniez à votre Chambre, que vous fassiez choix d'une personne convenable pour remplir cette tâche et que vous me la présentiez jeudi prochain, à midi, auquel temps je vous ferai connaître mes raisons pour convoquer à présent l'Assemblée.

De retour dans la chapelle de l'évêché de Québec, convertie en salle de délibérations, le député James McGill demande immédiatement l'ajournement au mercredi 19 décembre, afin de donner le temps aux représentants du peuple de faire plus ample connaissance et de « se préparer dans une affaire si nouvelle en ce pays ». Après discussion, il est décidé que le débat commencera le lendemain matin à dix heures. C'est ainsi que se termine la première journée du premier Parlement du Bas-Canada.

Clarke explique à Dundas pourquoi la Chambre s'assemble en plein hiver : « La navigation sera close [...] les chemins seront bons et [...] tous, par conséquent, pourront s'occuper de la chose publique sans négliger leurs affaires personnelles. »

Le premier affrontement entre les députés francophones et anglophones se produit le 18 décembre 1792 et concerne le choix d'un président d'assemblée. Dunière, appuyé par De Bonne, propose la candidature de Jean-Antoine Panet, faisant valoir que le candidat possède à fond la connaissance des lois municipales de la province. James McGill se lève aussitôt pour demander d'élire William Grant, insistant sur l'importance de connaître la langue anglaise pour présider les débats.

Il déclare, selon la *Gazette* de Québec du 20 décembre,

> qu'une qualité essentielle à l'Orateur était une parfaite connaissance des langues française et anglaise, sans laquelle, dans cette Chambre où quelques-uns des membres n'entendaient point l'anglais et d'autres ne parlaient point français, sans la prompte intervention de l'Orateur pour expliquer, les affaires seraient retardées ; que, si dans la communication entre l'Orateur et le représentant du roi un interprète était nécessaire, ce serait l'interprète qui serait l'organe de la Chambre et non l'orateur ; que l'incapacité de M. Panet et les qualités de M. Grant à cet égard étaient également bien connues ; que ce dernier avait autant de connaissance que qui que ce fût des lois du pays et qu'en conséquence d'une longue résidence en cette province il en connaissait bien les intérêts locaux ; [...] qu'enfin, prenant toutes ses qualités réunies ensemble, il le considérait comme le plus propre à remplir la charge d'Orateur de la Chambre.

François Dambourgès appuie la motion de McGill. Le député Bédard fait remarquer que Jean-Antoine Panet connaît assez la langue anglaise « pour conduire les affaires publiques ». Richardson intervient alors dans le débat en soulignant que

> les transactions entre l'Orateur et le représentant du roi devaient être dans la langue de l'Empire auquel nous avons le bonheur d'appartenir, quelle que fût la langue dans laquelle se fissent les débats dans la Chambre ; que nous étions tous Anglais et Canadiens et ne pouvions reconnaître nulle autre distinction et que nous devions considérer le pays d'où nous tirions notre appui et notre protection et auquel nous étions tenus par tous les principes de reconnaissance et d'intérêt, comme notre guide et notre exemple dans toutes nos vues et nos procédés.

Un autre député vient prêter main-forte au candidat anglophone. Pierre-Louis Panet, cousin germain de Jean-Antoine, surprend un peu ses confrères lorsqu'il déclare :

> Je dirai mon sentiment sur la nécessité que l'orateur que nous allons choisir possède également les deux langues. Dans laquelle doit-il s'adresser au gouverneur ? Serait-ce dans la langue anglaise ou française ? Pour résoudre la question, je demande si cette colonie est ou n'est pas une colonie anglaise ? Quelle est la langue du Souverain et de la Législature dont nous tenons la constitution qui nous rassemble aujourd'hui ? Quelle est la langue générale de l'Empire ? Quelle est celle d'une partie de nos citoyens ? Et quelle sera celle de l'autre et de toute la province en général à une certaine époque ? Je suis Canadien, fils de Canadien ; ma langue maternelle est le français. Car, grâce à la division toujours subsistant entre les Canadiens et les Anglais depuis la cession du pays, je n'ai pu servir qu'imparfaitement la langue de ces derniers. Ainsi mon témoignage n'est pas suspect. Ainsi je dirai qu'il y a nécessité absolue pour les Canadiens d'adopter avec le temps la langue anglaise. Seul moyen de dissiper la répugnance et les soupçons que la

diversité de langage entretiendra toujours entre deux peuples réunis par les circonstances et forcés de vivre ensemble. Mais, en attendant cette heureuse révolution, je crois qu'il est de la décence que l'Orateur dont nous ferons le choix puisse s'exprimer dans la langue anglaise lorsqu'il s'adressera au représentant de notre Souverain.

Au cours du débat, Jean-Antoine Panet fait remarquer »que le roi d'Angleterre parlait toutes les langues et faisait des traités avec toutes les nations dans leurs propres langages ainsi qu'en anglais ; que Jersey et Guernesey étaient français et que l'objection fondée sur le langage d'un membre ne pouvait l'empêcher d'être Orateur et que cependant, se défiant de ses talents, il ne désirait pas la charge et que sans doute on pouvait en trouver d'autres mieux qualifiés que lui ».

Joseph Papineau ajoute « qu'on ne pouvait pas supposer qu'aucun Canadien dut être privé de ses droits parce qu'il n'entendait pas l'anglais ». McGill et Jordan sont portés sur les rangs par les députés Lees, Grant, Walker et Coffin. Le secrétaire Phillips pose enfin la question suivante : « Est-ce le plaisir de cette Chambre qu'Antoine Panet, écuyer, en soit nommé l'Orateur ? » Vingt-huit députés se prononcent affirmativement et dix-huit, négativement. Les anciens sujets ont fait corps contre la candidature de Panet et ils ont reçu l'appui de trois nouveaux sujets : François Dambourgès, Pierre-Louis Panet et Louis de Salaberry. Le premier président de la Chambre est conduit à son fauteuil par plusieurs membres et on ajourne au lendemain.

L'ouverture officielle de la session a lieu le 20 décembre après que le lieutenant-gouverneur eut accepté Jean-Antoine Panet au poste de président. Clarke prononce un discours de circonstance auquel répondent les orateurs William Smith pour le Conseil législatif, et Panet, pour l'Assemblée. Ce dernier demande, pour la Chambre, la liberté de parler et les autres privilèges et libertés en usage à la Chambre des communes de Londres.

Dès le vendredi 21 décembre, se pose le problème de l'accès du public aux débats. Taschereau suggère de laisser entrer autant de personnes que peut décemment en contenir la salle de délibérations. Dès le lendemain, les électeurs peuvent commencer à surveiller le travail de leurs représentants.

Encore la langue

L'élection d'un président des débats avait suscité des discussions sur la langue. Le sujet refait immédiatement surface le 27 décembre 1792 lorsqu'il est question de la langue de rédaction des minutes. Grant, appuyé par Young, propose : « Qu'il soit une instruction au comité de toute la Chambre, chargé de la correction des minutes (ou journaux) que le digeste qu'ils pourront dresser, comme journal de la Chambre, depuis le commencement de la session jusqu'au temps de l'ordre de référence, soit dans la langue anglaise, comme étant nécessaire pour le registre original et que des traductions desdits journaux soient faites dans la langue française pour l'usage de ceux qui le désirent. » À la suite d'une proposition de Papineau, la motion est modifiée pour que le texte officiel soit « en anglais ou en français, tel qu'il a été entré dans les minutes originaires, sans que cela fasse une règle pour l'avenir ».

Les députés se penchent ensuite sur les règles et les règlements qui devront régir les débats. Le quorum est fixé à 34 membres, y compris le président.

Une décision est prise sur la langue dans laquelle seront présentés les projets de lois :

> Que les bills relatifs aux lois criminelles d'Angleterre en vigueur dans cette province et aux droits du clergé protestant [...] soient présentés dans la langue anglaise ; et que les bills relatifs aux lois, coutumes, usages et droits civils de cette province soient présentés dans la langue française, afin de préserver l'unité des textes ; que les bills qui seront présentés soient rédigés dans les deux langues, que ceux qui seront présentés en anglais soient traduits en français et que ceux qui seront présentés en français soient traduits en anglais par le secrétaire de la Chambre ou ses assistants, conformément aux instructions à cette fin, avant leur première lecture, et que ces bills soient ensuite lus chaque fois dans les deux langues, bien entendu que chaque membre a le droit de présenter n'importe quel bill dans sa propre langue, mais après que celui-ci aura été traduit, le texte sera considéré être dans la langue de la loi à laquelle le dit bill aura rapport, conformément à la résolution de cette Chambre.

De Bonne présente une motion concernant la langue dans laquelle seront rédigés les journaux de la Chambre : « Que cette Chambre tiendra son journal en deux registres dans l'un desquels les procédés de la Chambre et les motions seront écrits en langue française avec la traduction des motions originairement faites en langue anglaise, et dans l'autre seront entrés les procédés de la Chambre et les motions en langue anglaise, avec la traduction des motions originairement faites en langue française. » Le député Richardson propose que « cependant, afin de préserver cette unité de langue légale indispensablement nécessaire dans l'Empire et touchant tel changement en icelle une législature surbordonnée n'est point compétente, l'anglais sera considéré le texte légal ».

Le débat qui s'engage le 21 janvier 1793 sera long et parfois agressif. Le représentant du comté de York, Chartier de Lotbinière, base son discours sur le thème : « Ce n'est point l'uniformité de langage qui contient et assure la fidélité d'un peuple. » Il demande, comme la majorité des députés francophones, de rejeter la motion de Richardson, laquelle sera défaite par un vote de 26 contre 13. Les onze députés anglais présents reçoivent l'appui de Pierre-Louis Panet et de Dambourgès qui s'identifient de plus en plus au groupe de représentants anglophones.

Enfin, le 23, une nouvelle motion est adoptée par la majorité des députés présents :

> Que les bills présentés seront mis dans les deux langues, que ceux en anglais seront mis en français, et ceux présentés en français seront mis en anglais par le greffier, avant de recevoir la première lecture et, lorsqu'ils seront ainsi mis seront aussi lus chaque fois dans les deux langues ; bien entendu que chaque membre a droit d'apporter aucun bill dans sa propre langue ; mais qu'après la traduction d'icelui le texte sera considéré être dans la langue de la loi à laquelle ledit bill aura rapport, conformément à la résolution de cette Chambre.

La résolution de la Chambre est à l'effet que les projets de lois concernant les lois criminelles seront présentés en anglais et ceux touchant les lois civiles, en français. Le lieutenant-gouverneur Clarke sent le besoin de demander des instructions à Londres sur la question de la langue.

> Durant cette session, écrit-il à Dundas le 3 juillet 1793, aucun bill n'a été passé autrement que dans le texte anglais ; et si un bill originaire avait été envoyé de la Chambre d'assemblée au Conseil législatif dans la langue française, j'ai tout lieu de croire que celui-ci aurait refusé son concours pour ce seul motif. Si, cependant, il fut arrivé qu'un bill de cette nature eût été adopté par les deux chambres, je ne me serais pas cru justifié de faire plus que de le réserver pour la signification du bon plaisir de Sa Majesté, comme étant, par ce fait, d'un caractère extraordinaire et inusité.

Londres tranche enfin la question et fait de la langue anglaise la seule langue légale pour la Chambre d'assemblée et le Conseil législatif. La décision de Dundas est connue à l'automne de 1793 : « Je suis d'avis qu'il importe que les lois de la province soient édictées dans la langue anglaise. Si les lois des provinces du Haut et du Bas-Canada étaient dans des langues différentes, ce serait certainement irrégulier et plein d'inconvénients. Et ce serait encore pis si, à leur face même, quelques lois de la même province étaient dans une langue et quelques-unes dans une autre. » De plus, le projet de loi devra être approuvé dans son texte anglais.

À cette époque, dépendant de sa nature, un projet de loi pouvait naître soit à la Chambre d'assemblée soit au Conseil législatif. Dans le premier cas, une fois adopté en troisième lecture par les députés, le projet de loi suit le même cheminement au Conseil ; s'il est modifié, il revient alors devant la Chambre puis retourne ensuite au Conseil. Et ce jeu de va-et-vient ne se termine que lorsque les deux corps législatifs se sont mis d'accord. Dans le second cas, c'est-à-dire si un projet de loi prend forme d'abord au Conseil législatif, il faut ensuite qu'il soit étudié par les députés avant d'arriver au gouverneur. Tout projet de législation qui comporte la levée d'une taxe doit obligatoirement être d'abord présenté à la Chambre d'assemblée.

Faute de quorum...

Moins d'un mois après le début de la session, certains électeurs commencent à se plaindre du peu de progrès du travail législatif à la Chambre. La première session du premier Parlement se termine le 9 mai et seulement huit projets de loi sont approuvés par le gouverneur. Il est vrai que la Chambre a consacré un certain temps à l'étude de bills portant sur l'abolition de l'esclavage au Bas-Canada, sur l'aide à apporter à l'éducation, etc. Mais le problème majeur reste celui de l'absentéisme : plusieurs fois, la Chambre ne peut siéger ou doit ajourner, faute d'un nombre suffisant de députés. Le 3 mai 1793, Walker, appuyé par Coffin, propose que le quorum soit abaissé de 34 à 26, ce qui est approuvé par 22 voix contre 12, ces dernières étant toutes de députés francophones, certains Canadiens craignant que si l'on abaisse trop le quorum, les Anglais prennent le contrôle de la Chambre.

La Chambre fait face aussi à des problèmes domestiques. Il lui faut trouver de l'argent pour payer le bois nécessaire au chauffage du palais épiscopal. Il y a six poêles qui chauffent le jour, et deux la nuit. On brûle en moyenne quatre cordes de bois par semaine. Le 6 février 1793, les députés étudient un projet d'adresse au lieutenant-gouverneur pour obtenir un prêt de 50 livres pour payer le coût du bois de chauffage et les salaires du messager et des portiers. On nomme quatre membres pour aller porter l'adresse au représentant du roi. Le 3 avril, c'est au tour du greffier Phillips de se plaindre que son salaire ne lui a pas été versé depuis le 15 décembre de l'année précédente.

À nouveau, la guerre

Le 25 avril, alors que les députés étudient un projet de modification, demandé par le Conseil législatif, à un des articles du projet de loi sur la Cour du Banc du Roi, un messager vient remettre une lettre du lieutenant-gouverneur au président Panet.

Ce dernier fait immédiatement part du contenu de la missive :

> J'ai reçu hier une lettre du très honorable M. Dundas, un des principaux secrétaires d'État de Sa Majesté, datée du 9 février dernier, faisant savoir que les personnes qui exercent l'autorité suprême en France ont déclaré la guerre contre Sa Majesté ; et signifiant le commandement du roi de la rendre publique en cette province, en conséquence de quoi j'ai fait sortir une proclamation à cet effet. Et comme une milice bien réglée, qui a toujours été considérée comme la meilleure sûreté et protection de tout État, est dans les circonstances présentes un objet plus particulièrement digne de considération, je sens qu'il est de mon devoir de recommander à la Législature une révision des lois maintenant en force pour le règlement de la milice afin que tels changements et amendement soient faits, s'ils sont trouvés nécessaires, qui paraîtront les plus propres pour garder et protéger la province contre toute insulte ou injure qui pourrait être attentée.

Deux jours plus tard, la Chambre fait savoir au lieutenant-gouverneur qu'elle procède immédiatement « à la révision des ordonnances de la milice ». Le lieutenant-gouverneur proroge la session, le 9 mai, sans qu'ait commencé l'étude des modifications à apporter à la loi sur la milice. Les députés, enfin libérés, peuvent vaquer à leurs affaires personnelles.

Les autorités gouvernementales du Bas-Canada recommencent à craindre la venue d'espions français ou à la solde de la France. Sur ce point, elles n'ont pas tout à fait tort, car des projets de reconquête du Canada s'échafaudent dans quelques esprits. Jean Basset, vivant en Provence, présente le 27 janvier 1793 à la Convention nationale, à Paris, un mémoire où il affirme que « les Indiens, les Canadiens et les Illinois haïssent cordialement les Anglais [et que] tous sont nos amis et désirent nous voir entrer en possession du Canada ». Le gouvernement révolutionnaire de France recevra plusieurs mémoires de cette nature. Pour Jean-Baptiste Nairac, de La Rochelle, « la conquête du Canada peut être faite sans la perte d'un seul homme ». Dans sa lettre au Comité du Salut public, le 5 février 1793, il ajoute : « Le sang français coule dans les veines de nos frères séparés du Canada. Ils se réuniront sous les bannières de la République lorsqu'ils les verront flotter au milieu d'eux. Vous aurez également bientôt vers vous les braves Sauvages, ces hommes de la nature chez lesquels les affections ne se corrompent point, et ces liens de fraternité une fois formés, sont éternels. Jamais leurs cœurs ne se sont tournés sincèrement vers les Anglais. »

Les Français se font sans doute des illusions sur les sentiments des Canadiens à l'égard de l'ancienne mère patrie. La mort du roi Louis XVI a prévenu plusieurs habitants contre les révolutionnaires. Mais il en demeure quelques-uns qui refusent toujours de se soumettre au roi d'Angleterre, tel Michel Arbour, de Saint-François-de-la-Rivière-du-Sud, dans la région de Bellechasse. L'évêque Jean-François Hubert écrit à son curé le 13 août 1793 : « Si le nommé Arbour persiste dans ses anciens sentiments et ne veut pas reconnaître le roi d'Angleterre pour son légitime souverain, et lui être soumis, il ne pourra être admis à aucun des sacrements de l'Église qui, conformément à la loi de Dieu, nous prescrit cette soumission. »

Les projets d'annexion du Canada commencent à se concrétiser avec la nomination au poste de ministre à Philadelphie du citoyen Edmond-Charles Genêt. Le représentant de la Convention commence à occuper ses fonctions le 15 mai. Sa mission est claire ; il la précise lui-même dans une lettre au ministre des Affaires étrangères de France, le 2 août : « Réunir la brillante étoile du Canada aux États-Unis. » Pour cela, il peut compter sur les services d'un jeune Canadien de 21 ans, Henry-Antoine Mézière, qui va le rejoindre à Philadelphie.

Genêt établit une stratégie qu'il explique à Dannery, consul français à Boston, dans une lettre datée du 7 juin :

> Le meilleur moyen [d'inciter les Canadiens à se soulever] sera, je pense, de leur envoyer des adresses et des imprimés susceptibles de faire lever dans leurs cœurs la foi sacrée en la liberté. Je m'occupe en ce moment à préparer l'une de ces adresses en français et en anglais ; vous la ferez imprimer à Boston et votre zèle découvrira les canaux qui doivent être employés pour la distribuer au Canada. Un jeune habitant de ce pays, le citoyen qui est venu ici se jeter dans mes bras, sera très utile à cette fin. Il est instruit, un ardent républicain et connaît bien son pays, qu'il dut quitter à la suite de l'inquisition que les Anglais exercent là-bas et à cause des opinions aristocratiques de son père.

Pour faire vibrer la fibre « indépendantiste » des Canadiens, le citoyen Genêt rédige donc à leur intention un appel des « Français libres à leurs frères les Canadiens ». Ce texte, écrit en juin 1793, est distribué dans le Bas-Canada au cours des derniers mois de l'année grâce aux bons soins de Jacques Rous, qui demeure près de la frontière américaine, à Rouse's Point. Après avoir rappelé la conduite criminelle des rois de France à l'égard des Canadiens, Genêt lance son invitation.

> Aujourd'hui, nous sommes libres, nous sommes rentrés dans nos droits, nos oppresseurs sont punis, toutes les parties de notre administration sont régénérées et, forts de la justice de notre cause, de notre courage et des immenses moyens que nous avons préparés pour terrasser tous les tyrans, il est enfin en notre pouvoir de vous venger et de vous rendre aussi libres que nous, aussi indépendants que vos voisins les Américains des États-Unis. Canadiens, imitez leurs exemples et le nôtre, la route est tracée, une résolution magnanime peut vous faire sortir de l'état d'abjection où vous êtes plongés. Il dépend de vous de réimprimer sur vos fronts

cette dignité première que la nature a placée sur l'homme et que l'esclavage avait effacée. [...] Tout autour de vous vous invite à la liberté. Le pays que vous habitez a été conquis par vos pères. Il ne doit sa prospérité qu'à leurs soins et aux vôtres. Cette terre vous appartient. Elle doit être indépendante. Rompez donc avec un gouvernement qui dégénère de jour en jour et qui est devenu le plus cruel ennemi de la liberté des peuples.

L'appel de Genêt se termine par l'énumération des avantages que les Canadiens peuvent obtenir en « se libérant de la domination anglaise » :

1. Le Canada sera un État libre et indépendant. 2. Il pourra former des alliances avec la France et les États-Unis. 3. Les Canadiens se choisiront un gouvernement ; ils nommeront eux-mêmes les membres du corps législatif et du pouvoir exécutif. 4. Le veto sera aboli. 5. Toutes les personnes qui auront obtenu le droit de citoyen du Canada pourront être nommées à toutes les places. 6. Les corvées seront abolies. 7. Le commerce jouira de la liberté la plus étendue. 8. Il n'y aura plus de compagnie privilégiée pour le commerce des fourrures, le nouveau gouvernement l'encouragera. 9. Les droits seigneuriaux seront abolis. Les lods et ventes, droit de mouture, de péage, réserve de bois, travaux pour le service des seigneurs, etc., etc., seront également abolis. 10. Seront également abolis tous les titres héréditaires ; il n'existera plus ni lords, ni seigneurs, ni nobles. 11. Tous les cultes seront libres. Les prêtres catholiques nommés par le peuple comme dans la primitive Église jouiront d'un traitement analogue à leur utilité. 12. Les dîmes seront abolies. Il sera établi des écoles dans les paroisses et dans les villes. Il y aura des imprimeries, des institutions pour les hautes sciences, la médecine, les mathématiques. Il sera formé des interprètes qui, reconnus de bonnes mœurs, seront encouragés à civiliser les nations sauvages et à étendre par ce moyen leur commerce avec elles.

Genêt tient à conquérir le Canada. L'attaque se fera par le Saint-Laurent en utilisant les navires de la flotte française qui venait de se mutiner à Saint-Domingue. Les vaisseaux se rendront à Terre-Neuve « pour détruire la pêche des Anglais, précise Genêt dans une lettre du 15 août, reprendre Saint-Pierre, brûler Halifax et sonder en remontant à Québec les dispositions des Canadiens que mes agents excitent à l'insurrection ».

On change de bord

La flotte française quitte la baie de Chesapeake à la mi-octobre et, par suite d'une décision d'un conseil naval, fait voile vers la France plutôt que vers Terre-Neuve. La nouvelle de l'invasion s'était rapidement répandue tant dans les colonies maritimes qu'au Bas-Canada. Déjà, dès le début de la guerre, le lieutenant-gouverneur, par une proclamation le 24 avril 1793, avait averti les propriétaires de tous vaisseaux armés et navires « que Sa Majesté les considérera comme ayant une juste prétention à la part du roi de tous navires français et des effets qu'ils pourront prendre ».

En octobre, à Québec, on appréhende la venue des sept navires français montés, croit-on, par 2500 hommes « pourvus de vêtements d'hiver ». Le Conseil exécutif organise une escorte armée pour protéger les navires marchands en partance pour l'Angleterre.

Le 9 novembre 1793, l'évêque Hubert envoie à tous les curés du diocèse de Québec une lettre circulaire leur exposant la conduite à tenir advenant une invasion française. « Comme il est à craindre, écrit-il, que les habitants de ce pays, surtout dans les campagnes, frappés du nom de Français, ne sachent pas discerner la conduite qu'ils auraient à tenir dans une pareille circonstance ; il nous paraît essentiel que vous leur proposiez les considérations suivantes. »

Et le pasteur énumère les six raisons pour lesquelles, selon lui, les Canadiens doivent demeurer fidèles à l'Angleterre : les capitulations de Québec et Montréal, ainsi que le traité de Paris de 1763, ont signifié que « les liens qui les attachaient à la France ont été entièrement rompus et que toute la fidélité et l'obéissance qu'ils devaient précédemment au roi de France, ils les doivent depuis cette époque à Sa Majesté britannique » ; que le serment prêté par leurs pères lors de la conquête les engagent eux aussi ; que la conduite pleine d'humanité, de douceur et de bienfaisance du gouvernement britannique à leur égard « suffirait pour les y attacher inviolablement ; [...] qu'en particulier la protection constante accordée à leur sainte religion par le même gouvernement doit leur faire désirer avec ardeur de ne jamais passer sous une autre domination » ; que, par suite de la conduite des révolutionnaires français vis-à-vis de leur roi, « le plus grand malheur qui pût arriver au Canada serait de tomber en la possession de ces révolutionnaires » ; enfin « que, dans la conjoncture présente, le gouvernement n'est pas le seul intéressé à éloigner les Français de cette province ; mais que tout fidèle sujet, tout vrai patriote, tout bon catholique, qui désire conserver sa liberté, ses lois, sa morale, sa religion, y est particulièrement et personnellement intéressé ».

Heureusement, la menace française se dissipe d'elle-même, la flotte ne prenant pas le chemin du Canada. Mais elle fait naître, en quelques endroits, divers espoirs qui se traduiront par de mini-soulèvements.

Une nouvelle session

De retour dans la colonie le 23 septembre 1793, lord Dorchester inaugure la deuxième session du premier Parlement le 11 novembre de la même année. Dans son discours inaugural, le gouverneur souligne les deux points principaux sur lesquels devront porter les efforts des députés : « La convenable administration de la justice et les arrangements nécessaires pour la défense et la sûreté de la province sont des objets de telle importance et si indispensablement nécessaires que je suis persuadé que vous ne perdrez point de temps et pour faire telles corrections aux lois existantes qui peuvent procurer la meilleure sûreté à vos personnes et propriétés. »

Avant même que la Chambre d'assemblée n'étudie les modifications à apporter à la loi sur la milice, le gouverneur émet, le 26 novembre, une proclamation concernant la sûreté de la province.

> Diverses personnes mal intentionnées, y lit-on, ayant depuis peu manifesté des tentatives séditieuses et méchantes, pour aliéner l'affection des loyaux sujets de Sa Majesté, par de fausses représentations de la cause et de la conduite des personnes qui exercent actuellement l'autorité suprême en France, et particulièrement certains étrangers, étant de nos ennemis, qui se tiennent cachés dans différentes parties de cette province, agissant de concert avec des personnes dans les

domaines étrangers, avec une intention d'étendre les desseins criminels de tels ennemis de la paix et du bonheur des habitants de cette province, et de toute religion, gouvernement ou ordre social, et étant très expédient de réprimer les desseins méchants et les pratiques séditieuses ci-dessus, et d'être sur ses gardes contre toutes tentatives à troubler la tranquillité, l'ordre et le bon gouvernement de cette colonie ; à ces causes, j'ai jugé à propos, de l'avis du Conseil exécutif de cette province, d'émaner cette présente proclamation, enjoignant et requérant strictement tous magistrats dans et par toute la province, capitaines de milice, officiers de paix et autres bons sujets de Sa Majesté, de faire toute leur diligence pour découvrir toutes et chaque personnes qui pourront tenir des discours séditieux ou autres paroles tendant à la trahison, répandre de fausses nouvelles, publier ou distribuer des papiers, écrits ou imprimés, diffamatoires qui tendent à exciter le mécontentement dans les esprits ou diminuer l'affection desdits sujets de Sa Majesté ou troubler en aucune manière la paix et le bonheur dont on jouit sous le gouvernement de Sa Majesté dans cette colonie. Et j'ordonne auxdits magistrats, capitaines de milice, officiers de paix et autres sujets de Sa Majesté, de faire chacun en particulier, et d'arrêter, ou faire saisir et arrêter toutes et chaque personnes agissantes d'une manière illégale et pernicieuse ; et plus particulièrement tous et chacun tels étrangers étant ennemis comme ci-dessus, et qui sont actuellement ou qui seront trouvés dans les limites de cette province, afin que, et par une exécution rigoureuse des lois, tous contrevenants soient traduits à telle punition qui pourra détourner toutes personnes d'entreprendre de semblables desseins méchants et séditieux commis contre l'ordre et la tranquillité du gouvernement de Sa Majesté et la sûreté, la paix et la prospérité de ses fidèles et loyaux sujets.

Encore une fois, donc, la chasse est ouverte et, en peu de mois, le gibier sera abondant.

La Chambre d'assemblée tarde à étudier la question de la milice. Le 28 janvier 1794, elle reçoit un message du gouverneur l'avertissant que le président Jean-Antoine Panet vient d'être nommé juge de la Cour des Plaidoyers communs. Les députés se choisissent alors un nouvel orateur en la personne du représentant de la circonscription électorale de York, Chartier de Lotbinière. Le problème du quorum refait surface et, le 12 mars 1794, les députés l'abaissent encore une fois. La présence de 18 représentants du peuple sera maintenant suffisante pour que la Chambre puisse siéger.

Le comité formé pour étudier le projet de loi sur la milice présente son rapport le 27 mars et le bill subit sa première lecture. Le 1er avril, il franchit l'étape de la seconde lecture et, après de longues heures de discussion, il est lu, avec modifications, pour la troisième fois, le 19 mai. Le Conseil législatif expédie l'étude du projet de loi qui reçoit l'assentiment du gouverneur le jour de la prorogation de la session, le 31 mai. Six autres bills sont approuvés et un seul est réservé à l'approbation du roi.

Sus aux étrangers

Au cours de la session qui vient de se terminer, les deux corps législatifs s'étaient mis d'accord sur le texte de l'acte « qui établit des règlements concernant les étrangers et certains sujets de Sa Majesté qui, ayant résidé en France, viennent dans cette province ou y résident ; et qui donne pouvoir à Sa Majesté de s'assurer et de détenir des personnes accusées ou soupçonnées de haute trahison ; et pour l'arrêt et l'emprisonnement de toutes personnes qui peuvent individuellement, par des pratiques séditieuses, tenter de troubler le gouvernement de cette province ».

Tout maître ou commandant de navire qui jettera l'ancre au Bas-Canada est obligé de déclarer à un officier du gouvernement le nom des étrangers qui ont fait le voyage à bord. De plus, tous les étrangers sont tenus de s'enregistrer sous peine d'amende, d'emprisonnement et même de déportation. Enfin, ceux qui tiennent hôtel, auberge ou taverne doivent déclarer à un magistrat la présence des étrangers dans leurs établissements.

L'article 18 permet de condamner à mort « sans bénéfice de clergé » les étrangers qui reviendront dans la colonie, après leur expulsion. La France, à cause de sa situation politique, est assimilée à un mauvais lieu.

> Tous et chaque sujets ainsi désignés comme ci-devant qui pourront venir dans cette province après la passation de cet acte et qui sont sujets à déclarer leur rang, emploi et description, précise l'article 28, donneront aussi en même temps et dans la même déclaration, les raisons et la cause pour lesquelles ils ont été en France et y ont résidé, et pour combien de temps et dans quelle partie ils ont résidé et quelles occupations ils y ont eues, et aussi les raisons de venir en cette province, le tout sous les peines et pénalités déclarées dans cet acte contre les étrangers susdits qui viennent en cette province et négligent ou refusent d'obéir audit acte.

La loi reprend les défenses portées dans la proclamation du gouverneur du 26 novembre 1793 et va même beaucoup plus loin.

> Nous avons fait adopter une loi pour suspendre l'*Habeas Corpus* dans les cas de suspicion, de trahison, pour interdire les rassemblements, pour prévenir la venue d'étrangers, pour interdire les discours séditieux et la propagande de fausses nouvelles, affirme le procureur général James Monk dans une lettre à Dundas le 30 mai 1794. Les idées françaises, ajoute-t-il, sont si généralement répandues, le pays en est tellement infecté, qu'il faut à peine compter sur le concours des nouveaux sujets.

Monk impute à la lettre de Genêt l'attitude des Canadiens. Il affirme : « Au grand étonnement de Sa Seigneurie [Dorchester], il découvrit que tout le pays était tellement infecté qu'il ne restait pas d'espoir d'aide de la part des nouveaux sujets de Sa Majesté, parce que de graves menaces ont été proférées contre les quelques individus qui sont demeurés loyaux, et il est surprenant, dans une période si courte pour la corruption, de trouver la même barbarie sauvage qui s'est exercée en France. »

Réforme de la milice

L'acte « qui pourvoit à la meilleure sûreté de cette province par une meilleure organisation de la milice et qui rappelle certains actes ou ordonnances relatifs à icelle », oblige tout homme « résidant ou qui viendra résider dans cette province, depuis l'âge de dix-huit ans jusqu'à soixante (excepté ceux ci-après mentionnés) est déclaré par le présent milicien et obligé de servir dans la milice de la cité, ville, paroisse, village ou seigneurie ou division d'icelle dans lesquels il est domicilié ».

L'article 29 de la loi énumère les personnes qui échappent à ce service militaire obligatoire :

> Les membres du Conseil législatif et de l'Assemblée, les membres du Conseil exécutif, le clergé, les juges des cours civiles et criminelles de cette province, les juges de paix qui auront pris le serment d'office, l'avocat et le solliciteur général, le secrétaire de la province, le député directeur général des Postes et ses députés, l'arpenteur général, les grands voyers, le greffier du terrier des domaines de Sa Majesté, les inspecteurs de police, les officiers à demi-paie, les capitaines et autres officiers de milice ayant obtenu leur retraite, les officiers de la Douane, les shérifs et coroners, les greffiers et officiers commissionnés du Conseil exécutif et de la Législation, les greffiers des cours, les notaires, les geôliers, les huissiers audienciers des cours, les connétables pour le temps d'alors, les maîtres d'école approuvés par le gouverneur, le lieutenant-gouverneur ou la personne ayant l'administration du gouvernement ou par telles personnes autorisées à cet effet, un maître et un aide à chaque poste, les passagers avec licence, un maître meunier à chaque moulin, les étudiants des Séminaires ou Collèges de Québec et Montréal, les médecins, chirurgiens et apothicaires licenciés, et un contremaître pour chaque communauté religieuse de filles.

Ce qui reste de citoyens est soumis à l'enregistrement et à l'enrôlement obligatoires.

Tout comme précédemment, deux fois par année, tous les miliciens devront s'exercer à tirer de l'arme à feu, et ce, sous peine d'amende. Quant aux officiers qui seront négligents dans l'exécution de leur devoir, ils sont passibles de la cour martiale.

Les articles 16 et 17 soulèvent l'inquiétude et la colère de plusieurs habitants à cause des obligations de se battre qu'ils comportent.

> Vu que dans les cas de guerre, d'invasion ou dangers imminents d'iceux, d'insurrections ou d'autres circonstances urgentes, il peut être nécessaire pour la sûreté de la province que toute la milice d'icelle ou partie de la milice de certains districts ou bataillons soit commandée ou incorporée sans perdre de temps ; qu'il soit donc statué par l'autorité susdite que dans tous ou aucun des cas ci-dessus, il sera et pourra être loisible au gouverneur, au lieutenant-gouverneur ou à la personne ayant l'administration du gouvernement, de commander le tout ou telle partie de milice [...] et de les faire aller à tels lieux ou places et en telle manière qui pourront lui paraître plus propres.

Dans un tel cas, la durée du service ne doit pas dépasser six mois à la fois. « Et aucun milicien ne sera ainsi commandé qui sera au-dessus de l'âge de cinquante ans, à moins que le tout de la milice d'aucun district ou bataillon auquel il pourra appartenir ne soit commandé ou incorporé. » Le service militaire, d'après la loi, serait limité au territoire du Haut et du Bas-Canada, « excepté pour la poursuite d'un ennemi qui aurait envahi cette province et excepté aussi pour la destruction d'aucun vaisseau bâti ou prêt à l'être ou aucun dépôt ou magasin établi ou prêt à être établi ou pour l'attaque d'un ennemi qui pourrait s'assembler ou marcher à l'effet d'envahir cette province ; pour l'attaque d'aucune fortification que l'on pourrait ériger pour favoriser l'invasion d'icelle. »

En voilà assez pour que des habitants croient qu'on pourrait les envoyer combattre n'importe où. Des agitateurs profiteront du contenu de cet article pour affirmer que les autorités anglaises vont profiter de ces circonstances pour déporter les Canadiens !

L'article 17 prévoit la méthode à utiliser pour le tirage au sort des miliciens enrégimentés. On procédera habituellement par l'appel d'abord des célibataires. Si des miliciens sont appelés sous les armes, ils reçoivent la même solde que celle allouée aux régiments d'infanterie de Sa Majesté. Si un milicien est tué au combat et qu'il laisse une veuve « avec un ou des enfants nés de mariage légitime » la veuve, sa vie durant, a droit à une rente annuelle de quatre livres monnaie courante. En cas de décès de la veuve, l'article 23 prévoit que la pension sera versée à l'aîné des enfants ou au tuteur « jusqu'à ce que le plus jeune ait atteint l'âge de seize ans ».

Le jour où il accorde sa sanction au projet de loi sur la milice, le gouverneur Dorchester fait écho à la situation de plus en plus tendue qui prévaut dans la colonie. Le 31 mai 1794, il recommande donc aux députés et aux conseillers législatifs d'être vigilants et de faire preuve de loyalisme.

> Vous ferez tous vos efforts, leur dit-il, pour découvrir et amener devant les tribunaux les personnes mal intentionnées qui, par des paroles incendiaires ou par la distribution d'écrits séditieux chercheraient à tromper ceux qui ne sont pas sur leurs gardes et à troubler la paix et le bon ordre de la société ; vous saisirez enfin toutes les occasions de persuader vos compatriotes que les bienfaits dont ils jouissent sous l'heureux empire d'une constitution vraiment libre ne peuvent être conservés que par une sincère obéissance aux lois.

Un vent de désobéissance

Le gouverneur avait bien raison de rappeler aux représentants du peuple qu'ils doivent inciter les habitants à respecter les lois, car, depuis le début de l'année, les manifestations de désobéissance aux lois et de sympathie pour la cause française se multiplient. Le premier incident se produit à Berthier-en-Haut, dans la seigneurie de James Cuthbert, à la mi-janvier 1794. Des habitants dénoncent trois officiers de milice qui les maltraitent et même le seigneur qui les a menacés de son fusil alors qu'ils travaillaient à la réparation d'un pont jeté sur la rivière Bayonne. Les plaignants présentent leurs doléances au gouverneur dans deux pétitions et avancent qu'advenant une insurrection ou une invasion, « il se pourrait que la paix soit troublée si on ne leur accorde pas ce qu'ils exigent ». L'événement est mineur en soi, mais il révèle l'état des esprits.

Le 25 avril 1794, plusieurs Montréalais bravent une nouvelle fois la justice en jetant dans le fleuve le pilori dressé sur la place publique, rue Notre-Dame, en « l'honneur » du coureur de bois Joseph Léveillé, accusé d'escroquerie. L'armée britannique doit intervenir alors que les émeutiers se dirigent vers la prison pour délivrer le prisonnier. Le lendemain, par suite des dénonciations de deux marchands de fourrures, John Howard et Étienne-Charles Campion, des mandats d'arrêt sont émis contre quatre Canadiens, Louis Lachevrotière, Jean-Baptiste Lafortune, Guillaume Leroux et Alexis Vaillant. En septembre, lors de la session de la Cour du Banc du Roi, sept citoyens sont condamnés pour discours ou écrits séditieux contre le gouvernement, dont cinq Canadiens. En plus d'une amende, ces habitants sont condamnés à des peines d'emprisonnement allant d'un mois à un an.

Avant même l'entrée en vigueur de la nouvelle loi sur la milice, le gouverneur Dorchester ordonne la levée de quelques milliers d'hommes, car la rumeur se répand qu'entre le 8 et le 19 juin, une armée française attaquera Québec. Les capitaines de milice doivent donc procéder au tirage au sort des appelés. Dans plusieurs paroisses, l'attitude des gens va de l'abstention à la violence. « Sur les quarante-deux paroisses du district de Québec, qui comptent sept mille hommes aptes au service, écrit l'historien Claude Galarneau, huit paroisses seulement, pour neuf cents hommes, ont obéi aux lois ; quant aux autres, elles semblent déloyales. »

À Québec même, l'opposition au tirage au sort est publique. Selon le témoignage d'Antoine Parent, « hier le 22 mai, François Le Droit dit Perche, menuisier de Québec, sergent de la compagnie [du capitaine Berthelot] allait et venait parmi les hommes alors qu'on mettait dans un chapeau les noms pour le tirage au sort et leur conseillait de ne pas y participer en ces termes : *Ne tirez point, tenez bon, ne vous laissez pas gagner*. Alors les hommes refusèrent de se laisser tirer au sort. »

Le procureur général Monk cite le cas du menuisier Louis Dumontier qui avait déclaré qu'il « faisait une marque à tous ceux qui prenaient les intérêts du gouvernement, comme les habitants faisaient à leurs moutons, afin de les expédier quand les Français seraient ici. [...] Il conseillait aux gens de prendre les armes lorsqu'ils seraient mobilisés et de les tourner contre le gouvernement du roi, aussi de faire une révolte générale à Québec pour forcer les prisons et massacrer les Anglais et les membres du gouvernement. »

Le gouverneur Dorchester fait rapport à Dundas des réactions des habitants de la ville de Québec à l'enrôlement obligatoire : « Le premier jour que quatre compagnies de la ville furent assemblées afin qu'elles puissent fournir leur proportion d'hommes des 2000 miliciens qui devaient être tenus prêts au service actif, ils ont brisé leurs rangs et ont causé une émeute en refusant de laisser tirer leurs noms au sort et de recevoir des commandements. [...] Deux sont en prison à la suite de cette émeute : un sergent pour avoir appuyé les émeutiers et un simple milicien pour avoir jeté son chapeau en l'air en criant : *Vive les Français !* »

Des dépositions sont signées contre Louis Dumontier, Pierre Chartré, Augustin Lavau, Jean Lafosse, Louis Fluet, Charles Giroux, Vocel dit Belhumeur et François Romain.

La Nouvelle-Beauce, la région de Lévis et celle de Beauport font face, elles aussi, à une forte opposition. La plus violente se situe à Charlesbourg et à la Jeune Lorette. Le 19 mai, plus de 500 personnes s'assemblent à Charlesbourg pour protester contre la loi de la milice qui, ce jour-là, venait de subir sa troisième lecture à la Chambre d'assemblée. Jérôme Bédard y va d'un discours enflammé. Selon un témoignage déposé contre lui, il aurait déclaré « qu'il ne fallait pas laisser sortir des paroisses aucun de ceux qui étaient commandés, que l'on devait s'entendre les uns les autres de paroisse en paroisse, que si l'ennemi venait de la ville, il fallait se défendre, qu'il fallait tuer et brûler ceux qui ne voudraient pas se comporter ainsi, et qu'il fallait le tuer et le brûler s'il ne faisait pas ce qu'il disait, et défendit au capitaine Jacques Jobin de leur signifier aucun ordre du roi, qu'ils n'en voulaient plus entendre parler ».

Comme on craint l'arrivée des troupes régulières, on dresse des barricades et on y installe les deux canons que possède le village. Les insurgés sont divisés par groupes qui se chargent de monter la garde jour et nuit. On fait de même à Lorette. La surveillance dure plus d'une semaine, puis se relâche.

Monk, dans un rapport au gouverneur daté du 18 juin, écrit :

> Les Canadiens ont longtemps été habitués à craindre et à respecter le gouvernement qui les maintenait dans leur devoir et obéissance. Comme les chefs s'attendaient à être punis, ils incitèrent la multitude à continuer de résister aux autorités. Que l'alarme ait été donnée par des séditieux ou ait été déclenchée par la peur d'une agression n'est pas encore élucidée, mais quelques jours après cet événement, une alarme circula que les troupes de la ville s'en venaient pour brûler les maisons, saisir les jeunes hommes, etc. L'alarme produisit l'effet attendu. Pendant quelques jours et quelques nuits, on monta la garde et à certains moments il y eut 600 hommes en armes, et dans cette période le village eut peu de communications avec la ville, sinon aucune. Les paysans ne voyant aucune troupe venir de la ville se fatiguèrent de leur entreprise et ils relâchèrent leur garde. Une enquête fut ouverte peu après pour découvrir et arrêter les plus violents et les chefs de ce soulèvement et ils doivent actuellement répondre de leurs crimes devant les tribunaux sous une accusation de haute trahison.

La déposition de Jean-Baptiste Leclair, un habitant du rang de La Misère, situé à Charlesbourg, éclaire un peu les motifs du soulèvement : « On croit que les commandements que l'on fait ne sont pas pour défendre le pays ; mais pour faire des soldats, les répandre dans les régiments et les envoyer hors du pays, soit par terre soit à bord des frégates, et qu'on ne les reverra jamais, qu'après ces premiers commandements, on en fera d'autres pour en faire autant et ainsi jusques à ce que le pays soit dépeuplé. Que d'ailleurs ces ordres ne viennent pas du Général, mais de la Chambre ou à la sollicitation de personnes de la ville, qui désirent avoir des emplois du gouvernement. » En somme, la majorité des Canadiens sont prêts à défendre leurs biens, mais non pas à aller se battre à l'étranger !

La *Gazette* de Québec, dans son édition du 31 juillet 1794, publie des adresses des paroisses de Charlesbourg, Beauport et Pointe-Lévis où les habitants

> reconnaissent leur erreur et se repentent [...] Jacques Jobin, capitaine de milice de Charlesbourg au nom de la compagnie, s'adresse avec confiance au noble représentant du roi pour lui demander pardon de la conduite qu'ils ont dernièrement tenue. Au nom des habitants, le suppliant vient à Son Excellence pour lui jurer fidélité, allégeance, obéissance, et assurer Son Excellence que les jeunes gens et les anciens de la paroisse de Charlesbourg sont prêts d'obéir, comme ils ont toujours fait auparavant cette action en tout ce qui leur sera commandé de la part du roi. Et sous l'auspice de la douceur des lois, à votre souvenir rappelle les deux prisonniers de ladite paroisse et ils vous supplient d'avoir compassion de leur misère.

Juste au-dessus du texte de l'adresse, l'hebdomadaire publie une nouvelle rapportant que les habitants du village de Charlesbourg avaient eux-mêmes conduit à la prison de Québec Pierre Chartré et Jérôme Bédard, accusés de haute trahison. « En découvrant les émissaires de séduction, lit-on dans la nouvelle, les habitants de cette paroisse ont vu les malheurs dans lesquels ils se sont plongés en désobéissant aux lois et ont cherché les meilleurs moyens de détourner les maux que des scélérats mal intentionnés se sont efforcés de causer à des esprits crédules. »

Le 8 octobre, les habitants de Saint-François et de Saint-Joseph de la Nouvelle-Beauce présentent, à leur tour, leur humble soumission au représentant du roi. On y dénonce la conduite « indiscrète, lâche et infidèle » (Saint-François) ou « scandaleuse, déloyale et ingrate » (Saint-Joseph) envers « notre auguste souverain et notre patrie ».

La Chambre d'assemblée du Haut-Canada connaît elle aussi ses problèmes. Non pas sur des questions de langue ou de choix d'orateur, mais en raison du petit nombre de députés. À peine onze d'entre eux assistent aux délibérations et le problème de quorum se pose, là aussi, très souvent.

Un vent de loyalisme

À partir du mois de juillet, un vent de loyalisme souffle sur le Bas-Canada, pendant que plusieurs dizaines de Canadiens accusés de sédition attendent en prison leur procès.

Dès le 4 juin 1794, jour anniversaire de naissance du roi d'Angleterre, plusieurs citoyens de l'Assomption signent une adresse dans laquelle ils soulignent leur attachement au roi et au gouvernement britannique. À Québec, le 28 juin, se forme l'Association loyale qui recueillera environ 7000 signatures favorables.

> Les soussignés, affirme la déclaration de principes, ont regardé avec une peine infinie les efforts que les ennemis de notre mère patrie ont pratiqués pour créer le mécontentement et provoquer par le mensonge à l'infidélité des sujets redevables de leur bonheur et des grands avantages dont ils jouissent à un Empire généreux et bienfaisant. [...] Nous déclarons que nous, les habitants de la cité et du district de Québec sommes fermement attachés à notre gouvernement actuel, à la Grande-Bretagne et à Sa Majesté ; et avec une loyauté pure, sommes pénétrés de reconnaissance pour les avantages dont nous jouissons comme partie de l'Empire britannique. [...] Que conjointement et séparément nous ferons tous nos plus grands efforts pour soutenir notre présente constitution, pour donner au gouvernement exécutif un support vigoureux et efficace ; pour anéantir les efforts des séditieux ; pour les découvrir et amener à une punition légale et exemplaire ; pour arrêter dans ses principes tous tumultes et exertion sous quelque prétexte que ce soit, tendant à troubler la tranquillité publique et nous déclarons, hautement, notre résolution, ferme et confiante d'user de tous moyens en notre pouvoir, dans ces intentions loyales, pour le soutien des lois et du gouvernement sous lesquels nous avons le bonheur de vivre.

Le mouvement loyal fait boule de neige. Le 5 juillet, les bases de l'Association loyale pour la ville et le district de Montréal sont jetées. Le comité recueille, en peu de temps, 3503 signatures. Trois-Rivières, William-Henry, Berthier, Gaspé, etc., font de même.

Le 18 octobre, Thomas Dunn, « chairman » de l'Association loyale, présente un rapport des activités du groupe. Les signatures des gens de la campagne se chiffrent à environ 5900.

> Quelque grand que soit ce nombre, le comité me charge, néanmoins de vous observer qu'il aurait été encore plus considérable, si deux causes n'en avaient arrêté le progrès dans les paroisses de campagne. La première est l'idée qui s'est répandue que les enfants se trouvaient suffisamment engagés par la signature des chefs de familles. La seconde est la répugnance de certains individus à signer volontairement tout engagement écrit ou imprimé, et cela par la défiance qu'ils ont de leurs propres lumières. Cependant, votre comité a été informé qu'entre ces derniers, un grand nombre avait déclaré ouvertement et publiquement qu'ils étaient prêts à se montrer et à se mettre en marche autant de fois que le gouvernement trouverait bon de les appeler à la défense de la province. Les heureux effets, messieurs, qui résultent de l'association sont évidents. Elle a resserré par toute la province les liens qui unissent les loyaux et fidèles sujets de Sa Majesté, en inspirant de la confiance et fortifiant l'ordre social ; la partie du peuple qui avait été abusée est redevenue sensible au bonheur qui résulte de l'obéissance légitime aux lois ; elle a apprécié la douceur dont jouissent tous les sujets britanniques sous le gouvernement de notre très gracieux Souverain et sous les auspices de la Constitution établie.

Le mouvement de loyauté réussit à rétablir, pour un certain temps, un climat de soumission dans le Bas-Canada. Il est l'œuvre du clergé, des notables et des capitaines de milice. Le procureur général Monk peut donc écrire à Dundas le 18 novembre 1794 : « La paix et la soumission ont succédé à la sédition et à la déloyauté. »

La séance orageuse tenue à la Chambre d'assemblée du Bas-Canada, le 21 janvier 1793.

LE DEUXIÈME PARLEMENT
1796-1800

L'AGITATION POLITIQUE ET LE CLIMAT DE CONTESTATION qui règnent au Bas-Canada au cours de la dernière décennie du XVIIIe siècle amènent un rapprochement plus étroit entre l'Église catholique et le pouvoir civil. Monseigneur Jean-François Hubert, dans une lettre du 29 mars 1794 à John Jones, missionnaire à Halifax, souligne cette situation qui se dessinait déjà depuis quelque temps. « Le respect que nous devons aux représentants de Sa Majesté, écrit-il, ne saurait être porté trop loin, puisqu'ils sont assez réservés pour ne rien exiger de contraire à notre conscience. Ajoutez à cela que les agitations surprenantes dans lesquelles la révolution de France jette les esprits des peuples rendent le concert entre l'empire et le sacerdoce plus nécessaire. »

Selon l'abbé Joseph-Octave Plessis, futur évêque de Québec, la Conquête devient même un bienfait de la Providence ; il expose cette théorie, le 27 juin 1794, dans la cathédrale de Québec, au moment où il prononce l'oraison funèbre de Jean-Olivier Briand, décédé deux jours auparavant.

> Les désordres qui régnaient dans cette colonie, déclare-t-il du haut de la chaire, s'étaient élevés jusqu'au ciel, avaient crié vengeance et provoqué la colère du Tout-Puissant. Dieu la désola par les horreurs de la guerre, et ce qui fut considéré par les âmes justes comme un fléau encore plus terrible, l'Église du Canada se trouva veuve et sans chef par la mort du prélat qui la gouvernait depuis dix-neuf ans. Perspective désolante ! Ah ! qu'elle répandit d'amertume dans toutes les familles chrétiennes ! Chacun plaignait son malheureux sort et s'affligeait de ne pouvoir quitter un pays où le royaume de Dieu allait être détruit pour toujours. Nos conquérants, regardés d'un œil ombrageux et jaloux, n'inspiraient que de l'horreur et du saisissement. On ne pouvait se persuader que des hommes étrangers à notre sol, à notre langage, à nos lois, à nos usages et à notre culte, fussent jamais capables de rendre au Canada ce qu'il venait de perdre en changeant de maîtres.

Nation généreuse, qui nous avez fait voir avec tant d'évidence combien ces préjugés étaient faux ; nation industrieuse, qui avez fait germer les richesses que cette terre renfermait dans son sein ; nation exemplaire, qui, dans ce moment de crise, enseignez à l'univers attentif, en quoi consiste cette liberté après laquelle tous les hommes soupirent et dont si peu connaissent les justes bornes ; nation compatissante, qui venez de recueillir avec tant d'humanité les sujets les plus fidèles et les plus maltraités de ce royaume auquel nous appartînmes autrefois ; nation bienfaisante, qui donnez chaque jour au Canada de nouvelles preuves de votre libéralité ; non, non, vous n'êtes pas nos ennemis, ni ceux de nos propriétés que vos lois protègent, ni ceux de notre religion que vous respectez. Pardonnez donc ces premières défiances à un peuple qui n'avait pas encore le bonheur de vous connaître ; et si, après avoir appris le bouleversement de l'État et la destruction du vrai culte en France, et après avoir goûté pendant trente-cinq ans les douceurs de votre empire, il se trouve encore parmi nous quelques esprits assez aveugles ou assez mal intentionnés pour entretenir les mêmes ombrages et inspirer au peuple des désirs criminels de retourner à ses anciens maîtres ; n'imputez pas à la multitude ce qui n'est que le vice d'un petit nombre.

« Le vice d'un petit nombre » a causé assez d'inquiétude aux autorités civiles pour que plusieurs habitants se retrouvent en prison, accusés de sédition et de haute trahison. Les conditions d'incarcération à Québec sont lamentables. À la fin de 1794, une épidémie éclate dans la prison locale et, le 10 janvier 1795, le Conseil exécutif se penche sur la situation, à la suite des plaintes de John Mervin Booth, médecin responsable des hôpitaux britanniques en Amérique du Nord.

Le chercheur Raoul Roy résume ainsi les recommandations du comité formé pour enquêter sur la situation prévalant à la prison de Québec :

Ne pas enfermer plus de deux prisonniers par cellule et [...] séparer ceux qui sont condamnés pour dettes d'avec ceux qui sont accusés de haute trahison. [...] [Les membres du comité] insistent pour que la geôle, qui est sale, soit nettoyée et pour qu'on pourvoie à son aération tous les jours, de même pour qu'un médecin la visite une fois la semaine. Ils constatent que les prisonniers n'ont pas de vêtements ni de literie et que cela contribuerait au rétablissement de leur santé si on leur en fournissait. Selon eux, il s'impose qu'on expédie à la prison des paillasses avec un oreiller pour chaque prisonnier et deux draps ainsi que des couvertures, des pantalons, des chemises et des frocs d'étoffe.

Au cours de mars, les onze détenus accusés de sédition sont relâchés sans avoir subi de procès, comme cela se faisait à l'époque du gouverneur Haldimand.

Toujours les Français

Pendant ce temps, en France, il y a toujours des citoyens qui rêvent de reconquérir le Canada. En février 1795, le sieur Étienne Cébet, originaire de la Nouvelle-France, présente à la Convention nationale un mémoire faisant valoir les avantages d'une telle conquête.

La réunion du Canada à la République soit par la force des armes soit par la loi que la Convention nationale peut donner à une nation rivale et sans foi et elle n'a qu'à le vouloir, affirme-t-il, rapprocherait et resserrerait les liens avec une puissance voisine et amie qui a reconquis sa liberté ; une communication de propriétés ferait disparaître ces guerres intestines alimentées par l'astuce et la perfidie et qui désolent les frontières des États-Unis d'Amérique. Le Sauvage, ami des Français, rentrerait paisible dans sa cabane et reporterait indifféremment aux deux nations voisines les fruits de sa chasse et de sa pêche, et ses vrais enfants de la liberté fraterniseraient comme autrefois avec les deux peuples avec cette franchise, cette aménité que n'offrait qu'une même famille.

En 1795, le Bas-Canada ne recevra pas la visite d'une armée française, mais celle de quelques émigrants qui seront plus ou moins bien reçus. François, duc de La Rochefoucauld-Liancourt, qui séjourne à Kingston comme hôte du lieutenant-gouverneur John Graves Simcoe après un voyage aux États-Unis, se voit refuser l'entrée au Bas-Canada par le gouverneur Dorchester. Ce dernier semble peu apprécier la venue de Français sur son territoire ; il ordonnera même à La Rochefoucauld-Liancourt de quitter le Canada.

Le représentant du roi est plus conciliant, le 10 juillet, lorsque le schooner *Susan Craigie* jette l'ancre devant Québec ayant à son bord cinq réfugiés français, trois esclaves noirs, une mulâtre et son enfant. Dorchester accorde à Louis-Philippe-Gabriel, marquis du Barrail, à Jean-Jacques de l'Épine, à Georges Rolland, à Louis Mascou et à Marie-Louise Beloue la permission de demeurer dans la province pendant quatre mois, « pour qu'ils aient le temps de se procurer la permission de s'y fixer ». Ces immigrants viennent de la Dominique, munis d'une lettre du gouverneur Henry Hamilton. Ils sont démunis de tout et la *Gazette* de Québec, dans son édition du 23 juillet, écrit :

> Ils sont munis des recommandations les plus honorables et néanmoins telle est leur situation que les personnes qui les ont visités se croient obligées de l'exposer à la communication publique et d'inviter les cœurs compatissants à venir immédiatement à leur secours, attendu qu'ils sont dans un besoin général d'argent, de hardes et d'aliments. C'est pourquoi l'on propose de remplir en leur faveur d'ici à la fin de cette semaine, une souscription qui sera ouverte chez M. Pinguet, rue Notre-Dame no 22, chez M. Lester, rue Saint-Pierre no 7 pour la basse ville et chez M. Louis Germain, rue de la Fabrique no 5 ou chez C.C. Hall & Co., sur le marché de la haute ville.

Il faut croire que les donateurs ne furent pas assez nombreux puisque la souscription a duré jusqu'au 1er septembre.

Dans une lettre du 25 juillet à Portland, secrétaire d'État aux Colonies, Dorchester demande aux autorités de la métropole d'avertir ceux qui commandent dans les Indes occidentales « de ne plus laisser ces émigrants venir au Canada, où ils sont à la charge du public et où leur présence n'est pas sans danger ». Le duc de Portland répond le 18 octobre que, par suite du changement survenu aux Antilles où les Anglais sont en force, les émigrants français réfugiés à Québec pourront retourner dans leurs demeures et leurs domaines.

Une session peu fructueuse

La troisième session du premier Parlement du Bas-Canada s'ouvre le 7 janvier 1795 pour se terminer le 14 mai ; il en résulte neuf projets de loi sanctionnés et un réservé pour connaître le bon plaisir de Sa Majesté.

Le 24 février 1795, la Chambre prend connaissance d'une requête présentée par divers habitants de la première concession du fief Gatineau demandant qu'un projet de loi soit adopté pour les unir à la paroisse de la Pointe-du-Lac. Dorchester refusera de sanctionner le bill qui aurait démembré la paroisse de Sainte-Anne de Yamachiche à cause des implications religieuses qu'entraînerait une telle décision. Il préfère attendre les ordres de Londres sur un sujet aussi brûlant, même si le juge en chef William Osgoode avait consulté au préalable l'évêque de Québec et que ce dernier s'était dit d'accord avec le démembrement.

Parmi les nouvelles lois, chacune étant sanctionnée par la formule usuelle : « Au nom de Sa Majesté, je remercie ses loyaux sujets, accepte leur bienveillance et sanctionne ce bill », il y en a une qui impose de nouveaux droits « sur le sucre, la cassonade, le café, le tabac en feuille, le sel, les cartes à jouer » ainsi que sur les vins et eaux-de-vie.

Dans son adresse au gouverneur, le président de la Chambre justifie ainsi le choix des item taxés :

> La Chambre s'est principalement attachée à choisir les objets qui pouvaient le mieux supporter un impôt, sans trop charger le peuple ; le plus grand nombre de ces articles est reconnu être de luxe dans presque tous les pays ; un seul [le sel] est considéré dans quelques-uns comme une nécessité absolue ; mais cette circonstance est amplement compensée par sa consommation générale et par le peu que chaque individu aura à payer ; par la certitude de la perception de l'impôt ; par la difficulté de faire la contrebande d'un effet aussi embarrassant, et enfin par la considération que cet objet peut encore être vendu au consommateur de cette province à un moindre prix que partout ailleurs, et c'est ce qui l'a fait regarder comme un article très convenable à fournir aux revenus.

Une autre loi fixe les droits que devront payer les colporteurs, les porte-cassettes et les petits marchands pour leur licence. La même législation augmente les droits sur les licences pour les personnes qui tiennent des maisons publiques ou détaillent de l'eau-de-vie ou du vin. Une nouvelle législation concerne la salubrité publique. À l'avenir, tout navire arrivant d'un endroit infecté par la fièvre pestilentielle ou par la peste pourra être mis en quarantaine, afin d'empêcher la maladie de se communiquer à la population de la province. Les députés légifèrent aussi sur le partage des droits douaniers entre le Haut et le Bas-Canada. Pour défrayer une partie du coût de son administration, la province supérieure recevra « un huitième des recettes douanières perçues à Québec ».

Le blé, une arme

Quelques jours après la clôture de la session, le gouverneur Dorchester émet une ordonnance interdisant l'exportation de blé, de fleur de blé ou de pois ailleurs qu'en Grande-Bretagne ou dans « le reste de nos domaines ». L'embargo qui entre en vigueur le jour de la signature de l'ordonnance, soit le 18 mai 1795, demeurera en vigueur jusqu'au 10 septembre. Le but visé par cette décision est d'ordre militaire : « Vu que l'exportation du blé, de la fleur de blé et des pois de notre province du Bas-Canada dans les parties étrangères ferait tort et préjudice dans le moment actuel aux intérêts de notre empire, d'autant que de telle exportation non seulement nous priverait et nos sujets d'une ressource qui peut, dans le cours des événements futurs, devenir nécessaire, mais par une réexportation des ports étrangers, pourrait devenir une source de secours pour nos ennemis. »

La récolte de 1795 est inférieure à la moyenne. Les sauterelles ont fait festin avant l'habitant. Pour les chasser, les populations de Saint-Pierre et de Saint-Laurent de l'île d'Orléans obtiennent de l'évêque la permission de faire en juin deux processions publiques en l'espace de deux semaines. Au début de septembre, il y a apparence de disette ; mais, de l'avis du gouverneur, « il est généralement conçu que la récolte actuelle sera suffisante pour suppléer à la consommation de la province et qu'elle fournira assez de blé pour la semence pour l'année prochaine ». Le problème est tout autre : les prix très élevés qu'offrent les agents qui parcourent les campagnes incitent les habitants à se départir de leurs grains, même ceux nécessaires aux semences de l'année suivante.

Une nouvelle proclamation signée le 9 septembre prolonge jusqu'au 10 décembre l'embargo sur les exportations de blé, d'avoine, d'orge, de blé d'Inde, de farine et de biscuit. Car, « telle est l'avidité des habitants pour se prévaloir des hauts prix que plusieurs d'entre eux ont effectivement fait marché de vendre leur petit produit pour l'exportation, et même ont déjà commencé à battre le peu qui devrait être réservé pour la subsistance de leurs familles ».

À la fin de l'année, le gouverneur Dorchester songe à permettre l'importation de denrées en provenance des États-Unis pour pallier le manque de farine. Il croit « que le public serait fort satisfait d'une mesure que réclament les nécessités du temps ». Mais des agitateurs répandent l'idée que des commerçants anglais veulent créer une disette artificielle pour faire augmenter les prix.

Une nouvelle session

Dans son discours inaugural prononcé le 20 novembre 1795 devant les membres de la Chambre d'assemblée et du Conseil législatif, Dorchester fait écho à la situation agricole et explique les raisons de l'embargo. « Il est digne de votre considération, ajoute-t-il, de voir si l'on ne pourrait pas faire encore quelque chose pour prévenir la détresse dont les pauvres peuvent être menacés par la mauvaise récolte. »

Immédiatement après leur retour dans la salle de délibérations, les députés sont saisis d'un projet de loi présenté par le grand voyer Gabriel-Elzéar Taschereau « pour faire, réparer et changer les chemins et ponts dans cette province ». Le bill reçoit alors une lecture proforma. Son adoption engendrera une vague de protestations encore plus importante que celle soulevée par la loi de 1794 sur la milice.

Le 29 décembre, alors que la Chambre étudie en comité les divers articles du projet de loi, plusieurs négociants, marchands et habitants de la ville et du comté de Montréal présentent une requête demandant la permission d'ériger des barrières sur les chemins entre Montréal et Lachine et d'améliorer les conditions routières de la région. Des habitants de Lachine présentent, à leur tour, une autre pétition « exposant le mauvais état du chemin entre ladite paroisse et la ville de Montréal, provenant en grande partie du transport des effets venant ou allant dans le Haut-Canada ou dans le pays des Sauvages et, si la législature juge à propos d'y remédier en érigeant des barrières, conformément à une requête des habitants de Montréal à cet effet, priant d'être exempts de payer, lorsqu'ils passeront avec leurs denrées ou pour leurs affaires particulières, et s'offrant de contribuer à la réparation par un travail annuel ».

À cette époque, en plusieurs endroits, les routes sont déjà à péage. Le 14 avril 1796, on procède à la première lecture de deux projets de lois, le premier portant sur l'établissement d'un chemin de barrière entre Montréal et Lachine, et le second, sur l'ouverture d'un canal navigable entre ces places.

La quatrième session du premier Parlement se termine le 7 mai 1796 par l'adoption du projet de loi sur les chemins et les ponts. Onze autres lois sont sanctionnées par le gouverneur. Un seul bill est réservé pour connaître le bon plaisir de Sa Majesté : il porte sur l'imposition de nouveaux droits.

Une loi controversée

La nouvelle loi sur les ponts et les chemins stipule que les chemins royaux auront trente pieds de largeur et seront sous le contrôle du grand voyer. L'article 3 précise « que tous occupants de terre, soit propriétaire ou fermier, joignante à des chemins royaux, communément appelés chemins de front, feront et entretiendront en bon état lesdits chemins royaux et les fossés d'iceux sur la largeur de leurs dites terres respectives, et feront, entretiendront et répareront les ponts sur les fossés et ruisseaux et les côtes d'icelles qui ne seront pas reconnus ponts ou côtes d'entretien public par les procès-verbaux des grands voyers ou de leurs députés respectivement ».

Quant aux routes reliant une rangée de concessions à l'autre, elles auront seulement vingt pieds de largeur. Les habitants devront de plus nettoyer les fossés, entretenir les clôtures et baliser les chemins l'hiver. Les rivières guéables seront nettoyées et balisées. Les autres cours d'eau seront franchis, lorsque c'est possible, par des ponts en pièces d'une largeur de dix-huit pieds.

Le maximum de journées de corvée que l'on peut légalement exiger d'un habitant se chiffre à douze par année. Si quelqu'un refuse ou néglige de se présenter lorsqu'il est convoqué, il peut être condamné à une amende. Par ailleurs, « toute personne ou personnes sujettes à exécuter le travail prescrit par cet acte, en aucune manière quelconque, comme susdit, pourront compenser pour tel travail, si elles le jugent à propos, en payant à l'inspecteur ou au sous-inspecteur au temps et en la manière ci-après mentionnée la somme d'un chelin et trois deniers courant, pour et au lieu de chaque jour de devoir ou de travail auquel elles seront respectivement sujettes ».

Cet article 54 permettait aux gens fortunés d'échapper aux corvées, alors que les pauvres qui ne pouvaient payer la compensation y étaient assujettis. Par contre, les églises, couvents et sociétés publiques n'échappent pas à la cotisation pour l'entretien des rues ou des chemins. Selon l'historien Thomas Chapais, l'acte pour faire, réparer et changer les chemins et les ponts dans cette province « était une loi d'intérêt public, inspirée par un désir de progrès, mais elle heurtait la routine et les préjugés. Elle imposait des obligations nouvelles, sanctionnées par des poursuites et des amendes assez rigoureuses. Et elle provoqua une résistance qui alla jusqu'aux voies de fait. »

Intermède électoral

Avant que la population ne commence à réagir contre la nouvelle loi, elle est appelée aux urnes pour une deuxième fois. Le 31 mai 1796, le gouverneur Dorchester annonce que le Parlement est dissous et que des élections auront lieu en juin. Dans les journaux, les avis des candidats se ressemblent. À titre d'exemple, voici le message de Jean-Antoine Panet à ses électeurs de la haute ville de Québec, paru dans la *Gazette* de Québec le 9 juin : « Messieurs, la confiance dont vous m'avez honoré par l'élection faite en 1792 m'a tellement attaché à vos droits et intérêts, que je crois de mon devoir de vous offrir de nouveau mes services et de solliciter encore vos voix en ma faveur à l'élection qui doit se faire en cette haute ville, vendredi, le 17 de ce mois. »

Le 10 juin, à l'hôtel Dilon de Montréal, plusieurs artisans de la ville se réunissent pour présenter leurs remerciements aux députés sortant de charge, James McGill, John Richardson, Jean-Baptiste Durocher et Joseph Frobisher. Dans leur réponse, les quatre marchands expriment leur regret de ne pas se présenter à nouveau devant le peuple. « Promus à une charge qui était pour nous tout à la fois et nouvelle et difficile, déclarent-ils, nous ne pouvons nous empêcher de regretter que nos facultés n'aient pas égalé nos inclinations. »

Un électeur qui signe « Un bon citoyen » fait paraître dans la *Gazette* de Québec une série de considérations sur la législature et les qualités que doivent posséder les députés. Selon lui, seuls les membres des classes supérieures de la société peuvent représenter le peuple de façon adéquate et adopter les lois nécessaires.

> Puisqu'il est vrai que l'honneur et le bonheur du Canada dépendent du choix que les habitants font de leurs représentants, on ne saurait assez condamner la présomption et l'impudence de ces ignorants qui, de l'état de forgeron, de charpentier et de cuisinier, voudraient s'élever à celui de législateur et qui, par l'inadvertance d'un nombre de personnes, pourraient arriver à ce poste élevé dans la société. Il ne se peut que les citoyens de Québec et les habitants du Canada mettent leur liberté leur bonheur et leur tranquillité sous une sauvegarde aussi précaire ; ils ont trop de discernement pour établir un système d'égalité qui dissoudrait tous les liens de la société.

Tout comme en 1792, la votation a lieu à diverses dates et les bureaux de votation ouvrent leur porte soit à neuf, dix ou même onze heures du matin. Jean-Antoine Panet dénoncera l'emploi de rhum et de cocardes le jour des élections. Comme il n'a pas utilisé de tels moyens pour assurer sa réélection, il se dit prêt à donner cent piastres « à la fille qui d'entre toutes celles résidentes dans la haute ville de Québec, qui la première y fera publier dans l'une des églises le premier ban de son mariage et qui sera mariée ». Il invite l'autre député élu, William Grant, à faire le même geste, tout en laissant entendre que ce dernier n'a pas reculé à utiliser l'alcool pour assurer ses votes.

Tous les électeurs ne semblent pas avoir suivi les conseils du « bon citoyen », puisque parmi les 50 députés, selon le juge William Osgoode, le nouveau Parlement compte « deux démagogues ne sachant ni lire ni écrire ». Quant au député de

Montréal, Étienne Guy, il n'est âgé que de 22 ans. Selon les recherches de John Hare, les membres du deuxième Parlement sont légèrement plus âgés que ceux du premier, soit 42,4 ans contre 42,1 ; l'âge moyen des 14 députés de langue anglaise est de 32,7 ans, alors que celui des députés de langue française est de 45,4 ans. Un seul député est septuagénaire, Jean-Marie Ducharme, de Montréal, qui compte 73 ans.

Reprise du grabuge

Le grand voyer Taschereau se met rapidement à l'ouvrage pour améliorer le système routier du Bas-Canada. Dans un avis public du 2 juin 1796, il annonce qu'il est de son devoir « de diviser chaque paroisse, seigneurie ou township de son district en plusieurs divisions et d'assigner à chaque division un sous-voyer des chemins et ponts ». En conséquence, entre le 1er septembre et le 15 octobre, les habitants seront appelés à élire les sous-voyers. Entre-temps, le grand voyer nommera pour chaque paroisse, seigneurie ou township, un inspecteur des ponts et chemins et fera le tour du territoire pour décider des ouvrages à entreprendre.

« Les officiers de milice et habitants qui alors seront requis par le grand voyer de lui donner les informations nécessaires pour faire les divisions susdites s'assembleront dans la chambre publique du presbytère de leurs paroisses ou à telle autre place qui leur sera indiquée dans le temps. »

Début juillet, un premier geste de désobéissance est fait à Saint-Jean-Port-Joli. Charles et André Dupoleau dit Duval, François Chamard et Jean Deschênes arrachent les poteaux posés pour indiquer le tracé du chemin. Les deux Dupoleau dit Duval crient « Vive la liberté ! Nous sommes de la convention nationale, nous brisons tout ce que nous rencontrons. » Amenés à comparaître devant le juge de paix Pierre-Ignace Aubert de Gaspé, ils ne cessent d'être arrogants.

> Je ne puis vous exprimer avec quelle indécence les deux Dupoleau dit Duval se sont comportés devant moi, surtout André Dupoleau dit Duval quand il a paru devant moi, raconte le juge de paix. Il m'a dit très insolemment qu'il avait trop de cœur pour donner des cautions et qu'il ne partirait pas de chez moi que je l'eus assuré de ses frais et de son voyage. Il m'a traité de grossier parce qu'il avait son chapeau sur la tête en me parlant et que je lui ai ôté. Lorsque je voulais les faire taire, ils me disaient que les prisonniers avaient la liberté de tout dire.

À Québec, au mois d'août, des habitants refusent de se soumettre à des corvées. Ils crient trois fois hourra et enlèvent les roues de leur charrette. « L'arrestation de cinq leaders, malgré les menaces de 500 femmes, le lendemain, écrit l'historien Jean-Pierre Wallot, produit une accalmie temporaire. »

En septembre, encore une fois la rumeur de la venue d'une flotte française se répand dans la colonie. Quelques Français tentent d'entrer au Bas-Canada en passant par Rouse's Point. Le procureur général Jonathan Sewell, dans son rapport au lieutenant-gouverneur Robert Prescott, successeur de Dorchester, consigne la déposition de Jean-Baptiste Louisneau selon laquelle le 12 septembre, Millière et sept officiers français ont voulu pénétrer dans la province par les bois.

En essayant d'exécuter cette partie de leur plan, ils rencontrèrent tant de difficultés qu'ils s'en désistèrent et retournèrent à la frontière de la province d'où ils dépêchèrent à Montréal deux Canadiens. Joseph Peters, autrement dit Du Calvet, et Jean-Baptiste Louisneau avec des lettres, des papiers et des instructions. À qui les lettres apportées par Du Calvet étaient adressées et quelles étaient ses instructions confidentielles, on n'a jamais pu et on ne pourra probablement jamais le découvrir ; mais, à l'égard des papiers, c'étaient des commissions en blanc pour l'armée républicaine et des adresses incendiaires aux Canadiens, qu'elles excitaient à la révolte. Du Calvet et Louisneau, cependant, avant leur départ, avaient été nommés lieutenants dans *l'armée française d'outre mer* ; et l'objet général de leur mission était de sonder les Canadiens et de provoquer et entretenir parmi eux, autant que possible, un esprit de mécontentement et d'opposition au gouvernement, en toute occasion et pour toute chose.

Les deux agitateurs arrivent à Montréal le 24 septembre et, dès le lendemain, tiennent une réunion dans un des faubourgs de la ville, « pour aviser aux meilleurs moyens d'effectuer une révolution dans la province ; plusieurs personnes y assistèrent ». Selon le procureur général, Du Calvet trouve rapidement son cheval de bataille.

Du Calvet, qui était le chef de la mission, à son arrivée à Montréal, vit tout de suite que l'Acte des chemins (qui était une innovation) pouvait servir beaucoup son dessein. Il fomenta de tout son pouvoir le sentiment de désapprobation excité par cette mesure ; et l'effet de ses efforts fut bientôt apparent. L'opposition à l'exécution de l'Acte devint des plus vives ; à peine si quelques habitants de Montréal firent le travail que cet Acte impose. La majorité s'y refusa absolument et les magistrats naturellement se virent forcés de condamner les réfractaires aux amendes applicables à leur négligence.

Le 2 octobre, le constable Marston se présente à la demeure de Luc Berthelot pour saisir quelques biens, car deux magistrats avaient condamné Berthelot à l'amende pour résistance à l'Acte des chemins. Cinq ou six personnes présentes dans la maison battent le constable. Les agresseurs, à leur tour, sont mis en jugement et condamnés.

Un mandat d'arrestation fut immédiatement lancé contre Berthelot et ceux qui avaient eu part avec lui à l'assaut, raconte le procureur général Sewell ; mais ils se cachèrent ; et comme les choses devenaient de plus en plus sérieuses, il y eut réunion des juges de paix du district, à Montréal, le 4 octobre, pour se concerter sur les mesures qu'il leur paraîtrait à propos de prendre. Le bruit s'était répandu qu'ils se réuniraient au palais de justice et, à l'heure de l'assemblée, cent personnes ou plus, parmi lesquelles était Berthelot, s'attroupèrent autour de l'édifice. Le shérif, averti que Berthelot se trouvait dans la foule, alla l'arrêter en vertu du mandat décerné contre lui, comme je l'ai dit. Il ne se fit aucune tentative pour s'opposer à cette prise de corps ; mais Berthelot n'était pas en son pouvoir depuis plus de cinq minutes, qu'il fut enlevé de ses mains de la manière la plus violente, par la foule, sur la Place d'Armes, un square de Montréal, que le shérif traversait avec son prisonnier pour le mener chez un juge de paix. Pour cette agression contre le shérif et pour la délivrance de Berthelot, quatre personnes ont été traduites aux assises et condamnées.

L'arrestation de Berthelot et de ses compagnons agit comme un ferment de révolte. Le 11 octobre, « un très grand rassemblement eut lieu sur le Champ de Mars à Montréal ; mais il n'y eut de violences envers personne et, à la demande des magistrats, la foule se dispersa ». Le 24 octobre, le constable Marston se présente chez un nommé Latour, un des meneurs. « Il trouva Latour enfermé dans sa maison avec plusieurs de ses amis, bien armés de mousquets, qu'ils dirigèrent vers lui aussitôt qu'ils le virent s'approcher. » Le calme ne revient que le 30 octobre avec l'envoi de deux régiments de soldats réguliers à Montréal.

L'agitation avait aussi gagné les paroisses environnantes. Le 15 octobre, à Sainte-Rose, Charles-François Ferrière tient des discours séditieux et diffamatoires contre l'honorable Chambre d'assemblée, ce qui lui vaut une année de prison ; le 13 octobre, Amable Content organise à Saint-Roch de l'Assomption une assemblée pour protester contre l'Acte des chemins ; il s'en tire avec trois mois d'emprisonnement et une amende de vingt livres. À Saint-Antoine de Longueuil, trois habitants s'opposent à l'approvisionnement du marché de Montréal. À Lachine, Nicolas Despelteau tente d'inciter la population à « commettre des actes d'émeute ». Monseigneur Pierre Denaut, curé de Longueuil, dans une lettre du mardi 18 octobre 1796 à Joseph-Octave Plessis, curé de Québec, cherche à établir les causes d'une telle agitation.

> Les nouvelles de Québec, d'une invasion des Français dans cette province, écrit-il, ont porté la crainte dans le cœur de plusieurs et la joie dans le plus grand nombre. Tous les habitants le désirent. Nous touchons, on dirait, au moment d'une révolution pareille à celle de la France ; des attroupements considérables d'habitants de presque tous les endroits se sont faits tous les jours depuis dimanche ; ils refusent absolument de se soumettre à la loi portée par le bill des chemins. Hier, ils se sont opposés à la prise d'un nommé Berthelot déjà sous la loi ; ils ont saisi rudement le shérif Gray, bourrassé son neveu Ermintinger et mis en fuite le baillif. Tous ont refusé de le cautionner ; on dit qu'ils doivent encore s'attrouper demain en plus grand nombre ; sans doute ils seront plusieurs mille. Les magistrats sont très embarrassés. *Videbitur infra.* La révolution, dit l'histoire, a commencé par des attroupements de femmes affamées, que ne doit-on pas craindre d'hommes entêtés.

La capitale du Bas-Canada n'échappe pas, elle non plus, à l'agitation. Mardi le 6 septembre, le feu prend vers les quatre heures de l'après-midi, dans une étable appartenant à Thomas Dunn, située rue Saint-Louis. Les flammes détruisent ensuite la maison du juge en chef James Monk puis s'attaquent au couvent des Récollets. « En peu de minutes, rapporte la *Gazette* de Québec, le toit et le clocher de l'église éclatèrent et tout le couvent forma un brasier ardent. Il parut alors bien à douter si on sauverait le château ou même la basse ville. » Heureusement, le vent tourne et l'élément destructeur ravage en tout treize ou quatorze maisons. La rumeur se répand alors que des Anglais ont délibérément incendié le couvent des Récollets ! Les esprits sont vraiment surchauffés !

Le 9 octobre, les habitants du faubourg Saint-Roch sont convoqués à une assemblée pour élire les inspecteurs de chemins. La réunion tourne à l'émeute. Un magistrat est insulté et sa vie menacée. Quatre personnes sont accusées et trois d'entre elles sont condamnées à diverses peines. Quant à la quatrième, « elle s'est soustraite aux recherches ».

Le lieutenant-gouverneur Prescott, dans une lettre du 24 octobre, avertit le duc de Portland de la situation qui prévaut dans la colonie.

> Il ne faut pas que j'oublie de dire ici, conclut-il, qu'il y a de fortes raisons de croire que des émissaires de M. [Pierre-Auguste] Adet, le ministre français aux États-Unis, se sont introduits dans la province. Jusqu'à présent, ils se sont dérobés à tous les efforts faits pour les découvrir et l'asile secret qu'ils ont trouvé ne montre que trop bien qu'il existe dans les basses classes de la population une disposition favorable à leur cause. M. Adet lui-même est venu dernièrement sur les frontières de la province. À ces circonstances, je puis ajouter que, tout récemment, la nouvelle de la présence d'une escadre française sur les côtes a été accueillie avec une satisfaction marquée par beaucoup de gens d'ici et qu'elle a encouragé les désordres à Montréal.

Le dimanche 30 octobre 1796, le Conseil exécutif tient une réunion spéciale. Le procureur général Sewell trace un bilan de la situation. Selon lui, les agitateurs français, assez nombreux dans la région de Montréal, seraient responsables de la désaffection de la population. Il parle d'un pamphlet distribué chez les habitants se terminant par cette phrase : « On n'entendra bientôt que le cri de *Vive la République !* depuis le Canada jusqu'à Paris. »

Prescott fait alors lecture de deux proclamations sur lesquelles l'assemblée se dit d'accord. La première ordonne la chasse aux personnes « qui pourront tenir des discours séditieux ou autres paroles tendantes à la trahison, répandre de fausses nouvelles, publier ou distribuer des papiers diffamatoires qui tendent à exciter le mécontentement dans les esprits ou diminuer l'affection desdits sujets de Sa Majesté ou troubler en aucune manière la paix et le bonheur dont on jouit sous le gouvernement de Sa Majesté dans cette colonie ». La seconde proclamation enjoint « à toutes personnes quelconques, étant sujets de France, qui sont arrivés dans cette province depuis le premier jour de mai qui était dans l'an de Notre-Seigneur 1794, de laisser cette province dans l'espace de vingt jours de la date d'icelui ».

Tentation de séduction

Les autorités civiles font appel aux bons services de l'évêque de Québec pour inciter la population à demeurer fidèle à la couronne britannique. Le 5 novembre, Jean-François Hubert fait parvenir une lettre aux curés de son diocèse dans laquelle il écrit :

> Mais comme il ne suffit pas que nous soyons loyaux et fidèles sujets, si les habitants confiés à nos soins se laissent séduire par des ennemis du repos et du bon ordre, et s'ils perdent de vue les règles de dépendance et de subordination que leur prescrit leur religion chrétienne, et sur l'observance desquelles reposent leur félicité particulière et le maintien général de l'harmonie qui doit régner entre les sujets et le souverain ; nous croyons qu'il est plus que jamais de votre devoir de remontrer aux peuples, soit dans vos instructions publiques, soit dans vos conversations particulières, combien ils sont étroitement obligés de se contenir

dans la fidélité qu'ils ont jurée au roi de la Grande-Bretagne dans l'obéissance ponctuelle aux lois et dans l'éloignement de tout esprit qui pourrait leur inspirer ces idées de rébellion et d'indépendance, qui ont fait depuis quelques années de si tristes ravages, et dont il est si fort à désirer que cette partie du globe soit préservée pour toujours.

Il est difficile de mesurer le degré de désaffection des diverses classes de la population canadienne. Le duc de La Rochefoucauld-Liancourt, dans son récit de *Voyage dans les États-Unis d'Amérique*, tente une analyse de la situation.

L'opinion qui prévaut le plus sur le Canada, parmi les officiers [britanniques], est que ce pays n'est et ne sera jamais qu'une charge onéreuse pour l'Angleterre. [...] Ils disent que les Canadiens ne seront jamais un peuple attaché à l'Angleterre ; qu'ils laissent à chaque instant percer leur attachement pour la France, tout en convenant qu'ils sont mieux traités par le gouvernement anglais ; que, s'il fallait lever une milice pour marcher en temps de guerre, la moitié ne s'armerait pas contre les Américains, aucun peut-être contre les Français. [...] La première classe [de la population], composée des seigneurs et des hommes attachés au gouvernement anglais, hait la révolution française dans tous ses principes, et paraît plus exagérée sur ce point que le ministère anglais lui-même. La seconde classe des Canadiens, opposée aux seigneurs et aux seigneuries, aime la révolution française, et quant à ses crimes, ils les détestent sans cesser d'aimer la France. La troisième, c'est-à-dire la dernière classe, aime la France et les Français, sans penser à la révolution, et sans en rien savoir.

Le procureur général Sewell est d'accord avec l'analyse de la position de la dernière classe. « L'ignorance, la profonde ignorance qui caractérise les Canadiens, cela n'est que trop vrai, écrit-il le 12 mai 1797, les dispose naturellement à croire les assertions les plus mensongères. Mais soit que leur conduite procède de l'ignorance ou de la désaffection, le danger pour le gouvernement a été, et sera en toutes semblables conjonctures, également à craindre. »

Une cargaison d'armes

Les craintes et les appréhensions des autorités civiles ne sont pas sans fondement. Un citoyen de la paroisse de Laprairie, probablement Jean-Baptiste Norau, écrit au consul de la république française à New York :

Recevez les vœux de la plus grande partie des Canadiens. Ils aiment tous la France, détestent l'Anglais et désirent ardemment de se voir réunis à la mère patrie dont ils ont été séparés depuis trop longtemps. Ils voient avec peine que la Convention paraît les oublier depuis qu'ils gémissent sous le joug anglais. [...] Les citoyens ci-après nommés entraînent avec eux le suffrage de tous nos habitants, bons patriotes et bons guerriers, ils se réuniront avec les Français qui viendront les arracher au joug anglais au premier signal. Ils seront suivis de tous ceux qu'il est impossible de nommer ici mais qui ont tous le même courage et le même amour pour la France et pour les Français. J'ajouterais que tous m'ont chargé d'offrir aux Français leurs cœurs et leurs bras et que, s'ils eussent pu le faire sans risques, je serais muni de la signature de tous. [Joseph] Papineau à Montréal, Delisle et fils,

Perreau à Québec Dorion, Roy, la paroisse de Laprairie entière dont je suis membre.

Le Directoire, qui succède à la Convention nationale le 27 octobre 1795, semble s'intéresser au sort des Canadiens. Au mois d'août 1796, il accepte de fournir à Ira Allen, du Vermont, la somme de 200 000 francs pour défrayer le coût d'achat des 20 000 fusils et des 24 canons officiellement destinés à la milice de l'État du Vermont, mais vraisemblablement dédiés à une armée de Vermontais, de Canadiens et de Français qui devait envahir la province du Bas-Canada. L'*Olive Branch*, qui avait quitté Ostende est arraisonné par un navire anglais puis amené à Portsmouth.

> Il y avait à bord, écrit le duc de Portland au général Prescott le 20 janvier 1797, M. Ira Allen lequel a déclaré avoir acheté la cargaison en France, par ordre et pour le compte de l'État du Vermont ; mais il ne paraît pas qu'il ait eu ou qu'il ait aucune pièce à produire, émanant soit du gouverneur ou du gouvernement de cet État, pour en justifier. [...] Depuis la capture, cependant, j'ai eu quelque communication avec M. Graham, ancien aide de camp du gouverneur Chittenden, mais qui est maintenant marié et établi dans ce pays. Il m'a fait entendre formellement, d'après la connaissance qu'il a ou qu'il prétend avoir de M. Allen et de ses desseins, que la cargaison en question était destinée pour le Vermont à l'insu ou sans la connivence du gouverneur et du gouvernement de cet État ; qu'elle avait été achetée pour armer les Vermontais, qui, sous la conduite et le commandement de gens du pays, devaient soutenir une insurrection dans le Bas-Canada. [...] D'après lui, leur projet serait de s'emparer de force du fort Saint-Jean et, ensuite, de faire une tentative sur Québec en usant d'intrigues et de ruse ; qu'ils avaient des affidés dans la province, qui n'étaient autres que des sujets de Sa Majesté et des émissaires français.

L'année 1796 est donc marquée au Bas-Canada par toute une série d'événements plus ou moins violents. « Les conditions défavorables de l'agriculture, affirme l'historien Wallot, l'introduction de corvées nouvelles pour l'entretien des routes, les sentiments francophiles et anglophobes de la population, l'enracinement d'idéaux révolutionnaires et le travail patient d'agents étrangers ont accumulé une pression telle que seule l'armée a pu l'endiguer partiellement. Peut-on ravaler ces turbulences de la masse au rang de simples incidents ? »

Et ça recommence !

L'année 1797 commence sous de bons augures à la Pointe-Lévis. Le jour de l'An, les habitants procèdent à l'élection des sous-voyers. Rien d'anormal ne souligne l'événement. Et pourtant, le 9 janvier au soir, raconte l'historien J.-Edmond Roy :

> À la même heure, [les neuf sous-voyers] furent tous empoignés dans leur maison, par neuf bandes différentes, solidement garrotés, et emmenés sous escorte dans un endroit convenu au centre de la paroisse et là on les obligea à renoncer à leur charge et à remettre les instructions qu'ils avaient reçues pour leur gouverne. On raconte même que trois d'entre eux ayant voulu persister à exécuter la loi, furent enfermés dans une maison isolée et inhabitée où on ne leur laissa qu'un pain et un seau d'eau, bien décidés que l'on était à les laisser périr de faim. Les familles

de ces sous-voyers, pleines d'inquiétude sur le sort de leurs chefs, firent, on le comprend, les plus actives perquisitions pour les retrouver, mais ce ne fut que la troisième journée qu'ils les découvrirent et qu'ils purent les délivrer. Il en était temps, car ils étaient exténués.

Le 11 janvier, des mandats d'arrestation sont émis contre quatre des meneurs. Le 25, deux huissiers s'emparent des quatre supposés agitateurs. « Comme ils les conduisaient à Québec, rapporte le procureur général Sewell, ils furent attaqués en chemin par une bande de huit hommes armés de gourdins, qui leur enlevèrent leurs prisonniers de force et leur ordonnèrent de regagner Québec et d'annoncer à ceux qui les avaient envoyés que les habitants de la Pointe-Lévis ne laisseraient pas opérer aucune arrestation dans leur paroisse, ajoutant : "Qu'ils envoient autant de gens qu'ils voudront, nous avons trois cents hommes armés qui sont prêts à soutenir notre détermination". »

Les meneurs sont enfin mis sous arrêt et subissent leur procès devant le juge Pierre-Amable De Bonne. Ignace Lambert, Louis Roberge, François Cantin et François Roberge sont condamnés à six semaines de prison et à l'amende ; Joseph Dussault, François Ale, Louis Lemieux dit Langlais et Gabriel Lemieux, à trois mois de prison et à l'amende ; Louis Cadorette, François Couture, Louis Gaudreau et Charles Cadorette, à six mois de prison et à l'amende, ainsi que Pierre Boucher dit Prisque, Joseph Lemieux, Michel Lemieux, Louis et Étienne Lemieux. Quant à Louis Croteau et Laurent Levasseur, ils sont condamnés à neuf mois de prison et Pierre Huard, à un an.

L'arrivée dans la paroisse de Saint-Nicolas, au début de mai, de Charles Fréchette et d'un nommé Jacob Felt, de son vrai nom David McLane, signifie le début d'une nouvelle histoire, beaucoup plus tragique cette fois ! McLane tente de convaincre quelques personnes de l'aider à fomenter une révolution. Il entre en contact avec le député John Black le 10 mai 1797, mais Black s'empresse de le dénoncer. McLane est accusé de haute trahison le 7 juillet suivant. Reconnu coupable le même jour, il est condamné à être pendu à Québec le 21 juillet. Les autorités veulent en faire un exemple. Après avoir été pendu, le supplicié est décapité et ses entrailles brûlées. À n'en pas douter, cet « exemple » marqua les esprits pour longtemps...

Les députés au travail

La première session du deuxième Parlement s'ouvre officiellement le 26 janvier 1797. Deux jours auparavant, les députés, pour la plupart des nouveaux car seulement treize d'entre eux avaient siégé lors du précédent Parlement, se choisissent un président. Pierre-Amable De Bonne propose la candidature de John Young. John Lee appuie la proposition. Louis Dunière, appuyé par Joseph Planté, propose que Jean-Antoine Panet occupe le siège de l'Orateur. Une majorité de dix-sept voix favorise l'ancien président de la Chambre d'assemblée. Trois députés d'origine britannique appuient la candidature de Panet : George Allsopp, John Black et William Grant. Par contre, trois représentants francophones, tous fonctionnaires dans l'administration publique, votent en faveur de Young, soit Pierre-Amable De Bonne, Charles-Louis Tarieu de Lanaudière et Louis-Charles Foucher.

La session se termine le 2 mai par la sanction accordée à six projets de lois concernant, entre autres, le pilotage sur le fleuve Saint-Laurent entre le bassin de Québec et l'île du Bic, ainsi que l'amélioration à apporter à la navigation jusqu'à Montréal. La loi la plus importante est l'Acte pour mieux préserver le gouvernement de Sa Majesté, Bas-Canada.

Une mesure préventive

La nouvelle loi accorde des pouvoirs accrus au Conseil exécutif dans le secteur judiciaire.

> Il est par les présentes décrété, en vertu de l'autorité susdite, que toute personne ou toutes personnes qui seront en prison dans les limites de cette province du Bas-Canada, le jour où cet acte recevra la sanction royale de Sa Majesté ou après cette date, en vertu d'un mandat d'amener du Conseil exécutif de Sa Majesté de ladite province, signé par trois membres dudit Conseil exécutif, sur une accusation de haute trahison, de non-révélation d'attentat, de suspicion de haute trahison, ou de pratique de trahison, pourront être détenues en prison sans être admises à fournir caution ni mises en liberté sous caution jusqu'au premier mai qui se trouvera en l'an de Notre-Seigneur 1798 ; et qu'aussi longtemps que cet acte sera en vigueur, nul cour ou cours, juge ou juges, juge de paix ou juges de paix, ne pourront admettre à fournir caution ni mettre en jugement aucune personne ou nulles personnes ainsi emprisonnées, sans une autorisation à cette fin du Conseil exécutif de Sa Majesté, signée par trois membres dudit Conseil exécutif, nonobstant tous statut, loi, acte ou ordonnance à ce contraire.

Le gouvernement veut, en somme, avoir les mains libres pour agir au cas où se manifesteraient de nouveaux mouvements de contestation ou de sédition. Les Canadiens deviennent plus prudents dans leurs propos. Philippe Aubert de Gaspé note dans ses *Mémoires* : « On ne se parlait que dans le tuyau de l'oreille de peur de passer pour des *French and bad subjects*. »

Quelques mémoires présentés au Directoire demandent à nouveau d'organiser la conquête du Canada. J. A. B. Rozier, que l'on dit agent du Directoire à New York, fait parvenir aux dirigeants de la France, le 8 juin 1797, un mémoire sur le Canada. Pour lui, la conquête de l'ancienne colonie française est importante pour mettre un frein au développement des États-Unis dont la population, vingt-cinq ans plus tard, atteindrait 64 millions d'habitants.

> Plus la grandeur des États-Unis est inévitable, plus les moyens d'en neutraliser les effets doivent être certains, pour cela ils ne doivent dépendre que de la République [française] seule. Une grande masse de population française dans le sein même de l'Amérique, qui s'accroîtrait dans une proportion relative à celle des États-Unis, qui l'envelopperait bientôt depuis les lacs jusqu'à l'embouchure du Mississipi, qui dominerait sur les hordes sauvages, le plus grand ascendant serait sans contredit un frein puissant, un moyen assuré, de détacher immédiatement de l'union fédérale le Vermont et les États de l'Ouest, de là, on pourrait entretenir ou fomenter la jalousie qui existe entre les États du Nord et ceux du Midi et en hâter la scission. La conquête du Canada offre seule tous ces avantages.

Comme ses prédécesseurs, Rozier échafaude ensuite un plan de conquête dont la réussite est assurée ! Les Français ont déjà de la difficulté en Europe. Les projets de reconquête demeureront lettre morte, même s'ils témoignent d'un espoir durable de voir le Canada retourner au sein des possessions françaises.

Les clans

Lors de l'ouverture de la deuxième session du deuxième Parlement, le 20 février 1798, le gouverneur général Robert Prescott, qui avait été assermenté à ce poste le 27 avril de l'année précédente, fait écho à la situation européenne et rappelle aux membres de la Chambre d'assemblée et du Conseil législatif qu'ils doivent demeurer vigilants « contre les efforts insidieux pour troubler la tranquillité de cette province ».

Les députés, qui doivent parfois ajourner faute de quorum, étudient, entre autres, un projet d'établissement de chambre d'audience « avec des offices convenables », pour les villes de Québec et de Montréal. La session se termine, le 11 mai, par la sanction de seulement cinq projets de lois.

Le climat de cette session avait été plutôt orageux, s'il faut croire Louis-René Chaussegros de Léry qui écrit à Louis de Salaberry le 19 avril 1798 :

> Il est vrai qu'il [Pierre-Amable De Bonne] est très occupé à la Chambre : il s'agit d'un amendement au bill des chemins qui, à mon avis, sera pis après ces amendements. Il y a une opposition de MM. Young, Grant, Lees et Cuthbert. Cette minorité est faible et, comme dit M. Young, *in point of number*. Young mène la majorité haut la main. Il finissait hier un discours, que des vociférations répétées à l'ordre avaient cent fois interrompu. « Chassez-moi, s'écria-t-il, je le désire ; il y a si peu de gloire et d'honneur de siéger parmi *such set of men*. » La majorité est réellement despote. De Bonne et Coffin sont à la tête et l'ouvrage n'avance pas.

Une étude menée par John Hare sur 22 votes pris en Chambre entre 1797 et 1800 montre que le bloc canadien se compose de 24 députés, alors que le groupe des ministériels, qui regroupe 13 députés, comprend 6 anglophones, 2 Canadiens [Foucher et de Lanaudière] et 4 Britanniques dont l'adhésion n'est pas entière. Quant à Pierre-Amable De Bonne, sur 17 votes, il appuie les ministériels 9 fois. Les douze autres députés sont trop souvent absents pour qu'une tendance se dégage.

Une crise de loyalisme

La défaite de la flotte française à Aboukir par le contre-amiral Horatio Nelson, le 1er août 1798, est une excellente occasion d'amener la population à célébrer la gloire des armes britanniques. Le 22 décembre, le gouverneur Prescott émet une proclamation déclarant que le 10 janvier 1799 sera jour d'action de grâces pour remercier Dieu « pour l'intervention de sa divine Providence dans cette victoire signalée sur notre ennemi et pour les bienfaits innombrables et inestimables que nos Royaumes et nos Provinces ont reçus et continuent encore de recevoir de ses mains ».

Samuel Gale, secrétaire de Prescott, demande par lettre à monseigneur Plessis s'il ne serait pas à propos « d'observer un jour d'action de grâces pour la victoire navale remportée par l'amiral Nelson ». Le coadjuteur lui répond qu'il ne peut s'occuper « de faire passer dans les paroisses la proclamation de Son Excellence touchant la fête d'action de grâces ». Les fonctions du ministère, ajoute-t-il, absorbent tout son temps. Plessis écrit ensuite à monseigneur Pierre Denaut, évêque en titre de Québec, pour lui demander « de vouloir bien envoyer un mandement aux fidèles du diocèse à ce sujet ». Le 23 décembre, le coadjuteur pousse la délicatesse jusqu'à faire parvenir à son supérieur un projet de mandement. Dans une lettre au gouverneur, Denaut lui déclare qu'il a préparé un mandement fixant au 1er janvier le jour d'action de grâces qui sera souligné par le chant du *Te Deum*. Plessis se retrouve dans une position délicate quand son évêque refuse d'approuver son projet de mandement, car ce dernier est déjà imprimé. Denaut ne voulait pas donner trop d'éclat à la cérémonie, « c'est une chose qui ne s'est jamais faite, écrit-il à Plessis, et je ne veux pas innover ».

Tel que l'avait décidé Plessis, le jour d'action de grâces a lieu le jeudi 10 janvier 1799. Ce jour-là, dans toutes les églises du diocèse, on célèbre une messe spéciale à l'issue de laquelle on chante le *Te Deum* avec le *Domine salvum fac Regem* et l'oraison pour le roi.

Au jour dit, Plessis prononce dans la cathédrale de Québec un sermon de circonstance dans lequel il dénonce la France révolutionnaire, puis vante la grandeur de l'Angleterre. Cette dernière, selon l'orateur sacré,

> est le grand boulevard sur lequel reposent toutes vos espérances ; si elle triomphe, sa gloire sera votre salut et vous assurera la paix. Mais si elle succombe, c'en est fait de votre repos et de vos gouvernements. [...] Non, mes frères. Ne craignons pas que Dieu nous abandonne si nous lui sommes fidèles. Ce qu'il vient de faire pour nous ne doit inspirer que des idées consolantes pour l'avenir. Il a terrassé nos ennemis perfides. Réjouissons-nous de ce glorieux événement. Tout ce qui affaiblit la France, tend à l'éloigner de nous. Tout ce qui l'en éloigne, assure nos vies, notre liberté, notre repos, nos propriétés, notre culte, notre bonheur. Rendons-en au Dieu des victoires d'immortelles actions de grâces. Prions de conserver longtemps le bienfaisant, l'auguste souverain qui nous gouverne, et de continuer de répandre sur le Canada ses plus abondantes bénédictions .

Pour ne pas demeurer en reste, la Chambre d'assemblée, au cours de la session qui débute le 28 mars 1799, offre de voter la somme de 20 000 livres pour aider le roi à poursuivre la guerre contre la France ! Par contre, elle n'affecte que 5000 livres pour la construction d'un nouveau palais de justice pour le district de Montréal. La session qui marque la fin du XVIIIe siècle est marquée par l'adoption de huit projets de loi dont un qui prévoyait la construction d'un pont sur la rivière Jacques-Cartier.

L'agitation qui a marqué la dernière décennie prendra une nouvelle tournure à l'aube du XIXe siècle. La menace française s'estompera, mais les problèmes politiques créeront une tension très forte.

Le Château Saint-Louis, résidence des gouverneurs

Un grand ménage
1800-1804

L E GÉNÉRAL ROBERT PRESCOTT QUITTE LA COLONIE LE 29 JUILLET 1799, tout en conservant son poste de gouverneur du Canada. Robert Shore Milnes lui succède avec le titre de lieutenant-gouverneur alors que les affaires militaires passent entre les mains du général Peter Hunter. Le 1er novembre 1800, Milnes fait parvenir au duc de Portland une lettre secrète où il trace le profil de la colonie, en décrit les problèmes et esquisse quelques solutions.

Dès que j'ai eu pris en mains l'administration des affaires de cette province, j'ai été extrêmement frappé de la condition incertaine des intérêts du gouvernement. J'ai fait de grands efforts depuis cette époque pour découvrir les causes de cet état de choses, causes qui remontent plus loin que les ministres de Sa Majesté ne le supposent, à mon avis. Je suis tellement persuadé qu'il est nécessaire de s'occuper de ce sujet que je me considère tenu de communiquer à Votre Grâce le résultat de mes observations afin que vous soyez entièrement renseigné sur l'état du pays et que des mesures soient prises pour fortifier le pouvoir exécutif dans le Bas-Canada.

Le premier problème analysé par le lieutenant-gouverneur est la diminution du pouvoir et de l'influence de l'aristocratie dans le Bas-Canada. Quatre causes expliquent ce changement de situation.

La première de ces causes et la plus importante, écrit Milnes, se trouve dans le mode de coloniser cette province à l'origine : d'une part, les cultivateurs (qui forment la grande partie de la population et que l'on appelle habitants) tenant leurs terres en vertu d'un système de tenure indépendant, et d'autre part ceux qui s'appelaient seigneurs conservant un pouvoir insignifiant et ne cherchant guère à augmenter leur influence ou à améliorer leur fortune par le commerce. C'est ainsi que les bonnes familles canadiennes sont presque disparues et qu'un petit nombre peuvent vivre sur leurs terres d'une manière plus opulente que les simples habitants [...] Je crois que la deuxième des causes qui tendent à affaiblir l'influence du gouvernement dans cette province, se trouve dans la prédominance de la religion catholique romaine et dans l'indépendance du clergé. Je constate que cette indépendance dépasse considérablement les limites prescrites par les instructions royales où il est particulièrement déclaré que c'est la volonté de Sa Majesté : qu'aucune personne ne sera admise dans les ordres sacrés ou ne pourra avoir charge d'âmes sans avoir au préalable obtenu une autorisation du gouverneur à cette fin, etc., etc. Comme cette instruction n'a pas été mise en vigueur jusqu'à présent, il s'ensuit que tout le patronage de l'Église a passé entre les mains de l'évêque catholique romain et que toutes les liaisons de ce côté entre le gouvernement et le peuple ont été rompues, car les prêtres ne se considèrent en aucune façon astreints à un autre pouvoir que celui de l'évêque.

Les deux autres causes qui, selon Milnes, expliqueraient l'affaiblissement de l'influence gouvernementale dans la colonie seraient le licenciement de la milice et l'Acte constitutionnel de 1791.

Au temps du gouvernement français, une ordonnance rendue au nom du roi était suffisante pour donner suite aux mesures jugées opportunes sans aucune discussion à cet égard et sans que les habitants doutassent pour un moment de l'opportunité de ces mesures. Mais, depuis l'introduction de la nouvelle constitution en 1792, la situation est bien différente, car tout est discuté au préalable dans la Chambre d'assemblée ; et, à moins qu'il ne soit possible de conserver une certaine prépondérance dans cette Chambre (qui à l'heure présente ne repose pas sur des bases solides comme je le désirerais) le gouvernement exécutif finira par perdre insensiblement tout son pouvoir.

À tous ces problèmes vient s'ajouter l'esprit d'indépendance de la population canadienne : « Chaque habitant cultive autant de terre que possible avec l'aide de sa famille et qu'il est requis pour ses besoins. Or ces habitants pouvant se procurer par eux-mêmes d'une année à l'autre les choses nécessaires constituent la race la plus indépendante que je connaisse, et je ne crois pas que dans aucune partie du monde, il y ait un pays où se trouve établie à ce point l'égalité de situation. »

Pour chacun des problèmes, le lieutenant-gouverneur Milnes avance une solution. La question agraire se résoudra partiellement en concédant les terres de la Couronne en franc et commun socage. Cela aura pour effet d'implanter dans cette province « une population appartenant à la religion protestante et qui se sentira naturellement plus étroitement liée au gouvernement britannique ». Sur le plan religieux, comme l'évêque a demandé au gouvernement britannique une rente plus élevée, un peu d'argent suffirait pour l'amadouer. « C'est une occasion d'attacher plus étroitement l'évêque canadien au gouvernement, s'il plaît à Sa Majesté d'augmenter son traitement de manière à améliorer sa situation, et d'exiger en même temps de sa part une attention particulière à l'égard de cette partie des instructions de Sa Majesté au gouverneur dont j'ai déjà fait mention. »

Quant à la milice, il faudrait redonner du prestige aux capitaines de milice et inciter les Canadiens à voir eux-mêmes à la défense de leur territoire. Un tel changement d'attitude, conjugué à une meilleure utilisation du clergé aura pour conséquence que les nouveaux députés rempliront mieux leur tâche à la Chambre d'assemblée.

Ce prestige ayant fait défaut lors des élections, la composition de l'Assemblée en a souffert, sans compter que le besoin d'hommes instruits qui se fait sentir depuis si longtemps et l'incapacité des Canadiens de payer les dépenses requises pour envoyer leurs fils en Angleterre sont cause qu'il n'y a guère, dans le moment, de sujets qui se préparent à jouer un rôle et bien peu d'hommes de talent dans la classe dirigeante. Pour cela et pour d'autres raisons, le travail de la Chambre d'assemblée est exécuté avec si peu de méthode et de régularité que les plus vieux députés ne savent que penser du résultat de leurs délibérations sur les sujets les plus ordinaires.

Le duc de Portland, secrétaire d'État pour le département de l'Intérieur, dans sa réponse du 6 janvier 1801, précise que les seigneurs devront voir eux-mêmes à trouver les moyens leur permettant de sortir « de leur présente situation médiocre ». Quant aux terres de la Couronne, on verra à ce qu'elles soient surtout concédées à des sujets protestants. Le problème de la milice se règle facilement :

Je propose donc (si toutefois la Législature approuve cette manière de voir) que chaque année, une certaine partie de la milice soit appelée étant désignée au moyen du scrutin et astreinte à des exercices durant trois semaines ou un mois et dont les officiers et les hommes, qui seront appelés, recevront, durant ce laps de temps, la même solde et la même subsistance que les troupes régulières de Sa Majesté. Il devra être statué, cela va sans dire, que les hommes désignés au moyen du scrutin, quelle que soit l'année, ne pourront être choisis de nouveau avant que le reste de la milice ait été appelé. De la sorte, tous les officiers et les hommes seront réunis régulièrement chacun leur tour et bénéficieront des avantages de l'appel.

Vue de Londres, la question religieuse pourrait être solutionnée aisément : il suffit d'appliquer à la lettre les instructions royales !

Quant au clergé catholique romain qui se trouve entièrement indépendant du gouverneur, je dois vous faire remarquer que je ne connais pas les causes qui ont fait mettre de côté cette partie des instructions du roi, prescrivant que nulle personne ne pourra recevoir les ordres sacrés ni avoir charge d'âmes, sans avoir au préalable obtenu une autorisation du gouverneur. Je considère qu'il est non seulement très important mais absolument nécessaire de rétablir ce pouvoir que le gouvernement devra exercer et d'exiger l'autorisation requise pour entrer dans les ordres sacrés, et je dois vous demander de vous efforcer de faire observer cette partie des instructions par tous les moyens que permet la prudence. C'est donc vous dire que je serai heureux de voir adopter votre proposition d'augmenter l'allocation de l'évêque catholique, si une augmentation de ce genre, quelque considérable qu'elle soit, doit avoir l'effet de restituer au représentant du roi au Canada ce pouvoir et ce contrôle essentiellement nécessaire à l'exercice de son autorité et expressément énoncés par le 44e article de vos instructions, ci-dessus mentionné.

La nouvelle orientation politique est claire, mais le temps et les circonstances mettront un frein à sa mise en pratique. Les points essentiels de la lutte qui s'engage se résument ainsi : diminution de l'influence du clergé et de la Chambre d'assemblée, renforcement de l'autorité des capitaines de milice et accent plus fort sur l'instruction dans un esprit anglais et protestant pour former une classe dirigeante plus instruite et plus sympathique à la cause britannique.

Le troisième Parlement

Dans une proclamation royale datée du 4 juin 1800, le lieutenant-gouverneur Milnes annonce la dissolution du Parlement et la tenue d'élections générales. Dès le lendemain de la publication de la proclamation, des candidats commencent à publier des annonces dans les journaux de Québec et de Montréal. Louis Dunière, qui représentait la circonscription de Hertford, fait part au public de son intention de ne plus briguer les suffrages et il ajoute quelques recommandations révélatrices : « Comme la charge de législateur requiert une grande capacité et du loisir et que je ne possède ni l'un ni l'autre, je ne présumerai plus de vous servir dans une tâche si difficile à remplir. Si j'osais vous offrir un conseil, ce serait de choisir des représentants instruits, assidus et respectables, sans examiner leur origine ou leur nation. Les hommes, en bien des sens, sous un même gouvernement, sont égaux, mais leurs talents unis à de bonnes mœurs les font distinguer. »

La campagne électorale se déroule sans anicroche, sauf dans la circonscription d'Effingham. Le curé de Terrebonne, Louis Beaumont, décide de participer activement à la cabale en faveur du candidat sortant Charles-Jean-Baptiste Bouc. Ce dernier, accusé devant les tribunaux « du crime de conspiration pour obtenir injustement et frauduleusement d'Étienne Drouin diverses sommes considérables d'argent », avait été expulsé de la Chambre d'assemblée le 2 avril précédent, ce qui ne l'empêche pas de se présenter à nouveau devant ses électeurs et de s'opposer à l'avocat général Louis-Charles Foucher. Bouc remporte la victoire et le curé célèbre alors une grand-messe d'action de grâces « pour la réélection de son martyr ». Milnes proteste alors auprès de l'évêque Denaut qui « se voit dans l'obligation de le changer de paroisse ». Beaumont devient bientôt curé de Verchères.

En 1800, la composition ethnique de la Chambre est la même qu'en 1792, soit 35 députés francophones et 15 anglophones. Une étude de John Hare révèle que l'ensemble de la députation est plus âgée que précédemment : 46,2 ans contre 42,4 en 1796 et 42,1 en 1792. L'âge moyen des députés anglophones diminue alors que celui des francophones augmente, passant, pour ces derniers, de 42,4 ans en 1792 à 49,9 ans en 1800.

La première session du troisième Parlement est inaugurée le jeudi 8 janvier 1801. Les députés procèdent d'abord au choix d'un président. Joseph-François Perrault propose la candidature de Pierre-Amable De Bonne, laquelle est rejetée par 23 voix contre 7. Puis Jean-Antoine Panet est réélu orateur de façon unanime. La séance est alors ajournée jusqu'au samedi 10 janvier, date où le lieutenant-gouverneur Milnes prononce son discours inaugural. Après avoir fait allusion aux négociations de paix qui se déroulent en Europe, il recommande aux députés de continuer la mise en vigueur de la loi sur la sécurité publique. Il demande ensuite à la Chambre de se pencher sur le problème des incendies et sur les moyens d'améliorer le sort des aliénés. « Je dois encore vous engager, ajoute-t-il, à considérer si l'on ne pourrait pas trouver des moyens plus efficaces pour prévenir la pratique inhumaine d'exposer et d'abandonner les enfants nouveau-nés, sorte de crime dont il n'y a déjà que trop d'exemples. »

Milnes fait ensuite part aux députés que « c'est le bon plaisir du roi » qu'ils s'occupent d'améliorer l'instruction dans la province.

> C'est avec une vraie satisfaction que je vous informe qu'il a plu gracieusement à Sa Majesté, qui veille avec un soin paternel au bonheur et à la prospérité de ses sujets en cette colonie, de donner des instructions pour établir un nombre compétent d'écoles gratuites pour l'instruction des enfants dans les premiers éléments, des connaissances utiles et dans la langue anglaise et même pour fonder, lorsque l'occasion l'exigera, des établissements d'une nature plus étendue. Il a plu encore à Sa Majesté de signifier ses intentions royales à l'effet de réserver une partie convenable de terres de la Couronne dont les revenus seront appliqués à cet objet. Je puis avec sincérité vous assurer que je regarderai toujours comme une des plus agréables circonstances de mon administration d'avoir été chargé d'annoncer à la province une institution si avantageuse à la génération naissante.

Une école anglicisante

Les pressions exercées par l'évêque anglican de Québec, Jacob Mountain, ne sont peut-être pas étrangères à la décision des autorités gouvernementales d'intervenir dans le secteur scolaire.

> L'ignorance totale de la langue anglaise de la part des Canadiens, écrit Mountain à Milnes le 19 octobre 1799, établit une ligne de démarcation entre eux et les sujets de Sa Majesté en cette province, démarcation nuisible au bien-être et à la félicité des deux éléments et contribue à diviser en deux peuples ceux que leur situation, leurs intérêts communs et leur égale participation aux mêmes lois et à la même forme de gouvernement devraient unir en un seul. [...] Un certain nombre de maîtres d'école anglais seraient employés et payés par le gouvernement. On en placerait un dans chacune des cités et villes et dans les villages les plus considérables, dans le but et sous l'obligation expresse d'enseigner l'anglais gratuitement à un certain nombre d'enfants canadiens et l'écriture et l'arithmétique en sus, moyennant une rétribution modérée.

Le Conseil exécutif du Bas-Canada et le lieutenant-gouverneur donnent leur appui au projet de Mountain et suggèrent que les biens des jésuites soient, en partie, consacrés au financement des nouvelles écoles.

Le 16 mars 1800 disparaît l'unique survivant de la Société de Jésus au Canada, Jean-Joseph Casot. Le 8 mars précédent, Milnes avait ordonné aux shérifs des différentes villes où les jésuites possédaient des biens « de prendre possession réelle et actuelle de tous et chacun des terres, biens et propriétés mobiliers et immobiliers, de quelque description et nature qu'ils soient, et de toute partie et parcelle d'iceux [...] ayant appartenu au ci-devant Ordre des Jésuites ». Les revenus générés par ces biens sont suffisants pour financer un système scolaire naissant. Mais lord Amherst continue à lorgner la propriété de ces biens en récompense pour la conquête de la Nouvelle-France.

À Londres, le duc de Portland appuie sans réserve le projet d'écoles « anglicisantes ». Il écrit à Milnes, le 12 juillet 1800 : « Je n'appuie pas seulement les sentiments exprimés par l'évêque [anglican] de Québec et par le Conseil exécutif, mais je suis d'opinion que les écoles gratuites proposées à cet effet devraient être établies à la condition expresse que l'anglais serait enseigné gratuitement aux enfants des sujets de Sa Majesté résidant dans le district pour lequel de telles écoles seraient établies, sans aucune restriction quant au nombre de ces élèves. »

Lors de la séance du 7 février 1801, le juge député De Bonne saisit la Chambre d'assemblée d'une pétition de divers habitants de la ville et du district de Trois-Rivières demandant l'aide gouvernementale pour établir une école « pour y enseigner les deux langues, si indispensablement nécessaires en cette province, et les premiers principes des sciences ». Une semaine plus tard exactement, on procède à la première lecture du « bill pour l'établissement des écoles gratuites et l'avancement des sciences dans cette province ». La deuxième lecture a lieu le 20 février et, le lendemain, le député Joseph-François Perrault présente un nouveau projet de loi « pour établir des écoles publiques dans les paroisses du Bas-Canada ». La mesure n'a pas l'heur de plaire à quelques députés, car le 28 février John Young, appuyé par James Cuthbert, propose que le « bill Perrault » soit mis de côté, ce qui est accepté par un vote de seize voix contre sept.

Le 10 mars, le projet de loi initial subit sa troisième lecture puis il est acheminé au Conseil législatif qui y apporte quelques modifications, lesquelles sont ensuite discutées par la Chambre d'assemblée. Le 24 mars, le texte modifié est définitivement accepté par les députés. Deux semaines plus tard, soit le 8 avril, lors de la clôture de la session, le lieutenant-gouverneur décide de ne pas accorder la sanction royale au projet de loi, mais de la réserver en attendant la décision royale à ce sujet. Le Conseil privé de Sa Majesté se prononcera favorablement sur la loi, le 7 avril 1802.

L'article premier de la loi scolaire de 1801 autorise le gouverneur à nommer les syndics « des écoles de Fondation royale en cette province et de toutes autres institutions de Fondation royale pour l'avancement des sciences ». Les syndics forment un corps constitué connu sous le nom de « Institution royale pour l'avancement des sciences » et « ils seront habiles et capables suivant la loi d'acheter, prendre, avoir, tenir, recevoir, jouir, posséder et détenir sans licence, en main-morte ou lettres d'amortissement, tous établissements, terres, possessions et immeubles, argent, effets, biens et immeubles qui seront ci-après payés, donnés, concédés, achetés, appropriés, testés ou légués en aucune manière ou voie quelconque, pour et en faveur desdites écoles et Institutions de Fondation royale pour les fins de l'éducation et pour l'avancement des sciences en cette province ».

L'article quatrième autorise le gouverneur ou son représentant à nommer le président et les divers officiers de la corporation, lesquels pourront faire tous les règlements nécessaires au bon fonctionnement des écoles. Mais la sanction du gouverneur est nécessaire pour la mise en application de tous les règlements. Le même article soustrait à la loi scolaire de 1801 les écoles déjà établies : « Pourvu aussi que rien ici contenu n'aura rapport ou ne sera entendu avoir rapport, ni préjudicier directement ou indirectement aux communautés religieuses qui existent maintenant de fait, ni à aucune maison d'école ou institution qui existe aussi de fait dans cette province, ni à aucunes corporations légalement établies ou qui seront établies par la loi dans cette province, ni à aucune école privée ou autres établissements privés actuellement établis ou qui seront ci-après établis par des individus pour les fins d'éducation. »

Le rôle des commissaires se définit dans les articles cinq, six et sept. Nommés par le gouverneur, ils seront responsables du choix d'un terrain pour construire l'école qui devra aussi servir de logement pour le ou les maîtres d'école.

Aucune école ne pourra être établie en vertu de la nouvelle loi sans l'assentiment de la majorité des habitants « offrant de l'ériger à leurs propres frais ». À l'occasion, lesdites écoles serviront aussi « à la tenue des cours de circuit qui ont lieu chaque année dans les différents districts de cette province ou autres cours qui pourraient s'y tenir et aussi à la tenue des polls qui auraient lieu sur les élections des représentants pour servir le Parlement provincial, lorsque telle élection se fera dans aucune paroisse [...] où telle maison d'école sera érigée ».

La nomination des maîtres et la fixation de leur salaire relèvent également de l'autorité du gouverneur.

Le clergé sera lent à réagir à cette tentative d'accaparement du secteur de l'instruction par le gouvernement. Par ailleurs, les Canadiens montreront peu d'enthousiasme à défrayer le coût de construction des écoles. Ce qui explique le peu de succès de l'Institution royale de 1801. « Par méfiance et par souci des intérêts établis, affirme l'historien Fernand Ouellet, on a fait mauvaise presse à cette loi. On a même parlé d'entreprise quelque peu diabolique. Il est incontestable que certains promoteurs de ce système ne portaient pas une affection bien forte aux Canadiens français ; mais il est non moins évident que les adversaires de la loi y ont vu des objectifs qu'elle n'avait pas en réalité. »

Les palais de Justice

Le 3 juin 1799, le gouverneur général Robert Prescott accorde la sanction royale à l'« Acte pour ériger des salles d'audience avec des offices convenables dans les districts de Québec et de Montréal et pour défrayer les dépenses d'icelles ». Des commissaires sont alors nommés pour choisir les emplacements, faire dresser les plans et organiser les travaux de construction. À Québec, on choisit sur le côté nord de la rue Saint-Louis « une partie du terrain où étaient situés l'ancien monastère, l'église et le jardin des Récollets, détruits par un incendie en 1796 ». À Montréal, les commissaires désignent une partie du terrain détenu par les pères jésuites rue Notre-Dame, et obtiennent gratuitement l'emplacement où s'élèvera le palais de Justice.

Au début de 1801, on se rend compte que les sommes allouées pour les deux constructions sont nettement insuffisantes. Le lieutenant-gouverneur demande donc aux députés d'étudier la possibilité d'accorder des crédits additionnels. Les représentants du peuple répondent à l'adresse de Milnes en avançant l'argent nécessaire. Le palais de Justice de Québec, construit d'après les plans de l'architecte

François Baillairgé, sera terminé en 1804. Quant à celui de Montréal, il sera ouvert au public vers la même époque.

Encore Montréal

Lors de la session de 1801, la ville de Montréal est à l'honneur à la Chambre d'assemblée. Deux projets de lois la concernent directement : l'organisation d'un aqueduc et la démolition des vieux murs.

Le 21 janvier, le député James McGill présente aux députés une requête des magistrats et principaux habitants de la cité de Montréal où ils exposent :

> Qu'un bill fut passé dans la Chambre d'assemblée durant la dernière session à l'effet de donner les moyens aux suppliants de fournir la ville et les faubourgs de Montréal d'une eau pure et saine, lequel fut suspendu par l'autre branche de la Législature [Conseil législatif]. Qu'ils demandent de nouveau permission d'introduire le même bill, afin de le faire passer en loi ; mais les suppliants, d'après l'information et l'expérience qu'ils ont acquises depuis l'année dernière, prient humblement qu'il leur soit permis de représenter qu'on devrait leur allouer le privilège de faire passer l'eau à travers les terres des particuliers et de faire usage des sources qui pourraient s'y trouver, en payant aux propriétaires telle compensation raisonnable dont les parties pourraient convenir ou, en cas de différend, ainsi qu'il pourrait être jugé proportionné au tort soutenu par six tenanciers respectables, dont trois seraient choisis par chacune des parties.

Les requérants, en compensation des sommes qu'ils investissent dans le projet et du risque qu'ils courent, demandent qu'on leur alloue « le privilège exclusif de fournir d'eau la ville et les faubourgs de Montréal durant l'espace de cent ans, à compter de la passation de cet acte ». Joseph Frobisher et ses associés, qui forment le groupe des requérants, soulignent les problèmes d'approvisionnement à certaines périodes de l'année. « Les habitants de Montréal, depuis sa fondation jusqu'à aujourd'hui, ont été dans la nécessité de transporter du fleuve toute l'eau à l'usage de leurs familles, laquelle, au printemps, en été et en automne, est rendue trouble et extrêmement sale par les vidanges de la ville. »

Le projet de loi « pour fournir de l'eau à la cité de Montréal et aux parties adjacentes » franchit l'étape de la première lecture le 28 janvier 1801 et de la deuxième, le 2 février. Il subit des modifications lors de son étude en comité plénier et au Conseil législatif. La sanction royale lui est accordée, sans restriction, le 8 avril.

La compagnie qui opère sous quatre raisons sociales, Compagnie des Eaux de Montréal, Montreal Water Works, Compagnie des Propriétaires des Eaux de Montréal et Company of Proprietors of the Montreal Water Works, appartient à cinq actionnaires anglophones : Joseph Frobisher, John Gray, Daniel Sutherland, Thomas Schieffelin et Stephen Sewell. Ce n'est qu'en 1805 que le système d'aqueduc entre en opération. Les usagers doivent signer un contrat rédigé soit en français, soit en anglais, en vertu duquel ils s'engagent à payer semestriellement la somme de sept piastres et à ne pas laisser leurs voisins venir s'approvisionner chez eux. Les clients s'engagent de plus à ne pas donner ou vendre l'eau des robinets.

Le deuxième projet de loi concerne les murs de Montréal, construits à la suite de l'arrêt royal de 1724, qui menacent ruines et, comme le précise le préambule de la loi, « il est expédient d'abattre et enlever lesdits murs et fortifications qui existent encore, mais dans un état ruineux, et de pourvoir autrement à l'amélioration de ladite cité de Montréal par de nouvelles places, carrés et rues qui seront tracés, ouverts et faits au lieu et place desdits murs et fortifications ou terrains adjacents [...] Il est juste et raisonnable, ajoute-t-on, que le terrain maintenant occupé par lesdits murs et fortifications qui n'appartiennent pas à Sa Majesté soit remis aux propriétaires légaux d'icelui, leurs hoirs ou ayant cause. »

Des commissaires sont nommés pour étudier les droits de propriété et la Cour du Banc du Roi de Montréal est mandatée pour statuer sur les prétentions des réclamants. Aucune réclamation ne sera étudiée après le 1er mai 1817.

Le projet de démolition des murs de Montréal est présenté à la Chambre d'assemblée le 26 janvier 1801. Le texte du projet de loi qui a pour titre *Acte pour abattre les anciens murs et fortifications qui entourent la cité de Montréal et pour pourvoir autrement à la salubrité, commodité et embellissement de ladite cité* est plusieurs fois modifié. Le lieutenant-gouverneur Milnes décide de réserver le projet de loi afin de mieux connaître le point de vue des autorités militaires de la métropole. La sanction royale est accordée le 7 avril 1802.

> L'Acte de 1801, précise l'historienne Albertine Ferland-Angers, autorisait le Gouverneur à réserver pour l'usage militaire le Champ de Mars, le site entier de la Citadelle, de la Fourrière et des Casernes. La Couronne conserva tous ces terrains intacts jusqu'en 1819. [...] Le site de la citadelle comprenait tout le terrain borné au sud-ouest par la rue Bonsecours ; au nord-ouest, par la ligne de profondeur des emplacements ayant front sur la rue Saint-Louis ; au nord-est, par la rue Lacroix ; au sud-est par la ligne de profondeur des emplacements ayant front sur la rue Saint-Paul.

Toujours la guerre

En 1801, l'état de guerre existe toujours entre la France et l'Angleterre. Les États-Unis, malgré une certaine sympathie pour la cause napoléonienne, demeurent neutres. Dans la colonie, les autorités gouvernementales conservent toujours leur méfiance vis-à-vis de tout ce qui est français. Elles appréhendent aussi les menées américaines. Au début de juin, les officiers et soldats du premier Bataillon des Royaux Volontaires canadiens se cotisent et recueillent 500 livres sterling qu'ils remettent au lieutenant-gouverneur Milnes afin qu'il fasse parvenir la somme en Angleterre « à l'effet de contribuer à la poursuite de la présente guerre ».

En septembre, cinq ou six personnes sont arrêtées à Montréal, soupçonnées d'avoir fait partie d'une société « sur les principes du jacobinisme et de l'illuminisme ». Un Américain du nom de Rogers serait l'instigateur du mouvement. Le mois suivant, des habitants de la ville forment des associations de police pour exercer une surveillance constante. Le général Peter Hunter juge bon de distribuer 600 fusils à des miliciens pour les mettre en état de se défendre, advenant une attaque.

Le 11 octobre, la frégate royale anglaise *Resistance* jette l'ancre dans le port de Québec, en provenance de Portsmouth, qu'elle avait quitté le 2 août. En route, le navire avait capturé un bâtiment français en provenance de la Guyane, ayant à son bord onze prêtres français. Milnes refuse à ces derniers la permission de descendre, sauf en ce qui concerne l'abbé Nicolas-Aubin Thorel qui, dangereusement malade, est transporté à l'Hôpital Général. Le jour même de leur arrivée, les Français écrivent à l'évêque de Québec pour lui faire part de leur situation.

> Nous apprenons, déclarent-ils, que le gouvernement oppose des difficultés à notre descente à Québec et que nous devons retourner en Europe sur le navire où nous sommes. Cependant nous sommes exténués de fatigue et de misère, dénués de tout, altérés, desséchés même par des aliments brûlants depuis près de trois mois, déjà épuisés par un séjour d'environ quatre ans dans le climat dévorant de la Guyane où nous n'avions pour nourriture qu'un peu de koura ou son de manine, de mauvaise viande et de morue pourrie ; âgés pour la plupart de 50 à 60 ans ; plusieurs même infirmes ; comment au sortir d'un climat brûlant pourrions-nous supporter le froid glacial de celui-ci et de la mer ? Nous n'avons qu'un seul désir, c'est celui d'aller à terre pour pouvoir nous y rafraîchir et profiter des premiers beaux temps, si notre séjour est mal vu à Québec, pour aller à la Nouvelle-Angleterre et y traiter de notre passage pour la France.

Milnes ne modifie pas sa position et les prêtres français demeurent à bord de la *Resistance* jusqu'à son départ pour l'Angleterre, le 30 octobre. Quelques semaines plus tard, soit le 8 décembre, on apprend à Québec que des accords préliminaires de paix ont été signés le 1er octobre entre la France et l'Angleterre. Le traité de paix est signé à Amiens le 27 mars 1802. Quatre mois plus tard, soit le 27 juillet, le lieutenant-gouverneur Milnes signe une proclamation « enjoignant et commandant strictement par la présente que des actions de grâces soient généralement rendues au Dieu tout-puissant pour ces actes de miséricorde et qu'elles soient observées dans toute l'étendue de notre dite province du Bas-Canada, jeudi le douzième jour d'août prochain ».

L'évêque de Québec, dans un mandement, ordonne donc, pour célébrer la paix, « que, jeudi, le douzième du présent mois, on chantera dans toutes les églises de ce diocèse, suivant le rite des plus grandes solennités, une messe conforme à l'office du jour, suivie du *Te Deum* avec le *Domine Salvum fac Regem* et l'oraison pour le roi ». Monseigneur Denaut profite de la circonstance pour dénoncer la conduite de Napoléon Bonaparte :

> Le gouvernement sous lequel nous avons le bonheur de vivre avait été obligé, par la droiture de ses principes, aussi bien que par la nécessité des circonstances, de s'armer contre une nation puissante, dont les agents coupables n'aspiraient alors à rien moins qu'à la destruction de tous les trônes et de tous les autels. [...] Mais enfin, après neuf ans d'une guerre sanglante et opiniâtre, le Dieu des armées a cessé de répandre sur le monde chrétien le calice de ses vengeances. [...] Mais, en louant les bontés du Seigneur, n'oublions jamais qu'après lui nous devons cette longue suite de prospérités au monarque bienfaisant qui nous gouverne, à la nation généreuse qui nous protège ; n'oublions jamais que, tandis que nous jouissions dans nos foyers de la sécurité la plus parfaite, le sang britannique

coulait sur les champs de bataille pour protéger nos jours, que tandis que nous recueillions paisiblement les fruits de nos moissons et les richesses de notre commerce, les trésors de la mère patrie s'épuisaient pour garantir nos propriétés ; n'oublions jamais des bienfaits si signalés, et que nos vœux les plus ardents pour notre Auguste Souverain se mêlent aux actions de grâces que nous rendons à Dieu pour le don précieux de la paix.

Mince menu législatif

La session qui s'ouvre, le 11 janvier 1802, sera peu fructueuse. Les députés étudieront les moyens à prendre « pour prévenir l'introduction des maladies pestilentielles ou contagieuses » et pour favoriser la culture du chanvre dans la province. Plusieurs heures sont consacrées par les représentants du peuple à l'étude du cas du député Bouc qu'on expulse à nouveau de la Chambre d'assemblée. La session est prorogée le 6 avril, sans que les députés n'aient réussi à se voter une indemnité. Depuis 1792, les élus doivent défrayer eux-mêmes tous les coûts occasionnés par leur séjour à Québec. Une première tentative pour qu'un certain montant soit voté a lieu lors de la session de 1799, mais la majorité se prononce contre le projet. Au cours de la session de 1802, le député du comté de Québec, Michel-Amable Berthelot Dartigny, propose que les membres et le président de la Chambre soient indemnisés. Le député De Bonne, juge par surcroît et favorisé sous le rapport de la fortune, demande que la proposition de son confrère soit publiée dans les journaux de Québec et de Montréal pendant trois semaines consécutives, ce qui a pour effet de tuer le projet.

La troisième session du troisième Parlement, se déroulant à Québec du 8 février au 18 avril, est aussi peu fructueuse que la précédente. Dans son discours d'ouverture, le lieutenant-gouverneur Milnes avait tracé un certain programme législatif.

> Je crois convenable de vous informer, déclare-t-il aux députés et aux membres du Conseil législatif, que des représentations de la part des Grands Jurés de Québec et de Montréal ont été mises devant moi, lesquelles démontrent clairement l'insuffisance et le manque de sûreté des prisons actuelles, ainsi que la nécessité urgente de pourvoir à des maisons de correction dans leurs districts respectifs. À Montréal, la prison n'est aucunement capable de garder les prisonniers en sûreté ; à Québec, elle ne peut fournir les commodités que l'humanité et la politique requièrent. Ce sujet exige de votre part une attention sérieuse et immédiate.

Lors de sa représentation au lieutenant-gouverneur, le grand jury de Québec avait déploré le fait que les prisonniers de la capitale gelaient dans leurs cellules et que la seule peine qu'ils subissaient était leur incarcération. « Leurs amis, affirme-t-il, ont le privilège de leur apporter toute espèce de provision et, comme ils sont ainsi dans un état de complète oisiveté et en constante compagnie d'autres criminels, ils sont en danger de quitter la prison, après l'expiration de leur sentence, plus endurcis dans le vice qu'ils n'étaient lorsqu'ils y sont entrés. »

Le 16 février, un comité de sept membres est formé pour « s'enquérir des terrains propres à faire construire les prisons [à Québec et à Montréal] et des frais de construction et d'en faire rapport à la Chambre ». Le Comité remet son rapport le 23 mars. Le 1ᵉʳ avril suivant, les députés rédigent une adresse au lieutenant-gouverneur où ils déclarent « que, vu l'état avancé de la session et les subsides nécessaires pour de tels objets, la Chambre ne pouvait pas aller plus loin pour le présent ». Le projet est donc reporté à la session suivante. Le « bill pour empêcher l'inhumation des morts dans les églises de cette province et dans les cimetières en dedans des villes de Québec et de Montréal » subit le même sort.

Une session de guerre

Au printemps de 1803, selon certaines rumeurs circulant tant à Montréal qu'à Québec, des émissaires de Bonaparte au nombre de six ou huit, deux Français, deux Écossais et les autres des Irlandais, tous munis de commissions de la République française, tenteraient de soulever des habitants de la région de Montréal contre le gouvernement anglais. Quatre Canadiens, Pailleur, Mézières, de Léry et Villeray, serviraient d'intermédiaires. Dans une lettre confidentielle datée du 1ᵉʳ juin, le lieutenant-gouverneur Milnes sent le besoin d'avertir les autorités de la métropole de la situation. Il revient sur le sujet le 24, en affirmant cette fois que « les Canadiens s'accommodent plus du gouvernement anglais qu'à toute autre époque antérieure ». Advenant une guerre avec les États-Unis, le représentant du roi « ne doute pas que les Canadiens se déclarent contre l'ennemi, mais avec la France ce pourrait être différent ».

Devant la tournure des événements, Milnes convoque le Parlement, le 2 août 1803. « Ce n'est pas sans regret, déclare-t-il dans son discours inaugural, que je me rends à la nécessité de convoquer le Parlement provincial à cette saison de l'année, mais je sens qu'il est de mon devoir de ne perdre aucun temps pour vous communiquer l'information que j'ai reçue du commencement des hostilités entre l'empire britannique et la République française. »

La session est prorogée le 11 août et les députés avaient réussi, en aussi peu de temps, à étudier et approuver quatre projets de loi qui reçoivent tous la sanction royale : l'Acte pour la meilleure préservation du gouvernement de Sa Majesté tel qu'il est heureusement établi par la loi en cette province ; l'Acte pour établir des règlements concernant les étrangers et certains sujets de Sa Majesté qui, ayant résidé en France, viennent dans cette province ou y résident ; l'Acte en faveur de Pierre-Joseph Chevrefils et l'Acte pour la plus ample publication de certains actes du Parlement provincial.

Pour faire suite à la loi concernant les Français, le Conseil exécutif se réunit le 13 août et le lieutenant-gouverneur en conseil ordonne alors

> à toutes personnes quelconques, qui sont sujets de la république française ou batave, et qui ne sont pas des régnicoles ou qui ne sont pas naturalisés par un acte du Parlement, ni sujets de Sa Majesté par la conquête ou la cession du Canada, et qui sont arrivés dans cette province depuis le premier jour de mai, qui était dans l'an de Notre-Seigneur mil sept cent quatre-vingt-douze, de laisser cette province le ou avant le dernier jour du présent mois et eux tous et chacun d'eux, qui sont sujets nés naturels de la République française ou batave, comme susdit, sont ordonnés par la présente de partir en conséquence.

Monseigneur Plessis n'est pas lent à réagir. Le 25 août, il écrit à Milnes pour lui faire part de sa perplexité au sujet des prêtres français établis dans la colonie. Seulement cinq sur vingt sont naturalisés. Il demande donc que le lieutenant-gouverneur donne des instructions spéciales « pour que les prêtres français qui se trouvent actuellement dans la province soient à l'abri des poursuites ». Il se porte personnellement garant de leur fidélité au gouvernement britannique. Milnes, même s'il considère que « l'introduction de prêtres de France a beaucoup contribué à affaiblir le sentiment de confiance du clergé canadien dans le gouvernement de Sa Majesté », accepte que les prêtres français demeurent au Bas-Canada.

Alors que l'on craint les menées d'agitateurs, une série d'incendies criminels ravage une partie de la ville de Montréal. Le 6 juin 1803, vers les trois heures de l'après-midi, les cloches annoncent qu'un incendie fait rage dans le faubourg Saint-Laurent. En moins d'une heure, plus de quinze maisons sont la proie des flammes. Cet incendie n'est pas aussitôt sous contrôle qu'un autre éclate rue Notre-Dame, au cœur de la ville. La prison, l'église des jésuites, l'église protestante, le collège des sulpiciens et une vingtaine de maisons ne sont plus que cendres. Le 31 juillet, deux autres maisons sont incendiées.

Les autorités soupçonnent un ou des incendiaires d'être responsables de ces incendies et, le 10 août, le lieutenant-gouverneur Milnes promet la somme de 500 livres à celui qui amènera l'arrestation des coupables. Plusieurs autres incendies sont allumés çà et là. Les magistrats du district de Montréal offrent la somme de 250 louis ou mille piastres « à quiconque découvrira le coupable ou les coupables dudit crime ». À Québec, le greffier de la paix, George Pyke, fait publier dans la *Gazette* l'avertissement suivant : « Comme il y a raison de croire, d'après les circonstances récentes qui ont eu lieu, qu'il y a dans cette ville quelqu'incendiaires qui sont au guet, le public est en conséquence averti de se tenir en garde contre leurs attentats et d'y apporter la plus grande attention. » Les citoyens de la capitale établissent même une patrouille de nuit pour surveiller les diverses rues de la ville et des faubourgs.

À Montréal, le samedi 13 août, à six heures du matin, « on trouva une quantité de charbons ardents sur une tablette au coin d'un appentis de M. Langan, qui avaient communiqué le feu à cette partie de la ville qui avait échappé aux premiers ravages de cet élément destructif et qui y eussent porté au bout de quelques minutes la désolation, si la Providence divine n'eut pas interposé. Les magistrats prennent tous les moyens nécessaires pour découvrir l'auteur de ces horribles attentats ».

Le calme semble revenir, car les journaux ne rapportent plus d'incendies en série. Certains soupçonnent des éléments subversifs à la solde de l'ennemi d'être les responsables des crimes d'incendiat !

Encore des espions

Le 2 décembre 1803, Barclay, consul général de la Grande-Bretagne à New York, avertit par lettre le lieutenant-gouverneur Milnes que Jérôme Bonaparte, le jeune frère de Napoléon « a l'intention d'aller à Albany pour communiquer avec les Français du Bas-Canada et, probablement après cela d'aller, au lac Champlain où demeure un Français du nom de Rous, qui passe pour prêter assistance aux déserteurs anglais ». Le consul donne le signalement du suspect :

> Jérôme Bonaparte paraît avoir environ 21 ans ; taille, 5 pieds 6 ou 7 pouces ; délicatement charpenté, teint blême, menton pointu et proéminent, cheveux bruns coupés courts (mais il ajoute quelquefois une queue et est poudré) et yeux noirs. Un gentleman, qui se fait appeler Alexander, le suit : taille, de 5 pieds 9 pouces à 5 pieds 10 pouces, teint clair, un peu grêlé, épaisse chevelure d'un blond ardent, [et] une remarquable protubérance sur la partie de l'oreille gauche à travers laquelle se pratique ordinairement le trou où suspendre un anneau.

John Richardson, de Montréal, fait rapport à Milnes que Bonaparte et Rous « ne sont pas venus à Albany, bien que l'on crût là qu'ils avaient l'intention de visiter cette ville pendant l'hiver ». Milnes, à son tour, est averti des allées et venues des personnages suspects. Le 17 mai 1804, Richardson écrit à Herman Witsius Ryland, secrétaire du Conseil exécutif, qu'il a appris par un nommé Pichon, à Washington, qu'il « est recommandé aux amis de la France en Canada de se tenir tranquilles, afin d'éviter les soupçons [...] Un certain nombre d'embarcations à destination de Saint-Domingue, ajoute-t-il, avait eu l'intention d'envahir le Canada, mais pour différentes raisons le projet fut abandonné ». À Londres, lord Camden, dans une lettre à Milnes datée du 7 juin, recommande la prudence. « Bien que rien ne paraisse confirmer la supposition qu'il y a des émissaires français dans la province, vous n'en devrez pas moins continuer à faire surveiller les étrangers et les personnes suspectes.

À la mi-octobre, Milnes est toujours convaincu que peu de choses troublent la paix, car, affirme-t-il, « le pays n'a jamais été plus tranquille ».

Pour rappeler aux Canadiens leurs devoirs de fidélité et de reconnaissance, les autorités civiles et religieuses se donnent à nouveau la main. Dans une proclamation signée au Château Saint-Louis le 10 janvier 1804, le lieutenant-gouverneur décrète que le 1er février suivant sera jour de jeûne.

> Sachez qu'ayant pris en notre sérieuse considération la guerre juste et nécessaire dans laquelle nous sommes engagés et mettant notre confiance dans le Dieu Tout-Puissant, qu'il voudra bien bénir nos armes tant sur mer que sur terre, nous avons résolu, de l'avis de notre Conseil exécutif de notre dite province, nous commandons, par ces présentes, qu'un jour public de jeûne et d'humiliation soit observé dans notre province du Bas-Canada, mercredi, le premier jour de février prochain, et que nous nous humilions ainsi que notre peuple, devant le Dieu Tout-Puissant, afin d'obtenir le pardon de nos péchés et faire parvenir à la divine Majesté, de la manière la plus dévote et la plus solennelle, nos prières et nos supplications, pour détourner ces jugements rigoureux que nos prévarications sans nombre ont justement mérités, l'implorant de secourir et bénir nos armes, et par ce moyen, de nous rendre et rétablir dans nos domaines la paix et la prospérité. Et nous enjoignons et commandons strictement que ledit jeûne public soit religieusement et dévotement observé par tous nos bien aimés sujets dans notre dite province du Bas-Canada, qui désirent obtenir la faveur du Tout-Puissant et éviter son courroux et son indignation, et ce sous peine de telle puni-

tion que nous pourrons justement infliger, sur tous ceux qui mépriseront ou négligeront de remplir un devoir si religieux et si nécessaire.

Cinq jours après la proclamation royale, l'évêque de Québec publie un mandement qui ordonne la même chose, plus une messe votive *Protempore belli*, la récitation du psaume *Miserere*, du *Domine salvum fac regem* et de l'oraison *Pro rege et ejus exercitu*. Monseigneur Pierre Denaut recommande à tous les fidèles de « sanctifier ce jour par le jeûne, la prière et les autres bonnes œuvres propres à détourner de dessus nos têtes les fléaux de la justice divine, que nous avons mérités par nos péchés ».

De l'avis de la *Gazette* de Québec, la population se conforme exactement aux demandes formulées dans la proclamation et le mandement !

Une dernière session

La cinquième session du troisième Parlement débute le 14 février 1804. La sécurité publique, le soulagement des personnes dérangées et des enfants abandonnés, la lutte contre les incendies et le contrôle des étrangers apparaissent au lieutenant-gouverneur comme autant de sujets dignes de retenir l'attention de la députation. Mais la question des prisons semble primordiale : « La destruction de la prison de Montréal, déclare Milnes dans son discours inaugural, effet d'une de ces calamités désastreuses et la difficulté de trouver un endroit sûr et convenable pour la détention des prisonniers m'ont obligé de ne pas différer un instant à faire faire à la vieille prison les réparations qui étaient nécessaires pour pouvoir s'en servir avec sûreté pour le moment ; et je ferai mettre devant vous un compte des dépenses encourues à cette fin. »

Le 10 mars, le grand jury de Montréal fait des représentations sur la nécessité de construire une nouvelle prison. « La prison actuelle, affirme-t-il, n'est autre chose que les ruines de l'ancienne prison ravagée par l'incendie ; ces ruines ont été réparées tant bien que mal, et si les détenus y sont à l'abri des rigueurs du temps, rien n'empêche qu'ils s'en évadent quand bon leur semble. » Les députés étudient donc en comité, le 27 mars, « les voies et moyens de construire une prison solide et permanente à Montréal ». Mais encore une fois, la session prendra fin avant qu'une décision finale soit prise à ce sujet.

Les déserteurs des forces régulières de Sa Majesté constituent une plaie pour l'armée anglaise. Le 2 mars, un sergent, un caporal et cinq soldats réguliers sont passés par les armes à Québec, accusés de désertion et d'avoir fait le projet de mutinerie et de désertion. Onze autres soldats, convaincus des mêmes crimes, sont condamnés au bannissement comme félons. Les députés étudient donc un projet de loi « pour l'encouragement de ceux qui arrêtent les déserteurs des forces régulières de Sa Majesté en cette province ». La loi, sanctionnée le 2 mai 1804, accorde une récompense de dix livres, argent courant de cette province pour l'arrestation d'un déserteur. Cet acte « sera en force durant la présente guerre et de là jusqu'à la fin de la session alors prochaine du Parlement provincial et pas plus longtemps ».

Une loi pour encourager la culture du chanvre et une autre qui « règle la manière dont le bœuf et le lard qui seront exportés de la province du Bas-Canada seront salés, mis en futailles et examinés », sont votées.

L'absentéisme demeure le problème majeur de la Chambre d'assemblée. Le 16 mars, les députés doivent ramener le quorum à seulement douze membres, soit une présence de moins de 25 pour cent de la députation totale ! Au cours du troisième Parlement, selon l'étude de John Hare, les blocs se précisent en Chambre.

La « vieille prison » de Montréal, érigée rue Notre-Dame en 1806.

PREMIERS
AFFRONTEMENTS
1804-1807

À L'ÉTÉ DE 1804, la population du Bas-Canada est appelée à voter pour la quatrième fois depuis l'entrée en vigueur de l'Acte constitutionnel de 1791. Les writs d'élections sont émis le 18 juin et sont retournables le 6 août suivant, sauf pour la circonscription de Gaspé où les résultats définitifs doivent parvenir aux autorités avant le 5 septembre.

Encore une fois, les élections ont lieu à diverses dates suivant les différentes circonscriptions électorales. Dans la haute ville de Québec, la votation débute le 2 juillet, sur la place de l'évêché ; dans la basse ville, le 5, sur la place du marché. Pour le comté de Québec, le husting est dressé à la limite de Charlesbourg, le 9 juillet. Louis Guy, l'officier rapporteur de la région de Montréal, fixe au 2 juillet, sur le Champ de Mars, l'élection des deux représentants du quartier de l'est de Montréal. Les électeurs du quartier ouest voteront à partir du 9, sur la Place d'Armes, près de l'église paroissiale. Le choix des représentants du comté de Mont-réal se fera à la porte de l'église paroissiale de Saint-Laurent, le 16 juillet.

Dès le début de la campagne électorale, soit le 18 juin, la *Gazette* de Québec publie une lettre adressée aux électeurs de la province du Bas-Canada et signée du pseudonyme Le Canadien patriote.

> Jusqu'à présent, compatriotes, nous nous sommes montrés, par notre conduite pusillanime et inconséquente dans les élections de nos représentants, indignes de cette précieuse liberté qui fait le bonheur d'un peuple ; bonheur qui est envié de toutes les nations, et dont il ne dépend que de nous de jouir par la faveur de notre auguste souverain. [...] On a insinué dans le public que les employés du gouver-nement, les seigneurs et les marchands riches ne devraient avoir aucun suffrage

pour nous représenter ; et ce, sous le spécieux, mais frivole prétexte, que leurs intérêts sont contraires à ceux du public. C'est une erreur qui ne peut être suggérée que par l'ambition et la jalousie. C'est enfin une erreur d'autant plus préjudiciable qu'elle nous priverait de la plus saine portion des personnes en état, par leurs moyens, par leur éducation et leurs connaissances, de nous représenter dignement.

Les juges candidats

Parmi les candidats aux élections se trouvent deux juges, Pierre-Amable De Bonne et Louis-Charles Foucher. Une opposition se dessine déjà contre la présence des juges à la Chambre d'assemblée. De Bonne se fait attaquer personnellement par « Jean Baptiste, journalier », dans la *Gazette* de Québec du 28 juin 1804.

> Je suis un de ces pauvres gens qui sont souvent sujets à être poursuivis dans la Cour de ce district pour les causes civiles au-dessous de dix livres courant et où je serais bienheureux de trouver un patron tel que vous, monsieur ; c'est pourquoi je bénis le Ciel qui vous a inspiré l'idée de vous offrir comme candidat à la prochaine élection de représentants pour la haute ville de Québec, ayant en mon pouvoir de vous donner une bonne vote [*sic*] ; je stipulerai seulement qu'en retour, vous prononcerez en ma faveur toutes les fois que je serai poursuivi moi-même ou que je ferai poursuivre quelqu'un dans la Cour susmentionnée ; et je puis vous assurer, monsieur, que si vous voulez bien faire la même convention avec tous les autres journaliers qui ont des votes, vous ne manquerez pas de siéger comme notre représentant, malgré tout ce que peuvent faire les Grant, les Panet, etc., etc., pour vous empêcher d'avoir cet honneur.

Juste avant la votation, De Bonne retire sa candidature dans la circonscription de la haute ville de Québec pour aller se faire élire dans le comté de Québec. Le 4 juillet, dans son message de remerciement à ses électeurs, Jean-Antoine Panet fait allusion à la décision de son adversaire : « Le juge candidat a lui-même avoué publiquement qu'il commençait à sentir l'incompatibilité dans laquelle le juge le plus honorable, le plus modéré et le plus intègre tomberait en sollicitant ou acceptant des suffrages à une élection au centre même de son domicile et de sa juridiction. Il avait signé ce jugement de sa main dès la constitution des Cours de Justice ; et il était de son intérêt de se désister ; il l'a fait et s'évite les reproches de prétendues faveurs de la moitié des plaideurs qu'il est obligé de condamner. »

Dans la circonscription de Warwick, le seigneur de Berthier, James Cuthbert, offre cent piastres de récompense à qui dévoilera le nom de l'auteur d'une circulaire anonyme l'attaquant. Quant au candidat défait de la basse ville de Québec, John Mure, il proteste contre le fait que l'officier rapporteur, lors de la clôture du scrutin, ait refusé « de scruter les voix données durant l'élection », affirmant qu'il n'avait pas l'autorité compétente pour accepter ou refuser la demande. Mure a le temps d'aller se faire élire dans le comté de York.

Les électeurs de la circonscription de Hampshire assistent à une lutte serrée entre quatre candidats : François Huot, Joseph Planté, Louis-Antoine Juchereau Duchesnay et Mathew Macnider. Pour permettre au notaire Planté de gagner, le marchand Huot se retire de la lutte. Dès l'issue de la votation où Planté et Juchereau

Duchesnay remportent la victoire, les accusations commencent à pleuvoir. Planté déclare à ses électeurs : « Vous avez par la force de la vérité triomphé des brigues, des cabales et d'autres moyens jusqu'alors inconnus dans les élections de cette province. » Puis il lance une accusation précise : « Je suis bien éloigné d'attribuer, comme quelques-uns l'ont fait, cette étrange révolution dans les opinions à l'influence d'un certain monsieur célèbre dans le maquignonnage, ni à celle du digne curé J... et du grave curé D...b [Dubord]. J'ai au contraire une obligation singulière à ces messieurs de ce qu'ils ont bien voulu m'être opposés. »

Quant au candidat défait Macnider, il accuse Planté d'avoir agité un fanion racial en insistant sur son caractère anglais.

> M. Planté, écrit-il le 24 juillet à ses dignes amis, les électeurs du comté de Hampshire, n'a pas lieu de se glorifier de son élection. Si ce n'eût été les stratagèmes de ses amis, messieurs Panet, Berthelot, Raby, Germain, Larue, Lachevrotière, capitaine de milice, Labadie et cinquante autres du même caractère, qui n'avaient d'autre influence dans le comté que leurs talents à répandre des bruits préjudiciables aux intérêts anglais dans le pays, moyen qui leur réussit, je suis mortifié de le dire, parmi les gens faibles et ignorants, il ne pourrait pas se vanter d'être votre représentant ; mais si on en venait à scruter les voix, vous connaissez très bien le droit que je pourrais réclamer et soutenir dans la chambre. Vous savez, messieurs, qu'à la Pointe-aux-Trembles, on amena jusqu'aux malades, les personnes âgées et les aveugles ; et M. Planté et ses amis eurent assez d'ingéniosité pour répandre de faux bruits, afin de persuader plus de trois cents voteurs de la paroisse de Saint-Augustin, dans les villages de Champigny, de Bélair, etc., qu'ils sacrifieront leurs plus chers intérêts s'ils votaient pour un Anglais. C'est par ces moyens que l'élection fut gagnée par le patriote et l'ami du gouvernement, M. Planté.

Sur les cinquante députés qui formeront le quatrième Parlement, 34 sont francophones et 16 anglophones. Une vingtaine faisaient partie du précédent parlement.

La guerre des titres

Les élections ne sont en sorte qu'un intermède dans la vie de la colonie. Elles ont quand même laissé percer quelques modifications de mentalité : la lutte devient plus rude, l'appartenance ethnique est soulevée plus facilement et quelques prêtres participent activement aux joutes électorales.

Plus importante est la question religieuse et l'opposition entre les évêques catholique et protestant devient de notoriété publique. Lord Hobart, secrétaire de la Guerre et des Colonies, écrit au lieutenant-gouverneur Milnes, le 9 janvier 1804 :

> Après un examen minutieux des importants sujets dont parle la communication de l'évêque [anglican] de Québec [...], j'ai l'honneur de vous dire qu'avec tout le désir d'apporter une juste attention aux suggestions d'un personnage aussi distingué, on n'a pas jugé à-propos, dans les circonstances présentes, de recommander qu'on agite toute la question qui pourrait être de nature à provoquer des différends entre les chefs de l'Église protestante et de l'Église catholique romaine,

et il est en conséquence très à désirer que vous fassiez remarquer aux deux évêques combien il convient de s'abstenir de tous actes qui pourraient avoir l'effet de créer un malaise mutuel ou de l'irritation dans l'esprit du clergé ou des personnes qui professent les religions qu'ils dirigent respectivement. Il sera de la plus haute opportunité que vous signifiez à l'évêque catholique qu'il ne convient pas d'assumer de nouveaux titres ou d'exercer des pouvoirs additionnels ; et il serait bon que vous lui fassiez comprendre que, bien que des ordres exprès n'aient pas été donnés à ce sujet, on s'attend à ce que, si on s'en est arrogé récemment, on ne devra pas persévérer à les conserver.

Mountain reprochait justement aux derniers évêques catholiques de Québec de se faire appeler publiquement évêques, alors que ce titre aurait dû être réservé à l'évêque anglican, le seul représentant de l'Église officielle.

Les autorités civiles vont donc chercher des moyens de rétablir « l'équilibre religieux » en ramenant l'Église catholique dans un champ d'activités permis par la loi et les instructions royales. Ryland, le secrétaire du lieutenant-gouverneur, a des idées précises sur ces questions. Il les exprime dans une lettre datée du 23 décembre 1804 :

J'arrive à ce que vous dites relativement au clergé de cette province. Je l'appelle *papiste* pour le distinguer du clergé de l'Église établie, et pour exprimer mon mépris et mon exécration envers une religion qui abaisse et dégrade l'esprit humain et qui est une malédiction pour tous les pays où elle prévaut. Ceci étant mon opinion, j'ai longtemps tenu pour un principe dont, suivant moi, aucun gouvernement de cette province ne devrait jamais s'écarter un seul instant, qu'il faut s'efforcer par tous les moyens conformes à la prudence, de détruire graduellement l'influence et l'autorité des prêtres catholiques romains. Cet objet, le plus élevé qu'un gouverneur puisse se proposer ici, aurait pu être atteint avant aujourd'hui, j'en suis sûr, et pourrait l'être avant dix ans, en manœuvrant avec habileté. Je désirerais d'abord que la Couronne nommât une corporation ou des syndics pour les fins de l'instruction publique, qu'elle dotât ce corps du séminaire et de quelques autres propriétés, et qu'à même ces biens elle affectât une généreuse subvention annuelle aux personnes tenant en vertu de lettres patentes du roi, et non du pape, les fonctions de surintendant et d'assistant surintendant de l'Église romaine. [...] Une fois ces instructions suivies, la suprématie du roi serait établie, l'autorité du pape abolie et le pays deviendrait protestant. Nous avons été assez insensés pour permettre à une bande de coquins français de nous enlever les moyens d'atteindre ce but. Mais une manœuvre prudente et décisive peut redresser cette situation absurde.

L'évêque Pierre Denaut soupçonne l'évêque Jacob Mountain de tramer quelque chose contre lui, mais il ne croit pas que ce dernier ait une grande influence sur le représentant du roi. « Il est faux que le bishop Mountain mène comme il veut notre lieutenant-gouverneur, écrit-il à son vicaire général à Halifax, le 10 janvier 1805 ; il [Milnes] est trop sage et trop politique pour se laisser entraîner où l'on veut ; mais il est encore vrai qu'il a pour moi beaucoup de bonté et d'égards. Nous sommes encore éloignés, je l'espère, de tout le mal que l'on projette de nous faire. »

À la fin de mars, Milnes avertit monseigneur Plessis qu'il doit bientôt retourner en Angleterre et qu'il serait prêt à entreprendre les démarches nécessaires pour faire reconnaître par une commission royale le poste d'évêque. Le coadjuteur commence une série de rencontres avec le procureur général Jonathan Sewell. Le 25 avril, les deux personnages se rencontrent et Sewell fait parvenir dès le lendemain à Milnes la retranscription des propos tenus.

> Avant de faire connaître ce que j'ai à dire, déclare Sewell, permettez-moi de faire observer que le but en vue est de la dernière importance pour votre Église et, je dois l'admettre, le gouvernement en retirera aussi son profit. Quant à vous, il est absolument nécessaire que vous possédiez les moyens de protéger votre Église ; d'autre part, le gouvernement a besoin d'une bonne entente avec les ministres d'une Église qu'il a reconnue par l'Acte de Québec et, en même temps, il considère essentiel d'exercer son autorité sur eux. Permettez-moi de faire remarquer que le gouvernement, après avoir permis le libre exercice de la religion catholique romaine, doit, à mon avis, reconnaître ses ministres, mais non pas au détriment des droits du roi ou de l'Église établie. Vous ne devez ni espérer ni obtenir jamais quoi que ce soit d'incompatible avec les droits de la Couronne et le gouvernement ne pourra jamais vous accorder ce qu'il refuse à l'Église d'Angleterre.

Plessis réplique : « Le gouverneur pense que l'évêque doit agir d'après la commission du roi et je n'y vois pas objection. »

Sewell passe à l'attaque du point central de la conversation : « Votre évêque devra renoncer à ce qu'il considère son droit, surtout à celui des nominations pour prendre charge des cures. Il devra en être ainsi, car l'évêque d'Angleterre n'est pas investi d'un tel droit et il serait très dangereux qu'il le fût. » Plessis fait valoir qu'il croyait que les droits de la Couronne dans ce domaine ne s'appliquaient pas aux colonies que la Couronne pouvait acquérir par la suite. Puis la discussion s'engage dans des parallèles entre la situation qui prévaut en Angleterre et celle qui existait en France du temps des rois.

Le procureur général revient constamment sur la question de la nomination aux cures et glisse, en cours de route que « l'évêque [catholique] devrait avoir suffisamment pour vivre dans une magnificence digne de son rang et le coadjuteur devrait recevoir des appointements proportionnels ». Plessis sent le piège. « Je ne désire pas voir l'évêque dans la magnificence, dit-il, mais je voudrais qu'il fût à l'abri du besoin. Je ne désire pas plus le voir faire partie des conseils législatif ou exécutif, mais, comme ecclésiastique, j'aimerais qu'il occupât le rang qui lui est dû dans la société. »

Sewell craint de s'être mal fait comprendre : « Quand je me suis servi du mot magnificence, j'ai voulu indiquer un état de choses convenable au rang de l'évêque. Je prétends que son revenu devrait être celui d'un gentilhomme et suffire au paiement de dépenses raisonnables. De fait, il n'existe pas de véritable magnificence au Canada. » « — Nous sommes d'accord, poursuit Plessis. Cependant, c'est un sujet bien délicat, car si l'évêque reçoit une pension et renonce au droit de nommer les curés, le public n'hésitera pas à dire qu'il a vendu son Église. »

Quelques jours après la rencontre, monseigneur Plessis reçoit à dîner le lieutenant-gouverneur, ainsi que Thomas Dunn, Ryland, Sewell, Adam Lymburner, François Baby, etc. Quant à l'évêque en titre, Pierre Denaut, il demeure à Longueuil dont il est toujours le curé.

Le 21 mai, Sewell et Plessis se revoient une nouvelle fois. Douze points principaux sont abordés. Le procureur général maintient sa position au sujet du titre d'évêque. Le chef du diocèse devrait prendre le titre de surintendant de l'Église catholique romaine et son coadjuteur, celui de sous-surintendant ; « qu'ils seraient des fonctionnaires civils de la Couronne et qu'ils pourraient en silence recevoir du pape les qualités ecclésiastiques dont ils pourraient avoir besoin pour exécuter les devoirs de leur ministère ». Sur la question de la nomination des curés, Plessis assouplit sa position : « Que l'évêque devrait conserver le droit de faire les nominations aux cures, mais que le choix des titulaires ne devraient se faire sans l'approbation du gouverneur. » « J'ai répondu que c'était impossible, note Sewell dans son rapport à Milnes ; que la nomination et le choix doivent exclusivement rester à la Couronne. » Le coadjuteur dit « que l'acte des écoles devrait être abrogé et que la surintendance des écoles protestantes devrait être confiée au lord évêque de Québec et la surintendance des écoles catholiques à l'évêque catholique de Québec ». La réponse de Sewell est brève : « C'est impossible ! » À la demande d'avoir le pouvoir d'ériger des paroisses, le procureur général réplique « que le droit d'ériger des paroisses appartenait clairement à la Couronne exclusivement, ce qui était un pouvoir commun à l'Église d'Angleterre et à l'Église de Rome. [...] Que le pouvoir de diviser la province en paroisses pour le service même de l'Église anglicane n'étant pas conféré au lord évêque de Québec, ne pouvait être accordé à l'évêque titulaire catholique. »

Plessis et Denaut ne partagent pas la même ligne de pensée. Le premier est prêt à céder partiellement sur la question des cures, partant du principe « qu'il vaudrait mieux céder quelque chose que de tout risquer ». Le second est inquiet, pour ne pas dire plus, du changement proposé, tout en réaffirmant sa confiance en Milnes. « Les inconvénients qui résulteront nécessairement de ce nouvel état de choses, les conséquences qui s'aperçoivent, quoique dans le lointain, doivent effrayer. Son Excellence ne nous gouvernera pas toujours ; son successeur n'aura peut-être pas la même bonté, les mêmes égards ; voilà ma crainte ; elle est fondée. J'aimerais donc mieux mon état précaire, tel qu'il est, que cet établissement solide, tel qu'il m'est offert. »

Bien à contrecœur, l'évêque Denaut prépare deux requêtes, une première destinée au lieutenant-gouverneur Milnes et la seconde au roi d'Angleterre. Cette dernière, datée du 18 juillet 1805, demande au souverain « que l'évêque catholique soit revêtu de tels droits et dignité que Votre Majesté trouvera convenables pour conduire et contenir le clergé et le peuple et pour imprimer plus fortement dans les esprits ces principes d'attachement et de loyauté envers leur Souverain, et d'obéissance aux lois, dont les évêques de ce pays ont constamment et hautement fait profession ». Monseigneur Denaut demande aussi que le roi donne les ordres nécessaires « pour que votre suppliant et ses successeurs soient civilement reconnus comme évêques de l'Église catholique romaine de Québec et jouissent de tels prérogatives, droits et émoluments temporels que Votre Majesté voudra gracieusement attacher à cette dignité ».

Londres tardera à prendre une décision au sujet du statut juridique de l'évêque catholique de Québec. Ce n'est qu'à la fin de 1813 que monseigneur Plessis obtiendra la permission d'afficher officiellement son titre d'évêque.

Une session mouvementée

Le 9 janvier 1805 débute la première session du quatrième Parlement. Quarante-trois députés prononcent le serment d'office puis, par 39 voix contre 3, choisissent Jean-Antoine Panet pour présider les débats de la Chambre d'assemblée. Les travaux se poursuivent jusqu'au 25 mars. Dix-sept projets de loi recevront alors la sanction royale et seul l'acte « pour autoriser les juges dans les affaires civiles en cette province à subdéléguer le pouvoir d'administrer le serment aux experts dans les lieux éloignés des cités et villes » est réservé afin de connaître l'opinion des autorités de la métropole sur le sujet. La nouvelle législation touche, entre autres, l'interdiction de vendre du vin et des liqueurs fortes le dimanche, l'érection de l'hôtel Union à Québec, la conservation des pommiers dans la paroisse de Montréal, la construction de ponts sur la rivière des Prairies et l'établissement d'une barrière de péage sur la nouvelle route entre Montréal et Lachine.

Deux lois importantes sont adoptées au cours de cette session. La première concerne la navigation sur le fleuve Saint-Laurent et la seconde, l'imposition de taxes pour la construction des prisons de Québec et de Montréal.

L'Acte 45, George III, établit à Québec la Maison de la Trinité ou Trinity House, un genre de corporation qui régit la navigation et qui est mandatée pour adopter les règlements concernant la pose des bouées et des ancres dans le fleuve, le nettoyage du fleuve, l'entretien du port de Québec, etc. Le métier de pilote relève du nouvel organisme. Selon l'historien Pierre-Georges Roy, la nouvelle loi « fixait qu'à l'avenir personne ne pourrait obtenir une licence de pilote sans avoir fait un apprentissage d'au moins cinq années et fait au moins deux voyages en Europe ou aux îles. Il fallait aussi parler l'anglais suffisamment pour donner des ordres dans cette langue. Le pilote pouvait prendre un apprenti, mais pas plus d'un à la fois. » Enfin, la loi prévoyait l'établissement d'un fonds pour les pilotes infirmes et pour les enfants et les veuves des pilotes.

L'acte « qui pourvoit à l'érection d'une prison commune dans chacun des districts de Québec et de Montréal respectivement, et aux moyens d'en défrayer les dépenses », soulèvera une violente tempête qui opposera francophones et anglophones et qui donnera naissance à ce que l'on a appelé depuis « la querelle des prisons ». Le 8 février, la Chambre se forme en comité plénier et décide majoritairement que le financement de la construction des prisons se fera au moyen de droits additionnels perçus sur les marchandises importées, tels les thés, les vins et liqueurs fortes, la mélasse et le sirop. Le projet de loi subit sa troisième lecture, le 22 février. Dix-neuf députés, tous francophones, sauf William Grant, un important propriétaire de seigneuries, votent en faveur du projet de taxation, alors que sept députés anglophones votent contre.

Le débat avait porté sur l'objet de taxation. Les Canadiens s'étaient prononcés en faveur de taxes sur les produits importés et les anglophones sur une taxe foncière. Cette prise de position s'explique facilement : les premiers sont surtout propriétaires terriens et ne veulent pas porter le fardeau de la taxe alors que les seconds se retrouvent surtout dans la classe marchande et ne sont pas intéressés à voir le prix des produits importés augmenter, de peur de voir leurs ventes diminuer.

Les marchands décident alors d'organiser une campagne contre la Chambre d'assemblée. Un entrefilet publié dans la *Gazette* de Montréal du 25 février 1805 annonce : « Les marchands et autres personnes intéressées au commerce de cette ville sont invités à se rendre aujourd'hui, à onze heures au Court House pour signer une pétition qui sera présentée à cet effet. » L'annonce n'est publiée qu'en langue anglaise. Les marchands, tant de Québec que de Montréal, analysent les conséquences de l'imposition de nouvelles taxes : la Chambre d'assemblée risque de s'attribuer des pouvoirs plus grands que ceux détenus par la Chambre des communes ; la contrebande avec les États-Unis se développera dangereusement ; ces taxes temporaires pourront fort bien devenir permanentes, etc. Les pétitionnaires soulignent que les Canadiens ont toujours trouvé de l'argent pour financer la construction de leurs églises et qu'ils ne peuvent en conséquence faire valoir « leur pauvreté ».

Le projet de loi est sanctionné le 25 mars et quelques jours plus tard, soit le 1er avril, des marchands de Montréal participent à un banquet organisé en l'honneur des membres de la Chambre d'assemblée de la ville et du comté de Montréal « qui ont supporté un mode de taxation agréable à la coutume existante dans la mère-patrie ». Treize toasts sont portés, la plupart accompagnés d'une pièce musicale interprétée par la fanfare du 6e Régiment qui participe à la fête. Les marchands lèvent leurs verres pour que « nos représentants soient animés d'un esprit patriotique pour le bien de la province, comme partie de l'empire britannique et qu'ils laissent tomber leurs préjugés locaux ». Ils souhaitent aussi que l'intérêt commercial de cette province ait une influence réelle sur l'administration de son gouvernement.

Cette réunion termine le premier acte de la querelle. Les députés, lors de la session suivante, n'oublieront pas le contenu des toasts présentés par les marchands de Montréal et chercheront à se venger. Mais la guerre qui recommence retiendra plus l'attention pour les mois à venir.

Une nouvelle guerre

Les autorités du Bas-Canada craignent toujours les menées françaises possibles contre la colonie. Elles chargent Jacques Rous de se rendre à Washington pour voir si le nouveau ministre de la France aux États-Unis, Turreau de Garambouville, « nourrit des desseins contre les provinces ». Le 21 mai, Milnes fait part à Camden des résultats de la mission de Rous : « Les Français ne désirent pas présentement attaquer le Canada et il n'entre pas dans leurs intentions de risquer jamais une flotte dans le Saint-Laurent, autrement que pour débarquer des troupes et reprendre immédiatement la mer. »

Quelques Canadiens essaient de suivre, par les journaux, la marche de Napoléon. À Saint-Constant, le 1er mars 1805, douze habitants dont l'âge varie de 50 à 70 ans, signent une pétition à « Sa Majesté l'Empereur des Français, Napoléon premier ».

> Sire, écrivent-ils, deux de nos compatriotes, Jean-Baptiste Norau, âgé de soixante-quatre ans, et Jean-Baptiste Norau, son fils, âgé de vingt-deux ans, se rendent en France pour faire connaître à Votre Majesté par l'organe de ses ministres les intentions bien prononcées du peuple canadien de retourner sous l'Empire de la

France et de porter de nouveau le nom glorieux de Français. Nous avions projeté, Sire, de secouer le joug des Anglais ; nous attendions des fusils pour nous armer et frapper un coup sûr. Mais notre espoir a été trompé. La surveillance des Milords, des Lords et des salariés de tout genre échouerait contre notre réunion et nos efforts, sous un bon général français, pénétré de ses devoirs et guidé par l'honneur. Nous assurons Votre Majesté que nous sommes disposés à subvenir aux frais que cette entreprise exigera. [...] Sire, nous attendons de votre sollicitude paternelle que la paix ne se fera pas, sans que nous ayons repris le nom de Français Canadiens. Nous sommes prêts à tout entreprendre à la première vue des Français que nous regardons toujours comme nos frères. Agréez, Sire, les vœux ardents que nous adressons au ciel pour le long règne de Votre Majesté. Recevez l'assurance de l'admiration que nous cause votre gloire et daignez accueillir l'hommage du dévouement sincère et du profond respect du peuple canadien.

Les signataires de cette pétition sont Pierre Trudeau et André Norau, de Longueuil ; Jean Lefevre, Charles Labarge, Préjean et Ebrum, de Châteauguay ; Louis Laplante et Dauphin Dupuy, de Saint-Constant, Eustache Martin, de Saint-Philippe ; Antoine Giraut, de Belœil, et Jean Léveillé, de Mascouche.

Jean-Baptiste Norau, dans une lettre adressée à Napoléon, raconte lui-même comment la pétition a été acheminée vers l'empereur :

> Au commencement de mars dernier, je partis de Montréal avec mon fils pour porter auprès de Votre Majesté impériale et royale les vœux des habitants de Québec, pour l'empire français. Arrivé à New York, mon fils y resta pour cause de maladie. Je m'embarquai sur le navire *Le Thomas* de New York, capitaine Gardner. J'arrivai à Bordeaux le 27 Messidor dernier où je suis retenu à l'hospice pour cause de maladie. J'envoie à Votre Majesté Sire, par la poste, le paquet dont j'étais chargé. Si vous désirez prendre des renseignements sur l'état de Québec, je me rendrai à Paris lorsqu'il vous plaira de m'appeler.

Napoléon 1er ne prit sans doute jamais connaissance de la pétition de quelques habitants canadiens car, en 1805, bien d'autres problèmes retiennent son attention !

Le 22 mai, par une proclamation officielle, le lieutenant-gouverneur Milnes avertit la population que l'Angleterre compte un nouvel ennemi qui vient de lui déclarer la guerre : l'Espagne.

> En conséquence, je défends strictement par la présente, à tous les sujets de Sa Majesté dans l'étendue de cette province, d'avoir aucune correspondance ou communication avec le roi d'Espagne, ses vaisseaux et ses sujets, leur requérant par la présente d'avoir soin d'un côté de prévenir aucun mal qu'ils pourraient d'une autre manière éprouver par les entreprises du roi d'Espagne, ses sujets et ses vaisseaux, de leur porter dommage en leur nuisant, tant par mer que par terre, comme aussi d'harceler et ruiner ledit roi d'Espagne, ses sujets et ses vaisseaux, tant par mer, par terre, que par tous autres actes d'hostilités quelconques.

Comme Napoléon a établi un camp à Boulogne et qu'il songe à envahir l'Angleterre, on craint que la colonie subisse elle aussi une attaque française. Afin de mieux protéger les fortifications de Québec, décision est prise de construire quatre tours dites Martello : deux sur les Plaines d'Abraham, une troisième, sur le site de l'actuel hôpital Jeffery-Hale et la quatrième, sur la rue Lavigueur.

Le régiment des Fencibles canadiens commence une campagne de recrutement dans la région de Québec, au début de juin 1805. Le 4, les drapeaux du bataillon de milice du capitaine Hall sont bénis par le révérend E. C. Wright en présence de lady Milnes qui présente par la suite les drapeaux au capitaine. Deux mois plus tard, la capitale peut compter sur quatre compagnies de milice anglaise qui, selon Milnes sont « composées des plus beaux jeunes gens du bataillon anglais de Québec, la plupart desquels se sont habillés et, grâce à une constante attention à l'exercice, valent les réguliers sous le rapport de l'aspect ».

Le soir du 30 décembre 1805, coup de théâtre à l'Exchange Coffee House, à Montréal. Les principaux citoyens anglophones de la ville et quelques Canadiens sont réunis pour un banquet et un bal. Au cours du repas, arrive un courrier apportant les derniers journaux américains. Les assistants apprennent alors la victoire de Trafalgar survenue le 21 octobre précédent et aussi la mort de l'amiral Horatio Nelson, commandant de la flotte anglaise. Quelques-uns ne peuvent retenir leurs larmes et suggèrent d'établir une souscription pour ériger un monument en l'honneur du héros anglais. Dès le lendemain, un express quitte Montréal à destination de Québec où il arrive le 2 janvier, porteur d'une lettre adressée aux négociants de la capitale. « Hier soir, y lit-on, il fut reçu en ville plusieurs papiers américains contenant les détails officiels d'une victoire la plus glorieuse remportée par ce héros immortel, lord vicomte Nelson, sur les flottes combinées de France et d'Espagne, ainsi que la nouvelle de l'accession du roi de Prusse aux Puissances coalisées. La satisfaction que ces grandes nouvelles nous procurent à tous ici, nous assure du plaisir extrême que vous ressentirez de les recevoir promptement. » La capitale, dès jeudi le 2, s'illumine en signe de réjouissance et, le samedi, on tire du canon. « Rien ne peut surpasser la joie que la nouvelle d'un événement qui soutient d'une manière si distinguée l'honneur du nom britannique, a répandu parmi toutes les classes des loyaux sujets de Sa Majesté dans cette ville. Toutes les affaires ont été d'une manière mises de côté parmi la classe la plus opulente, pour faire place à des démonstrations de joie pour la victoire, et de respect pour la mémoire de l'illustre commandant », peut-on lire dans la *Gazette* de Québec du 9 janvier 1806.

À Québec et à Trois-Rivières, on organise des bals de Trafalgar. Dans la capitale, la salle de bal est décorée de façon particulière pour la réception du 10 janvier :

> Vis-à-vis de la grande entrée dans la salle de bal (qui est de quatre-vingts pieds de longueur) était placé le portrait de Sa Majesté entouré de pavillons et trophées navals et militaires. Le bout ouest était orné d'un transparent de toute la grandeur de la chambre. Au milieu de cette peinture, était une représentation de l'engagement à la hauteur de Trafalgar, au moment de la mort du lord Nelson, la Renommée voltigeant au-dessus, tenant une couronne d'immortalité pour le héros expirant avec ces mots *dulce est decorum est pro patria mori*, d'un côté en avant on voyait Neptune s'avancer dans son char et offrant sa couronne et son trident au génie de la Bretagne, qui était de l'autre côté sur un rocher escarpé et sous un chêne britannique...

À Montréal, des réunions se tiennent pour continuer la souscription. Il faudra attendre 1809 pour que le monument à l'amiral Nelson soit érigé.

Les successeurs

Le 31 juillet 1805, quelques jours avant son départ pour Londres, le lieutenant-gouverneur Milnes désigne Thomas Dunn, « le plus ancien membre du Conseil exécutif de Sa Majesté, de et pour ladite province du Bas-Canada, qui soit un sujet né naturel de la Grande-Bretagne professant le religion protestante », administrateur de la province. Le général Prescott demeure toujours, malgré son absence, gouverneur en chef de la colonie.

Au début de 1806, Dunn intervient dans le choix d'un successeur à l'évêque Pierre Denaut, décédé à Longueuil le 17 janvier. Monseigneur Plessis demande à l'administrateur de prêter le serment d'allégeance avant de prendre la succession. Il suggère Bernard-Claude Panet, curé de la Rivière-Ouelle, pour lui succéder au poste de coadjuteur. Comme il l'écrit lui-même à Milnes, il veut recevoir de la main de Dunn un coadjuteur ! L'administrateur accepte donc la candidature proposée, « car il le connaît depuis quarante ans comme bon et loyal sujet et son père a été l'un des juges des plaids communs et a rendu service lors de l'administration de la justice civile par les tribunaux militaires ».

Ryland ne prise pas du tout la façon dont les choses se déroulent ; il écrit à l'évêque anglican Mountain, le 27 janvier 1806 :

> J'ai fait tout en mon pouvoir pour faire comprendre à M. le président Dunn ce que je conçois être la conduite qu'il doit tenir en cette occasion. J'ai surtout essayé de le persuader qu'il ne devait pas reconnaître M. Plessis comme surintendant de l'Église romaine avant que de connaître le bon plaisir de Sa Majesté. [...] Afin de renforcer mes arguments sur ce sujet, je lui ai conseillé de prendre avis du procureur général dont les vues coïncident avec les miennes. Mais, à mon grand regret, ennui et désappointement, le président a décidé d'admettre demain M. Plessis à prêter le serment devant le Conseil.

L'acceptation de Panet comme coadjuteur n'a pas l'heur non plus de plaire à Ryland qui revient à la charge le 3 février pour attaquer à nouveau Dunn. « Mais quel est le laïque suffisamment exempt de vanité, écrit-il encore à Mountain, qui, à l'âge de soixante et treize ans, laisserait échapper l'occasion de faire un évêque ? » Milnes, qui s'est retiré à Allerton, en Angleterre, partage un peu le même avis. S'il avait été à Québec, lors de la mort de Denaut, affirme-t-il le 14 juin, il n'aurait rien fait pour « faire nommer évêque M. Plessis, avant d'avoir soumis la chose au gouvernement de Sa Majesté, parce que Plessis avait déjà prêté le serment d'allégeance en qualité de coadjuteur et évêque titulaire de Canath et, en conséquence, avait les qualités pour toutes les principales fonctions du défunt évêque ». Quant à la nomination de Panet, Milnes aurait « hésité à le nommer coadjuteur à cause des prétentions de son frère, l'Orateur de l'Assemblée ».

Encore les prisons

L'administrateur Dunn préside, le 20 février 1806, l'ouverture de la deuxième session du quatrième Parlement. Les députés étudient le renouvellement de quelques lois contrôlant les étrangers et visant à la sécurité de la colonie. L'inspection des farines retient aussi leur attention.

Le 7 mars, le problème des prisons refait surface. Un député lit en Chambre un paragraphe de l'édition du 1er avril 1805 de la *Gazette* de Montréal relatant le déroulement du banquet des marchands de la ville et rapportant les toasts qui y furent portés. La Chambre adopte alors une résolution à l'effet « que le papier contient un libelle faux, scandaleux et séditieux, réfléchissant grandement et injustement sur le représentant de Sa Majesté en cette province et sur les deux Chambres du gouvernement provincial, et tendant à diminuer l'affection des sujets de Sa Majesté envers son gouvernement dans cette province ».

Un comité de sept membres du Parlement devra « s'enquérir des auteurs, imprimeurs et de ceux qui ont publié ledit libelle, avec pouvoir d'envoyer quérir les personnes et papiers ».

L'affaire se corse lorsque, le 10 mars 1806, Thomas Cary, l'éditeur du *Quebec Mercury*, un hebdomadaire anglais publié à Québec depuis le 5 janvier de l'année précédente et consacré aux intérêts de la classe marchande britannique, fait écho aux propos de la Chambre d'une façon qui déplaît, encore une fois, aux députés. Le mardi, 11 mars, une résolution de la Chambre ordonne au sergent d'armes de mettre sous sa garde ledit Cary. Le lendemain, l'affaire est close avec la présentation d'une requête du journaliste-éditeur qui proteste de sa bonne volonté et fait amende honorable.

Le comité, composé exclusivement de francophones, fait rapport sur le prétendu libelle de la *Gazette* de Montréal, le 15 mars. Décision est alors prise de mettre sous arrêts Edward Edwards, l'éditeur du journal, et Isaac Todd, président du banquet. Pour des raisons inconnues, les deux personnages sont introuvables et ne peuvent être arrêtés par le sergent d'armes de la Chambre.

Les députés canadiens craignent les pressions exercées à Londres tant par les marchands de la colonie que par ceux de la métropole qui ont signé une pétition le 27 novembre 1805. Ils adoptent donc une adresse et un mémoire au roi lui demandant de ne pas désavouer l'Acte des prisons. Ils expliquent en détail pourquoi il ne fallait pas taxer les terres et ils répondent encore une fois aux attaques de marchands. « L'Assemblée a considéré qu'un impôt sur le commerce en général et surtout sur des objets de la nature de ceux qui sont taxés par le susdit acte, était le plus juste, le moins senti et le plus également réparti. Les plaintes que les marchands font contre cet impôt sont mal fondées, car c'est un principe reconnu que c'est le consommateur qui le paye en dernier lieu, et que le marchand ne fait que l'avancer ; l'Acte en question facilite cette avance de manière à ôter aux marchands tout juste sujet de plainte. »

Le 6 avril, Dunn transmet l'adresse et le mémoire au secrétaire d'État pour les colonies en faisant remarquer que c'était là un procédé sans précédent et non parlementaire, mais il croit préférable d'expédier la pétition « pour ne pas causer d'irritation par un refus au moment où il peut être important pour les intérêts de Sa Majesté de préserver la tranquillité ». Avant même que les lords de commerce aient eu la possibilité de prendre connaissance du contenu des deux textes de la Chambre, ils déclarent qu'ils ne voient pas de raison de recommander le désaveu de l'acte pour l'érection des prisons.

Ce que l'on a appelé la querelle des prisons a joué un rôle important dans l'histoire des relations entre les deux principaux groupes ethniques au Québec.

La controverse sur la question des prisons, affirme l'historien Jean-Pierre Wallot, cristallisa les positions respectives des deux groupes ethniques et resserra davantage leurs rangs en partis. Jusque-là, les cadres pouvaient paraître flous à l'occasion, surtout sur le terrain ethnique. [...] Tout est remis en question ou plutôt, tout apparaît sous un jour plus cru. Apparemment sans importance, cette législation déclencha une crise si aiguë qu'il faut en chercher la cause en dehors d'elle-même. Il semble qu'elle ait touché à un point névralgique des relations entre les deux ethnies et entre les corps législatif et exécutif qu'elles contrôlaient. De part et d'autre, on éprouva force et influence. Froissement qui entraîna aussi la cristallisation de partis jusque-là encore flexibles dans leurs cadres, sinon dans leurs idées. À partir de 1805, 1806, 1807, on ne peut plus administrer le pays sans tenir compte de cette lutte entre deux groupes ethniques retranchés dans leurs positions et leurs préjugés.

Un journal canadien

Les discussions sur le financement de la construction des prisons avaient montré aux députés francophones et à plusieurs habitants qu'ils ne disposaient d'aucun élément populaire pour faire connaître leurs idées et pour les y défendre. L'élément anglophone dispose déjà d'un organe de combat, le *Quebec Mercury*, qui ne ménage pas les attaques contre les Canadiens.

Pierre-Stanislas Bédard, Jean-Thomas Taschereau, Joseph-Louis Borgia et François Blanchet publient, le 13 novembre 1806, un prospectus annonçant la parution prochaine d'un hebdomadaire de quatre pages qui sortira des presses de Charles Roi tous les samedis. Le prix de la souscription sera de dix chelins par an, « outre les frais de port qui seront de 40 sols par an ».

Bédard est probablement l'auteur du texte du prospectus qui commence par affirmer la nécessité de la liberté de presse.

> Il y a longtemps que des personnes qui aiment leur pays et leur gouvernement regrettent en secret que le trésor rare que nous possédons dans notre constitution, demeure si longtemps caché, faute de l'usage de la liberté de presse, dont l'office est de répandre la lumière sur toutes ses parties. [...] C'est cette liberté de presse qui rend la constitution d'Angleterre propre à faire le bonheur des peuples qui sont sous sa protection. [...] Mais, pour que l'exercice de la liberté de la presse ait ces bons effets, il faut qu'il soit général pour tous les côtés. S'il était asservi à un parti, il aurait un effet tout contraire : il ne servirait qu'à créer des divisions odieuses, à entretenir d'un côté des préjugés injustes et à faire sentir profondément à l'autre côté l'injustice de la calomnie, sans lui laisser les moyens de la repousser. Les Canadiens, comme les plus nouveaux sujets de l'empire britannique, ont surtout intérêt de n'être pas mal représentés.

> Il n'y a pas bien longtemps qu'on les a vus flétris par de noires insinuations, dans un papier publié en anglais, sans avoir eu la liberté d'y insérer un mot de réponse ; tandis que certain parti vantait sans pudeur la liberté de presse dans les exertions illibérales de ce papier. Si les Canadiens ne méritent pas ces insinuations, la liberté de presse, à laquelle ils ont droit aussi, leur offre le moyen de venger la loyauté de leur caractère et de défier l'envie du parti qui leur est opposé, de venir au grand

jour avec les preuves de ses avancés. [...] On leur a fait des crimes, on leur en a même fait de se servir de leur langue maternelle pour exprimer leurs sentiments et leur faire rendre justice, mais les accusations n'épouvantent que les coupables, l'expression sincère de la loyauté est loyale dans toutes les langues, celle de la déloyauté, de la bassesse et de l'envie, celle qui sème la division entre des concitoyens qui ont à vivre en frères, déshonorent également toutes les langues. Ce n'est pas au langage, c'est au cœur qu'il faut regarder ; celui qui ne s'y sent rien que loyal n'a rien à craindre. *Fiat Justitia ruat cælum*. Ce sera le motto du papier. Le *Canadien* en sera le nom. C'est celui dont l'honneur est à venger.

Le premier numéro du *Canadien* paraît le 22 novembre. Dès les premières parutions, la lutte s'engage avec les correspondants du *Mercury*, entre autres avec un certain *Anglicanus*. Ce dernier avait écrit dans l'édition du 27 octobre : « Cette province est déjà une province trop française pour une colonie britannique. [...] Mon grief est contre le résultat inévitable du développement inutile de la langue française dans un pays où une politique de bon sens requiert sa diminution plutôt que sa propagation. [...] Une éducation française formera toujours un Français, quel que soit le gouvernement sous lequel il naît et il servira la France de préférence à l'Angleterre. [...] Après 47 ans de possession du Québec, il est temps que cette province soit anglaise ! »

Quelques Anglais tentent de répandre la rumeur que c'est le ministre français aux États-Unis, Turreau de Garambouville, qui a fourni les caractères pour l'impression du *Canadien*.

Presque à chaque semaine, des articles de polémique remplissent aussi bien les colonnes du *Canadien* que du *Mercury*. C'est une lutte à finir entre les deux publications. Mais, comme le fait remarquer l'historien Wallot, « Le *Canadien* n'a pas provoqué la querelle ethnique ni l'agitation autour de la législation sur les prisons. Il en est sorti. »

Une drôle de rumeur

Le *Canadien* du 10 janvier 1807 publie un entrefilet un peu inquiétant : « On murmure qu'on a fait agiter dernièrement en Angleterre le plan de réunion de cette province avec celle du Haut-Canada et de l'établissement de nouveaux comtés au sud du fleuve, dans les townships nouvellement concédés. » La rumeur n'est pas sans fondement. John Black, ancien député pour le comté de Québec qui fut mêlé à l'affaire McLane, vient de retourner en Angleterre et, le 9 octobre 1806, il signe un mémoire qu'il adresse au duc de Kent. Après avoir étudié sommairement les divers problèmes qui agitent le Bas-Canada, le mémorialiste apporte ses solutions.

En premier lieu, il faudrait unir les provinces de Haut-Canada et de Bas-Canada, si cela peut se faire sans difficulté, sinon ériger huit nouveaux comtés sur les trois millions d'acres de terre concédées récemment et chaque comté élirait deux représentants. En outre la durée d'un parlement devrait être fixée à sept ans au lieu de quatre, et chaque candidat, pour être éligible, devrait jouir d'un revenu de cent cinquante livres par année au moins provenant de propriété immobilière, ou retirer un salaire permanent égal à ce montant. Je désire faire observer à Votre

Altesse royale à ce sujet, que le pays ne saurait prospérer avec la constitution actuelle qui ouvre la voie au grand nombre d'incendiaires de la pire catégorie, tandis que les conditions d'éligibilité qui viennent d'être proposées auraient pour effet de mettre de l'avant les hommes sensés et éclairés du pays. L'union des provinces ou l'érection de huit nouveaux comtés aurait pour résultat de rapprocher considérablement les Anglais des Français quant au nombre.

Au cours des prochaines décennies, les projets d'union des deux colonies iront se multipliant. Quant au projet de création de nouvelles circonscriptions électorales pour les Eastern Townships, il avait déjà, en juillet 1805, fait l'objet de discussions dans un comité spécialement formé au sein du Conseil exécutif.

Députés toujours sans salaire

Le 21 janvier 1807 débute la troisième session du quatrième Parlement. L'administrateur de la province du Bas-Canada, Thomas Dunn, prononce le discours inaugural. Le menu législatif est relativement varié et va du soin à apporter aux pauvres aux toitures en bardeaux, des maisons de postes aux petites créances, de la chasse aux matelots déserteurs au contrôle des étrangers. Le 24 février, il est proposé « que la Chambre se forme demain en comité pour considérer s'il est expédient d'accorder une allouance pour défrayer les dépenses des membres de l'Assemblée dont la demeure est à une distance de Québec ». Un débat s'engage, le lendemain, et quelques-uns font valoir que « si les membres étaient payés, il se présenterait aux élections un grand nombre de candidats pour avoir la paye et que, comme il n'y avait point de qualifications pour les membres, les électeurs enverraient à la Chambre des gens sans propriétés et vagabonds qui pilleraient les deniers publics ». Le juge De Bonne fait campagne contre le versement d'indemnité aux députés.

Le développement rapide des Eastern Townships retient l'attention des députés. Le 14 avril, ils votent une adresse au président Dunn « le priant de vouloir bien ordonner qu'il soit fait un recensement de tous les habitants des différents townships sur le côté sud du fleuve Saint-Laurent, déclarant les pays d'où ils sont natifs, s'ils sont qualifiés comme sujets britanniques, le nombre de mâles et femelles, et le nombre de mâles de l'âge limité pour servir comme miliciens, et aussi un compte du nombre d'arpents de terre en culture dans chaque township respectivement ». Comme les nouveaux cantons ouverts à la colonisation ne possèdent pas de représentants à la Chambre d'assemblée, cette dernière craint que cette portion de territoire échappe en quelque sorte à son contrôle.

Les pressions exercées à Londres par les marchands de la métropole, lors de la querelle des prisons, avaient une fois de plus montré aux représentants du peuple bas-canadien la nécessité d'une présence régulière dans le voisinage des autorités londoniennes. Deux jours avant la fin de la session, la Chambre d'assemblée se forme en comité « pour considérer s'il serait avantageux d'avoir un agent autorisé résidant dans la Grande-Bretagne, à l'effet de veiller aux intérêts de la province, lorsque l'occasion peut le requérir ». Le comité conclut ses discussions en confirmant la nécessité de nommer un tel agent.

Le jeudi 16 avril, Dunn se rend à la Chambre du Conseil législatif pour donner la sanction royale à seize projets de loi. Parmi les nouvelles lois, il y a l'Acte « qui accorde à Jean-Baptiste Bédard les droits et privilèges exclusifs d'ériger des ponts dans cette province suivant les modèles y mentionnés », l'Acte « pour ériger une nouvelle Halle de marché dans la cité de Montréal et pour enlever partie des étaux dans l'ancien marché, et faire des règlements à cet égard », l'Acte « pour continuer et achever la bâtisse de la Halle de marché de la Haute Ville de Québec » et l'Acte « pour faciliter le recouvrement des petites dettes dans certaines parties de cette province ».

Le représentant du roi est satisfait du travail des députés et fait part de ses impressions au Colonial Office, le 11 mai 1807 : « L'Assemblée a montré un degré de zèle, de loyauté et d'unanimité plus grand que d'habitude. »

Pendant ce temps, en Europe, à la suite de l'établissement du blocus continental par Napoléon, en 1806, l'Angleterre doit se chercher de nouveaux marchés. La France flirte de plus en plus avec les États-Unis dans l'espoir de lui faire prendre position en sa faveur. Pour montrer sa bonne volonté, Napoléon par un traité signé le 30 avril 1803, accepte de vendre la Louisiane aux États-Unis pour la somme de quinze millions de dollars.

À l'été de 1807, on est quasi convaincu que la guerre est inévitable entre les États-Unis et l'Angleterre. Car, le 22 juin, le navire de guerre britannique *Leopard* avait attaqué la frégate américaine *Chesapeake* où une vingtaine d'hommes avaient été tués ou blessés. Le bâtiment américain n'avait pas accepté de se laisser visiter par des officiers anglais à la recherche de matelots en fuite.

Le 6 août, le vicomte Castlereagh, secrétaire d'État pour la Guerre et les Colonies, avertit Prescott que « c'est l'intention de Sa Majesté d'envoyer un officier pour le remplacer au gouvernement des provinces de l'Amérique du Nord ». Le roi a jeté les yeux sur un militaire de carrière qui s'est déjà illustré aux Pays-Bas, en Afrique du Sud et aux Indes : James Henry Craig.

JUIFS ET JUGES : DEHORS ! 1807-1809

L ES AMÉRINDIENS DOMICILIÉS AU BAS-CANADA considèrent que les terres qu'ils
possédaient auparavant sont encore les leurs. En avril 1807, Charles Noël, fils
du chef huron de Lorette, ainsi que Levant et Lewis, « deux jeunes chefs des
Iroquois du village du lac des Deux-Montagnes », se rendent à Londres porter une
pétition « demandant des terres qui appartenaient autrefois à ces villages ». Ces
Amérindiens sont dénués de tout et, comme ils considèrent le roi comme leur père
et le protecteur de leurs tribus, ils font appel à son aide. Leur pétition, présentée le
18 juillet, fait état de leur demande « de terres sur lesquelles faire la chasse et qu'ils
pourront cultiver peu à peu, attendu qu'on ne saurait espérer qu'ils puissent changer leur mode d'existence en s'appliquant tout de suite rien qu'à l'agriculture ». Un
fonctionnaire leur explique que « si le roi avait le pouvoir d'accéder à leur demande,
les terres, croyait-il, ne seraient concédées que pour être subdivisées de façon à ce
que chaque famille eut son lot distinct, incessible pendant un certain temps à être
fixé ; cela éloignerait les vagabonds et, s'il n'y avait pas moyen de vendre pour de la
boisson, cela tendrait à améliorer leurs mœurs aussi bien que leurs habitudes de
travail ». De toute façon, on fait comprendre aux trois Amérindiens que l'affaire ne
peut être réglée que par le gouvernement exécutif du Bas-Canada.

Le 14 août, les trois délégués amérindiens sont à Portsmouth ; ils se plaignent
du traitement qui leur est réservé à bord du bâtiment de transport qui doit les
ramener à Québec. Ils demandent la somme de 30 livres sterling « afin de pouvoir
se procurer les mêmes choses que les autres passagers ». Les autorités du port jugent
la demande raisonnable et recommandent que le montant leur soit versé « afin de
gagner la bienveillance des indigènes quand il pourra en être besoin ».

Le nouveau gouverneur James Craig ne cachera pas son mécontentement au
sujet de ce voyage des trois Amérindiens qui n'obtiendront pas, du moins dans
l'immédiat, satisfaction à leur demande.

Une levée de miliciens

Depuis l'incident du *Chesapeake*, survenu le 22 juin 1807, la rupture entre la Grande-Bretagne et les États-Unis semble imminente. Le 17 juillet, le colonel Isaac Brock, commandant des troupes régulières à Québec, fait part au président Dunn de ses appréhensions : « La milice armée actuellement et possédant quelque instruction n'excède pas le chiffre de 300 et l'on pourrait choisir facilement plusieurs milliers de personnes et en former des corps. Ces derniers, joints à ceux de la province voisine [le Haut-Canada] et les troupes régulières, formeraient une armée qui, si elle ne pouvait arrêter effectivement l'ennemi, empêcherait au moins l'approche de Québec et, dans un climat comme celui-ci, le délai est tout. Sans une armée de ce genre, les réguliers ne pourraient quitter Québec et l'ennemi marcherait sans être molesté. »

S'appuyant sur l'article 40 de l'Acte de la milice, le Conseil exécutif ordonne donc la levée de 1200 hommes par voie de tirage au sort. Le choix doit s'effectuer au mois d'août dans toutes les paroisses. Auparavant, par une proclamation datée du 12 août, Dunn interdit l'exportation d'armement et de poudre.

> Nous ordonnons, par la présente, qu'un embargo soit incontinent mis sur tous les navires et vaisseaux entièrement ou en partie chargés ou qui doivent être chargés dans les ports de notre dite province du Bas-Canada ou en aucune partie d'icelle de poudre à canon, effets militaires, armes et munitions de guerre d'aucune dénomination et description quelconque ou d'un ou d'aucun desdits articles pour être exportés aux pays étrangers. Et encore nous prohibons et défendons entièrement par la présente l'exportation de poudre à canon, effets militaires, armes et munitions de guerre de toute et d'aucune dénomination ou description quelconque de notre dite province et de tout et d'aucune partie d'icelle à tout ou aucun autre endroit, place ou pays quelconque, sinon et excepté notre Royaume-Uni de la Grande-Bretagne et d'Irlande et les autres parties de notre Empire auxquelles par la loi la poudre à canon, les effets militaires, armes et munitions de guerre peuvent être exportés maintenant de notre dite province.

Dès le dimanche 16 août 1807, le colonel Dupré réunit le premier bataillon de miliciens de Québec et leur déclare « combien il se fiait sur leur zèle et leur loyauté si le pays venait à être attaqué par les ennemis ». Le *Canadien* rapporte que « les miliciens lui témoignèrent par des *Ora* et des *Vive le roi* qu'il ne se trompait pas en ayant cette bonne opinion d'eux ». L'hebdomadaire ajoute fièrement :

> Chaque capitaine fit appeler hors des rangs les miliciens qu'il voulait commander. Les miliciens sortaient des rangs avec des figures aussi gaies que si c'eût été pour entrer en danse ; on n'en vit pas un seul qui montrât le moindre signe de tristesse. Des personnes qui avaient vu faire des commandements en Europe, dans les autres parties de l'empire britannique, disaient qu'ils n'avaient jamais vu une telle gaieté dans ceux qui étaient commandés. Les officiers et les soldats de la garnison paraissaient en sentir du plaisir ; on en entendit qui disaient qu'ils n'avaient plus aucune inquiétude sur la défense du pays. La joie paraissait sur les visages de tous les Canadiens, et l'on peut même ajouter, des Canadiennes ; il semblait que chacun était fier d'être Canadien.

Dans certaines paroisses, les curés interviennent directement pour faciliter le recrutement. Ainsi, à Baie-Saint-Paul, l'abbé Louis Lelièvre, à son prône dominical du 30 août, exhorte ses paroissiens à la fidélité à la Couronne. « En conséquence, déclare-t-il, tenez-vous prêts à obéir, lorsqu'on l'exigera. Soutenez l'honneur du nom canadien en vous distinguant par une obéissance et une fidélité enviable ; faites voir que le sang de vos ancêtres coule dans vos veines et que ce sang est prêt à se répandre pour le roi d'Angleterre, comme il s'est répandu autrefois pour le roi de France. »

À Saint-Denis sur le Richelieu, le lundi 31 août, tôt le matin, des jeunes gens qui vont puiser de l'eau à la rivière se font remarquer en chantant *Grand Dieu, conserve George III*. « À dix heures du matin, raconte un témoin, nos miliciens qu'une grosse pluie continuée n'avait pu retenir, étant tous arrivés et assemblés sur la place publique du bourg, l'état-major de notre division s'y rendit ; les ordres furent lus, les commandements de nos jeunes miliciens se firent et furent reçus avec toute la satisfaction possible ; le tout se termina par des cris réitérés de *Vive le roi*. » Le même jour, à quatorze heures, l'état-major se rend à Saint-Antoine où étaient rassemblées les milices de Saint-Marc. Un père de famille dont le fils est appelé sous les armes se présente au capitaine et lui dit : « Capitaine, vous avez commandé un de mes enfants ; j'en suis content. Mais vous en avez pris un qui est peureux et ne fera pas votre affaire. Je vous en donnerai un autre qui est déterminé et qui marchera bien et, si celui-là ne fait pas son devoir j'irai moi-même. »

Dans la plupart des paroisses, le recrutement s'effectue sans problème. Mais il arrive que des habitants s'enfuient comme de vrais poltrons, par exemple à Saint-Gervais et à Saint-Augustin, dans la région de Québec. « Ils se croient exempts de la loi, dit-on, parce qu'ils n'avaient jamais été aux élections pour nommer des représentants qui l'avaient faite. Voilà l'effet de l'ignorance que notre ministère a cru prudent d'entretenir dans les campagnes, en leur refusant les moyens d'éducation qui leur conviennent dans la vue peut-être d'avoir tous les Canadiens semblables à ceux-là », commente le *Canadien* dans son édition du 29 août. La Justice doit sévir : Pierre Gagnon, de Beaumont, est condamné à six mois de prison et à l'amende ; François Trudelle, de Saint-Augustin, doit purger une peine de deux mois d'emprisonnement ; trois habitants de Saint-Gervais, Joseph Blanchet, Jacques Garant et Étienne Réaume sont condamnés à des peines variant entre deux et six mois, « pour avoir conspiré de résister à l'exécution légale d'un acte du Parlement » : à Saint-Henri de Lévis, la conduite de Jean Poliquin, Thomas Blais, Ignace Cartier, Louis Blanchet, Jacques et Étienne Blais, Jean Lessard, Nicolas et Michel Morisset leur mérite de six à douze mois de prison « pour révolte et assaut sur le colonel de milice ».

Le président et commandant en chef du Bas-Canada, Thomas Dunn, fait parvenir au colonel Baby, adjudant général de la milice de la colonie, ses commentaires sur le déroulement de l'opération. Le 14 septembre, le secrétaire Ryland écrit à monseigneur Plessis, lui demandant de faire publier par les curés l'ordonnance de Dunn. Trois jours plus tard, dans une lettre circulaire adressée à tous les curés du diocèse, l'évêque de Québec avertit ses prêtres d'en faire eux-mêmes « la lecture publique hors de l'église et du service divin, dans une assemblée de paroisse convoquée exprès, soit au presbytère ou dans tel autre lieu que vous jugerez plus propre à remplir la fin proposée ». Les paroissiens entendent alors leur pasteur lire le texte de l'ordonnance : « Le président et commandant en chef de la province [...] sent qu'il est de son devoir d'exprimer, de la manière la plus publique, son approbation parfaite de la conduite de toute la milice dans l'occasion présente, à l'exception seulement de quelques individus qui, par une mauvaise conduite, se sont rendus méprisables aux yeux de leurs compatriotes. Le président se croit également justifié en soutenant que, dans aucune partie des domaines britanniques, il n'a jamais été témoigné un dévouement plus ardent pour la personne de Sa Majesté et pour son gouvernement. »

Plessis éprouve lui aussi le besoin de féliciter la population pour son témoignage de fidélité ; son mandement du 16 septembre ordonne un *Te Deum* d'actions de grâces pour remercier Dieu d'une telle conduite. « Ce premier succès dont la colonie n'a montré d'exemple à aucune époque antérieure, affirme l'évêque, nous assure d'avance que la même loyauté se soutiendra, quand il en faudra venir au rassemblement des miliciens désignés dans chaque paroisse pour le service effectif, et qu'elle redoublera, si jamais une Puissance ennemie vous force d'en venir aux mains. Béni soit, nos très chers frères, le Dieu de toute consolation qui a mis dans vos cœurs des dispositions si heureuses. »

Un gouverneur bien disposé

Le 29 août 1807, sir James Henry Craig, chevalier de l'Ordre du Bain, est nommé par le roi « notre capitaine général et gouverneur en chef de nos provinces du Haut-Canada et du Bas-Canada ». Depuis quelques semaines déjà, l'officier militaire était au courant de l'imminence de cette nomination. Il occupe son temps à lire la correspondance des représentants anglais dans la colonie. Il note dans un rapport qu'il préfère attendre d'avoir une connaissance plus parfaite de la situation « avant de soumettre son opinion au ministère ».

Le futur gouverneur ne montre aucun préjugé contre les Canadiens. François Bourret, vicaire général du diocèse de Québec, lui rend deux fois visite à Londres au cours de la première quinzaine d'août. Le 11, il fait part à Plessis de ses impressions : « J'espère donc, monseigneur, que vous aurez lieu d'être satisfait de sir Craig, dont les catholiques et les prêtres français réfugiés dans l'île de Jersey ont eu tant à se louer pendant qu'il y était commandant militaire. »

Les instructions royales du 29 août reprennent, en majeure partie, le contenu de celles des gouverneurs précédents.

Craig quitte l'Angleterre, le 7 septembre, à bord du vaisseau de 38 canons, le *Horatio*, qui jette l'ancre devant Québec, le dimanche 18 octobre au matin. Ryland reçoit un message de Dunn lui annonçant la nouvelle alors qu'il est encore au lit. Il s'habille rapidement et se rend à bord du bâtiment où il trouve le nouveau gouverneur alité, « extrêmement malade ». Craig lui apprend qu'il le maintient dans son poste de secrétaire. Ryland déclarera ensuite à Mountain : « De ma vie, c'est la première fois où je suis aussi séduit par une personne, lors de la première rencontre. [...] Il m'a frappé par son amabilité, son intelligence et son caractère décidé. »

Entre midi et une heure [le même jour], raconte le *Canadien*, Son Excellence laissa la frégate sous une salve de quinze coups de canon. Son Honneur le Président de la province, le colonel Brock, commandant les troupes dans les Canadas, avec un nombre des principaux messieurs civils et militaires s'étaient rendus d'avance à la place de débarquement pour recevoir Son Excellence. De la chaloupe il monta dans la voiture du président et se rendit avec le président au Château Saint-Louis. En passant sur la place d'armes, Son Excellence fut salué par deux compagnies de flanc des R.N.F. Fencibles qui s'étaient rangées en ligne avec leurs drapeaux pour le recevoir.

Étant donné son mauvais état de santé, Craig prête le serment d'office dans sa chambre à coucher, le 24 octobre. Il aurait préféré une cérémonie plus solennelle, confie-t-il à Castlereagh, « n'eût été le risque possible de déranger les affaires publiques ».

Si je pouvais, si je pouvais me flatter de lui redonner la santé, je serais un homme nouveau, différent, entièrement différent de celui que j'ai été au cours des huit dernières années, écrit Ryland. [...] Je pourrais presque oublier que je suis entouré de canailles ; et, pour l'amour de cet homme juste et honorable, je pourrais enterrer dans l'oubli le plus profond les mesquines jalousies et les fausses professions de foi de gens méprisables.

L'évêque de Québec semble éprouver les mêmes impressions que Ryland au contact de Craig. « J'ai eu l'honneur de voir sir James lundi dernier [16 novembre] et de lui rendre mes devoirs et ceux du clergé. Son apparence n'annonce pas qu'il puisse exister longtemps, quoique ses aides de camp et autres qui le voient souvent, le trouvent beaucoup mieux. Il m'a paru doux et fort honnête, m'offrant de l'aller voir avec liberté, autant de fois que je le jugerais convenable. »

Un geste de grâce

Le 24 novembre, Craig prononce le pardon royal en faveur de ceux qui sont emprisonnés pour avoir résisté à l'Acte de la milice. Treize prisonniers du district de Québec et dix du district de Montréal, tous des paroisses de l'Assomption ou de Sainte-Rose, voient leur peine commuée. Après avoir félicité ceux qui ont rapidement répondu à l'appel et qui se tiennent toujours prêts à voler « avec empressement aux dépôts des armes qui s'arrangent pour leur usage », le gouverneur rappelle à la population qu'elle doit demeurer sur ses gardes.

Son Excellence le gouverneur croit qu'il est à propos de saisir cette occasion pour exhorter sincèrement les habitants en général d'être sur leurs gardes contre les artifices trompeurs et les langages perfides des émissaires qui sans doute seront employés à les détacher de leur devoir. Il n'y a aucun doute qu'il en sera dispersé parmi eux. Mais ils auront un bien faible poids, parmi un peuple content et heureux qui, à chaque instant de sa vie, ressent la protection et les bienfaits dont il jouit sous le gouvernement britannique. [...] Mais, afin d'empêcher les mauvais effets qui pourraient résulter des efforts de ces sortes de personnes parmi les jeunes gens et les ignorants, qui sont toujours crédules faute d'expérience, et sont souvent induits en erreur faute de soupçonner les desseins de ceux qui s'adressent à eux, Son Excellence le gouverneur recommande sincèrement et ordonne que tous les miliciens bien disposés dans la province veillent soigneusement sur la conduite et les discours des étrangers qui peuvent venir parmi eux ; et que partout où ils les trouveront de nature à donner lieu à un soupçon bien fondé de quelques mauvaises intentions, ils les arrêtent aussitôt et les conduisent devant le magistrat ou officier de milice le plus à proximité, afin qu'ils soient traités suivant la loi.

La défense de la colonie préoccupe le nouveau gouverneur. Suivant ses instructions, « il faut surtout assurer le salut de Québec, seul poste, en effet, malgré ses imperfections, qui soit tenable ». Il n'y a aucune attaque en vue, il est vrai, mais il faut veiller, pour dépister les éventuels agitateurs. Le 24 décembre 1807, Craig offre une récompense de deux cents piastres, ou cinquante livres, à qui arrêterait ou ferait arrêter un nommé Cazeau fils ou Cassino, Français d'origine, qui serait actuellement au Bas-Canada, « assidûment employé dans des efforts perfides pour aliéner les esprits des sujets canadiens de Sa Majesté de leur allégeance envers le gouvernement, aussi bien que pour en imposer sur la crédulité de la partie ignorante du peuple et, par un langage artificieux et subtil, dont on le donne comme un maître parfait, pour les exciter à un attachement pour l'infâme Usurpateur du trône des Louis et des Henri, et le meurtrier du dernier rejeton de l'illustre maison de Condé ». Le suspect « est âgé d'environ 30 à 40 ans, a près de six pieds de hauteur, les dents bonnes, le teint clair, les cheveux courts, frisés, et de couleur rougeâtre, et un peu gros. Il parle bien l'anglais et on suppose qu'il peut se faire passer pour un Américain ».

Le présumé espion n'enrichira aucun Canadien avec la récompense promise et rien ne prouve qu'il soit venu réellement semer la zizanie au Bas-Canada !

Une fournée de nouvelles lois

Le 11 janvier 1808, Craig rédige pour lord Castlereagh le bilan des premiers mois de son administration et conclut que « la disposition des esprits paraît excellente dans toutes les parties de la province » et qu'il « compte sur le concours cordial des représentants pour toutes les mesures tendant au bien général ». C'est donc sous de bons auspices que s'ouvre, le 29 janvier, la quatrième session du quatrième Parlement. Le gouverneur, dans son discours inaugural, souligne l'urgence de redonner force à la loi de la milice :

> Je rappelle à votre attention qu'une des limites par lesquelles l'opération de la loi à ce rapport est bornée j'entends celle d'une époque fixe, a déjà cessé d'exister, de sorte que cette loi n'est plus en force que pour la durée de la guerre ; le très grand inconvénient qui pourrait en résulter pour le pays, dans le cas possible que la nouvelle inattendue d'une paix arrivât au moment même où nous serions dans la nécessité d'être préparés à résister à une attaque prévue d'un autre côté, vous indiquera sans doute combien il est à propos de renouveler l'époque d'un terme fixe pour l'existence de cet acte.

La session, qui se terminera le 14 avril, sera l'une des plus prolifiques. Les députés étudieront 45 projets de loi dont 34 recevront la sanction royale. Mais deux cas problèmes occuperont, pendant des heures, les représentants du peuple : le cas

Hart et celui des juges députés. Le 11 avril 1807, lors d'élections complémentaires, Ezekiel Hart, un riche marchand juif de Trois-Rivières, est élu député. Des électeurs déçus l'accusent d'avoir « volé » son siège de député. Sous la signature de Christanus, le *Canadien* du 18 avril 1807 publie une lettre accusatrice : « On a vu à cette élection plus de dix personnes ruinées de fond en comble par le fortuné candidat, quelques-uns même dont les biens sont actuellement en vente à sa poursuite, on les a vus, dis-je, se présenter avec une espèce de fureur pour lui donner leur support : on a vu... le dirai-je ?... un ministre de la religion du Prince souiller son caractère sacré en donnant son suffrage au même candidat... Je m'arrête pour vous laisser vous écrire *O Tempora ! O Mores !* »

Quelques-uns reprochent à l'élu son origine juive, le manifestant en vers :

Si Caligula, l'Empereur
Fit son cheval consul de Rome,
Ici, notre peuple électeur
Surpasse beaucoup ce grand homme :
Il prend par un choix surprenant
Un Juif pour son représentant.

Un quatrain s'adresse directement aux députés de la Chambre :

Cet Âne que l'on vous présente
De ce village est le Héros !
On ne peut composer cinquante
À moins d'employer un Zéro.

Le 29 janvier 1808, le député Berthelot informe la Chambre qu'Ezekiel Hart a prêté les serments d'usage et qu'il attend en dehors de la barre pour être admis à s'asseoir parmi ses pairs. Un député veut savoir de quelle façon le représentant du bourg de Trois-Rivières a été assermenté. « Sur la Bible et la tête recouverte », lui répond Berthelot. Le 1er février, la Chambre adopte une motion ainsi formulée : « Résolu que c'est l'opinion de cette Chambre qu'Ezekiel Hart, Écuyer, retourné pour représenter le bourg des Trois-Rivières n'a pas pris le serment en la coutume ordinaire. » Huit jours plus tard, le candidat défait Thomas Coffin présente une pétition à la Chambre demandant à remplacer Hart vu que ce dernier ne pourra prêter serment selon les exigences de la loi.

La question est maintenant de savoir si le serment prêté par Hart selon la manière « pratiquée dans les cours de justice, lorsque les serments sont administrés aux personnes professant la religion judaïque » est valide selon les lois et règlements régissant la Chambre d'assemblée. Si, dans les cours de justice un Juif peut prêter serment sur la Bible, en Chambre habituellement, le serment se prête seulement sur les Évangiles. La question est fortement débattue, le 20 février. L'avocat général Jonathan Sewell soutient que le serment doit obligatoirement se prêter sur les Évangiles. Quant au député John Richardson, appuyé par John Mure et Ross Cuthbert, il déclare que : « par le Statut 13 Geo. II, c. 7, les Juifs avaient tous les privilèges des sujets nés dans les colonies de l'Amérique et que ce statut leur donnait le moyen de faire le serment d'allégeance de la manière qu'ils pouvaient le faire en passant les mots, sur la foi d'un chrétien, qui se trouvent à la fin de ce serment et qu'ainsi on ne pouvait leur faire d'objection sur la forme du serment ». Pierre-Stanislas Bédard affirme qu'un Juif, même s'il est habilité à prêter le serment, ne peut siéger à la Chambre d'assemblée, car les membres de la religion judaïque sont exclus du Parlement britannique.

Le 20 février, le juge Foucher propose donc « qu'Ezekiel Hart, Écuyer, professant la religion judaïque, ne peut prendre place, siéger, ni voter dans cette Chambre ». Vingt et un députés votent en faveur de la résolution et cinq contre. Le siège sera donc déclaré vacant.

La question de l'inéligibilité des juges refait surface le 15 février, alors que le député Louis Bourdages présente un projet de loi « pour rendre les juges incapables d'être élus pour siéger ou voter dans la Chambre d'assemblée ». Le juge De Bonne accuse le *Canadien* d'avoir enfanté le projet de loi qui ne vise qu'à l'exclure de la Chambre. Le projet est approuvé en troisième lecture et acheminé au Conseil législatif qui l'étudie le 15 mars pour décider d'en reporter la discussion au 1er juillet, façon élégante de le rejeter !

Le 14 avril, le gouverneur Craig se rend à la salle du Conseil législatif pour proroger la session. Le Parlement est dissous le 27 du même mois et, comme les quatre années réglementaires sont écoulées, de nouvelles élections sont décrétées.

Des élections chaudes

La campagne électorale s'engage dès le début de mai. Les membres du parti canadien tirent à boulets rouges sur les candidats qui reçoivent un salaire du gouvernement ou qui sont trop près des gens en place. On fait état des 14 092 piastres que reçoit Sewell et des 3776 piastres versées à De Bonne. Le *Canadien* ne perd pas une occasion de parler du cumul des charges et il publie la liste des sommes payées par le gouvernement. Il fait campagne pour qu'une indemnité soit versée aux députés. « Ce sont les gens en place et les Anglais dans la Chambre, peut-on lire dans l'édition du 7 mai, qui s'opposent à cette modique allouance pour les membres. Les motifs de leur opposition sont évidents. [...] Les électeurs n'ont qu'à ne point élire de personnes en place et donner permission à leurs représentants de mettre une taxe d'une quinzaine de sols sur le vin de Madère, ils viendront à bout bien vite de mettre ordre à la dépense dans la province et elle y gagnera considérablement. »

Quelques femmes participent activement à la campagne électorale. « L'infortunée Janette », qui se dit abandonnée par le juge De Bonne, lance un appel aux électeurs du comté de Québec :

> Messieurs, Quoique ce ne soit pas la coutume que les femmes s'adressent à vous pendant les élections, j'espère que vous voudrez bien pardonner cette liberté à une infortunée qui n'a point d'autre moyen d'obtenir justice qu'en s'adressant à vous. Comment pourrais-je ailleurs ? L'ingrat dont je me plains est le juge même. Vous avez connaissance, messieurs, des peines que je me suis données pour lui à l'élection de Charlesbourg, il y a quatre ans. [...] L'ingrat s'est marié et s'est fait dévot ; c'est pour obtenir vos suffrages. Il n'est point converti, je vous en assure ; je le connais, il peut se jouer de tout pour parvenir à ses vues. [...] Quel honneur pour les Canadiens de voir leur juge courir les élections, de le voir profaner l'image du roi qu'il représente si indignement ? Les juges anglais courent-ils les

élections ?... C'est donc pour les Canadiens qu'est réservée cette honte. Je suis Canadienne, messieurs, et je mourrais plutôt que de consentir à un pareil déshonneur.

Ce qui n'empêche pas le juge De Bonne d'être élu pour représenter le comté de Québec... Dans la haute ville de Québec, la votation commence le 21 mai. Trois jours plus tard, Jean-Antoine Panet tire de l'arrière, car les gouvernementaux lui ont fait une lutte âpre. Il envoie donc une lettre à l'officier rapporteur lui déclarant qu'il a décidé de se retirer de la course. John Blackwood et Claude Dénéchau sont immédiatement déclarés élus. Louis de Salaberry et Jean-Antoine Panet perdent tous deux leurs élections, mais les électeurs de la circonscription d'Huntingdon leur accordent leurs suffrages. Le bourg de Trois-Rivières élit Ezekiel Hart et le notaire Joseph Badeaux.

La nouvelle députation se compose de 14 anglophones et de 36 francophones. Craig note que, parmi ces derniers, il y a quinze hommes de loi, quatorze cultivateurs et seulement sept seigneurs. « Les premiers, écrit-il à lord Castlereagh le 4 août, constituent un très puissant parti dans la Chambre, étant toujours unis, et ils pensent, en s'opposant aux vues du gouvernement, arriver aux positions. »

Trois députés en sont à leur cinquième élection, c'est dire qu'ils siègent depuis 1792 ; six, à leur quatrième ; six, à leur troisième ; quatorze, à leur deuxième, et vingt et un, à leur première élection.

Une réaction imprévue

Ryland, secrétaire fidèle du gouverneur Craig, met par écrit ses « observations concernant la situation politique du Bas-Canada », au cours du mois de mai. Il agrémente ses remarques de suggestions révélatrices des espoirs de ce que l'on appelle le parti gouvernemental. « Il y a lieu d'appréhender que le temps approche rapidement où la Chambre d'assemblée du Bas-Canada deviendra un foyer de sédition et le rendez-vous des plus hardis démagogues de la province. Par contre, il ne semble y avoir aucun moyen existant actuellement (hors l'énergie bien connue et l'habileté du gouverneur en chef) de réagir contre les projets qu'une pareille Chambre d'assemblée peut former. » Ryland mise donc sur « une influence anglaise prépondérante à la fois dans les conseils législatifs et exécutif ». Mais une constatation s'impose : « Il est évident pour toute personne au courant de l'état présent des choses ici que ni le Banc [du Roi] ni les Conseils, tels qu'actuellement composés, ne sauraient être capables de réprimer de la manière voulue toute tentative audacieuse et systématique, de la part de l'Assemblée, d'obtenir une prédominance pernicieuse dans la législature provinciale. Encore moins pourrait-on compter que ces corps coopéreraient à l'exécution d'un plan général pour assimiler la colonie à la mère patrie en matière de religion, de lois et coutumes. »

Parmi les solutions mises de l'avant par Ryland pour mater l'Assemblée, il y a l'établissement de nouvelles circonscriptions électorales dans les Eastern Townships. Cela constituerait

> un frein effectif au parti français ou catholique romain qui jouit, en ce moment, d'une prépondérance alarmante [...]. Il est vraiment impossible, conclut-il,

d'attacher trop d'importance à ce sujet ou de le mettre trop en évidence, car il indique la nécessité absolue d'une loi du Parlement impérial si l'on a l'intention d'obtenir jamais quelque chose comme une influence anglaise dans la section inférieure de la Législature provinciale. Car il ne faut pas compter qu'une Chambre d'assemblée, composée comme celle d'aujourd'hui, souffre jamais l'adoption d'un bill relatif à l'encouragement des colons anglais, ou encore moins d'un projet qui procurerait à ces colons les moyens d'être représentés dans cette Chambre.

Un premier coup de théâtre se produit le 14 juin. Ryland écrit à Joseph Planté pour l'avertir qu'il cesse d'être inspecteur du Domaine du Roi et greffier au papier terrier. Jean-Antoine Panet, Pierre Bédard, Joseph-Louis Borgia, François Blanchet et Jean-Thomas Taschereau sont, le même jour, rayés des cadres des officiers de milice. Pour tous, la raison est la même : « Son Excellence [Craig] me charge de vous informer qu'elle a dû prendre cette mesure, parce qu'elle ne peut avoir aucune assurance dans les services d'un homme qu'elle a bonne raison de croire l'un des propriétaires d'une feuille séditieuse et diffamatoire, qui se répand de tous côtés pour déprimer le gouvernement, exciter au mécontentement la population, et créer un esprit de discorde et d'animosité entre les deux éléments qui la composent. » Voilà qui est clair : les limogeages sont attribuables à l'attitude adoptée par le *Canadien* depuis plusieurs mois !

Dans une lettre à Castlereagh, le 5 août, le gouverneur fait le rapport des décisions qu'il a prises concernant les présumés propriétaires du *Canadien* et il avertit le secrétaire aux Colonies qu'il sera peut-être obligé de dissoudre la Chambre d'assemblée, si elle prend des mesures qui lui semblent antigouvernementales.

Planté, se disant victime d'une injustice, demande une audience au gouverneur Craig qui la lui accorde. Il « plaide sa cause avec tant de bonheur, raconte Philippe Aubert de Gaspé, que le gouverneur, qui n'était peut-être pas aussi diable qu'on l'a peint, reconnut son innocence, ajoutant néanmoins qu'il était trop tard, qu'il avait nommé monsieur Olivier Perrault, pour le remplacer, que si cependant, ce qui n'était guère probable, le nouveau greffier consentait à envoyer sa démission, il serait prêt à le réintégrer à sa place. Monsieur Perrault se rendit auprès du gouverneur, après une entrevue avec M. Planté : "Excellence, dit-il, j'ai accepté avec reconnaissance la place dont vous m'avez gratifié, mais il me répugne de profiter du malheur d'autrui, et je prie Votre Excellence de vouloir bien accepter ma résignation". » Planté réintégra alors ses fonctions.

Le gouvernement de Craig vient de prendre un brusque tournant que l'historien Jean-Pierre Wallot décrit ainsi :

Craig, presque trop raisonnable en avril, est devenu rapidement le chef du parti britannique. Cette métamorphose subite tient à plusieurs causes. Le ton violent du *Canadien* et ses accusations contre l'Exécutif ont dû gifler le gouverneur ; en militaire énergique, paternaliste et disciplinaire, il n'est pas homme à se croire visé sans riposter avec force. Malade et de tempérament aristocratique par surcroît, il dépend de son entourage pour ses contacts avec l'extérieur. Ces individus, tous du même parti, ont pu le suggestionner habilement. [...] Par son intervention, Craig déclenche une réaction à la chaîne : le parti canadien harcèlera encore d'avantage le gouvernement ; ce qui aiguillonnera plus encore la colère du gouverneur autoritaire et orgueilleux, ainsi que la rage de son entourage.

Les voisins s'agitent

Aux États-Unis, l'atmosphère est survoltée. Certains réclament une invasion des Canadas : d'autres veulent une guerre économique. D'ailleurs, le Congrès adopte une loi interdisant le transport de produits américains aux Canadas. Les habitants du nord du Vermont protestent contre cette décision qui les défavorise. Pour savoir ce qui se passe aux États-Unis, Craig retient les services de John Henry, un aventurier que l'on retrouve avec la North West Company et dans l'entourage de personnages influents comme Ryland. Moyennant salaire, Henry agira comme espion. Le 2 mars 1808, il écrit à Ryland qu'au Vermont, « la clameur publique est telle qu'il y a à craindre un conflit entre les agents du gouvernement et le peuple, au premier effort qui sera fait pour arrêter la sortie des énormes quantités de sciages et de denrées à destination du marché de Montréal ». Quatre jours plus tard, Henry revient avec de nouveaux renseignements et y va d'une petite pointe de flatterie : « On voit toutes les difficultés de la guerre ; et l'on tire de la nomination de notre gouverneur général cette conclusion, que l'Angleterre est résolue à garder la colonie. »

Le 8 mars 1808, la *Gazette* de Québec publie par autorité une proclamation royale établissant « l'état de blocus à l'égard du commerce et de la navigation de la France, de ses alliés, etc. ». Dans le même numéro du journal qui est, en quelque sorte, l'organe officieux du gouvernement, une autre proclamation annonce à la population que l'état de guerre existe maintenant entre la Grande-Bretagne et la Toscane, Naples, Raguse « et tous les autres ports et places sur la Méditerranée et l'Adriatique occupés par la France ou ses alliés ».

Malgré l'embargo sur les exportations, la paix est toujours officiellement maintenue entre les États-Unis et la Grande-Bretagne. À la fin d'avril, « des trains de bois sont arrivés à Saint-Jean, en dépit d'un bateau mis à la disposition des autorités douanières [américaines] ». On craint qu'un combat n'éclate, « mais, ajoute Craig, on n'en était pas venu aux prises, les flotteurs déclarant être décidés à passer outre, et les bateliers refusant d'intervenir ».

Le 20 juin au soir et le 21 au matin, l'agitation est grande à la « ligne provinciale sur le lac Champlain ». « La Douane américaine, raconte un témoin, ayant voulu soumettre à l'embargo un cageu considérable et l'empêcher de se rendre à Québec, les citoyens des environs s'assemblèrent et, malgré toutes les forces qui avaient pu être rassemblées à cette occasion, firent passer le cageu de l'autre côté de la ligne. On dit que les deux côtés ont dépensé beaucoup de poudre et de balles dans cette occasion, mais il n'y a point eu de sang répandu. Une petite cabane érigée sur le cageu a été percée en quarante places différentes par les balles de la milice appelée par la Douane. » L'incident n'a pas de suite.

Avec la campagne électorale et les résultats qui la couronnent, Craig commence à être moins convaincu de la fidélité des Canadiens, d'autant plus qu'il craint une invasion française. Sa correspondance avec Londres y fait plusieurs fois allusion. Le 13 mai, il écrit : « Tout semble faire croire à l'apparition des Français dans ces parages ; Bonaparte ne perd jamais de vue un objet sur lequel il a une fois fixé son attention. En saine politique, cette colonie devrait être l'objet de sa première tentative. Il y trouverait un climat sain, des provisions abondantes et une population qui n'est pas hostile et qui lui fournirait par la suite de grandes ressources en hommes avec une bonne position pour imposer sa volonté aux Américains. » Le 15 juillet, il revient sur le même sujet : « Les Français viendront ici tôt ou tard. Ils commenceront l'attaque par le sud, mais ils viendront certainement dans cette colonie. » Enfin, le 4 août, Craig écrit à lord Castlereagh :

> Dans le cas où nous aurions à combattre une armée française, nous n'avons pas de secours à attendre de cette province ; au contraire, il serait dangereux de mettre des armes entre les mains des habitants. Ils sont encore Français de cœur. Quoiqu'ils ne nient pas les avantages dont ils jouissent, cependant, il n'y aurait pas cinquante voix dissidentes si la proposition leur était faite de retourner sous la domination française. L'opinion générale, ici, parmi les Anglais, est qu'ils joindraient même les Américains si leur armée était commandée par un officier français.

Une telle analyse de la situation par le gouverneur explique en partie sa violente réaction face à ceux qu'il juge propres à amoindrir la fidélité à l'égard de la Grande-Bretagne. L'opposition du *Canadien* devient donc de plus en plus malséante, d'autant plus que Downing Street approuve la conduite de Craig. « Sa Majesté, lui écrit-on le 23 novembre 1808, approuve la destitution des personnes intéressées dans la publication de journaux séditieux. »

Il faut se fortifier

Une nouvelle fois, au début de 1809, Craig appréhende le conflit qui risque d'opposer le pays et les États-Unis. Le 13 février, il fait part à lord Castlereagh de son impression que Washington va profiter de l'ouverture prochaine du Congrès pour déclencher le conflit. « La sécurité de Québec est d'une importance supérieure, affirme-t-il. Tant que nous conserverons cette place, nous aurons une entrée dans la province pour la reconquérir, au besoin ; car Québec seul ne pourrait en empêcher la perte. Attendons de la milice un peu d'aide, si nous restons maîtres de la province. »

Le gouverneur déplore le fait que les anciennes fortifications n'existent à peu près plus. Pendant ce temps, l'espion John Henry, qui signe ses missives « A. B. », renseigne tant bien que mal son patron.

Comme le climat est propice à la négociation, Craig, par un ordre du 15 mars 1809, « juge à propos d'abroger en tout cas le ballottement qui a eu lieu pour le cinquième de la milice qui est en ce moment sous ordre de se tenir prêt, et les miliciens choisis en cette occasion sont en conséquence déchargés de toute obligation de s'assembler à laquelle ils pourraient être tenus par cet ordre [du 5 décembre 1808] ». Le gouverneur profite de la circonstance pour « rendre encore un témoignage à la loyauté et au zèle de la milice de la province ».

Si la situation « continentale » devient moins tendue, la petite guerre de papier continue entre le *Canadien* et le *Quebec Mercury* qui font, l'un et l'autre, flèche de tout bois. Le premier se plaint de ce que la session est plusieurs fois retardée ; quant au second, il suggère d'importer de France de dix à vingt mille veuves ou jeunes filles. Il faudra ensuite autoriser tous les Canadiens âgés de 18 à 45 ans, à posséder trois femmes afin de peupler la province le plus rapidement possible « avec une race dont la religion, les lois, les usages, les manières et la langue, je ne dis pas qu'ils seront français, mais j'espère que l'on me permettra de dire qu'ils seront anglais ». L'auteur de cette brillante suggestion, qui signe Quiz., autorise même chaque prêtre à posséder trois ménagères « pour la multiplication de leurs neveux et nièces »...

Toujours les mêmes problèmes

Le 10 avril 1809, quarante-deux membres de la Chambre d'assemblée sont assermentés. Parmi les absents, il y a deux Canadiens et cinq Anglais, le siège de William-Henry étant vacant. La première tâche des députés est celle du choix d'un orateur. Trente-deux membres votent en faveur de Jean-Antoine Panet et huit contre. Le jeudi 13, sir James Craig se rend à la salle du Conseil législatif pour l'ouverture officielle du Parlement.

Dans son discours, Craig analyse les relations anglo-américaines et souligne l'état de prospérité économique de la colonie. Il termine son allocution en déclarant : « Je regrette, messieurs, d'avoir été contraint par les circonstances à vous convoquer durant une saison de l'année qui, je ne l'ignore pas, doit être fortement incommode à plusieurs d'entre vous. Cette considération a même agi de telle force sur mon esprit que, ne voyant aucun objet particulier du service public qui demandât indispensablement votre attention immédiate, j'eus l'idée de remettre votre convocation à un temps qui offrît moins de conséquences préjudiciables à votre accommodement individuel. »

Puis, le gouverneur rappelle que l'Acte constitutionnel, même s'il n'est pas clair sur la question, demande que le Parlement siège au moins une fois l'an.

Le 15 avril, alors que la Chambre étudie « la réponse à la harangue de Son Excellence », le député Louis Bourdages aborde la question de la responsabilité ministérielle qui, selon lui, est « une idée essentielle pour la conservation de notre constitution ». Cette question reviendra régulièrement dans les débats, dans les décennies suivantes.

Quelques jours après le début des débats, le cas Hart refait surface. Le 17 avril, on relit en Chambre le texte de la résolution de l'année précédente expulsant le député juif. Le 19, Jean-Marie Mondelet, appuyé par Jean-Joseph Trestler, propose « qu'Ezekiel Hart, Écuyer, rapporté comme l'un des représentants du bourg des Trois-Rivières pour servir dans le présent Parlement provincial et qui y siège maintenant, est le même Ezekiel Hart qui fut rapporté élu pour servir dans la quatrième session du Parlement provincial à la place de l'honorable John Lees pour le bourg susdit ». Au cours du débat qui suit, la résolution est légèrement modifiée et, à la fin, par un vote de 35 voix contre 5, on reconnaît que le député Hart est bien le même que celui qui a été expulsé de la Chambre l'année précédente ! Le jour même où se déroule ce débat, Craig saisit le Conseil exécutif du problème posé par l'élection de cet homme en lui posant six questions :

1er En vertu de l'Acte 31, Geo. III, chap. 31 [L'Acte constitutionnel], un Juif est-il éligible pour siéger dans la Chambre d'assemblée de cette province ? 2e S'il est éligible et s'il est exclu de la Chambre par un vote de celle-ci, uniquement parce qu'il professe la religion judaïque, n'est-ce pas le devoir du gouverneur de le protéger au même degré que tout autre sujet de Sa Majesté quand il s'agit de la jouissance d'un droit légitime ? 3e N'est-ce pas le devoir du représentant du roi d'empêcher la Chambre d'assemblée d'assumer un pouvoir aussi étendu que celui qui lui est conféré par l'acte sur lequel est fondée son existence ; en outre, le fait de déclarer une personne incapable de siéger au Parlement, quand le cas n'est pas statué par cet acte, ou le fait d'exclure ou d'expulser cette personne une fois élue, doit-il être considéré comme l'exercice d'un pouvoir excédant les limites de ses attributions ? 4e Si la Chambre persiste à maintenir cette mesure par son propre vote au lieu d'avoir recours à un bill qui serait adopté par les deux autres branches de la Législature, n'est-ce pas du devoir du gouverneur de la dissoudre ? 5e Si la Chambre d'assemblée entreprend d'expulser par son vote quelque membre qui n'est pas déclaré coupable de quelque crime, qui n'a pas transgressé en aucune façon les privilèges de la Chambre ou violé les règles de celle-ci, ce membre n'a-t-il pas droit à la protection du gouverneur de Sa Majesté ? 6e Cette protection peut-elle être accordée autrement que par une dissolution ?

Le Conseil exécutif, dont fait partie le juge De Bonne, est donc appelé à se prononcer tant sur la question des Juifs que sur celle des juges !

À la Chambre, le 24 avril, on présente un projet de loi « pour lever les doutes concernant l'éligibilité des personnes professant la religion judaïque, pour siéger et voter dans la Chambre ». Le projet de loi subit immédiatement sa première lecture. La seconde lecture a lieu le 28. Il n'ira pas plus loin.

Le 5 mai, dix-huit députés, tous francophones sauf Thomas Coffin, votent l'expulsion d'Ezekiel Hart « professant la religion judaïque ». Huit représentants se prononcent contre. Ils sont tous anglophones, sauf le juge De Bonne. Cinq jours plus tard, le Conseil exécutif présente ses réponses aux questions du gouverneur :

Le comité [de tout le Conseil] est d'avis qu'un Juif peut être élu pour la Chambre d'assemblée de cette province et qu'il peut y siéger et y voter après avoir prêté serment requis par la loi, conformément à la coutume. [...] Le comité est d'avis que Votre Excellence doit accorder également la protection du gouvernement de Sa Majesté à tous les sujets de Sa Majesté que Votre Excellence doit, autant que possible, empêcher que la Chambre d'assemblée s'arroge plus de pouvoir que ne lui en accorde la constitution. Le comité est aussi d'avis que l'expulsion de tout membre basée sur un principe d'incapacité générale non prévu par l'Acte 31, Geo. III, chap. 31 ou par quelque statut provincial, constituerait un exercice de pouvoir plus étendu que ne le permet le premier statut.

La dissolution du Parlement constitue pour un membre légalement lésé la seule protection possible.

La majorité des députés va donc fournir au gouverneur Craig les raisons suffisantes pour dissoudre la Chambre, car la question de l'inéligibilité des juges figure aussi à leur menu. Le 18 avril, Louis Bourdages, appuyé par Louis Roy, propose une résolution à l'effet « que les juges, dans cette province, suivant les lois et coutumes du Parlement, ne peuvent siéger ni voter dans cette Chambre ». De Bonne riposte immédiatement en proposant, en amendement, que chacun des électeurs puisse choisir et élire « toute personne ou personnes en qui ils ont mis leur confiance et qu'ils croient les plus propres pour les représenter dans la Chambre d'assemblée », pourvu que ces personnes ne soient pas frappées d'incapacités prévues par la loi. Les députés, assurés qu'un projet de loi excluant les juges ne serait pas adopté par le Conseil législatif, étudient la possibilité d'expulser les juges par voie de résolution. Un comité d'enquête est formé pour étudier les inconvénients des élections là où les juges s'étaient portés candidats.

Le 15 mai, le Comité plénier de la Chambre doit prendre en considération le rapport du comité d'enquête et la Chambre doit étudier en troisième lecture le projet de loi disqualifiant les juges. Les députés étudient un projet de loi pour accorder quatre mille louis de plus pour bâtir les prisons de Montréal, lorsque la discussion est arrêtée par le bruit d'un coup de canon. Il est près de seize heures. Plusieurs membres s'interrogent : « Qu'est-ce que c'est ? » Quelques-uns font remarquer : « C'est peut-être le gouverneur qui va à la frégate ? » Certains se demandent : « C'est peut-être la prorogation ? » Un député quitte la Chambre et revient aussitôt, en disant : « C'est la prorogation. » Les grenadiers sont rangés à la porte. Quelques minutes plus tard, on frappe à la porte et un messager vient présenter au président un message de la part du gouverneur ordonnant à la Chambre de se rendre à la salle du Conseil législatif.

Jacques Viger, qui séjourne dans la capitale, est témoin de ce qui se passe. « Le triple bruit du fouet du cocher, du canon de la grande artillerie et des éperons de sir James Craig et de sa suite dans les Conseils, est venu aux oreilles des membres des deux Chambres presque au même instant. Voilà nos représentants en sa présence. Il leur a chanté une gamme, il leur a monté une garde à les faire écumer de rage ou à les faire sourire de pitié, l'un ou l'autre. »

Effectivement, à seize heures, Craig, assis sur son trône, avait demandé au huissier à la Verge noire d'aller chercher la députation. Cinq projets de lois sont soumis au représentant du roi pour sanction royale. Son Excellence demande ensuite à Panet si c'était là tout. On lui répondit que oui. Le gouverneur tire alors de la poche de son habit un papier et commence à lire son discours de prorogation. De Bonne, Blackwood, de Salaberry, Dénéchau et quelques autres se sont installés à droite du trône. Le reste des députés est en bas dans la salle.

Après une courte introduction, Craig enchaîne à l'intention des membres de la Chambre d'assemblée :

> Lorsque je vous adressai au commencement de la session, je n'avais aucune raison de douter de votre modération ou de votre prudence, et je mis une pleine confiance en toutes les deux. J'attendais de vous que, guidés par ces principes, vous feriez un sacrifice généreux de toutes animosités personnelles et de tous mécontentements particuliers : que vous seriez d'une attention vigilante pour les intérêts de votre pays et d'une persévérance inébranlable à remplir vos devoirs publics avec zèle et promptitude. J'attendais de vous des efforts sincères pour affirmer l'harmonie générale de la province et une soigneuse retenue sur tout ce qui pourrait avoir tendance à la troubler. J'ai cru que vous observeriez tous les égards qui sont dus, et par cela même indispensables, envers les autres branches de la Législature, et que vous coopéreriez avec promptitude et cordialité dans tout ce

qui pourrait contribuer au bonheur et au bien-être de la colonie. [...] Je regrette d'avoir à ajouter que j'ai été trompé dans ces attentes et dans toutes les espérances sur lesquelles je me fondais. [...] Vous avez consumé dans des débats infructueux, excités par des animosités particulières et personnelles, ou par des contestations frivoles sur des objets futiles de pure formalité, ce temps et ces talents auxquels dans l'enceinte de vos murs le public a un droit exclusif. Cet abus de vos fonctions, vous l'avez préféré aux devoirs élevés et importants auxquels vous êtes obligés envers votre souverain et vos constituants, et par là vous avez nécessairement été dans le cas de négliger des affaires d'importance et d'obligation qui vous étaient soumises, tandis qu'en même temps vous avez en effet empêché l'introduction de telles autres qui ont pu être en contemplation. S'il fallait d'autres preuves de cet abus de votre temps, je viens d'en donner, en ce que je n'ai eu occasion d'exercer la prérogative royale que sur cinq bills seulement, après une session de pareil nombre de semaines, et de ces cinq bills, trois étaient purement des renouvellements d'actes annuels auxquels vous étiez engagés et qui n'exigeaient aucune discussion. [...] Une violence si peu mesurée a été manifestée dans tous vos procédés, et vous avez montré un défaut d'attention si prolongé et si peu respectueux envers les autres branches de la Législature, que, quelles que puissent être la modération et l'indulgence exercées de leur part, on a peu de droit de s'attendre à une bonne intelligence générale, à moins que d'avoir recours à une nouvelle assemblée. [...] Je donnerai les ordres nécessaires pour convoquer le nouveau Parlement provincial aussitôt que les circonstances le permettront sans inconvénient et n'ayant d'autre objet, comme je me sens assuré que nul autre ne pourra m'être attribué, que de maintenir les vrais principes de l'heureuse et libre constitution de la province et d'employer le pouvoir que Sa Majesté m'a confié vers le seul but pour lequel je l'ai reçu, le bien-être de ses sujets, j'ai une entière confiance dans les électeurs auxquels j'aurai recours, me persuadant que par un choix de représentants convenables de nouveaux inconvénients pourront être prévenus et que les intérêts de la colonie seront mis en considération dans la prochaine session avec moins d'interruption et de plus heureux effets.

Après avoir félicité les membres du Conseil législatif « pour l'unanimité, le zèle et l'attention continuelle que vous avez montrés dans vos procédés », le gouverneur Craig se retire. Pour la première fois depuis 1792, le Bas-Canada devra retourner aux urnes une année seulement après les élections !

CRISE AU PARLEMENT
1809-1811

L E GOUVERNEUR CRAIG se sent pleinement justifié de dissoudre le Parlement et d'ordonner de nouvelles élections générales. Il est persuadé que la majorité des députés veut s'opposer directement à son autorité et à celle du gouvernement. Il aborde longuement la question dans une lettre à lord Castlereagh, le 5 juin 1809. Parlant de l'élection de Jean-Antoine Panet au poste de président de la Chambre, Craig déclare : « J'ai raison de croire que le choix de ce dernier avait pour objet de mettre à l'épreuve mon sang-froid et ma fermeté. »

Selon le gouverneur, l'opposition ethnique se manifeste de plus en plus dans la colonie et le parti canadien en est le responsable. « Je savais parfaitement que les chefs de ce parti avaient déployé une fébrile activité pour propager leurs principes à travers la province ; qu'ils avaient réussi à faire naître un esprit de jalousie et de méfiance dans plusieurs endroits, au point qu'un individu, qui a réussi à se faire élire membre de l'Assemblée après avoir employé un langage inexcusable à l'égard des vues du gouvernement, n'a pas craint de dire qu'il n'assisterait pas aux séances du Parlement s'il devait y avoir un Anglais pour collègue. »

Craig démontre au secrétaire aux Colonies que la dissolution était la seule solution possible dans les circonstances et il termine sa lettre en concluant que :

> De toutes parts, on affirme que cette mesure a donné lieu à une satisfaction générale. Toute la partie anglaise de la population considère que, non seulement la conduite de la Chambre qui venait d'être dissoute, mais la signification générale qu'il fallait attacher aux actes de cette dernière depuis quelque temps, avaient rendu cette détermination urgente ; et les Canadiens bien intentionnés admettent que les circonstances l'exigeaient. [...] J'ai même raison de penser qu'il est très probable qu'un petit nombre seulement — peut-être aucun de ceux qui étaient à la tête du parti ne le sera-t-il — seront élus. En tout cas, il est impossible que la nouvelle Chambre ne vaille pas l'ancienne, quant à la bonne volonté et aux connaissances requises pour mener les affaires publiques à bonne fin.

Le 7 septembre, lord Castlereagh rédige sa réponse au gouverneur Craig. Il le fait dans deux lettres, une officielle, l'autre confidentielle. Dans la première, il recommande au représentant du roi d'user envers la Chambre d'un langage modéré et choisi, « afin que l'Assemblée législative qui sera convoquée plus tard ne puisse soupçonner la droiture de vos sentiments à l'égard de leurs privilèges et de la Constitution ». La lettre confidentielle contient les vues personnelles du secrétaire d'État.

> Il me semble, écrit-il, qu'il n'y ait rien de plus difficile à gouverner qu'une Assemblée législative, constituée comme celle du Bas-Canada, où l'on réclame ou exerce presque tous les privilèges de la Chambre des communes de la Grande-Bretagne. En outre, il n'est guère possible d'en influencer les membres et de les induire à s'unir au gouvernement sans compter que, par suite de l'exemple donné par les États américains et de la nature même d'une assemblée populaire, il s'y rencontre des membres ardents, actifs et turbulents qui sont enclins à faire parade d'une importance imaginaire ou réelle en s'opposant à l'administration. Cet état de choses donne lieu à une difficulté d'autant plus grande qu'il n'y a pas d'autre moyen qu'une dissolution pour punir une assemblée et que cette méthode, quand la conduite de l'Assemblée est populaire, non seulement n'a pas de succès, mais ne fait qu'aggraver le mal.

Castlereagh aborde ensuite les deux sujets qui étaient, en quelque sorte, cause de l'opposition entre la Chambre et le gouverneur : l'expulsion de Hart et l'inéligibilité des juges. « Il est évident qu'un Juif véritable ne pouvait siéger dans l'Assemblée » puisqu'il ne pouvait prêter serment sur les Évangiles. Par conséquent, il appartenait à l'Assemblée de savoir si M. Hart avait rempli toutes les formalités que la loi peut exiger pour prouver sa conversion de bonne foi au christianisme et s'il avait prêté serment sans restriction mentale. [...] Quant à l'exclusion des juges de la Législature, il ne se manifeste ici aucune opposition à ce sujet si vous jugez à propos en quelque temps de sanctionner une telle mesure. »

À Londres, les autorités ne cachent pas leur inquiétude tant au sujet de la conduite de la Chambre d'assemblée que de celle du gouverneur : « Quant aux expressions dont vous vous êtes servi pour faire connaître vos sentiments à l'égard des actes de l'Assemblée, vous devez supposer naturellement qu'elles ont produit une sensation ici et causé de l'inquiétude au sujet d'une conduite répréhensible au point de mériter une censure aussi sévère. J'espère cependant qu'il n'y aura pas de discussion publique à cet égard car, dans un litige de ce genre, un parti hostile au gouvernement ou à vous-même pourrait remporter quelque avantage. »

Un peuple à assimiler ?

La situation politique qui prévaut au Bas-Canada ramène à la surface la question de l'assimilation des Canadiens. En mars 1809, l'avocat et député Denis-Benjamin Viger publie une brochure intitulée *Considérations sur les effets qu'ont produit en Canada, la conservation des établissements du pays, les mœurs, l'éducation, etc., de ses habitants ; et les conséquences qu'entraînerait leur décadence par rapport aux intérêts de la Grande-Bretagne. Par un Canadien, M.P.P.* Deux mois plus tard, un autre député, anglophone celui-là, réplique à Viger par un écrit de 30 pages intitulé *An Apology for Great Britain in Allusion to a Pamphlet...*

Pour Viger, la Grande-Bretagne doit conserver la langue et les coutumes françaises au Bas-Canada si elle veut préserver cette colonie de l'influence américaine. L'auteur s'en prend aux « anglicisateurs ». « Ce n'est point la langue dont on se sert pour distribuer le bienfait de l'éducation et des connaissances utiles qui rend les sujets bons ou mauvais, soumis ou infidèles. Ce sont les principes essentiels sur lesquels l'éducation elle-même est dirigée qui la rendent utile ou dangereuse. [...] Je suis toujours surpris de voir revenir sur les rangs ces déclarations de collège sur la langue et l'éducation de ce pays, comme si on pouvait changer la langue et les mœurs d'un peuple comme on change ses habits et ses modes. »

De plus, les Canadiens ne sont plus Français, affirme Viger :

> Les Français et les Canadiens, quoique leur séparation ne date que d'un demi-siècle, pourraient à peine, la ressemblance du langage exceptée, être reconnus pour avoir la même origine. [...] Toutes les causes qui doivent produire entre les Français et nous une différence si marquée, établissent entre ceux qui viennent s'établir parmi nous et ceux qu'ils ont laissés derrière eux des rapports intimes resserrés encore et mis en œuvre par la nature d'un gouvernement qui augmente au-delà des justes bornes l'activité naturelle et l'esprit d'indépendance politique et individuelle de tous les membres qui la composent.

L'auteur des *Considérations* dénonce ceux qui veulent « inonder la province d'Américains unis », pour assimiler plus rapidement les Canadiens.

> Quant aux Américains, le seul moyen qui nous reste pour nous garantir de la contagion de leurs principes, c'est celui-là même qu'on voudrait nous arracher. Ils sont déjà à nos portes. Ils partagent nos foyers. Ils inondent une partie de la province, sans l'obstacle des mœurs, de la religion, des lois et du langage, qui les séparent de nous, il n'y aurait rien de surprenant, rien que de naturel, s'il leur prenait quelque jour, comme on l'observa l'année dernière dans un papier public, la même fantaisie qu'au hérisson de la fable, à qui la couleuvre avait donné l'hospitalité dans son asile. Il voulut rester seul, elle se trouva obligée d'aller chercher gîte ailleurs.

Pour Ross Cuthbert, le visage français du Bas-Canada est un anachronisme qui doit disparaître au profit d'une saine unité qui ne peut se réaliser qu'à la suite d'une forte immigration britannique et l'assimilation des Canadiens.

> Un étranger qui voyagerait à travers la province sans entrer dans les villes serait persuadé qu'il visite une partie de la France. La langue, les manières, chaque symbole, de la girouette aux sabots, s'unissent pour mieux le tromper. [...] S'il entre dans une maison, la politesse française, la tenue française, l'habillement français frapperont son regard. Dans un des meilleurs accents français, il entendra parler de savon français, de soulier français ; et ainsi de suite, car tout se distingue par l'adjectif français. Si une des filles de la maison décide de chanter, il entendra probablement la jolie pastorale de *Sur les bords de la Seine*, ou quelqu'autre chanson, qui le transportera dans une de ces belles vallées de la vieille France. En visitant la chambre de compagnie, il remarquera, parmi les autres saints, le

portrait de Napoléon. En résumé, il ne pourrait pas s'imaginer qu'il a franchi les frontières de l'empire britannique. [...] Les Canadiens sont non seulement un peuple respectable, mais à plusieurs points de vue, un peuple intéressant. Leurs propensions naturelles sont honorables. Leur première réaction en est une de bonne foi. Ils sont francs et loyaux. [...] Mais ils sont ignorants, extrêmement susceptibles et ils forment un sol fertile pour nos charlatans politiques. Leur attente est vaine ; leur corps politique se dissolvera et disparaîtra dans la pureté et la clarté du caractère britannique. Les préjugés et les particularités inutiles des Canadiens se disperseront comme les vapeurs du soleil levant. Tout ceci ne sera pas le résultat d'une contrainte visible, d'un subterfuge secret et d'efforts individuels ; ce sera le résultat d'une inévitable opération chimique : les matières brutes, opaques, inertes qui embarrassent les Canadiens disparaîtront dans l'effervescence d'un dissolvant britannique.

Ce résultat sera obtenu par une forte immigration anglaise, irlandaise et écossaise. Les loyalistes américains viendront eux aussi grossir les rangs des immigrants. S'il en est ainsi, dans cinquante ans, les Canadiens se seront volontairement et librement assimilés à « une nation qui nous a fait participer à sa bonne fortune et à son lustre, une nation sur laquelle le soleil ne cesse de briller et dont la gloire ne cesse d'augmenter avec les limites de la mémoire ».

Il va sans dire que le *Canadien* et le *Quebec Mercury* puisent abondamment dans les deux pamphlets des arguments pour joyeusement s'attaquer !

Une tournée électorale

Même si les élections ne doivent pas avoir lieu immédiatement après la dissolution de la Chambre, Craig décide, dès le mois de juin, de commencer sa propre campagne électorale. « À Trois-Rivières, Montréal, Sorel, Saint-Jean, etc., note l'historien Jean-Pierre Wallot, ses fidèles et une partie du peuple l'accueillent avec éclat et applaudissent à sa politique. Dans l'euphorie du moment, le gouverneur s'imagine qu'il ne s'agit que de subjuguer une petite clique d'agitateurs, sans influence sur le peuple loyal. Or il a cru bon d'innover en s'immisçant ouvertement dans la politique. » À Trois-Rivières, le 23 juin, il est accueilli par un feu d'artifices et une adresse signée par les principaux citoyens fidèles du bourg. À Montréal, le 29, Craig préside un lever* auquel sont invités quelques habitants importants de la ville qui, à leur tour, lui présentent une adresse l'assurant de leur loyauté. Le 12 juillet, à deux heures de l'après-midi, le gouverneur en chef et sa suite arrivent à Terrebonne. La délégation est accueillie à la traverse de Lachenaye par les principaux habitants de la région, dont des membres du clergé, des magistrats et des notables.

Le 1er août, Craig est de retour à Québec où les magistrats et les notables de la capitale lui présentent une adresse de bienvenue. Devant tant de loyauté, le gouverneur est convaincu que le peuple est déterminé à n'élire que des représentants fidèles à la couronne britannique. Dans une proclamation en date du 2 octobre, il

---

* Le lever, ou levé, est le moment où le roi (ici son représentant) recevait des invités dans sa chambre après s'être levé.

fixe au 23 novembre le retour des writs d'élections, sauf pour la circonscription de Gaspé dont les résultats devront être connus avant le 12 janvier 1810.

Le *Canadien*, dans son édition du 9 octobre, publie « une classification ministérielle des membres de l'Assemblée du Parlement cassés ». De façon ironique, comme si la chose avait été effectuée par le secrétaire du gouverneur, les députés sont classés en bons et mauvais sujets. Ces derniers regroupent les « antiministériels, les démocrates, les sans-culottes et les *Dammed Canadians* ». Louis Bourdages se retrouve avec l'inscription *Antechrist* !

La campagne électorale s'annonce ardue et violente. L'évêque coadjuteur Bernard-Claude Panet donne à ses curés la consigne de ne pas se mêler d'élections.

Lors de la compilation des résultats, on se rend compte que les électeurs se sont prononcés majoritairement pour les représentants du parti canadien qui compte officiellement 21 membres, dont un anglophone. Les ministériels, au nombre de 19 avant la dissolution, ne sont plus que huit, dont la moitié francophones. Deux députés dits indépendants complètent la liste des élus, telle que publiée dans le *Canadien* du 25 novembre. À Trois-Rivières, Moses Hart, le frère d'Ezekiel, ne réussit pas à se faire élire.

Les résultats des élections ne sont certes pas du goût du gouverneur. Aux yeux des ministériels, le *Canadien* apparaît comme responsable de la situation. Même Plessis juge le journal séditieux. Le 4 décembre 1809, il écrit à Jean-Henry-Auguste Roux, vicaire général à Montréal. « Le *Canadien* vient de sortir de ses cendres par une nouvelle et ample souscription. Vous n'imaginez pas les ravages que fait ce misérable papier dans le peuple et dans le clergé. Il tend à anéantir tous principes de subordination et à mettre le feu dans la province. »

L'hebdomadaire québécois, unique porte-parole du parti canadien, devient l'ennemi à abattre. George Heriot, député maître-général des Postes pour l'Amérique septentrionale, interdit à ses courriers de transporter à Montréal le *Canadien*. Ce dernier ne ménage plus ses attaques. Il prend un malin plaisir à traduire et à publier les lettres de Hugh Gray publiées à Londres quelques mois auparavant. Dans son édition du 6 janvier 1810, le *Canadien* cite des extraits où Gray, marchand britannique ayant habité le Bas-Canada de 1806 à 1808, aborde la question des loyalistes américains.

> Ces émigrés, écrit-il, sont capables de faire tout au monde, jusqu'à livrer le pays pour se débarrasser des Canadiens. Ils fondent actuellement toutes leurs espérances sur le plan d'introduction des habitants des États-Unis dans la province, par le moyen de concessions de terres de la Couronne et sur la réunion de cette province avec celle du Haut-Canada où les habitants des États-Unis sont déjà introduits. Ils aiment mieux être avec des habitants des États-Unis dans la Chambre d'assemblée, au risque de perdre le pays, que d'y voir les Canadiens avec la majorité. Ce qui vient de ce qu'ils n'ont pas les mêmes préjugés contre les habitants des États-Unis, qu'ils regardent volontiers comme des Anglais ; aussi ils ne cessent de parler d'anglifier la province par l'introduction de gens des États-Unis. [...] On ne peut actuellement assimiler le Canada avec la mère patrie, sans l'assimiler aux anciennes colonies qu'elle a perdues ; et quand cette assimilation sera une fois parfaitement formée, elle aura plus de force pour unir le Canada avec les États-Unis d'Amérique qu'avec la mère patrie. [...] Qu'y aurait-il donc à faire

pour éviter la perte de cette colonie ? La première chose serait de se défier beaucoup des instructions des gouverneurs, des gens du gouvernement et de tous les émigrés. La seconde, d'avoir avec les habitants du pays une communication immédiate, indépendante du gouvernement et des gens en place, telle que serait celle qui viendrait immédiatement de la Chambre d'assemblée. La troisième de se persuader que l'intérêt des Canadiens et leurs préjugés tendent à conserver ce pays à l'empire et sont le seul moyen de le lui conserver.

Bon début, mauvaise fin

Le 29 janvier 1810, les 38 députés présents choisissent unanimement Jean-Antoine Panet pour présider aux délibérations de la Chambre d'assemblée du Bas-Canada. Le vendredi 2 février, le gouverneur en chef se rend à la salle de délibérations du Conseil législatif afin de prononcer le discours inaugural de la première session du sixième Parlement. Après avoir tracé le bilan de la situation européenne, Craig en arrive aux problèmes locaux.

> Dans les deux dernières sessions, déclare-t-il aux conseillers législatifs et aux députés, la question sur la propriété de l'exclusion des juges des Cours du Banc du Roi d'un siège dans la Chambre d'assemblée a été beaucoup agitée. Cette question est fondée sur le désir d'éviter la possibilité de l'existence d'un biais dans l'esprit des personnes exerçant les fonctions judiciaires dans ces Cours, en ce qu'ils se trouvent dans la nécessité de solliciter les voix des individus, sur les personnes ou sur les biens desquels ils pourraient ensuite avoir à décider. Quelle que soit mon opinion sur le sujet, j'ai nonobstant en très haute estime le droit d'élire dans le peuple et celui d'être élu par lui, pour avoir pris sur moi, si la question m'était parvenue, la responsabilité de donner l'assentiment de Sa Majesté, à ce qu'on posât des bornes à l'une ou à l'autre par l'exclusion d'aucune classe de ses sujets, et ce sont des droits dont il est impossible de supposer qu'ils puissent être privés par quel que autorité que ce soit, si ce n'est celle qui émane du consentement des trois branches de la Législature [Chambre d'assemblée, Conseil législatif et Conseil exécutif]. [...] Ayant reçu la volonté de Sa Majesté là-dessus, je me sentirais autorisé à donner la sanction royale à un bill convenable sur lequel les deux Chambres pourraient concourir pour rendre, à l'avenir, les juges des Cours du Banc du Roi inéligibles dans la Chambre d'assemblée.

La journée même de l'ouverture de la session, les députés approuvent en première lecture un projet de loi « pour disqualifier les juges de siéger ou voter dans la Chambre ». Le lendemain, soit le 3 février, le bill subit sa deuxième lecture. Six jours plus tard, l'étape finale de la troisième lecture est franchie en Chambre et le texte doit alors être étudié par le Conseil législatif.

La question des juges n'est pas la seule qui intéresse la Chambre. La liste civile en est une autre. Cette liste est constituée des sommes versées par le gouvernement à titre de pensions ou de salaires aux fonctionnaires de l'État. Les montants perçus grâce aux droits établis par la loi sur les prisons sont supérieurs aux dépenses, de sorte que la province s'oriente vers des surplus ; mais, au moment où les députés commencent à étudier la question, ils n'ont en main que le bilan de 1808 qui est déficitaire. Le 10 février, le comité spécial formé pour étudier les finances de la colonie présente son rapport et les députés approuvent les résolutions suivantes :

> Que c'est l'opinion de ce comité que cette province est à présent en état de payer toutes les dépenses civiles de son gouvernement ; que c'est l'opinion de ce comité que la Chambre d'assemblée doit voter, durant cette session, une somme nécessaire pour défrayer les dépenses civiles du gouvernement de cette province ; qu'une très humble adresse soit votée par cette Chambre à Sa Majesté, à la Chambre des lords et à la Chambre des communes, leur exposant que cette Chambre avait, durant cette session, pris sur elle toutes les dépenses civiles du gouvernement de cette province. Qu'elle ressentait la plus vive reconnaissance pour l'assistance que Sa Majesté avait bien voulu lui donner jusqu'à présent ; pour son gouvernement doux et bénigne, et pour l'heureuse constitution accordée à cette province par Sa Majesté et le Parlement de la Grande-Bretagne. Ce qui l'avait élevée à un tel degré de prospérité qu'elle était à présent en état de supporter lesdites dépenses civiles.

Un comité de sept membres est alors formé pour préparer le texte de l'adresse : on y retrouve Pierre-Stanislas Bédard, Louis-Joseph Papineau, Bonaventure Panet, Jean-Baptiste Durocher, Denis-Benjamin Viger, François Blanchet et Louis Roy.

La Chambre souhaite donc contrôler la liste civile, c'est-à-dire ses dépenses, et, partant, exercer un contrôle sur le patronage. Le gouverneur Craig saisit l'importance de la démarche des députés, qualifiant ces résolutions de « mesure la plus importante et la plus dangereuse de la session ».

Le 13 février, la Chambre adopte le texte des trois adresses. Le lendemain, elle fait parvenir au gouverneur Craig une adresse lui demandant de les acheminer vers la métropole, au roi, à la Chambre des lords et aux Communes. Après consultation du Conseil exécutif, le représentant du roi répond à la Chambre : « Les adresses que vous m'avez présentées ont toutes un tel cachet de nouveauté qu'elles méritaient de ma part la très sérieuse étude que j'ai dû leur consacrer. » Il fait remarquer qu'au Royaume-Uni, même si la Chambre des communes a le droit d'accorder des sommes d'argent, il lui faut le concours de la Chambre haute.

> Je dois vous demander de tenir compte que l'adresse que je viens de recevoir de vous pour la Chambre des communes du Royaume-Uni ne concerne qu'une partie seulement de cette Chambre. Pour ces raisons, je ne puis m'empêcher de considérer que ces adresses sont sans précédent, imparfaites quant à la forme, qu'elles sont fondées sur une résolution qui ne peut être efficace avant d'avoir été approuvée par le Conseil législatif (car elle se résume à la transmission d'une offre spontanée de la part des Communes du Canada) et que par conséquent elles sont prématurées. Aussi je regrette de ne pouvoir, dans l'exercice de ma charge officielle, prendre sur moi de les transmettre aux ministres de Sa Majesté. [...] Mais je crois que, en cette occurrence, il est bon que cette adresse soit présentée au roi. [...] Je crois aussi que Sa Majesté doit être formellement informée de la garantie et de la promesse volontaire que le peuple de cette province — par cette adresse à son souverain et par la résolution sur laquelle celle-ci est fondée — a donnée de son plein gré à Sa Majesté de payer toutes les dépenses de l'administration civile de la province, quand il sera requis de le faire ; et que, par conséquent, Sa Majesté

pourra, quand dans sa sagesse elle le jugera à propos, leur demander de remplir sans répugnance ce solennel engagement.

L'entente va se briser

La Chambre d'assemblée cherche à se donner une plus grande indépendance. Un projet de loi visant à nommer un agent « dans le Royaume-Uni de la Grande-Bretagne et d'Irlande pour obtenir la votation des lois et pour administrer les affaires publiques de la province » est adopté en deuxième lecture.

Les relations entre les députés et le gouverneur semblent tourner au beau. L'évêque Plessis est heureux d'en faire part au vicaire général à Halifax, Edmund Burke, le 18 février. « Notre province soutient toujours sa petite influence, écrit-il. La Chambre d'assemblée s'était brouillée avec le gouverneur, mais les voilà raccordés le mieux du monde. Sir James est vert, bon, généreux, honorable, un peu prévenu, je crois, contre la religion, mais je m'en prends moins à lui qu'à ceux qui l'environnent. » Malheureusement, la lune de miel sera de courte durée.

Le 23 février, la Chambre se forme en comité pour étudier les modifications demandées par le Conseil législatif touchant le projet de loi sur l'inéligibilité des juges. L'entente semble impossible entre les deux pouvoirs législatifs. Le samedi 24, Louis Bourdages, appuyé par Bonaventure Panet, propose « que P. A. De Bonne étant l'un des juges de la Cour du Banc du Roi, ne peut ni siéger ni voter dans cette Chambre ». Dix-neuf députés, tous francophones sauf un, votent en faveur de la résolution et seize se prononcent contre. Le siège du juge est immédiatement déclaré vacant.

Craig n'est pas lent à réagir. Dès le lundi 26 février, à quinze heures, les députés sont convoqués à la salle de délibération du Conseil législatif. Après avoir sanctionné les deux seuls projets de loi qui ont franchi toutes les étapes, le gouverneur y va d'une forte harangue.

> Je suis venu ici afin de proroger le présent Parlement ; et après une mûre considération des circonstances qui ont eu lieu, j'ai à vous informer de la détermination où je suis de recourir aux sentiments du peuple pour une dissolution immédiate. Appelé de nouveau à l'exercice pénible d'une des fonctions de la prérogative de Sa Majesté dont je suis revêtu, je sens qu'il est encore expédient que je vous expose et que, par votre voie, qui est même le seul moyen de communication que j'aie avec le peuple, il soit distinctement informé des motifs qui me guident. [...] La Chambre d'assemblée a pris sur elle, sans la participation des autres branches de la Législature, de décider qu'un juge de la Cour du Banc du Roi de Sa Majesté ne peut ni siéger ni voter dans la Chambre. [...] Je ne puis regarder la Chambre d'assemblée que comme ayant inconstitutionnellement privé de leur franchise une grande partie des sujets de Sa Majesté, et rendu inéligible, par une autorité qu'elle ne possède pas, une autre classe assez considérable de la société. [...] Le peuple, cependant, s'il est trompé dans son attente, me rendra justice de ne pas m'en attribuer la cause ; comme il ne doit pas non plus me l'imputer s'il a été si peu fait d'affaires publiques.

Pour la troisième fois en trois ans, le peuple doit retourner voter. Dans sa proclamation du 1er mars, Craig fixe la date du scrutin.

Nous faisons par la présente connaître notre volonté et plaisir royal, afin de provoquer un nouveau Parlement provincial, et déclarons encore par la présente qu'avec l'avis de notre Conseil exécutif, nous avons ce jour donné des ordres pour émaner nos writs en due forme, aux fins de convoquer un nouveau Parlement provincial, lesquels writs seront datés lundi le douzième jour de ce présent mois de mars et seront retournables samedi le vingt et unième jour d'avril prochain, pour tous les endroits excepté pour le comté de Gaspé, et pour le comté de Gaspé, vendredi, le quinzième jour de juin prochain.

Aussitôt après la dissolution de la Chambre, des pétitions commencent à circuler, dans lesquelles les sentiments de fidélité au roi et à son représentant ne manquent pas. Le 7 mars, une délégation de citoyens se présente au Château Saint-Louis pour remettre à Craig une adresse signée par 524 personnes.

Nous nous sentons obligés, tant par rapport à l'administration ferme et tempérée de votre Excellence que par rapport à nous-mêmes, de manifester nos sentiments dans le moment actuel, déclarent les signataires ; dans la crainte que l'on interprète notre silence comme une approbation de la mesure qui a forcé votre Excellence de dissoudre le Parlement provincial et de recourir de nouveau au sentiment du peuple. [...] Comme toute démarche de la part d'une branche de la Législature au-delà de ses limites constitutionnelles doit naturellement exciter de vives alarmes dans l'esprit des sujets de Sa Majesté, nous nous sentons en conséquent impérieusement forcés dans cette occasion de déclarer ainsi publiquement notre désaveu formel de cette dernière mesure de la Chambre d'assemblée ; et d'assurer, en même temps, votre Excellence, que nous avons la confiance la plus illimitée dans son gouvernement.

Le *Canadien* ne tarde pas à réagir à ces témoignages d'appui à la cause du gouverneur. Dans l'édition du 10 mars, on peut lire le commentaire suivant : « On dit publiquement en ville qu'on a fait signer les enfants, les matelots, et tout ce qu'on a pu attraper, jusqu'à des enfants demandant l'aumône par les rues ; qu'on ne s'occupait que du nombre et que tout était bon pourvu qu'il signât ; enfin on dit qu'il y en a qui se plaignent de ce qu'on leur a déguisé l'objet de l'adresse et qui se repentent de l'avoir signée. » À Montréal, Trois-Rivières, William-Henry, Terrebonne, l'île d'Orléans, etc., des adresses semblables seront soumises à la population pour signature.

Un nouveau journal

Le 10 mars, en pleine agitation politique, naît un nouvel hebdomadaire, propriété des juges Jonathan Sewell et Amable De Bonne. Le *Vrai Canadien* se range immédiatement derrière la politique gouvernementale qu'il appuie sans restrictions. Dans son premier éditorial, l'éditeur précise : « Attaché au gouvernement établi, je lui donnerai tout le soutien que mes faibles talents peuvent permettre. Les justes droits et privilèges du peuple, dont je forme moi-même partie, sont aussi dans mon estime inappréciables. [...] Je ne voudrais point voir le Conseil législatif anéanti ni le représentant du roi devenir un Zéro. »

Le *Canadien* réagit à la « concurrence ». Après avoir dénoncé vertement le nouvel hebdomadaire comme étant « un vrai libelle contre la dernière Chambre d'assemblée », le journaliste conclut :

> On y voit les chouayens ou torys canadiens complimenter le gouverneur de ce que le Parlement est cassé et abhorrer ce qu'il a fait, et faire leurs efforts pour retrancher ses pouvoirs et privilèges et pour réduire notre Chambre au néant, et l'autre parti cherche à lui conserver les droits et privilèges qu'elle doit avoir d'après les principes de la Constitution pour être à l'abri de l'influence indue et surtout de l'influence judiciaire qui combat maintenant contre le pouvoir législatif. Le juge De Bonne appelle dans ce nouveau papier le clergé à son secours, lui qui dans la première élection de 1792 disait : « Nous viendrons à bout de la mître et du capuchon ! »

Effectivement, le haut clergé s'abonne au *Vrai Canadien*, mais non sans une certaine restriction. « N'allez pas me prendre pour un admirateur du *Vrai Canadien*, confie Plessis au vicaire général de Montréal. Je vous ai fait part du motif qui m'avait engagé à y souscrire, au cas que vous voulussiez en faire autant, et voilà tout. »

L'organe francophone des torys se lance à fond de train dans la campagne électorale en brandissant au nez du peuple une nouvelle menace. La Chambre, dit-on, est prête à payer toutes les dépenses de la liste civile. Or, pour payer ces dépenses, on s'apprête à forcer le clergé à payer une partie des dépenses.

> Dangereux commencements, messieurs, pour rassurer le peuple sur cette dépense dont ils veulent le charger, peut-on lire dans l'édition du 10 mars du *Vrai Canadien* ; plus dangereux encore pour affaiblir un jour l'influence et la respectabilité du clergé attaché, comme il doit être, par devoir et par inclination, à notre heureux gouvernement ; première attaque aussi sur notre religion par ces prétendus philosophes dont les principes sont bien connus de ce même clergé ; aucun de ses membres pourrait-il rester inactif, lorsque la religion est menacée ? À moins qu'ils ne veuillent être accusés un jour et avoir à se reprocher à eux-mêmes, de n'avoir pas profité de la malheureuse expérience de 1789, pour parer les coups portés d'abord sur le clergé et qui retomberont enfin sur la religion même.

Sur la presse du *Canadien*, on imprime un pamphlet anonyme de trois pages signé « Votre sincère ami » et destiné à tous les électeurs du Bas-Canada. On y classe les députés suivant leur vote sur la liste civile et sur l'éligibilité des juges. Paraît aussi un « avis du citoyen Bégard [*sic*] aux bons habitants du Bas-Canada ». Selon les historiens Wallot et Hare, « ce texte, préparé par le parti gouvernemental, avait comme but de discréditer Pierre Bédard qui est représenté comme un jacobin ».

La violence verbale s'amplifie au fur et à mesure que la campagne électorale progresse. Le 15 mars, l'évêque de Québec fait parvenir l'avertissement suivant à François Noiseux, grand vicaire à Trois-Rivières : « Les prochaines élections seront très chaudes. Recommandez à tout ce que vous verrez de curés de s'en mêler en aucune manière. Le clergé a autre chose à faire en tout temps, surtout en celui-ci. »

On ferme boutique !

Le samedi 17 mars, le Conseil exécutif siège tout l'avant-midi, n'ayant qu'un seul sujet à l'étude : le *Canadien*, par son attitude, est jugé coupable « de pratiques traîtresses ». Au cours de l'après-midi, le capitaine Thomas Allison, juge de paix et magistrat, se rend rue Saint-François à Québec, accompagné de deux constables et de quelques soldats armés. La troupe fait irruption dans les bureaux du *Canadien* où ne se trouve que l'imprimeur Charles Lefrançois. Ce dernier est mis sous arrêt, en vertu d'un warrant (mandat) du Conseil exécutif. La presse, les caractères et des papiers de toute sorte sont saisis et transportés dans l'une des voûtes situées sous la salle d'audience du Conseil.

> L'examen des papiers trouvés dans l'imprimerie, rapporte la *Gazette* de Montréal du 26 mars 1810, eut lieu le dimanche [18 mars] et prit toute la journée. Le Conseil siégea dans l'après-midi et finit sa séance bien tard. Lundi, le Conseil s'assembla de nouveau et, dans le cours de la journée, il fut émané des warrants pour arrêter le docteur Blanchette, M. Bédard et M. Taschereau accusés de pratiques séditieuses sur une information donnée sous serment. Les deux premiers furent examinés devant un comité du Conseil et furent renvoyés à la prison. M. Taschereau était à la Nouvelle-Beauce ; il fut envoyé un warrant hier matin pour le chercher et il a été a mené aujourd'hui en ville.

Au cours des semaines qui suivent, la police effectue plusieurs arrestations de personnes accusées de trahison : Pierre Laforce et François Corbeil, de Terrebonne ; Pierre Papineau, de Chambly ; Louis Truto, du lac des Deux-Montagnes et Michel Contant, de Québec.

Des rumeurs circulent à l'effet que des Canadiens auraient reçu des sommes d'argent en provenance du consul français à Washington. Craig et ses acolytes croient que tout cela va suffire à justifier, aux yeux du public, l'arrestation d'une vingtaine de personnes et la fermeture du *Canadien*. Le but inavoué des dirigeants est de décapiter le parti canadien afin de permettre aux candidats favorables au gouvernement de remporter les élections !

Convoqué par le gouverneur, l'évêque catholique de Québec assiste à une réunion du Conseil exécutif, le lundi 19 mars. Craig explique alors que la désaffection occasionnée dans le peuple de la province par la publication du *Canadien* « était rendue au point de lui faire craindre un soulèvement général ». Il exige que « le clergé catholique se prononce pour le gouvernement de la manière la plus décidée ». L'évêque et tous les prêtres doivent appuyer la proclamation que le gouverneur s'apprête à rendre publique. Le représentant du roi, pour mieux influencer Plessis, ne recule pas devant les accusations : « Un grand nombre de curés encourageaient la publication du *Canadien* par leurs souscriptions et [...] c'était dans les presbytères et autour des églises qu'on en exaltait les principes. » Plessis fait immédiatement part de son entretien au vicaire général de Montréal. « Les curés sont surveillés, lui écrit-il. Ils feront bien de prendre garde à la manière dont ils s'expliqueront sur les affaires politiques ainsi qu'à leurs communications peut-être trop intimes avec les partisans outrés de la liberté du peuple. Le gouverneur en Conseil s'est plaint à moi de l'apathie presque criminelle du clergé. »

La grande menace

En pleine campagne électorale, le gouverneur Craig émet une proclamation pour justifier sa conduite et condamner celle de ses opposants, tout en demandant au peuple de rejeter ces derniers. Selon le représentant du roi et son entourage, la rébellion est aux portes de la colonie. La nouvelle de cette menace se répand dans presque tous les milieux intéressés aux affaires bas-canadiennes. Le *New York Spectator* du 27 avril 1810 publie des extraits d'une lettre parue à Montréal, datée du 22 mars, et qui fait état de la situation de la colonie.

> La poste de Québec, y lit-on, fut arrêtée lundi dernier [19] par l'ordre exprès de sir James Craig, et l'on fit apporter toutes les lettres pour les visiter. On ne sait pas encore au juste la vérité à ce sujet. Mais je puis vous dire que plusieurs membres de la ci-devant Chambre d'assemblée sont maintenant en prison à Québec, en conséquence d'une découverte de correspondance séditieuse. Je suis bien aise que l'on ait fait ici cette découverte, car la liberté y est portée jusqu'à la licence et il est nécessaire que tous les Canadiens, depuis le premier jusqu'au dernier, soient réprimés. L'on dit que l'on a découvert une correspondance directe avec la France ; c'est vraiment mon opinion que cette province est aussi complètement organisée que le fut jamais aucun pays révolutionnaire.

> Il n'y a pas qu'à New York où il soit question d'une révolution au Bas-Canada. Louis de Salaberry, qui séjourne avec son régiment à Hyderabad en Inde, apprend que l'on vient de découvrir dans sa « patrie » l'existence d'une conspiration ayant comme objectif de tuer tous les habitants anglais. « Ceci a dû être écrit par quelque lâche individu, car je ne puis pas imaginer que mes pauvres habitants pourraient se disgracier en commettant un tel acte infâme », déclare-t-il à son père dans sa lettre du 21 décembre 1810.

> Les déclarations de Craig ne sont peut-être pas étrangères à la naissance de rumeurs aussi farfelues. Le ton de sa proclamation du 21 mars est propre à laisser croire à un soulèvement possible d'une partie de la population.

> Vu qu'il a été imprimé, publié et dispersé divers écrits méchants, séditieux et traîtres dans cette province, dont le soin et le gouvernement m'ont été confiés, et vu que ces écrits ont été expressément calculés pour séduire les bons sujets de Sa Majesté, pour détourner leur affection de sa personne sacrée et pour faire mépriser et vilipender l'administration de la justice et du gouvernement de ce pays ; et vu que pour accomplir ces desseins méchants et traîtres, leurs auteurs et partisans ne se sont pas faits de scrupule d'avancer avec audace les faussetés les plus grossières et les plus effrontées, tandis que l'industrie qui a été employée à les disperser et à les répandre avec grands frais, dont la source n'est pas connue, fait voir fortement la persévérance et l'implacabilité avec laquelle ils se proposent de venir à bout de leurs desseins, et vu qu'en conséquence de mon devoir envers Sa Majesté et de l'affection et des égards avec lesquels je considère le bien-être et la prospérité des habitants de cette colonie, il m'a été impossible de passer plus longtemps sous silence ou de souffrir des pratiques qui tendent si directement à renverser le gouvernement du premier et détruire le bonheur du dernier, j'annonce en conséquence, avec l'avis et concurrence du Conseil exécutif de Sa Majesté [...], il a été émané des warrants, tels qu'autorisés par la loi, en vertu

desquels quelques-uns des auteurs imprimeurs et éditeurs des écrits susdits, ont été pris et arrêtés.

Dans sa proclamation, Craig énumère les accusations que « ces personnes méchantes et mal intentionnées » ont lancées contre lui : lever 12 000 miliciens, taxer les terres, etc. Sa défense est cinglante.

On vous dit effrontément que je prétends-vous opprimer. Viles et fabricateurs de faussetés, sur quelle partie ou sur quelle action de ma vie, fondez-vous une telle assertion ? Que savez-vous de moi et de mes intentions ? Canadiens, demandez à ceux que vous consultiez autrefois avec attention et respect ; demandez aux chefs de votre Église qui eurent l'occasion de me connaître. Voilà des hommes d'honneur et de connaissance. Voilà des hommes à qui vous devriez demander des informations et des avis ; les chefs de factions, les démagogues d'un parti ne me voient point et ne veulent me connaître. [...] Pourquoi vous opprimerais-je ? Serait-ce pour servir le roi ? [...] Il est impossible que vous puissiez pour un moment le croire. Vous chasserez avec une juste indignation de devant vous le mécréant qui vous suggérera une telle pensée. Serait-ce par ambition ? Que pouvez-vous me donner ? Serait-ce pour acquérir de la puissance ? Hélas, mes bons amis, avec une vie qui décline rapidement vers la fin, accablé de maladies acquises au service de mon pays, je ne désire que de passer ce qu'il plaira à Dieu de m'en laisser, dans les douceurs de la retraite avec mes amis. [...] Ces allusions personnelles, — ces détails, en tout autre cas, pourraient être indécents et au-dessous de moi ; mais rien ne peut être indécent et au-dessous de moi lorsque cela tend à vous sauver de l'abîme du crime et des calamités, dans lequel des hommes coupables voudraient vous plonger. [...] Il est maintenant de mon devoir d'en venir plus particulièrement à l'intention et aux fins pour lesquelles cette procla-mation est émanée. En conséquence, par et de l'avis du Conseil exécutif de Sa Majesté, j'avertis par le présent et j'exhorte tous les sujets de Sa Majesté d'être sur leurs gardes contre, et de faire attention comment ils écouteront les suggestions artificieuses d'hommes méchants et mal intentionnés, qui en répandant de faux bruits et par des écrits séditieux et traîtres, attribuent au gouvernement de Sa Majesté de mauvais desseins, ne cherchant par là qu'aliéner leurs affections et les porter à des actes de trahison et de rébellion ; requérant toutes les personnes bien disposées, et particulièrement tous les curés et ministres de la Sainte Religion de Dieu, qu'ils emploient leurs plus grands efforts pour empêcher les mauvais effets de ces actes incendiaires et traîtres, qu'ils détrompent, qu'ils mettent dans la bonne voie ceux qui auront été trompés par eux, et qu'ils inculquent dans tous les vrais principes de loyauté envers le roi et d'obéissance aux lois. [...] Et de plus, j'enjoins strictement et je commande à tous magistrats dans cette province, à tous capitaines de milice, officiers de paix et autres bons sujets de Sa Majesté de faire chacun d'eux une recherche diligente, et de chercher à découvrir tant les auteurs que les éditeurs et disséminateurs d'écrits méchants, séditieux et traîtres, comme susdit, et de fausses nouvelles, qui dérogent en aucune manière au gouvernement de Sa Majesté ou qui tendent en aucune manière à enflammer l'esprit public et à troubler la paix et la tranquillité publique, afin que, par une rigoureuse exécution des lois, tous délinquants dans les prémisses, puissent être amenés à une punition, qui puisse détourner toutes personnes de la pratique d'aucun acte quelconque, qui puisse aucunement affecter la sûreté, la paix et le bonheur des loyaux sujets de Sa Majesté en cette province.

Pour assurer la plus grande diffusion possible à sa proclamation, Craig fait appel aux bons services du clergé catholique. Dès le 22 mars, Plessis fait parvenir une lettre circulaire à tous les curés de la province à laquelle est annexé le texte de la proclamation.

> Son Excellence le gouverneur en chef, écrit l'évêque, nous a chargé de vous notifier son intention positive que vous eussiez tous à publier vous-mêmes cette proclamation au peuple de vos paroisses respectives, comme il a le droit de l'exiger en vertu du Statut provincial du 11 août 1803, que vous pourrez consulter. La condescendance avec laquelle le gouverneur en chef veut bien, dans cette proclamation, rendre compte de sa conduite aux sujets de cette province, le langage paternel qu'il y tient, la confiance qu'il vous y manifeste, la persuasion où il est de votre influence sur les peuples et du bon usage que vous en saurez faire ; voilà autant de motifs qui doivent exciter votre empressement à seconder ses vues uniquement dirigées vers le vrai bonheur de notre patrie. Vous ne rempliriez donc qu'imparfaitement ses intentions, si vous vous borniez à la publication qu'il vous ordonne et à laquelle nul d'entre vous ne peut se soustraire. Son Excellence attend de plus que dans vos instructions publiques ainsi que dans vos conversations particulières vous ne laissiez échapper aucune occasion de faire prudemment entendre au peuple que son bonheur à venir repose sur l'affection, le respect et la confiance qu'il montrera au gouvernement ; qu'il ne peut, sans courir les plus grands risques, se livrer aux idées trompeuses d'une liberté inconstitutionnelle que chercheraient à lui insinuer certains caractères ambitieux et ce, au mépris d'un gouvernement sous lequel la Divine Providence n'a fait passer cette colonie que par l'effet d'une prédilection dont nous ne saurions assez bénir le ciel. Nous n'ajoutons pas ici que vous êtes, vous-mêmes, intéressés de très près à maintenir les fidèles dans le respect et la soumission qu'ils doivent à leur Souverain et à ceux qui le représentent, parce que nous savons qu'indépendamment de tout intérêt le clergé de ce diocèse a toujours fait hautement profession de ces principes qui portent sur la plus solide de toutes les bases, savoir sur les maximes de la religion sainte que nous prêchons au peuple, qui est essentiellement ennemie de l'indépendance et de toute réflexion téméraire sur la conduite des personnes que Dieu a établies pour nous gouverner.

Plessis sent que l'heure est grave et que, si le clergé ne fait pas montre de la plus grande fidélité, l'Église peut en subir les contrecoups. Toujours le 22 mars, il rédige une autre lettre circulaire destinée, celle-là, aux archiprêtres.

> Quelques personnes, dit-il, cherchent à rendre la loyauté du clergé suspecte au gouvernement. Il est du devoir et de l'intérêt de tous d'éloigner ce soupçon qui ne ferait honneur ni à votre religion ni à votre prudence. Le moment est critique. Tous les yeux sont ouverts sur vous. Le gouverneur en chef doit faire passer en Angleterre un rapport de la manière dont vous vous serez conduits dans la crise présente. Ce rapport ne peut être avantageux qu'autant que vous vous tiendrez séparés des prétendus amis du peuple pour vous attacher invariablement aux intérêts du pouvoir exécutif. Prenez sérieusement cet avis et le communiquez dans le plus court délai aux curés de vos juridictions.

En plus du gouverneur, le clergé catholique est donc invité à plonger indirectement dans la campagne électorale. Plessis sent tout le danger de ce geste qu'il juge cependant inévitable. Il fait part de ses impressions dans une lettre à son coadjuteur, le 23 mars :

Vous n'imaginez pas, monseigneur, combien de flatteurs et de gens désœuvrés sont occupés ces jours-ci à voir s'ils trouveront dans le clergé quelque chose de répréhensible pour jeter de l'odieux sur ce corps dont plusieurs sont jaloux. Voilà pourquoi j'ai tout mis dehors afin de n'avoir rien à me reprocher. Il est très certain que l'esprit de démocratie a fait du ravage parmi nous, j'en suis au désespoir, et le serais bien davantage si cet esprit ne se manifestait dans un moment où il est de l'intérêt de la religion de tenir une conduite toute contraire. Vous ne sauriez donc tenir trop fortement la main à ce que les prêtres de vos alentours ne se mettent pas en prise. Il faut avouer que le gouverneur y va de franc jeu et que sa proclamation annonce un bon cœur ; mais il m'a déclaré qu'après l'urbanité, il montrerait une sévérité extrême. Dieu veuille que nul des nôtres n'en soit l'objet.

Le dimanche 25 mars, dans la cathédrale anglicane de Québec, le « lord Bishop » Mountain lit la proclamation du gouverneur et il y va, selon les mots de Plessis, « d'un long sermon sur la soumission due au gouvernement ». Mais, à la cathédrale catholique, rien ! L'évêque Plessis se contente de faire distribuer le texte de la proclamation dans les différentes maisons de la ville et il annonce qu'il ne prononcera de sermon sur ce sujet que le dimanche suivant.

Les curés ne se prêtent pas tous de bonne grâce à la demande de l'évêque. L'un d'entre eux lit la proclamation après l'office « sans l'avoir annoncée et n'a eu pour auditeurs que sept personnes dont deux étaient des Anglais, candidats du comté, qui n'ont rien eu de plus pressé que d'en informer le gouverneur à leur retour ». « Un autre, ajoute Plessis dans une lettre du 29 mars à Pierre Conefroy, curé de Boucherville, l'a fait lire par son capitaine ; un autre, par son maître-chantre. Tout cela fait pitié. Puisqu'il faut faire les choses, pourquoi ne pas s'y mettre de bonne grâce. » Or le gouverneur, toujours selon Plessis, « n'entend pas la raillerie ». Heureusement, la plupart des curés lisent la proclamation soit en chaire, soit dans la sacristie ou sur le perron de l'église. Quelques-uns prêchent la loyauté à la Couronne.

Le curé de Laprairie, Joseph Boucher, craint que l'attitude du clergé dans le conflit actuel ne tourne à son désavantage. « Mais, monseigneur, écrit-il à son évêque le 28 mars, après l'éclat que vient de faire le clergé, nous ne devons plus nous attendre qu'à une haine implacable de la part du parti Révolutionnaire et si, malheureusement, le même choix avait lieu [que pour l'élection précédente], nous nous trouverions exposés à toute sorte de persécutions de la part des mauvais membres et de la Chambre même, s'ils en composaient la majorité, nous serions probablement traduits à leur barre pour recevoir sentence. »

Plessis demeure assez lucide : il est quasi convaincu que l'intervention du clergé ne changera pas l'issue des élections. Il fait part le 29 mars de ses impressions à Jean-Henry-Auguste Roux, vicaire général à Montréal :« Je crois bien que ces mesures ne changeront pas le sort des élections, mais n'importe, le clergé sera en règle s'il a fait ce que l'on attend de lui, et c'est précisément parce que les élections ont l'air de tourner mal qu'il doit moins s'exposer aux reproches. » Le même jour, l'évêque revient sur le même sujet, avec Pierre Conefroy, vicaire général à Boucherville : « Ce n'est pas qu'il faille nous flatter de changer l'opinion publique ni le sort des élections qui me paraît à peu près décidé, mais il faut que le gouvernement puisse dire que nous avons recommandé aux peuples de se maintenir dans leurs devoirs, ce qui peut très bien se faire par des lieux communs, tels qu'en fournit, en plusieurs endroits, le Nouveau Testament. »

Et justement, dans son sermon du dimanche 1er avril, Plessis trouve dans certains des extraits de l'Évangile les raisons qu'il faut pour que les paroissiens ne négligent pas leurs devoirs envers le gouvernement.

> La religion n'exige qu'une chose de vous, mais elle l'exige impérieusement ; c'est que vous reconnaissiez que c'est Dieu qui dispose des couronnes, qui préside aux empires, qui les réunit et les partage à son gré et qui met à leur tête ceux qu'il veut bien y mettre. [...] C'est donc un péché considérable, un péché mortel, je ne dis pas de se révolter, je ne dis pas de renverser un gouvernement établi (entreprise dont je crois tous ceux qui m'entendent, fort éloignés) mais même de s'opposer aux vues louables de ce gouvernement et d'en contrarier les ordres. [...] Avouons, mes frères, que de tous les sophismes dont on a abusé, dans ces derniers temps, pour leurrer et égarer les nations et les disposer à la révolte, voilà peut-être le plus méchant, comme il est aussi le plus faux et le plus absurde, je veux dire le système de la souveraineté du peuple. [...] Pour moi, mes frères, j'aime et j'honore le roi ; je respecte sa dignité et son autorité non seulement dans sa personne, mais encore dans celui qui le représente, et je croirais offenser Dieu si je me permettais quelque réflexion maligne sur sa conduite et son administration. [...] Dans ce gouverneur, je vois la personne du roi auquel Dieu m'a soumis et m'oblige d'obéir ; je respecte ses intentions ; j'admire la bonté de son cœur et la condescendance sans exemple avec laquelle il daigne exposer à toute la province et sa conduite et ses motifs. J'applaudis au témoignage avantageux qu'il rend à la masse de mes compatriotes. Comme lui, je les crois braves et loyaux sujets, sincèrement attachés au gouvernement de la Grande-Bretagne, capables d'apprécier leur bonheur, sensibles au langage amical et paternel de l'excellente proclamation que vous venez d'entendre, la première qui ait été jamais lue dans la chaire de cette Église depuis sa fondation, c'est-à-dire depuis plus de 150 ans.

Tous les paroissiens n'acceptent pas de bon cœur les propos et recommandations de monseigneur Plessis. Michel Contant est condamné à l'emprisonnement et à être, le 8 mai, exposé au pilori, pendant une heure, à partir de dix heures, « pour avoir malicieusement déchiré sur la porte de l'église Notre-Dame de Québec la proclamation de Son Excellence le gouverneur en chef ». Quelques semaines plus tard, Charlotte Patenaude, femme de Charles Adam, de Belœil, se retrouve devant le juge « pour discours en mépris du gouvernement de cette province et de la personne de son Excellence le gouverneur ».

Malgré la proclamation de Craig et les recommandations du clergé et de l'évêque, la parole appartient au peuple qui doit bientôt, par un vote public, se choisir des représentants !

LA « NATION CANADIENNE » MENACÉE

L A CAMPAGNE ÉLECTORALE DE 1810 est marquée par la violence verbale. En plusieurs endroits, la lutte débouche sur une opposition ethnique, les anglophones étant habituellement assimilés aux politiques gouvernementales. « Il y a plus de 20 têtes à l'envers à Montréal et l'on bat assez généralement la campagne tant de l'esprit que du corps », écrit Jacques Viger à l'abbé Jérôme Demers, le 15 mars. La *Gazette* de Montréal du 26 mars, sous la signature d'Un ancien Canadien, publie un vibrant appel à la « loyauté » : « Ne devons-nous pas nous attacher plutôt à choisir des personnes entièrement dévouées au gouvernement sous lequel nous vivons et à l'opinion que vous suivons ? Voulons-nous perdre notre constitution, notre liberté et notre religion ? Voulons-nous devenir esclaves et nous soumettre à toutes les horreurs de l'anarchie et de la rébellion qui ont accablé la France, lorsque le roi, la famille royale et des milliers d'autres ont perdu leur vie par la guillotine et ont souffert tant d'autres cruautés ? »

La votation enregistrée en 1810 est l'une des plus longues depuis l'établissement du régime électoral au Bas-Canada. Dans la circonscription d'Effingham, par exemple, le bureau de votation est ouvert pendant onze jours ; dans le comté de Kent, le vote s'échelonne sur quinze jours. Seulement neuf anglophones réussissent à se faire élire. La nouvelle députation compte 32 membres de l'ancien Parlement. Les députés emprisonnés sont réélus, même s'ils n'ont pas pu faire de campagne électorale. D'une certaine façon, le haut clergé et le gouverneur subissent la défaite : leurs efforts n'ont pas empêché les électeurs de choisir des hommes identifiés au parti canadien.

> Les élections qui ont eu lieu immédiatement après [la dissolution], écrit l'évêque Plessis à Adam Lymburner le 3 juillet 1810, ne promettent pas une Chambre d'assemblée très favorable aux vues du gouvernement provincial. Les esprits ont

été singulièrement exaltés, échauffés, irrités de part et d'autre. Le gouvernement a été mal servi par ses amis et ses ennemis. J'ai écrit à mon clergé afin qu'il recommandât aux fidèles l'obéissance, la soumission, le plus grand respect pour le pouvoir exécutif. La plupart des curés ont parfaitement rempli mes vues, en faisant des instructions publiques à cette occasion. Quelques-uns allant plus loin ont fait de grands mais inutiles efforts pour procurer l'élection des candidats les plus affectionnés au gouvernement. Les courtisans n'ont pas trouvé que ce fût suffisant ; ils auraient voulu que le clergé présentât une adresse au gouverneur, pour le féliciter d'avoir cassé le Parlement.

Jugé arbitraire, l'emprisonnement des directeurs de l'hebdomadaire le *Canadien* n'avait pas laissé les électeurs indifférents. La présentation du Grand Juré de Québec à l'ouverture de la session de la cour criminelle du Banc du Roi, le 29 mars, n'avait fait que jeter de l'huile sur le feu. Les jurés avaient alors déclaré : « [...] Nous avons vu, avec le plus profond regret, des publications sortir de la presse et circuler avec empressement par toute la province, lesquelles, sous le prétexte spécieux de zèle pour les droits du peuple, ont une tendance manifeste à vilipender l'administration du gouvernement dans cette province et à emprisonner l'esprit des sujets de Sa Majesté, de méfiance, de jalousie et de désaffection, notamment un papier périodique intitulé le *Canadien* et un papier adressé *À tous les électeurs du Bas-Canada* et signé Votre Sincère Ami. »

Les jurés soumettent donc à la Cour, sous leur serment d'office, les trois derniers numéros du *Canadien* et le texte du Sincère Ami, « comme contenant des matières dangereuses à la paix et à la sûreté de ce pays, laissant à la sagesse de la Cour les mesures à prendre pour amener à justice les auteurs et disséminateurs de ces écrits ».

Par souci d'honnêteté, les jurés ne peuvent passer sous silence les attaques du *Quebec Mercury* contre les Canadiens, mais ils se contentent de formuler les remarques suivantes :

> Nous ne pouvons, en même temps, nous dispenser de représenter à la Cour que, dans un périodique imprimé en anglais et intitulé *Quebec Mercury*, il a paru diverses productions de temps à autre, calculées à exciter des jalousies et des soupçons dans les esprits des sujets canadiens de Sa Majesté, et quoique nous ne pouvons considérer ce papier comme l'organe d'un parti, nous y avons néanmoins vu, avec beaucoup d'inquiétude, depuis longtemps, des passages tendant à irriter et offenser les Canadiens, lesquels passages sont d'autant plus répréhensibles qu'il peut exister des soupçons dans l'esprit de quelques-uns, que ces productions sont approuvées par la généralité des anciens sujets de Sa Majesté dans cette province, soupçon que nous croyons de notre devoir de déclarer être, dans notre opinion, entièrement mal fondé.

Le cas des prisonniers

La Cour du Banc du Roi est saisie, le 17 avril 1810, d'une demande d'*habeas corpus* de Pierre-Stanislas Bédard, toujours emprisonné. L'avocat de ce dernier, Andrew Stuart, frère de James, démis par Craig de son poste d'avocat général, fait valoir le fait que Bédard a été élu en octobre 1809, député de la basse ville de Québec et, le

27 mars 1810, député du comté de Surrey. Selon l'avocat, Bédard jouissait de l'immunité parlementaire car, d'après la loi, il y a seulement trois cas où un député perd ce privilège, « la trahison, la félonie et la violation véritable de la paix » ; or les accusations portées contre Bédard ne sont pas de cette nature.

Le procureur général Norman Fitzgerald Uniacke réplique :

> Il s'agit de décider s'il y a lieu d'éluder un acte formel du Parlement en accordant aux membres du Parlement provincial tous les privilèges des membres du Parlement impérial. Ce ne peut être le cas, puis qu'il n'est constaté nulle part que ces privilèges leur aient été accordés et l'Acte constitutionnel ne leur a accordé rien de semblable non plus. Toute tentative de trahison est une trahison, et il n'est pas nécessaire que des desseins de trahison soient prêts à être exécutés et qu'ils aient commencé à produire leur effet pour leur donner le nom de trahison. De plus, il n'y a pas plus de privilège pour des pratiques de trahison que pour la trahison elle-même.

L'avocat de la Couronne Edward Bowen va plus loin : « Si l'argument pour appuyer la motion était admis, déclare-t-il, la Chambre d'assemblée pourrait se composer de cinquante traîtres, et cet état de choses serait sans remède, ce qui signifierait que, sous le manteau d'un privilège, se trouveraient la protection et la sécurité contre les conséquences de la criminalité. »

La demande de Bédard est donc rejetée par les trois juges de la Cour du Banc du Roi et, en conséquence, il demeurera en prison pendant encore plus d'une année. Au cours de l'été de 1810, deux prisonniers incarcérés à Québec sont libérés pour cause de maladie, sans avoir subi aucun procès. L'imprimeur Lefrançois retrouve la liberté au mois d'août. Les prisonniers « politiques » de Montréal recouvrent eux aussi la liberté, mais un nommé Corbeil décède peu après sa sortie de prison, à la suite des mauvaises conditions sanitaires de son lieu de détention.

> Il ne resta plus bientôt que Bédard, qui demandait, comme faveur, qu'on lui fît un procès, raconte l'historien Narcisse-Eutrope Dionne. On le lui refusa persévéramment, car on savait bien que devant un jury, même le plus mal disposé, aucune preuve ne pourrait établir la culpabilité du rédacteur du *Canadien*. Le gouverneur voulait qu'il demandât pardon, afin, sans doute, de laisser croire au public que son prisonnier était coupable. Mais au château [Saint-Louis] l'on ne connaissait pas Bédard, ou on le connaissait mal. Il eût préféré la mort plutôt que de prononcer l'aveu d'une faute dont il était innocent. Bédard attendit donc patiemment dans sa prison le procès auquel il avait droit, au grand mécontentement de la faction de Sewell [le juge en chef], qui eût désiré donner aux événements une autre tournure.

Craig trace un bilan

Le 1er mai 1810, le gouverneur Craig rédige à l'intention de lord Liverpool, ministre de la Guerre et des Colonies, une longue lettre dans laquelle il fait le bilan de la situation et de son gouvernement. Il suggère aussi quelques modifications à apporter à la Constitution de la colonie.

Je désire qu'il soit toujours tenu compte que je parle d'une colonie dont la population est portée habituellement à 300 000 âmes et que j'estime moi-même, d'après les meilleures données que nous possédions, au-dessus de 250 000. De ces 250 000 âmes, 20 000 ou 25 000 sont d'origine anglaise ou américaine, et le reste de cette population est français. Je me sers du mot français intentionnellement, milord, parce que je veux dire que par la langue, la religion, l'attachement et les coutumes, il est complètement français, qu'il ne nous est attaché par aucun autre lien que par un gouvernement commun ; et que, au contraire, il nourrit à notre égard des sentiments de méfiance, de jalousie et d'envie, et je n'irais pas trop loin en ajoutant des sentiments de haine. [...] Je considère que cette hostilité des Canadiens à notre égard est si répandue que j'en découvre bien peu dans toutes les parties de la province que je passe en revue attentivement, qui ne soient pas sous l'empire de ce sentiment ; la ligne de démarcation entre nous est complète. L'amitié et la cordialité font défaut, et l'on constate à peine les rapports ordinaires. Les basses classes de la population se servent du mot *Anglais* pour mieux exprimer leur mépris, tandis que les gens au-dessus du vulgaire avec lesquels il se faisait autrefois un échange de civilités sociales, se sont complètement éloignés depuis quelque temps. La raison présentée comme excuse, c'est que leurs moyens ont diminué graduellement à mesure que les nôtres ont augmenté. Cet état de choses a pu avoir quelque effet, mais on a remarqué aussi que cet éloignement s'est manifesté davantage dès que leur influence avait plus de poids en Angleterre.

Le gouverneur Craig, dans son analyse de la situation de l'Église catholique au Bas-Canada, juge que l'évêque jouit d'un patronage

au moins égal à celui du gouvernement. [...] L'évêque, ajoute-t-il, est tellement pénétré de son indépendance et il évite avec un si grand soin tout acte qui pourrait être interprété comme un aveu du droit de Sa Majesté, que si une proclamation est lancée décrétant un jeûne ou des actions de grâces ou autre chose, qui implique la participation de l'Église, il ne s'y conforme pas comme à un ordre venant du roi, mais il publie alors dans le même sens un mandement en son nom, mais sans y faire la moindre allusion à l'autorité de Sa Majesté ou à la proclamation que le gouvernement a lancée. En vérité, l'évêque catholique, bien qu'il ne soit pas reconnu, exerce aujourd'hui une autorité plus grande qu'au temps du gouvernement français, parce qu'il s'est arrogé tout le pouvoir que possédait alors la couronne.

Mater la chambre

Le gouvernement ne peut pas plus compter sur le clergé. Les curés, selon Craig, « constituent un corps puissant dispersé dans chaque coin du pays, qui possède un prestige et une influence très considérable, mais qui connaît à peine le gouvernement et n'est guère connu de celui-ci ». Le représentant du roi ajoute que récemment il a envoyé à tous les curés copie de son discours de dissolution du Parlement : « Je dois avouer, écrit-il à Liverpool, que pas un seul de ces derniers n'a jugé à propos de me faire parvenir un accusé de réception. »

Si le Conseil législatif se compose « de tout ce qui est respectable dans la province », il n'en va pas de même pour la Chambre d'assemblée. La représentation anglophone ne cesse de diminuer depuis 1792 et la députation francophone perd continuellement en qualité.

> Lors de l'établissement de la Chambre, affirme Craig à ce sujet, les quelques gentilshommes canadiens qui se trouvaient dans le pays se sont mis sur les rangs et quelques-uns ont été élus ; mais ils constatèrent bientôt que le mandat de représentant ne rapportait rien ; au contraire, que leur absence de leur domicile et leur séjour à Québec durant trois mois de l'année occasionnaient des dépenses que bien peu étaient en état de faire et ils se retirèrent graduellement. Quelques-uns d'entre eux ont tenté depuis de reprendre le poste qu'ils avaient abandonné, mais leurs efforts ont été inutiles. La Chambre n'a jamais été remplie comme elle l'est aujourd'hui, je parle de la portion canadienne de la représentation, que d'avocats, de notaires, de boutiquiers et d'habitants ordinaires comme on les appelle, c'est-à-dire de cultivateurs des plus ignorants, dont quelques-uns ne savent ni lire ni écrire. Dans le dernier Parlement, il s'en est trouvé deux qui n'ont pu que faire leurs marques sur le registre en guise de signature, tandis que les signatures des cinq autres étaient à peine lisibles et dénotaient que ceux-ci ne pouvaient rien faire de plus en fait d'écriture. Je ne sais pas si l'ignorance excessive de ces gens n'est pas plus préjudiciable que tout sentiment de malveillance dont ils pourraient être animés, car alors il y aurait lieu de s'attendre au moins à ce qu'ils soient divisés. Mais dans le moment ils sont complètement à la disposition du parti qui dirige la Chambre ; il ne peut être question de débats, car ils ne comprennent pas. Ils avouent ouvertement que la question leur a été expliquée le soir précédent par telle personne ou telles personnes et invariablement ils votent en conséquence. Il s'ensuit que toute question est décidée au préalable lors des réunions qui ont lieu la nuit à cette fin. [...] Votre Seigneurie se rend compte que, dans une assemblée comme celle que je viens de décrire, le gouvernement ne puisse exercer aucune influence. C'est certainement l'assemblée la plus indépendante qui existe dans n'importe quel gouvernement connu au monde, car un gouverneur ne peut même compter sur l'influence qu'il pourrait retirer des relations personnelles. Je ne puis avoir de rapports avec les forgerons, les meuniers et les boutiquiers. Quant aux avocats et aux notaires qui forment une portion si considérable de la Chambre, je ne les rencontre que durant les sessions du Parlement, alors que j'ai un jour de la semaine expressément désigné pour inviter une partie considérable de représentants à dîner.

Craig est convaincu que les députés formant ce que l'on appelle le *parti canadien* désirent un retour à la domination française surtout depuis que les succès de Napoléon ont raffermi en Europe le pouvoir de la France.

> C'est aussi l'opinion générale de toutes les classes avec lesquelles il est possible de s'entretenir à ce sujet, qu'ils font tous leurs efforts pour préparer les voies à un changement de domination et au retour à l'ancien régime. Même les rares Canadiens qui appartiennent à la meilleure classe de ceux-ci, qui sont suffisamment renseignés pour comprendre les suites funestes d'une telle entreprise à l'heure où le pays possède son gouvernement actuel, et qui — nonobstant leur affection naturelle pour ce qu'ils considèrent encore la mère patrie — trembleraient à l'idée de retomber sous la domination de celle-ci, même ces Canadiens admettent la tendance manifeste des démarches qui se poursuivent ici.

Malheureusement la grande masse de la population est infestée et attend cet événement, on en parle en secret et on m'affirme qu'il existe une chanson dans
laquelle Napoléon est représenté comme celui qui doit chasser les Anglais.

La « nation canadienne »

Le fond du problème auquel il va falloir trouver des solutions consiste en ce que les
Canadiens se considèrent comme une nation. « Leurs habitudes, leur langue et leur
religion, écrit toujours Craig le 1er mai 1810, sont restées aussi différentes des nôtres
qu'avant la conquête. En vérité, il semble que ce soit leur désir d'être considérés
comme formant une nation séparée. La *Nation canadienne* est leur expression
constante et quant à cette considération qu'ils ont été jusqu'à présent de paisibles et
fidèles sujets il suffit de faire remarquer à cet égard qu'il ne s'est produit aucun
événement pour les encourager à se montrer autrement. » La seule chose qui
actuellement menacerait cette nation canadienne, c'est l'augmentation de la population d'origine américaine dans les Eastern Townships.

Craig termine son étude de la situation de la colonie confiée à ses soins en
énumérant douze problèmes majeurs :

Ce sont : 1er que cette province, si l'on considère le nombre de ses habitants, est
déjà puissante et que dans le court espace de 20 à 25 ans le chiffre de sa population
excédera le demi-million ; 2e que la majeure partie de cette population, c'est-à-
dire cette proportion qui vraiment ne saurait être contrebalancée, loin d'être unie
à nous par quelque lien d'affection, nous regarde avec méfiance, jalousie et haine ;
3e qu'ils sont et se considèrent eux-mêmes français ; qu'ils sont attachés à la nation
française par l'identité de religion, de langue, de lois et de coutumes. Ce sentiment
est général et se manifeste au sein de toutes les classes ; les exceptions sont, je le
crois, peu nombreuses ; 4e que cette population, plongée dans une ignorance qui
ne saurait être surpassée et crédule à l'extrême, se laisse facilement séduire par les
artifices et les tromperies que peuvent employer avec eux des hommes factieux et
intrigants ; 5e qu'ils sont complètement en ce moment à la merci des hommes
factieux et intrigants ; 6e que tous les actes de ce parti ont pour objet de détruire
chez le peuple tout attachement que celui-ci nourrirait pour un gouvernement
sous lequel il a trouvé, ce qu'il admet d'ailleurs, la sécurité, la liberté et la prospérité ; et en outre de préparer les voies pour rétablir leur union avec ce qu'il
considère comme leur mère patrie ; 7e qu'il y a lieu de craindre que ce parti ait
réussi à atteindre ce but et que le peuple ne désire un changement de gouvernement ; 8e que le clergé, sous l'influence de son attachement pour la France, est
décidément notre ennemi pour d'autres motifs que des motifs de religion ; 9e que
le parti qui dirige dans le pays contrôle aussi complètement la Chambre
d'assemblée ; qu'il se trouve par conséquent dans une situation exceptionnelle-
ment propice à l'exécution de ces projets, et par suite dangereuse au même degré
au point de vue des intérêts de Sa Majesté ; 10e que, d'après la composition de la
Chambre, il est vraisemblable qu'elle sera toujours à la merci de tout parti qui en
prendra la direction pour l'exécution d'un dessein ; et que le gouvernement ne
possède aucun moyen d'entraver un tel dessein, quel qu'il soit ; 11e que par suite
de préjugés, de jalousie et d'ignorance, on ne doit guère compter que la Chambre,
telle qu'elle se compose à l'heure présente, consente à adopter des mesures qui

puissent favoriser la prospérité réelle de la colonie ; 12e que le gouvernement est dépourvu de telle influence sur le clergé, avec lequel il entretient à peine quelques relations, et que l'influence qui s'exerce sur ce dernier est entièrement entre les mains d'un individu qui tient son pouvoir en vertu d'une autorité étrangère, laquelle autorité est aujourd'hui sous le contrôle absolu de notre ennemi invétéré.

Après une telle analyse de la situation, les remèdes proposés par le gouverneur Craig sont draconiens. « Le premier remède et le plus évident, auquel il faille avoir recours, consiste à leur enlever la constitution, c'est le mot dont ils se servent, c'est-à-dire la partie représentative du gouvernement qui, c'est indiscutable, leur a été accordée prématurément. Ils n'y étaient préparés ni par leurs habitudes, ni par leurs connaissances, ni par leur assimilation au gouvernement de l'Angleterre. » Le gouverneur prévoit qu'une telle solution risque de causer quelques remous. Il prend soin de préciser : « Les Anglais sont décidément en faveur de cette mesure. Parmi les Canadiens eux-mêmes, elle est loin d'être considérée comme un événement improbable et elle ne manque pas de partisans. Elle donnerait lieu, je n'en doute pas, à des clameurs intenses, mais il est certain que des tentatives soient faites en cette occurrence pour créer de l'agitation, car le peuple n'est pas préparé dans le moment et il suffirait de prendre quelque précaution pour prévenir un danger sérieux. »

Le second remède, que l'on verra suggéré plusieurs fois au cours des décennies suivantes, est proposé comme à regret par Craig.

> Après cette importante mesure [l'abolition de la constitution] que l'on considère en général comme moyen extrême, je dois faire mention de la réunion des deux provinces pour contrebalancer l'influence du parti canadien dans la Chambre. J'avoue que je doute du succès de cette mesure. Il s'ensuivrait un mélange d'éléments hétérogènes dont les principes opposés et les intérêts différents ne produiraient rien de bon ; et ce moyen, s'il ne réussit pas à détourner l'orage, pourra le précipiter. Je crois qu'il vaut mieux conserver la province du Haut-Canada avec une population distincte et étrangère qui pourra être opposée à celle du pays en cas de nécessité ; la population de cette province doit toujours être intéressée à réprimer les révolutions de toutes sortes qui pourraient éclater ici. De plus, il doit être tenu compte de la grande distance entre ces provinces et de la pauvreté générale du peuple, choses qui me paraissent des obstacles presque insurmontables pour la réussite d'une telle mesure.

Le moyen le plus simple et le plus juste de régler une partie importante du problème consisterait à créer de nouvelles circonscriptions électorales dans les townships. « Ces comtés pourraient élire des représentants qui permettraient de contrebalancer l'influence du parti canadien. Ce moyen me paraît plus praticable que la réunion proposée des provinces, sans compter que c'est une mesure requise en quelque sorte pour rendre justice aux habitants qui commencent à se plaindre de n'être pas représentés. » Parallèlement à la création de nouveaux comtés, il faudrait augmenter le cens électoral tant pour être candidat que pour avoir le droit de voter.

Enfin, pour exercer une plus grande influence, le gouvernement britannique doit avoir le droit de nommer les curés. « La reprise de ce droit me semble indispensable si l'on veut entretenir l'espoir de maintenir ce pays sous notre domination et il me semble aussi que l'on doit profiter du moment actuel pour en venir là. C'est une chose facile aujourd'hui ; dans vingt ans, ce sera plus difficile sinon impraticable. À la vérité, le danger nous presse, car on croit en tout lieu, et je le crois moi-même, que cette influence opère sans bruit à l'heure actuelle contre nous. Je ne sais pas si le changement que je propose aurait pour effet d'en changer la direction, mais je suis convaincu qu'il en diminuerait beaucoup l'étendue. »

Quant à l'évêque Plessis, selon Craig, son cas pourrait se régler selon certaines modalités.

> Celui qui exerce actuellement les fonctions épiscopales n'est pas, je crois, un turbulent, mais il a de grandes ambitions et ne manque pas d'artifices et je me demande si ses ambitions ne sont pas telles que l'on doive peu espérer de l'amener par voie de négociation, à résigner volontairement le poste qu'il occupe. Je suis porté à croire que lui-même préférerait que sa soumission revêtît le cachet d'un acte de nécessité et qu'elle fût la conséquence d'un acte du Parlement impérial ou de l'exercice légitime du droit de Sa Majesté. Et s'il se soumet de bonne grâce, soit par suite de négociations ou autrement, je crois qu'il serait raisonnable d'augmenter son allocation.

Une importante consultation

La question de la réunion du Haut et du Bas-Canada semble au gouverneur assez importante pour qu'il sollicite l'opinion du juge en chef Sewell. Dans ses remarques, Sewell part du principe que les difficultés présentes de la colonie proviennent de deux causes : la prédilection pour ce qui est français chez une grande partie des habitants et le manque d'influence et de pouvoir du gouvernement exécutif. « Je crois que je puis ajouter en toute vérité que l'antipathie des Canadiens et des sujets anglais, les uns contre les autres, est aussi intense que jamais. »

Si on laisse la situation évoluer sans aucune intervention, il faudra un jour ou l'autre, croit Sewell, en venir aux armes. Il n'y a qu'un seul moyen d'endiguer graduellement le courant : la mise en minorité des Canadiens.

> Il n'est pas même permis de s'attendre à aucun changement dans les lois ou la religion du pays tant que la majorité de ses habitants ne sera pas anglaise en principe. Aussi longtemps que le nombre de colons anglais sera aussi restreint relativement à celui des Canadiens, on ne peut espérer aucun changement dans la langue. Cependant, cette province doit être convertie en une colonie anglaise, sinon elle sera finalement perdue pour l'Angleterre. Ces considérations me portent à croire en premier lieu qu'il est absolument nécessaire de déborder et submerger la population canadienne au moyen d'Anglais protestants, et je crois que cela est praticable.

Les nouveaux habitants ne doivent pas obligatoirement émigrer d'Angleterre ; ils peuvent venir des États voisins. Mais le juge en chef sait quelle opinion on se fait des Américains et de leurs idées démocratiques. Par contre, le danger à courir est moins grand que de laisser la situation actuelle évoluer naturellement. « Il est certain que de tels colons seraient des descendants d'Anglais, qu'ils pratiqueraient la même religion et parleraient la même langue et que par conséquent, ils s'assimileraient plus facilement et deviendraient de meilleurs sujets que ceux que nous possédons actuellement. Et si pour peupler le pays au moyen de tels éléments, il faut courir un risque, le danger serait moins grand en ce cas qu'en laissant la province dans la situation où elle se trouve à l'heure actuelle. »

Les nouveaux colons devraient être dispersés « dans les parties colonisées du pays ». Pour cela, il faudrait changer la législation concernant le régime seigneurial.

Le moyen le plus rapide de mater la Chambre d'assemblée du Bas-Canada consiste à unir les deux provinces

> sous un gouverneur général et avec une seule législature [...]. En ajoutant la représentation du Haut-Canada à la Législature de cette province, l'influence anglaise dans la Chambre d'assemblée deviendra beaucoup plus considérable, et cette influence sera prépondérante si le nombre de représentants du Bas-Canada est diminué et celui du Haut-Canada augmenté. L'influence, le crédit et l'autorité du Conseil législatif augmenteraient sensiblement, tandis que serait réduite à rien l'influence du clergé catholique romain dans la Législature et que seraient consolidés le pouvoir, la force et les ressources des deux provinces.

Les remarques du juge en chef Sewell ainsi que quatorze lettres de Craig à Liverpool sont confiées au secrétaire Ryland qui quittera Québec vers le 10 juin 1810 pour se rendre à Londres exposer la situation de la colonie aux autorités de la métropole et tenter de les convaincre d'appliquer les mesures préconisées pour rétablir la paix au Bas-Canada et donner à la colonie une allure britannique.

Mission impossible

Ryland cherche à rencontrer le plus grand nombre possible de personnages influents pour les sensibiliser aux problèmes bas-canadiens. Au début du mois d'août, il obtient un rendez-vous avec Robert Peel, nouvellement nommé, malgré ses 22 ans, sous-secrétaire d'État. Quelques jours plus tard, l'envoyé de Craig expose les problèmes à lord Liverpool qui croit le moment très mal choisi pour apporter des modifications majeures à la constitution du Bas-Canada. D'ailleurs, le vrai problème demeure toujours la menace de guerre avec les États-Unis.

Dans une lettre confidentielle à Craig en date du 12 septembre 1810, Liverpool indique à son correspondant qui la sollicitait la ligne de conduite la plus opportune à suivre :

> Le gouvernement de Sa Majesté n'hésite pas à émettre son opinion à cet égard et, à son avis, la ligne de conduite la plus opportune, si elle est praticable, consiste à s'efforcer d'obtenir pour le gouvernement, par un exposé ouvert des vues libérales et bienfaisantes de Sa Majesté et par des moyens de conciliation, le support de l'Assemblée telle que constituée présentement. Le gouvernement de Sa Majesté comprend que les représentants anglais dans l'assemblée sont tous bien disposés envers le gouvernement et il recommande instamment d'employer tous les efforts pour gagner, au moyen de communications personnelles, les plus modérés parmi les Canadiens et les induire à supporter franchement le gouvernement contre les desseins des mécontents et des factieux. Il considère que c'est le meilleur moyen de favoriser la prospérité de la province et d'éviter les mesures auxquelles le gouvernement se verrait autrement obligé de recourir.

Liverpool suggère de limiter les réunions de la Chambre aux cas d'absolue nécessité, tant et aussi longtemps que le climat social et politique ne changera pas. « Car, ajoute-t-il, il n'est pas absolument nécessaire que l'Assemblée, bien qu'il en soit ainsi pour le Parlement du Royaume-Uni, continue de siéger après avoir été une fois convoquée. [...] Si l'Assemblée, après avoir été convoquée annuellement, tel que prescrit par la loi, a recours à des méthodes de violence et de désordre, le gouverneur devra la proroger ou la dissoudre. [...] Mais avant d'en venir là, il est de la plus haute importance que toute la province connaisse les motifs qui rendent de tels moyens nécessaires. » Londres recommande donc d'utiliser en cas extrême la prorogation plutôt que la dissolution, puisqu'il « n'est pas du tout désirable de tenir la province dans un état d'agitation continuelle par des élections annuelles, quand celles-ci, d'après la loi, ne sont nécessaires que tous les quatre ans. »

Liverpool ne donne pas suite aux suggestions d'unir les deux provinces. Avant de répondre à Craig, il avait consulté Vicary Gibbs, le procureur général de la Grande-Bretagne, « à l'égard du changement proposé dans la Constitution ». Selon le spécialiste anglais, le Parlement du Royaume-Uni a certes le pouvoir de réunir les deux provinces. Mais il fait remarquer que l'on « doit s'attendre que les raisons de nécessité à cet égard seront scrupuleusement étudiées et discutées par le Parlement ici et que tout changement qui sera effectué, quelque nécessaire qu'il soit, causera un grand mécontentement dans les provinces parmi ceux dont le pouvoir et l'influence se trouveront de la sorte réfrénés ». Quant à la création de nouveaux districts électoraux, le procureur général est d'avis qu'il est « impossible de modifier la division des districts, etc., et le nombre de représentants autrement que par un acte du Conseil législatif et de l'Assemblée avec l'approbation de Sa Majesté ou par un acte du Parlement du Royaume-Uni ». Le projet d'union de Sewell subit donc un enterrement de première classe !

Le pape à l'horizon

Depuis la mi-septembre, Craig est malade. À la fin de novembre, comme les rumeurs de guerre se font plus fortes, le gouverneur sollicite son rappel, car « sa santé ne s'est pas rétablie assez pour pouvoir résister aux fatigues plus grandes d'un temps de guerre ». Mais il se dit prêt à faire le sacrifice de sa retraite si l'on croit que ses services peuvent encore être utiles.

Alors que la population bas-canadienne est on ne peut plus calme, un nouveau sujet de discorde fait son apparition, tant à Québec qu'à Londres. Le 25 octobre, Plessis émet un mandement invitant les fidèles à prier pour le pape Pie VII emprisonné à Savone par l'empereur Napoléon. L'évêque signe le texte en ajoutant à son titre « par la grâce du Saint-Siège Apostolique, Évêque de Québec ». Craig ne tarde pas à réagir, croyant voir là un autre genre de conspiration. Il s'empresse d'écrire à Ryland, à Londres, le 6 novembre :

> Nous avons ici prié pour la délivrance du pape. Je vous envoie une copie du mandement de l'évêque, que vous pourrez montrer au bureau, comme une preuve de l'indépendance complète dans laquelle on aime à se placer. Personne ne m'a parlé du mandement, ni avant, ni après sa publication. Nous avons raison de

raisonner qu'au moyen du docteur Milner [vicaire apostolique du district central de l'Angleterre], avec qui Plessis correspond assurément, il s'est mis en rapport avec les évêques catholiques de l'Irlande qui, j'en suis certain, ne manqueront pas d'empêcher cet homme de reconnaître la suprématie du roi.

Ryland ne reçoit la lettre de Craig que le 5 mars 1811. Il possédait déjà une copie du mandement puisque l'évêque anglican de Québec, Jacob Mountain, le lui avait fait parvenir en janvier. Le 19 février 1811, Ryland avait déjà soumis à Peel le cas Plessis en lui posant trois questions : « Premièrement, M. Plessis, en publiant ce mandement et en s'arrogeant le titre et l'autorité d'évêque de Québec, ne s'est-il pas rendu passible d'une poursuite au criminel ? Secondement, sur quel statut doit-on s'appuyer pour intenter une action contre lui, devant la Cour provinciale du Banc du Roi ? Troisièmement, à quelles peines pourrait être condamné ledit M. Plessis, s'il était déclaré coupable dans une cour de justice ? »

Peel se contente de répondre qu'il soumettra le cas à lord Liverpool. Ryland est déçu du peu d'intérêt des dirigeants métropolitains pour des questions aussi importantes !

Enfin une session paisible

Le 12 décembre 1810 débute la première session du septième Parlement. Dans son discours inaugural, Craig ne fait pas allusion aux problèmes des derniers mois.

> Ainsi que je n'ai jamais douté de la loyauté et du zèle des différents Parlements que j'ai eu l'occasion de convoquer depuis que j'ai pris sur moi l'administration de cette province, déclare-t-il, de même je me fie avec une égale confiance en ce que je ne manquerai pas de trouver les mêmes principes dans celui auquel je m'adresse en ce moment ; et dans la ferme persuasion que vous êtes animés par les meilleures intentions de promouvoir les intérêts du gouvernement de Sa Majesté et le bien de son peuple, je m'attendrai à voir paraître les heureux effets d'une telle disposition dans la teneur de vos délibérations et dans l'expédition des affaires publiques.

Le gouverneur termine son intervention par un appel à l'harmonie.

> Je vous prie de croire, dit-il aux conseillers législatifs et aux députés, que j'éprouverai une grande satisfaction en cultivant cette harmonie et cette bonne intelligence qui doivent contribuer si fortement à la prospérité et au bonheur de la colonie, et que je concurrai [sic] avec le plus grand plaisir et empressement, dans toutes les mesures que vous proposerez, tendantes à l'avancement de ces objets importants. La règle de ma conduite est de remplir mon devoir envers mon souverain par une attention constante pour les intérêts de son gouvernement ainsi que pour le bien-être de ses sujets qu'il a confiés à mes soins, et je sens que ces objets ne peuvent être mieux remplis que par une étroite adhérence aux lois et aux principes de la Constitution et par le maintien en juste équilibre des droits et privilèges de chaque branche de la Législature.

Jean-Antoine Panet est encore une fois choisi comme président de la Chambre. Celle-ci se met immédiatement au travail. Le gouverneur fait parvenir à l'Assemblée par un conseiller exécutif un message « intimant que Pierre Bédard, écuyer, rapporté pour servir dans le présent Parlement provincial pour le comté de Surrey, était maintenant détenu dans la prison commune de ce district, sous un warrant de trois conseillers exécutifs de Sa Majesté, en vertu de l'Acte pour la meilleure conservation du gouvernement de Sa Majesté, tel qu'heureusement établi par la loi en cette province, pour pratique traîtresse ». Sur quoi il fut voté une adresse de remerciements à Son Excellence pour sa communication. Aussitôt après, les députés adoptent en première lecture le projet de loi « pour disqualifier les juges d'être élus et de siéger et voter dans la Chambre d'assemblée ». Le projet de loi subit la deuxième lecture le 17 et est adopté en troisième lecture deux jours plus tard. Dès le 22 décembre, le projet de loi est approuvé par le Conseil législatif. Il stipule qu'« il est par les présentes décrété par l'autorité susdite que, depuis et après l'adoption de cet acte, aucun juge de n'importe quelle des cours du Banc du Roi de Sa Majesté dans cette province, ne pourra ni être élu, ni siéger, ni voter comme membre d'assemblée dans aucun parlement provincial ».

Le 24 décembre 1810, la Chambre se forme en comité plénier pour étudier le message du gouverneur concernant le député Pierre-Stanislas Bédard. Parmi les huit résolutions alors adoptées, la sixième précise :

> Que ce comité est d'avis que la simple arrestation et la détention de quelqu'un des sujets de Sa Majesté en vertu de et sous l'autorité d'un acte temporaire du Parlement provincial, intitulé *Un acte pour mieux protéger le gouvernement de Sa Majesté tel que, conformément à la loi, heureusement établie dans cette province*, n'a pas pour effet de le classer dans la catégorie de ceux qui sont déclarés incapables d'être élus pour siéger dans la Chambre d'assemblée par la clause 23e de l'Acte du Parlement de la Grande-Bretagne de la 31e année de Sa Majesté actuelle, chap. 31 [Acte constitutionnel de 1791].

La dernière résolution demande au gouverneur de permettre à Bédard de prendre son siège dans la Chambre.

Joseph Papineau reçoit mission d'aller présenter les résolutions au gouverneur. Le geste semble lui peser, car il tarde à remplir sa tâche.

> J'avais déjà obtenu une copie des résolutions qu'elle [la Chambre] avait adoptées, raconte Craig, et je m'attendais chaque jour à ce qu'elles me soient présentées, lorsqu'un des membres dirigeants m'a fait parvenir la demande de lui accorder un entretien. Ce membre était M. Papineau l'aîné, représentant de Montréal, et il fut question des résolutions. Je perdrais de vue l'objet que je me suis proposé, si je ne vous disais que cette conversation a eu pour effet de me faire avouer ma détermination finale et les motifs sur lesquels celle-ci a été fondée, ce que je lui ai fait connaître en ces termes : Aucune considération, monsieur, ne m'incitera à consentir à la mise en liberté de M. Bédard à la demande de la Chambre d'assemblée soit comme question de droit ou de faveur et je ne consentirai pas à ce qu'il soit élargi à aucune condition durant la présente session. Et je n'hésiterai pas à vous faire part des motifs qui m'ont conduit à prendre cette résolution. Je sais que les propos tenus par les membres ont eu pour effet de faire croire partout que la Chambre devait faire libérer M. Bédard, et cette opinion s'est répandue au point qu'elle est universelle dans la province. Par conséquent, je sens que le moment est venu où la sécurité, comme la dignité du gouvernement du roi, requiert

impérieusement que le peuple comprenne quels sont vraiment les droits respectifs des diverses branches du gouvernement et qu'il n'appartient pas à la Chambre d'assemblée de gouverner le pays.

Bédard va donc rester en prison et le gouverneur, le 4 avril 1811, alors que la session a été prorogée et que les députés ont regagné leurs domiciles, demande au Conseil exécutif si le temps ne serait pas venu « de mettre un terme à l'emprisonnement de M. Bédard ». L'ordre de mise en liberté est immédiatement adopté et le député de Surrey retrouve, sans procès, la liberté.

Les adieux de Craig

Le 21 mars 1811, le gouverneur Craig sanctionne quinze projets de lois dont celui qui rend les juges inéligibles. Est aussi adopté l'acte « qui établit des règlements concernant les étrangers et certains sujets de Sa Majesté qui, ayant résidé en France, viennent en cette province ou y résident ». L'Acte pour ériger une prison commune pour le district de Trois-Rivières est réservé « pour la signification du plaisir de Sa Majesté ».

Dans son discours de clôture, Craig continue à se montrer conciliant.

> Après une session aussi longue et aussi laborieuse, dit-il, je ressens un grand plaisir de ce qu'il est en mon pouvoir de vous affranchir d'une plus longue sujétion et de ce que vous pouvez retourner chez vos constituants avec le sentiment satisfaisant de n'avoir point négligé leur service, ou oublié leurs intérêts dans les divers actes que vous m'avez présentés pour l'agrément de Sa Majesté. [...] Parmi les actes auxquels je viens de déclarer l'assentiment de Sa Majesté, il y en a un que j'ai observé avec une satisfaction particulière. Je veux dire l'Acte pour rendre les juges inhabiles à siéger dans la Chambre d'assemblée. Ce n'est pas seulement que je trouve la mesure juste en elle-même, mais que je considère que passer un acte pour cet effet est une renonciation complète des principes erronés sur lesquels le dernier Parlement agissait quand il me mit sous la nécessité de le dissoudre.

Convaincu qu'il va bientôt quitter la colonie à cause de son mauvais état de santé, Craig profite de la circonstance pour faire, en quelque sorte, ses adieux à la population du Bas-Canada.

> Il ne peut exister aucun obstacle à une union cordiale, dit-il en concluant sa harangue. La différence de religion n'en présente aucun, l'intolérance n'est point le caractère des temps actuels, et vivant sous un même gouvernement, jouissant également de sa protection et de ses soins paternels dans une correspondance mutuelle d'amitié et de bienveillance, tout autre se trouvera être imaginaire. J'ai ce sujet à cœur, messieurs. C'est probablement le dernier legs de celui qui désire sincèrement votre bonheur et qui, s'il vit assez longtemps pour revoir son souverain, se présenterait devant lui avec l'orgueilleuse certitude d'obtenir son approbation, s'il pouvait terminer le rapport de son administration en disant : « J'ai trouvé, sire, la partie de vos sujets que vous avez confiée à mes soins divisés entre eux-mêmes, se contemplant mutuellement avec défiance et jalousie, et animés, comme ils le supposaient, par des intérêts divers. Je les ai quittés, Sire, cordialement unis par les liens d'une estime et d'une confiance réciproques, et rivalisant

entre eux uniquement dans un attachement affectionné pour le gouvernement de Votre Majesté et dans des efforts généreux pour le bien public.

Une offre de service

La question religieuse continue à préoccuper Craig. Le 4 mai 1811, il rencontre Plessis et il lui offre de contribuer à améliorer sa situation. « Vous ne tenez pas le rang qui conviendrait à votre place et je ne puis vous reconnaître en votre qualité d'évêque, lui dit-il ; mais il ne dépend que de vous d'être reconnu et autorisé dans vos fonctions extérieures par une commission du roi. [...] Ne craignez point que l'on touche au spirituel. Il est à vous. On prendra les arrangements, vous en ferez vous-même les conditions. » Ce à quoi l'évêque répond : « Votre Excellence a beaucoup de bonté de me laisser l'arbitre des conditions. Je sens l'avantage qui résulterait à l'évêque catholique de ce pays d'être reconnu plus explicitement qu'il ne l'a été depuis la conquête. À moins de cela, il sera toujours exposé à de grandes contrariétés. » Craig revient encore sur la situation financière, juste à la fin de la rencontre. « Il serait temps que vous soyiez mis sur un pied respectable et que vous ayiez des appointements. Que tout ceci soit entre vous et moi. Réfléchissez à ce que je vous propose et, à votre retour des Trois-Rivières, nous nous en entretiendrons. »

Les deux hommes se revoient le 27 mai. Ils abordent un point chaud, la nomination aux cures. « Hé ! à qui prétendez-vous qu'elles doivent appartenir ? demande Craig à Plessis. — À l'évêque. Il est le père de famille, c'est à lui d'envoyer des ouvriers dans son champ, répond Plessis. — Oh ! Voilà un point que le roi ne cédera jamais et si vous n'êtes point convaincu que c'est là une de ses prérogatives royales, je n'ai plus rien à discuter avec vous. — C'est un principe incontestable dans l'Église catholique, qu'à l'évêque seul appartient le droit de donner mission aux ouvriers évangéliques. »

La discussion se continue sur les droits et devoirs de chaque niveau de gouvernement, le civil et le religieux. Craig revient sur la non-ingérence dans le domaine des croyances : « Il faut vous persuader qu'un gouverneur ne prendrait jamais sur lui de nommer une autre personne à une place, que celle que vous lui auriez désignée. C'est un de ces égards auxquels on ne manque jamais. » « De la part de Votre Excellence, réplique Plessis, on pourrait attendre cette délicatesse. La retrouverait-on chez tous ses successeurs dans ce gouvernement ? »

La deuxième rencontre se termine par une discussion sur le fait que l'Église catholique ne soit que tolérée au Bas-Canada.

Avant de partir pour une visite des paroisses du golfe Saint-Laurent, Plessis a un nouvel entretien avec le gouverneur, le 1er juin. Craig doit bientôt partir et l'évêque en profite pour lui faire ses adieux. « C'est probablement la dernière fois de ma vie que j'aurai l'honneur de voir Votre Excellence. Je ne la quitterai pas sans la remercier des bontés qu'elle a eues pour mes compatriotes, pour mon clergé et pour moi en particulier. Soyez assuré, sir James, que nul sujet en cette province n'est plus sincèrement attaché que moi à Votre Excellence par les liens du respect, de la reconnaissance et de l'estime personnelle, comme nul n'est plus inviolablement attaché au gouvernement de Sa Majesté. » L'évêque et le gouverneur reviennent ensuite sur la question de la nomination des curés. Chacun demeure sur sa position.

Pour décider de ceux qu'il convient de placer ici ou là, fait remarquer Craig, je me crois tout aussi en état de le faire que le Pape. — Pardonnez-moi, si je suis d'un avis différent, surtout lorsqu'il s'agit d'un gouvernement d'une autre créance que la nôtre. Il y a des choses peu importantes dans vos préjugés, qui pour nous sont d'une conséquence très sérieuse. — Est-ce que vous croyez que nous n'avons pas de religion ? Voilà comme vous nous jugez, vous autres catholiques ! — Je ne dis pas cela ; mais je dis que notre religion et notre discipline répugnent à des choses auxquelles les vôtres ne répugnent pas. — En quoi, par exemple ? — En quoi ? Je suppose qu'il prenne fantaisie à un prêtre de se marier. Il ne vous en semblerait pas moins digne de votre confiance et d'une bonne place dans le clergé. Et chez nous, il se trouverait *ipso facto* privé de toute fonction. — Oh ! Vous comprenez bien qu'en pareil cas on aurait égard à vos principes et qu'on tâcherait de ne les pas heurter.

Craig et Plessis se quittent sans qu'un accord n'intervienne entre eux. Le 4 juin, à Montréal, l'évêque fait part de ses appréhensions à son vicaire général. « Il faut compter sur une persécution assez prochaine, peut-être sur un refus de perpétuer un épiscopat aussi peu complaisant. » Le même jour, Craig écrit à Ryland et il lui souligne le changement d'attitude de Plessis entre sa première et sa deuxième rencontre. Il soupçonne les abbés Jacques-Ladislas-Joseph de Calonne et Noiseux de l'avoir influencé sur la question de la nomination des curés par la Couronne. De toute façon, il attend d'être de retour chez lui pour réfléchir plus longuement sur ce sujet.

Un départ bien souligné

Le 31 mai 1811, lord Liverpool écrit à Craig pour l'avertir qu'il lui paraît convenable de l'autoriser « à remettre entre les mains de sir George Prevost la charge dont il est revêtu ; sir George se tiendra prêt à s'embarquer pour le Canada au premier avis de son intention de quitter le gouvernement ». Quelques jours plus tard, vraisemblablement même avant d'avoir reçu la lettre de Liverpool, Craig émet une proclamation confiant à Thomas Dunn, le plus ancien membre anglais du Conseil exécutif, l'administration de la province du Bas-Canada. Dans cette proclamation datée du 19 juin, Craig donne les raisons de son départ : « Le faible état de ma santé, en même temps qu'il me rend incapable de continuer davantage les devoirs attachés à ma place de gouverneur en chef de cette province, me force à retourner incessamment en Europe et de m'absenter de ladite province. »

Le jour même de la proclamation, Craig s'embarque, vers les quinze heures, sur la frégate *Amelia*. La garnison s'était installée de chaque côté du chemin allant du château Saint-Louis au lieu d'embarquement, soit la distance d'un demi-mille. Chaque régiment arborait ses propres couleurs et ses musiciens interprétaient des airs particuliers.

Dès que la voiture transportant le gouverneur quitte le château, des habitants de la ville, portant à leur chapeau une cocarde jaune, aux couleurs de Son Excellence, dételent les chevaux et s'installent pour tirer le carrosse. Avant de monter sur le navire qui doit le ramener en Angleterre, Craig s'adresse aux personnes sur les quais. Selon le *Quebec Mercury*, le général a laissé parler son cœur. Une salve de

19 coups de canon tirée de la grande batterie salue le départ du navire. Les anglophones manifestent plus ouvertement leur regret de voir partir Craig que ne le font les francophones. Jacques Viger déclare à son frère, dans une lettre datée du 18 juin : « La *Gazette* de Québec nous annonce que Son Excellence part chargé des regrets de la province. Je crains vraiment, s'ils sont sincères, que cela ne fasse caler à fond Son Excellence et le reste ; car il y en a un bon voyage, vaille que vaille. »

Craig arrive à Londres le 28 juillet. Trois jours plus tard, lord Liverpool lui déclare par lettre : « Son Altesse royale [le prince régent] m'a commandé de vous répéter sa haute approbation de votre conduite générale dans l'administration du gouvernement des provinces d'Amérique du Nord. »

Le Palais épiscopal de Québec où siège le Parlement.

La guerre de 1812

L A Grande-Bretagne et les États-Unis, s'ils ne sont pas en guerre, ont cependant des relations diplomatiques et humaines fort tendues. Plusieurs Canadiens dénoncent l'arrogance des Américains et leurs visées expansionnistes. Mais tous les Américains ne sont pas d'accord pour se lancer à la conquête du Canada. Un journal de Hartford, dans l'état du Connecticut, déclare :

> D'abord, nous prendrons le Canada. Supposons-le. C'est cependant quelque chose de plus aisé à dire qu'à faire. Les Canadiens sont une race d'hommes braves et endurcis à la fatigue. Ils sont probablement aussi attachés à leur gouvernement que nous le sommes au nôtre et ne le défendraient pas moins vaillamment. Ils ont un corps considérable de troupes réglées et une milice bien armée et bien disciplinée. Ils sont bons tireurs, étant habitués à la chasse. La connaissance qu'ils ont de leur pays, pays rude et montagneux, leur donnerait un avantage immense sur une armée qui tenterait de l'envahir et leur fournirait les moyens de lui dresser des embûches et de la détruire peu à peu. Québec est très fort et on peut dire imprenable. Il faudrait un temps considérable et une armée immense pour faire la conquête de tout le Canada, y compris Québec, et pendant tout ce temps les Sauvages feront des ravages sur toute la frontière occidentale.

Or, selon l'auteur du texte, une telle guerre coûterait cher en vies humaines et surtout en argent et le trésor américain est vide. Il faudrait donc lever de nouvelles taxes et le peuple le supporterait mal.

Selon le *New York Spectator*, il n'y a qu'un cri que l'on entend partout, surtout dans les Conseils de la Nation, c'est *Emparez-vous du Canada*! La question est abordée en décembre à la Chambre des représentants du Congrès américain ; Edmund Randolph dit alors : « Si nous prenons le Canada, faisons-le par valeur et non par intrigues. » Un membre du parti démocrate se prononce contre le projet de conquête en ne cachant pas le pourquoi de sa décision : « Si vous voulez hâter la division parmi nous, c'est là une mesure des plus sûres et des plus promptes. Je ne voudrais pas qu'un Canadien français eût un siège dans ce Capitole. Non, messieurs, il n'y a pas parmi les chefs de notre parti un seul homme assez dénué de bon sens, de patriotisme et de la connaissance de son avantage individuel, pour désirer sérieusement que nous fassions à présent aucune tentative pour prendre le Canada par la force. »

Alors que Canadiens et Anglais demeurent paisibles, plusieurs Amérindiens de la région des Grands Lacs sont impatients de se lancer à l'attaque d'établissements américains dans l'espoir de recouvrer des terres dont, disent-ils, ils ont été dépouillés. Le major général Isaac Brock, administrateur du Haut-Canada, écrit le 3 décembre 1811 :

> Mon premier soin, à mon arrivée dans cette province, a été d'enjoindre les officiers du ministère des Affaires indiennes à employer toute leur influence auprès des Indiens pour empêcher l'attaque que quelques tribus méditaient, je crois, contre la frontière américaine. Leurs efforts sont cependant demeurés inutiles ; la vanité des Indiens était telle qu'ils ont refusé d'écouter leurs conseils et qu'ils sont maintenant tellement engagés que je désespère de pouvoir les tirer de ce pas à temps pour empêcher leur destruction ; l'état de choses actuel est dû au fanatisme outré qui les travaille depuis quelques années.

Et la vie continue...

La situation internationale incertaine n'empêche pas la vie politique de continuer. Le 13 septembre 1811, sir George Prevost débarque à Québec avec sa femme et sa suite. Il vient remplacer Craig.

À la suite du décès du député Jean-Baptiste Durocher, le siège du comté de Montréal devient vacant. La votation est fixée au 14 novembre, sur la place publique, en face de l'église Saint-Laurent. Joseph Roy et James Stuart se font la lutte, dans une campagne électorale des plus rudes, traitant entre autres de la question ethnique. Le bureau de votation est ouvert pendant trois semaines et James Stuart finit par l'emporter. Les électeurs du comté de Montréal resteront marqués par cette lutte électorale.

> Vous me demandez un détail sur ce qui s'est passé à l'occasion de l'élection, écrit William Berczy à Jacques Viger le 6 décembre, mais c'est plus que je ne puis faire aujourd'hui. Je suis occupé à collecter, à cette heure même, les faits relatifs à cette tragi-comique et abominable farce, dans laquelle on s'est joué, d'une manière indigne, de tout ce que la religion, les lois et la morale ont de plus sacré. J'observerai seulement en passant que jamais aucun incident arrivé auparavant n'a pu contribuer plus essentiellement à désunir efficacement les deux nations ; et une haine invétérée et indélébile en pourra être la suite. Ceux qui ont eu la faiblesse de servir d'instruments pour insulter leurs frères sentiront, en peu de temps, quand le vertige sera passé, l'offense grossière qu'ils ont attirée sur eux-mêmes.

Prevost préside l'ouverture de la nouvelle session, le 21 février 1812. Dans son discours inaugural, après avoir résumé la situation en Europe et en Amérique, il déclare :

Sous ces circonstances, je recommande l'accroissement d'un soin et d'une vigilance continuels, pour mettre la colonie en sûreté soit contre une invasion ouverte ou contre des agressions insidieuses ; et j'espère que le Parlement provincial témoignera de la disposition loyale qui l'anime, en donnant une attention prompte à ces Actes qui ont été prouvés par l'expérience essentiels pour la préservation du gouvernement de Sa Majesté, tel qu'il est heureusement établi par la loi en cette colonie ; et aussi qu'il manifestera son zèle, en donnant à Sa Majesté telle aide qui sera convenable pour l'exigence des temps, en mettant ses loyaux sujets canadiens en état d'assister à repousser aucune attaque soudaine, entreprise par des levées tumultuaires et de participer efficacement dans la défense de leur pays contre une invasion régulière, à aucune époque à venir.

Pierre-Stanislas Bédard, qui n'avait pu siéger lors de la session précédente parce qu'il était en prison, prête serment le jour de l'ouverture de la session et participe immédiatement aux débats. La question du versement d'une indemnité aux députés est de nouveau à l'ordre du jour. La Chambre, formée en comité plénier, veut fixer à dix chelins par jour le quantum de la paie « à compter du jour où ils quitteront leur demeure pour la session de l'Assemblée jusqu'à celui de leur retour, à raison de dix lieues par jour pour la distance qui se trouvera entre leur domicile et le siège du Parlement provincial ». Les montants supplémentaires proviendront d'un droit prélevé sur le madère, les autres vins et le rhum. Lors du débat en troisième lecture, le député Thomas Lee propose une résolution dans laquelle il affirme que le versement d'une indemnité aurait comme conséquence « d'augmenter dans cette Chambre le nombre de personnes qui, par suite de leur manque d'instruction, sont incapables de juger de l'esprit de la Constitution dans ses effets ». Cette motion est battue, tout comme le projet de loi le sera au Conseil législatif.

Le spectre de Craig plane encore au-dessus de la Chambre. Les députés votent la formation d'un comité chargé d'étudier les événements qui se sont déroulés sous l'administration du précédent gouverneur. C'est d'ailleurs en raison de ces événements que l'on veut modifier la loi sur la sécurité publique en enlevant au Conseil exécutif le pouvoir de faire incarcérer les personnes soupçonnées de pratiques séditieuses. On souhaiterait que ce droit n'appartienne qu'au gouverneur ou à son remplaçant. Le Conseil législatif n'accepte pas l'amendement proposé.

Pour illustrer sa loyauté, en dépit de son opposition au Conseil législatif, la Chambre d'assemblée vote, le 10 avril, la somme de 20 000 livres « pour être employée à tel usage que pourraient demander la sûreté de la province et l'exigence des temps ». En plus, une somme de 30 000 livres pourra être employée par le gouverneur « en cas de guerre entre la Grande-Bretagne et les États-Unis de l'Amérique ou dans le cas de l'invasion de cette province ».

La session est prorogée le 19 mai 1812. Le gouverneur Prevost accorde la sanction royale à 22 projets de loi. Parmi ceux-ci, le plus important est celui touchant la milice. Le gouverneur est autorisé à lever 2000 miliciens célibataires âgés de 18 à 30 ans pour une période de trois mois par année. En cas d'invasion ou de danger imminent, toute la milice pourra être appelée sous les armes. Le gouverneur peut aussi accepter un nombre illimité de volontaires. Dans aucun cas on n'acceptera de substitut. Enfin, « en cas d'invasion, tout homme qui, après la proclamation du gouverneur défendant à tout sujet de sortir de la province, quittera le pays sans permission du gouverneur et en sera dûment convaincu encourra le bannissement perpétuel et ses biens seront confisqués pour le soulagement des miliciens qui auront souffert pendant la guerre ».

La guerre à l'horizon

Le 9 mars 1812, un grand scandale éclate à Washington. Les membres de la Chambre des représentants viennent de prendre connaissance d'un message du président James Madison qui leur révèle que leur pays a été trahi.

> Je soumets au Congrès les copies de certains documents qui restent dans le département de l'État, affirme Madison. Ces documents prouvent qu'à une époque récente, tandis que les États-Unis, nonobstant les torts qu'ils ont soufferts, ne cessaient point d'observer les lois de la paix et de la neutralité envers la Grande-Bretagne et, au milieu des professions d'amitié du gouvernement anglais et des négociations qu'il poursuivait par son ministère public en ce pays, ce même gouvernement employait secrètement un agent dans certains États, et plus particulièrement au siège du gouvernement du Massachusetts, à nourrir l'esprit d'indisposition contre les autorités établies de la nation et à comploter avec les mécontents dans le dessein de susciter de la résistance aux lois et de réussir avec l'aide d'une armée anglaise à détruire l'union et à établir des liaisons politiques entre ce qui en fait la partie est et la Grande-Bretagne.

C'était faire beaucoup d'honneur à John Henry, l'informateur de Craig et de Ryland, que de croire qu'à lui seul il pouvait ébranler les États-Unis. L'espion, déçu de voir que ses services à la Grande-Bretagne ne recevaient pas une reconnaissance pécuniaire suffisante, était allé tout raconter au secrétaire d'État vers la fin de janvier. Son geste, selon les rumeurs qui courent au Bas-Canada, lui vaut la somme de 50 000 dollars.

Dans une lettre du 3 avril, Prevost assure à lord Liverpool que la correspondance de Craig ne contient rien d'autre que ce qui a été publié dans les journaux. Le gouverneur croit « que le prochain acte de M. Madison sera de faire déposer sur les bureaux du Congrès une déclaration de guerre ». En conséquence, il a donc ordonné « aux officiers qui commandent dans les provinces d'être plus particulièrement prudents et circonspects en toutes leurs relations avec les États-Unis ».

La Chambre des communes de Londres est saisie de l'affaire Henry le 28 avril. Lord Castlereagh affirme que les ministres n'avaient rien su de la mission de Henry. Lord Liverpool ajoute « qu'on n'avait jamais essayé, souhaité ni eu l'intention de produire aucune séparation ou désunion entre aucunes parties des États-Unis, non plus que de fomenter aucun mécontentement envers le gouvernement de ce pays ; qu'aucun individu n'avait été employé par le gouvernement dans un tel service ; que l'emploi de Henry était inconnu du gouvernement et que son engagement avec Craig n'était que pour obtenir des informations, ce que l'administration n'ignorait pas. » Londres est vraiment embarrassée par toute l'affaire et craint des conséquences fâcheuses.

Pendant qu'à Londres, on croit toujours à la possibilité du maintien de la paix, à Washington le 4 juin, les représentants votent la déclaration de la guerre à la Grande-Bretagne par 79 voix contre 49. Au Sénat, on montre encore moins d'enthousiasme, car la mesure ne passe que par 19 voix contre 13. Le 18 juin, le président Madison appose sa signature au bas de l'Acte stipulant

> qu'il soit statué par le Sénat et la Chambre des représentants des États-Unis de l'Amérique assemblés en Congrès que la guerre soit, et elle est par les présentes déclarée exister entre le Royaume-Uni de la Grande-Bretagne et d'Irlande et leurs dépendances et les États-Unis d'Amérique et leurs territoires ; et que le président des États-Unis soit et il est par les présentes autorisé à faire usage de toutes les forces navales et de terre des États-Unis ou lettres de marque et de représailles générales, en telle forme qu'il jugera à propos et sous le sceau des États-Unis, contre les vaisseaux, marchandises et effets du gouvernement dudit Royaume-Uni de la Grande-Bretagne et d'Irlande et les sujets d'icelui.

L'annonce de la déclaration de guerre est publiée dans la *Gazette* de Montréal du 29 juin. À Québec, on connaissait la nouvelle depuis le 24. La police de la ville de Québec émet un ordre le 29 juin requérant « tous tels sujets des États-Unis d'Amérique qui sont maintenant dans le district de Québec de sortir de la cité de Québec d'ici au premier jour de juillet prochain avant midi, et du district de Québec d'ici au troisième jour de juillet prochain avant midi ». Le 30 juin, le gouverneur Prevost signe une proclamation enjoignant à tous les sujets américains de sortir de la province de Québec « d'ici à quatorze jours de la date de cette proclamation ».

Une milice déjà en place

En plus de l'armée régulière, le gouverneur Prevost peut compter sur l'appui de la milice. À la suggestion de Charles-Michel Irumberry de Salaberry, un corps de 500 volontaires qui portera le nom de Voltigeurs canadiens est mis sur pied. Les capitaines, personnellement responsables du recrutement, reçoivent leur commission le 15 avril 1812. Le capitaine Perrault, premier capitaine du corps, fait paraître dans la *Gazette* de Montréal du 11 mai un panneau-réclame cherchant à faire vibrer la corde patriotique.

> Eh quoi ! y lit-on, la situation critique où se trouve cette province dans le moment actuel, vous trouverait-elle assez indifférents sur votre sort présent et celui à venir de vos enfants, pour que vous restassiez tranquilles près de vos foyers. Non ! le sang qui animait vos pères coule encore dans vos veines, braves et loyaux compatriotes ; et le zèle que vous avez montré jusqu'ici pour la préservation de votre gouvernement et d'une manière si peu équivoque tout nouvellement encore (je veux dire en 1807) doit prouver évidemment votre attachement à la cause commune, votre amour et ces sentiments de gratitude et de reconnaissance que vous éprouvez envers l'autorité bienveillante d'un monarque qui se fait gloire non de commander à des esclaves, mais de régner sur les cœurs de sujets libres. [...] Quatre-vingt-seize livres sont offertes pour récompense à tout milicien canadien qui, voulant s'exempter du tirage prochain qu'on fera dans la milice, viendra volontairement s'enrôler dans un corps dont Son Excellence a bien voulu donner

le plan et qu'il a bien voulu nommer, de votre nom, *Les Voltigeurs Canadiens*. Ce corps ne servira que durant la guerre avec les États-Unis d'Amérique ou les appréhensions d'une telle guerre. Et vous devez être informés qu'en vous enrôlant parmi ces volontaires vous ne devenez pas soldats, mais que vous restez miliciens et que vous n'êtes sujets à aucune des punitions auxquelles les troupes sont assujetties, mais que l'Acte de la milice sera la seule loi qui décidera du châtiment que pourraient mériter vos transgressions au service volontaire qu'on demandera de vous. L'exercice des Voltigeurs volontaires sera d'apprendre à tirer de la carabine. Votre habillement sera simple et léger, de couleur grise et vous porterez le sabre. Des Canadiens seuls entreront dans ce corps ; et vos officiers seront tous Canadiens, pris dans la milice. Aucune autre personne née hors de ce pays ne pourra être admise parmi les Voltigeurs Canadiens ; c'est pour nous seuls et notre province que ce corps est formé. Votre paye sera celle de la milice qu'on va organiser et vous la toucherez le jour même que vous serez enrôlés. Le gouvernement fera les allouances fort généreuses pour le soutien des familles des Canadiens qui voudront servir dans ce corps.

Le recrutement s'effectue assez rapidement. « Dans les trois semaines qui suivirent la sortie de l'ordre du gouverneur pour la formation de ce corps, écrit Jacques Viger, la recrue en monta à 264 hommes. » En juillet, Prevost limite à 300 le nombre total de Voltigeurs, car, au même moment, le régiment des Fencibles de Glengarry est lui aussi en pleine campagne de recrutement. L'état de la caisse militaire, selon le gouverneur, ne permettait pas « de pousser les enrôlements pour les deux corps en même temps ».

Les Voltigeurs canadiens établissent leurs quartiers généraux au fort Chambly.

L'endroit est fort joli, ma belle, écrit Jacques Viger à son épouse le 30 juillet, mais le séjour m'en paraît assez peu agréable. Ah ! quelle chienne de vie ! Se lever à 5 heures ; à 6, se trouver à la parade pour y exercer nos gens jusqu'à 8 ; à 10 heures et demie, paraître de nouveau sur la plaine, avec nos sergents et caporaux pour y apprendre nous-mêmes l'exercice, et y rester quelquefois jusqu'à une heure de l'après-dîner ; enfin à 6 heures, y faire de nouveau la même besogne avec nos soldats jusqu'à 7 heures et demie ou 8 heures ; telles sont nos occupations de la semaine. On a ici, comme vous pouvez le voir, beaucoup de plaisir !

Au début du mois d'août, les Voltigeurs aménagent à Saint-Philippe de Laprairie, « le plus maudit endroit du monde connu », selon Viger. Mais ils ne sont pas les seuls, à cette époque, à se retrouver sous les armes !

Une levée de miliciens

Le 20 mai 1812, l'adjudant général des milices du Bas-Canada, François Vassal de Monviel, envoie une lettre à tous les officiers de milice de la province les avertissant de la levée immédiate de 2000 hommes devant former quatre bataillons. Le tirage au sort parmi la milice sédentaire s'effectue au cours de la première semaine de juin. Le nombre de conscrits varie selon celui des miliciens dans une division.

Le point de rencontre du premier bataillon est Pointe-aux-Trembles, près de Portneuf ; celui du deuxième, Laprairie ; celui du troisième, Berthier-en-Haut, et le quatrième est à Saint-Thomas de Montmagny. Après quelque temps, seules Laprairie et Pointe-aux-Trembles deviendront des campements généraux.

Les milices de Saint-Joseph de Soulanges et du Nouvel-Longueuil montrent beaucoup d'enthousiasme. Le 2 juin, vers les neuf heures, tous les jeunes gens âgés de 18 à 30 ans s'assemblent devant l'église de Soulanges. Le major s'adresse aux officiers « et leur dit qu'ils avaient le choix ou de tirer au sort ou de commander le nombre de jeunes miliciens qui étaient pour partir pour aller à Laprairie de la Madeleine ; et lequel des deux ils voulaient choisir ».

> Alors, rapporte un témoin, tous les officiers ont été d'accord à commander ; et chaque capitaine a alors commandé le nombre qui lui était ordonné ; et ce qui a été admiré de toutes les personnes respectables qui étaient là présentes, c'est que le capitaine Antoine Bissonnette qui n'a qu'un seul garçon, seul appui qu'il ait pour lui aider à faire ses travaux dans l'âge avancé où il est, s'est fait un devoir de commander son fils ; et le capitaine Bougie s'est aussi montré digne des applaudissements des personnes qui étaient présentes, en commandant son neveu. [...] Les jeunes miliciens commandés se sont retirés en criant à plusieurs fois *Vive le roi* !

Le recrutement s'effectue parfois plus difficilement. Certains préfèrent la désertion au camp militaire. La division de Pointe-Claire, sur l'île de Montréal, doit fournir 59 miliciens. Vingt-huit seulement se présentent au camp de Laprairie et, au cours des premiers jours, quatre miliciens du groupe s'enfuient. Le colonel Étienne Nivard Saint-Dizier envoie un officier à la poursuite des déserteurs ; le 29 juin, le major Leprohon, accompagné d'une trentaine d'hommes, part à la chasse aux fuyards et en arrête deux. « Le lendemain matin, 30 juin, vers huit heures, raconte l'historien Jean-Pierre Wallot, lui et une quinzaine d'hommes font irruption chez Léveillé (de Sainte-Geneviève) et le capturèrent. Ils le firent monter dans une charrette. Une heure plus tard, le groupe se transporta jusque chez le capitaine Binet, où un comité de réception l'attendait : une bande d'hommes remuait déjà sur les lieux. »

Un anglophone du nom de Fraser avertit Leprohon que d'autres déserteurs bien armés sont cachés dans la grange du capitaine Binet. Immédiatement, Leprohon reprend la route. Selon son propre témoignage, « un grand nombre d'hommes bordaient le chemin et le suivaient de près et un grand nombre cherchaient à le devancer et, à la fin, ils lui ont barré le chemin au nombre de 30 ou 40 qui se sont augmentés à plus de 100 et dont il a reconnu plusieurs qu'il venait de laisser chez le capitaine Binet ; près de 40 étaient armés. » Sous la menace, Leprohon est obligé de laisser filer son prisonnier. Quant aux émeutiers, ils veulent se rendre jusqu'à Lachine pour délivrer les autres déserteurs mis sous arrêt.

On se donne rendez-vous pour le lendemain et on passe une partie de la soirée et de la nuit à cabaler. Le 1er juillet, une centaine de personnes, plusieurs armées de fusils, de pistolets ou de bâtons, prennent le chemin de Lachine, puis de Saint-Laurent. Le groupe décide enfin d'envoyer deux émissaires rencontrer les autorités à Montréal pour en connaître davantage sur la loi de la milice et sur ses implications. « Thibodeau et François Rapin, écrit Wallot, se rendirent à Montréal. Ils devaient revenir vers quatre heures de l'après-midi aux 4 fourches du Saint-

Laurent. » Pendant ce temps, le Conseil exécutif envoie, à son tour, deux émissaires pour calmer la population et, en cas d'échec, lui lancer un ultimatum : l'intervention armée.

L'affaire prend une autre tournure avec l'intervention du magistrat John McCord qui ordonne aux mécontents de se disperser, après avoir lu la loi sur les attroupements illégaux. Après deux avertissements officiels, les soldats qui étaient arrivés sur les lieux tirent un coup de canon au-dessus des têtes. Quelques manifestants ripostent. Des coups de feu sont échangés et l'engagement se termine par la mort d'un Canadien. Un autre manifestant est grièvement blessé. Le 2, l'armée arrête 24 personnes soupçonnées de pratiques séditieuses. Deux jours plus tard, le gouverneur Prevost reçoit la soumission et la demande de pardon de 300 habitants.

La *Gazette* de Québec, dans son édition du 4 juillet, demande que l'on fasse exemple. « S'il y a un homme dans le pays assez malin pour empêcher l'opération des lois, très assurément il sera puni. S'il y en a d'assez ignorants pour ne pas savoir que le premier devoir de tout homme est d'obéir à ceux qui ont une autorité légale sur eux, il faut qu'ils soient instruits, et nous craignons bien qu'une ignorance aussi grossière ne puisse être guérie que par l'exemple. »

Le dimanche 5 juillet, Jean-Jacques Lartigue, futur évêque de Montréal, prêchant à l'église de Pointe-Claire, parle d'erreurs coupables et de « l'homme généreux et noble qui nous gouverne [...] Je tâcherai de l'attendrir sur le sort de ces hommes criminels, il est vrai, et grandement criminels, mais encore plutôt égarés que rebelles, et moins coupables que les conseillers pervers qui les ont poussés dans l'abîme. Mais un devoir plus pressant m'occupe tout entier, un de mes devoirs les plus sacrés, celui de vous prêcher la fidélité, l'amour, l'obéissance que vous devez à votre légitime souverain et au gouvernement bienfaisant qui protège cette province ». Le dimanche suivant, Lartigue revient sur le même sujet. Après avoir vanté tout ce que l'Angleterre a fait pour les Canadiens, il s'arrête aux régiments « nombreux et aguerris » qui vont venir défendre le sol canadien. « Le sang anglais coulera dans nos plaines, s'écrie-t-il, et, remarquez-le bien, mes chers compatriotes, ce ne sera pas pour protéger les îles Britanniques, qui sont à l'abri de toute attaque ; mais ce sera pour défendre vos femmes, vos enfants, vos parents, vos propriétés, votre religion, vos temples, en un mot, tout ce qui vous est le plus cher. »

En l'absence de l'évêque Plessis, le vicaire général de Québec, Charles-Joseph Brassard Deschenaux, envoie, le 29 juin, une lettre circulaire aux curés leur demandant de rappeler aux fidèles leurs devoirs envers leur souverain et le gouvernement. Après avoir dénoncé le « Fléau de l'Europe », c'est-à-dire Napoléon, le signataire revient sur la nécessité de demeurer soumis. « Appliquons-nous à guider les pas du peuple, de la conscience duquel nous répondrons devant le Juge Suprême. Faisons-lui sentir ou rappelons à son souvenir que notre religion sera en danger de se perdre par la présence de ces ennemis qui nous menacent et qui sont sans principes et sans mœurs. » Le vicaire général de Montréal, Jean-Henry-Auguste Roux, émet lui aussi, le 3 juillet, un mandement dans le même style.

Malgré ces appels à la loyauté, les membres du Conseil exécutif du Bas-Canada demeurent inquiets, surtout à cause de l'émeute de Lachine. Ils enjoignent aux magistrats et aux militaires d'ouvrir l'œil et de mettre sous arrêt toute personne louche. Prevost convoque une session spéciale du Parlement qui s'ouvre le 16 juillet.

Dans son adresse au gouverneur prononcée le 18, la Chambre se dit prête à voter les sommes nécessaires pour la milice « ainsi que les différents services et opérations de la campagne ».

Prevost souhaiterait que les députés adoptent un projet de loi autorisant l'établissement de la loi martiale au besoin. Il avait déjà consulté le juge James Monk à ce sujet. Dans un message aux députés, le 18 juillet, il leur demande de donner « au gouvernement les plus grands pouvoirs et autorité pour arrêter promptement tous les efforts qui pourraient être faits pour causer du désordre ou de l'insubordination et pour punir immédiatement tous les délinquants qui pourraient interrompre ou mettre en danger la tranquillité publique ». La session est prorogée le 1er août, avant que les députés aient pu se mettre d'accord sur le contenu d'un texte sur la sécurité publique. Un seul projet de loi est soumis à la sanction royale, l'Acte pour faciliter la circulation des billets de l'armée. Le président de la Chambre d'assemblée le présente au gouverneur en ces termes : « Pour leur donner plus de confiance, ce bill porte la loi qui limite la somme nécessaire et en assure en outre les intérêts, les avantages et même le paiement principal entier, en argent, dans cette province, qui s'en est expressément chargée, dans un délai fixe, à quiconque par son état ou ses affaires privées voudra le préférer. »

Les Army Bills ne sont pas sans rappeler à la population la monnaie de carte de la fin du régime français. Mais, cette fois-ci, les garanties semblent meilleures. La première émission de billets est de 250 000 livres. « Avec ces billets, note l'historien Fernand Ouellet, une manne bienfaisante tombera sur la province. Avec eux, il sera possible de défrayer la solde des troupes régulières et des milices, et de payer tout ce qui sera nécessaire à leur entretien et à leur ravitaillement. Comme on ne pouvait se procurer tout ce dont on avait besoin sur place, cette monnaie de papier servirait à rembourser le prix des importations. »

Les récoltes

En août, les miliciens conscrits sont toujours à l'entraînement dans les camps de Laprairie et de Pointe-aux-Trembles. Le 20, le président du Conseil exécutif, le juge Jonathan Sewell, écrit au vicaire général Charles-Joseph Brassard Deschenaux pour « demander aux curés de vouloir bien prier leurs paroissiens de faire les récoltes de ceux des jeunes miliciens qui sont présentement sous les armes ». Le 24, Deschenaux expédie donc une lettre circulaire à tous les curés pour qu'ils exhortent leurs paroissiens

> à suppléer au manquement, en aidant autant que possible aux travaux que, sans le malheur des circonstances, les miliciens eussent faits eux-mêmes. [...] On pense bien, ajoute-t-il, que sans cet avis votre paroisse s'y serait prêtée volontiers, mais votre loyauté reconnue, appuyée de vos paroles, ne pourra qu'augmenter en elle les grands principes de charité et d'humanité que vous lui avez si souvent enseignés. De plus, cette sage précaution ne fera qu'affirmer les miliciens dans leurs devoirs, vu les attentions que l'on a pour eux, pourra les exempter de tomber dans des fautes qui leur seraient les plus funestes, consolera les parents de l'absence de leurs enfants, ces derniers étant certains de ne pas perdre leur récolte, et enfin consolidera le bien-être du pays.

La loyauté gagne toutes les classes de la société. À partir du 6 août, les étudiants du Séminaire de Québec commencent à monter la garde au Château Saint-Louis !

Les Américains n'ont pas tous quitté le territoire du Bas-Canada à la suite de la proclamation du 30 juin ; certains ont obtenu, par un règlement adopté le 10 juillet, l'autorisation de demeurer dans la colonie « sans être requis de porter les armes contre lesdits États-Unis, mais sujets à laisser la province lorsqu'il serait jugé nécessaire ». Une nouvelle proclamation, émise le 19 septembre, enjoint

> à tous les sujets desdits États-Unis qui n'ont pas été ou qui ne seront pas admis à prêter le serment d'allégeance à Sa Majesté et à porter les armes, de sortir de cette province d'ici au quinzième jour d'octobre prochain. Et tous les sujets desdits États-Unis qui seront trouvés en cette province après ladite période sans avoir un certificat qu'ils ont prêté ledit serment devant un officier dûment autorisé à l'administration seront traités comme prisonniers de guerre. [...] Et j'ordonne aussi qu'aucune personne quelconque, depuis et après la date des présentes, ne sortira de cette province pour aller dans les territoires des États-Unis, à moins que ce ne soit sous une licence spéciale qui sera accordée par des personnes dûment autorisées par moi [Prevost] ; et cette licence ne sera donnée que par mon autorité ou par un comité qui ne sera pas de moins de trois des Conseillers exécutifs, auxquels les affaires pour lesquelles cette licence sera demandée auront été auparavant exposées.

Les corps spéciaux

Quelques bataillons spéciaux se forment au début de la guerre. Parmi ceux-ci, le Corps des Voyageurs qui se compose « de tous les voyageurs passés et présents dans toutes les paroisses sous les ordres du lieutenant-colonel [William] McGillivray et du major Shaw ». « Il est fourni, ajoute Jacques Viger, par la Compagnie du Nord-Ouest et payé, dit-on, par elle. » Ce groupe de coureurs de bois, appelés maintenant voyageurs, participera à plusieurs combats ou escarmouches. Déjà, le 17 juillet 1812, lors de la prise de Michillimakinac, « un parti de voyageurs canadiens, conduit par quelques messieurs de la Société du Nord-Ouest » avait participé à l'attaque. Toussaint Pothier, l'un des actionnaires de la compagnie de fourrures, avait travaillé à la mise sur pied de ce corps qui devait surtout s'occuper de la défense des postes de traite dans la région des Grands Lacs. La revue de ce corps est faite, au Champ de Mars, à Montréal, le 1er octobre, par le gouverneur Prevost, qui demande aux Voyageurs s'ils sont prêts à marcher contre les Américains. « Ils ont répondu, en jurant par leur baptême, rapporte Jacques Viger, qu'ils ne les craignaient pas plus que les moustiques et qu'ils partiraient au premier ordre pour les étriller. » Leur costume se composera d'un capot et d'une mitasse rouge et ils seront armés « d'une pique, d'un sabre et d'un pistolet ».

Le gouverneur met aussi sur pied, à la mi-septembre, une compagnie de guides « pour montrer les chemins à ceux de nos officiers généraux, commandants de partis, etc., qui devant se transporter d'un lieu à un autre pour le service ne connaissent pourtant pas les routes ». La Compagnie de Guides n'a pas d'uniforme officiel.

Les Amérindiens forment eux aussi un groupe particulier. D'après les recherches de l'historienne Michelle Guitard, « à la déclaration de la guerre » le Bas-Canada comptait environ 770 guerriers amérindiens ; 250 Iroquois à Saint-Régis ; 270 Iroquois à Caughnawaga ; 100 Nipissingues ou Algonquins au lac des Deux-Montagnes ; 100 Abénaquis aux environs de Lorette, et 50 Algonquins à Trois-Rivières ». On évalue à près de 300 le nombre de ceux qui ont participé activement à des opérations militaires au Bas-Canada au cours de la guerre.

Et la guerre ?

On craint toujours que les Américains n'envahissent le Bas-Canada par la voie du Richelieu. Dès juillet, des troupes sont expédiées au fort de l'Île-aux-Noix pour renforcer les fortifications en terre. Deux mois plus tard, deux navires remontent la rivière et jettent l'ancre devant le fort. On se fortifie en bloquant les deux chenaux de navigation avec des chevaux de frise. Plus de 150 Amérindiens sont affectés à la surveillance de la frontière dans cette région.

Alors qu'au Bas-Canada, on ne connaît pas de combats importants, les engagements se multiplient dans le Haut-Canada. Le 16 août, les soldats britanniques s'emparent de Détroit et capturent le général William Hull. Le 13 octobre, les Américains échouent dans leur tentative de conquérir Queenston Heights, mais le général Isaac Brock trouve la mort dans l'engagement.

Une des premières rencontres importantes au Bas-Canada a lieu le 23 octobre à Saint-Régis, village amérindien situé dans l'actuelle circonscription électorale de Huntingdon. Une semaine avant l'attaque, une cinquantaine de Voyageurs canadiens s'y installent sous le commandement du capitaine McDonnell. Seulement trois Amérindiens, sujets anglais, habitent alors le village ; les autres sont « absents du village et en service actif sur la frontière ». Par contre, plusieurs Amérindiens, sujets américains, y résident.

L'attaque a lieu entre 4 et 5 heures, le samedi 23 octobre, par une nuit extraordinairement noire. De 300 à 400 Américains, à pied ou à cheval, font feu sur la maison où se trouvent les soldats. L'enseigne Rototte est tué sur le coup. Deux Voyageurs trouvent aussi la mort. Le major Young, qui commande le parti américain, ramène avec lui comme prisonniers le capitaine McDonnell, l'interprète DeMontigny, le lieutenant Hall et 37 Voyageurs. Les hommes sont emprisonnés à Plattsburgh et recouvrent leur liberté le 6 décembre, après avoir donné leur parole de ne point prendre les armes « jusqu'à ce que régulièrement échangés ».

À la mi-novembre, la rumeur court qu'environ 1000 soldats et miliciens américains sont massés le long de la frontière dans la région du lac Champlain et que, sous le commandement du major général Henry Dearborn, ils s'apprêtent à envahir le Bas-Canada. Effectivement, le 17 novembre, 800 hommes d'infanterie et 300 de cavalerie, sous les ordres des colonels Pike et Clarke, franchissent la frontière et marchent vers Odelltown. La nouvelle est aussitôt transmise au camp de Saint-Philippe où les Voltigeurs et les miliciens se préparent à marcher contre l'ennemi. Au cours de l'après-midi du 19, Montréal est en effervescence : on s'attend à une attaque.

Le 20 novembre, une compagnie de Voltigeurs, deux compagnies de milice et 80 Amérindiens réussissent à mettre en fuite les 1100 assaillants. « Le soir de la veille de l'attaque, rapporte Louis Langlade, lieutenant et interprète du département des Affaires indiennes, un habitant près de la ligne [frontière] vint informer le capitaine McKay [du corps des Voyageurs] qu'un officier américain lui avait offert 50 piastres pour le guider au premier poste anglais, qu'il avait refusé, mais que l'ennemi était en marche. » Donc, au matin du 20 novembre, les Américains avancent sur le chemin d'Odelltown, vers la rivière Lacolle. La cavalerie traverse la digue du moulin et se regroupe dans la plaine située en face de la maison d'un nommé Smith. Le ciel est couvert et tout est sombre.

> Le capitaine McKay part pour placer ses sentinelles, raconte Viger à sa femme. Comme il allait poser celles sur le bord de la rivière et qu'il marchait fort bien environné, il entend le bruit des chiens de fusil de tout ce demi-cercle [qu'avait formé l'armée américaine] qui armait ensemble, et, en même temps, une couple de fusils se déchargent involontairement sans doute. Il ne fit pas tout à fait la sourde oreille. Il fait le cri de retraite à ses Sauvages, qui y répondent par les leurs, font chacun leur décharge en rétaliation [*sic*] et viennent avertir le capitaine Panet, sans bruit, de déloger sans trompette. Il ne fut pas lent à déguerpir, comme de raison, et ne prit même pas le temps d'attacher ses souliers.

Les Américains s'avancent alors vers les cabanes construites par les Amérindiens et tirent presque sans arrêt. Comme la formation est en demi-cercle, plusieurs assaillants sont blessés par les balles de leurs compatriotes ! Les cris des Amérindiens leur font croire que ces derniers sont de 400 à 500. « La peur les prit, continue Viger ; ils traversèrent à gué la rivière, dans le plus grand désordre, et se sauvèrent à Champlain [le plus proche village] où ils ont enterré, depuis, un capitaine blessé dans cette affaire. » Dans leur fuite, les Américains abandonnent une partie de leur armement.

Le 28 novembre, Prevost, qui est à Laprairie, avertit le comte de Bathurst, secrétaire d'État aux Colonies, que « les ennemis ont battu en retraite sur Plattsburgh, Burlington et Albany où, d'après les informations parvenues ici, ils vont prendre leurs quartiers d'hiver ».

L'adjudant général Edward Baynes, dans ses ordres généraux des 26 et 27 novembre, lus devant tous les corps sur la parade, fait l'éloge de ceux qui ont repoussé l'attaque contre Odelltown.

> Son Excellence le commandant des Forces, lit-on dans l'ordre du 27, saisit cette occasion d'exprimer au lieutenant-colonel De Salaberry son approbation entière de sa conduite dans la direction de l'avant-garde, ainsi que le haut sentiment qu'il éprouve de l'alacrité avec laquelle les Corps des Voltigeurs, Voyageurs, les bataillons de la milice incorporée, la troupe de cavalerie légère du capitaine Platt et le bataillon des Volontaires et Compagnies de flanc des 2e et 3e Bataillons de la milice de Montréal, se sont rendus à leurs différents postes pour repousser l'invasion méditée et, si elle eut été faite, Son Excellence avait raison d'attendre de la valeur et discipline des forces régulières de Sa Majesté et de la loyauté enthousiaste et courage de tous les sujets canadiens de Sa Majesté, que cette invasion aurait tourné dans la défaite et la disgrâce de l'ennemi.

Des citoyens de Montréal et de Québec profitent de la circonstance pour remettre au gouverneur Prevost des adresses où ils font étalage de leur loyauté et de leur sens du devoir.

Rumeurs de toutes sortes

Avec l'arrivée du temps froid, les troupes prennent leurs quartiers d'hiver, quasi convaincues que les Américains n'attaqueront pas durant la saison hivernale. Avec la cessation de combats, on se remet à parler de paix. D'ailleurs, le 27 octobre 1812, le secrétaire d'État américain James Monroe n'avait-il pas écrit à l'amiral John Borlage Warren, porte-parole du gouvernement britannique : « Je suis chargé de vous apprendre que le président sera très heureux de conclure avec le gouvernement britannique des arrangements pour la cessation immédiate des hostilités existant maintenant entre les États-Unis et la Grande-Bretagne dans des conditions honorables pour les deux nations. »

La divine Providence, qu'évoquent tous les belligérants, a sans doute jugé que le moment n'était pas encore venu de redonner la paix aux hommes, puisque la guerre va se continuer encore pendant de longs mois !

Bataille de Queenston Heights

La bataille
de Châteauguay

ALGRÉ LA GUERRE, la vie politique se maintient et, le 29 décembre 1812, le gouverneur en chef Prevost inaugure une nouvelle session. Les relations entre la Chambre d'assemblée et le Conseil législatif ne s'améliorent pas. Les députés vont multiplier les occasions de friction. Ainsi, le 14 janvier 1813, le Conseil législatif fait savoir à la Chambre qu'il n'autorise pas les greffiers du Conseil à comparaître devant la députation « sur les causes et conséquences du délai dans la publication des lois », comme le demandait la Chambre. Même refus, le 16 janvier, de la part du gouverneur : les députés ne pourront consulter les procédés de la Cour d'Oyer et Terminer, dans et pour le district de Montréal, en août et septembre 1812, « les juges de cette cour étant d'opinion que la transmission de tels procédés à Son Excellence [le gouverneur] n'était pas requise par le statut provincial ».

Le député James Stuart agit un peu comme le chef du parti canadien, donc comme le leader de l'opposition au gouvernement. Ses prises de position trouvent leur écho dans l'édition du 19 janvier du *Quebec Mercury* où, sous la signature de Juniolus canadiensis, figure une lettre adressée « à un chef de parti ». L'auteur ne nomme pas directement Stuart, mais ses propos s'appliquent à la perfection au député limogé en 1809 par Craig et remplacé au poste de procureur général par le frère du juge Sewell. Stuart est accusé de chercher toutes les occasions de se venger, retardant ainsi la bonne marche du gouvernement, à un moment « où l'ennemi est à la porte ». Deux jours après la parution de l'article, sur une motion de Thomas Lee, la Chambre décide que « ledit papier contient une libelle faux et scandaleux contre cette Chambre ». Il est donc ordonné « que Thomas Cary, éditeur du *Quebec Mercury*, sera saisi par le sergent d'armes ou son député, et amené à la barre de cette Chambre, demain après-midi ». Le lendemain, soit le samedi 23 janvier 1813, le sergent d'armes fait part à la Chambre de l'échec de sa mission : Cary n'est pas chez lui ni à son atelier. L'éditeur ne refait surface que le 16 février, soit le lendemain de la clôture de la session ! Ajoutant l'ironie à l'astuce, Cary fait paraître dans son journal une courte note disant qu'il est de retour d'un voyage d'affaires, qu'il vient d'apprendre que la Chambre le recherchait, mais qu'il arrive trop tard « pour avoir l'honneur de comparaître devant la Chambre » et qu'« il est plutôt embarrassé de voir que sa présence aurait pu être utile aux députés pour les aider à préparer les lois ».

Le Parlement est donc prorogé le 15 février, vu, comme le dit Prevost dans son discours de clôture, que le service de Sa Majesté requiert sa présence immédiate sur la frontière. Dix projets de loi reçoivent la sanction royale. En raison de la fin brusquée de la session, plusieurs projets de loi restent en plan, entre autres celui visant quelques modifications à apporter à la loi de la milice pour permettre aux miliciens de langue française d'être commandés dans leur langue « naturelle ». La Chambre d'assemblée avait adopté un projet de loi pour imposer une taxe sur tous les salaires versés par le gouvernement, mais le Conseil législatif bloqua la mesure et pour cause !

Misère et embargo

Le 31 mars 1813, le gouverneur Prevost juge bon d'émettre une proclamation ordonnant « qu'un embargo soit incontinent mis sur tout blé, fleur et farine de toutes espèces, orge, seigle, avoine, pois, patates, biscuit, lard et bœuf salés, d'aucun port ou place dans notre dite province du Bas-Canada à aucun pays, place, royaume, domaine ou territoire quelconque ». L'embargo frappe même les navires déjà chargés et prêts à lever l'ancre. On voit à nouveau le spectre de la famine se profiler dans la colonie.

Une nouvelle levée de miliciens a lieu au cours du mois de mars 1813. Dans la plupart des paroisses, le tirage au sort se déroule sans problème. Mais à Saint-Joseph de la Nouvelle-Beauce, la population refuse d'obéir à la loi. Le dimanche 28 mars, une cinquantaine d'hommes quittent Québec sous le commandement du lieutenant-colonel de Boucherville, aide de camp du gouverneur général, avec la mission de se rendre à Saint-Joseph et de mettre sous arrêt les miliciens de cette paroisse. Le corps expéditionnaire est de retour dans la capitale le 31 mars au matin, avec 25 prisonniers.

> Il ne fut fait aucune résistance, rapporte la *Gazette* de Québec du 1er avril. Le tirage avait été régulièrement fait et les jeunes gens furent dissuadés et même empêchés de marcher par quelques personnes ignorantes et obstinées qui prétendaient que, n'ayant pas voté aux élections, ils n'étaient pas liés par la loi de la milice et que les officiers de milice n'avaient point d'autorité pour ce qu'ils ont fait. La paroisse voisine, Sainte-Marie, s'offrit, dit-on, à aller chercher les miliciens et à les amener ; mais cette offre fut, à juste raison, refusée, vu que cela aurait pu causer plus d'animosité et de résistance qu'un parti de troupes.

Même si la loi de la milice stipule que les miliciens ne doivent servir que sur le territoire du Bas-Canada, les chefs militaires ne s'embarrassent pas pour si peu, considérant que le Haut-Canada n'est que l'extension du territoire bas-canadien. Le

21 mars, le lieutenant-colonel de Salaberry reçoit donc ordre de placer quatre compagnies de Voltigeurs sous ordre de marche à destination de la province voisine, « le théâtre actuel de la guerre avec les États-Unis ». Les Voltigeurs vont donc camper près de Kingston. Ils participent, le 29 mai, à l'attaque de Sackett's Harbour qui se solde par un échec.

Petite victoire !

La région du lac Champlain et celle du Haut-Richelieu demeurent, pour le Bas-Canada, le point le plus important. On craint continuellement que les Américains empruntent cette route traditionnelle pour envahir la colonie.

Mais le 3 juin, les préoccupations du lieutenant Thomas Macdonough, de la marine américaine sur le lac Champlain, sont tout autres : il veut empêcher que des cajeux de bois appartenant à des Américains prennent le chemin du Richelieu pour aller alimenter les chantiers de construction bas-canadiens. Il charge donc les sloops *Growler* et *Eagle*, armés de onze canons chacun, d'intercepter les trains de bois. Les deux petits navires paraissent devant le fort de l'Île-aux-Noix. Le combat s'engage entre les Américains et les soldats campés de chaque côté de la rivière et sur l'île. L'engagement dure plus de trois heures et se termine par la capture des deux sloops. Ces deux derniers, après avoir été réparés à Saint-Jean, sont rebaptisés le *Broke* et le *Shannon*.

Le 24 juin, un autre groupe de militaires américains subit la défaite à Saint-Régis, aux mains d'Amérindiens du lac des Deux-Montagnes, du Sault-Saint-Louis et de Saint-Régis, commandés par les capitaines Ducharme, Lorimier, Gamelin, Leclair, Saint-Germain et Langlade.

Les autorités anglaises éprouvent le besoin de récompenser les Amérindiens pour leur action depuis le début de la guerre. Souhaitant sans doute conserver cet appui, on émet à Kingston, le 20 juillet 1813, un ordre général qui « promet cinq piastres de récompense à tout Sauvage pour chaque prisonnier américain qu'il amènera en vie ; de pension à un chef pour la perte d'un œil, d'une jambe ou toute autre blessure égale à la perte d'un jambe, cent piastres par an en argent ou en présent ; à un guerrier pour la perte d'un œil, etc., 70 piastres par an, en argent ou en présent ; à la veuve ou à la famille d'un chef blessé dans l'action ou blessé mortellement, 200 piastres en argent ou en présent ; à la veuve ou à la famille d'un guerrier tué dans l'action, etc., 140 piastres. »

Chez l'ennemi

La colonie reçoit quelques renforts : les régiments de Watteville et de Meuron, en provenance de la Méditerranée, débarquent à Québec en mai et juin 1813. La plupart des hommes sont d'origine suisse, française, italienne ou allemande.

Le 29 juillet, une expédition quitte le fort de l'Île-aux-Noix pour se rendre au lac Champlain attaquer quelques établissements américains. Neuf cents hommes montés à bord de trois canonnières, des deux sloops américains et de quarante-sept bateaux plats, et commandés par le colonel John Murray, se dirigent d'abord vers Chasy River qui est en partie détruite. Le raid frappe aussi, le 31, Plattsburgh,

Champlain, Swanton et Saranac. Les ordres précisent que seuls les édifices publics seront démolis. Les récits de l'attaque varient suivant qu'ils sont d'origine américaine ou anglaise. La *Gazette* de Montréal, dans son édition du 10 août, est fière de la conduite des militaires britanniques.

> Nous ne pouvons nous empêcher de remarquer ici le contraste qu'il y a entre la conduite des officiers de l'ennemi et des nôtres en semblables occasions. Les premiers saisissent invariablement le moindre article avec une avidité qui leur est particulière et regardent la guerre comme sanctionnant pleinement les façons les plus basses et les plus indignes de voler les particuliers. Malgré notre libéralité en ce point, ni le gouvernement ni le peuple de l'Amérique n'ont assez de franchise pour attribuer notre conduite en ces occasions et notre modération en plusieurs autres, à aucun autre motif que celui de la crainte. Si c'est la crainte qui est en cause, c'est celle qui, nous l'espérons, agira toujours puissamment sur tout officier britannique, c'est la crainte de se déshonorer par une conduite honteuse à l'égard même d'un ennemi sans principe et sans honneur.

Un journal de Burlington rapporte l'attaque contre Plattsburgh et les villages voisins d'une toute autre façon :

> Non contents de détruire les bâtiments publics, tels que le fort, l'arsenal, l'hôpital, etc., ils ont brûlé deux magasins. [...] Il ne leur a pas suffi de se nourrir et de s'enivrer des provisions des particuliers et de les enlever, ils ont aussi mis en pièces ce qui leur était inutile, tels que des bureaux, des tables, des horloges, etc., ont déchiré les livres et les ont jetés çà et là dans la rue. Il est impossible de décrire les cruautés et les pertes que nos concitoyens ont éprouvées dans cette occasion. [...] Nos malheureux concitoyens ont été ensuite forcés de procurer à leurs envahisseurs inhumains des chevaux et des voitures pour emporter leurs dépouilles.

Une récompense méritée

Depuis le début de la guerre, l'évêque catholique et son clergé montrent à la Couronne la plus grande fidélité. Aucun ne laisse passer une occasion de rappeler aux fidèles leurs devoirs. Plessis n'a-t-il pas émis en juillet un mandement particulier pour demander aux catholiques de son diocèse de prier pour le prince régent ? Ce dernier ne se montre pas ingrat ; déjà quelques semaines auparavant, il avait demandé à lord Bathurst d'écrire à Prevost qu'il désirait que le salaire de l'évêque catholique soit augmenté.

« Je dois vous informer que Son Altesse royale le prince régent, au nom de Sa Majesté, veut que désormais les appointements de l'évêque catholique de Québec soient de mille livres par année, comme un témoignage du sens que Son Altesse royale entretient de la loyauté et de la bonne conduite du monsieur qui remplit actuellement ce poste et des autres membres du clergé catholique de la province. » L'augmentation est rétroactive au 1er mai précédent...

L'évêque coadjuteur Bernard-Claude Panet, résidant toujours à Rivière-Ouelle, fait parvenir à Plessis, le 27 octobre, la remarque suivante : « Il est bon que cette gratification ne soit venue qu'après que le clergé a montré sa loyauté. Le peuple aurait pu croire qu'elle avait influé sur son zèle. Je souhaite que ce ne soit pas pour lui par la suite une occasion de juger que les évêques sont trop dépendants. »

La fourchette américaine

Les Américains veulent tenter avant l'hiver la conquête de Montréal, plaque tournante de l'approvisionnement des troupes anglaises. D'ailleurs, depuis quelques mois, Lachine est devenu le dépôt des marchandises et munitions destinées au Haut-Canada. Le major général Wade Hampton doit quitter Plattsburgh et marcher sur Montréal en descendant le Richelieu, alors que l'armée du major général James Wilkinson partira de Sackett's Harbour, situé près de l'Anse-à-la-Famine sur la rive est du lac Ontario, descendra le fleuve Saint-Laurent pour faire la jonction avec les hommes de Hampton.

Vers le 20 septembre, la rumeur veut que les hommes de Hampton aient franchi la frontière et qu'ils s'avancent en territoire canadien. Ils se seraient même rendus jusqu'à Odelltown avant de rebrousser chemin. La *Gazette* de Montréal du 28 septembre rapporte que les envahisseurs, après avoir abandonné la route d'Odelltown, se sont avancés vers la rivière au Saumon, sur le lac Saint-François.

Le 14 octobre, des officiers de garnison réquisitionnent des voitures à titre de droit de corvée pour transporter des vivres et des munitions vers les régions menacées. Quatre jours plus tard, le gouverneur en chef fait publier et afficher une proclamation concernant l'invasion appréhendée.

> Les ordres impérieux d'un ennemi menaçant, y lit-on, n'ont pas encore été entendus dans nos chaumières ; il ne lui a pas été permis de polluer de son pied notre sol. Nos moissons abondantes ont été partout recueillies avec sécurité et le cultivateur industrieux a joui tranquillement, au milieu de sa famille, du fruit de ses honnêtes travaux. Pour vous assurer la continuité d'un tel bonheur et de détourner de dessus vous, aussi bien que de dessus vos familles, les maux inséparables d'une invasion hostile, il faut que vous soyez prêts à manifester un zèle déterminé à résister à tout, une soumission parfaite à toutes les peines, à toutes les privations auxquelles vous serez exposés et une ferme résolution de n'abandonner qu'avec la vie vos foyers au pouvoir d'un étranger.

Hampton et une partie de son armée franchissent la frontière le 21 octobre. Un petit détachement d'Amérindiens ne réussit pas à arrêter leur avance. Non loin de là, pourtant, tout n'est pas aussi paisible.

> Le même jour, vers quatre heures de l'après-midi, raconte Michael O'Sullivan sous la signature de Un témoin oculaire, leur avant-garde [de l'armée de Hampton] poussa notre piquet stationné à Piper's Road à environ dix lieues au-dessus de l'église de Châteauguay. Aussitôt que le major Henry de la milice de Beauharnois, commandant à la rivière des Anglais, eut reçu avis de l'approche de l'ennemi, il en informa le major général [Louis] de Watteville et fit avancer immédiatement les capitaines Lévesque et Debartzch avec les compagnies de flanc du 5e bataillon de la milice incorporée et environ deux cents hommes de la division de Beauharnois. Cette force s'avança environ de deux lieues, cette nuit-là, et s'arrêta à l'entrée d'un bois au travers duquel il n'aurait pas été prudent de passer.

Le 22 octobre au matin, le lieutenant-colonel de Salaberry, ses Voltigeurs, ainsi qu'une compagnie légère du régiment canadien marchent vers la position avancée des miliciens.

> Le lieutenant-colonel de Salaberry, écrit O'Sullivan, remonta à près d'une lieue sur la rive gauche de la rivière à l'autre extrémité et, une patrouille ennemie s'étant montrée à quelque distance, il fit faire halte à sa petite force. Le lieutenant-colonel, qui avait eu l'avantage de reconnaître tout le pays au-dessus de Châteauguay dans une expédition sur la frontière américaine quelques semaines auparavant, savait que le bord de la rivière ne pouvait fournir une meilleure position. Le bois était rempli de ravines profondes sur quatre desquelles il établit quatre lignes de défense l'une après l'autre. Les trois premières lignes étaient distantes l'une de l'autre d'environ deux cents pas ; la quatrième était à peu près un demi-mille en arrière et commandait, sur la rive droite de la rivière, un gué qu'il était très important de défendre afin de protéger la rive gauche. Il fit faire sur chacune des lignes une espèce de parapet qui s'étendait à quelque distance dans le bois pour garantir sa droite. Le parapet sur la première ligne formait un angle obtus à la droite du chemin et s'étendait le long des détours du fossé.

De Salaberry place un piquet de soixante hommes de la milice de Beauharnois près du gué. Une trentaine de bûcherons de la division de Beauharnois vont en avant de la première ligne abattre les ponts et faire de l'abattis.

Ce 26 octobre 1813...

Le 26 octobre, vers les dix heures, une avant-garde américaine avance vers l'abattis, à portée de mousquet. Le combat est inévitable. L'armée de Hampton n'a pas franchi la frontière avec tous ses effectifs, la milice ayant refusé de fouler le territoire canadien. Aux termes de ses recherches sur « les miliciens de la bataille de la Châteauguay », l'historienne Michelle Guitard conclut « que les effectifs de l'armée américaine sur la Châteauguay, le 26 octobre 1813, étaient d'environ 2000 combattants et 1000 soldats en réserve ». Quant aux forces bas-canadiennes, elles comprenaient, selon Guitard, près de 1800 hommes, dont 172 Indiens [...]. Ces hommes, sous le commandement du major général Louis de Watteville, ne participèrent pas tous à l'engagement : 300 Canadiens se battront contre environ 2000 Américains.

Donc, vers dix heures du matin, l'avant-garde américaine commence à faire feu en arrivant à l'abattis. Le lieutenant Louis Guy, des Voltigeurs, accompagné d'une vingtaine d'hommes, riposte puis recule.

> Dès que le lieutenant-colonel de Salaberry eut entendu le feu, écrit le *Témoin oculaire*, il partit du front de la première ligne. Il prit avec lui trois compagnies du capitaine Ferguson du régiment canadien qu'il déploya à la droite et à l'avant de l'abattis ; celle du capitaine Jean-Baptiste Duchesnay à qui il ordonna d'occuper la gauche en s'étendant en même temps du côté de la rivière et celle du capitaine Juchereau Duchesnay qui, avec environ 50 ou 60 miliciens de Beauharnois, fut placée derrière en potence à la gauche de l'abattis, de manière à pouvoir prendre l'ennemi en flanc, s'il avançait contre la milice de Beauharnois sur la rive droite de la rivière.

Le major général Hampton commande en personne l'attaque sur la rive gauche de la rivière, pendant qu'une partie de ses troupes « pénétra à travers le bois sur la rive droite de la rivière ». Une colonne d'infanterie américaine s'avance dans la plaine vers l'abattis, s'exposant ainsi à être prise « en front et en flanc ». De Salaberry saisit immédiatement l'avantage de la situation.

> Il tira le premier et l'on s'aperçut que son feu avait jeté bas un officier à cheval : c'était un bon augure. Alors il ordonna aux trompettes de sonner la charge et aussitôt les compagnies du front firent un feu vif et bien dirigé qui arrêta quelques minutes la marche de l'ennemi. Il demeura quelque temps au repos puis, faisant un tour à gauche, il se forma en ligne et, dans cette position, lâcha plusieurs volées. Néanmoins par ce mouvement le feu de la gauche de sa ligne porta entièrement sur la partie du bois qui n'était pas occupé par nos troupes ; mais le feu de sa droite fut assez fort pour obliger nos piquets à venir chercher un abri derrière l'abattis. L'ennemi prit ce mouvement pour le commencement d'une retraite et fut bien trompé, car il ne put s'emparer d'un pouce de l'abattis.

Des deux côtés, on crie *hourra*. Le lieutenant-colonel George Macdonell, qui se trouve dans les derniers retranchements près du gué, fait à son tour sonner de la trompette.

> Le feu de l'ennemi ayant presque cessé à l'abattis, raconte O'Sullivan, le colonel de Salaberry, voyant que l'action allait devenir sérieuse sur la droite, laissa sa situation au centre et se plaça sur la gauche avec les troupes jetées derrière en potence. Là, il monta sur un gros tronc d'arbre et, quoique très exposé au feu de l'ennemi, l'examina de sang-froid avec sa longue-vue. Alors il donna ses ordres en français au capitaine Daly afin de n'être pas entendu de l'ennemi. Le capitaine Daly poussa vaillamment les ennemis devant lui pendant quelque temps ; mais se ralliant sur leurs troupes de derrière qui étaient presque en ligne avec la force sur la rive gauche, ils attendirent son approche et le reçurent avec un feu bien entretenu. Il fut blessé dès l'abord mais, nonobstant sa blessure il continua de pousser plus avant avec sa compagnie et dans le temps qu'il encourageait ses hommes et par ses paroles et par son exemple il fut blessé pour la seconde fois et tomba.

Vers quatorze heures trente, Hampton, qui avait reçu au début de la journée un message lui ordonnant de retourner aux États-Unis, commande à ses hommes de battre en retraite. Au cours de l'engagement qui avait duré plus de quatre heures, des Canadiens auraient crié aux Américains : « Tirez pas sur les capots d'étoffe, tirez sur les habits rouges. »

Le gouverneur Prevost et le major général de Watteville arrivent à temps pour assister à la fin de l'engagement et à la retraite des Américains.

Du côté canadien, on craint que l'ennemi ne revienne.

> Nos troupes restèrent sur leur position et couchèrent cette nuit-là sur le terrain qu'elles avaient occupé durant la journée, raconte O'Sullivan. Le lendemain à la pointe du jour elles furent renforcées par la compagnie des Voltigeurs du capitaine de Rouville et la compagnie des grenadiers du capitaine Lévesque du 5e Bataillon de la milice incorporée et de 60 hommes de la division de Beauharnois le tout sous le commandement du lieutenant-colonel Macdonell. Ce fut à cet officier

distingué que le lieutenant-colonel de Salaberry confia le soin de la défense de l'abattis. On poussa des piquets à deux milles plus avant qu'on n'avait encore fait ; la journée se passa dans l'attente d'une seconde attaque, mais nul ennemi ne se montra. Les piquets étaient posés de telle sorte qu'une vingtaine d'hommes tombèrent entre nos mains sur la rive droite de la rivière. On trouva aussi sur cette même rive une grande quantité de fusils, de tambours, de havresacs, de provisions, etc. Tout indiquait fortement dans quel désordre l'ennemi avait été jeté et avait effectué sa retraite. Nos troupes enterrèrent plus de 40 de leurs gens, outre ceux qu'ils enterrèrent eux-mêmes et parmi lesquels se trouvaient 2 ou 3 officiers de distinction.

La bataille de la Châteauguay ne fut pas un combat très sanglant. Du côté canadien, on déplora cinq pertes de vie, une quinzaine de blessés et quatre disparus. Chez les Américains, le nombre de tués ou blessés ne dépassa pas soixante-dix.

Dès l'annonce de la marche des Américains, plusieurs miliciens du district de Montréal et plusieurs habitants des campagnes environnantes se précipitent à la ville pour s'y réfugier ou pour la défendre.

Il ne s'y est passé aucun acte qui ait pu faire gémir sur leur présence, commente le journaliste du *Spectateur*. On les avait distribués dans les maisons de la ville et des faubourgs, pendant que la brigade de la ville elle-même avait pris les devants. Plusieurs des citoyens de Montréal qui auraient pu craindre qu'un rassemblement aussi nombreux ne donna lieu à quelque désordre, ont pu voir par leur conduite que le peuple de ce pays est en général, ce que font partout les gens honnêtes, prêt à assurer le repos, à protéger les propriétés de leurs concitoyens en travaillant à assurer celui de leur pays et en prenant sa défense.

On ne semble plus craindre d'attaque avant le printemps suivant, la saison étant déjà bien avancée. Le 4 novembre, Edward Baynes, dans un ordre général daté de Montréal, précise que : « Son Excellence le gouverneur en chef et commandant des forces juge à propos d'ordonner que, si l'ennemi ne renouvelle pas ses tentatives pour envahir cette province, l'on dispense les bataillons de la milice sédentaire incorporée de service et on leur enjoint de retourner dans leurs divisions respectives. »

Il y a pourtant l'armée de James Wilkinson qui, forte de 8000 hommes, descend le fleuve Saint-Laurent à bord de 300 chalands. Un engagement a lieu sur la ferme de John Chrysler, non loin des rapides du Long-Sault, le 11 novembre 1813. Une partie des troupes américaines, soit environ 1600 hommes, subit la défaite aux mains des troupes commandées par le lieutenant-colonel Joseph Morrison. L'engagement de Chrysler's Farm signifie la fin de la menace d'invasion du Bas-Canada.

Le Dieu des victoires et des défaites peut prendre quelque repos, puisque, à part quelques petites escarmouches, l'hiver 1813-1814 est marqué par un calme relatif.

Un nouveau règlement de compte

Le gouverneur Prevost préside, le 13 janvier 1814, l'ouverture de la nouvelle session. Lors de leurs débats, les députés n'oublient pas les anciennes luttes. La présence de quelques juges dans le secteur législatif agace toujours les dirigeants du parti canadien. Le 15 janvier, on présente devant la Chambre un projet de loi « pour déclarer les juges du Banc du Roi inhabiles à être nommés ou à voter dans le Conseil législatif ». Après avoir subi les trois lectures obligatoires, le projet de loi se retrouve devant les membres du Conseil législatif qui le rejettent d'emblée. Les députés forment alors un comité spécial afin d'examiner les journaux du Conseil où sont consignées les délibérations sur ce sujet. Dans leur rapport, les membres du comité formulent quelques résolutions où ils accusent le Conseil législatif de commettre une infraction « des droits constitutionnels et des privilèges de cette Chambre. »

L'opposition aux juges trouve un nouveau champ de bataille avec l'étude des pouvoirs et de l'autorité exercés « par les cours de justice dans cette province en vertu de ce qui est appelé règles de pratiques ». Dans son rapport du 2 février, le comité chargé d'étudier la question présente une série de onze résolutions mettant directement en cause le juge en chef du Bas-Canada Jonathan Sewell et le juge en chef pour le district de Montréal James Monk. On leur reproche d'avoir exercé « une autorité arbitraire et inconstitutionnelle ». La Chambre n'accepte pas le fait qu'en janvier 1809, Sewell ait publié de sa propre autorité des « règles et ordres de pratiques » que l'on juge « contraires et incompatibles avec les lois de cette province ». Dans leurs chefs d'accusation, les députés tiennent Sewell responsable de la « mauvaise administration » de Craig et de l'emprisonnement des personnes reliées au journal le *Canadien*. Ils lui reprochent dix-sept crimes. « Tous lesquels crimes et méfaits sus-mentionnés, dit-on, ont été accomplis et commis par ledit Jonathan Sewell, juge en chef de la province du Bas-Canada, au moyen desquels ledit Jonathan Sewell s'est efforcé traîtreusement, méchamment et pernicieusement de détourner de Sa Majesté les cœurs de ses sujets dans cette province, de semer la division parmi eux, de subvertir la constitution et les lois provinciales et d'introduire un gouvernement arbitraire et tyrannique contraire aux lois reconnues de cette province. » Les crimes reprochés à Monk concernent surtout les règles et ordres de pratiques.

C'est le député James Stuart qui mène le bal contre les juges. Il n'a pas oublié qu'il a été destitué de son poste d'avocat général de la province en mai 1809 et qu'il avait été remplacé par Stephen Sewell, le frère de Jonathan.

La Chambre d'assemblée craint que ses attaques contre Sewell et Monk ne soient pas acheminées auprès du gouvernement métropolitain. Stuart est chargé de préparer une adresse au gouverneur Prevost pour lui demander de faire parvenir au prince régent l'adresse des députés. Le 3 mars, le gouverneur, à qui on vient de remettre l'adresse répond :

> Je profiterai d'une occasion prochaine pour transmettre aux ministres de Sa Majesté votre adresse à Son Altesse Royale, le prince régent, ainsi que les chefs d'accusation portés par vous contre le juge en chef de la province et le juge en chef du district de Montréal. Mais je ne crois pas qu'il soit opportun de suspendre de leur emploi le juge en chef de la province et le juge en chef du district de Montréal à la demande d'une seule branche de la législature, basée sur des chefs d'accusation à l'égard desquels le Conseil législatif n'a pas été consulté et auxquels il n'a pas pris part.

Les Conseils exécutif et législatif se portent rapidement à la défense des deux juges incriminés. Ils préparent, eux aussi, des adresses à l'intention du prince régent. La Chambre, quant à elle, ne se fie pas trop aux canaux officiels de communication. Elle approuve un projet de loi l'autorisant à nommer « un ou des agents dans la Grande-Bretagne pour prendre garde aux intérêts de cette province ». Pierre-Stanislas Bédard est choisi comme agent et, le 12 février, on envoie un messager auprès des conseillers législatifs pour les inviter à désigner une seconde personne qui pourra accompagner Bédard. Le 7 mars, vu l'importance de l'affaire Sewell-Monk, les députés désignent James Stuart comme agent de la Chambre « pour les fins susdites ». On étudie aussi la question des crédits nécessaires pour une telle mission. Le 8 mars, le juge Sewell demande au gouverneur la permission de se rendre à Londres pour se défendre, vu les dangers « qu'il y aurait de permettre que des officiers chargés d'administrer la justice restent sous le coup de fausses accusations ». Trois jours plus tard, Prevost autorise Sewell à aller se justifier auprès des autorités métropolitaines.

Le 17 mars 1814, le gouverneur Prevost accorde la sanction royale à onze projets de loi, dont l'Acte pour établir des maisons de poste dans cette province, l'Acte pour exempter de certains droits le sel importé pour l'usage des pêches en cette province, l'Acte pour accorder une nouvelle somme d'argent pour le soulagement des insensés et des enfants trouvés, l'Acte qui fait l'application d'une nouvelle somme d'argent pour l'érection d'une prison et d'une maison de justice à New-Carlisle et l'Acte pour faciliter la circulation des billets de l'armée.

Le gouverneur est déçu par l'atmosphère régnant en Chambre et par les rapports tendus existant entre cette dernière et le Conseil législatif. Il ne cache pas ses sentiments, lors de la clôture de la session. Dans une lettre à lord Bathurst, le 18 mars, Prevost fait l'analyse de la situation.

> Le temps de la Chambre d'assemblée a été accaparé presque entièrement, durant toute la session, par la considération du pouvoir et de l'autorité exercés par les cours de justice de Sa Majesté dans cette province, en vertu des règles de pratique. L'attention de la Chambre a été attirée sur ce sujet principalement par M. Stuart [...] dont l'animosité personnelle à l'égard des deux juges en chef, surtout à l'égard de M. Sewell, s'est manifestée trop fortement au cours des procédures contre ces derniers pour laisser quelque doute dans l'esprit de toute personne de bonne foi quant aux motifs qui l'ont animé en cette occurrence.

Comme les quatre années statutaires se sont écoulées depuis les dernières élections générales, Prevost ordonnera le 22 mars la dissolution du Parlement et la tenue d'élections. Il est soulagé d'avoir à faire un tel geste, car au cours de la dernière session « s'est manifesté avec tant de violence un esprit de désordre et un malentendu constant entre les deux Chambres ».

Du pareil au même

Les writs d'élections, c'est-à-dire les résultats de votes, doivent parvenir à Québec avant le 15 mai 1814. Les élections se déroulent sans accrochages majeurs. Quinze anglophones sont élus, mais la composition de la Chambre varie peu.

> Les membres canadiens élus pour siéger dans la présente Chambre, affirme Prevost le 4 septembre 1814, sont pour la majeure partie les mêmes personnes qui composaient la dernière Assemblée et il est très probable que ce soient les mêmes encore qui dirigeront. Les chefs sont, pour la plupart, des avocats qui, il me semble, cherchent seulement l'occasion de se distinguer comme champions du public en vue de se créer de la popularité et qui s'efforcent d'acquérir de l'importance aux yeux du gouvernement dans l'intention d'en obtenir de l'emploi. Quelques-uns ont rempli des charges que je leur ai moi-même confiées, et j'ai raison de croire que tous consentiraient à vendre leurs services s'il était nécessaire de les acheter. Plusieurs des représentants anglais les plus respectables de la dernière Chambre [...] ont refusé de devenir membres de nouveau. D'autres représentants anglais ont cependant été élus, mais la représentation anglaise dans son entier forme une proportion si restreinte, en face du parti canadien, que son appui seul, même si l'union est parfaite, ne pourrait être une aide efficace au gouvernement.

La guerre continue

Le printemps va probablement signifier la reprise des hostilités entre le Canada et son voisin du Sud.

Au cours du mois de février, le second bataillon du 8e Régiment, commandé par le lieutenant-colonel Robertson, quitte Fredericton à pied pour se rendre à Québec à travers les bois.

Les Américains effectuent, au début de mars, quelques raids dans la région de la baie Missisquoi et à Odelltown. Ils enlèvent le plus de butin possible. Le 30, un fort parti commandé par le major général Wilkinson attaque « les postes extérieurs sur les communications qui conduisent d'Odelltown à Burtonville et au moulin de la rivière Lacolle ». Les soldats anglais doivent retraiter et dix d'entre eux trouvent la mort dans l'engagement.

Depuis le début de la guerre, le problème des prisonniers n'a fait qu'empirer. De part et d'autre, on a recours à des représailles contre ceux que l'on appelle les otages. En avril 1814, une entente intervient sur cette question et l'on procède alors à des échanges de prisonniers. Le dimanche 15 mai, 400 Canadiens ou Anglais arrivent à Montréal après avoir retrouvé leur liberté perdue lors d'engagements dans le Haut-Canada.

De toutes parts, on souhaite la fin de la guerre. Vers le 20 mai, les journaux commencent à publier des nouvelles annonçant la chute de Paris et l'abdication de Napoléon. Le traité définitif de paix et d'amitié entre Sa Majesté britannique et Sa Majesté très chrétienne, signé à Paris le 30 mai, fait l'objet d'une proclamation officielle publiée dans la *Gazette* de Québec du 14 juillet. Il ne reste plus à régler que le conflit avec les États-Unis. Les autorités anglaises peuvent maintenant envoyer d'importants renforts en Amérique pour vaincre leurs ennemis. Les troupes anglaises quittent Bordeaux en direction de Québec. Le 3 juillet, rapporte le *Spectateur* de Montréal, « nous avons eu en cette ville [Québec] la vue extraordinaire d'un nombre de transports avec des troupes anglaises à bord, venant de Bordeaux en France : il y a 55 ans qu'il n'est venu de vaisseaux de Bordeaux à Québec. Quels changements ont eu lieu même dans ce court espace de temps ! Qui oserait prédire ce que les cinquante prochaines années pourront produire ? [...] Les officiers de l'armée et les gens appartenant aux vaisseaux, qui sont venus à terre, portaient tous la cocarde blanche. Nous apprenons que nos camarades en France la portaient universellement. »

Pendant que l'on se prépare sur divers fronts à frapper de grands coups, des diplomates anglais et américains discutent dans la ville de Gand, en Belgique, des préliminaires de paix. Les progrès sont très lents. Les belligérants ont donc à certains moments le temps d'en venir aux armes. Au cours de juillet, les Américains remportent deux victoires, l'une au fort Érié, l'autre à Chippawa, alors que les Anglais sont victorieux à Lundy's Lane. Deux engagements importants marquent le mois d'août : le premier à Michillimakinac, le second au fort Érié ; le premier se termine par une victoire anglaise, l'autre par une défaite.

L'engagement le plus important se déroule sur le lac Champlain. Prevost veut y détruire la flotte américaine et s'emparer de Plattsburgh. Pour effectuer ce travail, il dispose de 14 000 hommes et de quelques navires dont le *Confiance* lancé le 24 août précédent. Le général américain Alexander Macomb peut compter sur au moins 4000 soldats. L'affrontement a lieu le 11 septembre. Navires anglais et américains commencent à se canonner dans la baie de Plattsburgh vers huit heures.

> Au début, raconte l'historien Marc Théorêt, le tir se fit surtout à distance mais au fur et à mesure que le temps s'écoulait, les navires se rapprochaient au point qu'ils en étaient presque rendus à se tirer à bout portant. Après une heure de combat acharné, le *Finch* [anglais], sur le point d'être réduit en passoire dériva vers Crab Island où il s'échoua sur une batture de pierres. [...] Après deux heures de bataille, la panique régnait sur le *Confiance* ; [George] Downie [le capitaine] avait été fauché par un boulet et le lieutenant John Robertson avait peine à diriger ses hommes. Le désordre le plus complet caractérisait les ponts et les marins étaient presque rendus aveugles par les vapeurs laiteuses expirées par les canons. Le bateau tanguait dangereusement sur babord et Robertson ordonna même d'alléger le flanc droit en jetant par-dessus bord des canons.

Prevost, commandant les forces de terre, hésite sur les ordres à donner. « Après plusieurs tentatives de traverser la rivière Saranac, ajoute Théorêt, et avoir observé la situation critique de la flotte de Downie, Prevost battit la retraite à toute allure. » Les navires anglais se battent encore un certain temps, puis baissent pavillon. La *Royal Navy* et la *British Army* viennent de se couvrir de honte ! Quant à Prevost, son attitude vient de lui coûter son poste et sa carrière. Rappelé en Angleterre, il sera appelé à comparaître devant la Cour martiale. Heureusement pour lui, il meurt quelques jours avant l'ouverture du procès...

La défaite de Plattsburgh marque le dernier épisode de la guerre de 1812 au Canada. La partie anglophone de la population prend en majorité position contre Prevost, alors que les francophones se porteront souvent à sa défense.

La paix entre la Grande-Bretagne et les États-Unis est signée à Gand le 24 décembre 1814. L'accord stipule que les deux pays retourneront à la situation existant avant la guerre, soit le *statu quo ante bellum* et les territoires conquis devront donc être rendus.

Salaberry harangue ses hommes avant la bataille.

Québec en 1820

LES DÉBUTS
DE PAPINEAU
1815-1818

AU TOUT DÉBUT DE 1815, le gouverneur Prevost devient l'objet de nombreuses rumeurs. Sa conduite lors de la bataille de Plattsburgh aurait convaincu les autorités de la métropole de nommer un nouveau représentant du roi pour les deux Canadas ; avant que la nouvelle ne soit officielle, Prevost continue cependant à administrer la colonie. Avant l'ouverture de la première session du huitième Parlement, il nomme Jean-Antoine Panet conseiller législatif.

Le 21 janvier, après avoir prêté le serment d'usage, les députés se rendent dans la salle de délibération du Conseil législatif. Louis-Joseph Papineau, représentant du quartier ouest de la ville de Montréal, est élu à l'unanimité président de la Chambre.

La saison parlementaire s'annonce orageuse. Le 30 janvier, dans une lettre à lord Bathurst, le gouverneur exprime ses inquiétudes. « La jalousie entre les deux Chambres troublera l'harmonie des relations. » Députés et conseillers, il est vrai, ont encore des comptes à régler, d'autant plus que le juge Sewell est toujours à Londres pour défendre son point de vue face aux accusations de la Chambre d'assemblée.

À la demande du gouverneur, les représentants du peuple étudient les moyens d'améliorer le réseau des communications intérieures de la province. À ce sujet, le comité général adopte quelques résolutions touchant le canal Lachine : « Qu'il est expédient d'accorder à Sa Majesté la somme de vingt-cinq mille louis pour aider à mettre à effet le canal projeté entre Montréal et Lachine ; qu'il est expédient d'accorder un droit de péage pour entretenir et réparer le canal. »

Les députés étudient en outre la possibilité de verser un salaire au président de la Chambre et de nommer un agent à Londres. Le 18 février, le comité plénier de la Chambre adopte une résolution à cet effet.

Le Conseil ne tarde pas à faire connaître sa position. Le 2 mars, il adopte à son tour une résolution qui règle la question de l'agent : « Résolu que, d'après l'opinion de cette Chambre, le gouverneur, le lieutenant-gouverneur ou la personne chargée de l'administration du gouvernement de cette province, alors en exercice, constitue la voie régulière et constitutionnelle de communication entre les corps législatifs de cette province et le gouvernement de Sa Majesté dans le Royaume-Uni de Grande-Bretagne et d'Irlande. » La Chambre d'assemblée ne se tient pas pour battue. En comité, elle étudie la réponse des conseillers. Elle fait valoir des précédents, entre autres le fait que la Jamaïque possède son agent à Londres. Pour elle, le Bas-Canada a des raisons encore plus précises de disposer de son propre représentant dans la métropole :

> Il existe une nécessité particulière et pressante de nommer pour la province du Bas-Canada un agent qui résidera dans la Grande-Bretagne afin de dissiper le malaise des habitants de cette province ; et cela, à l'heure présente surtout, car ils craignent que des efforts ne soient faits présentement pour préjudicier contre eux le gouvernement impérial et la nation anglaise et pour opérer un changement dans la constitution gratuite qui leur a été accordée par la sagesse anglaise, au moyen de l'union des deux provinces de Haut-Canada et de Bas-Canada, dont la langue, les lois et les coutumes sont totalement différentes. Leur malaise cessera dès qu'ils auront un agent résidant en Angleterre. De plus les obstacles que cette Chambre a rencontrés à l'égard des accusations formulées contre Jonathan Sewell et James Monk, Esquires, démontrent qu'il y a des motifs pour désirer la nomination d'un agent pour la province.

On demande donc au gouverneur de présenter une adresse au prince régent, car il est inutile de compter sur la collaboration du Conseil législatif sur ce sujet.

Le samedi 25 mars, le gouverneur Prevost proroge la session. Dix-neuf projets de loi reçoivent la sanction royale. Les miliciens font l'objet de mesures particulières. La Chambre d'assemblée et le Conseil législatif ont réussi à se mettre d'accord sur la loi « pour accorder une pension aux miliciens qui ont été blessés durant la dernière guerre avec les États-Unis d'Amérique, pour l'application d'une somme d'argent y mentionnée pour aider Sa Majesté à défrayer les dépenses de la Milice encourues pendant ladite guerre et aussi pour indemniser certains officiers de la Milice et les familles des miliciens qui ont été tués durant ladite guerre ». Comme certains étudiants ont dû abandonner leurs études et s'engager, une autre loi est adoptée « pour le soulagement des étudiants en droit pour la profession d'avocats et procureurs ou notaires qui ont servi dans la Milice incorporée durant la dernière guerre avec les États-Unis d'Amérique ».

Parmi les autres lois sanctionnées, une concerne particulièrement la vaccine. Une somme de 1000 livres courant sera affectée à répandre la vaccination. Au cours de l'été 1815, des médecins se rendront disponibles partout pour inoculer « toutes personnes qui leur seraient présentées ».

Le projet de loi permettant d'accorder un salaire au président de la Chambre est réservé pour connaître l'avis des autorités métropolitaines sur le sujet.

Pour la traduction en langue française de son discours de prorogation, Prevost fait appel à l'évêque Plessis. Il lui avait écrit le 22 mars : « Monseigneur, faites-moi l'amitié de mettre en français le discours avec lequel je me propose de proroger la Législature et de me croire avec beaucoup de considération, votre très humble serviteur. »

Dans son discours prononcé en français, le gouverneur rappelle que la paix vient d'être officiellement proclamée, le 1er mars et il annonce son départ prochain. « Il me reste à vous informer que j'ai reçu de son Altesse royale, le prince régent, de retourner en Angleterre, à l'effet de repousser des imputations qui affectent mon caractère militaire, et qui ont été avancées par le commandant en chef de la Marine sur les lacs du Canada [le Commodore James Yeo] ; et tout en m'éloignant de vous avec regret, je saisis avec empressement cette occasion de justifier ma réputation. » En effet, au début de mars, Prevost avait appris la nouvelle de son rappel par une lettre que lui avait remise un officier nommé Murray. Le gouverneur se plaint immédiatement à Bathurst que « c'est ajouter inutilement à la douleur causée par ce coup inattendu de l'avoir fait annoncer par un tiers, surtout un officier de beaucoup son inférieur. »

« Adieu, Excellence »

Dès que la nouvelle du départ prochain du gouverneur est officiellement connue, les habitants de Québec et de Montréal lui présentent des adresses de reconnaissance et de remerciements. Celle de la cité de Québec est signée par 1420 personnes ; celle de Montréal, 1510. Les députés avaient, avant la prorogation, voté la somme de 5000 louis pour offrir un service de table à celui qui leur avait témoigné tant d'égard, mais les conseillers législatifs, mus par un souci d'économie, bloquent la mesure !

Le 3 avril, Prevost part par voie de terre pour se rendre à Saint-Jean, au Nouveau-Brunswick, où il doit s'embarquer à bord d'un navire en partance pour l'Angleterre.

> À deux heures, rapporte le *Spectateur*, Son Excellence est montée à cheval et est partie, accompagnée de son état major général et des officiers généraux et d'état major, aussi à cheval, passant au milieu d'une double ligne de troupes qui s'étendait depuis le Château jusqu'au Cul-de-Sac, d'où Son Excellence a traversé sur la glace à la Pointe-Lévis. Près de l'église, ses voitures l'attendaient pour le mener par le Portage au Nouveau-Brunswick. Tous les officiers qui accompagnaient Son Excellence sont revenus au bout d'environ une heure, à l'exception des majors Cooke et Cockrane et le capitaine Bagwell qui, dit-on, l'accompagnent en Angleterre.

Plusieurs habitants arrivent trop tard pour saluer leur ancien gouverneur. Quelques-uns se rendent sur la glace pour lui faire leurs adieux.

Le jour même du départ de Prevost, Gordon Drummond, chargé de l'administration civile et militaire du Bas-Canada, arrive à Québec. Il s'installe temporairement à l'hôtel Malhiot et, le 4, il est assermenté devant le Conseil exécutif réuni au Château. Militaire de carrière, le nouvel administrateur était né à Québec en 1771.

Le retour au foyer

Pour les miliciens, le retour à la paix signifie la fin de leur engagement. La milice incorporée et les corps provinciaux sont donc libérés dès le début de mars 1815. « Toutes allowances de garnison et d'état major pour la milice et l'état major de la Milice cesseront le 24 du courant », précise un ordre général. Les miliciens rendent donc aussitôt armes et accoutrements.

L'évêque Plessis fixe au 6 avril, « jour auquel nous faisons, cette année, l'office de saint Joseph, premier patron de ce pays », la journée d'actions de grâces publique pour « remercier le Ciel de tous ses bienfaits et en particulier du traité de paix et d'amitié conclu à Gand ». Dans un sermon de circonstance, Plessis rappelle les horreurs du règne de Napoléon. Il décrit son « ambition insatiable, perfide, sacrilège, sanguinaire, scandaleuse, aveugle et extravagante ». Le prélat ne peut s'empêcher de louanger l'Angleterre.

L'heure est partout à la réjouissance. Dimanche le 16 avril, les officiers du corps des Voltigeurs canadiens donnent à l'hôtel Dillon de Montréal « un dîner splendide à leurs officiers supérieurs ». Le lieutenant-colonel de Salaberry est, cela va sans dire, le héros de la fête. Une des santés les plus soulignées est portée par le capitaine d'Aubreville : « Puissent les Voltigeurs être conduits encore au champ d'honneur. »

Au cours de la guerre, les désertions avaient été nombreuses, surtout dans les cadres de l'armée régulière. Le 3 mai 1815, une cour martiale, tenue à Saint-Jean, trouve coupables de désertion quinze soldats. Quatre sont condamnés à mort, un à mille coups de fouet et les dix autres à l'exil pour la vie. La sentence de mort est exécutée à Chambly, le 23 du même mois, devant, dit-on, un nombre immense de spectateurs, en majorité des femmes.

Nouvelle menace

Au début de mai 1815, la nouvelle se répand rapidement « que Bonaparte s'était échappé de l'île d'Elbe et avait débarqué en France dans la vue de se remettre en possession de son trône ». On attend confirmation de la rumeur et entre-temps, l'inquiétude règne. Dès l'annonce de la défaite de Napoléon à Waterloo, le 18 juin, et de son abdication, les autorités militaires, civiles et religieuses se réjouissent à nouveau.

Dans un mandement daté du 18 septembre, l'évêque Plessis demande à tous de chanter un *Te Deum* d'actions de grâces et le *Domine Salvum fac Regem*, le premier dimanche après la réception de la lettre. Le religieux se réjouit de la défaite de Napoléon « le perturbateur de l'Europe ». « Cette brillante victoire a non seulement couvert de gloire notre armée, elle a encore terminé promptement une guerre cruelle, rendu la paix à l'Europe, rétabli Louis XVIII sur le trône de ses pères, et enfin conduit Napoléon lui-même entre les mains puissantes de l'Angleterre. »

Avec l'exil de Napoléon à l'île Sainte-Hélène, on est persuadé que la paix est vraiment restaurée tant en Europe qu'en Amérique du Nord. Le 23 novembre 1815, l'administrateur Drummond annonce que « tous les billets de l'armée ci-devant sortis et maintenant en circulation sont rappelés pour être rachetés pour de l'argent audit bureau des billets de l'armée dans ladite cité de Québec et que tout intérêt sur ces billets, comme susdit, cessera depuis et après le quatorzième jour après la date de ces présentes ».

Voilà une expérience de « monnaie de papier » qui se termine bien !

Triomphe des juges

La mise en accusation des juges Sewell et Monk, par la Chambre d'assemblée, inquiète les autorités londoniennes. À la mi-décembre 1815, les journaux du Bas-Canada publient la décision du Conseil privé concernant ces accusations. Lors d'une réunion tenue le 29 juin précédent, les membres du Conseil privé déclarent que « ni lesdits juges en chef ni les cours qu'ils président n'ont outrepassé leur autorité ou ne se sont rendus coupables d'avoir empiété sur le pouvoir législatif en établissant de telles règles [de pratique] ». Londres rejette donc les recommandations des députés bas-canadiens. Bien plus, dans une lettre confidentielle à Drummond, le 12 juillet, Bathurst trace une ligne de conduite à adopter vis-à-vis de la Chambre : « ...s'il arrive que cette question soit soulevée de nouveau et que vous ayez raison de croire qu'elle sera favorablement accueillie par la Chambre, je dois vous informer que vous devez dissoudre l'Assemblée immédiatement avant qu'elle ait pu voter des résolutions sous forme d'accusations spéciales ». La recommandation n'est pas tombée dans l'oreille d'un sourd !

La session s'ouvre le 26 janvier 1816. Comme il fallait s'y attendre, les députés se penchent aussitôt sur le cas des juges et sur l'étude de la décision de Londres à leur sujet. Drummond fait parvenir un message à la Chambre pour lui faire part des réactions du prince régent. Le 24 février, les députés, siégeant en comité plénier, adoptent une série de résolutions dénonçant de façon indirecte la conduite de Londres : « Ce comité est d'avis que les Communes du Bas-Canada avaient le droit d'être entendues et qu'il devait leur être permis de fournir des preuves pour appuyer leurs accusations contre lesdits Jonathan Sewell et James Monk, Esquires. » En conséquence, la Chambre demande à être entendue à Londres et elle suggère également qu'une pétition soit envoyée au prince régent à ce sujet.

Le lundi 26 février, Drummond convoque députés et conseillers législatifs à la Chambre du Conseil législatif. Son allocution est brève :

> Lorsque je vous ai rencontrés en Parlement provincial, ce fut dans l'espérance que vos efforts unanimes auraient été appliqués à ces objets d'avantage public que je vous ai particulièrement recommandés. La Chambre d'assemblée s'est encore occupée de la discussion d'un sujet sur lequel la décision de son Altesse royale le prince régent, pour et au nom de Sa Majesté, lui a déjà été communiquée et quoique je regrette beaucoup qu'aucune considération puisse avoir induit la Chambre d'assemblée à perdre de vue le respect qui était dû à la décision de Son Altesse royale, il est de mon devoir de vous annoncer ma détermination de proroger le présent parlement et de recourir de nouveau aux sentiments du peuple par une dissolution immédiate.

Dès le lendemain de la dissolution, Drummond se dépêche de dénoncer auprès de Bathurst l'arrogance de la Chambre. Le président de l'Assemblée mérite, lui aussi, les reproches du représentant du roi.

Quant à la conduite de M. Papineau, le président de l'Assemblée, je dois dire qu'elle est répréhensible au point que je serai forcé de le destituer de la charge de commissaire de la milice qu'il tient du gouvernement. En toute occasion, ce monsieur a manifesté un mépris marqué pour le gouvernement, et il s'est servi du prestige attaché à la présidence de la Chambre, non seulement pour appuyer, mais pour encourager ceux qui cherchent à ruiner les intérêts et l'autorité de ce dernier. Ce président a poussé son mépris jusqu'à omettre (lorsqu'il était ordonné à la Chambre de se rendre à la salle du Conseil législatif) de présenter les hommages qu'il était de son devoir de rendre au représentant de Sa Majesté. Il se retire d'une manière brusque et insolente sans faire le moindre salut devant le trône (ce qui a été surtout remarqué par les membres du Conseil législatif) ; son visage est empreint d'une triviale expression de dérision difficile à décrire, mais visible pour tous et nul doute que les vulgaires et les ignorants n'estiment cette contenance courageuse.

Les writs d'élections doivent être sanctionnés le 8 mars et renvoyés le 25 avril. En quelques endroits, la campagne électorale est marquée par des scènes disgracieuses et la votation, par des tentatives d'influencer le vote. Dans la circonscription électorale de Québec, la votation s'échelonne sur sept jours entiers. « Cette élection, commente un journaliste, a été accompagnée d'un grand nombre des excès qui accompagnent ordinairement les élections longtemps disputées. Nous ne pouvons nullement faire au comté les compliments qui sont dus à la haute ville. L'argent, les liqueurs fortes, les altercations personnelles, tout a été mis en opération. Nous nous abstiendrons de dire ce qui a été employé de plus. » Sur les 50 élus, seulement 18 ne faisaient pas partie du précédent Parlement.

Le 22 mai 1816, John Wilson émet une proclamation avisant la population qu'à compter de ce jour il est l'administrateur du gouvernement de la province du Bas-Canada, remplaçant ainsi Drummond qui quitte la capitale après avoir reçu des adresses de reconnaissance des habitants de Québec et de Montréal. Le règne de Wilson est bref. Le gouverneur en titre, sir John Coape Sherbrooke, arrive à Québec le 12 juillet et immédiatement après son assermentation, il se penche sur le problème de la Chambre d'assemblée. Dès le 15, il est en mesure d'écrire à Bathurst que si le dernier geste de Drummond de dissoudre la Chambre « devait avoir pour effet d'améliorer la représentation de la Chambre basse, elle a complètement échoué en autant que j'ai pu me renseigner depuis mon arrivée. De plus, elle a eu pour effet d'aggraver la situation en causant une grande irritation parmi les représentants et dans le pays, et de provoquer la réélection générale des mêmes membres ou, ce qui est encore plus regrettable, les quelques changements qui ont eu lieu signifient l'élimination des membres canadiens les plus modérés de l'ancienne Chambre. »

À Londres, les autorités sont de plus en plus portées à conclure qu'elles ne peuvent compter sur l'appui de la Chambre d'assemblée. Étant donné que le point le plus important demeure celui des finances, on cherche déjà le moyen d'échapper au contrôle de la députation pour le vote des subsides, c'est-à-dire les sommes nécessaires pour le bon fonctionnement du gouvernement. Certains droits imposés par une loi de la législature locale ont rapporté des montants importants qui ne peuvent, normalement, être dépensés qu'avec la permission des députés. Par ailleurs, la Chambre est consciente que le contrôle des subsides constitue pour elle un atout de taille.

Bathurst, dans une lettre du 31 mai 1816 à Sherbrooke, trace un plan de dépannage.

> Le gouvernement de Sa Majesté, dit-il, ne peut se dissimuler que, si la nouvelle assemblée est animée du même esprit que la précédente, on ne pourra s'attendre à ce qu'elle accorde aux intérêts de la province l'attention sur laquelle nous aurions compté dans d'autres circonstances et à ce qu'elle vote les crédits nécessaires pour le maintien du service public. Dans ces circonstances, il est nécessaire de déterminer autant que possible le montant du revenu dont la Couronne peut disposer indépendamment des bills votés annuellement par la Législature et de retenir à la disposition du gouvernement les fonds provenant de cette source et autres que la Couronne possède également. [...] Si la conduite de la nouvelle Assemblée est la même que celle de l'Assemblée récemment dissoute, vous devez en conclure naturellement qu'il est nécessaire de ne pas appliquer les fonds qui resteront à la disposition de la Couronne au paiement des dépenses pour lesquelles la Législature a voté des crédits spéciaux jusqu'à présent, car le gouvernement de Sa Majesté devra décider désormais, après un examen de toutes les dépenses et des moyens de payer celles-ci, jusqu'à quel point il est à propos de puiser dans le revenu de la Couronne pour payer les dépenses à l'égard desquelles des mesures ont été prises annuellement jusqu'ici.

Dans une autre dépêche datée du 7 juin, Bathurst revient sur la question des dispositions plus ou moins hostiles de la Chambre d'assemblée :

> Jusqu'à présent, le gouvernement de Sa Majesté a eu constamment recours, dans les circonstances ordinaires, à la fermeté et à la modération du Conseil législatif, et il n'y a pas raison de douter que, par ce moyen, il ne soit encore possible d'empêcher les mesures les plus inconscientes et les plus violentes de l'Assemblée. Il est donc désirable que vous ayez recours à l'aide du Conseil pour mettre un frein aux actes de l'Assemblée que vous considérerez répréhensibles, plutôt que d'en venir à un conflit en exerçant directement votre autorité ou celle du gouvernement de Sa Majesté et de lui donner de la sorte un prétexte de refuser à la Couronne les crédits nécessaires pour le service colonial.

Un homme bien disposé

Sherbrooke arrive dans la colonie sans trop de préjugés. Il tient à régler les problèmes un par un et à s'attirer l'affection de la population.

Parmi les problèmes importants, il aura à régler celui du juge en chef Sewell. Ce dernier est revenu à Québec au début du mois de juillet et, selon le juge Bédard, « son arrivée a été saluée de vingt coups de canon par la grande batterie ». Un tel accueil pourrait être de nature à irriter l'esprit de parti et il serait à craindre, toujours selon Bédard, « que l'Assemblée ne considère la chose comme une humiliation ». Sherbrooke aurait souhaité que l'on profite du séjour de Sewell à Londres pour lui faire comprendre qu'il serait bon de démissionner, mais les autorités métropolitaines ne sont pas du même avis ; ainsi, le gouverneur fait savoir à Bathurst, le 10 octobre, qu'il appuiera « ce fonctionnaire ».

La nature fournit elle aussi à Sherbrooke une occasion de se faire apprécier. L'année 1816 est marquée par des gels et des périodes de froid. Le 3 juin, il neige dans les régions de Montréal et de Québec ; on craint pour les récoltes. Le 9 juillet, prévoyant une famine, l'administrateur Wilson émet une proclamation interdisant l'exportation par terre ou par eau « du blé, farine de blé, biscuit, fèves, pois, orge et grain de toutes espèces employés dans le pain ». Cet embargo sera en vigueur jusqu'au 10 septembre.

À la mi-juillet, la terre gèle encore dans certaines régions. Le 17 juillet, le gouverneur Sherbrooke, alarmé par cette situation climatique inusitée, autorise « l'importation par mer ou par le rivage de la mer dans ladite province du Bas-Canada et dans les pays et les îles sous le gouvernement d'icelle, et par le fleuve Saint-Laurent de la mer, du pain, biscuit, farine, pois, fèves, patates, blé, riz, avoine, orge ou grains d'aucune espèce et la farine faite d'iceux, d'aucun des territoires appartenant aux États-Unis de l'Amérique pendant l'espace de six mois de calendrier à compter du jour de la date des présentes pour le secours des habitants de cette province du Bas-Canada ». Il est bien entendu qu'afin de ne pas enfreindre les lois de navigation, ces produits ne pourront être importés qu'à bord de navires battant pavillon anglais.

On réussit malgré tout à engranger un peu de blé, mais on prend moins de gerbes que les dernières années pour faire un minot de blé. Malheureusement, le 26 août, la grêle détruit en bonne partie ce qui était encore dans les champs. Pour venir en aide à la population, le gouverneur alloue des sommes d'argent devant permettre aux habitants de se procurer les vivres nécessaires, mais l'hiver sera long.

La session des juges

Lorsqu'il inaugure la première session du neuvième Parlement, Sherbrooke souhaite que les députés n'abordent pas la question des juges, ce qui l'obligerait à sévir pour assurer le respect dû à une décision du prince régent.

Dès la première journée de la session, le 15 janvier 1817, Louis-Joseph Papineau est réélu président de la Chambre. Le lendemain, dans son discours inaugural, le gouverneur demande aux députés de se pencher sur

> une calamité des plus graves et qui peut seule être remédiée convenablement par l'intervention de la Législature. [...] Je fais allusion, ajoute-t-il, à la perte des moissons dans les différentes parties de la province, mais plus particulièrement dans les paroisses au-dessous de Québec où, suivant les représentations qui m'ont été faites, les habitants ont été réduits à manquer totalement des choses les plus nécessaires à la vie. [...] Je me repose sur votre libéralité pour faire les provisions nécessaires à l'effet de défrayer les dépenses déjà encourues aux fins de suppléer aux besoins les plus urgents et les plus nécessaires de cette classe de la communauté qui se trouve la plus affligée.

De plus, selon le gouverneur, deux autres points méritent de retenir l'attention des députés : le renouvellement de l'Acte de la milice et l'amélioration des communications à l'intérieur des limites de la colonie.

Les députés abordent, au début de leurs délibérations, la question des cours de justice et ils forment un comité dont la mission est de trouver les moyens d'entretenir une bonne intelligence avec le Conseil législatif.

Le 25 janvier, la Chambre reçoit un message du gouverneur lui annonçant que le prince régent en conseil avait bien voulu sanctionner le projet de loi accordant un salaire au président de l'Assemblée. Le même jour, le député d'Huntingdon, Augustin Cuvillier, lance une série d'accusations contre le juge de la Cour du Banc du Roi de Montréal, Louis-Charles Foucher. On reproche au magistrat de s'être rendu coupable « de partialité et de contravention grossière dans l'exercice de ses fonctions judiciaires et attiré du discrédit sur l'administration de la justice ».

Au sujet de la toujours délicate question des juges, Sherbrooke avait réussi à obtenir de l'évêque Plessis qu'il intervienne personnellement auprès des chefs du parti canadien pour qu'ils évitent le sujet. Vaine tentative ! Le 22 février, il est à nouveau question des juges Sewell et Monk. Trois jours plus tard, un comité spécial soumet un projet d'adresse au prince régent pour lui demander de destituer le juge Foucher. Le Conseil législatif adopte, à son tour, une autre adresse au prince dans laquelle il se dissocie de la prise de position de la Chambre.

La situation embête vraiment le gouverneur qui demande conseil à Bathurst. Le 10 mars 1817, il transmet les adresses et avertit le secrétaire aux Colonies qu'il a obtenu du juge Foucher

> de s'abstenir de l'exercice de ses fonctions judiciaires jusqu'à ce que Son Altesse Royale le prince ait fait connaître sa volonté à cet égard. [...] Le gouvernement de Sa Majesté considère-t-il que l'Assemblée peut formuler des accusations seule sans le consentement du Conseil législatif et dans le cas où d'autres accusations seraient portées, soit séparément ou conjointement, dois-je me considérer moi-même autorisé à ou obligé de, par suite d'une adresse à cette fin, de l'une ou l'autre Chambre ou des deux conjointement, suspendre la partie accusée ? Je demande avec instance à Votre Seigneurie de me donner des instructions à l'égard de ces deux points.

Depuis le début de la session, on voit peu James Stuart qui a pourtant été l'âme agissante de l'opposition aux juges Sewell et Monk. Le 22 mars, il revient à la charge, mais les députés semblent lassés par ce genre de discussion. Le député du bourg de Trois-Rivières, Charles Richard Ogden, obtient, par un vote de 22 voix contre 10, que le débat soit reporté à la prochaine session, ce qui signifie un enterrement de première classe pour la question débattue. Stuart est profondément déçu. L'attitude de la Chambre lui apparaît comme une trahison. Effectivement, ce vote de non-confiance marque la fin de son leadership. La session, prorogée le 22 mars, laisse derrière elle un bilan impressionnant : la Chambre approuve 52 projets de loi qu'elle soumet au Conseil législatif. Parmi celles qui recevront la sanction royale, la loi la plus importante sera celle autorisant l'établissement de la Banque de Montréal.

Un conseiller de prestige

Pour contrebalancer l'influence de la Chambre d'assemblée, le gouverneur Sherbrooke suggère d'augmenter le nombre de conseillers législatifs et d'y intégrer des personnalités influentes. Le 1ᵉʳ janvier 1817, il écrit à Bathurst pour lui recommander l'accession de l'évêque Plessis au Conseil, « ce qui donnerait confiance aux Canadiens et ajouterait au Conseil un homme de talents et bien renseigné ».

Le prince régent signe, le 30 avril, un *mandamus* appelant au Conseil législatif le révérend Joseph-Octave Plessis, « évêque de l'Église catholique romaine de Québec ». En expédiant le *mandamus* à Sherbrooke, le 5 juin, Bathurst prend soin de faire remarquer :

> Comme les lois de la Grande-Bretagne défendent toute hiérarchie papiste dans les domaines de Sa Majesté, il est clair qu'on doit adopter avec beaucoup de circonspection les mesures qui tendent à établir un tel pouvoir et ce n'est seulement qu'en expliquant d'une manière favorable l'esprit des lois maintenant en vigueur, que Sa Majesté est autorisée à reconnaître le docteur du Plessis comme évêque catholique romain. Aussi n'aurais-je pas conseillé à Son Altesse Royale de consentir à le reconnaître en cette qualité si l'évêque du Plessis n'eût montré, par son zèle et sa loyauté envers le gouvernement, qu'il a droit à une distinction dont aucun de ses prédécesseurs n'a joui, celle d'un siège au Conseil législatif.

Cette distinction est accordée à la personne de Plessis et non pas à l'évêque de Québec, ce qui signifie que le poste de conseiller et le titre officiel d'évêque catholique romain de Québec ne peuvent « se transmettre naturellement aux personnes qui seront de temps à autre chargées des fonctions ecclésiastiques que ce dernier exerce aujourd'hui ».

Consulté à titre de juge en chef du Bas-Canada, Jonathan Sewell fait remarquer à Sherbrooke qu'il fallait que le roi « crée » d'abord Plessis évêque de Québec, puis qu'il le nomme ensuite conseiller. L'évêque refuse cette façon de procéder car, dit-il, l'institution des évêques appartient au souverain pontife et non aux rois.

Le 31 janvier 1818, Sherbrooke annonce officiellement à Plessis sa nomination comme conseiller législatif. Le 2 février, en compagnie de deux autres nouveaux conseillers, Plessis prête le serment de fidélité au roi avant d'occuper le siège qui lui a été désigné. Quelques semaines plus tard, le public est admis aux délibérations du Conseil législatif « en produisant un billet d'admission d'un membre du Conseil ».

Il faut voter les subsides

La nouvelle session débute le 7 janvier 1818. Dans son discours inaugural, le gouverneur Sherbrooke aborde la question des subsides. « En conséquence des instructions que j'ai ainsi reçues du gouvernement de Sa Majesté, je ferai mettre devant vous un état des sommes requises pour défrayer les dépenses du gouvernement civil de la province pour l'année 1818 et j'ai à vous requérir, au nom de Sa Majesté de pourvoir d'une manière constitutionnelle aux fonds nécessaires pour cet objet. »

Pour faciliter la marche de leurs travaux, les députés structurent, dès le début de la session, cinq comités : celui des privilèges, le grand comité pour les abus, le grand comité pour les cours de justice, le grand comité d'agriculture et de commerce et un comité de cinq membres pour entretenir une bonne correspondance avec le Conseil législatif.

Le 27 février, la Chambre, dont seulement un tiers des membres est présent, reçoit la liste des comptes publics. D'après le document remis aux députés, il manque 40 263 louis pour combler la différence entre les revenus et les dépenses. Un débat s'engage : doit-on accepter la liste *in globo* ou l'approuver après l'avoir étudiée en détail ? Le député de Huntingdon, Augustin Cuvillier, veut que « l'on examine ce catalogue avec la plus grande exactitude et qu'on en rayât toutes les pensions et sinécures qui étaient le fruit de la corruption dans la métropole et qui, dans une colonie, devaient être considérées comme des abus scandaleux. [...] Ce sont des motifs d'économie, ajoute-t-il, qui ont induit la mère patrie à charger cette province de la liste civile. »

Le député J.-T. Taschereau rappelle que c'est la Chambre elle-même qui a offert à la métropole, en 1810, de défrayer le coût de la liste civile et, ainsi, de payer les salaires et les pensions des fonctionnaires.

Le juge Pierre-Stanislas Bédard, toujours en poste à Trois-Rivières, suit de près les délibérations de la Chambre. Le 4 février, il avait suggéré au député John Neilson de recommander aux députés d'étudier la liste civile article par article et de procéder par résolution, car il se rappelle « avoir vu une liste semblable dans les journaux de l'Assemblée de New York, avant la révolution : il est important que l'Assemblée adopte cette manière d'agir ». La perspective de voir les députés étudier en détails tous les salaires payés par le gouvernement déplaît à plusieurs. Le 14 janvier, Sherbrooke avait confié à Bathurst l'essentiel de la solution adoptée à cause de la curiosité des députés : comme la Chambre d'assemblée ne sera pas portée à voter les subsides au clergé protestant et comme l'évêque catholique romain ne veut pas que son salaire vienne devant la Chambre, le gouverneur va être obligé cette année de prendre le total des salaires à même l'extraordinaire de l'armée, un genre de caisse de dépannage dans laquelle puisaient les autorités de la colonie en cas de besoin.

À partir du 24 mars et ce pendant une semaine, les députés analysent les quatorze points de la liste civile. On dénonce le fait que l'on verse un salaire de 1000 livres au lieutenant-gouverneur de Gaspé vu que cette « sinécure » ou ce bénéfice simple était occupé « par un homme absent de la province et qui, comme on le croyait, n'y avait jamais résidé que quelques semaines ». On dénonce le fait qu'un salaire soit versé à un agent de la province à Londres, alors que la Chambre n'a jamais confié ce poste à qui que ce soit... Et on déplore le fait que des pensions soient versées à des morts !

Certains députés pensent que le salaire versé au gouverneur est trop élevé. Louis-Joseph Papineau prend une position contraire. Il est d'accord pour diminuer certains salaires versés inutilement, à la condition d'augmenter ceux d'officiers qu'il juge insuffisamment payés. Sur une proposition du député Taschereau, il est résolu, par 16 voix contre 2, que la Chambre d'assemblée vote la somme de 40 263 livres, 8 chelins et 9 deniers pour couvrir les dépenses du gouvernement. Adoptée telle que présentée, la liste a quand même fourni l'occasion de montrer qu'elle contenait une matière explosive. La Chambre se réserve donc le droit d'en reprendre l'étude, en détail, l'année suivante.

Depuis plusieurs semaines, vu son mauvais état de santé, le gouverneur Sherbrooke est incapable de suivre la bonne marche du gouvernement. Le 14 février, il fait parvenir à Bathurst un certificat médical du docteur Wright et demande de résigner immédiatement son poste.

Le 1ᵉʳ avril, députés et conseillers législatifs se rendent au Château Saint-Louis afin d'assister à la prorogation du Parlement, puisque le représentant du roi est trop faible pour se rendre au palais épiscopal où se déroulent les délibérations.

Parmi les projets de loi qui reçoivent la sanction royale, l'un autorise la construction d'un canal entre Chambly et Saint-Jean, sur la rivière Richelieu. Un autre a pour but d'améliorer l'agriculture ; un troisième vise à améliorer les communications par eau entre le Bas et le Haut-Canada et enfin, une nouvelle loi autorise l'établissement d'un guet à Québec et à Montréal.

Jusqu'en 1818, les rues de Québec et de Montréal ne sont pas éclairées la nuit et personne n'est chargé de la protection des citoyens durant la période nocturne. On déplore plusieurs vols et attaques commis à la faveur de la noirceur. Le Parlement adopte donc un acte « qui pourvoit plus efficacement à la sûreté des cités de Québec et de Montréal par l'établissement de guets et de flambeaux de nuit dans lesdites cités, et pour d'autres objets, et qui pourvoit aux moyens d'en défrayer les dépenses ».

Les juges de paix sont chargés de l'établissement du guet. Ils nommeront et appointeront

> un nombre de gardes de nuit ou hommes de guet n'excédant pas vingt-quatre dans chaque cité, avec un sergent ou chef et un sous-chef [...] Le chef, ou en l'absence ou la maladie de l'un ou de l'autre d'eux, le sous-chef, achètera et se procurera aussitôt que possible un nombre suffisant de flambeaux convenables et les attachera ou fera attacher dans les parties les plus convenables des principales rues, places publiques, ruelles ou avenues desdites cités, pourvu qu'en cas qu'il s'élève aucune dispute ou difficulté entre un propriétaire ou occupant de maison, et tel chef ou sous-chef quant au lieu et à la manière où aucun desdits flambeaux doit être placé, telle dispute ou difficulté soit terminée par trois juges de paix.

Toute personne qui endommagera ou détruira un des flambeaux sera passible d'amende ou d'emprisonnement. Quant aux frais d'établissement et d'entretien du système de guet, ils seront défrayés par une taxe imposée aux cabaretiers et aux encanteurs.

Louis-Basile Pinguet est engagé comme contremaître du guet pour la ville de Québec. À son tour, il constitue son équipe de 24 hommes ou *watchmen* et remet à chacun « bâton, lanterne, tric-trac ou tout autre chose qui pourrait être ordonnée par la cour ». L'éclairage à l'huile des rues débute le 1ᵉʳ octobre. Pour la première fois, les nuits sont moins sombres dans les rues de la capitale du Bas-Canada.

À Montréal, Louis-Nicolas-Emmanuel de Bigault d'Aubreville est nommé contremaître du guet et la majorité des hommes engagés sont des journaliers. Ils disposent du même équipement que ceux de Québec, soit un bâton bleu long de cinq pieds et un tric-trac ou crécelle servant à demander du secours en cas d'attaque.

Arrivée et départ

Le 29 juillet, en fin de journée, le navire de Sa Majesté *Iphiginia* jette l'ancre en rade de Québec. Un peu avant dix-neuf heures, le duc de Richmond, sous les salves de la frégate et de la grande batterie, débarque pour venir prendre la charge de son nouveau poste, celui de gouverneur général de l'Amérique britannique du Nord. Dès le lendemain, il émet une proclamation maintenant à leur poste tous les officiers de Sa Majesté.

Sherbrooke se prépare à retourner en Angleterre dans l'espoir de recouvrer la santé. Les habitants de Québec et de Montréal lui présentent des adresses où ils rappellent les bienfaits de son gouvernement. « Au-dessus de tous préjugés locaux, affirment les signataires de l'adresse montréalaise, le premier soin de Votre Excellence fut de se mettre en garde contre les impressions que produit l'esprit de parti ; les opinions des individus souvent le fruit du ressentiment, de l'intérêt ou de la partialité ne changèrent en rien les vues de Votre Excellence pour le bien général ; affable, mais judicieuse et réfléchie, Votre Excellence se convainquit bientôt que l'expérience seule éclairerait sa conduite et que la justice et l'impartialité seraient la base fondamentale de son administration. »

Vingt-quatre membres du Conseil législatif présentent aussi leurs meilleurs vœux à Sherbrooke. Ils soulignent son esprit de conciliation, son impartialité, son intégrité et sa prudence. Onze membres du Conseil exécutif prennent la liberté « d'exprimer à Votre Excellence le vif regret que nous ressentons de votre départ ».

Sherbrooke quitte Québec le 12 août 1818, à bord de l'*Iphiginia*. « Son nom, écrit l'historien Thomas Chapais, doit être inscrit parmi ceux des meilleurs représentants de la Couronne que nous ait envoyés la métropole. »

La porte Prescott à Québec. On aperçoit le Parlement en arrière-plan à droite.

DES DÉPUTÉS ENTÊTÉS
1818-1821

CHARLES LENNOX, QUATRIÈME DUC DE RICHMOND, a 54 ans lorsqu'il vient prendre charge de son poste de gouverneur général des colonies anglaises de l'Amérique du Nord. Après avoir prêté les serments d'usage, le représentant du roi se met immédiatement à l'ouvrage. Dès le 4 août, Ross Cuthbert fait parvenir au gouverneur un mémoire dans lequel il expose ses raisons de croire que des généraux français s'apprêteraient à attaquer le Canada. Richmond fait immédiatement part de la chose à Bathurst dans une lettre « personnelle et confidentielle ». Même s'il espère que Cuthbert s'alarme pour rien, il remarque que quelques-uns des généraux français mentionnés « sont incommodes et devraient être toujours surveillés ». De son côté, Bathurst reçoit directement un mémoire anonyme qui dénonce le même projet et nomme expressément l'abbé de Pradt comme l'un des initiateurs de l'entreprise.

Même si les États-Unis et le Canada connaissent officiellement la paix, des incidents de frontières se produisent de temps à autre. Vers la mi-août, un détachement des troupes américaines effectue un raid à Odelltown pour y saisir trois prétendus déserteurs dont Nathaniel Bailey résidant au Bas-Canada depuis plus de douze mois et qui était enrôlé dans la milice. Richmond saisit donc Charles Bagot du problème et lui demande d'intervenir, à titre de représentant du gouvernement britannique, auprès du gouvernement des États-Unis « pour que des ordres soient donnés pour prévenir la répétition de telles choses ».

Un bon gouverneur doit avoir l'œil ouvert et veiller à ce que la colonie soit toujours en état de se défendre. Le gouvernement britannique vient de mettre la main sur l'île Sainte-Hélène, située en face de Montréal. L'ancien propriétaire, le seigneur Charles Grant, baron de Longueuil, a accepté en échange de l'île un terrain dans la ville de Montréal. Un ingénieur de l'armée présente à Richmond un rapport pour « construire des magasins, dépôts, casernes et hôpitaux sur l'île Sainte-

Hélène ». Le projet plaît au gouverneur qui, le 10 novembre 1818, dans une lettre à Bathurst, trace des plans pour fortifier le territoire confié à ses soins : « Fortifier Québec, l'Île-aux-Noix et Kingston ; transférer les magasins de Montréal à Sainte-Hélène et mettre cette île en état de défense ; ouvrir l'Outaouais et le Rideau, et construire un canal entre Montréal et Lachine ; faire assez, sur la frontière de Niagara, pour convaincre les habitants que nous n'avons pas l'intention de les abandonner et, enfin, mettre la milice sur un pied d'efficacité, tout cela me paraît être de la plus grande importance pour la sécurité de ce pays. »

Richmond revient à la charge auprès de Bathurst, le 14 janvier 1819, en faisant parvenir au secrétaire d'État à la guerre et aux colonies différents rapports sur les travaux à effectuer. James P. Cockburn et le capitaine J. F. Mann ont étudié la question des communications internes. La construction de canaux à Lachine et sur la rivière Rideau représenterait un investissement moyen et pourrait s'effectuer dans le cadre de travaux militaires et civils.

Plusieurs des travaux projetés nécessitent la participation du Parlement du Bas-Canada. Le 12 janvier 1819, le gouverneur Richmond se rend donc dans la salle de délibérations du Conseil législatif pour inaugurer une nouvelle session. Mais la mort récente de la reine Sophie Charlotte l'oblige, en signe de deuil, à reporter de dix jours l'ouverture des travaux parlementaires. Pour marquer la mort de sa souveraine, la colonie porte le deuil.

Le discours inaugural prononcé le 22 janvier, à quatorze heures par le gouverneur, rappelle aux députés qu'ils ont offert de verser les sommes nécessaires au gouvernement civil de la colonie.

Richmond croit que les députés vont voter la liste civile sans problème et sans trop de discussions. « Les deux chambres, écrit-il à Bathurst le 27 janvier 1819, paraissent disposées à s'occuper des affaires publiques avec harmonie, et la demande par son prédécesseur pour la Législature de faire une offre loyale de pourvoir à la liste civile sera accueillie sans objection matérielle. »

Dans l'ensemble, les députés ne semblent pas disposés à voter en bloc, et pour la vie durant du roi, les sommes consacrées aux salaires des fonctionnaires et aux pensions des retraités. Ils veulent, au contraire, ratifier un à un salaires, pensions et sinécures, juger de l'opportunité de le faire et exclure du système de la liste civile tout ce qui leur paraît inutile au bien de la colonie. Le 27 janvier, le député François Blanchet demande qu'une adresse soit présentée au gouverneur lui demandant de soumettre à la Chambre tous les contrats d'impression accordés par le gouvernement, car il considère qu'à ce chapitre, l'on paie trop cher. Il tient à avoir le détail de tous les comptes.

Le débat sur la liste civile s'annonce long et pénible, d'autant plus que les estimations budgétaires pour l'année 1819, telles que déposées par le gouverneur Richmond, s'élèvent à 81 432 livres, ce qui représente une augmentation de près de 16 000 livres sur l'année précédente. La Chambre forme donc un comité spécial pour étudier chaque cas en détail. Selon eux, certains salaires devraient être augmentés et d'autres, diminués. Ils n'accèdent pas à la demande faite par le gouverneur de verser annuellement la somme de 8000 livres « comme fonds de pension à la disposition du représentant de Sa Majesté, pour récompenser des services provinciaux et secourir de vieux et nécessiteux serviteurs du gouvernement ».

Le 27 mars, le comité spécial présente son rapport. La Chambre, en comité plénier, étudie à son tour les divers éléments de la liste civile. Le 12 avril, elle vote la somme de 4500 livres sterling « pour payer le salaire du gouverneur en chef de la province ». Chacun des articles fait l'objet d'une résolution qui est adoptée ou rejetée. Régulièrement, des députés reviennent avec une motion demandant de voter en bloc la liste civile.

> Les partisans du vote en gros soutiennent que, si la Chambre vote la liste civile par item, elle prend sur elle le patronage de la Couronne et la conséquence en sera funeste, rapporte le *Canadien*. Les autres qui veulent au contraire que la liste civile soit votée par item disent que la prérogative de la Couronne ne s'y trouve pas du tout comprise ; qu'à la Couronne appartient la prérogative de nommer à toutes les places ou emplois sous le gouvernement et de conférer tous les titres et honneurs aux sujets, mais que les salaires, émoluments ou payes qui y sont respectivement attachés, dérivent des Communes ou de la Chambre d'assemblée. En effet, si la Couronne ou le roi pouvait, en vertu de la prérogative, attacher des salaires aux emplois qu'il donne, il aurait par là même le droit de lever de l'argent sur le sujet, ce qui est absolument subversif des principes de la Constitution qui sont que le sujet se taxe lui-même par ses représentants.

La Chambre approuve ainsi « un acte pour approprier une certaine somme d'argent pour défrayer les dépenses du gouvernement civil de cette province pour l'année mil huit cent dix-neuf ». Le projet de loi est ensuite acheminé au Conseil législatif. Le 21 avril, les conseillers étudient le projet en deuxième lecture. Le président du Conseil, Jonathan Sewell, dénonce avec véhémence la manière de procéder de la Chambre inférieure. Selon lui, voter la liste civile article par article est inconstitutionnel. Bien plus, cette manière de procéder serait de nature à détourner l'affection des fonctionnaires. « Au lieu de regarder le roi comme leur maître, les soins de chaque serviteur de Sa Majesté seraient portés vers la Chambre d'assemblée comme la source d'où viendraient leurs émoluments. »

Quant aux juges, comme les députés décideraient de leurs salaires, ils auraient tendance à rendre la justice de façon à plaire à la Chambre d'assemblée ! Les conseillers législatifs adoptent donc deux résolutions qui mettent fin à l'étude du projet de loi :

> Que le mode adopté par ce bill, à l'effet d'accorder un subside à Sa Majesté pour défrayer les dépenses de la liste civile est inconstitutionnel et sans exemple, et une usurpation directe de la part de l'Assemblée, des droits et prérogatives les plus importants de la Couronne. Que si ce Bill devenait une loi, il ne donnerait pas simplement aux Communes de cette province le pouvoir constitutionnel de fournir les subsides, mais aussi le pouvoir de prescrire à la Couronne le nombre et la description de ses serviteurs, et de régler et récompenser leurs services individuellement, de telle manière que l'Assemblée de temps à autre le jugerait convenable ou expédient, au moyen de quoi ils deviendraient dépendants d'un corps électif, au lieu de dépendre de la Couronne et pourraient par événement servir d'instrument pour renverser cette autorité que leur serment d'allégeance les oblige de soutenir. Que cette Chambre ne procédera pas ultérieurement à la considération de ce bill.

Le samedi 24 avril, le gouverneur Richmond se rend à la salle du Conseil législatif où il prononce son discours de fin de session. Il ne cache pas son mécontentement au sujet du comportement de la Chambre d'assemblée devant la liste civile. S'appuyant sur les résolutions adoptées par le Conseil législatif, il déplore le fait « que le gouvernement de Sa Majesté se trouve dépourvu des ressources pécuniaires nécessaires au maintien de l'administration civile de la province pour l'année suivante, malgré l'offre et l'engagement volontaires faites à Sa Majesté par la résolution de votre Chambre du 13 février 1810 ».

Les députés et les conseillers ont quand même consacré leur temps et leur énergie à l'étude de quelques autres projets de loi dont trente et un reçoivent la sanction royale. De ce nombre, 29 ont été présentés d'abord à la Chambre d'assemblée et deux seulement ont pris naissance au Conseil législatif. Douze autres projets de loi avaient été adoptés en troisième lecture par la Chambre, mais rejetés par le Conseil. Le projet de loi pour établir des écoles paroissiales et un autre concernant la propriété de terres dans les Eastern Townships sont référés à Londres pour connaître le bon plaisir du roi. Parmi les nouvelles lois, l'une des plus importantes, sinon la plus importante, vise la construction d'un canal navigable entre Montréal et Lachine.

Au cours de la session, les députés ont longuement discuté la décision du prince régent de référer au Conseil législatif le cas du juge Foucher et celui de tous les autres juges accusés de mal remplir leur poste. Le 5 février 1819, le député Charles Richard Ogden, représentant le bourg de Trois-Rivières, met en accusation le juge Pierre-Stanislas Bédard, ancien leader du parti canadien. Le juge provincial pour le district de Trois-Rivières est accusé d'avoir « entièrement méprisé les devoirs élevés et importants attachés à ces offices, [...] prostitué son autorité judiciaire pour satisfaire son autorité personnelle, [...] violé la liberté personnelle de divers sujets de Sa Majesté et, par une conduite perverse, obstinée et tyrannique, [...] déshonoré les hautes situations judiciaires où il a été placé ».

Ogden accuse Bédard d'avoir fait emprisonner sans aucun prétexte « divers loyaux sujets de Sa Majesté pour des offenses prétendues qu'il supposait qu'ils avaient commises contre lui ». Il est vrai que le juge avait expédié en prison, le 3 juin 1816, Ogden lui-même sous l'accusation de libelle ! L'affaire Bédard n'a pas de suite. Mais le fondateur du *Canadien*, lui-même emprisonné arbitrairement par le gouverneur Craig, reste marqué par l'aventure.

La solution unioniste

Les problèmes politiques et économiques qui découlent de l'attitude intransigeante de la Chambre d'assemblée du Canada inquiètent aussi bien les autorités métropolitaines que celles du Haut et du Bas-Canada. La liste civile n'ayant pas été votée, bon nombre de fonctionnaires risquent d'être privés de leurs salaires, et ce n'est qu'un des aspects de la situation. Par ailleurs, le Haut-Canada veut en venir à une entente concernant le partage des revenus de la douane, car la plupart des produits importés par la colonie supérieure sont soumis à des frais de douanes collectés au Bas-Canada. L'ascendant des francophones à la Chambre d'assemblée constitue une anomalie pour plusieurs anglophones qui acceptent mal que cette colonie ait conservé son visage français. L'opposition s'accentue aussi entre la classe marchande, à grande majorité anglophone, et la députation qui recrute ses membres surtout dans les professions libérales. Au cours de la dernière session, une violente discussion avait mis aux prises des membres de la Chambre d'assemblée sur le taux d'une taxe à imposer sur les cuirs importés des États-Unis. Partant du principe que c'est toujours le consommateur qui paie la note, des députés francophones avaient prôné un tarif minimal, alors que le député Thomas McCord voulait que les cuirs américains soient frappés d'un droit de vingt-cinq pour cent.

Le 15 mai 1819, John Young fait parvenir à Stuart Wortley une longue lettre où, après une analyse de la situation, il conclut qu'une union législative est nécessaire pour les provinces du Haut et du Bas-Canada. De plus en plus, au cours des années qui viennent, l'idée d'une union salvatrice va faire son chemin.

Par voie de proclamations, Richmond règle certains problèmes : la propriété des terres dans la région inférieure de Gaspé, l'occupation illégale des terres de la Couronne et de celles qui ont été réservées pour l'entretien du clergé protestant, ainsi que l'établissement de la quarantaine pour les navires qui viennent de certains ports de la Grande-Bretagne. Lors de son passage à Montréal, au début de juillet, il donne des ordres pour la construction d'un hôpital militaire sur l'île Sainte-Hélène et pour « l'aplanissement de la citadelle » de Montréal.

Le duc de Richmond n'a pas le temps d'achever ce qu'il entreprend puisqu'il meurt à la suite d'une brève maladie, le 28 août. Ses funérailles ont lieu à Québec, le 4 septembre. James Monk, le plus ancien membre du Conseil exécutif, assure l'intérim.

Des élections inutiles

À Londres, Bathurst apprend la mort de son parent, le duc de Richmond. Les autorités métropolitaines désignent alors sir George Ramsay, comte de Dalhousie, au poste de gouverneur général des colonies anglaises d'Amérique du Nord. Le nouveau gouverneur, qui est lieutenant-gouverneur de la Nouvelle-Écosse depuis 1816, ne peut se rendre immédiatement à Québec, la saison étant trop avancée. Le 23 novembre 1819, il avertit donc Bathurst qu'il a envoyé à sir Peregrine Maitland, alors lieutenant-gouverneur du Haut-Canada et gendre du duc de Richmond, un ordre d'aller immédiatement dans la capitale du Bas-Canada pour assurer l'intérim, à titre d'administrateur.

Maitland, accompagné de son épouse, d'un major, d'un médecin et de huit domestiques, arrive à Québec le 7 février 1820 et repart, deux jours plus tard, pour le Haut-Canada, laissant lady Maitland au Château Saint-Louis. Pendant son court séjour, il n'a pas eu le temps de prêter le serment d'office, ce qui signifie que Monk continue à administrer la colonie. Dès le départ de Maitland, le président du Conseil exécutif dissout le Parlement et ordonne des élections, dont les writs sont retournables le 11 avril. Il est entendu que la circonscription électorale de Gaspé, à cause de son éloignement de la capitale, a droit, de par la loi, à un délai de cent jours avant le retour officiel des résultats, donc jusqu'au 1er juin 1820. L'attitude de Monk s'explique par son désir de renouveler la Chambre, car il ne tient pas à affronter cette dernière sur la question de la liste civile. D'ailleurs, selon la Constitution, comme les dernières élections se sont déroulées en 1816, il est normal qu'elles aient lieu en 1820. Mais, toujours selon la Constitution, il ne doit pas s'écouler plus d'une année de calendrier entre deux sessions. Il faudra donc que le Parlement s'assemble avant le 24 avril.

Plusieurs personnes ne prisent pas que la campagne électorale se déroule au cours de la saison hivernale et au début du printemps, alors que les communications sont souvent difficiles.

Alors que la campagne électorale n'est pas encore terminée, les journaux annoncent le décès du roi George III et celui du duc de Kent. Le premier est mort le 29 janvier et le second, le 23. Maitland, de retour à Québec le 17 mars 1820, se demande si les élections en cours seront valides.

On cite à l'appui de la rumeur, la section 3 de l'Acte 37 George III, chapitre 127, adopté par le Parlement de Londres en juillet 1797 et qui précise :

> Advenant le décès de Sa Majesté, de ses héritiers ou de ses successeurs, postérieurement à la dissolution ou à l'expiration d'un Parlement et avant le jour marqué pour les ordres de sommation pour la convocation d'un nouveau Parlement, pour lors et en pareil cas, le dernier Parlement antérieur s'assemblera immédiatement et siégera à Westminster et formera un Parlement qui aura lieu pendant et durant l'espace de six mois et pas plus, à toutes fins que ce soit, comme si le même Parlement n'eût pas été dissous ou expiré ; lequel sera néanmoins sujet à être prorogé ou dissous plutôt par la personne à qui la couronne de ce royaume de la Grande-Bretagne sera dévolue, restera et appartiendra suivant les actes passés pour fixer et régler la succession d'icelle.

Dans les journaux, des lecteurs tentent de prouver diverses thèses. Pour « A. B. » dans le *Montreal Herald*, l'administrateur peut convoquer le Parlement et les actes de ce dernier seront valides, car les autorités de la colonie n'ont pas encore été officiellement averties de la mort du souverain. Quant à « Un lecteur », il écrit, dans la *Gazette* de Québec, que le principe selon lequel « la mort du roi dissout le Parlement » ne s'applique pas dans la colonie.

Maitland inaugure tout de même, le 11 avril 1820, la première session du dixième Parlement. La nouvelle Chambre diffère peu des précédentes. La députation, malgré des élections contestées, est à peu près la même et Papineau en est, à nouveau, le président. Dès le début des délibérations, des députés mettent en doute la validité de la session, car la députation est incomplète, la circonscription électorale de Gaspé n'ayant pas encore de représentant à la Chambre. Le 13 avril, l'Assemblée adopte une série de résolutions qui conclut que « cette Chambre est incompétente et ne peut procéder à la dépêche des affaires ».

Le 20, ces résolutions sont remises à l'administrateur qui profite de la circonstance pour blâmer l'attitude de la Chambre.

> Je regrette extrêmement, déclare-t-il, que le renouvellement des actes du Parlement provincial pour le soutien des enfants trouvés, des insensés, etc. ; pour les sociétés d'agriculture de la province ; pour l'administration de la Justice et pour empêcher l'introduction des maladies contagieuses et pestilentielles et que j'avais cru nécessaire de recommander à votre considération ait été empêché et le public privé du bénéfice qu'il aurait pu tirer de ces actes par vos résolutions, que

mon devoir me force de dire que je n'admets pas être bien fondées à aucun égard.

Le Conseil législatif, qui ne se fait aucun scrupule de siéger, veut faire parvenir à la Chambre un projet de loi dont il a terminé l'étude. L'orateur Papineau refuse d'ouvrir la porte, affirmant « que la position extraordinaire où la Chambre se trouvait le forçait de décider que le message annoncé ne devait pas être reçu. » Immédiatement, la Chambre adopte à l'unanimité une résolution rabrouant aussi bien le Conseil législatif que l'administrateur : « il n'appartient qu'à la Chambre seule de juger la question de sa compétence ou de son incompétence, sans l'intervention ou la concurrence d'aucune autre branche de la Législature. »

Maitland se retrouve dans une position vraiment inconfortable. Heureusement pour lui survient l'annonce officielle de la mort du roi George III et de l'accession au trône de son fils, George IV. En conséquence, le 24 avril, le Parlement est à nouveau dissous. Une proclamation du 29 mai ordonne la tenue de nouvelles élections générales dont les résultats devront être officiellement rapportés le 25 juillet, sauf pour la circonscription électorale de Gaspé qui a jusqu'au 12 septembre pour le faire.

Alors que la campagne électorale bat son plein, le gouverneur, accompagné de la comtesse, arrive à Québec le 18 juin. Il débarque au début de l'après-midi, au bruit des canons de la ville et de ceux de la frégate *Newcastle* qui l'amenait d'Halifax. Il prête les serments usuels le lendemain. Maitland quitte immédiatement Québec pour retourner dans le Haut-Canada.

Les deux élections générales et la mort du roi ne font pas oublier les vrais problèmes auxquels l'on cherche toujours des solutions. Le Conseil exécutif du Bas-Canada se forme en comité général pour « enquêter sur la situation de la province résultant du fait que le Parlement n'a pas pourvu aux dépenses que le gouvernement provincial de Sa Majesté peut être appelé à défrayer pour payer les fonctionnaires du gouvernement de Sa Majesté et pour d'autres fins ».

Le 16 juin 1820, à titre de président du Conseil exécutif, Jonathan Sewell présente un rapport contenant une analyse de la situation et des suggestions visant à la corriger. Les revenus de la province proviennent de trois sources : les lois en vigueur au temps de la Conquête, les lois du Parlement impérial et les lois du Parlement provincial. De plus, selon l'analyse du Conseil, les dépenses du gouvernement du Bas-Canada se rangent sous deux catégories : les salaires ou sommes versées à ceux qui occupent des emplois du gouvernement et les dépenses ou mandats payés pour des motifs d'un autre ordre. Quant aux emplois du gouvernement, ils se répartissent en trois classes : les emplois créés par la législature ; les emplois créés par le gouvernement exécutif et sanctionnés par une loi de la législature et les emplois créés par le gouvernement exécutif et non sanctionnés par une loi de la législature. Enfin, les dépenses gouvernementales sont ordinaires ou extraordinaires.

Ordinaires, précise le rapport, sont les dépenses encourues fortuitement et nécessairement pour l'exécution des charges gouvernementales permanentes ou pour autres affaires d'un caractère permanent. Les dépenses extraordinaires sont, elles aussi, fortuites et nécessaires ; elles diffèrent cependant, sous d'autres rapports, des dépenses ordinaires.

Selon le comité du Conseil exécutif, tout le revenu net de la province devrait être affecté au paiement des fonctionnaires permanents de première et de seconde classe ainsi que des dépenses inhérentes à leur travail. Les salaires des fonctionnaires non permanents devraient être payés avec des sommes votées à cet effet par la législature.

La Chambre d'assemblée s'étant engagée par contrat, surtout avec son offre de 1810, à « payer toutes les dépenses civiles de l'administration du gouvernement », les conseillers concluent donc que

> les tendances de l'Assemblée à diminuer l'influence de la Couronne et à accroître ses propres pouvoirs — nous en avons déjà trop l'expérience — nous permettent de croire que la Chambre peut être induite à rompre ce contrat sans condition qui l'oblige à payer les dépenses civiles du gouvernement. Et comme il n'existe pas de tribunal auquel on puisse faire appel pour l'obliger à tenir ses engagements, il appartiendra au gouvernement de Sa Majesté de maintenir en vigueur l'arrangement intervenu en différant de donner l'assentiment royal à toute et à chacune des affectations du revenu non employé qui pourraient être proposées, jusqu'à ce qu'ait été voté un montant suffisant pour satisfaire au droit privilégié de Sa Majesté, droit dont nous venons de parler et qui, dans les circonstances, lui appartient incontestablement et prime tous les autres.

À Londres, on cherche aussi une solution à la querelle des subsides. Bathurst, dans une lettre datée du 11 septembre 1820, suggère à Dalhousie des éléments capables d'exercer une pression sur la Chambre d'assemblée. « La question que doit trancher Votre Seigneurie est la suivante : les fonds dont la Couronne peut disposer, sans le consentement de la Législature, sont-ils suffisants pour assurer le fonctionnement du gouvernement ? » Selon les dires du duc de Richmond, la liste civile engendre des dépenses annuelles de 40 000 livres. Or, il y a déjà 23 000 livres qui échappent au contrôle de la Chambre d'assemblée. Il ne manque donc que 17 000 livres. « Pour réaliser cette somme, écrit Bathurst, vous pouvez vous considérer autorisé à puiser à même l'extraordinaire de l'armée jusqu'à concurrence de 12 000 livres, ceci étant une estimation des revenus provenant des douanes et des postes perçus dans la colonie et versés à ce pays. » Il ne reste donc qu'une différence de 5000 livres que l'on pourrait combler en coupant quelques postes ou en réduisant certains salaires.

> Le succès de la lutte avec la Chambre d'assemblée, ajoute Bathurst, dépend entièrement de la possibilité de défrayer les dépenses du gouvernement, indépendamment du concours de cette Chambre et, tant que durera cette lutte, il ne faudra rien payer à même les fonds de la liste civile, sauf ce qui est absolument nécessaire. Dans les circonstances, je vous considérerai certainement justifié de différer le paiement du salaire des lieutenants-gouverneurs ou de toute autre personne dans la même situation. Peut-être la remise des émoluments aux membres du clergé catholique pourrait être aussi renvoyée à plus tard bien que, dans ce cas, il faudrait user de beaucoup de prudence et prendre bien soin de convaincre les intéressés. Le plus sûr moyen d'arriver à cette fin serait, je crois, de communiquer

confidentiellement avec l'évêque et de lui dire que seule la nécessité du moment est cause de cette attitude prise à l'égard de leurs justes réclamations. On devra voir de plus à ce que la première mesure dont il faudra saisir l'Assemblée, quand elle se réunira, soit le vote d'une somme d'argent pour combler les déficits de la liste civile et, en cas de refus, recourir à la prorogation immédiate. [...] S'il y a possibilité d'administrer le gouvernement pendant quelques années sans le concours de l'Assemblée, ce sera le meilleur moyen d'engager les membres de ce corps à mettre de côté les principes dont ils se sont dernièrement inspirés. Et, comme Votre Seigneurie admettra avec moi que, dans le cas où la suggestion précitée serait jugée impraticable, il n'y aurait plus qu'à faire appel aux compromis, j'ai confiance que vous ferez tout en votre pouvoir et concentrerez vos efforts pour éviter cette dernière éventualité.

En résumé, Londres veut mater la Chambre d'assemblée du Bas-Canada et lui rappeler qu'elle n'est pas libre dans ses activités et que le Bas-Canada demeure encore et toujours une colonie britannique.

Orage à l'horizon

La session dont l'ouverture était prévue pour le 10 janvier 1821 s'ouvre le 14 décembre 1820, ce qui déplaît à plusieurs députés qui se voient ainsi privés du plaisir de passer le temps des fêtes avec leur famille.

Dans son discours inaugural, le gouverneur Dalhousie avertit la Chambre qu'il lui soumettra une liste civile de 45 000 livres. Il demande aussi aux députés de prêter une attention particulière aux questions judiciaires, à la milice, à l'agriculture et à la colonisation. Louis-Joseph Papineau est réélu orateur et les juges Sewell et James Kerr s'empressent d'aller le féliciter. Le président de la Chambre écrit à sa femme, le 17 décembre : « Je ne vois rien qu'en noir et un avenir plus fâcheux, s'il est possible, que ne l'a été le passé pour mon pays. Tous ces hommes sont venus me complimenter si tôt, puis louer à outrance le gouverneur que j'avais bien prévu qu'ils étaient les maîtres de son esprit. Ils me font plus de politesse que je ne veux et ne dois leur en rendre, afin de le persuader que je suis en commun et, comme le reste des représentants, de ces hommes en qui l'esprit de murmure est habituel et qu'un gouverneur ne peut vivre avec eux. »

Le 20 décembre, le Conseil législatif présente au gouverneur son adresse au discours d'ouverture de la session. Deux jours plus tard, la Chambre fait de même. Elle fait remarquer au représentant du roi que même s'il a demandé que la liste civile soit votée en bloc pour la vie durant du souverain, elle ne la votera que pour un an.

Dalhousie veut paraître conciliant et, comme il n'a pas oublié la profession de britannisme de Papineau lors des dernières élections générales, il prend sur lui d'appeler ce dernier au Conseil exécutif. Louis-Joseph Papineau assiste donc le 28 décembre aux délibérations du Conseil exécutif. Le gouverneur décrit ainsi le motif de sa nomination :

Son Excellence expliqua, premièrement, qu'Elle considérait cet acte comme un honneur dû à la personne de celui qui a été choisi et reconnu comme premier citoyen de cette province ; deuxièmement, qu'Elle pensait que, de cette manière, le représentant de Sa Majesté aurait le droit de consulter et de conseiller officiellement le président sur des mesures d'intérêt public ; troisièmement, qu'Elle croyait juste que le président eût l'avantage de connaître les vues du représentant de Sa Majesté sur les affaires publiques et que rien ne peut mieux conduire à cette fin que le caractère de conseiller privé du gouvernement.

Papineau confesse que sa nomination ne l'emballe pas. Il se voit forcé de côtoyer des personnes qui le haïssent et, dit-il, « que je considère comme des voleurs publics ».

> Si je n'avais consulté que mon goût et mes intérêts, avoue-t-il à sa femme le 30 décembre, je me serais à coup sûr refusé d'entendre une pareille proposition ; mais ce n'était pas à moi, maître de disposer de mes résolutions comme simple particulier, que s'adressait cette proposition. C'est à l'orateur qu'elle était faite lorsqu'il n'a pas sollicité cet emploi, lorsqu'en commun avec des compagnons il s'était plaint cent et cent fois que l'Administration était coupable de l'injustice de n'y pas appeler quelqu'un qui jouit de la confiance des habitants du pays, lorsqu'il eut continué à former quelques justes réclamations en faveur des Canadiens, leurs ennemis auraient continué à dire d'eux et de lui : « Ce sont des factieux turbulents qui, sans raison, murmurent sans cesse et rejettent avec mépris les démarches du gouvernement les plus propres à les contenter, parce qu'ils veulent continuer à égarer l'opinion publique pour exciter le désordre. » De tout temps, l'Assemblée avait désiré que cette distinction fut accordée à l'orateur. L'accepter, c'était l'assurer aux personnes qui pourront être appelées à la chaire, si je n'y étais plus appelé ou si je n'étais plus à la Chambre. Le refuser, l'Assemblée n'aurait peut-être pas eu de longtemps la même offre et le blâme aurait rejailli sur moi : voilà quelques-unes des raisons qui ne me laissaient pas la liberté de dire non.

Le menu législatif

La Chambre d'assemblée et le Conseil législatif étudient projets de loi et pétitions de toutes sortes : les habitants de plusieurs townships « se plaignent de l'inefficacité des lois concernant les chemins et de leur éloignement des cours de justice », pendant que des citoyens réclament l'incorporation des villes de Québec et de Montréal. Ici et là, les réclamations varient de la construction de routes et de ponts jusqu'à l'ouverture d'écoles paroissiales.

Le Conseil et la Chambre surveillent leurs prérogatives avec soin. Le 31 janvier, la Chambre refuse d'étudier un projet de loi proposé par le Conseil, faisant valoir que « l'acte pour le jugement sommaire de certaines actions », comporte une imposition monétaire et que seule l'Assemblée a le droit d'initier un tel genre de lois. Une bataille à coups de résolutions s'engage entre les deux niveaux législatifs.

La Chambre a adopté la liste civile point par point pour la durée d'une année. Le Conseil refuse de s'associer à un tel acte et, le 6 mars, il adopte une série de résolutions traçant sa conduite sur les questions monétaires.

Résolu que c'est l'opinion de ce comité que le Conseil législatif a incontestablement le droit constitutionnel d'avoir une voix dans tous bills d'aide ou de subside ou d'argent d'aucune espèce, prélevé sur le peuple de cette province par la Législature d'icelle, ainsi que dans tous bills d'appropriation d'iceux, quelqu'en puisse être l'objet ; [...] résolu que le Conseil législatif ne procédera sur aucun bill d'aide ou de subside qui, à sa connaissance, n'aura point été demandé par le représentant du roi en cette province ; [...] résolu que le Conseil législatif ne procédera sur aucun bill d'appropriation d'argent public pour tout salaire ou pension qui pourra être accordé à l'avenir ou pour toute augmentation d'icelui, à moins que le quantum de tel salaire, pension ou augmentation n'ait été recommandé par le représentant du roi ; résolu que le Conseil législatif ne procédera sur aucun bill d'appropriation de la liste civile, contenant des spécifications par chapitres ou items, ni à moins qu'elle ne soit accordée durant la vie de Sa Majesté le roi.

Tous les conseillers ne sont pas d'accord sur le libellé de la dernière résolution. Plessis, qui siège maintenant au Conseil, enregistre sa dissidence, jugeant ces mesures trop radicales. Quant aux députés, ils ne tardent pas à réagir. Le 14 janvier 1821, ils adoptent, à leur tour, une nouvelle série de résolutions sur le même sujet, tout en réaffirmant leur liberté d'action :

Résolu que l'honorable Conseil législatif ne peut constitutionnellement prescrire ni dicter à cette Chambre la manière ou forme de procéder sur les bills d'aide ou subside, ou sur aucune matière ou chose quelconque et que toute tentative dudit Conseil législatif à cette fin est une infraction des droits et privilèges de cette Chambre ; que le droit d'originer les bills d'aide ou subside appartient seulement et exclusivement à cette Chambre ; [...] qu'il est du devoir de cette Chambre envers Sa Majesté et son peuple de cette province, de s'occuper de tous les salaires, pensions et augmentation d'iceux et d'y pourvoir avec libéralité et justice, quoique le quantum n'en soit pas mentionné dans la recommandation faite à cette Chambre, par le représentant du roi.

Le 17 mars 1821, le gouverneur Dalhousie convoque députés et conseillers à la salle des délibérations du Conseil législatif. Il accorde la sanction royale à une vingtaine de projets de loi. D'autres projets importants avaient été rejetés par le Conseil parce qu'ils impliquaient des déboursés monétaires, tels les bills sur le recensement, la nomination de James Stuart comme agent de la province à Londres, l'appropriation pour les dépenses du gouvernement civil pour l'année 1821, etc.

Dans son discours de prorogation, Dalhousie ne cache pas son mécontentement.

Il est de mon devoir envers vous et envers votre pays de vous prier de considérer pendant cet été le résultat des discussions de la session sous tous les rapports. Vous verrez l'administration du gouvernement civil laissée sans aucuns moyens pécuniers, excepté ceux que j'avancerai sur ma propre responsabilité. Vous y verrez des individus souffrant par des privations sévères [...] causées par le manque de cette autorité constitutionnelle nécessaire aux fins de payer les dépenses du gouvernement civil. Vous y verrez enfin le gouvernement exécutif dans une espèce d'inaction et comme sans pouvoir. Lorsque je vous assemblerai de nouveau en Parlement, vous y viendrez pour décider la question importante si l'énergie constitutionnelle du gouvernement doit être rétablie ou si vous aurez à déplorer la perspective d'un malheur durable, par la continuation de l'état actuel des choses. Toute importante que soit cette question, sa décision ne peut souffrir aucune difficulté.

Le gouverneur fait parvenir à Londres l'adresse de la Chambre d'assemblée sur la liste civile et sur les emplois inutiles. Dans une lettre en date du 10 juin, il se dit d'accord avec certaines coupures préconisées par les députés.

À Londres, le principe d'une liste civile permanente est plus importante que l'adoption de certaines mesures propres à favoriser le développement intellectuel des Canadiens. La Chambre avait adopté un projet de loi pour encourager l'éducation dans les paroisses de la campagne. Or, le gouverneur avait réservé l'adoption de ce projet de loi au bon plaisir royal. Le 10 septembre 1821, lord Bathurst signe une lettre à l'évêque Plessis expliquant l'attitude du gouvernement britannique face à l'instruction publique :

> Je vous assure, monseigneur, qu'il me fera toujours plaisir de faire connaître à Sa Majesté vos sentiments sur tout ce qui regarde les intérêts de ceux qui sont confiés à vos soins pastoraux, et si je ne me trouve pas en état de vous annoncer que ce bill a reçu la sanction du roi, ce n'est que parce qu'avec toute disposition de faire donner aux catholiques des moyens d'éducation qu'ils trouveront plus satisfaisants que ceux dont ils jouissent aujourd'hui, Sa Majesté le croit nécessaire aux intérêts généraux de la colonie de différer la considération de ce bill jusqu'à ce que la Législature aurait décidé sur des autres mesures qui ont depuis longtemps été en discussion et que le gouvernement en chef a reçu les ordres de Sa Majesté leur soumettre encore dans la session prochaine.

La misère dont parlait le gouverneur dans son discours de prorogation de la session, misère qui devait frapper tous les fonctionnaires bénéficiaires de la liste civile, ne se concrétise pas, puisque la majeure partie des fonctionnaires reçoivent leurs salaires, même si la liste civile n'a pas été officiellement votée. Lors de sa réunion du 28 avril 1821, le Conseil exécutif avait suggéré l'émission de warrants au nom du receveur général « pour le paiement des salaires et des dépenses des fonctionnaires du gouvernement jusqu'au 1er mai prochain ». Ainsi, une fois encore, le grand affrontement n'a pas lieu.

Le président du Conseil législatif, le juge Sewell, et son homologue de la Chambre d'assemblée, Louis-Joseph Papineau, ne reçoivent pas les salaires qui leur avaient été alloués. Papineau, auquel il manque mille louis de revenus, retourne donc à la pratique du droit.

Un autre problème d'argent risque de causer bien des problèmes aussi bien dans le Haut que dans le Bas-Canada. À partir de 1793, la question du partage des revenus douaniers entre les deux provinces avait créé du mécontentement. En 1785, on avait fixé un partage des droits sur le vin : un huitième pour le Haut-Canada et sept huitièmes pour le Bas-Canada. Avec la querelle des subsides, l'Assemblée du Bas-Canada n'a pas renouvelé l'Acte de douanes et la population de la colonie voisine augmente rapidement, les députés de cette province demandent un réajustement.

Le 20 août 1821, le lieutenant-gouverneur du Haut-Canada, Peregrine Maitland, écrit à Bathurst pour lui demander d'intervenir.

Depuis juin 1819, nous avons été privés de cette partie de notre revenu que la Législature, considérant ce qu'il devrait rapporter d'après les nouveaux arrangements, m'avait permis d'escompter par l'émission de débentures jusqu'à concurrence de vingt-cinq mille livres payables dans trois ans pour solder les arriérés et les octrois toujours croissants aux pensionnés militaires. Ceux-ci, à cause du manque de fonds nécessaires que retient le Bas-Canada, n'ont pas été payés depuis plus de deux ans et leur attente a maintenant fait place à une certitude d'obtenir leur dû. Naturellement, leur désappointement sera considérable vu que plusieurs d'entre eux n'ont pas d'autres moyens de subsistance. [...] Il n'y a plus en perspective aucun accord entre les deux provinces sur la proposition des droits perçus ou à être perçus dans le port de Québec et payés ensuite à la province du Haut-Canada. C'est là une situation sur laquelle je dois attirer l'attention immédiate de Votre Seigneurie, à cause même de la position où se trouve, de ce fait, le gouvernement de cette province.

Dans un mémoire que Maitland fait parvenir aux autorités métropolitaines, on suggère presque de nationaliser le port de Québec.

La question du port de Québec, y lit-on, n'est pas provinciale mais bien nationale et ne devrait pas, en ce qui concerne la perception des droits, être laissée au contrôle des provinces. La crise est sérieuse : le Haut-Canada est en banqueroute ; ses revenus, pour les deux dernières années, sont retenus par la province-sœur ; il n'a plus rien devant lui. Dans sa sagesse, le Parlement ne jugera peut-être pas opportun de décréter des changements avant d'avoir reçu de plus amples informations ; mais, d'un autre côté, il ne commettrait pas d'injustice en maintenant en opération le dernier arrangement et en ordonnant le paiement des arriérés sur les droits perçus dans le port de Québec, dans la proportion d'un cinquième, jusqu'à ce que, mieux renseigné sur la situation, il reconnaisse les droits du Haut-Canada à une proportion plus équitable des montants provenant des douanes ; et alors le Parlement impérial, au moyen d'un acte triennal, pourrait fixer cette proportion d'après un principe reconnu, ce qui enlèverait aux provinces toute raison de discorde.

Les deux Chambres d'assemblée ont nommé leurs représentants pour discuter de la question. Louis-Joseph Papineau fait partie de cette commission qui se réunit plusieurs fois au cours de l'été de 1821 sans en venir à une entente. Encore là, Londres devra prendre une décision !

Toujours à Londres, on songe déjà à unir les deux provinces pour régler la majeure partie des problèmes. Une nouvelle fois, les Canadiens francophones vont sentir la menace d'une mise en minorité numérique et, à longue échéance, de l'assimilation.

La chute Montmorency. Au bas, le « pain de sucre » et, en haut à gauche,
le manoir Kent

L'UNION ASSIMILATRICE
1822

S ANS QU'ILS AILLENT JUSQU'À CONTESTER LE BIEN-FONDÉ DU LIEN COLONIAL, plusieurs députés sont décidés à pousser jusqu'au bout leur lutte pour obtenir le contrôle des finances publiques, en particulier le secteur des salaires des fonctionnaires. Ils sont aussi convaincus que si Londres était mieux informée de la situation de la colonie, l'attitude de la métropole serait différente. Le seul moyen de changer le canal d'information serait la nomination d'un agent du Parlement. Le gouverneur ne serait plus le seul alors à contrôler en quelque sorte l'information. Enfin, la situation économique du Bas-Canada démontre à plusieurs que la politique commerciale du gouvernement britannique ne favorise peut-être pas la colonie. Tous ces problèmes vont refaire surface avec l'ouverture de la deuxième session du onzième Parlement, le 11 décembre 1821.

Dans son discours inaugural, le gouverneur Dalhousie rappelle quel principe doit présider aux débats sur la question des subsides. « On a établi dans le Parlement britannique comme un principe de la Constitution, déclare-t-il, que la liste civile devrait être accordée la vie durant de Sa Majesté, et il m'est commandé de fixer sur vos esprits en cette occasion la recommandation de Sa Majesté que ce principe de la Constitution doit être adopté et mis en exécution à l'avenir comme règle dans cette province. » La mise en demeure est formelle pour les 21 députés présents à l'ouverture de la session. Si la Chambre maintient sa manière de penser et décide de proposer l'adoption de la liste civile, article par article, ce sera la guerre avec le gouverneur qui peut difficilement retraiter après avoir pris position d'une façon aussi claire.

Le Conseil législatif présente sa réponse à l'Adresse le 14 décembre et la Chambre fait le même geste trois jours plus tard. Cette dernière fait alors profession de loyalisme et déclare qu'elle prendra en considération la recommandation de Sa Majesté au sujet de la liste civile. Papineau avoue que les députés donnent « une réponse évasive qui ne promet rien ». Il est peut être trop tôt pour engager le combat !

La position de la Chambre sur la liste civile demeure intransigeante. Le 12 janvier 1822, elle adopte une série de huit résolutions réaffirmant sa décision qu'aucune dépense ne peut être effectuée sans son concours. « Cette Chambre considérera le receveur général de Sa Majesté en cette province, et toute autre personne ou personnes y concernées, comme personnellement responsables pour tout argent prélevé sur les sujets de Sa Majesté en cette province, qui peut lui ou leur venir légalement entre les mains, et peut avoir été payé par lui ou par elles en vertu d'aucune autorité quelconque, à moins que tel paiement ne soit ou ne serait autorisé par une disposition expresse de la loi. » L'activité législative est presque paralysée, car le Conseil décide de n'étudier aucun projet de loi comportant l'affectation d'une somme d'argent.

Certains conseillers législatifs se demandent si, à la Chambre d'assemblée, on ne complote pas un coup de force contre le gouverneur. Le 25 janvier 1822, le conseiller John Richardson, qui, en 1792, s'était prononcé contre l'emploi de la langue française dans les débats, se lance dans une série d'insinuations contre quelques députés canadiens : « Comment pouvons-nous rescinder nos résolutions, clame-t-il, quand il y a un comité secret siégeant dans la Chambre d'assemblée qui, peut-être, délibère sur la nomination d'un gouverneur de son choix et de déplacer celui qui est dans le Château et mettre le leur. Le comité siège même à l'insu de plusieurs membres de la Chambre, ce dont on n'avait eu d'exemple que dans le temps de Charles 1er en Angleterre. C'est probablement un comité du Salut public ! »

La Chambre, ainsi mise en cause, riposte en adoptant, le 30 janvier, une résolution demandant au gouverneur de destituer et renvoyer le conseiller Richardson.

Le gouverneur Dalhousie, qui refusera de donner suite à l'adresse et à la résolution de la Chambre d'assemblée dans l'affaire Richardson, décide de faire parvenir un message aux députés le 6 février concernant la liste civile. Il ne défraiera à l'avenir pour les dépenses « pour soutenir le gouvernement civil de Sa Majesté et celles de l'administration de la justice dans cette province », que la somme de 5000 livres provenant des revenus territoriaux et casuels, amendes, rentes et profits. Comme cette somme sera insuffisante, il demande donc à la Chambre de voter un montant de 35 000 livres, « y compris les dépenses de la Législature et celles de la collection du revenu public ». Il termine son message par cette précision : « Le gouverneur en chef croit qu'il est de son devoir indispensable d'ajouter que, si ces subsides ne sont pas accordés, il n'aura aucun moyen pour défrayer les dépenses de ces établissements locaux et objets à la charge du public, excepté dans les cas où il a été pourvu à leur paiement par des appropriations spéciales. »

Le contenu du message du gouverneur sème agitation et surprise, cette mise en demeure signifiant la prorogation de la Chambre pour une nouvelle fois. Les députés répondent qu'ils ne voteront rien, tant que le roi n'aura pas accepté une appropriation annuelle !

Certain qu'il ne peut plus rien arriver qui vaille, le gouverneur proroge la session, le 18 février 1822, après avoir accordé la sanction royale à 13 projets de lois.

Dans son discours, il trace un sombre bilan de la situation, identifiant les secteurs qui seront réellement touchés par l'intransigeance des députés : « Ses suites retomberont exclusivement sur les établissements locaux et seront trouvées fortement préjudiciables aux intérêts des fidèles et loyaux sujets de Sa Majesté dans cette province. » Enfin, seuls les conseillers législatifs ont droit aux félicitations du représentant du roi pour avoir maintenu « les véritables principes de la Constitution et les justes prérogatives de la Couronne ».

Au cours de la session qui se termine, la Chambre avait porté son quorum de 15 à 26 membres. Elle avait de plus, par voie de résolution, fait de Joseph Marryat son agent autorisé à Londres. Par contre, l'Acte du revenu n'avait pas été renouvelé.

Le Haut-Canada passe à l'action

La question du partage des revenus douaniers entre le Haut et le Bas-Canada ne semble pas à la veille d'aboutir à une solution. Les commissaires nommés par les deux provinces n'ont pas réussi à s'entendre. Le procureur général de la province supérieure dépose devant les membres de la Législature haut-canadienne, le 21 janvier, une série de résolutions sur le sujet.

> C'est l'opinion de cette Chambre, y lit-on, considérant les principes adoptés et les obstacles présentés par les commissaires de la province du Bas-Canada à la dernière entrevue, que tous nouveaux efforts pour ajuster à l'amiable entre les commissaires le montant des arrérages dus à cette province ou pour établir une convention pour l'avenir, seraient sûrement inutiles et que l'entreprendre serait s'exposer à de nouveaux désagréments et de nouveaux délais, sans aucune perspective d'un résultat avantageux. [...] Que, tandis que tout le revenu dû à cette province pour sa proposition des droits perçus au port de Québec pendant les deux dernières années, avec les arriérés considérables et non liquidés d'une date plus ancienne, sont détenus dans le trésor du Bas-Canada, le gouvernement exécutif est embarrassé, les créanciers publics sont retardés, les moyens d'avancer les ouvrages d'une utilité générale n'existent plus et il est enfin devenu nécessaire d'emprunter sur le crédit de la province une somme que la recette de ce revenu seulement peut mettre en état de liquider, pour les pensions que le Haut-Canada a généreusement accordées sur ces moyens limités à ceux qui ont été blessés pour le maintien de la cause de l'empire dans la guerre nationale.

En conséquence, la Législature du Haut-Canada décide donc de soumettre le cas à Sa Majesté, la priant de « vouloir recommander à son Parlement impérial d'exercer le droit qu'il a incontestablement de régler toutes importations au port ou exportations du port britannique de Québec, et d'établir tels règlements concernant les relations commerciales entre les deux provinces. qui soient compatibles avec les justes droits et intérêts de l'une et de l'autre ».

La solution viendra de la métropole, mais des Canadiens souffleront la réponse en mettant de l'avant un vieux projet qui leur apparaît comme une panacée : l'union du Haut et du Bas-Canada. Bathurst est saisi du projet d'union des deux Canadas. Il consulte diverses personnes qui connaissent bien les colonies et leurs problèmes.

Le 14 mars, Sherbrooke, l'ancien gouverneur général, fait connaître son opinion sur la question que le secrétaire d'État aux Colonies lui avait posée : « Si l'union du Haut et du Bas-Canada aurait un effet avantageux ». L'échange de correspondance est, bien entendu, « privé et confidentiel ». « Je réponds, écrit Sherbrooke, que, si ces deux provinces continuent d'être dans l'état où elles étaient lorsque j'ai abandonné le gouvernement, une union serait désirable, pourvu qu'elle pût être établie sur des principes convenables, de manière que l'on puisse contrôler un peu l'influence indue de l'Assemblée, et augmenter les pouvoirs de la Couronne. Mais si l'on essaie cette mesure, il faudra s'attendre à des difficultés considérables avant de pouvoir la réconcilier avec les intérêts incompatibles des habitants et la variété d'opinions erronées qu'on a si généralement. »

Sherbrooke passe ensuite à l'analyse de l'attitude des deux Chambres d'assemblée : celle du Bas-Canada a engendré des maux incalculables. Quant à celle du Haut, elle paraît maintenant plus « traitable », mais attention ! « Lorsque je considère le voisinage de cette dernière province des États-Unis, la population qui en vient continuellement, les communications constantes et les mariages entre familles des deux côtés de la ligne, le nombre d'Américains qui achètent les meilleures terres aussitôt qu'elles sont défrichées et toutes sortes d'autres propriétés qui valent la peine d'être achetées dans le Haut-Canada ; et lorsque j'étudie les libres principes démoralisateurs qu'introduisent ces gens, je doute beaucoup qu'on puisse avoir confiance dans la continuation de cette disposition maniable. » Pour l'ancien gouverneur à la retraite, la parenté de religion entre les protestants du Haut-Canada et ceux des États-Unis présente plus de dangers que d'avantages et, dans la même proportion, les caractéristiques décriées chez les francophones, pourraient être une garantie de l'autorité anglaise : « Tandis que les catholiques dans le Bas-Canada, ajoute-t-il, ont une antipathie invétérée contre le gouvernement américain et ils ne redoutent rien tant que le jour où ils tomberont sous sa domination. J'ose attirer avec insistance l'attention de Votre Seigneurie sur ce trait de caractère parce que, quel que soit le sort de la province supérieure, les Américains ne pourront jamais s'établir dans le Bas-Canada tant que ce sentiment existera. »

Le projet d'union ne fait pas l'unanimité des anglophones des Canadas. Le procureur général du Haut-Canada, John Beverley Robinson, qui se trouve à Londres au printemps de 1822, fait parvenir au sous-secrétaire d'État aux Colonies, Robert John Wilmot-Horton, un long mémoire « sur l'opportunité de donner une législature unie aux deux provinces du Canada ». Son texte, daté du 23 avril, est un long plaidoyer contre le projet d'union. Selon lui, l'union « ne ferait nullement disparaître le point principal du différend, savoir les réclamations du Haut-Canada pour le passé ». À la place de l'union, il pense qu'il suffit que le Parlement britannique adopte une loi pour que le Bas-Canada soit obligé de verser à la province supérieure le montant des droits de douanes qui lui sont dus.

Pour Robinson, l'union ne réglerait pas automatiquement le problème de la liste civile du Bas-Canada, car il n'est pas sûr que tous les députés du Haut-Canada appuieraient le gouvernement « dans les termes dans lesquels on exigeait que [la disposition] fut faite ». « Il faudra qu'il s'écoule beaucoup de temps avant que l'influence des membres du Haut-Canada soit prépondérante, et je crois qu'il est douteux que lorsqu'elle le sera devenue, ils soient disposés à l'exercer pour changer la politique intérieure et municipale de l'autre province, contrairement aux désirs des 9/10ᵉ des habitants, politique qui, sage ou non, leur est devenue chère par l'usage et a été jusqu'à présent respectée par la nation britannique qui les a jusqu'à présent laissés libres de la changer ou de la garder selon ce qu'ils préféreraient. »

Robinson n'est pas du tout convaincu que l'union projetée ne provoquera pas une foule de problèmes plus graves que ceux qu'on veut faire disparaître. « J'appréhende, dit-il, qu'une union des deux provinces serait regardée avec une si extrême jalousie et une telle répugnance par la grande masse de la population du Bas-Canada qu'en des occasions futures elle pourrait s'efforcer avec encore plus d'empressement d'exclure les Anglais de leur Assemblée et n'accorder leur confiance qu'à ceux qui s'appliqueraient le plus à conserver leur ancien système de choses contre l'innovation. »

Sachant que les Canadiens ont généralement mauvaise presse en Grande-Bretagne où l'on met continuellement en doute leur loyalisme, Robinson se montre plus éclairé lorsqu'il déclare à Wilmot-Horton :

> Les habitants français du Bas-Canada, j'en suis fermement convaincu, sont aussi paisiblement disposés, aussi enclins à se soumettre à l'autorité et aussi loyalement attachés au gouvernement britannique qu'aucune portion des sujets de Sa Majesté, et quelque embarras que puissent causer leurs représentants en refusant de pourvoir d'une manière permanente à la liste civile, ou sur des questions de revenus ou autre d'aucune sorte entre eux et le gouvernement exécutif, il ne faut pas l'attribuer à la prépondérance de l'influence française sur les Anglais, mais à ce désir dont font preuve toutes les assemblées populaires, d'affirmer et d'exercer le plus possible la part de pouvoir qu'elles croient leur être accordée par la Constitution, et même de l'étendre, disposition dont on peut attendre beaucoup d'inconvénients, plus purement démocratique sera un tel corps, et je crois que les descendants des Anglais, des Irlandais et des Écossais seront plus portés à y persévérer que les descendants des Français. Si donc l'idée que la Législature unie sera plus raisonnable sous ce rapport que la présente Législature du Bas-Canada, semblait rendre une union désirable, je ne crois pas que l'événement justifiât l'attente.

S'il est rumeur d'union en Grande-Bretagne, il commence à en être aussi question au Bas-Canada. Le *Canadien* du 22 mai 1822 publie un article où il fait état de la rumeur qui court de l'union du Haut et du Bas-Canada. L'hebdomadaire énumère quelques-uns des inconvénients d'une telle fusion : le problème des distances pour les députés ; leur manque de connaissance des problèmes de l'autre partie ; le danger de voir une province décider du sort de l'autre, etc.

Les Communes à l'œuvre

À Londres, on se penche d'abord sur le problème des relations douanières entre les deux colonies canadiennes. Le 10 juin, un comité est formé pour rédiger un projet de loi « pour réglementer le commerce des provinces du Haut et du Bas-Canada et pour d'autres objets ». Dix jours plus tard, on demande au comité d'inclure dans son projet quelques articles pour améliorer le gouvernement de ces colonies. Le

22 juin, alors que le projet de loi est adopté en deuxième lecture, le sous-secrétaire d'État aux Colonies précise le principal objet de la mesure qui est de renforcer l'influence anglaise : « Nous proposons d'établir une union plus intime entre les deux colonies en incorporant en une seule leurs deux législatures, afin que la langue anglaise et l'esprit de la Constitution anglaise puissent être plus puissamment répandus parmi toutes les classes de la population. Nul droit ou privilège dont jouit un citoyen dans l'une ou l'autre province n'est affecté en aucune façon par la présente mesure. »

Un membre de la loyale opposition, James Mackintosh, demande un report de six mois sur la question de l'Union, tout en acceptant de discuter du projet de répartition des revenus douaniers. Il déclare, le 13 juillet : « La Chambre était tenue de consulter les sentiments des habitants du Canada pour deux raisons : premièrement, parce qu'il était essentiel au bonheur de ce peuple qu'on eût égard à ses sentiments ; et secondement, parce que la chose était essentielle à la sûreté de notre autorité. Si nous ne faisons aucune attention aux vœux et aux sentiments du peuple, nous mettrons notre autorité en danger et nous découvrirons une faiblesse dont même le gouvernement le plus absolu, agissant d'après les principes du sens commun, serait honteux. »

Le 23 juillet, la Chambre étudie à nouveau le projet de loi. La discussion est longue et animée. Edward Ellice propose de scinder le bill en deux parties, soit de continuer à discuter des questions de douanes et de reporter à la prochaine session le projet d'union. Le Canada Trade Act est donc adopté le 26 juillet et, le 31, le bill du gouvernement du Canada est lu pour la deuxième fois et décision est prise que la troisième lecture ait lieu dans trois mois, ce qui signifie à la prochaine session. Le 5 août, George IV prononce le discours de prorogation du Parlement britannique ; il ne fait aucune allusion ni au projet d'union ni à la loi sur le partage des revenus douaniers.

L'Acte pour régler le commerce des provinces du Bas et du Haut-Canada et pour d'autres fins relatives auxdites provinces reçoit la sanction royale le 5 août 1822. Il précise les articles qui peuvent être importés des États-Unis en franchise et fixe les droits sur les autres. Les articles 17 à 22 concernent les droits non partagés depuis 1819 et indiquent comment fixer le montant que le Bas-Canada doit verser au Haut-Canada. L'article 24 fixe la part qui revient à la province supérieure pour la période allant du 1er juillet 1819 au 1er juillet 1824 : un cinquième des droits levés dans le Bas-Canada. À l'expiration de la date fixée, la proportion à être versée pour les quatre années suivantes sera fixée par une commission d'arbitrage formée de représentants des deux provinces. Advenant un désaccord, le taux d'un cinquième demeurera en vigueur.

L'Acte précise aussi qu'« aucun acte de la Législature du Bas-Canada, qui affectera la province du Haut-Canada, n'aura force de loi jusqu'à ce qu'il ait été soumis au Parlement impérial ».

Il n'y a pas que des questions de douanes qui trouvent une solution dans la nouvelle loi. L'article 31 concerne le régime seigneurial et le mode de possession des terres :

Vu qu'il a existé des doutes si les tenures des terres tenues en fief et seigneurie dans lesdites provinces du Haut et du Bas-Canada pouvaient être légalement changées. Et vu qu'il pourra tendre essentiellement à l'amélioration desdites terres et à l'avantage général desdites provinces, que lesdites tenures puissent être dorénavant changées de la manière qu'il est dit ci-après : en conséquence, qu'il soit en outre statué et déclaré que, si en aucun temps, après la passation de cet acte, aucune personne ou aucunes personnes, tenant des terres en fief et seigneurie dans lesdites provinces du Bas et du Haut-Canada ou dans l'une d'icelles, et ayant le pouvoir et l'autorité légale de les aliéner, s'en dessaisissent entre les mains de Sa Majesté, ses hoirs ou successeurs, et exposent par pétition à Sa Majesté, ou au gouverneur, lieutenant-gouverneur ou personne administrant le gouvernement de la province où les terres seront situées, qu'elles désirent tenir icelles en franc-alleu.

À la suite de la présentation d'une telle demande, la personne en autorité fera une nouvelle concession en franc et commun alleu. Le vieux régime seigneurial, avec une telle mesure, est de plus en plus ébranlé.

Le méchant bill

Le projet de loi unissant les législatures du Haut et du Bas-Canada est imprimé le 31 juillet 1822. On prévoyait qu'il n'y aurait plus, après la passation de l'acte, qu'une seule Assemblée et un seul Conseil législatif pour les deux Canadas. L'article 6 prévoyait que la nouvelle Chambre d'assemblée se composerait des députés élus au moment de l'entrée en vigueur de la loi et que ces derniers demeureraient en fonction jusqu'au 1er juillet 1825, date fixée pour la dissolution du Parlement. Au Bas-Canada, le gouverneur pourra ériger de nouvelles circonscriptions électorales dans les townships et décréter des élections. Cette mesure avait pour but de répondre à une des demandes des habitants des nouvelles concessions et aussi d'augmenter le nombre des députés anglophones.

En vue de modifier la composition de la future Chambre d'assemblée, la loi projetée fixe de nouvelles conditions pour être éligible : posséder une propriété dont la valeur réelle est d'au moins 500 livres sterling. En vertu de l'article 16, le gouverneur en chef ou son représentant avait le droit d'autoriser « deux membres du Conseil exécutif de chaque province pour siéger dans chaque assemblée avec pouvoir d'y débattre et avec tous les autres pouvoirs, privilèges et immunités des membres d'icelle, excepté celui de voter. »

La durée d'un mandat est fixée à cinq ans et toutes les lois actuellement en vigueur le demeureront « excepté ce qui est par le présent rappelé ou changé ». L'article 24 reprend une idée abandonnée en 1791 et qui reviendra à la surface en 1840 : l'anglicisation des débats et de l'appareil législatif. « Qu'il soit de plus statué que, depuis et après le passage de cet Acte, tous procédés par écrit, de quelque nature qu'ils soient, desdits Conseil législatif et Assemblée, ou de l'un ou de l'autre, seront dans la langue anglaise et dans aucune autre ; et qu'à la fin d'un espace de quinze années depuis et après la passation de cet acte, tous les débats dans ledit Conseil législatif ou dans ladite Assemblée seront tenus dans la langue anglaise et dans aucune autre. »

L'aspect religieux fait lui aussi l'objet de l'attention du législateur anglais. L'article 25 précise que la religion catholique continue à avoir le droit d'exister sous la suprématie du roi et que « les personnes professant la religion de l'Église de Rome ne seront point affectées ». On profite cependant de l'occasion pour régler la question de la nomination des curés qui, pour prendre la tête de leur troupeau, devront avoir été agréés par les autorités civiles.

> Le clergé de ladite Église et les différents curés de chaque paroisse respective de ladite province du Bas-Canada, faisant maintenant les fonctions curiales d'icelle, ou qui ci-après, avec l'approbation et consentement de Sa Majesté, exprimés par écrit par le gouverneur ou lieutenant-gouverneur ou par les personnes ayant l'administration du gouvernement de ladite province du Bas-Canada pour le temps d'alors, seront nommés auxdites cures et en seront revêtus et mis en possession, pourront continuer à tenir, recevoir et jouir de leurs dus et droits accoutumés d'une manière aussi ample, à toutes fins et intentions, que ci-devant et ainsi qu'il est pourvu et déclaré par ledit Acte le dernier mentionné.

Un contenu aussi explosif pour les habitants catholiques et francophones du Bas-Canada ne sera pas sans créer de profonds remous.

Réactions à la chaîne

Les nouvelles ne voyagent pas encore très vite en 1822, même si le télégraphe en accélère depuis peu la diffusion. Le 15 juillet, le projet d'union est toujours menaçant. Louis-Joseph Papineau écrit à son frère Benjamin : « Le moment présent est un moment d'inquiétude cruelle pour tous les amis du pays, qui est menacé de voir en un instant détruire tout moyen d'empêcher la ruine de ses établissements et le renversement de ses lois, par la réunion des deux provinces, en laissant au Haut-Canada, qui n'a que 120 000 habitants, 40 représentants et 50 seulement pour le Bas-Canada qui en a 500 000. »

Le gouverneur Dalhousie, qui séjourne à Sorel, reçoit la copie du projet de loi le 21 août. Il s'empresse d'en distribuer le texte à quelques conseillers. Il écrit, le même jour, à Andrew William Cochran :

> En somme, je trouve le projet de loi très clair en ce qui concerne l'étendue et la forme des changements en vue. La clause se rapportant au clergé, que j'ai vue il y a quelques jours dans un journal de Londres qui me fut envoyé par M. Caldwell, m'a vraiment frappé. Je suis sûr qu'elle ennuiera Monseigneur lui-même, mais elle repose sur une base trop solide de l'ancien droit de la Couronne et de l'ancienne pratique dans la province pour être susceptible de discussion ; le moment d'effectuer ces modifications est arrivé, puisque les empiétements déraisonnables de l'Assemblée ont forcé les ministres du roi à recourir à une mesure par laquelle ils peuvent démontrer toute l'étendue de la prérogative du roi dans le gouvernement et réprimer ces nombreuses tentatives de la fouler au pied. [...] En somme, je suis disposé à mettre ce projet à effet et je ne vois aucun point qui eût pu provoquer mes objections eussé-je été consulté.

La première grande réunion de protestation contre le projet d'union se tient à Montréal, le lundi 7 octobre, à midi, sur le Champ de Mars.

« Jamais une assemblée plus nombreuse de citoyens respectables par leur rang, leurs lumières et leur fortune ne s'était encore trouvée réunie en cette ville à notre connaissance », rapporte le journaliste du *Spectateur canadien* dans l'édition du 12 courant. Tous les comtés du district de Montréal sont représentés. Plusieurs conseillers législatifs et députés sont parmi l'assistance. Comme à l'accoutumée, on adopte de nombreuses résolutions. La première est une profession de foi et d'amour envers la Constitution de 1791. La seconde déclare que « c'est avec surprise et douleur que nous avons appris par la publication des débats qui ont eu lieu dans la Chambre des communes du Parlement impérial que quelques individus ennemis de cette province ont récemment fait une odieuse tentative pour induire en erreur les ministres de Sa Majesté et son Parlement en s'efforçant de les engager à faire à notre Constitution les changements les plus contraires aux droits, aux intérêts et aux vœux des fidèles sujets canadiens de Sa Majesté. »

À la réunion de Montréal, on forme donc un comité de 17 membres qui doit entrer en relations avec les autres comités du Bas-Canada « afin de préparer et faire signer lesdites requêtes et adopter les moyens de les faire parvenir ».

Le soir, vers dix-huit heures, plus de 120 personnes se retrouvent au Mansion House pour participer à un banquet qui sera arrosé de 32 toasts ! Québec tient sa réunion anti-union le 15 octobre. Plus de 600 personnes y assistent. Les résolutions qu'on y adopte sont dans la même veine que celles de Montréal. Un comité de 30 membres est formé et la présidence en est confiée à Louis de Salaberry.

Les *unionaires*, tel est le nom qu'on leur donne à l'époque, ne demeurent pas inactifs. Le 1er octobre, « une assemblée nombreuse et très respectable des amis de la réunion des provinces du Haut et du Bas-Canada a eu lieu [...] à l'Exchange, rue Saint-Joseph [à Montréal]. » Le conseiller John Richardson est élu président à l'unanimité. Dans son discours, rapporte le *Montreal Herald* du 16, Richardson souligne que de l'union « dépendrait si eux-mêmes ne deviendraient pas étrangers dans une colonie anglaise ou si les habitants d'une origine étrangère ne deviendraient point anglais ».

> Il est impossible, ajoute-t-il, de supposer que le Canada puisse jamais prospérer dans sa forme présente de gouvernement ; car, malheureusement, sur tous les sujets, le peuple du Bas-Canada est divisé en deux partis, selon son origine, ce qui donne naissance à des idées aussi discordantes que le sont les antipodes entre eux. Aujourd'hui, la feinte et la dissimulation doivent être mises de côté. [...] Les Canadiens français ont leur religion assurée par la plus forte autorité qui soit au monde ; la même autorité leur assure aussi leurs propriétés, que la réunion proposée ne peut affecter en rien. D'où peuvent donc venir leurs craintes ? Pourquoi seraient-ils fâchés d'en entendre parler ? Qu'ils considèrent la conduite et la politique des Romains, avant de murmurer contre celles de Sa Majesté. Lorsque ce grand peuple admettait une nation conquise à la jouissance des droits de citoyen, la langue de l'empire devenait la langue officielle et législative de ce pays après son adoption.

James Stuart est au nombre des orateurs unionaires. L'ancien député patriote, devenu bureaucrate, se réjouit « sous un gouvernement tel que l'union va en produire un, tous les avantages seront du côté des sujets anglais habitant ces provinces ».

Les participants à la réunion de Montréal adoptent eux aussi des résolutions demandant dans les plus brefs délais l'union des deux provinces.

> Résolu aussi que l'expérience de trente ans qui se sont écoulés depuis la division de la ci-devant province de Québec en deux provinces avec deux législatures séparées a confirmé l'inefficacité et l'impolitique de cette mesure, qui outre qu'elle a occasionné des maux politiques considérables a encore retardé le développement des ressources des deux provinces. [...] Résolu que, parmi les heureuses conséquences à résulter de l'union, cette assemblée considère comme l'une des plus importantes l'effet qu'elle aura d'éteindre les préjugés nationaux et les guerres de sentiments, provenant de la différence d'origine, ce qui s'oppose infiniment au bien-être de la société et à la consolidation de la population des deux provinces en une seule masse homogène, animée par les mêmes vues pour l'intérêt public et des mêmes sentiments de loyauté envers leur commun souverain.

Il est évident qu'à soixante ans de la Conquête, les idées d'assimilation ne sont pas encore enterrées. Loin de là !

Parmi les membres qui composent le comité unionaire de Montréal se trouvent, outre Richardson et Stuart, John Molson, George Moffatt, Frederick William Ermatinger et Peter McGill.

Dans bon nombre de circonscriptions électorales du Bas-Canada, les assemblées contre le projet d'union se multiplient. Dans le Haut-Canada, les prises de positions sont plus diversifiées. Unionaires et anti-unionaires s'opposent violemment.

La voix des townships

Depuis quelques décennies, c'est par milliers que des Américains, des Anglais, des Écossais et des Irlandais se sont installés au sud-est de Montréal, dans une région que l'on a baptisée du nom de Eastern Townships. Ces nouveaux colons, qui n'ont pas droit à des représentants à la Chambre d'assemblée du Bas-Canada, signent des pétitions pour revendiquer leurs droits.

Pour les signataires de la pétition des townships de l'Est, l'union est « le seul moyen efficace de mettre fin aux difficultés dont ils ont souffert par le passé, et de prévenir les maux dont les menacerait pour l'avenir une continuation du présent état de choses ». Ils rappellent que

> les townships ou le Bas-Canada anglais sont totalement peuplés par des gens d'origine ou de descendance britannique et des loyalistes américains, présentement au nombre d'environ 40 000, qui n'ont d'autre langue que celle de leurs ancêtres britanniques, qui habitent des terres qu'ils tiennent dans les formes de la loi britannique, qui ont un clergé protestant au profit duquel une partie de ces terres sont réservées et qui sont, nonobstant, assujettis à des lois françaises dont ils ne connaissent rien et compilées dans une langue qu'ils ne savent pas. En outre de ce qu'ils sont assujettis à des lois étrangères rédigées dans une langue étrangère, les townships ou le Bas-Canada anglais souffrent encore de l'inconvénient de ne pas avoir dans leurs limites des tribunaux pour l'administration de ces lois étrangères, et sont forcés, pour le redressement judiciaire des moindres griefs, d'avoir

recours aux cours établies dans les villes de Québec, Montréal ou Trois-Rivières, dans le Canada seigneurial, souvent à une distance de 100 à 150 milles, à travers un pays où grâce à l'insuffisance des lois concernant les communications, il est souvent difficile et dangereux de voyager et, pour combler la mesure de leurs griefs, les townships sont *de facto* sans aucune représentation dans la Chambre d'assemblée provinciale du Bas-Canada.

Les pétitionnaires des townships, nouveaux venus dans la province, considèrent les Canadiens comme un obstacle à la formation d'un vrai pays.

Déjà dans les limites d'une période récente, près de cent mille émigrés britanniques de naissance sont passés par le Bas-Canada et, si l'aspect étranger de la Législature ne les avait pas engagés à aller s'établir ailleurs, ils auraient augmenté la force et la richesse de la population anglaise dans la province. Mais en dépit des obstacles du passé, à moins qu'on les perpétue encore, les émigrés de l'avenir et leurs descendants, joints à ceux déjà établis ici, pourront finir par former une grande majorité des habitants et faire en réalité du pays ce qu'il est de nom, une colonie britannique ; et cet heureux résultat peut s'atteindre sans préjudice aux justes droits des autres ; leurs préjugés même ne sauraient en souffrir, excepté les illusions mises en cours et avivées par les démagogues, que les Canadiens d'extraction française doivent rester un peuple distinct, qu'ils ont droit à être considérés comme une nation, préjugés dont il doit suivre, comme conséquence naturelle, que la province du Bas-Canada (dont un sixième n'est pas encore établi) doit être considérée comme leur territoire national, où ne saurait pouvoir s'établir quiconque n'est pas disposé à devenir français, préjugés qui, tout absurdes qu'ils puissent paraître, vont gagner en force et influence s'ils ne sont promptement et complètement déracinés, et deviendront non seulement incompatibles avec les devoirs et allégeances du colon, mais encore dangereux pour la sécurité future des colonies voisines, et subversifs des droits de tous les habitants des townships, de même que de tous les Anglais établis dans le Canada seigneurial, par les mains desquels se fait tout le commerce avec la mère patrie.

Il est donc du devoir de la Grande-Bretagne, aux dires des pétitionnaires des townships, de régler tous les problèmes avec une union législative des deux provinces. La Grande-Bretagne a maintenant, d'après ce texte, l'occasion d'adopter les mesures capables d'assurer l'assimilation des francophones.

Vos pétitionnaires, ajoutent les signataires des townships, représentent humblement que les Canadiens français ne sauraient opposer à l'union aucun argument qui, à l'analyser, ne saurait se résoudre dans cette pensée qu'ils désirent rester un peuple distinct et finir par former une nation française ou, comme ils se sont dénommés eux-mêmes, « nation canadienne ». Sans rien devoir à l'immigration, les Canadiens ont plus que doublé leur nombre depuis la Conquête, et bien que sans injustice ou déni de leurs droits véritables, ils auraient pu de nos jours être assimilés à leurs co-sujets britanniques, ils nous sont néanmoins aujourd'hui, à quelques exceptions près, aussi étrangers de caractères qu'à l'époque de cet événement — et ils resteront tel si le présent état de choses est maintenu. La crise actuelle offre donc à la Grande-Bretagne cette alternative, soit, par l'union des provinces, de persuader aux Français de devenir Anglais [*sic*], ou en continuant l'état de choses actuel, d'engager les Anglais du Bas-Canada à devenir Français, et la question n'est pas de savoir si un pays déjà peuplé doit renoncer à ses sentiments et à ses caractéristiques nationaux comme les Canadiens peuvent tenter de représenter, mais si un pays encore en plus grande partie inhabité et qui le sera à l'avenir principalement par la race britannique doit prendre le caractère, la langue et les mœurs d'une nation étrangère. Si c'est cette dernière alternative que l'on choisit, la Grande-Bretagne élèvera un peuple d'étrangers qui, grâce à la rapide croissance de sa population, deviendra avant longtemps une plaie pour les colonies voisines, tandis que si l'on adopte l'union, on finira par faire disparaître les préjugés nationaux et l'hostilité résultant de la différence des origines et consolider la population des deux provinces en une masse homogène, animée du même mouvement pour l'intérêt public et des mêmes sentiments de loyauté envers un commun souverain.

Il est rare que la situation bas-canadienne soit analysée avec autant de justesse, mais la pétition des habitants des townships va soulever un tollé dès que son contenu parviendra à la connaissance des francophones. Le *Canadien* du 27 novembre 1822 y va de ses critiques :

> Plusieurs assemblées ont eu lieu dans les townships de l'Est, mais la discorde ayant soufflé dans leurs cœurs l'esprit perturbateur de nos ennemis constitutionnels, ils n'ont pu que tenir leur langage et ils s'en sont montrés les dignes échos. Pourrait-on croire que les habitants de ces townships nous considèrent, nous Canadiens, comme des étrangers et que ces descendants des plus mortels ennemis du nom anglais se donnent, par excellence, le beau titre de sujets nés anglais ? [...] Mais on peut presque excuser les pauvres habitants de ces townships de paraître indisposés contre nous ; il ne faut les regarder que comme les instruments du parti écossais. Ils sont mécontents de n'avoir pas une représentation compétente, et ils ont raison. De quels moyens les unionaires se servent-ils pour les attirer à eux ? Ils leur insinuent que c'est purement la faute de l'Assemblée coloniale du Bas-Canada ; et ils n'ont pas de peine à le leur persuader ; ils ont toujours et pour toute occasion des armes de réserve que l'habitude leur a appris à manier habilement. C'est le mensonge et l'hypocrisie.

Front commun

Les unionaires de la région de Montréal rédigent, eux aussi, une pétition adressée au roi. Plus de 1450 « fidèles et loyaux sujets de Votre Majesté, de naissance ou descendance britannique », signent le document. Ils dénoncent la composition de la Chambre d'assemblée :

> Depuis nombre d'années la proportion des représentants n'a guère atteint un quart du nombre total de l'Assemblée et, à l'heure qu'il est, sur cinquante membres qui représentent le Bas-Canada, dix seulement sont Anglais. On peut dire que cette branche du gouvernement est exclusivement entre les mains de paysans illettrés sous la direction de quelques-uns de leurs compatriotes dont l'importance personnelle, en opposition aux intérêts du pays en général, dépend de la continuation du présent système vicieux. Pour faire voir l'esprit qui anime ce corps, il ne sera pas hors de propos de dire que, depuis l'établissement de la

présente constitution, personne d'origine britannique n'a été élu orateur de l'Assemblée, bien que, si l'on eût égard à l'habileté, aux connaissances et aux autres qualités, la préférence aurait dû être donnée à des personnes de cette origine.

Aux yeux des unionaires montréalais, les Canadiens forment un peuple étranger qui a des prétentions à devenir une nation distincte :

> Les pétitionnaires de Votre Majesté ne peuvent omettre de noter l'étendue excessive des droits politiques qui ont été conférés à cette population au détriment de ses co-sujets d'origine britannique ; et ces droits politiques en même temps que le sentiment de sa croissance en force, ont déjà eu pour effet de faire naître dans l'imagination de plusieurs le rêve de l'existence d'une nation distincte sous le nom de « nation canadienne » ; ce qui implique des prétentions qui ne sauraient être plus irréconciliables avec les droits de ses co-sujets qu'avec une juste subordination à la mère patrie. Les pétitionnaires de Sa Majesté demandent respectueusement s'il y a lieu de persister dans un système de gouvernement qui a eu de pareils résultats et qui, dans ses conséquences ultérieures, doit exposer la Grande-Bretagne à la mortification et à la honte d'avoir à grands frais élevé jusqu'à la maturité pour l'indépendance une colonie conquise sur l'étranger, pour la voir devenir l'alliée d'une nation étrangère et le préjudice des sujets-nés et de leurs descendants ?

Le caractère français du Bas-Canada est, selon les pétitionnaires de Montréal, un obstacle à son développement démographique et économique. Il importe donc d'imposer l'union pour faire disparaître ce caractère.

> Sans abuser de la patience de Votre Majesté par un plus long détail des pernicieuses conséquences de la division des provinces, les pétitionnaires de Votre Majesté demandent la permission de spécifier succinctement les avantages qui pourraient résulter de l'union. Cette mesure ferait disparaître les griefs politiques dont les deux provinces se plaignent. Les habitants français du Bas-Canada, aujourd'hui divisés de leurs co-sujets par leurs particularités et leurs préjugés nationaux, et évidemment animés de l'intention de devenir, grâce au présent état de choses, un peuple distinct, seraient graduellement assimilés à la population britannique des deux provinces et avec elle fondus en un peuple de caractère et de sentiments britanniques. Tout antagonisme d'intérêts et toute cause de différends entre les provinces seraient à jamais éteints ; une législature capable de concilier les intérêts de la colonie avec ceux de la mère patrie et d'assurer la sécurité et l'avancement de la prospérité agricole et commerciale du pays, serait établie au moyen de laquelle non seulement les affaires internationales des deux provinces seraient rapidement améliorées avec les avantages qui en résulteraient pour la Grande-Bretagne, mais leur force et leur capacité de résister à l'oppression étrangère se trouveraient grandement augmentées ; le lien qui unit la colonie à la mère patrie d'une façon durable au grand avantage des deux pays.

Les signataires des pétitions contre le projet d'union sont beaucoup plus nombreux que ceux qui favorisent l'existence d'un seul Canada. Au Bas-Canada, 60 642 sont contre et au Haut-Canada, 8097, soit un total de 68 739 personnes. Selon les calculs effectués en 1823 par un fonctionnaire britannique, 12,7 pour cent de la

population du Bas-Canada et 5,1 pour cent de celle du Haut-Canada auraient manifesté leur opposition au projet. Les statistiques concernant le nombre de signataires
unionaires n'existent pas encore, mais leur nombre est de beaucoup inférieur à celui
des anti-unionaires. « Messieurs les unionaires disent que c'est propre à servir leur
cause, écrit Papineau le 16 décembre, parce que le Parlement verra bien qu'il ne doit
avoir aucun égard aux représentations d'une population aussi ignorante que celle
du pays qui ne sait écrire et fait des croix. »

MISSION QUASI INUTILE
1823-1825

DÈS LA MI-NOVEMBRE 1822, alors que la campagne sur la question de l'union bat son plein, on pense que des délégués pourraient se rendre à Londres, non seulement pour présenter les pétitions, mais aussi pour expliquer le problème canadien. « Je crois qu'il faudrait envoyer ceux qui sont le plus connus dans le pays et qui connaissent les affaires publiques depuis longtemps : M. votre père, M. le juge E. Bédard, M. [Pierre-Dominique] Debartzch ou M. James Cuthbert seraient des personnes à mon goût, écrit John Neilson à Louis-Joseph Papineau, le 12 novembre. On a parlé de vous et de moi ; quant à vous, je serais en peine de trouver qui peut vous remplacer dans la Chambre. Pour moi, j'ai des objections insurmontables. » Quelques jours auparavant, Papineau avait averti Neilson qu'« un Anglais patriote doit faire partie des délégués ».

Les anti-unionaires de la région de Québec ne veulent pas que Papineau se rende à Londres car, selon eux, le député doit être présent pour l'ouverture imminente de la session. Neilson, partageant ce point de vue, essaie, dans une lettre du 14 décembre, de convaincre le président de la Chambre de demeurer au pays :

> Il n'y a qu'une nécessité absolue, me semble-t-il qui puisse dispenser l'orateur de s'y trouver. C'est un respect dû à cette charge, aux autres corps et à la loi en vertu de laquelle on les réunit. Et, à moins de cette réelle nécessité, je ne crois pas que, dans ce cas-ci, votre absence serait bien vue en Angleterre. Il est vrai que notre existence est menacée ; mais elle doit être défendue par l'accomplissement de nos devoirs constitutionnels. Il est vrai aussi que nos adversaires se rendent en Angleterre, qu'ils travaillent l'opinion, qu'ils préoccuperont les membres. Tout cela est même déjà fait.

Après bien des discussions, Papineau et Neilson sont enfin désignés pour aller à Londres. Le juge Bédard, de Trois-Rivières, ne réussit pas à obtenir du gouverneur

Dalhousie la permission de s'absenter. Une souscription publique doit défrayer les dépenses des deux délégués. Ces derniers veulent, avant leur départ, se munir de quelques lettres de recommandation de personnalités importantes de la colonie. Le 4 janvier 1823, l'évêque Plessis écrit à Papineau :

> On ne saurait donner trop d'éloges à votre dévouement pour votre patrie. Il est d'autant plus méritoire que vous avez en tête des ennemis obstinés, puissants, qui cherchent à vous fermer toutes les avenues et qui ont le secret d'amalgamer leurs intérêts avec ceux du gouvernement. Aussi n'osé-je me flatter que vous ayez accès auprès des ministres. J'ai dernièrement écrit à sir John Sherbrooke, à M. Adam Lymburner et au Dr Pointer, l'évêque catholique de Londres, auquel j'ai transmis une copie du bill d'Union tel que projeté l'été dernier par le Parlement impérial. Si vous voulez tirer parti de sir John, il faut que vous l'alliez trouver seul dans son village de Calverton, près de Nottingham. J'ajoute qu'il faut que vous le surpreniez ; car si vous lui écriviez d'avance, il déclinerait de prendre connaissance de vos affaires. Ne lui présentez pas vos compagnons. La présence de tiers étrangers l'affecterait et, à coup sûr, il ne se déboutonnerait pas devant des gens qui lui sont inconnus, au lieu qu'il vous connaît et vous estime.

Jean-Jacques Lartigue, « suffragant et vicaire général de Québec pour le district de Montréal », ne se contente pas comme Plessis de « donner des adresses » ; il remet à Papineau, son cousin, une lettre de recommandation pour monseigneur William Poynter qui « rendrait un service important à la religion et à notre pays en introduisant ces messieurs à lord Clifford qui leur procurerait le patronage de lord Sussex en les mettant en rapport avec le savant lawyer Charles Butler ».

James Stuart doit lui aussi se rendre à Londres pour aller défendre la cause de l'union du Haut et du Bas-Canada. Alors que tous se préparent à partir, Bathurst, le 13 janvier 1823, signe une lettre à Dalhousie lui annonçant que le projet d'union vient d'être abandonné :

> La mesure projetée de l'union des provinces du Haut et du Bas-Canada fut soumise par le Gouvernement de Sa Majesté à la Chambre des communes, au cours de la dernière session du Parlement, parce que l'on supposait véritablement (ce n'est pas le lieu pour moi d'expliquer la cause de cette supposition) que cette Chambre l'approuverait presque unanimement. Je dois toutefois vous apprendre maintenant que le Gouvernement de Sa Majesté a décidé de renoncer pour le moment à soumettre de nouveau cette mesure, qu'il considère toujours convenable et sage en théorie, mais qui est devenue inopportune à cause du manque de cette approbation que le Gouvernement avait lieu d'espérer et par suite des événements survenus depuis. Seule la certitude formelle d'une telle approbation induisit le Gouvernement de Sa Majesté à présenter alors cette mesure et à la rattacher, à la faveur de cette circonstance, à d'autres mesures qu'il importait souverainement d'adopter sans délai. L'opposition qu'elle suscita a nécessairement détruit l'effet qu'eût produit l'unanimité du Parlement. Cette unanimité n'eût pas manqué de concilier les préjugés mêmes de la population canadienne et une mesure revêtue d'une sanction si manifeste, d'apaiser tout mécontentement provenant d'événements passés et de prévenir la colère si vivement excitée dans ces dépendances de l'Empire dont les avantages et les

intérêts respectifs furent particulièrement consultés en prenant cette mesure même.

Stuart, Neilson et Papineau n'apprendront qu'une fois rendus à Londres la décision du gouvernement britannique concernant l'union, mais leur mission n'en sera pas pour autant inutile. Qui sait si le projet ne reviendra pas à l'ordre du jour, lors de la prochaine session des Communes ?

En route

Papineau et Neilson arrivent à Liverpool le 16 février. Deux jours plus tard, ils prennent la direction de Londres. Dans la capitale, ils cherchent immédiatement un logement meublé qu'ils louent à la semaine.

Les deux Canadiens sont surpris de voir comment les problèmes de la colonie soulèvent, en général, peu d'intérêt dans la métropole. Le 20 février, Papineau fait part à Louis Guy, du comité de Montréal, de ses premières impressions :

> Il est étonnant combien peu l'on s'occupe des intérêts des colonies dans ce pays. J'ai vu des membres de la Chambre des communes qui ignoraient que le bill pour l'union des Législatures des deux provinces avait été agité l'an dernier en parlement, qui demandent par qui et pour quels motifs une mesure qui doit être mauvaise puisqu'elle déplaît autant comme nous le disions, a pu être appuyée et qui, lorsqu'ils nous ont entendus, nous disent que les Canadiens ont raison de s'opposer à ces injustes changements, qui finissent tous, ministériels ou oppositionnistes, par nous conseiller de faire tout au monde pour obtenir des ministres qu'ils abandonnent ce projet, qu'ils finiraient assurément par l'emporter s'ils l'ont à cœur.

Le 1er mars, les deux délégués du Bas-Canada rencontrent Robert John Wilmot-Horton, sous-secrétaire d'État aux Colonies. La discussion s'engage d'abord en français. Le député britannique fait remarquer que la mesure proposée n'avait pas pour but de plaire aux Canadiens français, mais de leur être favorable. Il cite l'exemple « d'un enfant qui n'aimerait pas de prime abord à aller à l'école, mais qui doit néanmoins être contraint de s'y rendre pour son avantage ». Après quelques minutes, Wilmot continue à discuter en langue anglaise. Il est question du nombre d'opposants et des raisons invoquées. Le député britannique confie à ses visiteurs que, sans leur révéler un secret, Bathurst venait d'écrire à Dalhousie pour lui dire que la mesure ne serait pas remise immédiatement à l'étude. Il conseille ensuite aux deux délégués d'exposer par écrit tous les détails relatifs à leur situation.

Papineau et Neilson, tout comme Stuart de son côté, multiplient les rencontres. Chacun explique, à sa façon, la situation bas-canadienne. Au début de mars, les deux anti-unionaires ont une entrevue avec sir James McKintosh « à qui nous avons remis les requêtes du Haut-Canada et avec qui nous avons eu une assez longue conversation pour le mettre un peu au courant des affaires du Canada ». Dans une lettre à Louis Guy, Papineau résume ainsi les propos du membre de la loyale opposition qui avait si bien lutté contre le projet d'union à la Chambre des communes :

Il nous a dit, comme plusieurs autres personnages, que c'était ce qui pouvait nous arriver de mieux (de ne pas s'occuper à présent du projet de loi) ; que ce délai de leur part avait l'air d'un abandon de la mesure ; que ce n'était pas à nous à amener contre le gré des ministres cette discussion quant à présent et qu'il inclinait à penser qu'il valait mieux différer à produire nos requêtes vers la fin de la session, simplement pour qu'elles demeurassent sur les journaux de la Chambre et fussent par la suite un avertissement de ne pas décider si précipitamment sur les intérêts des colons sans les entendre. Que le Bas-Canada en particulier dont les naturels avaient si peu de liaisons avec ceux de ce pays devait trouver plus qu'aucune colonie les représentants de ce pays sur leur garde et peu disposés à changer l'état d'un pays qu'ils connaissaient si peu et qui s'était montré en tout temps aussi brave et attaché à ce gouvernement. Que le temps viendrait où la province serait mûre pour se séparer de ce pays ; mais qu'une mauvaise administration hâterait cette époque pour le malheur de l'un et de l'autre, au lieu que si les colonies étaient gouvernées avec modération, lorsque le temps en serait venu, la séparation pourrait avoir lieu sans que des sentiments de haine nuisissent aux liaisons de commerce qui subsisteraient plus tard ; qu'aussi longtemps que le Bas-Canada voulait demeurer uni à ce pays, il avait droit à sa protection, etc. Sur les distinctions introduites dans la requête des unionaires de Bas-Canada anglais et français, des Canadiens anglais et français, il a dit qu'elles étaient déplorables et un acte de folie quand c'était la minorité qui, en la faisant, s'exposait à la haine du grand nombre.

Le plus fidèle défenseur du projet d'union, Edward Ellice, continue son travail.

Je tiens de lui-même qu'il a désiré ramener la question sur le tapis durant la présente session, écrit Papineau à Guy, le 5 avril ; que, sur le refus des ministres de s'en occuper, il a insisté à demander que le bill fut introduit sous la condition qu'il ne passerait pas en loi cette année, mais serait référé à un comité spécial devant lequel MM. Neilson, Stuart et moi serions entendus, ce qui produirait une union agréable à tous les partis, modifiée de manière à ne léser aucun intérêt ; [...] que les ministres lui ont dit qu'ils ne s'occuperaient point de ce bill durant la présente session. Mais il a voulu ajouter qu'il était très certain que le projet d'union des provinces n'était pas abandonné et qu'il prévaudrait un peu plus tôt ou un peu plus tard et sans doute à la prochaine session.

Ellice ajoute que, pour lui et les ministres, le but poursuivi était de « jeter les fondements d'un État assez fort pour n'être pas bientôt englobé dans l'Union américaine et dont la Législature serait plus préparée à gouverner un État indépendant à l'époque peut-être peu éloignée où l'Angleterre et le Canada trouveraient un avantage mutuel à se séparer. »

Partout où ils vont, Papineau et Neilson insistent sur les bonnes dispositions des Canadiens français, entre autres sur les questions linguistiques. « Il n'y a probablement pas dix membres de l'actuelle Assemblée du Bas-Canada qui ne comprennent pas l'anglais ; plusieurs le parlent couramment ; il n'y a personne d'un certain rang social dans la colonie qui ne fasse apprendre l'anglais à ses enfants », disent-ils dans leur mémoire.

Après deux mois passés à Londres, Papineau trace un bilan nuancé de son séjour dans la métropole :

> Par rapport à l'objet principal de mon voyage, l'union, écrit-il à sa femme le 19 avril, il n'aura pas été inutile : les communications que nous avons eues avec plusieurs membres des Communes suffiront pour qu'ils soient en garde à l'avenir contre tout projet qui aurait pour but quelque grande injustice contre le pays et pour moyen des représentations secrètes pour obtenir des changements à l'insu des habitants du pays. Sous tout autre rapport, il sera peu utile ou, du moins, moins utile que je n'aurais espéré. L'on ne veut pas s'occuper du Canada et rien de plus. Si M. Stuart et M. Ellice n'étaient pas ici, je serais rendu plus vite que je ne l'espérais d'abord ; mais de peur de quelque supercherie de leur part, je croirai devoir rester jusqu'à la fin de la session, même si M. Neilson s'en retourne avant ce temps, ce qui pourrait être, si les ministres veulent bien nous donner une assurance plus formelle qu'ils ne l'ont fait qu'ils abandonneront ce plan.

Neilson quitte Londres le 13 mai et est de retour à Montréal le 25 juin. Dans la métropole, Stuart continue, de son côté, à prôner l'union. Le 6 juin, il remet un long mémoire dans lequel il résume les raisons « ethniques » qui l'incitent à recommander un changement de constitution :

> Le Bas-Canada, écrit-il, est en majeure partie habité par une population qu'on peut appeler un peuple étranger, bien que plus de soixante ans se soient écoulés depuis la Conquête. Cette population n'a fait aucun progrès vers son assimilation à ses concitoyens d'origine britannique, par la langue, les manières, les habitudes et les sentiments. Ils continuent, à quelques exceptions près, d'être aussi parfaitement français que lorsqu'ils ont été transférés sous la domination britannique. La principale cause de cette adhérence aux particularismes et aux préjugés nationaux est certainement la concession impolitique qui leur a été faite, d'un code de lois étrangères dans une langue étrangère.

La session du Parlement britannique se termine sans qu'il soit encore question d'union des Canadas. Papineau demeure quand même à Londres jusque vers le 10 août. « D'ici à ce temps, je tâcherai d'entretenir le zèle du petit nombre d'amis que nous avons tâché de gagner à la cause du Canada. » Le leader canadien se rend compte que, s'il veut conserver son britannisme, il ne doit pas trop allonger son voyage. Il confie à sa femme, le 23 juillet : « J'étais passablement bon sujet au Canada, sincère admirateur des Anglais et de leur gouvernement, mais j'y remarque tous les jours de si insupportables abus que j'y deviens mauvais sujet. »

Après un court séjour en France, Papineau est de retour à Montréal le 22 novembre 1823. Bien des choses se sont passées dans la colonie pendant son absence. Il lui faudra retrouver sa place de leader et faire face au gouverneur Dalhousie.

Un nouveau président

Tel que prévu, la nouvelle session s'ouvre le 10 janvier 1823, en l'absence du président de la Chambre d'assemblée, Louis-Joseph Papineau. Des députés proposent trois candidats : Denis-Benjamin Viger, Thomas-Pierre-Joseph Taschereau et Joseph-Rémi Vallières de Saint-Réal. La candidature des deux premiers ayant été rejetée, le troisième est élu à l'unanimité. Dans son discours inaugural, le gouverneur rappelle qu'il compte bien que les députés voteront la liste civile.

Peu après le début de la session, la Chambre d'assemblée et le Conseil législatif adoptent, séparément, des résolutions contre l'Union. Il était prévisible que la Chambre fasse un tel geste, mais que le Conseil le fasse aussi en surprend plusieurs. Parmi les conseillers se prononçant contre l'union, on retrouve l'évêque Plessis, les juges Sewell et Caldwell. Tous ceux qui votent en sa faveur sont des anglophones et de part et d'autre, on prépare des adresses au roi à ce sujet.

Chacun attend avec impatience le moment où doit débuter l'étude des subsides. Le gouverneur avait présenté la demande de crédit en utilisant une nouvelle méthode. Il avait divisé les estimations budgétaires en deux sections : une première, représentant un total de 32 000 livres sterling, comprenait les salaires du gouverneur et de son entourage, des juges et des officiers de justice, des conseillers exécutifs, du receveur général et de quelques autres fonctionnaires. Quant à la seconde section, d'un total de 30 225 livres, elle englobait les dépenses de la législature, de l'éducation, de la voirie, etc. Comme les revenus de la Couronne étaient suffisants pour défrayer le coût de la première section, le gouverneur demanda à la Chambre de pourvoir seulement à la seconde section. Après une étude détaillée des salaires et sommes nécessaires au bon gouvernement de la colonie, la Chambre adopte le bill des subsides. Le Conseil législatif, tout en dénonçant la façon de procéder de l'Assemblée, lui accorde son concours.

La session est donc prorogée le 22 mars 1823. Dalhousie accorde la sanction royale à 41 projets de loi, la plupart concernant des appropriations de sommes dans divers secteurs. Une loi concerne plus particulièrement les Eastern Townships, l'Acte pour ériger certains townships y mentionnés en un district inférieur qui sera appelé le district inférieur de Saint-François et pour y établir des cours de judicature. L'article 12 de la nouvelle loi précise que « la dite cour inférieure sera tenue dans le village de Sherbrooke ». La question judiciaire trouve ainsi un élément de solution, mais les townships ne peuvent pas encore compter sur des représentants élus pour les représenter à la Chambre d'assemblée !

Sans témoins

Le Conseil législatif, avant la clôture de la session, avait refusé de voter les « bills d'indemnité », concernant les dépenses non approuvées pour les années 1819 à 1823. Malgré certaines concessions, la guerre des subsides n'était donc pas terminée.

Lors de l'ouverture des séances de la Cour d'Oyer et Terminer du district de Montréal, l'avocat général fait état d'un manque de fonds rendant impossible la comparution des témoins dans plusieurs poursuites intentées par la Couronne. Le *Canadian Spectator* affirme : « Il paraît que la Cour ne pourra procéder qu'en certains cas où les témoins comparaîtront volontairement ; mais que, dans les cas où il faudra de l'argent pour les faire comparaître par le service des subpœnas, on doit craindre que les parties sous accusation ne soient, faute de témoins, élargies et renvoyées dans la société. [...] On nous a aussi appris que les officiers de police ont déclaré ne pouvoir satisfaire aux différentes applications justes, faute d'argent ! Et la Société d'agriculture de Montréal a aussi déclaré ne pouvoir satisfaire à ses engagements, faute d'argent ! »

Le 14 mai, les grands jurés du district de Montréal signent une lettre de protestation contre cet état de choses et ils accusent le Conseil exécutif de retenir les sommes d'argent nécessaires « sous le prétexte de l'économie ». Quelques jours plus tard, les cours de justice de la région de Québec sont paralysées pour les mêmes raisons.

Au moment où les cours de justice doivent faire face à de graves problèmes financiers, le gouverneur lui-même craint que n'éclate un scandale qui donnerait aux députés une arme nouvelle pour réclamer un meilleur contrôle des subsides. Le 28 avril 1823, Dalhousie fait rapport à Bathurst que la caisse du receveur général John Caldwell est quasi vide.

> Autrefois, écrit-il, nos difficultés financières provenaient de ce que la Législature ne votait pas des appropriations suffisantes ; maintenant la position est changée, les appropriations sont très larges, mais le receveur général n'a pas d'argent pour faire face aux obligations publiques, quoique ses comptes démontrent qu'il a ou devrait avoir en main une balance suffisante. Caldwell a demandé une avance sur la caisse militaire, mais je la lui ai refusée. Je crois cependant qu'en retardant le paiement des comptes publics, il pourra rétablir sa situation financière. Tout ce qu'il faut, c'est du délai.

Ces dernières années, Caldwell avait construit plusieurs moulins à scie et s'était lancé dans le commerce du bois. Ses propriétés seigneuriales étaient importantes et il menait grand train de vie. En tant que receveur général du Bas-Canada, il « était dépositaire de tous les argents [sic] provenant soit de la levée des impôts, soit des droits réguliers ». À court d'argent, il avait donc « emprunté » sans permission la somme de 96 000 livres sterling, soit beaucoup plus que le budget annuel de la colonie !

Il serait souhaitable que Caldwell puisse rembourser le trésor royal avant l'ouverture de la session. Le 9 octobre, Harrison, du bureau de la Trésorerie, fait part au sous-secrétaire d'État aux Colonies de la démarche à entreprendre : « Une enquête devra être faite quant à la nature et à l'étendue des propriétés du receveur général et sur les moyens de garantie qu'il a à offrir pour la liquidation de la dette aussi bien que pour la due application des argents publics [sic] qui lui viendront entre les mains et, si les moyens sont trouvés suffisants, il pourra, sous toutes les circonstances, avoir un délai pour payer des versements qui devront être fixés suivant qu'il y aura lieu. »

En somme, personne ne veut prendre des mesures énergiques pour forcer Caldwell à rembourser le montant détourné. Il est vrai que le receveur général compte des amis ou des sympathisants dans les hautes sphères de l'administration.

La journée même de l'ouverture de la session, soit le 25 novembre, le gouverneur charge son secrétaire Ryland de faire savoir à Caldwell qu'il est destitué de son poste.

Au moment où vous prendrez connaissance de la détermination qu'il a été du pénible devoir de Son Excellence de prendre relativement à vos fonctions, vous pouvez être convaincu de sa disposition sincère à vous accorder toute facilité qu'il lui sera en son pouvoir afin d'en venir à un arrangement satisfaisant de vos comptes publics. J'ai reçu instruction d'ajouter que du moment que vous aurez reçu cette communication vous devez vous considérer comme suspendu dans l'exercice de vos fonctions de receveur général, à la réserve de ce qui pourra être nécessaire pour compléter vos comptes à date.

Diviser pour régner

Seulement 28 députés assistent à la lecture du discours inaugural. Les seize conseillers législatifs, dont l'évêque Plessis, semblent manifester un intérêt plus réel pour l'ouverture de la session. Vallières de Saint-Réal occupe toujours le siège du président de la Chambre. Dalhousie va tenter de créer une division au sein de la députation francophone en sollicitant l'appui de l'orateur. Il lui écrit une longue lettre le 26 novembre où, après avoir vanté son impartialité dans la direction des travaux sessionnels, il se dit assuré que son objectif et le sien sont le bien public. Le gouverneur analyse ensuite la situation financière de la colonie. Il veut convaincre le président de la Chambre du bien-fondé des décisions qu'il a prises dans le secteur des subsides. « On me reproche d'avoir dépensé illégalement les deniers publics sans l'autorisation de la Législature. Je dois admettre que je l'ai fait, mais mon excuse est évidente : j'ai été forcé de le faire pour le bien public. La Chambre refusait de voter les dépenses nécessaires au fonctionnement de la machine gouvernementale que j'étais chargé de conduire. Je n'ai pas osé prendre sur moi de l'arrêter et d'obliger les fonctionnaires publics à agir, sans leur payer le salaire d'où dépend leur existence. »

Vallières de Saint-Réal reçoit la lettre du gouverneur le 2 décembre et il y répond dès le lendemain :

Serait-il possible que l'Assemblée fut assez aveugle et assez ennemie de ses intérêts non seulement pour craindre mais même pour ne pas désirer que Votre Excellence communique, sans gêne et sans contrainte, avec son orateur ? Manquer en même temps par un défaut de grandeur d'âme et par l'oubli de leurs intérêts, est ce qui arrive rarement aux hommes, et je puis assurer Votre Excellence que la Chambre d'assemblée a trop de confiance dans le caractère connu de Votre Excellence et connaît trop ses intérêts pour concevoir un sentiment si injuste envers vous et envers elle-même. Croyez-moi, Milord, s'il existe un sentiment bien général et bien prononcé dans la Chambre d'assemblée, c'est précisément l'inverse de celui dont Votre Excellence la soupçonne.

La réponse du président de la Chambre satisfait le gouverneur qui l'invite à venir le voir n'importe quel matin à dix heures. « Vous me trouverez alors prêt et heureux de vous voir. »

Le retour de Papineau en Chambre va peut-être modifier les bonnes relations qui semblent s'établir avec Dalhousie.

Le 1er décembre, la Chambre prend connaissance d'un message du gouverneur annonçant la malversation du receveur général. L'information est référée immédiatement à un comité spécial. Caldwell comparaît devant ce comité, le 23 décembre.

À la question « Pouvez-vous dire au comité quel moyen vous avez de liquider la balance que vous déclarez devoir au gouvernement de Sa Majesté ? », le concussionnaire répond :

> Je proposerais d'abord d'abandonner pour en faire la vente, aussitôt qu'on en pourra trouver un prix raisonnable, ma maison qui est de grande valeur compris l'emplacement et le quai, situés sur la rue Saint-Pierre, dans la basse ville de Québec ; les seigneuries de Gaspé, Saint-Étienne, environ cinquante acres de terre dans la banlieue de Québec ; le droit de recevoir quatre mille louis qui me restent dus sur le prix de la seigneurie de Foucault, ou Caldwell-Manor, et la propriété de, ou des réclamations hypothécaires sur 38 000 à 40 000 acres en franc et commun socage qui peuvent avoir été vendues dans les lieux où se trouvent ces lots. [...] La seigneurie de Lauzon étant substituée à mon fils et ayant été grevée de quelques hypothèques en faveur de différents individus par mon père, en son vivant, au paiement desquelles je crois son revenu affecté, je demanderais qu'il me fut permis d'offrir de verser tous les ans la somme de 1500 livres courant dans le trésor provincial, pendant ma vie ou jusqu'à ce que le montant de ma balance fut payé.

Caldwell demande aussi au comité la permission de réintégrer immédiatement son poste de receveur général.

Le comité spécial, présidé par Augustin Cuvillier, présente son rapport le 3 février 1824. Il recommande de réclamer au gouvernement britannique le remboursement de la somme détournée. « Les argents [*sic*] prélevés sur les habitants de cette colonie pour les usages publics de la province, déposés entre les mains d'un officier de ce gouvernement, conformément à des instructions royales, et d'accord avec elles, ont été détournés à d'autres usages, sans qu'il fût possible au peuple de cette colonie de prévenir le mal. » Selon le comité, la Chambre d'assemblée devrait avoir un droit de contrôle, du moins de regard, sur les activités du receveur général : « Votre comité croit qu'il est indispensable, pour éviter le danger de voir se renouveler des malheurs comme ceux qui ont fixé son attention, qu'il soit introduit un bill pour régler le bureau du receveur général et aussi l'audition des comptes publics provinciaux, avant qu'ils soient soumis à la Législature et à l'audition du Trésor de Sa Majesté. »

La Chambre dénonce aussi le Canada Trade Act, adopté à Londres en 1822. Elle juge que le Parlement impérial a outrepassé ses droits en imposant des taxes sans l'accord des députés bas-canadiens. Papineau se porte à la défense du gouvernement de Londres qui n'a fait, selon lui, qu'exercer un droit qu'il n'avait jamais abandonné. L'attitude de Papineau surprend et certains journaux dénoncent sa conduite.

La discussion sur la question des subsides divise encore une fois la Chambre. Papineau propose une série de résolutions mettant presque en accusation le gouverneur Dalhousie qu'il tient personnellement responsable des sommes dépensées sans autorisation de la Chambre. La 17e résolution précise :

> Que, vu le déficit qui se trouve dans les coffres publics par la faillite du receveur général ; le montant des appropriations dues aux créanciers publics ; l'insuffisance du revenu pour permettre aucunes améliorations locales ; la nécessité inquiétante pour la première fois de négocier un emprunt pour faire face aux engagements du gouvernement et subvenir à ses dépenses ordinaires ; vu aussi l'extrême dimi-

nution du prix des objets de consommation et la diminution des profits de toutes les classes industrieuses de la société, il était d'étroite justice envers le peuple de cette colonie de réduire durant la présente année les dépenses au lieu de projeter de les accroître, comme le demandent les estimations présentées à cette Chambre.

En conséquence, Papineau demande que tous les salaires des fonctionnaires, y compris celui du gouverneur, soient réduits de 25 %.

La décision ferme de la Chambre de continuer à voter les subsides article par article, d'année en année, maintient vivace la désapprobation du Conseil législatif. Ce dernier, le 6 mars 1824, adopte le texte d'une adresse au roi qu'il supplie humblement « de prendre en sa considération royale les difficultés croissantes qui environnent le gouvernement exécutif de cette province, occasionnées par le refus obstiné de n'accorder des subsides qu'à des conditions qui mettraient nécessairement les officiers du gouvernement de Sa Majesté en cette province, à la merci de l'Assemblée, ainsi que les dangers qui doivent inévitablement en résulter, si on n'y apportait un prompt remède. » Le Conseil législatif demande donc au roi de remédier à la situation en adoptant une loi concernant les subsides.

Considérant qu'il est inutile de prolonger la session, le gouverneur Dalhousie prononce, le 9 mars, le discours de prorogation des travaux. Il dénonce à nouveau l'attitude de la Chambre sur la question des subsides. « Ce sujet, déclare-t-il, a constamment occupé chaque session du présent parlement, et il continuera d'occuper celles qui doivent le suivre ; il a causé des maux incalculables à la province et la laisse à présent lutter contre des difficultés, tandis que chacun de ses habitants doit s'apercevoir que l'assistance favorable de la Législature seulement lui manque pour exciter cette énergie puissante et mettre au jour ces ressources qui sont en son pouvoir et qui, sans cette assistance, doit tomber dans l'inertion. »

Malgré les reproches, les députés ont fait adopter 39 projets de loi qui reçoivent la sanction royale.

Au début de mai 1824, un groupe de citoyens de Montréal présente une adresse au gouverneur, le félicitant de sa conduite devant la Chambre. Dans sa réponse, Dalhousie annonce son départ prochain pour Londres. Le problème des subsides, celui du détournement de fonds de Caldwell et un nouveau projet d'union justifient amplement ce voyage. Monseigneur Lartigue n'est pas fâché de voir le représentant du roi s'éloigner de la colonie. « Dieu le bénisse, écrit-il à Plessis, et le fasse rester en Angleterre pour ne plus revenir ici ; car il n'y a personne moins capable de gouverner que celles qui tournent à tout vent et ne savent pas persévérer dans rien de ce qu'elles ont entrepris. »

Une confédération malvenue

Le juge en chef du Bas-Canada, Jonathan Sewell, et le procureur général du Haut-Canada, John B. Robinson, échafaudent un projet d'union de toutes les colonies anglaises de l'Amérique du Nord.

Il y a actuellement en Amérique cinq Législatures provinciales : les Législatures du Bas-Canada, du Haut-Canada, de la Nouvelle-Écosse, du Nouveau-Brunswick et de l'île du Prince-Édouard. Ces Législatures ressemblent à celle de la mère patrie et sont indépendantes, même en tout ce qui concerne la mère patrie, sauf le commerce et la religion. En outre, il est parfaitement vrai que la Couronne n'exerce qu'une faible influence sur les branches populaires de l'une quelconque de ces législatures provinciales ; et il est hors de conteste qu'elle est dépourvue de cette influence qui lui permettrait de faire adopter une seule mesure, même opportune ou d'une absolue nécessité pour toutes les provinces ou pour l'Empire, à l'encontre des intérêts régionaux quelconques qui pourraient militer contre cette mesure et être utilisés contre son adoption. En conséquence, quoiqu'il soit obligé de pourvoir à la protection et à la défense des provinces, il est clair que le gouvernement impérial ne dispose pas de moyens suffisants qui lui permettent de tirer parti des ressources des provinces pour atteindre ces fins si importantes. Une union législative des diverses provinces ferait, dans une grande mesure, disparaître ces maux et consoliderait les intérêts et la puissance des provinces pour les motifs suivants : il existe actuellement cinq assemblées et il va de soi qu'il serait plus facile d'en diriger une que de diriger cinq assemblées quelconques populaires et électives. Le nombre des membres des cinq assemblées s'élève à un total de deux cents (ou à peu près) ; en conséquence, cent une voix constituent une majorité. Mais si la représentation de toutes les provinces se limitait à trente membres — et elle ne devrait pas excéder ce chiffre — cette majorité serait réduite à seize. Dans un seul Parlement général, la représentation d'une seule province ne constituerait pas une majorité ; en conséquence, les simples passions ou préjugés locaux disparaîtraient et l'on considérerait collectivement les intérêts de l'Empire et des provinces.

Une telle union, selon les auteurs du projet, aurait aussi comme conséquence de renforcer le pouvoir exécutif et « la puissance du gouvernement impérial en serait donc considérablement accrue ». Enfin, la défense du territoire serait facilitée, puisqu'il n'y aurait plus qu'un seul code militaire. « On doit toutefois, conclut le mémoire, faire observer que l'on ne propose rien d'autre qu'une union législative des provinces. On ne désire pas faire disparaître dans l'une quelconque des provinces l'un quelconque des postes à la nomination de la Couronne. Bien au contraire, on a l'intention de laisser chaque province sous la direction d'un lieutenant-gouverneur et de maintenir dans chacune d'elles le département exécutif. »

James Stuart n'est pas du tout d'accord avec le projet Sewell-Robinson. Selon lui, « vouloir établir à l'heure actuelle un tel gouvernement serait une entreprise tout à fait prématurée ».

Si une telle confédération était établie, ajoute-t-il, les Français du Bas-Canada ne voudraient pas, certes, y entrer, comme on l'a proposé, sur un pied d'égalité avec l'île du Prince-Édouard et Terre-Neuve dont la population réunie et stable n'égale pas celle de l'une des villes de cette province. Ils ne voudraient pas non plus être admis sur un pied d'égalité même avec la Nouvelle-Écosse et le Nouveau-Brunswick ; ils demanderaient que l'on tînt compte de la population plus nombreuse, des ressources plus considérables ainsi que du commerce, des richesses et de l'importance de cette province. La population du Bas-Canada dépasse celle de toutes les autres provinces que l'on se propose de fédérer. Et ce qui constitue un très sérieux obstacle à toute union fédérative immédiate des provinces britanniques, c'est que cette province française — car on peut la désigner ainsi à l'heure actuelle — aurait le droit et ne pourrait guère manquer d'exercer une influence prépondérante dans toute union générale qui pourrait être établie actuellement et qu'ainsi elle conférerait injustement un caractère français et inculquerait des principes français même aux colonies anglaises qui jusqu'ici ont échappé à une semblable inoculation. Non seulement les Anglo-Saxons du Bas-Canada seraient mécontents, pour les motifs susmentionnés, de l'union générale projetée, mais au cas où l'on prétendrait la substituer à l'union projetée du Haut et du Bas-Canada en une seule législature, ils estimeraient qu'elle serait tout à fait illusoire et qu'elle leur enlèverait toute espérance d'améliorer leur situation et d'assurer le progrès et la sécurité du pays.

Pour Stuart, seule l'union du Haut et du Bas-Canada peut régler les problèmes communs aux deux colonies. La Grande-Bretagne, selon lui, devrait se méfier d'un projet de confédération de ses colonies nord-américaines qui conduirait à une union avec les États-Unis.

Le délégué des unionaires continue à préconiser l'union des deux Canadas. En avril 1824, il est toujours à Londres où il multiplie les démarches. Le 8, il écrit :

> Lorsqu'ils s'opposèrent à une union, les Canadiens français agirent sous le coup de l'émotion passagère que produisirent ces mêmes articles [langue et religion] et qui depuis longtemps s'est évanouie. On peut même affirmer que, en ce moment, les Canadiens les plus intelligents et les plus respectables, y compris ceux qui avaient le plus combattu l'union, ne s'y opposent plus pourvu que soient modifiés deux ou trois articles de la mesure projetée. Ils estiment maintenant qu'une union est opportune et qu'elle servira même les intérêts des Canadiens français, parce que, sans cette union, les Canadas n'ont pas la moindre chance d'échapper à la domination américaine tandis que, avec l'accroissement de force que leur procurerait l'union, ils pourraient espérer maintenir pendant longtemps encore les liens qui les rattachent à la mère-patrie. Sans l'union, les lois, la religion et la langue des Canadiens français seraient à la merci d'une démocratie américaine et bientôt foulées aux pieds ; avec l'union, elles seraient peut-être exposées au danger de s'altérer graduellement, mais elles jouiraient, en somme, d'une grande sécurité en vertu des garanties légales qu'elles possèdent et de la protection du gouvernement impérial.

En somme, Papineau et Neilson n'ont pas emporté le morceau lors de leur séjour à Londres et la menace de l'union pèse toujours sur la colonie.

Un thème électoral

Le Parlement est dissous, le 6 juillet 1824, et le Bas-Canada doit se choisir une nouvelle députation. Le thème majeur de la campagne électorale est la question de l'union. Dans la circonscription de Montréal-Ouest, James Stuart est l'un des quatre candidats. Le *Canadian Spectator* se prononce ouvertement contre le défenseur de l'union.

> Les talents de M. Stuart sont connus, lit-on dans l'édition du 7 août, mais ses qualités morales et intellectuelles sont hors de la question : ce que tout électeur a à considérer en allant au poll, ce n'est pas s'il votera contre M. Stuart, mais s'il votera contre l'union. Sur ce sujet, nul Canadien qui a en vue les intérêts de son

pays et qui connaît les droits des sujets anglais, ne saurait hésiter : nul Canadien ne peut hésiter à voter décidément contre M. Stuart. Il est du devoir d'un tel homme non seulement de voter contre M. Stuart, mais d'exhorter ses amis, ses connaissances, tous ceux sur qui le raisonnement peut avoir de l'effet, à en faire de même.

Malgré l'intervention active de quelques conseillers législatifs favorables au gouverneur et à sa clique, aucun partisan avoué du projet d'union ne réussit à se faire élire. La prochaine session s'annonce donc encore une fois orageuse, mais l'absence de Dalhousie, qui séjourne en Angleterre, risque de détendre l'atmosphère. Son remplaçant, le lieutenant-gouverneur Francis Nathaniel Burton, semble beaucoup plus conciliant.

L'accalmie

La première session du douzième Parlement débute sous de bons augures. Avant le discours inaugural, les députés doivent se choisir un président des débats. Le 8 janvier 1825, le représentant de la circonscription de Huntingdon, Augustin Cuvillier, propose la candidature de Louis-Joseph Papineau, alors que Louis Bourdages, du comté de Buckingham, avance celle de Vallières de Saint-Réal. Bourdages, surnommé en Chambre l'Antéchrist, fait valoir que Papineau sera peut-être appelé à retourner en Angleterre et que, de plus, l'ex-délégué s'est prononcé en faveur du Canada Trade Act, ce qui est un genre de trahison pour les Canadiens. Après un débat bref mais très animé, Papineau l'emporte par 32 voix contre 12.

Burton inaugure donc la session le 10 janvier. Dans son discours, il se dit convaincu que la session sera fructueuse. « Quoique j'assume pour la première fois l'administration du gouvernement, j'ai résidé assez longtemps dans la province, ajoute-t-il, pour vous avoir connus presque personnellement. C'est avec la plus vive satisfaction que je déclare que je n'ai remarqué, dans aucune partie des états du roi, un attachement plus ferme à la personne et au gouvernement de Sa Majesté que je n'ai observé en vous individuellement. Je suis donc bien fondé à compter sur vos efforts collectivement. »

Un comité spécial étudie le projet d'une nouvelle carte électorale qui tiendrait compte de l'expansion territoriale depuis 1791. La Chambre est encore une fois saisie de projets de loi visant à incorporer les villes de Québec et de Montréal. Souvent, une nouvelle législation naît de la présentation d'une pétition. Les députés étudient presque chaque jour une foule de pétitions de tous genres, concernant une pension, la construction d'un pont, des augmentations de salaires, la réglementation de diverses professions, etc.

Le 22 mars, Burton vient mettre fin à la session en accordant la sanction royale à 36 projets de loi approuvés tant par la Chambre d'assemblée que par le Conseil législatif. Le menu comprenait plusieurs bills qui meurent avec la prorogation : cinq avaient été adoptés par la Chambre, modifiés par le Conseil et rejetés par la Chambre ; douze, dont les deux concernant l'incorporation des villes de Québec et de Montréal, sont rejetés par le Conseil après avoir été adoptés en Chambre ; deux, passés d'abord par le Conseil, ensuite amendés par l'Assemblée puis rejetés par le Conseil avec les amendements ; et quatre, adoptés par le Conseil et rejetés par la Chambre. Le 22 mars, il reste sur la table de la Chambre 20 projets de loi toujours à l'étude.

Le port de Québec (*c.* 1840)

Papineau :
un homme à abattre
1825-1827

L E LIEUTENANT-GOUVERNEUR BURTON est satisfait de la façon dont s'est déroulée la session de 1825 ; il est surtout heureux de voir que députés et conseillers ont réussi à s'entendre sur la question des subsides. Il écrit à Bathurst, le 24 mars, soit deux jours après la clôture des travaux sessionnels :

> C'est avec la plus vive satisfaction que je fais savoir à Votre Seigneurie que l'on a réglé à l'amiable les différends qui ont subsisté si longtemps entre les corps législatifs à propos de questions financières. Et, en parcourant le bill annexé à cette dépêche, Votre Seigneurie constatera que l'Assemblée reconnaît pour de bon le droit de la Couronne de disposer des revenus perçus sous l'empire de l'Acte de la 14ᵉ George III, et de certains autres actes dont tous les deniers provenant desdits revenus sont déjà affectés en vertu de la loi et que, à l'avenir, il suffira de demander à l'Assemblée les fonds qui seront nécessaires pour combler le déficit des revenus susmentionnés et défrayer les dépenses que comportent le gouvernement civil et l'administration de la justice.

La manifestation de contentement de Burton est peut-être prématurée, car Londres n'a pas encore fait connaître sa réaction à la façon dont les subsides avaient été votés. Le lieutenant-gouverneur avait présenté la demande de subsides sans faire de distinctions « entre les dépenses pourvues par des lois permanentes et celles auxquelles il fallait pourvoir par un octroi annuel ». Le projet de loi, adopté par la Chambre d'assemblée par 22 voix contre une, spécifiait qu'« il sera ajouté et payé à même les deniers non appropriés qui sont maintenant ou qui pourront se trouver ci-après entre les mains du receveur général de la province telle somme ou sommes n'excédant pas cinquante-huit mille et soixante-quatorze louis, deux chelins et onze pence sterling, aux fins de défrayer les dépenses du gouvernement civil de cette province et de l'administration de la justice, et les autres dépenses pour ladite année commençant le 1er jour de novembre 1824 et se terminant le 31e jour d'octobre 1825 ».

Même si le projet de loi adopté ne comprend pas le détail des salaires, les députés ont gagné de voter les subsides pour une année seulement. Au Conseil législatif, deux conseillers avaient voté contre la mesure parce que les sommes n'avaient pas été acceptées de façon permanente pour la vie du roi. Lors des discussions en Chambre, des représentants avaient demandé au lieutenant-gouverneur de produire les dépêches royales demandant de voter la liste civile permanente. « Le lieutenant-gouverneur, écrit Papineau le 28 février 1825, nous a répondu samedi que, après des recherches diligentes, elles [les dépêches] ne se trouvaient pas dans le secrétariat, qu'apparemment le comte de Dalhousie les avait emportées avec lui en Angleterre pour en conférer avec les ministres. La présomption est bien forte qu'il n'en avait pas, mais seulement qu'il avait quelque instruction générale par laquelle on lui disait : « Faites pour le mieux. » Ainsi tout le trouble qu'il y a depuis longtemps lui doit être imputé. » Et Papineau ne cache pas ce qu'il pense du gouverneur en titre : « Tous les jours nous découvrent de nouvelles friponneries du comte de Dalhousie, qui l'avilissent et les conseillers qui l'ont trompé. »

À Londres, Bathurst, secrétaire d'État aux Colonies, désavoue la conduite de Burton et trouve inacceptable la manière dont la Chambre vote les subsides. Il rappelle au lieutenant-gouverneur ses instructions de 1820 et 1821 portant sur la nécessité de voter les subsides de façon permanente et en bloc.

> L'appropriation du revenu permanent de la Couronne, écrit-il à Burton le 4 juin 1825, sera toujours mise, par l'ordre de Sa Majesté, devant la Chambre d'assemblée, comme un document pour son information, et pour servir à la guider dans ses procédés. Elle y verra quels sont les services auxquels il est déjà pourvu par la Législature ; et elle s'assurera par là que les revenus de la Couronne (quels qu'en soient le montant et la source) seront exclusivement et invariablement appliqués, sous la direction du Gouvernement de Sa Majesté, pour l'avantage de la province. [...] Comme le bill est limité à une année, je ne crois pas qu'il soit nécessaire de recommander à Sa Majesté de la désapprouver, mais je me bornerai à donner au représentant de Sa Majesté, dans la province du Bas-Canada, l'instruction de ne sanctionner aucune mesure d'une semblable nature.

Burton n'entend pas encourir de reproches de son supérieur sans se défendre. Le 25 juillet, sur réception de la lettre de Bathurst, il répond qu'il n'a jamais vu les instructions dont parle le secrétaire d'État, car Dalhousie ne les avait pas laissées dans ses papiers officiels au Château Saint-Louis. L'affaire aura l'effet d'une bombe, lors de la session suivante du Parlement du Bas-Canada.

Un retour non souhaité

Même si la majorité des habitants ne s'est pas rendu compte de l'absence du gouverneur général Dalhousie, du côté des députés, on appréhende un peu son retour, car on a apprécié davantage l'esprit de collaboration de Burton. À la mi-juillet 1825, il y a rumeur à Québec du retour de Dalhousie, dès le début de septembre, et du départ de Burton pour l'Angleterre. Les deux hommes ne semblent pas nourrir l'un pour l'autre une profonde amitié, d'autant plus que Burton considère que Dalhousie est responsable du blâme qu'il a encouru de la part de Bathurst.

À la fin du mois d'août, les habitants de la ville de Québec sont invités à signer une adresse au lieutenant-gouverneur pour le remercier « de ses dispositions amicales à l'égard de la province et de ses habitants ». Les habitants de Montréal font de même. Plus de 2000 personnes signent le document. « Parmi ces signatures, écrit le *Spectateur canadien*, sont celles de toutes ou presque toutes les personnes notables de cette ville et de ses environs, et jamais, à ce que nous croyons, la popularité d'un gouverneur ou d'un lieutenant-gouverneur du Bas-Canada n'a été plus grande que celle de sir F. N. Burton. »

Le 16 septembre, le *Herald*, vaisseau de guerre de Sa Majesté, jette l'ancre devant Québec, avec à son bord Dalhousie et sa suite. Le comte de Dalhousie s'était embarqué à Greenock le 1er août et, malgré une traversée qui avait duré plus de six semaines, il paraissait jouir d'une parfaite santé.

Quant à Burton, il s'embarque à bord du *Herald* le 6 octobre. Il arrivera à Portsmouth le 29, après une traversée qui n'aura duré que 21 jours. Il cherchera par la suite à justifier sa conduite sur la question des subsides. L'affaire trouvera son dénouement en janvier 1827, alors que Dalhousie avertira la Chambre d'assemblée « que Burton n'avait pas reçu les deux dépêches de lord Bathurst au sujet des finances et que, par conséquent, ce dernier devait être exonéré de tout blâme relativement à la sanction du bill des subsides qu'il avait donnée en 1825 ».

Toujours les mêmes problèmes

Dalhousie inaugure la session le 21 janvier 1826. Dans son discours d'ouverture, il souhaite que l'entente entre la Chambre d'assemblée et le Conseil législatif soit aussi forte qu'au cours de la session précédente. Le gouverneur a réussi à former en Chambre un groupe qui lui est favorable.

Les députés étudient la question de l'indépendance des juges. Ils seraient prêts à augmenter leur salaire à la condition qu'ils sortent du champ de la politique, c'est-à-dire qu'ils ne soient plus membres des Conseils exécutif ou législatif. Ils se prononcent encore une fois en faveur de la nomination d'un agent de la province à Londres, mais, encore une fois, le Conseil législatif s'y oppose.

Lors de la clôture de la session, le 29 mars 1826, le gouverneur accorde la sanction royale à 29 projets de loi, dont plusieurs concernent le secteur de l'éducation. Quatre d'entre eux sont réservés « pour la signification du plaisir de Sa Majesté » et un dernier concernant le commerce entre le Bas-Canada et les États-Unis est rejeté.

La question du vote des subsides demeure encore une fois la pierre d'achoppement des travaux sessionnels. Les députés veulent encore une fois voter la liste civile en détails et pour une seule année. Au milieu du débat, le gouverneur Dalhousie rend publique la lettre de Bathurst blâmant Burton sur la manière dont le Parlement avait voté les subsides en 1825.

À Londres, on se rend bien compte dans quelle impasse s'est engagé le gouverneur du Bas-Canada. Céder aux demandes de la Chambre d'assemblée, c'est laisser tomber ce que l'on considère être une prérogative royale ; refuser continuellement d'accepter les demandes des députés, c'est conduire la colonie vers la faillite. Le 9 juin, Bathurst trace à nouveau la ligne de conduite que doit tenir Dalhousie :

> J'ai l'honneur de faire savoir à Votre Excellence que Sa Majesté approuve la conduite que vous avez tenue en vous conformant à l'instruction que vous avez reçue au sujet de cette importante question. Il me reste seulement à exprimer l'espoir que le Conseil exécutif n'aura pas l'occasion de conseiller à Votre Excellence d'appliquer une partie quelconque du revenu non affecté et prélevé sous l'autorité des actes provinciaux à secourir les particuliers qui fatalement pourront souffrir des mesures adoptées par l'Assemblée législative. La nécessité peut justifier un tel usage de ces sommes, mais vous ne devez pas ignorer que l'emploi de ces deniers reposera sur des bases beaucoup moins satisfaisantes que celles sur lesquelles l'affectation du revenu de la Couronne peut être maintenue.

En somme, Londres suggère de rester toujours dans la légalité et de ne pas utiliser, sans la permission de la Chambre, les sommes dont celle-ci a le contrôle légal.

Le seul recours dont dispose le gouverneur est la prorogation de la session. Il peut à discrétion utiliser ce pouvoir au risque de paralyser l'administration de la colonie. Le secrétaire d'État aux Colonies le lui rappelle, dans une lettre datée du 31 août : « Si, au cours de la prochaine session de la Législature, on paraissait malheureusement disposé à agir avec hostilité envers le gouvernement et partant à surexciter les esprits dans la province, je dois donner instruction à Votre Excellence de profiter, dans ce cas, de la première occasion pour proroger la Législature, quels que soient les inconvénients que cette action puisse entraîner. »

Le 31 octobre 1826, le Conseil de la Trésorerie de Londres autorise le gouverneur à prélever la somme de 5000 livres sterling « afin de défrayer les dépenses civiles du gouvernement civil dans notre dite province », et ce sans l'autorisation de la Chambre d'assemblée. Cette somme servira à assurer le salaire annuel d'un certain nombre de fonctionnaires dans l'entourage du gouverneur et dans le système judiciaire. La Chambre ne tiendra pas compte de la décision des autorités londoniennes qui laissent présager de l'attitude future de la métropole sur cette question.

L'éternel problème

La 3e session du douzième Parlement s'ouvre à Québec le 23 janvier 1827. Le gouverneur Dalhousie la proroge de façon fracassante le 7 mars suivant, après seulement 30 jours de travaux, la pierre d'achoppement demeurant toujours la fameuse question des subsides ! La veille de la prorogation, la Chambre avait adopté par 29 voix contre 9 les résolutions suivantes :

> Que le mode d'audition des comptes publics et la manière de rendre compte de l'emploi des revenus publics ne sont pas suffisants pour assurer une juste et fidèle application des deniers publics ; et qu'il n'y a encore aucune sûreté suffisante

contre le divertissement des fonds déposés par la loi entre les mains du receveur général de Sa Majesté pour la province. Que cette Chambre ne reconnaît et ne sanctionne en quelque manière que ce soit aucuns paiements faits sur les revenus publics de la province qui n'auraient pas été autorisés par un acte de la Législature ou avancés sur une adresse de cette Chambre. Que néanmoins cette Chambre est toujours disposée à accorder un subside pour l'année courante, en la manière adoptée dans l'acte passé en 1825 et dans le bill de 1826.

Le 7 mars 1827, le gouverneur Dalhousie se rend donc en cérémonie à la salle du Conseil législatif et il s'installe sur le trône. Il prononce ensuite un discours qui aura un grand retentissement non seulement au Bas-Canada, mais même aux États-Unis et en Grande-Bretagne.

Je suis venu mettre fin à cette session du parlement provincial, convaincu comme je suis par l'état de vos procédures, qu'il n'y a plus d'espoir, d'après vos délibérations, d'en attendre rien d'avantageux aux intérêts publics. [...] Bien des années de discussions continuelles sur des formalités et des comptes n'ont pu parvenir à éclaircir et à mettre fin à une dispute que la modération et la raison auraient promptement terminée. Il est lamentable de voir que ni les efforts ni les concessions du gouvernement de Sa Majesté n'ont pu réussir à réconcilier ces différences d'opinion dans la Législature ; mais ce l'est encore infiniment plus que ces différences sur un sujet causent la rejection de toute autre mesure que le gouvernement de Sa Majesté recommande à votre considération. [...] Dans mon administration de ce gouvernement, j'ai vu sept ans s'écouler sans un arrêté conclusif des comptes publics, accumulant ainsi une masse pour future investigation qui doit conduire à la confusion et aux malentendus. Dans les mêmes années, j'ai vu les mesures du gouvernement directement applicables aux besoins de la province mises de côté sans y faire la moindre attention et sans en assigner de raisons. [...] Les résultats de vos procédures dans cette session ont été le refus des subsides nécessaires pour les dépenses ordinaires du gouvernement, la perte du bill des milices, le manque absolu de toute provision pour le maintien des détenus dans les prisons et les maisons de correction, pour le maintien des personnes dérangées dans leur esprit et des enfants trouvés, et pour les établissements d'éducation et de charité et une obstruction totale à toute amélioration locale et publique. [...] Dans cet état de choses et d'après l'expérience des années passées, ajoute le gouverneur toujours en langue anglaise, il ne m'est plus permis, dans la décharge convenable des devoirs que m'impose le dépôt important qui m'est confié, de conserver l'espoir d'un retour à une meilleure raison dans la branche représentative de ce parlement ; mais il est encore de mon devoir de vous interpeller comme hommes publics et d'en appeler au pays comme profondément intéressé dans le résultat, de considérer sérieusement les conséquences de la persévérance dans une telle marche.

Après une telle harangue, le gouverneur accorde la sanction royale à 21 projets de loi, bilan tout de même intéressant pour une session où les députés sont supposés avoir délaissé leur devoir ! La plupart des projets de loi comportant des déboursés avaient été bloqués par le Conseil législatif, sauf, bien entendu, l'Acte pour approprier une somme d'argent y mentionnée pour acheter des actions dans l'entreprise de la compagnie du canal Welland dans le Haut-Canada. Le Conseil législatif avait donné son accord à ce projet le matin même de la prorogation, après l'avoir étudié sommairement à toute vapeur !

Le Conseil législatif avait refusé d'adopter 21 projets de loi déjà passés devant la Chambre d'assemblée. Parmi ces projets, certains touchaient les écoles, les hôpitaux, le soulagement des aliénés, des pauvres malades, invalides et infirmes, les prisonniers, etc. Plus d'une vingtaine de projets de loi étaient à l'étude devant la Chambre lors de la prorogation, dont les deux bills visant l'incorporation des villes de Québec et de Montréal.

Une verte protestation

La majorité de la députation n'approuve pas la conduite du gouverneur et son discours de prorogation. La *Minerve*, dernier-né des journaux montréalais, publie dans son édition du 26 mars une lettre signée par huit députés représentant la ville et le district de Montréal. Le premier signataire du message « à nos constituants » est Louis-Joseph Papineau, qui s'associe au groupe pour accuser le gouverneur Dalhousie de déformer la réalité en accusant la Chambre de tous les maux. Le Conseil législatif est coupable d'avoir bloqué les projets de loi concernant les pauvres, les prisonniers et les écoles.

Au gouverneur qui avait demandé aux députés de se souvenir de leur serment de fidélité à leur pays et à leur roi, les signataires répondent : « Quant au serment de fidélité au roi, il n'y a personne dans la province, quelle que soit sa situation qui pût, qui osât dire d'aucun membre de cette Chambre, qu'il y a manqué. Le peuple de cette province, les électeurs, sont trop bons juges de leur loyauté ; ils en ont donné des preuves trop convaincantes pour que l'on suppose qu'ils pourraient choisir pour députés des sujets suspects sur ce point. Quant au serment de fidélité au pays, qui a jamais entendu parler de serment de fidélité à son pays natal ? la patrie ! la patrie ! ce mot seul suffit. »

Au cours des semaines qui suivent, une quinzaine de députés signent la déclaration aux constituants.

Une violente polémique s'engage entre les journaux favorables au gouvernement et aux bureaucrates et ceux qui se portent à la défense des députés « patriotes ». Parmi ces dernières publications, on remarque le *Canadian Spectator* qui, dès la mi-mars, se lance dans une analyse de la harangue du gouverneur. Les attaques commencent habituellement par la formule « Plaise à Votre Excellence ! ».

> Des efforts et des concessions de la part du gouvernement de Sa Majesté ! y lit-on. Quelles concessions ont été faites sous l'administration de Votre Excellence ? Au contraire, plaise à Votre Excellence, les réclamations dangereuses, illégales et inconstitutionnelles de l'exécutif sous l'administration de Votre Excellence, ont chaque année été ramenées en avant d'une manière plus forte et plus impérieuse, et les efforts de conciliation ont consisté à requérir des représentants du peuple une renonciation absolue et explicite des droits de leurs constituants et une servile et basse reconnaissance des réclamations illégales et dangereuses de l'exécutif dans leur plus mauvaise forme. Ce n'est pas là, plaise à Votre Excellence, un effort de

conciliation ; c'est un effort de conquérant, pour obtenir une reddition à discrétion, dont jamais Votre Excellence ne viendra à bout.

La *Montreal Gazette* considère que le temps est venu pour le gouvernement de faire un ménage dans la fonction publique et d'en expulser les tièdes ou les ennemis :

> Il y a beaucoup de personnes dans la province, et en cette ville aussi, qui possèdent des places importantes sous l'exécutif et qui jouissent de salaires considérables sur les fonds publics et qui cependant emploient notoirement et ouvertement toute leur influence pour entraver les mesures de l'exécutif et répandre l'injure sur la dignité de la Couronne et sur son représentant. Cela n'existe qu'en Canada, nous en sommes persuadés ; et nous espérons sincèrement que l'exécutif se servira de ses pouvoirs ; si les serviteurs actuels de la Couronne sont ses ennemis, qu'on les regarde comme tels ; qu'on les prive des places qu'ils occupent avec ingratitude et qu'on les remplace par d'autres qui soutiendront le gouvernement sous lequel ils vivent et jouiront des biens que procure la Constitution à ceux qui savent l'apprécier.

La *Minerve* dans sa réponse lance presque, elle aussi, le cri de la race !

> Loyaux compatriotes, généreux enfants du sol, lit-on dans l'édition du 9 avril, si vos ennemis réussissaient à concentrer sur eux tous les pouvoirs administratifs, n'allez pas croire qu'il ne vous resterait rien, concentrez vos forces morales, elles sont indépendantes du pouvoir. Soyez fidèles à votre gouvernement et vous pourrez encore, en attendant que la mère patrie vous rende justice, être heureux par vos vertus privées et votre modération. Si votre gouvernement abusé prêtait l'oreille à vos ennemis, s'ils usurpaient sur vous une autorité momentanée, rappelez-vous que l'union peut vous sauver ; ayez peu de besoins que vous ne puissiez satisfaire à même le sol nourricier où reposent les cendres de vos pères ; vous en dépendrez moins d'une administration qui n'aurait alors rien de commun avec vous ; rappelez-vous surtout que, si le gouvernement isolait ainsi ses intérêts des vôtres, la patrie ne recevrait aucune blessure de la désertion de ceux qui suivraient aveuglément le char du pouvoir ; ceux qui en seraient capables n'affaibliraient pas une patrie qui ne les reconnut jamais pour ses enfants ; elle vivrait toute entière. Canadiens ! Espérons que le gouvernement rejettera avec indignation de si perfides conseils. Le gouvernement sous lequel vous vivez est parfaitement calculé pour votre bonheur ; vous devez le chérir autant par intérêt que par devoir ; mais vous devez aussi ne pas vous contenter du titre de sujets britanniques sans en avoir les droits. Aimez votre gouvernement, mais ne prêtez pas la main à ceux qui, par leurs conseils, voudraient le faire courir à sa perte et à la vôtre. Vous avez pour vous la justice et les lois ; votre cause doit triompher.

Alors que le *Canadian Freeman*, de York dans le Haut-Canada, souhaite, dans son édition du 12 avril, que la province supérieure possède des députés du calibre de ceux du Bas-Canada, le *John Bull* de Londres parle de « l'état de grande fermentation et d'insubordination » qui prévaut dans la colonie française. Enfin l'*Albion* de New York se demande « Si les habitants du Canada sont réellement à la veille d'une révolution ; car telle a été l'opinion répandue ici. »

Au tout début de mai, le *Montreal Herald* parle même d'un insensé francophone du nom de Vallières de Saint-Vallier, étudiant en médecine, qui aurait fomenté le projet d'assassiner le gouverneur Dalhousie et qui aurait été mis aux arrêts par suite de la dénonciation du docteur Painchaud de Québec !

Protestations populaires

Le discours de Dalhousie à la clôture de la session soulève un tollé dans plusieurs paroisses. Des habitants de Verchères, de Saint-Hyacinthe et de Saint-Eustache se réunissent pour adopter des résolutions en faveur de leurs députés. À Saint-Eustache, le député Nicolas-Eustache Lambert Dumont, lieutenant-colonel commandant le premier bataillon du comté de York, dénonce des officiers de milices qui ont signé les résolutions favorables à la prise de position des députés canadiens. Le gouverneur ordonne la destitution de ces officiers, comme il venait de le faire pour quatre magistrats membres de l'Assemblée. Ce n'est là que le début d'une nouvelle série de représailles de la part du représentant du roi.

Le 5 juillet 1827, le gouverneur Dalhousie signe une proclamation ordonnant la dissolution immédiate du Parlement et la tenue d'élections générales. « Les writs seront datés vendredi six de juillet courant et doivent être de retour le samedi vingt-cinq août prochain pour chaque lieu, excepté le comté de Gaspé et pour le comté de Gaspé, le lundi quinzième jour d'octobre prochain. »

La nouvelle loi électorale, sanctionnée le 22 mars 1825, est en vigueur pour la première fois à l'occasion d'une élection générale. En vertu de l'article 12,

> les électeurs présents [après la lecture de l'ordre d'élection] ayant fait connaître leur choix en levant la main, le rapporteur peut clore immédiatement l'élection, à moins qu'un candidat ou trois électeurs ne s'y opposent, dans lequel cas il procédera à recueillir les suffrages en la manière voulue par la loi. Il continuera à les recevoir pendant huit heures chaque jour, entre les huit heures du matin et les cinq heures de l'après-midi, à moins qu'il n'en soit autrement décidé par consentement unanime. Il pourra déclarer l'élection définitivement close en tout temps du consentement de tous les candidats ou de leurs représentants (toute personne étant libre de se déclarer le représentant d'un candidat absent) ou après une heure d'avis s'il n'est reçu aucune voix dans l'heure ; mais si après un tel avis donné, trois électeurs demandent l'ajournement au jour suivant, il sera accordé et alors l'élection sera définitivement close, après une heure d'avis, s'il n'est donné aucune voix dans l'heure.

Un voteur peut être obligé de donner, s'il en est requis, un des trois serments, ou même les trois, prévus par la loi, concernant son nom, sa résidence, sa propriété ou son loyer. Le troisième concerne la corruption : « Vous jurez que vous n'avez reçu ni eu par vous-même ou par une autre personne pour vous ou à votre usage, profit, directement ou indirectement, aucune somme d'argent, office, emploi, don ou récompense ni aucune promesse ou gage d'aucune somme d'argent, office, emploi, don ou récompense, pour donner votre vote à cette élection. Ainsi Dieu vous soit en aide. »

La loi prévoit un certain nombre de cas punissables par la privation du pouvoir de siéger et de voter dans l'Assemblée ou être réélu pendant le même Parlement, sur preuve à la satisfaction de la Chambre :

> 1er Employer des moyens de corruption, par soi-même ou par d'autre en son intérêt et faveur, soit avant ou pendant l'élection, pour obtenir des voix ou pour empêcher qu'elles ne soient données, en usant de menace de perdre quelque salaire ou avantage ou récompense. 2e Faire par soi-même ou par d'autres en son intérêt ou faveur, directement ou indirectement, en aucun temps pendant l'élection ou pendant un mois avant quelque présent ou remise d'argent ou quelque promesse d'argent ou de récompense, à un électeur. 3e Ouvrir ou soutenir, faire ouvrir ou soutenir par soi-même ou par d'autres à ses frais ou dépens, directement ou indirectement, pendant le même temps, aucune maison d'entretien public dans le comté pour lequel sera élection.

Une rude campagne

Alors que les élections de 1824 se déroulaient autour du thème de l'union, celles de 1827 portent sur l'attitude des députés et du gouverneur face au problème des subsides. Ceux qui suivent Papineau se donnent comme mission de faire battre tous ceux qui ont voté avec le gouvernement au cours de la dernière session.

Le 11 juillet au soir, se tient à Montréal, chez Julien Perrault, une assemblée impromptue pour « aviser à la nomination des candidats pour la prochaine élection, tant pour la ville que pour le compté ». Robert Nelson est nommé président. Denis-Benjamin Viger explique, en français, qu'on ne doit appuyer que les candidats qui sont d'accord pour que la Chambre d'assemblée contrôle dans le détail tous les subsides. Cuvillier répète à peu près la même chose en anglais et il ajoute « que le moment était venu de savoir si nous serions les esclaves de la bureaucratie ou les libres sujet d'un roi britannique ; que de l'approbation des principes soutenus par la Chambre d'assemblée et de la nomination des mêmes représentants, dépendait le sort futur du pays ». L'assemblée se déroule en bon ordre. À certains moments, des jeunes gens, la plupart anglophones, perchés sur une clôture « s'amusaient à faire des grimaces et des vociférations contre l'assemblée ».

La *Montreal Gazette*, dans son rapport de l'assemblée, ne peut s'empêcher de décocher quelques flèches contre les Canadiens francophones.

> Si les individus qui étaient présents en cette occasion forment la composition ordinaire des assemblées canadiennes, nous ne pouvons pas dire grand-chose de leur respectabilité ni augurer beaucoup des effets de leur influence. Mais les patriotes ne peuvent avoir l'effronterie d'appeler cela une assemblée des électeurs de Montréal ni prétendre qu'ils ont sanctionné les résolutions. Sur le tout, nous sommes forcés de dire que, dans notre opinion, les Canadiens ne sont pas faits du tout pour les plus chers privilèges de la liberté, parce qu'ils ne permettront pas l'expression libre de leurs sentiments à ceux qui diffèrent d'opinion avec eux, sans qu'ils courent le risque de souffrir plus qu'un martyre politique ; c'est-à-dire si l'assemblée d'hier doit être considérée comme une assemblée canadienne.

Voilà qui promet pour la campagne électorale qui débute !

Dans quelques circonscriptions électorales, des candidats sont élus par acclamation ; dans d'autres, la lutte se déroule de façon plutôt pacifique. Mais quelques comtés connaissent une violente opposition, d'autant plus que le gouverneur Dalhousie veut influencer le vote en destituant quelques officiers de milices et quelques magistrats. Les bureaucrates mènent la campagne de la peur. Le candidat à battre par tous les moyens, c'est Louis-Joseph Papineau. Ce dernier écrit à son frère Benjamin, le 18 juillet : « La dissolution du Parlement a eu lieu ; les élections sont commencées ; des violences inouïes, des intrigues, des menées indignes vont avoir lieu pour soutenir le gouverneur dans ses entreprises criminelles. »

L'élection dans le quartier ouest de Montréal débute le samedi 11 août. Après que l'officier rapporteur Griffin eut rempli les formules ordinaires, un premier candidat, Louis-Joseph Papineau, prend la parole en français seulement.

Il fait un historique de l'évolution du Bas-Canada depuis l'arrivée du gouverneur Dalhousie. Il oppose l'administration de ce dernier à celle « vertueuse et légale » de Francis Burton. Il dénonce le fait que Dalhousie ait dissous le Parlement alors que les quatre années réglementaires n'étaient même pas écoulées. Peter McGill succède à Papineau sur les hustings et se lance en accusations personnelles contre son adversaire. L'ex-président de la Chambre s'empresse de répondre immédiatement à son opposant dans un autre discours prononcé partie en français, partie en anglais. « Bienvenues, dit-il, soient les accusations malveillantes de l'homme que vous venez d'entendre. Elles le démasquent ainsi que le parti qui le pousse en avant et auquel il s'est enchaîné, parti pétri des préjugés les plus grossiers et plongé dans une ignorance volontaire des mesures qui intéressent le plus le pays. Leurs injures constatent que ces hommes ont fait leur choix ; qu'ils veulent demeurer étranger au milieu de nous et qu'ils se plaisent dans la calomnie pour se donner un prétexte de nourrir la haine qu'ils nous portent. Tels sont leurs titres à vos suffrages ! »

Robert Nelson se range du côté de la majorité de la Chambre et fait, dans son discours, profession de foi envers Papineau. Le quatrième candidat, le greffier de paix John Delisle, ne prend la parole qu'en langue anglaise.

Une foule considérable est toujours présente sur le lieu de votation. Le lundi 15 août, à cinq heures, lors de la fermeture du bureau de votation, les gens présents se rangent sur deux files comme les jours précédents. Le candidat McGill sort le premier du poll. Ses partisans, après avoir crié des hourras, l'accompagnent jusqu'à sa demeure.

> Il resta avec tous ses partisans à la porte de sa maison, sans doute pour nous voir passer, raconte un journaliste de la *Minerve*. MM. Papineau et Nelson, en sortant de la salle, passèrent au milieu des Canadiens et des Irlandais ainsi rangés en deux lignes et alors toute la multitude s'empressa de les accompagner comme auparavant jusqu'à leur demeure respective. On n'entendait que les cris de « hourras, hourras, vivent Papineau et Nelson » ; lorsque nous passâmes devant la maison de McGill, ceux qui se trouvaient près de lui lancèrent sur nous une grêle de pierres. Les premières furent dirigées sur nos deux braves compatriotes et l'une vint tomber sur les pieds de M. Papineau. Aussitôt nous nous rassemblâmes tous ensemble et nous fonçons à coups de pierre et à coups de poing pour repousser ces assassins. Dans un instant, ils furent bientôt dispersés. Cette attaque injuste et préméditée de nos adversaires a fait répandre du sang des deux côtés. Plusieurs

personnes ont été blessées. On a arrêté plusieurs personnes accusées d'avoir été les assaillants, nommément M. Scott, avocat et associé de M. Gale, président des Sessions de la Paix, et Archibald Ferguson, éditeur de la nouvelle gazette de Montréal, William Peddie, marchand, William King McCord des Cèdres, etc. [...] Il ne faut pas oublier qu'en passant près du corps de garde, on vit les soldats les fusils à la main. Au commencement de la bataille, quelqu'un de la troupe de M. McGill courut tout de suite chez M. Gale le prier de faire en sorte que la garnison se rendit là sous les armes ; car, lui dit-il, le peuple se révolte. Voilà comment se passa cette journée !

Le vendredi 16 août au matin, l'élection se termine dans le quartier ouest de Montréal par la victoire de Papineau et de Nelson.

D'autres circonscriptions électorales sont témoins de scènes violentes ou disgracieuses, telles Saint-Eustache, Trois-Rivières et Québec. L'ouverture de l'élection pour le comté de York a lieu à Saint-Eustache, le 30 juillet. Encore là, quatre candidats sont en lice : les deux députés sortants, Lambert Dumont et John Simpson, et Jacques Labrie et Jean-Baptiste Lefebvre qui sortiront vainqueurs. Le hustings* est élevé sur la place publique, le long du presbytère. Le 2 août au soir, Labrie et Lefebvre ferment le bureau de votation avec 84 voix de majorité. Les deux candidats, qui tirent de l'arrière, décident d'occuper les lieux par la force et de placer leurs partisans au premier rang pour la réouverture du bureau le lendemain. Donc, le vendredi 3, à quatre heures, les voteurs de leur parti se rendent en grand nombre à la salle où se tenait la votation.

L'ayant trouvée fermée de tous côtés, rapporte la *Minerve* du 6, ils s'élevèrent au moyen de quelques planches jusqu'à la hauteur d'un châssis, arrachèrent le contrevent, brisèrent le châssis, et s'introduisirent ainsi dans la salle. Ils y restèrent en faction jusqu'à 8 heures ayant à leur tête le major Antoine de Bellefeuille, neveu de M. Dumont. À l'ouverture du poll, cette troupe se trouva en possession des premières places et ceux qui la composaient furent les premiers dont on prit le vote. En les voyant ainsi maîtres du poll au moyen de l'effraction qu'ils avaient faite du châssis, on augura avec assez de raison que cette troupe de furieux était disposée à se porter à toutes sortes de violences. Le bruit courait même qu'à un signal dont ils étaient convenus, ils devaient se rallier autour de leur chef, le major de Bellefeuille, et brutaliser sans exception tous ceux qui viendraient donner leurs voix à messieurs Lefebvre et Labrie. Depuis 8 heures jusqu'à 11, l'officier rapporteur procéda à recueillir les votes avec assez de tranquillité et toutes les voix qui se donnèrent jusqu'à ce moment à l'exception d'une seule furent pour messieurs Simpson et Dumont.

De onze heures à midi, ce sont les partisans de Labrie et Lefebvre qui donnent à haute voix leur vote. La votation est suspendue de midi à treize heures. À la reprise, tout est calme. Mais à quatorze heures, c'est à nouveau le suspense.

Dans ce moment, continue à raconter la *Minerve*, on vit arriver d'Argenteuil, une foule d'Irlandais et d'Écossais dont le chef était Robock, beau-fils de M. Simpson. En entrant dans la salle, ils gagnèrent à ceux qui occupaient les premiers rangs et malheureusement ceux-ci étaient alors en petit nombre. Robock et deux autres

---

* Estrade sur laquelle se trouvait l'officier rapporteur.

parvinrent aux premières places, étant suivis de tous leurs compagnons. M. Simpson voyant qu'ils ne pouvaient tous se mettre au premier rang et que ceux qui y étaient tenaient bon, s'adressa à un de ces derniers et lui dit : « Mon ami, vous êtes un boulé, vous venez ici pour faire du bruit. – Non, répondit cet individu, vous en avez menti, je suis électeur et je viens ici pour voter. » M. Simpson reprit : « Non, mon ami, vous êtes un boulé. » Aussitôt il crie à ses gens de le repousser vers la porte et de s'emparer des premières places. Les mots de commandement et de ralliement dont se servent les chefs de ces gens-là marquent une disposition prononcée à la violence ; on dirait voir une troupe d'orangistes irlandais prêts à massacrer les frères catholiques. Pour échantillon, voici leurs paroles dont Robock se servait à haute voix et debout sur une chaise à côté de l'officier rapporteur : « *Boys, stand still ; Boys, come along ; Boys, I am going, but not for long ; take care of your shillelahs ; stick the Captain... till I come.* »

Simpson ne prise pas sa défaite. Dans son adresse à ses électeurs, après la clôture de la votation, il accuse le clergé catholique d'être responsable de la perte de son siège à la Chambre : « Pouvais-je me défendre contre de tels instruments et de tels moyens ? On a menacé de refus des sacrements ceux qui voteraient pour moi. La tolérance de leur religion leur a donné la hardiesse de s'opposer à la mienne ; ils ont fait usage de *Bravos* dans l'exercice de leurs fonctions ; le territoire sacré de l'Église a été violé par les orgies honteuses d'assassins salariés ; un prêtre se livrant lui-même aux festins et à l'ivrognerie avec cette faction, ce qui lui convenait très bien, s'est couvert d'infamie et s'est rendu coupable de meurtre. Était-ce là une leçon de charité chrétienne qui oblige de dire : "Allez et ne pêchez plus" ou était-ce plutôt leur dire directement de continuer à faire la même chose. »

L'accusation portée contre le clergé est de taille. Le 24 août, les curés de Saint-Eustache, Sainte-Scholastique, Saint-Michel-de-Vaudreuil, l'île-Perrot, Les Cèdres, Saint-Polycarpe, Saint-Benoît et Rigaud mettent Simpson en demeure « de rétracter les allégués en question et de les contredire par un autre document sous votre seing et qui sera rendu public par la voie de la presse [ainsi] que l'ont été les accusations que vous avez portées contre nous dans l'adresse susdite », à défaut de quoi, les curés s'engagent à poursuivre leur diffamateur. Comme Simpson ne se rétracte pas, les accusés reviennent à la charge, mais sans plus de succès.

À Sorel, la lutte opposant le docteur Wolfred Nelson au procureur général James Stuart est marquée, elle aussi, au coin de la violence. Le bureaucrate se sert de son poste pour tenter d'influencer les voteurs. Nelson réussit malgré tout à remporter la victoire. Le gouverneur Dalhousie, qui habitait à cette époque la maison des gouverneurs à Sorel, n'était pas demeuré inactif et avait lui aussi essayé d'inciter les gens à voter pour Stuart. Le 20 août, Dalhousie écrit à Wilmot-Horton une lettre « privée » où il lui annonce les résultats des élections. « Le nombre des représentants qui professent des sentiments britanniques est revenu diminué », affirme-t-il.

L'évêque Lartigue craint, à juste titre, que le gouverneur accuse le clergé d'être une des causes de la défaite des partisans du gouvernement. Le 10 août, il demande à Benjamin Keller, curé de la paroisse de Sainte-Élisabeth, s'il est vrai qu'il s'est mêlé d'élection et s'il en a parlé en chaire. « Nous ne devons jamais nous mêler de ces sortes d'affaires, ajoute-t-il ; ça a été la marche générale du clergé dès le commencement et il ne pourrait résulter d'une conduite contraire que de grands inconvénients pour la religion en ce pays. » Pure coïncidence, le curé Keller donne sa démission « vu son âge et ses infirmités » et Lartigue l'annonce aux paroissiens dans une lettre pastorale datée du 10 octobre. Le lendemain, le futur évêque de Montréal écrit à Panet, évêque de Québec :

> Il faudra parler fermement au gouverneur, s'il se plaint des écarts du clergé au sujet des élections. Les écarts d'un ou deux prêtres ne sauraient être imputés à la masse du clergé, qui ne s'est pas mêlé des élections. Lord Dalhousie n'a rien fait pour se concilier la confiance du clergé canadien : il a voté en Angleterre contre l'émancipation des catholiques ; il est à la tête d'une association qui s'efforce d'attirer sans cesse des ministres d'Écosse ; il a fait des grossièretés au clergé. Il me punit d'être le cousin de MM. [Denis-Benjamin] Viger et [Louis-Joseph] Papineau, car je le défierais de donner aucune preuve de ma prétendue opposition à son gouvernement. Quoi qu'il en soit, il ne faudrait pas nous laisser dénigrer impunément auprès du trône, si nous y étions attaqués ; et je crois bien que le clergé ne le souffrirait pas.

C'est mal connaître le gouverneur Dalhousie que de penser qu'il va accepter les résultats des élections, qui sont en quelque sorte le jugement du peuple sur son discours de prorogation de la dernière session. Les représailles sont là, tout près !

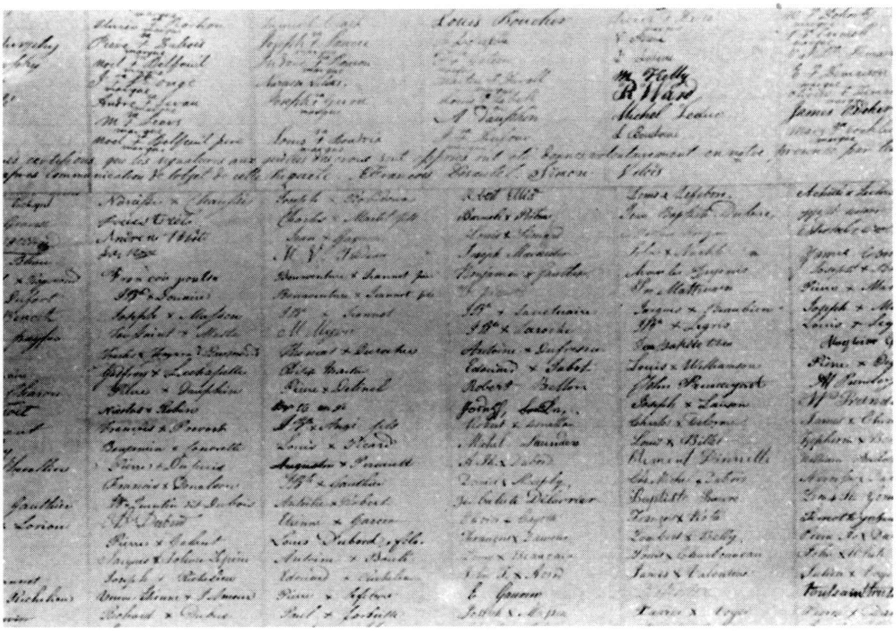

Pétition de 1828

LA GUERRE ET LA PAIX
1827-1830

L A PREMIÈRE SESSION DU TREIZIÈME PARLEMENT doit débuter le 20 novembre 1827. Le clan Papineau est sorti renforcé des dernières élections et le gouverneur Dalhousie respire la vengeance. La gravité de la situation n'échappe pas à Panet, l'évêque de Québec, qui, le 19, écrit à William Poynter à Londres : « Tout est dans le même état quant aux affaires ecclésiastiques. Au civil, ce n'est pas la même chose. Notre Chambre d'assemblée a ses prétentions, le gouverneur, les siennes. Eh ! qui a raison, c'est ce que j'ignore. »

Le mardi 20 novembre, à midi, 46 députés sont assermentés ; deux sont absents ; un — Papineau — a été élu pour représenter deux circonscriptions et un député est mort depuis les élections. À quatorze heures, la députation se rend en corps à la salle de délibérations du Conseil législatif où le président du Conseil, au nom du gouverneur, annonce que le représentant du roi « ne jugeait pas à propos de leur déclarer les causes de la convocation de ce parlement jusqu'à ce qu'il y eût un orateur de l'Assemblée, les requérant en même temps de choisir pour leur orateur une personne convenable qui devait être offerte à son approbation, demain à 13 heures ».

De retour dans leur salle de délibérations, les députés procèdent donc au choix d'un président. Deux candidats sont proposés : Louis-Joseph Papineau et Joseph-Rémi Vallières de Saint-Réal. Le premier l'emporte par 39 voix contre 5. La Chambre ayant ajourné ses travaux au lendemain, la plupart des députés et plusieurs spectateurs accompagnent Papineau en triomphe jusqu'à sa demeure.

Le mercredi 21 novembre, les députés reprennent donc le chemin de la salle du Conseil législatif pour présenter au gouverneur leur président. Papineau prend alors la parole : « En obéissance à l'ordre de Votre Excellence, la Chambre d'assemblée de la province du Bas-Canada a procédé à l'élection d'un orateur et je suis la personne sur laquelle l'honneur de son choix est tombé. Lorsque je considère,

Monsieur, les devoirs pénibles attachés à cette situation élevée et que je compare mes talents et mon habileté pour les remplir d'une manière qui réponde à leur dignité, je sens fortement mon insuffisance à cet effet ; et, dans cette persuasion, j'aurais dû implorer Votre Excellence de ne point me laisser entreprendre cette charge si l'Assemblée, en m'élisant de nouveau, ne l'eût emporté sur mon jugement. »

C'est à ce moment précis qu'éclate une nouvelle crise : le gouverneur Dalhousie refuse de reconnaître la nomination de Papineau et s'inscrit contre la volonté de la Chambre d'assemblée.

> Je reçois ordre de Son Excellence le gouverneur en chef, déclare le président du Conseil, de vous informer que Son Excellence n'approuve pas le choix que l'Assemblée a fait d'un orateur et, en conséquence, Son Excellence, au nom de Sa Majesté, le désapprouve et le décharge. Et c'est le plaisir de Son Excellence que vous, messieurs de la Chambre d'assemblée, vous vous rendiez immédiatement au lieu où vous avez coutume de siéger pour y faire choix d'une autre personne pour être votre orateur et que vous présentiez la personne ainsi choisie à l'approbation de Son Excellence, vendredi prochain à deux heures de l'après-midi. Je reçois, de plus, ordre de Son Excellence de vous informer, messieurs de la Chambre d'assem- blée, qu'aussitôt qu'un orateur de la Chambre aura été choisi, avec l'approbation de la Couronne, Son Excellence vous soumettra sur l'état actuel de la province, certaines communications qu'elle a été enjointe, par l'ordre exprès de Sa Majesté, de vous faire connaître.

Les députés, surpris et offusqués par l'attitude du gouverneur, retournent dans leur salle de délibérations. Par suite de l'opposition des représentants Stuart et Ogden, Papineau quitte la chaire du président et va siéger avec les autres députés, alors que Cuvillier prend sa place.

Un débat s'engage en Chambre au cours duquel on décide de maintenir le choix fait la journée précédente. Vallières de Saint-Réal dénie à la Couronne le droit d'intervenir dans le choix de l'orateur. Le représentant de Trois-Rivières, Charles Richard Ogden, soutient la thèse que le Conseil exécutif a le droit de désavouer le choix fait majoritairement par les députés. Les résolutions suivantes sont adoptées par 40 voix contre 4 :

> Résolu qu'il est nécessaire pour remplir les devoirs imposés à cette Chambre, c'est à savoir : — [...] que son orateur soit une personne de son libre choix, indé- pendamment de la volonté et du plaisir de la personne revêtue par Sa Majesté de l'administration du gouvernement local pour le temps d'alors. Que Louis-Joseph Papineau, écuyer, l'un des membres de cette Chambre, qui a servi comme orateur pendant six parlements consécutifs, a été dûment choisi par cette Chambre pour être son orateur durant le présent Parlement. Que l'Acte du Parlement de la Grande-Bretagne, sous lequel cette Chambre est constituée et assemblée, ne requiert pas l'approbation de cette personne ainsi choisie comme orateur, par la personne ayant l'administration du gouvernement de cette province, au nom de Sa Majesté. Que la présentation de cette personne ainsi élue orateur au représen- tant du Roi pour son approbation, est fondée sur un usage seulement et que telle approbation est et a toujours été pareillement une chose d'usage. Que cette

Chambre persiste dans son choix et que ledit Louis-Joseph Papineau, écuyer, doit être et est son orateur.

Les députés adoptent ensuite une adresse au gouverneur dans laquelle ils renouvellent leur position face au choix d'un président des débats. Le jeudi 22 novembre, Vallières de Saint-Réal se rend au Château Saint-Louis « pour demander en quel temps Son Excellence pourrait recevoir l'adresse de la Chambre ». Dalhousie refuse de le recevoir et décrète la prorogation de la session. Le Parlement devrait se réunir le 3 janvier 1828.

Dalhousie sent le besoin de justifier sa conduite auprès des autorités de la métropole. La veille de la prorogation, il écrit à William Huskisson, secrétaire d'État aux Colonies :

> Quoi qu'on puisse penser de semblables procédés, je ne vis qu'une ligne de conduite à suivre : maintenir ce qui fut toujours considéré comme une prérogative de la Couronne en repoussant toute interprétation qui ravale un droit quelconque de la Couronne à une simple formule vide de sens et réclamer avec insistance l'exercice de ce droit quand l'intérêt public semble le requérir. J'eus immédiatement recours à l'avis du Conseil exécutif et je suis heureux de dire que, conformément à cet avis confirmé par l'opinion du procureur général de Sa Majesté aussi présent, il fut résolu, afin d'empêcher l'Assemblée d'adopter d'autres résolutions véhémentes ou de violer de nouveau la constitution et les usages du Parlement, de rendre immédiatement une proclamation pour proroger la Législature ; c'est ce qui, en conséquence, se fera demain avant l'heure à laquelle l'Assemblée s'est ajournée.

Le refus de reconnaître le président dûment élu par la Chambre d'assemblée du Bas-Canada va soulever toutes sortes de commentaires, aussi bien dans le Haut-Canada qu'aux États-Unis. Même certains journaux de la Grande-Bretagne dénonceront l'attitude dictatoriale de Dalhousie. Ce dernier multiplie les mesures vexatoires : il s'en prend surtout aux capitaines de milice et aux magistrats. Vallières de Saint-Réal lui-même est démis de son poste dans la milice. Des assemblées publiques se tiennent en divers lieux de la province pour protester contre l'attitude du gouverneur ou pour l'approuver.

La première grande assemblée de protestation se tient à Québec, à l'hôtel Malhiot, le jeudi 13 décembre 1827. Toute une série de résolutions, lues d'abord en français puis en anglais, sont soumises aux 250 personnes présentes pour approbation. « Il est expédient dans ces circonstances, précise la troisième résolution, de soumettre par une humble pétition à Sa Majesté et aux deux Chambres du Parlement du Royaume-Uni, l'état de la province et les maux auxquels sont exposés ses habitants, dans l'espoir que par l'exercice de la prérogative royale et la justice du Parlement, il y sera porté un remède de manière à ce que la Constitution de cette province, telle que maintenant établie par Acte du parlement de la Grande-Bretagne, soit conservée et maintenue dans son intégrité. » Les autres résolutions concernent surtout la question des subsides et, selon les résolutionnaires, les Conseils législatif et exécutif sont les seuls responsables de l'état de choses qui prévaut dans la colonie.

À Montréal, la grande assemblée doit se tenir le 18 décembre à midi et demi dans la grande bâtisse de Jules Quesnel « près du Cirque, sur la petite rivière ». Au moment où Ludger Duvernay, imprimeur des journaux la *Minerve* et le *Canadian Spectator*, s'apprête à partir pour se rendre à l'assemblée, le grand connétable Delisle le met sous arrêt en vertu d'un warrant signé par le juge de police Samuel Gale. Le journaliste et imprimeur, connu pour son opposition au gouverneur, est accusé « d'avoir imprimé un libelle contre le gouvernement de Sa Majesté et contre la dernière Cour d'Oyer et Terminer qui, sous le président de son grand Jury, le commis d'un brasseur de bière, s'est rendue si célèbre par ses faits ». Au même moment, le journaliste du *Spectator* Jocelyn Waller est lui aussi arrêté. Dans une lettre à Gale, Duvernay essaie de trouver les raisons de la détention : « Votre but était non seulement de nous empêcher d'assister à l'assemblée, mais même d'effrayer nos compatriotes qui y étaient déjà rendus en foule. Le bruit a couru que vous et quelques autres de votre trempe aviez formé un projet d'interrompre et de troubler cette assemblée légale et constitutionnelle dont le but est de mettre fin aux infractions ouvertes et violentes que notre administration, dont vous êtes un partisan aveugle, a faites à nos lois et à nos droits depuis quelque temps. »

Des assemblées se tiennent à peu près dans tous les villages. La teneur des résolutions varie peu. On cherche à recueillir le plus grand nombre de signatures possible. En même temps, circulent des adresses félicitant le gouverneur pour sa conduite. La chasse aux signatures est ouverte. Daniel Tracey, de Montréal, reçoit la signature de 404 Irlandais de la rivière du Nord, dans le comté d'York « demandant le rappel de Son Excellence George, comte de Dalhousie, le gouverneur actuel ». Le 15 janvier 1828, « le major Hébert, accompagné de 25 carrioles remplies d'habitants cultivateurs et propriétaires du sol, de Saint-Grégoire, arriva aux Trois-Rivières et délivra la liste des signatures de la paroisse à René Kimber, écuyer, président du Comité général de ce district, afin qu'il les fit parvenir au Comité constitutionnel de Montréal ».

Pendant que l'on s'agite à recueillir de part et d'autre des signatures, les rumeurs d'un rappel de Dalhousie se font de plus en plus persistantes. Le gouverneur serait expédié aux Indes. Divers noms sont avancés comme successeur : le général duc de Gordon, le général Taylor, l'ancien lieutenant-gouverneur Burton, etc.

Destination : Londres

Le 24 janvier 1828, se tient à Montréal l'assemblée générale des délégués des divers comités constitutionnels du Bas-Canada. La question la plus importante à l'ordre du jour est le choix de délégués pour aller présenter aux autorités britanniques les pétitions et adresses contre le gouverneur et son administration. John Neilson, Denis-Benjamin Viger et Augustin Cuvillier sont désignés à ce poste.

Du côté gouvernemental, on ne demeure pas inactif. Le 26 janvier, Dalhousie signe, à l'intention du secrétaire d'État aux Colonies, une lettre de présentation de Samuel Gale qui se rend à Londres présenter les pétitions de ceux qui sont favorables au gouvernement. On a réussi à recueillir environ 10 000 signatures en ce sens.

Neilson, Viger et Cuvillier quittent Montréal le 7 février pour se rendre à New York où ils doivent, le 16 courant, s'embarquer à bord de l'*Atlantic* à destination de Liverpool. La veille de leur départ, les responsables du Comité de Montréal leur avaient remis des suggestions d'instructions. « Rendus en Angleterre, spécifie-t-on, ils [les délégués] y puiseront, mieux que nous ne le pouvons faire ici, des lumières sur les vues des ministres de Sa Majesté à qui ils vont demander la punition des actes d'oppression que nous avons soufferts sous la présente administration provinciale et des garanties nouvelles et nécessaires contre leur répétition sous des administrations futures. » Les membres du comité insistent sur la nécessité de dénoncer la composition actuelle du Conseil exécutif. « Les agents feront sentir combien nos plaintes sont fondées à cet égard. Ils représenteront la nécessité qu'il y a de porter dans le Conseil des hommes nouveaux, dignes également de l'estime du gouvernement et du public, attachés à la sécurité de l'un, à la prospérité de l'autre par leurs principes et par des propriétés foncières. » Les agents doivent de plus s'opposer à toute modification de l'Acte constitutionnel, « le pacte le plus solennel et le plus inviolable que pouvait nous donner, pour assurer la conservation de nos droits, le Parlement impérial ». Les trois délégués chercheront enfin à former « quelque liaison durable avec quelque établissement d'imprimerie, dans lequel ils donneront, s'ils le jugent à propos, leurs observations au public anglais sur l'état de la province et dans lequel la même mesure pourra être continuée après leur retour en Canada et auquel des extraits des papiers provinciaux pourront être envoyés pour y être réimprimés ».

Une petite croix

Les pétitions au roi contre l'administration de Dalhousie comprennent 87 486 signatures, soit 46 465 pour le district de Montréal, 10 665 pour celui de Trois-Rivières et 30 356 pour celui de Québec. Les listes comprennent environ 77 000 croix à la place d'une signature. Cette pétition mérite aux Canadiens français le surnom de *chevaliers de la croix*. Il est injuste de conclure que toutes les croix réfèrent à des personnes ne sachant ni lire ni écrire : les « collecteurs de signatures », présumant souvent de l'appui de telle ou telle personne, faisaient une croix sur la liste et quelqu'un inscrivait le nom de cette personne.

Les bureaucrates font parvenir à Londres quelques affidavits dénonçant la méthode utilisée pour recueillir des appuis. Ainsi, le 21 janvier 1828, Thomas Porteous, un des juges de paix de Montréal, déclarait sous serment :

> Le ou vers le vingtième jour de décembre dernier, comme il entrait de la rue Notre-Dame dans la rue Saint-Gabriel, dans ladite cité, il vit un grand nombre de petites filles de l'école tenue par les Sœurs de la Congrégation, entrer dans la maison du docteur Robert Nelson, M.P.P. dans la rue Saint-Gabriel, dans le même ordre qu'elles sont conduites à et ramenées de l'église par les sœurs. [...] le déposant soupçonna que ces enfants avaient été amenées chez le docteur pour les faire signer les pétitions au roi, aux lords et aux Communes de la Grande-Bretagne. [...] Le déposant, ayant en conséquence pris quelques informations, est en état de dire, d'après une autorité indubitable qu'il croit vraiment et fermement que lesdites petites filles avaient été amenées chez le docteur Nelson dans la vue

expresse de signer lesdites pétitions, et qu'elles les ont réellement signées, comme si le déposant les avait vues lui-même signer leurs noms, et il a été de plus assuré qu'elles avaient reçu des instructions de ne pas signer leurs noms de baptême en plein, mais seulement les initiales, afin que leur sexe ne pût être reconnu. Le déposant a aussi été informé que le docteur Nelson n'était pas lui-même chez lui pendant que cela se passait.

Dans la même déposition, Porteous ajoute que le 17 janvier 1828, il a rencontré des garçons d'une douzaine d'années qui se vantaient d'avoir eux aussi signé la pétition, « comme tous les autres enfants de l'école ».

On utilisa probablement dans les deux groupes des astuces semblables pour augmenter le nombre des signataires. La *Minerve*, dans son édition du 28 février 1828, essaie de tirer une conclusion de toutes ces manigances. Il va sans dire qu'elle attaque les bureaucrates :

> Mais, s'écrient ces messieurs, que feront en Angleterre nos *chevaliers de la croix* ? Ils croient triompher quand ils ont lancé ce trait qu'ils regardent comme le *nec plus ultra* de la finesse. Nous ne chercherons point à leur faire voir qu'ils n'ont pas toujours méprisé les croix de ceux qui n'ont pas l'avantage d'avoir reçu de l'éducation ; qu'ils ont souvent reconnu et recherché l'avantage de se procurer des croix ; nous ne dirons qu'un mot. Quand des personnes qui ne savaient point signer se présentaient aux endroits où était déposée l'adresse au gouverneur, les messieurs qui avaient l'adresse écrivaient eux-mêmes les noms de ces personnes afin qu'il n'y eût pas une croix parmi leurs signatures. Le dessein de ceux qui rient de nos croix est de faire entendre que tous les Canadiens sont des ignorants, qu'ils ne savent rien de ce que des sujets anglais doivent savoir et qu'il faut les gouverner en maîtres. Que diraient ces messieurs si nous leur disions que des sujets anglais nés et élevés dans le Royaume-Uni sont venus par milliers faire leurs croix au bas des requêtes au roi et au Parlement impérial pour demander le rappel de Son Excellence ? Les Canadiens ne sont donc pas le seul peuple où on trouve des personnes qui n'ont pas reçu une éducation soignée ? Des Anglais du vieux pays peuvent donc aussi manquer d'éducation ?

Des cruches efficaces

Le *Quebec Mercury* continue, depuis sa fondation en 1805, à ridiculiser ceux qui s'opposent au gouvernement. Le 8 mars, il fait état du départ de New York des trois délégués canadiens :

> Il paraît qu'ils sont arrivés et embarqués à bord de l'*Atlantic* avec aussi peu de cérémonie qu'on ne l'aurait fait d'autant de quarts de beaume du Canada (nous ne prétendons pas en faire des cruches). Nous sommes fâchés d'apprendre que ledit *Atlantic* ne passe pas pour tout à fait assez sûr pour un passage d'hiver ; cependant si nous avions quelque vaisseau richement chargé à envoyer à l'ancien hémisphère, nous ne demanderions pas de meilleur talisman pour sa sûreté que celui d'avoir à bord quelqu'un de nos grands diplomates ; car, sans croire avec tout le scrupule oriental à la doctrine de la fatalité, nous ne laissons pas d'ajouter quelque foi au vieil adage ne doit pas craindre l'eau qui est né pour l'échafaud.

Malgré les appréhensions du *Mercury*, le trio franchit l'Atlantique sans accident et débarque à Liverpool le 12 mars à onze heures. Gale foule déjà le sol anglais depuis plus d'une semaine !

Les délégués bas-canadiens rencontrent le secrétaire d'État aux Colonies et James Mackintosh. Comme les Communes ajournent leurs travaux du 1er au 21 avril, Neilson en profite pour aller voir des parents en Écosse ; Cuvillier se rend en France voir ses ancêtres, alors que Viger préfère demeurer dans la capitale anglaise.

Le 2 mai, Huskisson soumet aux membres de la Chambre des communes le projet de former un comité spécial pour étudier le gouvernement civil des Canadas. Au cours du débat, Mackintosh parle de la pétition de 87 000 personnes. Huskisson répond que « sur les 87 000 signatures, 9000 seulement paraissent écrites par les parties et le reste est des marques ; ce que je regarde comme une preuve claire que le Bas-Canada n'a pas été gouverné par la meilleure des Législatures ».

Un comité de 21 membres, dont 5 formeront le quorum, est alors formé. Il siégera pendant plus de deux mois et entendra plusieurs témoignages. Neilson dénonce la composition des Conseils législatif et exécutif où se pratique le cumul des charges ; Viger appuie sur le fait que les francophones, qui forment 83 % de la population du Bas-Canada, n'ont que 3 juges sur 11 qui sont de langue française. Quant à Cuvillier, il aborde la question des subsides et tente de montrer aux membres du Comité que le gouverneur outrepasse ses droits en puisant dans les fonds publics sans l'assentiment de la Chambre d'assemblée.

Samuel Gale comparaît lui aussi et insiste sur la position des habitants des Eastern Townships dont il a remis une pétition au sous-secrétaire d'État aux Colonies, le 5 mai. La population des cantons s'élève à environ 40 000 personnes qui ne sont nullement représentées à la Chambre d'assemblée.

> Pour donner un effet pratique et réel aux bienfaits qu'ils ont reçus par l'acte récent du Parlement impérial et pour prévenir leur ruine par les machinations des Canadiens français de la Chambre d'assemblée, affirment les pétitionnaires, il devient nécessaire que les townships qui n'ont pas encore été jusqu'ici représentés dans la Législature provinciale, malgré leurs fréquentes sollicitations à cet égard, soient divisés en comtés avec le droit d'envoyer des membres à la Législature provinciale et que des cours et juridictions compétentes soient établies au milieu d'eux pour l'administration de la justice, en conformité avec les lois qui leur ont été généreusement accordées par la mère patrie.

Edward Ellice et Simon McGillivray viennent aussi prêter main-forte à Gale. Ils réclament tous deux l'union des deux Canadas comme unique mesure pour mettre fin aux problèmes.

Le 14 juillet, les délégués bas-canadiens présentent aux Communes une pétition où, après avoir résumé leurs interventions depuis leur arrivée en mars en Angleterre, ils dénoncent l'attitude du gouverneur Dalhousie qui, depuis avril, a multiplié les destitutions dans la milice afin de punir ceux qui avaient signé les pétitions l'accusant.

Le comité de la Chambre des communes remet son rapport le 22 juillet 1828. Il recommande la conversion en franc et commun socage des terres soumises à la tenure seigneuriale.

Le comité ne peut trop fortement exprimer l'opinion où il est, que les Canadiens d'extraction française ne soient, le moins du monde, troublés dans la jouissance paisible de leur religion, de leurs lois et privilèges, tels qu'ils leur sont garantis par les actes du Parlement britannique et, bien loin d'exiger d'eux qu'ils tiennent leurs terres d'après la tenure anglaise, il est d'avis que, lorsque les terres en seigneurie seront occupées, si les descendants des premiers colons préfèrent encore la tenure en fief et seigneurie, il ne voit aucune objection à ce qu'on accorde, en cette dernière tenure, d'autres portions de terres inhabitées dans la province, pourvu que ces terres soient séparées des townships, n'y soient pas enclavées.

Les membres du comité sont aussi d'accord pour augmenter le nombre de députés à la Chambre d'assemblée « sur les bases combinées du territoire et de la population ». L'épineuse question des subsides donne naissance à la suggestion suivante qui devrait plaire aux députés :

Bien que d'après l'opinion donnée par les officiers de la Couronne votre comité doive conclure que le droit légal d'approprier les revenus provenant de l'Acte de 1774 appartient à la Couronne, il est préparé à dire que les vrais intérêts des provinces seraient mieux consultés en plaçant la recette et la dépense de tout le revenu public sous la surveillance et le contrôle de la Chambre d'assemblée. D'un autre côté, tout en reconnaissant cette concession de la part de la Couronne, votre comité est fortement convaincu de l'avantage de rendre le gouverneur, les membres du Conseil exécutif et les juges indépendants des votes annuels de la Chambre d'assemblée pour leurs salaires respectifs.

Le comité dénonce le fait que le gouvernement local ait dépensé un montant de 140 000 livres sans la permission de la Chambre d'assemblée. « Votre comité ne peut s'empêcher de regretter fortement que, dans une colonie anglaise, on ait laissé subsister un tel état de choses pendant un si grand nombre d'années, sans faire au Parlement aucune communication à ce sujet. »

La question des juges est elle aussi abordée par le comité. « Quant aux juges, excepté le juge en chef seul, dont la présence peut être nécessaire en certaines occasions, votre comité est décidément d'opinion qu'il leur aurait mieux valu de ne s'être pas immiscés dans les affaires de la Chambre. Sous les mêmes rapports, il paraît à votre comité qu'il n'est pas à désirer que les juges siègent dans le Conseil exécutif. »

Le comité de la Chambre des communes est aussi d'avis qu'aucune modification importante à la constitution de 1791 ne doit être apportée sans l'accord des Législatures des deux Canadas. Quant à la nomination d'un agent à Londres, le comité est disposé à la recommander « de la même manière que sont nommés les agents des autres colonies qui ont des législatures locales ».

En guise de conclusion, les membres du comité sont d'avis que la source de la plupart des revendications et des maux réside dans le système d'administration. Ils désirent « faire bien ressouvenir qu'il [le comité] est complètement convaincu que ni les suggestions qu'il a pris sur lui de faire, ni aucune autre amélioration dans les lois et les constitutions des Canadas ne seront suivies de l'effet désiré, à moins qu'on ne suive envers ces colonies loyales et importantes un système de gouvernement impartial, conciliatoire et constitutionnel ».

Enfin, on conclut que le gouverneur Dalhousie mérite que l'on enquête sur sa conduite, surtout si les accusations portées dans les pétitions s'avèrent fondées.

Les trois délégués du Bas-Canada, quelques heures avant que le rapport du comité de la Chambre des communes soit rendu public, signent une lettre « aux divers comités des pétitionnaires pour le redressement des griefs dans les différents districts de cette province », pour les avertir que leur mission est agréablement terminée. Ils font remarquer « que plusieurs messieurs d'ici qu'on a supposés en Canada entretenir des préjugés défavorables à la population du Bas-Canada s'en sont, par leur conduite, montrés leurs amis ».

Le rapport déposé à la Chambre des communes le 22 juillet 1828 n'a qu'une valeur de recommandation. Il appartient maintenant au gouvernement de Sa Majesté de prendre les décisions nécessaires. Mais quand ? Louis-Joseph Papineau écrit le 30 septembre une lettre à Neilson dans laquelle il trace, à sa façon, le bilan de la mission et souligne un point important : « Les succès de votre mission sont grands et heureux au-delà de nos plus vastes espérances, mais ils sont loin d'être complets. Leur exécution est confiée aux autorités locales ; en grande partie, aux hommes immoraux qui sont flétris par les rapports de la Chambre des communes et dont les intrigues seront incessantes et ourdies avec une activité dont nous avons si longtemps souffert, pour rendre illusoires les promesses et les conseils honnêtes qui les perdent. »

Papineau avait en bonne partie raison, car les habitants du Bas-Canada vont attendre longtemps la majeure partie des réformes promises ou suggérées.

L'accusé s'en va

Le principal personnage mis en accusation dans les pétitions, le gouverneur Dalhousie, sait que ses jours sont comptés et il s'apprête à quitter la colonie. Avant même que les délégués canadiens arrivent à Londres, le secrétaire d'État aux Colonies avait pris une décision : Dalhousie irait commander aux Indes au retour de lord Combermere. Le gouverneur du Bas-Canada apprend la nouvelle au début de mars 1828. Il demande à Huskisson, le 7 mars, de ne pas brusquer son départ. « Son honneur et sa bonne réputation ne lui permettent pas un départ hâtif sans avoir la plus entière assurance d'être approuvé par sa souveraine [Majestée]. » Il veut éviter à tout prix de donner à la population l'idée qu'il est rappelé !

Au début de juillet, le *Quebec Mercury* annonce que James Kempt, le lieutenant-gouverneur de la Nouvelle-Écosse, a été nommé gouverneur en chef. Le 6 du même mois, Kempt écrit à Huskisson pour l'avertir qu'il vient de recevoir avis de sa nomination en qualité de gouverneur des provinces britanniques dans l'Amérique du Nord. Pour lui, « le retour à la paix et à un état de choses honorable ne peut s'effectuer sans l'intervention du Parlement britannique ».

Avant de quitter la colonie, Dalhousie effectue une tournée des principaux établissements. Kempt arrive à Québec le 1er septembre à bord du navire de guerre *Challenger*. Une semaine plus tard, soit le 8, le gouverneur rappelé quitte Québec. Le même jour, Kempt est assermenté administrateur du gouvernement.

Un appel à la paix

Bon nombre de Canadiens voient partir Dalhousie sans trop de regret. On espère que la nomination de Kempt va coïncider avec une certaine détente. George Murray, le nouveau secrétaire d'État aux Colonies, dans une lettre à Kempt datée du 29 septembre 1828, recommande la conciliation.

> Sa Majesté, écrit-il, a reçu trop de preuves de la loyauté et de l'attachement de ses sujets Canadiens pour douter qu'ils ne se fassent un plaisir de se prêter à tous les efforts que Votre Excellence pourra faire pour régler et pacifier des différends qui devront toujours exister tant que l'un et l'autre partis ne voudront absolument rien céder de leurs droits ; et elle a l'espoir de voir arriver le temps où, par le retour à l'harmonie, toutes les branches de la Législature seront en état de porter toute leur attention sur les meilleurs moyens de promouvoir la prospérité et de développer les ressources des vastes et importants territoires compris dans votre gouvernement.

Murray trace la ligne de conduite que doit suivre Kempt au sujet des subsides : le revenu territorial de la Couronne et le produit des amendes, confiscations et autres incidents de cette nature paraissent former le seul fonds

> que le gouvernement de Sa Majesté peut légalement employer à sa discrétion, pour payer les dépenses du gouvernement civil et celles de l'administration de la justice de la province [...] L'on doit donc regarder à l'avenir comme un principe fixe et invariable, ajoute-t-il, qu'à l'exception de ces fonds dont je viens de parler, aucune partie du revenu public du Bas-Canada ne doit être employée au service public ou à aucun autre objet quelconque, à moins que les trois branches de la Législature locale ne fassent une loi d'appropriation. Je sais bien les conséquences qui devront nécessairement résulter de la reconnaissance et de l'observation de ce principe. Tant que l'Assemblée est appelée à régler et à payer aucune partie de la dépense publique, elle acquiert virtuellement un contrôle sur le tout. Si toutes les dépenses du gouvernement civil ne dépassaient pas le montant des revenus de la Couronne, alors il serait possible de se passer de l'Assemblée. Mais qu'un tel résultat soit à désirer, ou qu'il puisse contribuer réellement à promouvoir le bien-être de la province en général, c'est ce qui est inutile pour moi de discuter. Il suffit de dire que, par la loi actuelle, le gouvernement exécutif du Bas-Canada n'a aucun moyen constitutionnel de se soustraire à une dépendance pécuniaire virtuelle de l'Assemblée et ne doit pas avoir recours à des moyens d'une autre nature.

Murray reprend ensuite les principales recommandations du comité de la Chambre des communes et se dit d'accord sur la majeure partie des points soulevés. Dans une lettre « secrète et confidentielle », le secrétaire d'État aux Colonies aborde le cas Papineau. On craint à Londres que la Chambre d'assemblée refuse de soumettre au gouverneur la nomination de son président, niant ainsi à la Couronne le droit d'approuver ou de refuser le choix de la députation.

> Si malheureusement toute tentative de conciliation du différend reste vaine et si vous êtes acculé à l'alternative suivante : ou bien permettre à M. Papineau de siéger sans avoir obtenu l'assentiment du gouverneur, ou bien proroger la session, vous devez, en une telle crise, annoncer à l'Assemblée que vous vous abstenez

d'exercer la prérogative royale de la prorogation uniquement parce que vous tenez compte des suites déplorables que l'absence d'une autre session ne manquerait pas d'occasionner à la province et que, bien qu'il ne soit pas dans votre dessein d'interrompre ses délibérations, vous voulez qu'il soit compris que vous protestez solennellement contre cette décision de l'Assemblée, que vous maintenez les droits de la Couronne et qu'il appartiendra au gouvernement de Sa Majesté en Angleterre de prendre pour la justification de ses droits les mesures qui lui sembleront nécessaires dans la présente conjoncture.

Le 21 novembre 1829, Kempt inaugure la deuxième session du treizième Parlement. La Chambre soumet à l'approbation du représentant du roi la nomination de Papineau au poste de président de l'Assemblée, laquelle est acceptée avec plaisir ! Dans son discours inaugural, l'administrateur fait appel à la bonne entente entre les deux branches de la Législature.

Les députés se mettent au travail. Le 28 novembre, Kempt fait parvenir à la Chambre un long message où il précise l'attitude du gouvernement britannique sur la question des subsides, de la sûreté des deniers publics, de la distribution des droits de douanes entre les deux Canadas, de la nomination d'un agent à Londres, des droits sur les terres incultes et des hypothèques. La Chambre répond, le 6 décembre, par une série de 16 résolutions par lesquelles elle réaffirme ses droits sur les subsides qu'elle veut continuer à voter annuellement, bien qu'elle juge « expédient de rendre le gouverneur, le lieutenant-gouverneur ou l'administrateur du gouvernement, les juges et les conseillers exécutifs indépendants du vote annuel de la Chambre et ce au montant des salaires qu'ils reçoivent maintenant ».

Le problème de la représentation électorale des Eastern Townships trouve sa solution au cours de cette session. Les députés adoptent un projet de loi faisant passer de 27 à 44 les circonscriptions électorales. On profite de la circonstance aussi pour franciser les noms de plusieurs comtés. Ainsi, Devon devient L'Islet ; Effingham, Terrebonne ; Hampshire, Portneuf ; Hertford, Bellechasse ; Kent, Chambly ; Surrey, Verchères ; et Warwick, Berthier. Par contre d'anciens comtés sont subdivisés, donnant ainsi naissance à de nouvelles circonscriptions : Bedford devient Rouville et Missisquoi ; Buckingham : Yamaska, Drummond, Nicolet, Lotbinière, Sherbrooke et Mégantic ; Cornwallis : Kamouraska et Rimouski ; Dorchester : Beauce et Dorchester ; Gaspé : Bonaventure et Gaspé ; Huntingdon : L'Acadie, Beauharnois et Laprairie ; Leinster : L'Assomption et Lachenaie ; Northumberland : Montmorency et Saguenay ; Richelieu : Saint-Hyacinthe, Shefford, Stanstead et Richelieu ; Saint-Maurice : Champlain et Saint-Maurice ; York : Deux-Montagnes, Vaudreuil et Ottawa. Quant au nombre de députés, il passe de 50 à 84, dont 8 représentant les Eastern Townships.

Depuis une dizaine d'années, la pierre d'achoppement de presque toutes les sessions est la question du vote des subsides. C'est à cette occasion que l'opposition entre la Chambre d'assemblée et le Conseil législatif atteint son paroxysme. La Chambre vote les subsides comme en 1825. Au Conseil, la mesure passe de justesse, grâce à l'appui du juge Jonathan Sewell. Kempt vient proroger la session le 14 mars 1829. Il accorde la sanction royale à 72 projets de loi, une des moissons les plus abondantes depuis l'établissement du système parlementaire au Bas-Canada. Parmi les nouvelles lois, quelques-unes concernent l'établissement de marchés publics à Montréal, dans le faubourg Saint-Laurent et dans la basse ville de Québec. Un acte prévoit l'octroi d'une somme d'argent pour macadémiser certains chemins près de Québec. Une loi vise à exempter de saisie, en paiement de jugement, les lits, linges, etc., nécessaires aux débiteurs. Six projets de loi sont réservés pour connaître le bon plaisir du roi. Parmi ceux-ci, il y en a un pour accorder certains droits « aux personnes professant le judaïsme ».

En novembre 1829, des rumeurs commencent à circuler sur le rappel prochain de Kempt. Malgré toute sa bonne volonté, l'administrateur de la colonie n'a pas réussi à restaurer la paix et l'harmonie. Les partisans de Papineau sont mécontents que les réformes promises par le comité des Communes en 1828 soient demeurées pour la plupart lettre morte.

> Sur quoi est fondé le rapport qui circule et s'accrédite du départ au printemps de sir James Kempt ? demande Papineau à Neilson dans une lettre du 26 novembre. Il y a mille spéculations diverses et opposées de la part de ses amis ou de ses adversaires. Les uns disent que son administration est condamnée et qu'il est rappelé ; les autres disent qu'elle n'est pas approuvée et qu'il ne veut pas prendre sa commission, à moins qu'on ne lui laisse la liberté d'effectuer des changements que le peuple demande et qu'on hésite à les lui accorder ; les autres, que les ministres prétendent que le pays fera, par la crainte de son rappel, des sacrifices pour le conserver. Il n'est peut-être pas vrai qu'il doive partir ou que ce soit par aucune de ces considérations. Très probable qu'il n'a communiqué son secret à personne.

Pour la majorité des députés, la prochaine session doit être l'occasion d'en finir avec le Conseil législatif que plusieurs souhaitent voir devenir électif. « À l'ouverture de la session, écrit Papineau à Neilson le 26 novembre 1829, nous trouverons les conseils gangrenés et vicieux à peu près comme ils le seront aujourd'hui. Ne pensez-vous pas qu'il faudrait que, dès les premiers jours de la session, l'Assemblée fit les plus fortes et les plus dures représentations contre leur composition, peindre, sans déguisement, ces hommes dans leur malice native et acquise, comme dirait l'éditeur du *Freeman* ? »

Au cours du même mois de novembre, les nouvelles circonscriptions électorales des Eastern Townships se choisissent des représentants. Les huit députés choisis sont tous de langue anglaise.

La troisième session du treizième Parlement s'ouvre le 22 janvier 1830. Il est important de savoir dès le début si les nouveaux députés vont s'allier au groupe des francophones ou s'ils vont épouser d'emblée la cause des conseillers législatifs.

La Chambre étudie un projet de loi votant l'exclusion des juges du Conseil législatif. Une telle mesure n'est pas propre à favoriser les bonnes relations entre les deux niveaux législatifs. L'attitude conciliante de l'administrateur Kempt sur cette question ne fait qu'empirer la situation.

> Dans le Conseil, écrit Papineau à sa femme le 28 janvier 1830, il y a un parti violent contre Sir James ; tous, chez eux, le haïssent, mais la majorité dissimule encore sans le tromper, excepté peut-être le juge en chef [Sewell]. Mais le juge en chef voudrait la paix sur ses vieux jours. Le procureur général voudrait dominer

par la violence et il se discrédite par là ; nos ennemis sont encore dangereux sans doute, mais leur nombre diminue, et ils sont divisés ; puis ils sont enchaînés pour le moment, arrêtés dans leurs projets et leur désir de nuire, mais empêchant beaucoup de bien de se réaliser que Sir James voudrait opérer.

Le représentant du roi se rend compte de la gravité de la situation qui découle de l'opposition perpétuelle entre la Chambre et le Conseil législatif. Le 2 mars, il écrit au secrétaire d'État aux Colonies qu'il a l'impression d'être assis sur un baril de poudre qui peut exploser n'importe quand. Papineau devient de plus en plus virulent au sujet des conseillers. « Ces imbéciles, tirés du néant par le gouvernement, pour le servir, confie-t-il à sa femme le 23 mars, essaient dans ce moment de rejeter le bill d'appropriation demandé de la part des ministres et je me réjouirais vraiment de ce nouveau trait de folie. Hier, on les donnait comme également divisés sur cette question, sauf la voix prépondérante du juge en chef. »

Deux jours plus tard, Papineau ajoute :

> Le Conseil vient de passer le bill d'appropriation, qu'ils avaient presque perdu par la confusion qui avait accompagné leurs débats, hier, en comité. Ils se sont, à notre joie et édification, entre-déchirés et mutuellement fait des reproches qui prouvent et nourrissent leurs antipathies. Ce corps n'est plus qu'un cadavre infect que tout le monde, même leurs ci-devant flatteurs, repousse. La session, sous le rapport des affaires publiques, se termine d'une manière on ne peut plus avantageuse. Dans leur colère, quelques-uns ont eu la sottise de dire que Sir James était ligué avec la Chambre contre eux. Leur bêtise amènera, je l'espère, un aussi heureux résultat.

La session est prorogée le 26 mars alors que Kempt accorde la sanction royale à 54 projets de loi. À l'avenir, les juges de paix devront posséder certaines qualifications et demeurer dans le district où ils sont nommés. Des bureaux d'enregistrement seront établis dans les nouvelles circonscriptions électorales des Townships. Le port de Montréal sera, par suite de l'adoption d'une loi, agrandi et amélioré. Une somme de trois mille livres a été votée pour améliorer la navigation à vapeur entre Québec, Halifax et les autres ports sur le fleuve Saint-Laurent. Un hôpital pour les marins sera construit à Québec, etc. Papineau a sans doute raison de déclarer : « La session est la plus importante dans ses résultats qu'il y ait jamais eu. La Chambre y aura acquis une réputation et une influence durable. Les criailleurs de Montréal jappent sans rien savoir de ce qui se passe. »

La mort du roi George IV, survenue le 26 juin 1830, est connue à Québec le 30 août de façon officielle. Comme le veut la coutume, le Parlement est dissous et de nouvelles élections sont décrétées.

La rue Notre-Dame, à Montréal, en 1830

LES « VIEILLARDS MALFAISANTS » MANIFESTENT 1830-1832

L A MORT DE GEORGE IV signifie l'accession de Guillaume au trône de Grande-Bretagne. Le frère du défunt roi prend le nom de Guillaume IV. Les shérifs des différentes villes du Bas-Canada sont chargés de proclamer officiellement la nomination du nouveau roi.

Au moment même où les Canadiens apprennent officiellement qu'ils ont un nouveau souverain, les journaux leur annoncent la nomination d'un nouveau gouverneur. À Downing Street, à Londres, le 19 juillet précédent, on avait émis la note suivante : « Il a plu à Sa Majesté de nommer le lieutenant-général Lord Aylmer, chevalier grand'croix du très honorable ordre militaire du Bain, Capitaine général et gouverneur en chef des provinces du Haut et du Bas-Canada, Nouvelle-Écosse, Nouveau-Brunswick et l'Île-du-Prince-Édouard. »

La nouvelle surprend et déçoit quelque peu la population bas-canadienne qui déplore le départ de Kempt. La *Minerve* du 9 septembre commente ainsi le changement dans le gouvernement de la colonie :

> Le regret qui s'est manifesté universellement depuis que cette nouvelle a été connue atteste assez la manière de penser des habitants de cette province sur cet événement. [...] Le bien-être général doit en éprouver un retardement considérable. Sir James Kempt, avec des intentions justes et impartiales, commençait à connaître assez le pays pour faire beaucoup de bien, et la confiance que s'acquérait de plus en plus Son Excellence faisait espérer au Canada des années de tranquillité

et de bonheur. Le successeur que lui donne le nouveau roi aura les mains liées pendant une couple d'années, faute de renseignements personnels ; entouré de conseillers pervers, il pourra se préjuger facilement ; et, s'il est de mauvaise foi, il prétextera son ignorance pour se dispenser de remédier aux maux du pays.

Au cours des mois de septembre et d'octobre, des réunions se tiennent en plusieurs endroits pour adopter des résolutions et des adresses à l'intention de James Kempt.

Le 13 octobre, le yacht de Sa Majesté, le *Herald*, jette l'ancre devant Québec. Lord et lady Aylmer en débarquent le même jour vers onze heures.

> Ils furent reçus au quai du roi par sir James Kempt qui était descendu dans un carrosse ouvert tiré par quatre chevaux, suivi d'un état-major nombreux et d'une garde d'honneur de la 15ᵉ d'infanterie. Lady Aylmer, ajoute la *Gazette* de Québec du 14, monta dans le carrosse avec sir James Kempt, et Lord Aylmer monta à cheval par derrière à la tête de l'état-major. Lord et lady Aylmer étaient tous deux en très bonne santé. Le *Herald* tira une salve, fit ranger son monde dans les vergues et donna des cris de salut à Son Excellence, à son débarquement du yacht. Comme elle mettait le pied sur le quai, il lui fut tiré de la Citadelle une salve à laquelle le vaisseau répondit.

Le 20 octobre, Aylmer prête serment comme administrateur en chef. Le même jour, Kempt s'embarque à bord du *Herald* qui lèvera l'ancre le lendemain matin.

Au moment où Aylmer vient prendre la direction du Bas-Canada, la campagne électorale déclenchée par suite de la mort de George IV tire à sa fin. Dans plusieurs circonscriptions, les candidats sont élus à l'unanimité. Ainsi, le 28 septembre, Louis-Joseph Papineau et John Fisher ne rencontrent aucune opposition dans le quartier ouest de Montréal. La lutte est par contre plus chaude dans les comtés de Saint-Maurice et de Yamaska, ainsi que dans le bourg de William-Henry. Une quarantaine de membres siégeant dans l'ancien Parlement sont réélus. Parmi les nouveaux élus, deux jeunes seront appelés à jouer un rôle important : Louis-Hippolyte La Fontaine, âgé de 23 ans, représentera la circonscription de Terrebonne, et Augustin-Norbert Morin, 27 ans, celle de Bellechasse. Quant à Wolfred Nelson, il a jugé bon de ne pas se représenter et de quitter temporairement la vie politique.

La *Minerve* du 1ᵉʳ novembre dresse ainsi le bilan de la campagne électorale :

> Dans presque aucune des élections, il n'a été question des principes politiques des candidats. La contestation, dans les endroits où il y en a eu, venait principalement de préférences personnelles ou de considérations locales. Un grand nombre de personnes des villes ont été candidats pour les comtés ; mais plusieurs ont fini par ne se pas présenter ; et le choix est tombé sur des candidats résidant dans les comtés ; ceux-ci généralement ont eu la préférence. Dans les comtés où les contestations se sont prolongées, on s'est plaint de ce qu'on a tenu table ouverte et employé d'autres moyens de corruption.

Sur les 84 députés élus, 22 sont de langue anglaise, soit près de 25 %, alors que les anglophones ne représentent que 16 % de la population totale.

La première session du quatorzième Parlement devait s'ouvrir le 24 janvier 1831, mais une maladie retient Aylmer au lit, de sorte que l'ouverture est reportée au 27. Dès le 25, les 71 membres présents de la Chambre d'assemblée prêtent le serment d'office. Le lendemain, à l'unanimité sur une proposition du député Louis Bourdages, Louis-Joseph Papineau est élu président de la Chambre.

Le 27, à treize heures, les membres de l'Assemblée et du Conseil législatif se rendent au Château Saint-Louis assister à l'ouverture officielle de la session. « Les deux orateurs et une couple de membres seulement de chaque chambre, Bourdages et Cuvillier pour la nôtre, écrit Papineau, sommes entrés près de son lit [au gouverneur] et il a voulu lui-même nous lire tout son discours. » C'est le président du Conseil législatif qui, au nom du gouverneur, lit pour les autres membres le texte du discours.

Une des premières mesures adoptées par la Chambre est l'expulsion de Robert Christie. Le député de Gaspé doit, pour la troisième fois, quitter l'enceinte des délibérations. Pourtant, les électeurs de Gaspé, au cours d'élections subséquentes, rééliront le même personnage qui n'en est d'ailleurs pas à sa dernière expulsion ! On reproche à Christie d'avoir, en sa qualité de juge des sessions de la paix à Québec, « conseillé au gouverneur de destituer quelques juges de paix ». Cette intervention lui valut une première expulsion, le 14 février 1829, suivie d'une autre, le 22 janvier 1830.

La grande préoccupation de la députation demeure le Conseil législatif. La Chambre veut en exclure les juges. Certains prônent même l'établissement d'un Conseil électif dont les membres, tout comme les députés, seraient élus par le peuple. Il est vrai que depuis plusieurs années, les conseillers ont, par mesures de représailles au sujet des subsides, bloqué plusieurs projets de loi adoptés par les représentants du peuple. Coincé entre les deux corps législatifs, le gouverneur Aylmer est dans une position plus que précaire. Dans une lettre du 23 février 1831, Papineau renouvelle sa confiance au gouverneur Aylmer : « On pourra lui parler d'affaires... l'an prochain ! Il sera au niveau de toutes les connaissances nécessaires pour bien gouverner le pays, mais il y aurait de l'injustice à demander ou attendre de lui ce résultat cette année. »

Le président de la Chambre modifie rapidement le jugement qu'il porte sur Aylmer ; quelques jours ont suffi pour assombrir l'horizon politique. Papineau écrit à sa femme le 26 février :

> Chaque pas du gouverneur, depuis trois jours, a été une suite de bévues si palpables qu'il n'y a plus d'hésitation à admettre de toutes parts que l'administration Dalhousie est recommencée en pleine activité et vigueur. Tous les yeux voient que cet homme est d'une incapacité ridicule et que, si personne n'est consulté, hors le parti que guide Stuart dans le Conseil, c'est la suite d'un pacte par lequel lord Aylmer est dûment lié et engagé à ne voir aucune autre personne, de peur d'avoir trop de témoins de la nullité de ses moyens. Ses amis disaient, il y a quelques jours, que nous l'aurions pendant sept ou huit ans ; bien des gens croient que nous l'aurons à peine sept ou huit mois. Il est un homme du monde, il a le ton de la bonne société, mais en matière de droit, de constitution, d'administration... il est même inutile de lui en parler : il s'étonne et ne comprend pas ! Et son

secrétaire est regardé de toutes parts comme un fou, qui appelle le mépris sur son maître.

Et pourtant, le gouverneur se rend à plusieurs demandes de la Chambre d'assemblée, assuré qu'il se met à dos le Conseil législatif. Ainsi, les députés adoptent un projet de loi expulsant les juges du Conseil. Il va sans dire que les conseillers refusent d'approuver une telle mesure, mais Aylmer prie les trois juges qui siègent au Conseil de se retirer en attendant qu'une décision soit prise à ce sujet. Il fait de même à l'égard du procureur général James Stuart, mis en accusation par la Chambre. On reproche à Stuart, le même qui, quelques années auparavant, avait demandé l'expulsion du juge De Bonne de l'Assemblée, d'avoir « plaidé pour des particuliers au détriment des intérêts de la Couronne qu'il devait défendre », de chercher à augmenter ses honoraires en faisant plaider dans les cours supérieures des causes qui normalement auraient dû l'être devant des cours inférieures, etc. La Chambre adopte une adresse au roi lui demandant de destituer Stuart de son poste de procureur général.

Encore une fois, au chapitre des subsides, la question reste en litige. Au début de la session, le gouverneur avait demandé à la Chambre de voter, pour la vie du roi, les sommes destinées aux salaires du gouverneur, de son personnel et des juges, ainsi que quelques pensions, abandonnant les autres dépenses au contrôle des députés. Encore une fois, la Chambre refuse et adopte les subsides comme elle l'avait fait en 1825. Par une seule voix de majorité, le Conseil législatif adopte le projet de loi sur les subsides. Il avait, quelque temps auparavant, refusé de donner son accord à un projet de loi préconisant le versement d'une indemnité aux députés. L'astucieux Bourdages avait alors proposé d'inclure dans les estimés budgétaires le montant de 2000 louis « pour indemniser les membres de l'Assemblée ». « Chaque député devait recevoir une allocation de dix chelins pour chaque jour de présence en Chambre et de quatre chelins pour chaque lieue de distance entre le lieu de sa résidence et celui des séances de la Chambre. »

Au cours de la session, John Neilson fait approuver par la Chambre une série de résolutions demandant la mise en application des recommandations faites en 1828 par le Comité de la Chambre des communes chargé d'étudier les affaires du Canada. La prise de position de Neilson est très modérée et elle tranche un peu sur celle que désireraient lui voir prendre quelques députés comme Bourdages ou La Fontaine. Ce n'est pas la première fois que l'on se rend compte que Neilson est plus modéré que Papineau et qu'un jour peut-être les deux hommes auront à s'affronter.

Le 21 mars 1831, le gouverneur Aylmer accorde la sanction royale à 58 projets de loi et proroge la session. Parmi les mesures adoptées se trouvent l'incorporation de la compagnie de navigation par la vapeur entre Québec et Halifax, l'encouragement à la destruction des loups, l'incorporation des cités de Québec et de Montréal et la déclaration selon laquelle « les personnes professant le judaïsme ont tous les droits des autres sujets ». Somme toute, le bilan de la session s'avère positif. Mais Papineau craint pour l'avenir. « La génération croissante, avait-il écrit le 3 février, sera appelée à agir à une époque de crise qui, dans un long avenir, décidera de la force et du malheur de notre pays. »

Enfin, un agent à Londres

La Chambre d'assemblée demande à Denis-Benjamin Viger d'agir comme son agent officiel à Londres. Le premier dossier qu'on lui confie est celui du procureur général Stuart dont on demande la destitution. Comme Stuart se rend lui aussi dans la métropole, les députés jugent essentiel d'avoir quelqu'un sur place pour expliquer les griefs de l'Assemblée. Viger quitte Montréal le 9 mai 1831 à destination de New York où il doit s'embarquer pour Liverpool.

Dès son arrivée à Londres, Viger entre en contact avec lord Goderich, secrétaire d'État aux Colonies. Non seulement le cas Stuart est abordé, mais aussi tous les griefs accumulés par la Chambre, de l'éducation à la question des subsides, en passant par les biens des jésuites et des sulpiciens. L'agent renseigne Papineau sur toutes ses démarches. Le président de la Chambre fait à son tour rapport à Neilson à qui il écrit, le 20 octobre 1831 : « Vous voyez qu'il était indispensable d'avoir quelqu'un sur les lieux et, malgré cet avantage, les ministres ont l'air de s'embarrasser dans l'examen d'une question qu'ils n'ont aucun moyen d'élucider. Ils n'auront sous les yeux que les assertions contradictoires de M. Viger et de M. Stuart et comment peuvent-ils juger ? »

De là à conclure que les affaires de la colonie doivent être réglées dans la colonie, il n'y a qu'un pas !

La fin des illusions

Le 15 novembre 1831, le gouverneur Aylmer préside l'ouverture de la deuxième session du quatorzième Parlement. Dans son discours inaugural, il insiste sur la nécessité d'améliorer les communications à l'intérieur des limites de la province.

> Je ne saurais trop ni trop fortement attirer votre attention, déclare-t-il, sur l'importance de faciliter la communication entre les townships et les cités de Québec et de Montréal, car c'est une mesure intimement liée aux intérêts et au bien-être de la province entière. [...] Les rapports alarmants qui sont parvenus dans cette province dans le cours de l'été et l'automne dernier, touchant les ravages causés par le choléra morbus en quelques parties de l'Europe ont rendu expédient comme mesure de précaution de mettre en force l'Acte 35 Geo. III, chap. 5, pour prévenir l'introduction de la maladie en cette province, mais il ne paraît pas qu'il y ait aucune raison d'appréhender que nous soyons visités de ce terrible fléau. Je fais mention de ce sujet principalement dans la vue de dissiper toute crainte que les mesures de précaution auxquelles je viens de faire allusion, auraient pu faire naître.

Dès le 15 novembre, par 30 voix contre 16, Robert Christie est encore une fois expulsé de la Chambre d'assemblée ! Quelques jours plus tard, soit le 25, Aylmer transmet à la Chambre copie d'une dépêche de lord Goderich en date du 7 juillet au sujet des problèmes bas-canadiens.

> Il a gracieusement plu à Sa Majesté, écrit le secrétaire d'État aux Colonies, d'ordonner que vous saisissiez la première occasion qui se présentera pour proposer au Conseil législatif et à l'Assemblée du Bas-Canada la passation d'un bill

déclarant que les commissions de tous les juges des Cours suprêmes seront accordées pour durer durant leur bonne conduite et non durant le bon plaisir royal, et au nom et de la part de Sa Majesté vous sanctionnerez un bill pour effectuer cet objet. [...] Pour remplir ultérieurement le plan général de faire participer les Canadas à l'avantage de ce principe important de la Constitution britannique, il me reste à signifier à Votre Seigneurie les ordres de Sa Majesté qui sont que vous communiquiez au Conseil législatif et à l'Assemblée sa ferme détermination de ne nommer à l'avenir aucun juge membre ni du Conseil exécutif ni du Conseil législatif de la province. Quelque confiance qu'on place dans l'intégrité personnelle des juges, il est à désirer qu'ils soient mis à l'abri de toute tentation d'intervenir dans les disputes politiques et même du soupçon d'une telle intervention. L'exception unique à cette règle générale sera que le juge en chef de Québec sera membre du Conseil législatif, afin que ce corps puisse avoir son assistance dans la rédaction des lois d'une nature générale et permanente ; mais Sa Majesté ne manquera pas de recommander même à ce haut officier de se garder avec soin de tous les procédés qui pourraient l'engager dans aucune contestation qui sentirait l'esprit de parti.

Voilà une première grande victoire pour Papineau et ses disciples : les juges sont enfin expulsés du Conseil législatif.

La dépêche de Goderich donnait aussi raison à la Chambre d'assemblée sur la plupart des points litigieux. « Sur la question des biens des jésuites et de l'éducation, sur la question de la régie des terres publiques, sur la question de la présence des juges aux Conseils législatif et exécutif, sur la question des institutions municipales, sur la question de la tenure des terres, en un mot sur toutes les questions en litige, écrit l'historien Thomas Chapais, le ministre se rangeait aux vues de l'Assemblée ou indiquait un mode de transaction satisfaisant. »

Au cours de la session précédente, la Chambre des communes avait adopté un projet de loi présenté par lord Howick en vertu duquel la gérance complète des subsides était laissée à la Chambre d'assemblée moyennant « l'adoption d'une liste civile de 5900 louis, couvrant simplement les salaires du gouverneur, de son secrétaire civil, du secrétaire de la province, du procureur général et du solliciteur général ». « En un mot, ajoute Chapais, on abandonnait au vote de l'Assemblée tout ce qu'on lui avait contesté, et l'on dépassait en libéralité les recommandations du comité de 1828. La liste civile devenait insignifiante par son chiffre et soulevait bien peu d'objections eu égard à la catégorie des fonctionnaires dont elle rendait permanents les salaires. »

Le 23 janvier 1832, la Chambre reçoit un message du gouverneur Aylmer concernant les subsides et la liste civile. Y sont énumérés les postes et les salaires pour lesquels on demande un vote « pour la vie de Sa Majesté conformément à la pratique de la Mère Patrie ».

En réexaminant les différents articles de dépense compris dans ce tableau limité, ajoute le message, la Chambre d'assemblée ne manquera pas de remarquer qu'il n'a nullement été dressé dans la vue d'étendre le patronage de la Couronne ; et qu'on y a mis seulement les officiers dont les services sont indispensables pour faire marcher les affaires ordinaires du gouvernement. [...] Enfin, en soumettant le tableau ci-joint à la considération de la Chambre d'assemblée, le gouverneur en chef croit qu'il est nécessaire d'informer la Chambre que le gouvernement de Sa Majesté ayant rencontré ses désirs dans l'esprit d'une bonne volonté et d'une cordialité parfaite, dont respire chaque ligne de la dépêche du vicomte Goderich du 7 juillet dernier, est dans la plus ferme espérance que la Chambre d'assemblée n'hésitera pas de montrer de son côté de pareilles dispositions dans l'occasion présente et qu'elle fera preuve par là de son désir de raffermir la tranquillité de la province.

La somme totale demandée représente un montant de 5900 livres.

À Londres, on recommande à Aylmer la fermeté : le gouverneur ne devra pas accorder la sanction aux subsides, si la liste civile n'est pas adoptée comme on le souhaite. Le 26 janvier 1832, le gouverneur avertit Goderich qu'il croit que « la liste civile, toute limitée qu'elle soit, sera entièrement réduite ou tellement modifiée qu'il ne pourra la sanctionner, même si elle passe au Conseil, ce dont il doute ». Il ajoute que la conviction s'est développée à la Chambre, à la suite de ses gains sur plusieurs plans, qu'il suffit qu'une demande soit formulée de façon ferme pour que Londres cède. « Il faudrait détromper l'Assemblée sur cela et il n'y a pas de temps plus favorable pour cela que le temps présent. »

Le 30 janvier, la Chambre se forme en comité plénier pour étudier la liste civile. Après de violentes discussions, le comité recommande de rejeter la demande du secrétaire d'État aux Colonies. Ce que la Chambre fait par un vote de 42 voix contre 9. La *Minerve*, dans son édition du 6 février, commente :

Il faut qu'un ministre soit bien audacieux et effronté pour venir encore une fois proposer à notre Chambre d'assemblée d'accorder une liste civile pour la vie du roi. Depuis environ quinze ans, le pays s'oppose à cette mesure avec l'Assemblée. L'administration a toujours été réduite à se soumettre aux bills des subsides passés par l'Assemblée qui a toujours accordé ce qui était nécessaire pour la marche du gouvernement et pour les améliorations et les exigences de la province. Le pays a réclamé sans cesse contre cette manière de demander les subsides. Les ministres ont reconnu la justice de ces réclamations, ils ont promis de se conformer à nos désirs et ils reviennent à la charge pour nous bâter d'une liste civile sans égard à leurs promesses et à leurs engagements.

La décision de la Chambre d'assemblée de ne pas voter la liste civile réduite aura de graves conséquences. Par ailleurs, l'attitude de la Chambre se comprend : les députés veulent assumer à plein leur rôle de législateurs et de contrôleurs des dépenses publiques. Ils n'avaient oublié qu'une chose : le lien colonial restreint passablement la liberté d'action d'une Chambre d'assemblée.

Deux autres sujets importants retiennent l'attention des députés au cours de la session : la composition du Conseil législatif et le mode d'élection des marguilliers dans les paroisses. Le 10 janvier 1832, le député Bourdages soumet une série de 12 résolutions concernant les conseillers. La 6e est ainsi formulée : « Résolu. Que c'est l'opinion de ce comité que, pour mettre ledit Conseil législatif en harmonie avec les vrais principes de la Constitution britannique et avec les intérêts et les besoins des habitants de cette province, comme branche distincte et libre de la Législature, il conviendrait que les membres en fussent choisis au moyen d'un système d'élections fréquentes et par rotation, [...] de manière à rendre ce corps aussi indépendant que possible du pouvoir exécutif et de l'Assemblée. » Par suite de l'opposition de John Neilson et malgré l'appui de Papineau, Bourdages ne réussira pas à faire approuver ses résolutions par la Chambre qui les rejettera par un vote de 37 voix contre 22.

La question du mode d'élection des marguilliers de paroisse va, elle aussi, mettre en opposition Neilson et Papineau. Dans la plupart des paroisses, l'administration des biens de l'Église est confiée à la fabrique, laquelle se compose du curé et des marguilliers élus seulement par les marguilliers anciens et nouveaux. Dans certains endroits, les paroissiens sont invités à élire chaque année leurs marguilliers, mais cette coutume est dénoncée par plusieurs évêques. Déjà en 1831, des paroissiens avaient présenté à la Chambre des pétitions demandant que tous les notables puissent avoir droit de vote dans ce domaine. Louis Bourdages avait alors présenté un projet de loi en ce sens qui n'avait pu franchir les trois étapes d'approbation avant la fin de la session. Il revient donc à la charge.

Dès le début de la session, en novembre 1831, Bourdages présente donc un « bill pour établir l'uniformité dans les assemblées de fabriques de cette province et déclarer quels paroissiens ont droit d'y participer en certains cas ». Le nouveau mode d'élection préconisé par le projet de loi est le suivant :

> Tous et chaque marguilliers anciens et nouveaux, curé ou prêtre faisant fonction de curé, missionnaires, et tous et chaque propriétaires dans les paroisses de campagne et dans la paroisse de la ville de Trois-Rivières, professant la religion catholique romaine, et tous et chaque marguilliers anciens et nouveaux, curé ou prêtre faisant fonction de curé, et tous et chaque propriétaires possédant, dans les paroisses des cités de Québec et de Montréal, des immeubles de valeur annuelle de trente livres courant, et dans la paroisse de Saint-Roch, de la cité de Québec, de la valeur annuelle de onze livres courant, professant la religion catholique romaine, sont et seront propres et auront droit d'assister, de voter et délibérer aux assemblées de fabriques, pour l'élection de nouveaux marguilliers, pour la reddition des comptes des marguilliers sortis de charge et pour dépenses extraordinaires et pour tous règlements du gouvernement temporel de l'Église.

Les autorités religieuses, cela va sans dire, vont organiser une campagne contre le projet de loi. Le clergé voit dans le projet de loi une menace à son autorité et une intrusion de l'Assemblée dans les affaires religieuses. Dans sa requête, le clergé « prend la liberté d'observer à Votre Honorable Chambre qu'elle ne saurait mettre à effet une semblable mesure, sans blesser essentiellement les droits sacrés de l'Église, du clergé et du peuple catholique de cette province ». En conséquence, il demande donc le rejet pur et simple du projet de loi.

La Chambre se forme en comité général le 2 décembre. Le débat semble mettre aux prises cléricaux et anticléricaux. Pour la première fois peut-être en Chambre, des députés se laissent aller à des accusations ouvertes contre le clergé. Neilson se porte à la défense du clergé et mène l'opposition au projet de loi. Le 22 décembre, le « bill des notables » comme on se plaît à l'appeler, est adopté en troisième lecture par 30 voix contre 19. Parmi ces dernières, celles de Neilson, de Jean-François-Joseph Duval, de Frédéric-Auguste Quesnel et de Dominique

Mondelet. Les autorités religieuses ne se considèrent pas encore battues sur la question de l'élection des marguilliers.

Sur les 30 membres du Conseil, 21 professent la religion protestante ; 9 sont catholiques. Le 28 décembre, les dix conseillers présents à la séance étudient le projet de loi en première lecture. William Bowman Felton, membre du Conseil depuis 1822, y va d'un drôle de raisonnement :

> Si le Conseil est maintenant appelé à choisir l'église ou le système de politique religieuse qui conviendrait le mieux à l'instruction morale et religieuse d'un peuple illettré, quel système pourrait-il trouver de mieux adapté à répondre à ce but que l'Église catholique romaine ? Quelle plus forte preuve pourrait-il avoir de l'efficacité de ce système que dans le caractère moral et religieux reconnu et non disputé du peuple canadien — peuple illettré, il est vrai, mais instruit dans le sens propre du terme, si on regarde la stricte exécution des devoirs sociaux et un sentiment parfait des obligations civiles, comme les meilleurs fruits de l'éducation. Le peuple doit cet avantage au clergé catholique romain et, tant qu'il continuera à être un peuple illettré, il pourra avec sûreté être laissé sous sa direction.

Il ne faut donc pas, selon Felton, amoindrir de quelque manière l'autorité du clergé !

James Cuthbert est le seul conseiller catholique présent aux délibérations du Conseil. Son intervention prend une allure pathétique :

> Assaillis dans les droits de leur Église, attaqués dans leur caractère, outragés dans leur conduite, calomniés dans l'exercice de leurs devoirs, ils [les membres du clergé] voient avec une vive alarme le bras profane d'un pouvoir confus dirigé vers l'autel et le sanctuaire. Gardiens naturels de tous les deux ils ont élevé la voix contre cette innovation effrayante et, dans une assemblée composée principalement de catholiques romains, leur voix n'a pas été écoutée ! C'est en vous, messieurs, qui professez une foi différente, qu'ils viennent reposer leurs espérances. C'est dans vos sentiments de délicatesse, dans vos efforts méritoires pour maintenir inviolable le caractère moral et religieux du peuple ; dans vos principes constitutionnels et votre justice impartiale qu'ils se reposent implicitement pour le remède que, dans les circonstances actuelles, pourront vous dicter votre sagesse et votre expérience.

Il ajoute que le projet de loi a non seulement pour but de « saper la religion catholique romaine, mais le christianisme même, sous prétexte d'accéder aux vues d'un petit nombre de mécontents dans quelques paroisses de campagne, mécontents parce que, dans toute probabilité, leur mauvais caractère les a empêchés d'obtenir sur les affaires publiques ce contrôle qu'ils espèrent obtenir par le bill maintenant introduit ».

Par huit voix contre deux, l'étude du projet de loi est reportée à six mois, ce qui, à toutes fins utiles, représente un enterrement de première classe !

Le 25 février 1832, le gouverneur Aylmer accorde la sanction royale à 63 projets de loi, dont l'Acte pour protéger la propriété littéraire et l'Acte pour l'établissement de bureaux sanitaires en cette province et pour mettre en force un système effectif de quarantaine. Neuf autres projets de loi sont réservés pour connaître le bon plaisir du roi à leur sujet. Parmi ces derniers, l'Acte pour rendre les juges inhabiles à siéger tant au Conseil législatif qu'au Conseil exécutif, ainsi que l'Acte pour pourvoir à défrayer les dépenses civiles du gouvernement provincial pour l'année courante. Dans son discours de clôture, Aylmer ne cache pas son désappointement : il ne comprend pas pourquoi les députés n'ont pas accepté de voter pour la vie du roi une liste civile aussi réduite.

Quelques jours avant la clôture de la session, le gouverneur avait fait parvenir une lettre à Louis-Joseph Papineau et à John Neilson leur annonçant qu'il avait plu à Sa Majesté de les nommer tous deux conseillers exécutifs. Les deux refusent afin d'être conséquents avec un règlement adopté par la Chambre d'assemblée au sujet de l'appartenance des députés aux Conseils. Le 13 février 1832, Papineau avait fait part de ses réticences à Aylmer :

> Cette preuve de confiance de la part du gouverneur de Sa Majesté et son désir d'avoir les opinions indépendantes de personnes qui ont reçu des marques de confiance de la part du peuple de cette province, ne peut que m'être très agréable. Néanmoins, comme il peut y avoir des obstacles par les règles de cette Chambre qui me gêneraient à accepter cette distinction honorable, je ne puis sur-le-champ dire à Votre Seigneurie si je puis ou si je ne peux pas l'accepter. Je demande quelques moments pour y réfléchir. En attendant, je conserverai par devers moi comme très secret l'avis que vous me donnez.

Le 14 février, Neilson fait part de son refus formel au gouverneur. Le 2 mars, Aylmer, dans une lettre personnelle à Goderich, tire un bilan positif de l'offre faite aux deux leaders : « L'offre a eu le bon effet de faire voir qu'on les avait invités à prendre part aux délibérations secrètes, en sorte que ceux qui ont censuré le Conseil exécutif ne peuvent plus maintenant affirmer qu'il s'y passe des choses qu'on ne voudrait pas faire connaître »

La revanche des malfaisants

La prise de position du Conseil législatif sur la question des notables n'a pas l'heur de plaire à plusieurs. Le 3 janvier 1832, Daniel Tracey, éditeur du bi-hebdomadaire de langue anglaise *Vindicator*, publie un article où il qualifie le Conseil législatif d'« incube oppressif » et de « nuisance publique ». La *Minerve* du 9 publie, à son tour, un article signé « Pensez-y bien » dans lequel est demandée « L'abolition entière d'un corps aussi nuisible que l'a été, l'est et le sera le Conseil législatif nommé par la Couronne. » L'auteur anonyme conclut ainsi son intervention écrite : « Le Conseil législatif actuel étant peut-être la plus grande nuisance que nous ayions, nous devons prendre les moyens de nous en débarrasser et en demander l'abolition, de manière à l'obtenir. »

De telles déclarations offusquent les conseillers que l'on appelle des *vieillards malfaisants* ! Le 13 janvier, ces derniers ordonnent au sergent d'armes de se rendre à Montréal et de mettre sous arrêt Ludger Duvernay et Daniel Tracey, respectivement éditeurs de la *Minerve* et du *Vindicator*. Les deux accusés devront comparaître dans les plus brefs délais devant le Conseil législatif. Le sergent d'armes W. Ginger quitte immédiatement la capitale et arrive à Montréal le dimanche 15 janvier à dix heures. Après avoir signifié aux deux éditeurs « avec tous les égards convenables » les ordres dont il était chargé, il repart de Montréal avec ses deux prisonniers à vingt et une heures pour arriver à Québec le mardi à quatorze heures. Une heure et demie plus tard, les accusés comparaissent devant les membres du Conseil en présence de plusieurs spectateurs attirés par l'événement. Duvernay déclare qu'il n'est pas l'auteur de l'article incriminé. On fait évacuer la salle dans le vain espoir de connaître qui se cache sous la signature de « Pensez-y bien ». Peine perdue !

Quant à Tracey, il affirme qu'il n'a écrit que la vérité et « que son opinion était que le Conseil est une nuisance et qu'il était prêt à subir les conséquences de cette opinion ». Majoritairement alors, les conseillers se prononcent pour l'incarcération des deux hommes jusqu'à la fin de la session. Sept conseillers pourtant se prononcent contre la mesure. Immédiatement, des assemblées de protestations s'organisent à Québec et à Montréal. Le 21 janvier, environ 500 personnes se réunissent à l'hôtel de Lavoy sous la présidence de Robert Nelson pour adopter une série de résolutions concernant la liberté de presse et la libération des deux accusés. Parmi les orateurs de circonstance, Louis-Hippolyte La Fontaine dénonce le sort fait aux Canadiens. « Rappelez-vous, dit-il, que nous formons environ les neuf dixièmes de la population et que cependant il n'y a que huit Canadiens dans le Conseil [législatif] sur 27 membres. [...] Les Canadiens ne participent presque pas aux places de confiance et de profit. C'est ainsi, messieurs, que les Canadiens ont toujours été traités et c'est ainsi qu'ils le seront encore, s'ils ne se hâtent pas de prendre tous les moyens constitutionnels d'obtenir une justice prompte et efficace. »

Une autre assemblée se tient à Montréal le 25 janvier. Cette fois, 600 personnes sont présentes. À la clôture de la réunion, 300 des participants organisent une procession dans la ville.

De la prison de Québec, le 24 janvier, Duvernay remercie les citoyens de la ville de Québec qui ont adopté des résolutions en sa faveur. Le même jour, Tracey fait de même et adresse sa lettre à Étienne Parent, secrétaire du comité de Québec. À Montréal, on s'affaire à recueillir les fonds nécessaires pour faire frapper deux médailles en or que l'on veut remettre aux « héros » à leur libération.

Le 8 février, Duvernay et Tracey comparaissent devant des juges de la Cour du Banc du Roi en vertu d'un writ d'*habeas corpus* au sujet de la légalité de leur emprisonnement. Malgré une plaidoirie de deux heures et demie de l'avocat Andrew Stuart, les juges James Kerr, Edward Bowen et Jean-Thomas Taschereau déclarent que le Conseil législatif a agi de plein droit en incarcérant les accusés.

Des assemblées se tiennent à l'Assomption, Berthier et Saint-Constant. À chaque endroit, on adopte à peu près les mêmes résolutions concernant la liberté de presse et la libération des deux accusés. Tout cela cause de l'agitation et de l'inquiétude, d'autant plus que l'on sait que la session achève et que les deux éditeurs vont bientôt retrouver leur liberté. Le 20 février, le shérif Louis Gugy de Montréal s'agite : à la réunion des magistrats de la ville, il produit deux lettres anonymes écrites en anglais et adressées, la première au colonel et la seconde au major du régiment cantonné à Montréal.

L'une était alléguée être écrite par un Irlandais qui aurait pris part aux assemblées des citoyens pour savoir leurs plans qu'il croyait maintenant devoir révéler. Il ne s'agirait pas moins, le jour du Triomphe, de mettre le feu au marché à foin et ailleurs pour y attirer les troupes ; pendant ce temps, les Canadiens s'empareraient des casernes et de deux autres maisons, celle de M. Bingham et le British American Hotel ; qu'ensuite, à l'aide de plusieurs milliers des habitants des campagnes, qui devaient être ici ce jour-là, on s'emparerait de la ville. L'autre lettre disait que des Canadiens s'étaient transportés à l'île Sainte-Hélène pour avoir des renseignements sur le nombre des canons en état de servir ; qu'on devait s'emparer de l'arsenal, etc., etc. Suivant M. Gugy, ajoute la *Minerve* du 23, il fallait prendre des mesures de précautions pour empêcher le trouble.

Les rumeurs d'un soulèvement populaire ou d'une guerre civile viennent de naître et, au cours des mois qui viennent, même le gouverneur Aylmer y fera écho.

Tel que prévu, Duvernay et Tracey retrouvent leur liberté le 25 février à quinze heures. Quatre jours plus tard, ils font une entrée triomphale à Montréal après 46 jours d'absence dont 40 passés derrière les barreaux. Une foule considérable les accueille au Pied-du-Courant où on leur présente les médailles en or. Musique en tête, le cortège se met en marche vers la demeure de Tracey. Du second étage de sa maison, il adresse des remerciements aux participants. En chantant la *Marseillaise* et le *God save the King*, on se remet en route vers la maison de Duvernay. Papineau, à un point du défilé, vient souhaiter la bienvenue aux deux hommes qui, depuis Québec, avaient été accueillis triomphalement dans presque tous les villages.

Le soulèvement populaire appréhendé par quelques-uns n'a pas eu lieu, mais le climat, qui en est encore à la violence verbale, risque de se gâter.

ÉMEUTE ET CHOLÉRA
1832

Le climat politique qui prévaut tant au Bas-Canada que dans la province supérieure n'est pas sain. Le mécontentement règne en maître. Le 14 février 1832, un correspondant anonyme qui signe « L. » fait parvenir au rédacteur de la *Minerve* une lettre où il déclare que le peuple est fatigué des injustices qu'il subit depuis la cession du pays. « Il faut la révolution et la séparation de l'Angleterre », conclut-il.

Les événements dont Montréal sera le théâtre au printemps de 1832 en amèneront quelques-uns à croire que les Canadiens fomentent vraiment une révolution. Le 28 février, Hugues Heney, représentant le quartier est de la ville à la Chambre d'assemblée, donne sa démission ; le 26 mars, le député John Fisher, de Montréal-Ouest, fait de même. Le premier est remplacé le 6 avril par Antoine-Olivier Berthelet. Quant au second, sa succession s'annonce plus difficile à assurer.

Trois candidats annoncent leur intention de briguer les suffrages dans le quartier ouest : le marchand Stanley Bagg, le journaliste et médecin Daniel Tracey et un nommé Phillips. Bagg, qui est le candidat des bureaucrates, reçoit l'appui des Anglais, des Écossais et de quelques Canadiens dont le chef de la police de Montréal, Pierre-Édouard Leclère. Il expose son programme électoral dans une annonce datée du 16 avril : « Promouvoir les meilleurs intérêts du pays quant à son commerce, l'agriculture, ses améliorations intérieures et ses droits politiques. »

Tracey, que tous connaissent comme un violent défenseur de la cause « patriote », est l'éditeur du journal *Vindicator* ; c'est lui qui a été emprisonné lors de la dernière session pour insulte au Conseil législatif. Il expose son programme lors d'une réunion tenue au faubourg des Récollets, le 17 avril. Il revient sur le même sujet deux jours plus tard, dans un placard :

Dans cette province, déclare-t-il, il y a quelques questions de politique sur lesquelles, pour la sécurité de ses libertés, il serait nécessaire que le peuple insistât, de manière à ne laisser à ses représentants aucune alternative. [...] La première, peut-être la plus importante de ces questions, est celle de la liste civile. C'est, à mon avis, celle d'où dépendent nos libertés ; et on ne devrait en aucune façon y renoncer. Ceux qui veulent qu'elles soient permanentes doivent avoir des vues ultérieures, incompatibles avec les intérêts du peuple. La seconde est la composition du Conseil législatif qui, de l'aveu même de ses amis, a besoin d'être réformé. [...] Il y a une troisième question que je conçois être extrêmement importante : elle est nouvelle. C'est celle de la Compagnie de Londres pour les terres, qui se forme en ce moment, et dont l'objet est de coloniser le pays au moyen de spéculations d'agioteurs.

Beaucoup d'Irlandais et de Canadiens appuient Tracey. Parmi les jeunes qui le supportent se trouve Louis-Hippolyte La Fontaine.

L'élection débute le 25 avril à onze heures du matin. Saint-Georges Dupré agit comme officier rapporteur. Plusieurs orateurs se succèdent sur les hustings. Une trentaine de boulés*, à la solde de Bagg, chahutent continuellement et essaient de couvrir les propos de Tracey et de ses partisans. À l'ajournement du vote à la fin de la première journée, Bagg dispose d'une avance de 23 voix. Il est vrai que ses hommes avaient empêché plusieurs voteurs de donner leur voix à Tracey. Un Irlandais est même roué de coups et il doit être transporté chez lui par quatre de ses compatriotes.

Les magistrats qui dirigent les destinées de la ville — Montréal ne possédant pas encore de structures municipales — décident d'engager des constables spéciaux, que l'on appelle alors des connétables, pour maintenir l'ordre. Chose surprenante, plusieurs de ces connétables sont choisis parmi les boulés à la solde de Bagg. Il est vrai que le chef de police Leclère est un chaud partisan du commerçant anglais ! Les policiers d'occasion portent des bâtons bleus. Ces derniers doivent normalement mesurer six pieds, tout comme les bâtons des hommes de guet, mais, pour la circonstance, on les a sciés en trois bouts, de sorte que l'on peut frapper plus facilement et plus fort.

À la fin de la deuxième journée, Tracey détient une majorité de 22 voix. Chaque jour ou presque, il y a accrochages. Le 2 mai, l'éditeur du *Vindicator* mène à nouveau avec, cette fois, une avance de 74 voix. Le bureau de votation est déménagé au dépôt des pompes, sur la Place d'Armes.

Le 12 mai, les deux candidats sont nez à nez, ayant récolté 633 votes chacun. Le 16 mai, Tracey et Bagg ont encore une fois le même nombre de voix, soit 658. Le 18, Bagg mène par une voix. Le même soir, nouvelle tentative d'assassinat. L'atmosphère est de plus en plus réchauffée. Le samedi 19 mai, alors que le scrutin se tient depuis 22 jours, les deux candidats sont encore une fois sur un pied d'égalité.

Samedi, un peu après une heure, écrit la *Minerve*, les voix se trouvèrent égales. Des amis de M. Bagg, voyant qu'ils ne pourraient facilement produire de voix dans l'heure, demandèrent que le poll fût ajourné à ce matin [le 21] ; cette demande venant de trois électeurs, nous ne contestons point leur droit de le faire. L'officier rapporteur accueillit cette proposition avec ardeur ; mais, avant qu'il eut préparé et fait signer l'acte d'ajournement, cinq ou six voteurs voulurent donner

---

* Fier-à-bras qui utilisait sa force pour empêcher les gens de voter.

leurs suffrages en faveur de M. Tracey, entre autres C. S. Rodier, le Dr Vallée, M. Donegani et M. Laflèche. Le croira-t-on ? L'officier rapporteur s'y opposa et ajourna le poll quoiqu'il vint de permettre à un autre de voter pour M. Bagg.

Un Irlandais mécontent se glisse dans le bureau fermé et veut frapper Saint-Georges Dupré, l'officier rapporteur. Deux cents personnes accompagnent le candidat Tracey à sa demeure et ce dernier prononce alors un court discours invitant ses partisans à se retrouver à bonne heure au bureau de votation, lundi le 21 mai.

La fusillade

Malgré la pluie qui tombe avec force, ce lundi matin, près d'une cinquantaine de personnes sont présentes à l'ouverture du bureau de votation. La plupart sont des « ouvriers journaliers et autres oisifs ». Tout est calme jusque vers deux heures de l'après-midi. Il pleut toujours. Sur la Place d'Armes, non loin du bureau de votation, près des murs de l'église Notre-Dame, John Jordan, un partisan de Tracey, reçoit sur son parapluie tendu « un coup assez fort pour en percer la soie et la déchirer dans une étendue de trois pouces au moins ». « Je me retournai aussitôt, raconte-t-il, et apercevant M. Perrin [Dieudonné Perrin, partisan de Bagg], je lui dis : "Qu'as-tu donc, polisson, pour déchirer mon parapluie ; prends garde que tu ne te fasses déchirer les yeux maintenant." J'avais à peine proféré ces paroles, dans un moment d'émotion, que je vis deux hommes se jeter sur M. Perrin et l'assaillir de coups. Le résultat a été une rixe générale dans laquelle prirent part les partisans des deux candidats, les connétables spéciaux, etc. »

Les juges de paix William Robertson et Pierre Lukin, après avoir fait appel par écrit aux soldats, réussissent à rétablir l'ordre. « Il est vrai, note Papineau, que les magistrats reçurent quelques petits coups dans la mêlée. »

Vers quatorze heures quarante-cinq, dix grenadiers et une cinquantaine de soldats de la compagnie légère du 15e Régiment d'infanterie, commandés par le capitaine Temple et le lieutenant-colonel Mackintosh, s'installent sous le portique de l'église. Quant aux connétables, ils prennent poste près du bureau de votation. Le calme revient. Une heure plus tard, « le magistrat Robertson, rapporte Papineau, lut le *Riot Act* dans un moment où tout était dans la plus grande tranquillité. Nous priâmes ensuite les magistrats de faire retirer leurs connétables et ils le firent. [...] Nous nous occupâmes le reste du temps jusqu'à cinq heures, à donner des voix. Nous étions égaux. »

À la fermeture du bureau, à cinq heures, Tracey est en avance de trois voix. Quelques centaines de partisans décident de l'accompagner jusqu'à sa demeure, sise faubourg Saint-Antoine. Ils empruntent la rue Saint-Jacques. Les amis de Bagg se lancent alors à leur poursuite.

> Chacun, dans ce moment, écrit Papineau à John Neilson, criait à sa façon. Les connétables, qui étaient hors de l'enceinte des murs de l'église, foncèrent et se mirent à battre la queue du parti de Tracey. Ceux-ci appelèrent les autres et, avec des pierres, réussirent à repousser les connétables, qui laissèrent deux hommes étendus sous les coups. Les partisans de Tracey, indignés, lancèrent des pierres contre la maison d'Henderson où s'étaient réfugiés quelques-uns des connétables.

Dans ce même moment, j'allai ramasser un pauvre Canadien resté presque sans vie. La Fontaine chassait le peu qui lançaient des pierres. Et déjà ils étaient presque tous dans la rue Saint-Jacques.

Entre-temps, les troupes ont reçu du renfort des compagnies de soldats installées sur le Champ de Mars. « Les soldats, continue Papineau, arrivés vis-à-vis la maison du docteur Robertson [Henderson] ont fait halte, se sont séparés en deux et ont fait passer les connétables agresseurs derrière eux. Alors les autres fuyaient et l'on donna l'ordre fatal. Il est possible que quelques pierres lancées sur les connétables aient frappé les soldats, mais la bureaucratie ne pourra sûrement pas prouver que ces pierres étaient malicieusement dirigées contre les soldats. »

Quatre magistrats donnent aux soldats l'ordre de tirer sur la foule. François Languedoc a le cœur percé d'une balle, Pierre Billette est atteint d'une balle au cou et d'une autre dans la tête et le compagnon imprimeur Casimir Chauvin, âgé de 20 ans, a la tête traversée d'une balle. Deux autres personnes sont blessées grièvement. Une dizaine d'autres sont touchées par des balles. Les docteurs Robert Nelson et Bruneau donnent les premiers soins aux blessés.

Immédiatement après avoir fait feu, les troupes se retirent à la Place d'Armes. « Des partisans de M. Bagg, écrit la *Minerve* dans son édition du 24, s'approchèrent des cadavres en riant et regardèrent avec une joie féroce le sang canadien qui ruisselait dans la rue. On les a vus se donner la main, se féliciter et regretter que le nombre des morts ne fût pas plus grand ; on les a entendus dire qu'il était pénible qu'on n'eut pas décimé les Canadiens. »

Les trois cadavres sont transportés sur la Place d'Armes où le coroner commence immédiatement son enquête. Louis-Joseph Papineau et Clément-Charles Sabrevois de Bleury, La Fontaine et une trentaine d'autres personnes y assistent. Bleury demande à Mackintosh qui lui a donné ordre de tirer. « Gentlemen, répond l'officier, I will not answer but to superior military authority. »

Comme le mauvais temps persiste et que la noirceur a envahi la place, le coroner décide alors d'ajourner son enquête au lendemain. Les corps sont déposés dans la chapelle avoisinante. Entre-temps, les autorités militaires ont fait installer sur la Place d'Armes trois canons de campagne avec une troupe d'artillerie. La soldatesque repousse les spectateurs qui s'approchent trop près d'elle. On a presque l'impression que Montréal est une ville occupée. « Des sentinelles, rapporte la *Minerve*, parcoururent le soir et la nuit les rues de cette ville et, pour récompenser les soldats de leur courage à massacrer des victimes paisibles et sans armes et leur faire oublier leur crime, on leur donna du rhum en abondance. »

Le lendemain matin, avant six heures, canons et soldats avaient disparu. Quelques heures plus tard, les douze jurés sont assermentés pour l'enquête du coroner. Plus d'une vingtaine de témoins sont appelés à comparaître. Les jurés délibèrent ensuite pendant une journée et deux nuits. Le 26, neuf concluent que les trois victimes ont été tuées par une décharge de fusils « tirés à balle » sur le peuple, alors que trois autres ajoutent « à la suite d'un riot ». Le coroner ordonne donc l'arrestation des deux officiers qui ont ordonné le feu. Temple et Mackintosh retrouvent leur liberté après le versement d'un cautionnement minime. La cause est ajournée au 27 août suivant.

Le 22 mai, le bureau de votation s'était ouvert comme à l'accoutumée. À neuf heures, Tracey est déclaré élu avec quatre voix de majorité. Près de 300 personnes accompagnent le vainqueur chez lui, gardant toutes un profond silence en signe de deuil. Tracey adresse la parole à la foule et l'invite à assister aux funérailles des trois victimes. Les funérailles ont lieu le 24 mai à l'église Notre-Dame. On estime à environ 5000 « le nombre de ceux qui étaient présents à cette triste cérémonie ». La foule accompagne ensuite les dépouilles au cimetière. La plupart des assistants portent un crêpe de deuil à leur chapeau.

Des sursauts de violence continuent à agiter Montréal au cours des jours qui suivent. Le 25, un autre partisan de Tracey, un Irlandais nommé Kelly, est attaqué dans une maison du vieux marché et il reçoit un coup de couteau dans le bras.

Papineau écrit au gouverneur Aylmer pour lui demander de venir en personne à Montréal, accompagné de John Neilson, pour faire lui-même enquête. Le représentant du roi dédaigne cette invitation, ce qui scandalise Papineau. Il écrit à Neilson, le 6 juin : « Il se renferme dans son château. Plaise à Dieu qu'il s'y enferme dans une coupable inaction, mais je crains qu'il ne s'y engage activement dans des liaisons et des partialités bien plus criminelles que sa simple paresse. »

À Montréal, toutes sortes de rumeurs et d'incidents continuent à maintenir un climat surchauffé. Le 29 mai,

> vers les huit heures, rapporte la *Gazette* de Québec, des fusées ont été lancées par le militaire vis-à-vis de la caserne pour donner avis aux soldats de l'artillerie stationnée à Sainte-Hélène de traverser immédiatement ; ils l'ont fait et sont arrivés de ce côté vers les dix heures. On les a tenus sous les armes toute la nuit, ainsi que tout le personnel de la caserne, et cela parce qu'un écervelé s'était plu à faire courir le bruit que les Canadiens s'assemblaient en masse (10 000) derrière la montagne et devaient faire une descente au milieu de la nuit sur la ville pour y mettre tout à feu et à sang.

Le 2 juin, deux compagnies du 24e régiment quittent Québec pour Montréal. De part et d'autre, on appréhende un imaginaire sursaut de violence.

> Les Canadiens éclairés, qui connaissent leurs compatriotes, commente la *Minerve* du 4, s'attendaient à ce que le commandant en chef retirerait immédiatement de Montréal les troupes qui sont les auteurs immédiats des atrocités. Ils voyaient dans cette mesure un moyen assuré de calmer la juste indignation des citoyens. Loin de cela on envoie des renforts ; on applique le feu à une blessure déjà enflammée ; on veut frapper de terreur des hommes libres indignés d'une injustice criante, au lieu de leur faire la justice qu'ils avaient droit d'attendre qui seule pouvait les satisfaire.

Pour plusieurs bureaucrates et sympathisants, le grand responsable de l'agitation politique est Papineau.

Une vague d'indignation

L'incident du 21 mai, que Lartigue qualifie de « massacre » ou de « meurtre » de trois Canadiens, soulève un tollé à travers la colonie du Bas-Canada. La *Minerve* accroche elle-même le grelot dans son édition du 24 mai en lançant un appel racial :

> N'oublions jamais le massacre de nos frères ; que tous les Canadiens transmettent de père en fils, jusqu'aux générations futures les plus éloignées, les scènes du 21 de ce mois ; que les noms des pervers qui ont tramé, conseillé et exécuté cet attentat soient inscrits dans nos annales, à côté de ceux de nos défenseurs pour que les premiers soient voués à l'infamie, à l'exécration, et pour que les autres soient rappelés aux souvenirs de nos arrière-petits-fils avec honneur et reconnaissance.

Des réunions se tiennent en plusieurs endroits. On y adopte des résolutions de protestations. À Saint-Athanase, Saint-Rémy de Napierville, Québec, Chambly, Saint-Hyacinthe, Saint-Benoît, L'Assomption, etc., des Canadiens dénoncent l'assassinat de la rue du Sang, nom que l'on donne maintenant à la rue Saint-Jacques. On réclame la convocation immédiate du Parlement du Bas-Canada pour qu'il étudie toutes les implications du 21 mai.

Le 1er août, Aylmer rassure Goderich, le secrétaire d'État aux Colonies, affirmant que les sentiments exprimés dans les résolutions ne représentent que l'opinion d'individus particuliers et non pas celle du public. À la toute fin du mois, le Grand Jury de Montréal conclut par un non-lieu à l'accusation portée contre Temple et Mackintosh. Les 14 jurés qui prononcent ce verdict sont tous anglophones. Tout le monde parle d'un *packed jury*. Plusieurs francophones crient à l'injustice, ce qui n'empêche pas le gouverneur Aylmer, le 3 septembre, de demander à son secrétaire Henry Craig de féliciter les deux officiers de l'armée pour leur courage et leur libération des mains de la justice. Le *Canadien* ne cache pas sa déception face à la réaction du représentant du roi : « Ce n'était pas assez d'avoir insulté un peuple généreux, il fallait encore que le représentant de notre souverain confirmât l'assassinat des sujets qui lui sont confiés par son auguste maître et qu'il en complimentât les meurtriers du ton le plus outrageant et le plus dérisoire pour le peuple canadien. »

Quant à la *Montreal Gazette*, dans son édition du 6 septembre, elle se réjouit du geste officiel fait par Aylmer et fait appel à la vengeance :

> À présent, écrit-elle, le mal peut être guéri promptement ; une bonne petite purgation nettoiera l'ulcère et nous remettra en action d'une manière saine et harmonieuse. Mais il ne faut pas attendre, ou le désordre prendra le caractère de malignité qui ne pourra être facilement guéri. En outre, l'expérience des siècles devrait nous éveiller et nous faire soupçonner à temps qu'il y a un plan réglé et étendu de rébellion et de révolution d'organisé et qui, si on le souffre, augmente d'heure en heure les dangers pour la paix de la société et la permanence des institutions.

Le 14 septembre, Temple et Mackintosh sont à nouveau mis aux arrêts en vertu d'un warrant d'un juge de paix. La preuve étant à nouveau jugée insuffisante, les deux accusés recouvrent, encore une fois, leur liberté.

Le 21 mai 1832 demeurera, malgré l'acquittement de ceux qui ont ordonné de faire feu sur la foule, une journée « noire » que les chefs politiques sauront exploiter.

À la liste civile, à la composition du Conseil législatif, à l'établissement de la Compagnie pour l'exploitation des terres de la Couronne, vient donc s'ajouter un nouveau grief : le 21 mai. Un autre, plus grave encore, complétera la liste : le choléra !

La panique

Depuis 1817, le choléra morbus fait des ravages dans le monde. La Chine, les Philippines, le sud de l'Afrique et l'île Maurice sont d'abord ravagés par la maladie qui touche bientôt l'Afghanistan, la Perse, la Russie, l'Europe centrale et l'Europe occidentale. Au Bas-Canada, on craint que les navires en provenance de l'Europe ne transportent les germes de l'épidémie. Le 27 septembre 1831, l'évêque Panet écrit à tous les curés de son diocèse :

> Suivant le désir de Son Excellence le gouverneur en chef, je vous recommande de détourner vos paroissiens de fréquenter aucun des vaisseaux venant d'outre-mer, qui pourraient mouiller le long de votre paroisse. Son Excellence espère aussi que vous prendrez, avec les personnes influentes de votre endroit, des mesures efficaces pour empêcher qu'aucun de ceux qui appartiennent à ces vaisseaux ne descende sur le rivage avant d'avoir été visité par l'officier de santé. Ces précautions sont prises de crainte que le fléau du choléra morbus, si contagieux en Europe, n'étende aussi ses ravages sur les habitants de cette province. Veuillez bien donner cet avis à vos paroissiens le premier dimanche après la réception de la présente.

Au début de novembre 1831, le docteur François-Xavier Tessier qui, au mois de juillet précédent, avait été nommé membre du bureau des examinateurs médicaux pour le district de Québec, séjourne à New York pour y étudier « les divers procédés et règlements du département sanitaire, des lois de quarantaine, etc., qui sont maintenant en force ». Le journal new-yorkais *Old Countryman* se réjouit du séjour du Canadien dans la ville américaine : « Les ravages immenses causés à la société par cette maladie terrible, le choléra morbus, y lit-on, ont naturellement causé une grande alarme et montré aux pays qui ne l'ont pas encore adopté la nécessité d'un système de quarantaine. Nous croyons que la ville salubre de Québec est de ce nombre. New York, pour différentes causes, a été forcée d'être bien rigide et minutieuse dans son département de quarantaine et n'a rien épargné pour envoyer dans d'autres pays pour se procurer les avantages de leur expérience et de leur habileté pour les concentrer ici. »

Alors que le docteur Tessier séjourne à New York le 12 novembre, le Bureau de Québec recommande au gouverneur Aylmer une série de mesures utiles dans la lutte contre le choléra, au cas où celui-ci apparaîtrait au Bas-Canada.

Au cours de la session de 1831-1832, les députés et les conseillers adoptent un projet de loi établissant une station de quarantaine à la Grosse-Île, en face de Montmagny. « L'ancrage de la quarantaine, précise la *Gazette* de Québec du 10 mai 1832, est établi entre les îles Sainte-Marguerite, la Grosse-Île et l'île aux Deux-Têtes ; sa longueur est d'environ une lieue et sa largeur de 5 à 600 pas. On trouve une profondeur d'eau de 6 à 10 brasses sur fond de vase ou terre glaise. L'ancrage proprement dit se trouve dans la partie ouest du hâvre, près de la Grosse-Île ; les bâtiments s'y trouvent abrités contre presque tous les vents ; on peut y entrer par l'est ou l'ouest. » Le Parlement vote aussi, lors de la même session, une somme de 10 000 livres pour lutter contre le choléra.

En février, un Bureau de santé est établi dans la ville de Québec, principal port d'entrée de la colonie. On appréhende l'ouverture de la saison de navigation. Dès le 9 avril, l'évêque de Québec, par un mandement spécial, jette un cri d'alarme et s'en remet à Dieu. « Ce fléau [le choléra], affirme-t-il, semble nous menacer ; de justes alarmes s'emparent de nos esprits ; nos relations intimes avec la mère patrie nous donnent lieu d'appréhender que les arrivages du printemps n'apportent parmi nous, le germe de ce mal contagieux. [...] Au reste, nos très chers frères, si l'on doit reconnaître, dans cette calamité, l'effet de la vengeance divine sur les nations coupables de la terre, n'avons-nous pas un juste sujet de craindre que nos iniquités multipliées n'attirent aussi sur nos têtes les châtiments d'une Providence trop longtemps insultée et méconnue. » Pour Panet, le choléra est la vengeance d'un Dieu méprisé : « Oui, nos très chers frères, nous ne pouvons le dissimuler : un nuage sombre plane sur nos têtes ; une contagion morale, mille fois plus désastreuse que les maladies épidémiques, commence à se répandre sur notre heureux sol et à entamer nos mœurs antiques ; un torrent de désordres, suite inévitable de l'affaiblissement de la foi, a déjà fait d'étranges ravages dans nos contrées naguère si religieuses et morales. Il ne serait donc pas étonnant que le ciel, dans son courroux, songeât à nous envelopper dans une calamité dont tant de peuples ont déjà ressenti les funestes atteintes. » Pour lutter contre l'imminence de la maladie, l'évêque ordonne une série de prières et de cérémonies religieuses spéciales.

Des remèdes... efficaces !

Avant même que le premier navire en provenance de la Grande-Bretagne ne jette l'ancre devant Québec, après avoir subi l'inspection des officiers de santé de la quarantaine de la Grosse-Île, la population bas-canadienne sait à quoi s'en tenir avec le choléra. Elle connaît les prières efficaces et les journaux commencent à publier des articles expliquant quels sont les signes avant-coureurs du choléra et quelques remèdes non moins efficaces.

Des « instructions relatives au choléra » sont publiées dans la plupart des journaux vers la mi-avril. On y décrit les signes les plus ordinaires de la maladie :

> Lassitude subite ou sentiment subit de fatigue dans tous les membres ; sentiment de pesanteur dans la tête, comme lorsque l'on s'est exposé à la vapeur du charbon ; vertiges, étourdissement, pâleur souvent plombée, bleuâtre, de la face, avec altération particulière des traits ; le regard a quelque chose d'extraordinaire et les yeux perdent leur éclat, leur brillant ; diminution de l'appétit ; soif et désir de la satisfaire par des boissons froides ; sentiment d'oppression, d'anxiété dans la poitrine et d'ardeur et de brûlure dans le creux de l'estomac ; élancements passagers sous les fausses côtes [...] ; borborygmes dans les intestins, accompagnés surtout de coliques auxquelles succède le dévoiement ou cours de ventre ; ce dévoiement semble quelquefois diminuer les douleurs ; la peau devient froide et sèche ; quelquefois, elle se couvre de sueurs froides. Quelques malades éprouvent

des frissons le long de l'épine dorsale et une sensation dans les cheveux comme si on y soufflait de l'air froid. Ces divers signes de l'invasion de la maladie ne se présentent pas toujours dans l'ordre où ils viennent d'être tracés. Ils ne se montrent pas non plus chez tous les malades.

Avant l'arrivée du médecin, on recommande d'envelopper le malade avec des couvertures de laine réchauffées. « L'on placera sur toute la surface du corps à travers les couvertures des fers à repasser chauds ou une bassinoire. On arrêtera plus longtemps les fers sur le creux de l'estomac, sous les aisselles, sur le cœur. » On doit ensuite frictionner le malade avec un liniment composé d'eau-de-vie, de vinaigre fort, de farine de moutarde, de camphre, de poivre et d'une gousse d'ail pilée. On peut ensuite asseoir la personne dans un fauteuil, mais toujours enveloppée de couvertures chaudes. À tous les quarts d'heure, on lui fait boire une infusion chaude à base de menthe poivrée ou de mélisse.

Les autorités mettent le public en garde contre les charlatans qui profiteront des circonstances pour exploiter la naïveté des gens. Déjà, à Québec, on a commencé à placarder les murs avec des affiches vantant les remèdes miracles.

Et pourtant...

Selon les prévisions des autorités de la métropole, plus de 55 000 personnes doivent émigrer au Canada en passant par le port de Québec. Le 28 avril, arrive à Grosse-Île le premier navire en provenance d'Europe, le *Constantine*, ayant à son bord 170 immigrants irlandais. Au cours de la traversée, 29 passagers étaient morts du choléra ! Le 13 mai, une vingtaine de navires font relâche à la station de la quarantaine. Ceux qui n'ont point de certificat de santé sont habituellement soumis à une quarantaine de trois jours. L'activité dans le port de Québec devient fébrile ; dès l'ouverture de la navigation le 19 mai, on évalue à 6946 le nombre d'émigrés débarqués dans la capitale et ce, à bord de 165 navires.

La plupart des navires déplorent un certain nombre de pertes de vie au cours de leur traversée, sans que l'on sache exactement si celles-ci sont dues au choléra. Chose curieuse, dans les environs de Québec, plusieurs bêtes à cornes meurent après une courte maladie. « Dans une paroisse près de Québec, note un journal du 28 mai, il se trouve à peine un cultivateur qui n'ait perdu deux ou trois vaches et quelques-uns, jusqu'à six. On les voit dans l'étable bien portantes, et elles sont trouvées mortes le lendemain matin. La maladie se manifeste par des maux de jambes, etc. »

Le 5 juin, le Bureau de santé de Québec apprend qu'un navire chargé d'immigrants irlandais, le *Carrick*, aurait à son bord plusieurs personnes atteintes du choléra et qu'il aurait déploré, au cours de sa traversée, de nombreuses pertes de vie. Le commissaire de la santé, le docteur Joseph Morin, se rend immédiatement au lazaret de Grosse-Île « pour s'enquérir à cet égard ». Dès le lendemain, le médecin est de retour dans la capitale et déclare que « les malades qui sont actuellement à l'Hôpital du Lazaret ne sont attaqués que des fièvres continues ordinaires ». Et pourtant, le 8 juin, dans une maison de pension de la rue Champlain, appartenant à un nommé Roche, un Irlandais, passager du *Carrick*, meurt, victime du choléra. Le même jour, Thomas Ainslie Young, secrétaire du Bureau de santé de Québec, signe l'avis suivant :

Attendu qu'il a circulé divers bruits qu'il était arrivé à la Grosse-Île un vaisseau dans lequel il y avait plusieurs personnes atteintes du choléra asiatique, Avis public est par le présent donné que le Commissaire de santé s'étant transporté à la Grosse-Île, par l'ordre du Bureau, rapporte que le brick *Carrick*, James Midson, maître, de Dublin, arriva au Lazaret le trois courant ; qu'il y avait à bord lors de son arrivée cent trente-trois passagers qui toutes [*sic*] ont été mises à terre et sont dans l'hôpital des Émigrés à la Grosse-Île ; que le vaisseau est maintenant à subir les procédés ordinaires de désinfection et que, lors du départ du commissaire de santé, le sept courant, il n'y avait pas un seul cas de choléra asiatique sur l'île.

Toujours le 8 juin, le *Voyageur* arrive à Montréal. Parmi les passagers, une personne est atteinte du choléra. Le même jour, on dénombre déjà plusieurs cas de maladie. Le 11, le nombre de morts s'élève déjà à cinq.

À Québec, depuis 1820, les immigrants malades sont soignés à l'Hôpital des émigrés du faubourg Saint-Jean, connu sous le nom anglais de *Hospital for the reception of sick Emigrants*. L'édifice en bois est situé près des rues Saint-Jean et d'Aiguillon. C'est donc là que sont expédiés les premiers malades. Le *Canadien* du 11 juin écrit :

Nous avons la douleur d'annoncer que la maladie terrible dite choléra, qui règne en Europe depuis une couple d'années, a commencé d'étendre ses ravages en cette ville [Québec]. Samedi dernier [le 9] elle s'est déclarée sur différents points tout à coup, avec une violence qui a répandu la consternation dans toutes les classes de la société. Hier surtout, dans le faubourg Saint-Jean, elle s'est répandue au dernier point, à cause du voisinage de l'Hôpital des Émigrés et nous croyons devoir, pour notre part, déclarer notre avis que, compatiblement avec la sécurité des citoyens de cette partie très peuplée de Québec, cet hôpital doit avoir immédiatement plusieurs succursales dans les différentes parties de la ville et nous apprenons que le Bureau de santé s'occupe sérieusement de cet objet. On parle du quai et du hangar des agents de la Compagnie des Indes et d'un autre quai à Près-de-Ville. Toujours est-il qu'il est urgent que les citoyens soient soulagés du spectacle affligeant du danger peut-être des chariots chargés de cholériques, traversant la ville d'un bout à l'autre. Nous pouvons témoigner de l'odeur infecte que laissent dans la rue de la Montagne les malades nombreux qui y passent presque à chaque instant.

La maladie se répand dans les villages avoisinants. Et pourtant, les immigrants continuent d'affluer à Québec. Le 12 juin, le Bureau de santé recommande aux capitaines de navire de faire « tout leur possible pour prévenir le débarquement de leurs matelots pendant la durée du choléra dans cette ville ».

On désinfecte les rues de la basse ville de Québec. Le Bureau de santé émet une nouvelle ordonnance stipulant que « jusqu'au quinze de novembre prochain, tous propriétaires, locataires ou occupants de maisons situées en cette ville seront respectivement tenus et obligés d'arroser et balayer ou faire balayer la devanture de leur maison et terrain jusqu'au milieu de la rue vis-à-vis d'icelle ainsi que vis-à-vis les pignons de maison ayant pignons sur la rue, tous les mercredis et samedis, avant sept heures du matin de chaque semaine ; aussi de mettre les ordures qui en proviendront en tas le long des trottoirs afin qu'elles soient enlevées par des voitures qui seront pourvues par la police à cet effet ».

Le Séminaire de Québec ferme ses portes et les écoliers retournent chez leurs parents. L'école de Girod de Petite-Rivière, l'Institution canadienne, demeure ouverte, mais les enfants se voient interdire de se rendre à Québec. À Montréal, le Bureau de santé adopte une série de règlements concernant la propreté des rues et des maisons de la ville.

Malgré toutes les précautions, la maladie ne cesse de faire des progrès. Dans la seule ville de Québec et dans le seul Hôpital des Émigrés, du 8 au 15 juin, on dénombre 161 morts, dont 118 pour les trois derniers jours. Les funérailles et l'ensevelissement commencent à poser des problèmes. Le Bureau de santé de Montréal, lors de sa réunion du 13 juin, adopte la réglementation suivante :

> Ordonné que toute personne morte du choléra soit, dans l'espace de trois heures après sa mort, placée dans un cercueil et portée aussitôt des chapelles aux cimetières, dans le faubourg Saint-Laurent, dans le faubourg Saint-Antoine ou au Chemin Papineau, pour y être inhumée et que chaque telle inhumation se fasse dans l'espace de 18 heures après le décès. Pourvu qu'aucun corps ne soit ainsi déposé dans le cimetière du faubourg Saint-Laurent, à moins qu'on ne dépose dans le cercueil une quantité suffisante de chaux. Ordonné que les chapelles des différents cimetières et des lieux destinés à la réception des corps dans la cité et la banlieue soient immédiatement blanchis avec de la chaux, qu'on les lave aussi avec de la chaux au moins une fois par semaine et qu'elles soient purifiées tous les jours avec du chlorure de chaux.

Bientôt, on ne porte même plus les corps à l'église. On se contente d'une simple bénédiction avant de les acheminer vers les cimetières.

Le 16 juin, l'évêque de Québec dispense du jeûne et de l'abstinence tous ceux qui habitent des endroits où le choléra fait rage. La veille de cette ordonnance, à Québec, on avait commencé à tirer une quarantaine de coups de canon « pour donner à l'air une secousse salutaire » ! La cérémonie se répétera presque tous les jours. La population est de plus en plus craintive. On n'ose plus sortir de chez soi. On dit même que plusieurs personnes meurent de peur...

À Québec, à partir du 15 juin, il est interdit « de débarquer aucuns des émigrés des vaisseaux qui sont à présent dans le port de Québec ou de tels vaisseaux qui pourront arriver ci-après, jusqu'à nouvel ordre par ce Bureau [de santé] ».

Le gouverneur Aylmer fournit les tentes nécessaires pour loger cinq cents personnes malades sur les Plaines d'Abraham. À Montréal, on ouvre aussi quelques hôpitaux temporaires.

Quand un malade décède dans une maison privée, le syndic sanitaire doit voir à ce que l'on procède immédiatement à la purification et à la fumigation des lieux. De plus, le 17 juin, on ordonne « qu'aussitôt que le syndic sanitaire se sera assuré que les hardes, etc., des personnes mortes du choléra ont été purifiées, suivant l'ordre de ce Bureau du 14 courant, il permettra aux amis ou parents des défunts de prendre possession d'icelles ».

Les vêtements non purifiés sont source de contagion. « Les premières personnes qui ont porté la contagion dans les campagnes, écrit Papineau à Neilson le 11 août, étaient venues la chercher à la ville. Des personnes trop simples pour avoir peur ; d'autres assez folles pour acheter et porter les habits des défunts, sans avoir autrement communiqué avec des malades, ont pris le choléra. [...] Dans les commencements, les gens de métier, qui travaillent en plein air, étant les classes qui ont le plus souffert, je redoute beaucoup le mois des récoltes pour les campagnes. »

Le *Canadien*, dans son édition du 13 juin, souligne lui aussi que toutes les classes sociales ne sont pas frappées par le choléra. « Il n'y a que les classes pauvres et malpropres et adonnées à l'intempérance, les classes ouvrières exposées aux grandes chaleurs et à des travaux excessifs, et les personnes atteintes depuis long-temps de maladies chroniques ou de langueurs qui comptent un grand nombre de victimes ; la crainte a aussi causé la mort de plusieurs, mais nous n'avons encore rien vu qui puisse causer tant d'alarmes parmi les classes aisées, et les gens sains et d'une conduite régulière. »

Montréal commence à ressembler à une ville déserte. Les cultivateurs n'osent plus venir aux marchés vendre leurs produits. « Les habitants du Haut-Canada et des États-Unis qui commençaient à y abonder soit par affaires, soit en voyageant par plaisir, ont tous pris la fuite. » Des familles entières se sont réfugiées à la campagne.

On a établi trois stations dans la ville de Montréal, Place d'Armes, Place Dalhousie et Place McGill, où il y a des charrettes pour transporter les malades dans les hôpitaux.

En date du 25 juin, dans la seule ville de Québec, le nombre des victimes du choléra atteint presque le millier. Montréal déplore un nombre à peu près égal de décès. La compilation en milieu rural est difficile à établir. Dans plusieurs milieux, on commence à s'en prendre au gouvernement anglais qui a permis une aussi forte immigration. Déjà, le 23 juin, il était arrivé à Québec 30 494 émigrés. Bon nombre avaient pris le chemin du Haut-Canada, apportant avec eux la maladie. Les États-Unis n'échappent pas eux non plus aux attaques du fléau.

Plus de baignade

Les bureaux de santé cherchent tous les moyens d'enrayer l'épidémie. Le 26 juin, celui de Montréal interdit à tous « de se baigner ou de laver des hardes ou du linge de quelque nature que ce puisse être dans le fleuve entre la Pointe-Saint-Charles et l'entrée du canal de Lachine, l'espace entre lesdites places étant par les présentes déclaré être réservé pour les charretiers et porteurs d'eau, pour fournir aux citoyens de la ville et des faubourgs de Montréal leur approvisionnement d'eau ».

Quant au Bureau sanitaire de Trois-Rivières, il adopte, le 22 juin, une réglementation sévère concernant les navires :

> Aucuns steamboats ou vaisseaux, montant ou descendant le fleuve, n'auront la liberté de s'accoster aux quais de ce port ; ils ne pourront que jeter l'ancre à cent verges de distance desdits quais et là tels steamboats prendront leur bois et débarqueront leurs effets dans des bateaux. Aucune personne quelconque n'aura la liberté de débarquer de tels steamboats ou vaisseaux, excepté les passagers pour les Trois-Rivières. Aucun navire ou vaisseau n'approchera d'aucun des quais pour charger ou décharger, avant d'avoir été examiné par un commissaire médical et jusqu'à ce que tels navires ou vaisseaux puissent produire dudit commissaire un certificat qu'il n'y a point de maladie à bord, ils demeureront à l'ancre dans la rade.

En juillet, la maladie est en régression à Québec et à Montréal mais, dans les campagnes, le choléra continue à semer la mort. Parmi les victimes, on remarque, le 18 juillet, le député et journaliste Daniel Tracey qui, deux mois auparavant, avait remporté la victoire dans le quartier ouest de Montréal. Au moment où il rendait l'âme, il y avait de 400 à 500 personnes à sa porte. Ses dernières paroles furent : « Messieurs, je vous prie d'assurer pour moi les Canadiens que le plaisir le plus doux que j'éprouve en mourant est d'avoir la consolation d'être aimé des Canadiens, et dites-leur que mon dernier soupir et ma dernière pensée seront pour eux ; je vous en prie, ne l'oubliez point. »

Vers la mi-août, dans les paroisses de Berthier, Sainte-Elizabeth et Saint-Cuthbert, on évalue à 200 les décès dus au choléra. Ailleurs où l'épidémie frappe avec force, le bilan partiel est le suivant : Châteauguay, environ 145 morts ; Saint-Athanase, une cinquantaine ; Lachenaye, une vingtaine ; Vaudreuil, une vingtaine ; Rigaud, plus de 80 ; Saint-Roch, dans le Richelieu, plus de 75, etc.

Le 7 septembre, les trois membres de la commission de santé de Montréal, Pierre Beaubien, François-Cornelius-Thomas Arnoldi et Robert Nelson, publient un bulletin où, pour la première fois, on aperçoit une lueur d'espoir : « Les commissaires de santé ont le bonheur d'annoncer au public qu'il n'y a plus de cas de choléra à l'Ambulance de la Plaine Sainte-Anne. Il leur paraît presque certain que l'épidémie tire à sa fin ; et ce qui les confirme dans leur opinion, c'est que dans les derniers huit jours le médecin de service à l'Hôpital des cholériques n'a eu à y traiter que deux cas de choléra caractérisés. »

On évalue à environ 10 000 le nombre total de décès dus au choléra lors de l'épidémie qui fit rage en 1832.

Les responsables

Le choléra n'est pas encore disparu que l'on cherche déjà les coupables de sa propagation. On trouve que les fonctionnaires de Grosse-Île n'ont pas été toujours assez sévères. Des navires se sont rendus à Québec sans avoir subi l'inspection réglementaire ou ont quitté la quarantaine portant des malades à leurs bords. Mais ce ne sont là que vétilles des responsables sans envergure. Bientôt, c'est toute la politique anglaise d'immigration qui sera remise en cause. Parmi les 52 000 immigrants qui débarquent dans le port de Québec en 1832, plusieurs ne disposent même pas du strict nécessaire !

Déjà dans la *Gazette* de Québec du 2 août, on trouve le résumé des doléances de la population.

Tout homme raisonnable qui pense et réfléchit doit s'apercevoir de l'injustice et de la cruelle inhumanité des personnes riches et influentes dans les paroisses en Angleterre qui sont tenues par la loi de maintenir leurs propres pauvres et indigents et qui, au lieu de remplir ce devoir sacré, les envoient et les relèguent en Amérique.[...] Dans l'état actuel des choses, que ne peuvent connaître à la vérité ni les paroisses ni leurs pauvres, il y aurait eu moins d'inhumanité et de barbarie à faire périr ces malheureuses victimes chez elles, et il y aurait eu même moins d'injustice ; car, dans ce cas, l'on n'aurait pas jeté un fardeau sur les habitants de cette contrée. Combien parmi ces pauvres émigrés sont devenus la proie du choléra qui exerce ses ravages avec vingt fois plus de violence en Canada que dans aucune partie de l'Angleterre et qui n'en auraient peut-être jamais été atteints dans leurs propres paroisses ? Dans le plus grand accablement et la plus profonde détresse, un grand nombre de ces pauvres n'en ont pas néanmoins perdu cet instinct si naturel à l'homme, le désir de conserver la vie. C'est une vérité que plusieurs d'entre eux, sans avoir le moyen de payer sept chelins et demi pour descendre par eau de Montréal à Québec, sont descendus à pied en demandant l'aumône, dans l'espoir de pouvoir s'embarquer sur quelque bâtiment qui les ramènerait dans leur patrie. Un grand nombre fait encore la même chose ; et quoiqu'il faille nécessairement qu'il en périsse une foule dans ce projet, il est probable que quelques-uns d'entre eux réussiront et se montreront dans leurs paroisses au grand étonnement et à l'éternelle disgrâce de ceux qui croyaient s'en être débarrassés pour jamais.

Inconscience ou machiavélisme des autorités anglaises ? Cet envoi massif d'immigrants, pour la plupart de pauvres Irlandais, est de nature à soulever l'indignation des hommes politiques canadiens. Édouard-Étienne Rodier, élu député de la circonscription de l'Assomption lors d'élections complémentaires tenues à la fin de juillet 1832, accuse formellement, le 30, le gouvernement anglais d'être à l'origine de l'épidémie de choléra.

Quand je vois ma patrie en deuil et que mon sol natal ne me présente plus qu'un vaste cimetière, je me demande : quelle est la cause de tous ces désastres ? Et la voix de mon père, de mon frère et de ma mère chérie, les voix des milliers de mes concitoyens me répondent de leurs tombeaux : « C'est l'Émigration ! » Ce n'était pas assez de nous envoyer des égoïstes avides, sans autre esprit de liberté que celle que peut donner une simple éducation de comptoir, s'enrichir aux dépens des Canadiens et chercher ensuite à les asservir. Il fallait encore se débarrasser de mendiants et les jeter par milliers sur nos rivages ; il fallait nous envoyer des pauvres misérables qui, après avoir partagé le pain de nos enfants, se porteront aux horreurs où peuvent entraîner la Faim et la Misère ; il fallait plus ; il fallait nous envoyer à leur suite la peste et la mort ! ! ! Si je vous présente un si triste tableau de l'état du pays, j'aime cependant à vous faire espérer que nous pouvons encore préserver notre nationalité et éviter ces calamités futures, en opposant une digue au torrent de l'Émigration. Ce n'est que dans la Chambre d'assemblée que peuvent reposer nos espérances et ce n'est que du choix que les Canadiens feront dans les élections que dépend la conservation de leurs droits et libertés politiques.

Le parti de Louis-Joseph Papineau commençait à manquer de munitions solides, la question de subsides et celle de la composition du Conseil législatif ayant été usées par les sessions précédentes. Le parti des patriotes dispose dorénavant de deux armes nouvelles : l'émeute du 21 mai et le choléra.

Aux portes
de la révolution

L A TROISIÈME SESSION DU QUATORZIÈME PARLEMENT s'ouvre le 15 novembre 1832.
Les députés n'ont pas encore commencé leurs délibérations qu'un climat
d'agressivité s'instaure déjà un peu partout dans la capitale bas-canadienne.
Personne n'a oublié les incidents du 21 mai à Montréal ni les milliers de morts dues
au choléra. Pour plusieurs, le principal coupable réside au Château Saint-Louis.
Selon l'usage, le président de la Chambre, dès son arrivée à Québec, rend visite au
gouverneur Aylmer. Le même jour, le gouverneur Aylmer rédige une lettre personnelle à lord Goderich où il déclare que « Papineau est prêt à pousser les choses très
loin ».

Dans son discours d'ouverture, Aylmer fait appel à la bonne volonté de
chacun pour développer un sentiment d'unité au sein « d'une population mixte,
comme celle du Bas-Canada ». Il termine son allocution par l'apologie de l'attitude
du clergé lors de la récente épidémie. « Je veux parler ici des efforts méritoires du
clergé en général pendant le règne du terrible fléau dont il a plu à la Divine Providence d'affliger ce pays. [...] De si beaux exemples de dévouement sont au-dessus,
bien au-dessus de tous les éloges que je pourrais faire. »

Papineau doute des bonnes dispositions du gouverneur. Il se méfie du protestant qui ne ménage pas les louanges à l'égard du clergé catholique. Analysant le
discours inaugural, Papineau affirme : « Une couple de passages sont méchants, les
autres niais. Si justes louanges au clergé sont étendues et délayées avec la pieuse
intention de le séparer du peuple et de l'attacher de plus en plus à une administration qui lui est si dévouée. C'est un malade à l'agonie qui se recommande à son
curé, ont dit les méchants ; ce qui ne l'empêchera pas de partir pour l'autre
monde. »

Papineau a, de fait, raison de craindre une certaine scission entre son parti et
le clergé. L'attitude d'une partie de la députation, lors des discussions concernant le
projet de loi sur l'élection des marguilliers, a rendu méfiants plusieurs membres du
clergé à l'égard du « parti patriote ».

Une bonne partie des délibérations de la Chambre d'assemblée portera sur des points d'affrontements avec le gouverneur. Dès le début de la session, les députés votent l'expulsion de Dominique Mondelet. Le 21 novembre, Louis Bourdages avait présenté une motion à cet effet, se basant sur une résolution de la Chambre en vertu de laquelle les « membres qui acceptent des emplois de profit et deviennent comptables des deniers publics » n'ont pas le droit de siéger comme députés. Or, le député du comté de Montréal avait accepté, le 16 novembre, de devenir membre du Conseil exécutif avec la mission particulière de servir d'intermédiaire entre le Conseil et la Chambre.

Si, à travers Mondelet, c'est Aylmer que l'on vise, on s'attaque aussi directement à ce dernier, le 20 novembre, en demandant de rayer des journaux de la Chambre le discours de prorogation de la session, prononcé le 25 février précédent. Le principe sur lequel les députés se basent est celui que « toute censure des procédés de cette Chambre, de la part d'une autre branche de la Législature ou du gouvernement exécutif, est une violation du statut par lequel cette Chambre est constituée, une infraction à ses privilèges contre laquelle elle ne peut s'empêcher de réclamer et une atteinte dangereuse aux droits et libertés des sujets de Sa Majesté dans cette province ».

La Chambre veut aussi indirectement mettre le gouverneur en accusation en étudiant en comité plénier les incidents du 21 mai. Plusieurs témoins sont appelés à comparaître devant les députés et on cherche à accuser les officiers de l'armée et le gouverneur. Aylmer est aussi pris à partie par un autre comité déterminé à prouver qu'il y eut négligence grave de la part du gouverneur dans l'épidémie de choléra.

Des menaces de démembrement

La Chambre est aussi amenée à réagir à la suite de diverses pétitions demandant, en quelque sorte, le démembrement du Bas-Canada. Des habitants de la région de Restigouche-Gaspé demandent le rattachement de cette portion de territoire à la colonie du Nouveau-Brunswick. Le projet du rattachement de Montréal au Haut-Canada refait surface. Enfin, des mécontents des Eastern Townships demandent leur annexion aux États-Unis. Le 19 janvier, les députés adoptent des résolutions dénonçant le projet d'annexion au Haut-Canada de la région de Montréal. Le 19 mars suivant, la Chambre adopte une série de résolutions dénonçant le projet de Robert Christie et de quelques-uns de ses partisans au sujet du démembrement de la Gaspésie.

Pendant cette même session, l'entente cordiale entre le président de la Chambre et John Neilson tire à sa fin. Le 15 janvier 1833, les députés adoptent, par 34 voix contre 26, des résolutions dénonçant la composition et le mode de nomination du Conseil législatif. La 3e résolution est ainsi formulée : « C'est l'opinion de ce comité que l'expérience de plus de quarante ans a démontré que la constitution et la composition du Conseil législatif de cette province n'ont pas été et ne sont pas propres à procurer à cette province le contentement et le bon gouvernement d'icelle, ni dès lors à favoriser le développement de ses ressources et de son industrie. » En conséquence, on demande au Parlement impérial de rendre électif le poste de conseiller législatif. Alors que Papineau attaque violemment le Conseil, Neilson se porte à sa défense. Le premier emploie à l'égard du second des qualificatifs qui frisent l'injure personnelle !

Les deux hommes qui, pendant des années, ont éprouvé l'un pour l'autre une profonde amitié, se retrouvent maintenant opposés sur le plan idéologique. Le gouverneur Aylmer est l'un des premiers à se réjouir de la division de plus en plus évidente entre les deux leaders. Le 30 janvier, il écrit une lettre personnelle au secrétaire d'État aux Colonies dans laquelle il lui demande de lire les articles de la *Gazette* de Québec « indiquant que Neilson ne suivrait pas Papineau et son parti dans leur marche vers la révolution ». Le 16 février, il revient sur le même sujet, précisant que « Papineau et son parti sont prêts à tout faire, sauf à tirer l'épée ».

Un nouvel affrontement se prépare, touchant cette fois la sempiternelle liste civile et la question des subsides. La Chambre d'assemblée prépare à cet égard un projet de loi que le Conseil législatif se voit obligé de refuser.

Le 3 avril 1833, le gouverneur Aylmer, après avoir accordé la sanction royale à 33 projets de loi, proroge la session par une courte allocution. Les journaux qui se posent en défenseurs du gouvernement accusent Papineau et ses partisans d'être responsables du piètre résultat d'une aussi longue session. « Elle a laissé les affaires du pays dans un état pire qu'elles ne l'ont jamais été à aucune époque, depuis que la Chambre d'assemblée a été chargée de voter les subsides pour le soutien du gouvernement », peut-on lire dans la *Gazette* de Québec, publiée par John Neilson. Pour le gouverneur, la situation est claire : l'agitation qui règne en Chambre n'a pas encore gagné la population, mais il faut faire vite, car, écrit-il le 6 avril, « le parti britannique, devenu plus hardi, montre sa détermination de ne pas se soumettre plus longtemps au parti français ». Pour lui, la question est maintenant clairement posée : est-ce que « le pouvoir de l'État dans la province doit être exercé par le représentant du roi ou par l'Assemblée sous les ordres de Papineau ? »

On se choisit des maires

En 1831, la loi I Guillaume IV, chapitre 52, avait incorporé la cité de Québec. La ville, dont la population atteignait alors 26 000 habitants, était divisée en dix quartiers comprenant « les seize rues de la basse ville, les trente et une rues de la haute ville et les trente-sept rues de la banlieue ». Le 25 avril 1833, les propriétaires d'immeubles élisent vingt conseillers. Le 1er mai suivant, ces conseillers choisissent, dans leurs rangs, celui qui agira comme maire de la cité. L'avocat et député de Montmorency Elzéar Bédard est désigné à ce poste. Au cours des réunions subséquentes, le conseil municipal adoptera divers règlements concernant la marche et le bon ordre de la cité.

La loi I Guillaume IV, chapitre 54, incorporait, quant à elle, la cité de Montréal. Tout comme pour la loi concernant Québec, celle-ci avait été réservée au bon plaisir royal. Le souverain la sanctionne le 12 avril 1832. Pour les élections, Montréal est divisée en huit quartiers, « soit deux pour la ville et un pour chacun des six faubourgs ». Chaque quartier doit élire, à peu près de la même façon qu'un député, deux conseillers chacun. La votation a donc lieu le 3 juin 1833. Parmi les 16 conseillers, 14 sont élus par acclamation ; il y a 7 francophones et 9 anglophones, dont le conseiller John Donegani, un hôtelier d'origine italienne.

La première réunion du conseil municipal de la cité de Montréal se tient à la Chambre des Magistrats, au Palais de Justice, le 5 juin. Les treize conseillers présents doivent choisir un maire. Charles-Séraphin Rodier, secondé par Robert Nelson, propose la candidature de Jacques Viger, laquelle est acceptée à l'unanimité.

Comme le Conseil de Québec a commencé à siéger avant celui de Montréal, le maire Jacques Viger se rend dans la capitale chercher une copie des règlements touchant la salubrité publique. À la séance du 15 juin, Viger peut lire aux conseillers le contenu desdits règlements que l'on juge essentiels, dans la perspective où la ville peut avoir à affronter une nouvelle épidémie de choléra ! De plus, le Conseil s'opposera à l'annexion de la ville à la province du Haut-Canada. Avec ses 40 000 habitants, Montréal a de quoi occuper son administration.

La course à la violence

Comme l'avait remarqué le gouverneur Aylmer, le parti britannique accepte de plus en plus mal la place prépondérante occupée par les francophones à la Chambre d'assemblée. Par ailleurs, un certain nombre de Canadiens, surtout ceux du parti de Papineau, se radicalisent. Ce dernier fait, le 7 juin 1833, un commentaire bien éloigné de la politique : « Les Anglais, en général, sont bien mal élevés et bien maussades et [...] leurs notions de savoir-vivre diffèrent tellement des nôtres que moins on les voit et mieux l'on fait. »

Les affrontements raciaux se multiplient. Les plus importants ont lieu non loin de Montréal, lors de courses de chevaux qui se tiennent à la rivière Saint-Pierre, du 3 au 6 septembre 1833.

Mardi, le premier jour des courses, rapporte la *Minerve* du 5, un certain parti de soldats, qu'on fait varier en nombre, s'emportait en bravades et en menaces contre les Canadiens que le spectacle avait rassemblés et les provoquait de la baïonnette. On peut supposer que ceux qui se voyaient ainsi attaqués n'y demeurèrent pas insensibles. Il s'engagea une lutte entre les soldats et quelques hommes du peuple ; les premiers frappaient de leurs armes à droite et à gauche mais à la fin furent désarmés et la plupart des baïonnettes dispersées. Quelques citoyens canadiens de Montréal encouragèrent leurs compatriotes à se défendre, tout en leur recommandant d'éviter de se rendre les agresseurs. Le jeudi, second jour, des soldats en bien plus grand nombre se rendirent aux courses en marchant en colonne, portant, outre leurs armes au côté, des bâtons presque tous uniformes dans la main gauche, criant et vociférant, disant qu'ils étaient des soldats britanniques, qu'ils devaient être les maîtres et qu'ils auraient vengeance. Ils étaient en toute probabilité partis de leurs casernes dans le même ordre.

Vers le soir, la bataille éclate à nouveau entre soldats et Canadiens. Cette fois-ci, l'armée sort victorieuse ! Le vendredi 6 septembre, dernier jour des courses, « les soldats s'étaient rendus en plus grand nombre, toujours dans le même ordre ». « On en vit plusieurs se promener la baïonnette à la main sur l'emplacement des courses dans tout le cours de l'après-midi ; ils provoquaient souvent les Canadiens, disant qu'ils n'en craignaient aucun ; leur coalition et leur attitude étaient d'ailleurs une provocation continuelle. » Les soldats organisent une compétition : il s'agit d'enduire de graisse la queue d'un cochon ; l'animal appartiendra à celui « qui l'arrêterait par là ou peut-être à celui qui en outre le chargerait sur ses épaules ».

Un homme de Saint-Martin l'avait déjà chargé deux fois. Quatre soldats s'avancèrent alors l'arme à la main et au son du cor, l'un d'eux brandissant un bâton et narguant le peuple, dit : *It is time now, we'll have it.* [...] Ils l'emportèrent en effet de force en jouant l'air *Rule britannia* et, l'ayant placé en trophée dans une charrette, ils jouèrent en son honneur l'hymne national anglais *God save the King*, le musicien étant sur la clôture au-dessus de l'animal. Ils crièrent tous alors : *Hats off, hats off* ! ce qui voulait dire d'ôter les chapeaux. Tous les soldats et tous les Anglais se découvrirent en effet ; l'on vit un des directeurs des courses aussi découvert et à cheval accompagner cette scène dégoûtante par des bravos.

Une heure plus tard, une bataille générale éclatait. « Les soldats frappèrent à droite et à gauche comme la veille. Les évolutions de cette armée de furieux se faisaient au son du cor ; ils se ralliaient souvent et paraissaient commandés par les caporaux et autres sous officiers ; il y avait parmi eux plusieurs sergents. [...] Plusieurs orangistes se joignirent à eux et prirent part aux violences. Quelques-uns de ces soldats, tout à fait ivres, frappèrent de leurs bâtons sur la voiture de personnes respectables qui passaient dans le chemin. » Un petit nombre de Canadiens s'étaient, en prévision de l'engagement, munis de bâtons, mais c'était insuffisant puisqu'un nommé Barbeau meurt à la suite des blessures infligées par la soldatesque.

La *Minerve* s'empare de l'incident pour lancer un appel à la solidarité raciale : « Nous en appelons à l'honneur canadien et à la mémoire du peuple. Il y aurait un suprême ridicule à demander justice aux princes, aux gouverneurs et à leur séquelle, après la manière dont on a vengé le meurtre de nos compatriotes. Ce ne serait donc que pour attirer des éloges et des honneurs aux coupables ! »

Le 11 septembre, deux sergents du régiment stationné à Montréal sont attaqués dans la rue par des civils alors qu'ils retournent à leur caserne. L'animosité militaire ne fait alors qu'augmenter et le 14 au soir, vers les 21 heures, « on a vu passer dans la rue Saint-Paul cinq soldats qui avaient à la main leurs baïonnettes et faisaient des imprécations contre les Canadiens en disant : *God damn the Canadians*. Ils ont été vus par cinq hommes et un officier de guet. »

Le calme de Québec

La quasi-impunité dont jouissent les militaires ne fait qu'augmenter l'agressivité des « patriotes » de la région de Montréal tandis que, dans la capitale bas-canadienne, la situation est plutôt calme, trop calme au goût de certains. Le 30 septembre 1833, Pierre Winter écrit à Ludger Duvernay, l'éditeur de la *Minerve* : « Quant à la politique, ça va cahin caha. Nous avons malheureusement trop de gens du juste milieu. Mais prenons patience et espérons qu'il y aura des hommes parmi ceux qui poussent et même parmi ceux qui entrent dans le monde à présent. [...] J'espère qu'on cessera de pétitionner humblement et que nous parlerons en hommes libres ou du moins nés pour la liberté. Alors j'espère que le cri universel et d'un bout du pays à l'autre sera la *liberté ou la mort* et que nous chanterons *Vivre libres ou mourir*. »

Tous les Québécois ne manifestent pas l'ardeur patriotique de Winter. L'éditeur du *Canadien*, Étienne Parent, montre plus de retenue. « Le bruit court ici, écrit-il à Ludger Duvernay le 10 décembre, que vos membres veulent casser les vitres à l'ouverture de la session. Dites-leur d'y penser. Ils éprouveraient beaucoup d'opposition de ce côté-ci. »

Le 7 janvier 1834 s'ouvre la quatrième et dernière session du quatorzième Parlement. Dans son discours inaugural, le gouverneur laisse sous-entendre qu'il a reçu de Londres des instructions concernant le problème des subsides. « Il sera de mon devoir, déclare-t-il, de vous faire une communication spéciale relativement à cet important sujet, aussitôt que les formes parlementaires d'usage le permettront ; et en attendant, je crois devoir vous prévenir que mes instructions m'enjoignent de faire rapport au secrétaire d'État, sans délai, du résultat de cette communication, quel qu'il puisse être, afin de mettre le gouvernement de Sa Majesté en état de décider sur la marche qu'il serait nécessaire de suivre à l'égard des difficultés financières de la province. »

Aylmer, avec l'accord du Conseil exécutif, avait puisé dans les montants d'argent déposés entre les mains du receveur général les sommes que certaines lois lui permettaient d'utiliser. Mais comme la Chambre réclame le droit de contrôler toutes les dépenses, le geste du gouverneur est jugé par Louis Bourdages comme étant une provocation et un abus de pouvoir. Dès le retour dans la salle de délibérations après le discours inaugural, le doyen de la députation demande à la Chambre s'il convient d'entreprendre les travaux sessionnels.

> Avant de procéder à quoi que ce soit, déclare-t-il, il faut voir si nous avons des droits, des privilèges, si nous avons vraiment une existence. Après la violation de nos droits les plus sacrés à la dernière session, nos deniers publics ont été depuis ce temps à la merci de l'Exécutif ; il a osé mettre la main dans nos coffres. Parce qu'on ne s'est point emparé de tout ce qu'ils contenaient, croit-on pour cela s'excuser, se justifier ? Combien la conduite de l'administration n'est-elle pas arbitraire ? Il n'y a pas de sûreté pour la Chambre à communiquer avec elle. Ainsi la question que je vais soumettre se réduit à savoir s'il y aura une session ou s'il n'y en aura pas.

Il propose donc que la Chambre se forme en comité général « pour prendre en considération l'état actuel de la province ». Après un violent débat, la motion Bourdages est rejetée par 35 voix contre 17.

La querelle des subsides envenime tout, mais pour la Chambre, c'est là un moyen d'affirmer son existence et sa nécessité. À la mi-janvier, les députés n'ont plus d'argent pour payer les frais d'entretien ; ils votent donc la somme de 7000 louis et demandent au gouverneur de concourir à une telle décision. Aylmer répond que « le bill des subsides n'ayant pas été adopté à la dernière session, il avait été obligé d'autoriser déjà des avances pour payer des dépenses urgentes et qu'il lui répugnait d'augmenter ses responsabilités financières sans une autorisation législative ». Papineau est convaincu que l'attitude hautaine d'Aylmer est due au fait que ce dernier sait que l'accord n'existe plus entre la députation. « Neilson n'a-t-il pas pleuré lors de la lecture de la réponse du gouverneur ? » note le président de la Chambre. Mais la vraie scission chez les députés francophones s'en vient : elle aura lieu à l'occasion d'un débat sur ce que l'on a appellé « les 92 Résolutions ».

La valse des 92

Fatigués de la situation qui prévaut au Bas-Canada, Papineau et quelques-uns de ses partisans décident de dresser le bilan de leurs revendications. Le président de la Chambre rédige rapidement un texte que les députés Elzéar Bédard et Augustin-Norbert Morin tentent de rendre présentable en Chambre. Le 17 février, Bédard présente à la Chambre le texte des 92 Résolutions. Un comité spécial est chargé d'étudier le contenu de chacune et d'y faire des modifications ou des amendements au besoin.

Les premières résolutions formulent des professions de foi et de fidélité envers l'Angleterre. La 6e rappelle la pétition de 1827 et le fait que la plupart des abus alors dénoncés existent encore. Les résolutions 9 à 40 concernent le Conseil législatif que l'on souhaite voir devenir électif. Les rédacteurs ne cachent pas leur sympathie pour la Constitution américaine.

Les résolutions 41 à 47 préconisent pour la colonie une constitution plus près de ses aspirations. On dénonce ensuite le ton de certaines communications en provenance de Londres qui sont insultantes pour les Canadiens.

La résolution 52 est une affirmation non équivoque du fait français au Bas-Canada :

> Que puisqu'un fait, qui n'a pas dépendu du choix de la majorité du peuple de cette province, son origine française et son usage de la langue française est devenu pour les autorités coloniales un prétexte d'origine, d'exclusion, d'infériorité politique et de séparation de droits et d'intérêts, cette Chambre en appelle à la justice du gouvernement de Sa Majesté et de son Parlement, et à l'honneur du peuple anglais ; que la majorité des habitants du pays n'est nullement disposée à répudier aucun des avantages qu'elle tire de son origine et de sa descendance de la nation française, qui sous le rapport des progrès qu'elle a fait faire à la civilisation, aux sciences, aux lettres et aux arts, n'a jamais été en arrière de la nation britannique ; et qui, aujourd'hui, dans la cause de la liberté et de la science du gouvernement est sa digne émule ; de qui ce pays tient la plus grande partie de ses lois civiles et ecclésiastiques, la plupart de ses établissements d'enseignement et de charité, et la religion, la langue, les habitudes, les mœurs et les usages de la grande majorité de ses habitants.

Les résolutions suivantes abordent la question des terres, des finances, de la sous-représentation de l'élément francophone au sein de la fonction publique, de l'administration de la justice et des droits de la Chambre. Thomas Chapais résume ainsi le contenu de la 84e résolution qui comprend, à elle seule, 16 griefs différents :

> 1er La composition du Conseil exécutif où siégeaient les juges de la Cour d'appel ; 2e les honoraires trop élevés exigés dans les départements publics ; 3e le fait d'appeler les juges à donner secrètement leur opinion ; 4e le cumul des emplois au bénéfice de certaines familles privilégiées ; 5e la part prise aux élections par le gouverneur et par des conseillers législatifs ; 6e l'intervention de la force armée dans les luttes électorales et les événements sanglants qui en avaient été la suite ; 7e la négligence et le favoritisme avec lesquels on avait disposé des terres publiques ; 8e l'accroissement des dépenses ; 9e le refus de tout recours légal contre les

actes du gouvernement ; 10ᵉ la pratique trop fréquente de réserver les bills à la sanction de Sa Majesté en Angleterre ; 11ᵉ les retards du Bureau colonial dans ses réponses aux adresses, et la coutume adoptée par les gouverneurs de ne les communiquer que par extraits ; 12ᵉ la détention du collège des Jésuites et le bail d'une partie considérable des biens de ces religieux à un favori de l'administration ; 13ᵉ les obstacles opposés à la fondation des collèges ; 14ᵉ le refus de faire droit aux accusations portées contre des juges ; 15ᵉ les fins de non-recevoir opposées par les gouverneurs aux demandes de renseignements ; 16ᵉ le refus par le gouvernement impérial de rembourser à la province les sommes dont l'ancien receveur général Caldwell était redevable envers elle.

Par la 85ᵉ résolution, le gouverneur Aylmer est personnellement mis en accusation et les rédacteurs, qui ne mâchent pas leurs mots, demandent que le Parlement britannique porte des « accusations parlementaires » contre « ledit Matthew Lord Aylmer par suite et à raison de son administration illégale, injuste et inconstitutionnelle du gouvernement de cette province, et contre tels des conseillers méchants et pervers qui l'ont guidé, que cette Chambre pourra ci-après accuser, s'il n'y a pas moyen d'obtenir justice contre eux dans cette province ou de la part du gouvernement exécutif de Sa Majesté en Angleterre ». La résolution suivante comporte une menace voilée, au cas où la Chambre n'obtiendrait pas justice du Parlement britannique. Elle recommande de « faire en sorte qu'on ne puisse, en opprimant le peuple de cette colonie, lui faire regretter la dépendance de l'Empire britannique et chercher ailleurs un remède à ses maux ».

Les autres résolutions parlent de Daniel O'Connell, le chef du mouvement patriotique irlandais, de David Hume, défenseur des peuples opprimés et de Denis-Benjamin Viger, agent du Bas-Canada à Londres.

Indépendance à l'horizon

Du 18 février au 1ᵉʳ mars, le comité spécial étudie les différentes résolutions. Les discussions les plus vives s'ensuivent. Papineau et Neilson, devenus antagonistes, s'opposent avec violence. Le leader du parti patriote s'écrie :

> Que ceux qui n'ont rien de canadien, qui ne savent pas ce qui est juste et équitable ; que cette vile faction s'attache à ses doctrines ; qu'elle nous menace, elle ne nous fera pas fléchir. Qu'elle nous dise qu'elle nous hait, nous lui répondrons que nous nous en réjouissons, et que nous la haïrons encore davantage. Il faut un changement radical, sans redouter le tableau des dangers frivoles qu'on prétend y voir. Il n'y a rien à craindre pour ceux qui veulent le bien de leur province. Ce sont aux auteurs de nos maux à les dévorer, à les avaler eux-mêmes. Nous ne devons pas concourir dans leurs odieux projets. Ils voudraient nous faire pendre, comme si ceux qui possèdent les deux langues, qui puisent à cette double source, n'ont pas plus d'avantages que ceux qui ne puisent que dans une seule.

Clément-Charles Sabrevois de Bleury, député de Richelieu, dénonce John Neilson et ses partisans comme des adeptes du *statu quo*. Si on les laisse triompher, selon lui, l'avenir de la colonie est en danger. Un des opposants aux résolutions, Conrad Augustus Gugy, député de Sherbrooke, avance que, si la Chambre continue dans la même veine, l'indépendance est à la porte.

Neilson présente des contre-propositions qui sont rejetées par 56 voix contre 24. Les 92 Résolutions sont alors adoptées par 56 voix contre 23.

Le député Augustin-Norbert Morin est chargé d'aller porter à Denis-Benjamin Viger, à Londres, le texte des résolutions qui viennent d'être adoptées ainsi qu'une adresse au Parlement britannique. Il ne reste plus au gouverneur Aylmer qu'à proroger la session. C'est ce qu'il fait le 18 mars. Dans son discours, il ne peut se dispenser de faire quelques observations « sur le langage des 92 résolutions sur lesquelles est fondé votre appel au Parlement impérial ». « Car, ajoute-t-il, il s'éloigne tellement de la modération et de l'urbanité si bien connues du caractère canadien, que ceux qui ne connaîtraient point l'état réel de la province auraient de la peine à se persuader que ce langage ne doive pas s'attribuer à une fermentation extraordinaire et générale dans l'esprit du peuple. »

Le gouverneur et la Chambre d'assemblée s'en reportent, tous les deux, à l'opinion du peuple. Les appels à moins de modération commencent à se multiplier. Le docteur André Lacroix, de Châteauguay, écrit à Ludger Duvernay, de la *Minerve*, le 29 mars et, datant sa lettre de *An de liberté et de la chute des Tyrans*, il conclut sa missive par ces mots : « Courage, citoyen Duvernay, un peu moins de modération. Bûchez de toutes vos forces, l'arbre de la tyrannie doit bientôt tomber. »

Un autre médecin, Joseph-François Davignon, de Sainte-Marie, va encore plus loin, lorsqu'il écrit à Duvernay, le 22 août : « Canadiens, ne faites pas rouiller vos plaques de fusil. »

Sur deux fronts

Une fois la session terminée, et même avant pour la plupart, les députés favorables ou opposés aux résolutions déclenchent des assemblées populaires. On adopte alors des résolutions comme celle-ci, approuvée par les habitants de Saint-Athanase : « Que cette assemblée ose désapprouver la conduite parlementaire de MM. Neilson, Duval, Lemay, Quesnel et autres, qui ont rougi de servir la cause de leur pays et trahi les intérêts de leurs concitoyens. » À William-Henry, une assemblée de 15 personnes, tenue le 27 mars, accorde un appui inconditionnel aux bureaucrates et au gouvernement. Le 19 avril, les habitants de la région de Trois-Rivières manifestent leur accord avec le texte des 92 Résolutions.

Par ailleurs, dès la fin de mars, le texte des résolutions est connu à Londres. Le 15 avril, John Arthur Roebuck, le député de Bath qui a déjà séjourné au Canada dans sa jeunesse, attaque le gouvernement anglais, en particulier lord Stanley, pour son attitude vis-à-vis de la situation bas-canadienne. Un comité spécial se penche alors sur la situation. Il entend les témoignages de Viger, Morin, l'ancien gouverneur Kempt, James Stuart, Ellice, etc. Le rapport, déposé devant la Chambre des communes le 3 juillet, ne conclut rien. Il est vrai que l'Angleterre vient de faire face à une grave crise ministérielle et le problème d'une colonie passe au second rang !

Pendant ce temps, au Bas-Canada, presque toutes les discussions portent sur les résolutions. L'atmosphère en devient surchauffée. Malheureusement, des accrochages se multiplient, témoignant du changement intervenu dans les relations entre les groupes ethniques.

Le climat qui règne au Bas-Canada est propice à la fondation de diverses sociétés plus ou moins revendicatrices. Le 8 mars 1834, à la suite d'une invitation lancée par A.-N. Giard, George-Étienne Cartier et Louis-Victor Sicotte, quelques personnes se réunissent à l'hôtel Nelson, place du Nouveau-Marché, à Montréal. Le but de la rencontre est la mise sur pied d'une société sur le modèle de celle qui existe en France sous le nom de « Aide-toi, le ciel t'aidera ». Les membres, qui s'assembleront le premier samedi de chaque mois, s'engagent à présenter, à tour de rôle, « un essai sur la littérature ou la politique ». Une discussion suivra chacune des présentations. L'article 6 des statuts précise : « En signant les règlements, on jure sur son honneur de ne rien dévoiler de ce qui se passera à la réunion quand le secret sera demandé par un membre. » Ludger Duvernay est élu président de la société.

Duvernay, aidé sans doute de plusieurs membres de la nouvelle société, décide d'organiser un banquet « patriotique » pour le 24 juin, à l'occasion de la fête de saint Jean-Baptiste. La réunion, qui regroupe une soixantaine de personnes, se tient dans le jardin de l'avocat John McDonnell, rue Saint-Antoine, là où se trouve actuellement la gare Windsor. La présidence de la rencontre est confiée au maire Jacques Viger. « Le dîner, rapporte la *Minerve* du surlendemain, était splendide. Les tables étaient placées dans le jardin de M. McDonnell, avocat, qui avait eu la politesse de l'offrir pour cette fête champêtre. Les lumières suspendues aux arbres, la musique et l'odeur embaumée que répandaient les fleurs, la beauté du site, tout tendait à ajouter au charme du spectacle. Cette fête, dont le but est de cimenter l'union entre Canadiens, ne sera pas sans fruit. Elle sera célébrée annuellement comme fête nationale et ne pourra manquer de produire les plus heureux résultats. » Étienne Parent, dans le *Canadien* du 27, explique ainsi le choix de saint Jean-Baptiste : « Il y a longtemps qu'on donne au peuple l'appellation de Jean-Baptiste, comme on donne à nos voisins celui de Jonathan, aux Anglais celui de John Bull, et aux Irlandais celui de Patrick. Nous ignorons qui a pu donner lieu à ce surnom des Canadiens, mais nous ne devons pas le répudier, non plus que la patronisation que viennent d'établir nos amis de Montréal. »

La rencontre est arrosée par 38 toasts portés d'abord, bien entendu, au roi, puis « Au peuple, source primitive de toute autorité légale », « La Chambre d'assemblée du Bas-Canada, l'organe fidèle du peuple canadien », « Le clergé canadien et ses évêques : puissent-ils toujours être unis et donner de bons exemples à leurs ouailles. Ils seront soutenus et respectés en faisant cause commune avec la Chambre d'assemblée et le peuple », « Les prêtres libéraux de ce district : ils sont, heureusement pour le pays, en grande majorité », etc. Sans compter les santés portées aux différentes personnalités de la colonie, du Haut-Canada, d'Irlande, des États-Unis et d'Angleterre. Les discours sont nombreux et les chants aussi. L'étudiant en droit George-Étienne Cartier, qui n'a pas encore vingt ans, interprète une de ses compositions « O Canada, mon pays, mes amours. »

À nouveau le choléra !

La ronde des assemblées déclenchée par l'adoption des 92 Résolutions va connaître un certain ralentissement au cours de l'été 1834. L'unique cause : une nouvelle épidémie de choléra.

En 1832, on avait commencé à Québec la construction d'un nouvel hôpital destiné aux émigrés, mais il n'est pas encore en état de servir. Le gouverneur accuse la Chambre de ne pas avoir débloqué les fonds nécessaires pour achever la construction de l'édifice et le rendre enfin accessible.

À la mi-juin, l'inquiétude se répand dans la capitale. Deux navires, le *Constantia* et l'*Elizabeth* sont arrivés à la Grosse-Île, transportant plusieurs personnes atteintes du choléra. Le gouverneur fait écho à l'inquiétude générale dans une lettre à lord Stanley, datée du 16 juin. Il est prêt à fournir des tentes pour installer les malades sur les Plaines d'Abraham, mais il ne veut pas ouvrir tout de suite l'hôpital de la Marine, voulant profiter de l'occasion pour renouveler ses accusations contre la Chambre d'assemblée. Le 12 juillet, permission est accordée d'occuper l'hôpital, mais sans l'accord des fonds nécessaires pour le faire fonctionner !

Le conseil de ville de Québec fait de son mieux pour se tirer de la situation. Entre le 7 juillet et le 14 août, seulement dans la capitale, le nombre des morts atteint 1169 ; de ce nombre, seulement 104 personnes sont décédées à l'hôpital de la Marine.

Tout comme en 1832, la maladie gagne Montréal et les campagnes. Certains auteurs affirment que, pour cette seconde épidémie, le nombre de décès serait de l'ordre de 6000.

Une élection référendaire

Le quatorzième Parlement ayant vécu ses quatre années statutaires, le gouverneur Aylmer le dissout, le 9 octobre, et ordonne des élections générales. Une seule question importante est alors débattue : les 92 Résolutions ! Tel est à peu près l'unique thème de la campagne électorale. Quelques jours avant le déclenchement des élections, un faubourg de la capitale est la scène d'une attaque contre des individus et des propriétés de la part d'une cinquantaine de soldats, ivres dit-on, qui hurlent contre tout ce qui est canadien ! Le conseil de ville de Québec est saisi de l'affaire lors de sa réunion du 8 octobre. Heureusement, la frénésie engendrée par la campagne électorale apaise l'opinion publique un peu ameutée contre la soldatesque.

Dans quelques circonscriptions électorales, on fait valoir des distinctions de caractère ethnique. Le *Canadien*, dans son édition du 10 octobre, lance un appel au bon sens :

> C'est avec chagrin que nous voyons qu'à Montréal on essaie d'exciter les préjugés nationaux pour les faire servir dans la prochaine élection du quartier ouest. Que fait à la cause générale du pays qu'un candidat soit Irlandais, Écossais, Anglais ou Américain ? Tout ce qu'on doit représenter aux électeurs, c'est que l'homme qu'on présente soit éclairé, indépendant et patriote et, dans les circonstances actuelles, qu'il pense sur les grandes questions du jour comme la dernière Chambre d'assemblée et la très grande majorité du peuple. On ne devrait jamais, dans ce pays, en parlant d'hommes publics, s'informer de son origine : avec cette distinction, nous sommes tous Européens.

Les électeurs se partagent en *résolutionnaires* et *anti-résolutionnaires*, suivant qu'ils sont pour ou contre les 92 Résolutions. La violence, malgré l'ardeur du débat, est peu fréquente. Le 5 novembre, à William-Henry, la lutte est chaude entre John Pickle, candidat réformiste, et un nommé Jones, bureaucrate. Chaque vote compte. Laurent Dumas possède une petite maison, mais il ne peut être admis comme voteur vu qu'il ne peut tenir feu et lieu, à cause de l'état de délabrement de sa cheminée. Vers vingt et une heures, ce 5 novembre, des hommes à la solde de Jones transportent de la pierre sur le terrain de Dumas pour refaire la cheminée. Louis Marcoux, qui avait passé une partie de la veillée chez Joseph Grenier, voit passer les voitures et plusieurs personnes. Il décide donc d'aller voir ce qui se passe. Marcoux est connu comme un fervent résolutionnaire.

Un peu après vingt et une heures, Marcoux se rend près de la maison de Dumas ; Isaac Jones lui décharge son arme à feu dans le ventre. Avant de mourir, Marcoux a le temps de faire une déclaration assermentée incriminant Isaac Jones. Quelqu'un vient lui annoncer que Pickle est élu et « le patriote » meurt en disant : « Je meurs content, vive la Patrie. »

Aux noms des trois victimes des élections du 21 mai 1832 et au nom de Barbeau, vient s'ajouter celui de Louis Marcoux.

Une grande victoire

Lorsque la votation se termine, les résolutionnaires peuvent crier *Victoire !* Ils réussissent à remporter 77 des 88 sièges. La plupart de ceux qui, en Chambre, s'étaient prononcés contre les « 92 » sont battus ; même le vieux John Neilson ! Les résolutionnaires reçoivent 483 739 votes et leurs adversaires seulement 28 278.

Dans une autre lettre à Spring Rice, le 24 décembre, Aylmer déplore l'apparition à ciel ouvert d'un certain racisme : « Un caractère national, jusqu'alors inconnu dans la province, a été donné aux dernières élections, à ce point qu'une séparation très marquée existe maintenant entre les races anglaise et irlandaise d'un côté, et celle d'origine française de l'autre, et des associations constitutionnelles ont été formées par cette dernière, lesquelles contiennent dans leur sein tout ce que cette population comprend d'hommes de talent et d'influence. Il est évident qu'une crise dans les affaires du Bas-Canada est imminente. »

Pour une fois, Aylmer voit juste !

LA MISSION GOSFORD
1835-1836

PAR PROCLAMATION, le gouverneur Aylmer a fixé au 21 février l'ouverture de la première session du quinzième Parlement. La cote d'amour du représentant du roi est alors au plus bas. Papineau parlera plus tard de « l'administration funeste d'un homme aussi aigri contre le pays, aussi fortement accusé par les représentants, aussi ouvertement méprisé par le public que l'était lord Aylmer ».

Au Bas-Canada, les idées d'indépendance ou de rattachement aux États-Unis font leur chemin. Les chefs du parti patriote se plaisent à dénoncer l'incompréhension des secrétaires d'État aux Colonies qui, à la suite de la crise ministérielle britannique, se succèdent rapidement. Le 16 janvier 1835, Papineau écrit à John Arthur Roebuck, l'agent de la Chambre d'assemblée à Londres :

> De jour en jour, le dégoût contre le système colonial actuel s'accroît et devient intolérable. Soit que la précipitation orgueilleuse de M. Stanley nous menace de persécution ; soit que la nonchalance de M. Rice le porte à négliger l'accomplissement des promesses illusoires d'améliorations qu'il n'a pas réalisées ; tout tend à nous faire comprendre que nous ne devons pas abandonner notre sort aux décisions d'un seul homme quel qu'il soit. Que, hors le régime de pleine liberté sous lequel vécurent les colonies de la Nouvelle-Angleterre et plus particulièrement le Connecticut et le Rhode Island, le contentement ne peut être rendu aux Canadas. La tendance de tous les esprits dans les deux provinces vers ce but et, s'il ne peut se trouver que dans la Confédération américaine, les vœux des peuples s'y porteront bien vite.

À Londres, l'ancien marchand de fourrures et membre du Beaver Club, George Gillespie, fait régulièrement parvenir des lettres au secrétaire d'État aux Colonies, dénonçant les menées indépendantistes du parti patriote. Le 26 février, il confie à lord Aberdeen que les faits et gestes des membres de l'Assemblée du Bas-

Canada confirment ses intentions « de renverser le gouvernement colonial, d'unir la province aux États-Unis ou de déclarer son indépendance, si elle est aidée par la France ».

Si les députés ne veulent pas nécessairement l'indépendance, ils souhaitent néanmoins un affrontement direct avec le gouverneur. Ils ne tiennent pas, par contre, à porter l'odieux de la situation devant l'opinion publique. Le 23 février, Papineau confie à sa femme certains éléments de leur stratégie :

> J'ai chamaillé avec mes amis sur le tort d'arriver dans un temps si difficile, sans aucun plan arrêté ni concerté, parce qu'ils n'avaient pas acquiescé à notre prière de nous rencontrer aux Trois-Rivières. Ils sont, à force de reproches, ébranlés et incertains sur la marche à suivre, au point qu'ils conviennent qu'il ne peut pas être question d'un bill des subsides. Si on les fixe à cette opinion, c'est un grand point de gagné et, dans ce cas, s'il y a une session, du moins elle serait courte. Ils souhaitent que le gouverneur me refuse comme orateur, parce que cela mettrait fin à la session, sans que leurs constituants leur fissent des reproches de n'avoir pas siégé. S'il ne nous donne pas cet avantage sur lui, ils veulent de suite lui demander tout l'argent qu'il nous a refusé l'an dernier pour dépenses contingentes en disant : « S'il nous le donne, nous l'avilissons ; s'il nous refuse, nous avons encore une bonne raison de ne pas siéger. »

Aylmer accepte sans difficulté la nomination de Papineau au poste de président de la Chambre. Avant même que l'Assemblée n'adopte son adresse en réponse au discours du trône, Augustin-Norbert Morin, député de Bellechasse, propose « que la Chambre se forme en comité pour examiner l'état de la province, mesure que je tiens, dit-il, pour nécessaire, pour savoir si nous devons être gouvernés conformément aux lois et aux droits des sujets britanniques et si nous devons réellement jouir des avantages de la liberté constitutionnelle ou rester courbés sous le joug de la tyrannie qui nous opprime et qui répand son infection parmi nous sous la forme la plus odieuse est adoptée, signifie que les travaux sessionnels sont, à toutes fins utiles, terminés. »

La majorité de la députation adopte des résolutions dénonçant Aylmer et son gouvernement. Plus rien ne fonctionne. La Chambre n'a plus d'argent pour payer son personnel et les dépenses inhérentes à son bon fonctionnement. Elle demande donc au gouvernement d'autoriser le versement de 18 000 livres. Aylmer refuse. Le 7 mars, Papineau déclare : « Le gouverneur savait bien que nous lui ferions la demande actuelle et il devait être prêt à nous donner une réponse directe, un refus ou un acquiescement. Je considère que, dans les circonstances actuelles, son message est un refus formel de faire les avances demandées suivant les formes parlementaires, et qu'il a virtuellement mis fin à la session. » Le président de la Chambre, dans sa longue intervention, brandit encore une fois la menace d'une sécession :

> Nous ne pouvons attendre que du bien pour le pays en déclarant [...] que nous ne pouvons procéder aux affaires ; en faisant sentir à la Mère Patrie l'urgence qu'il y a pour elle de mettre fin aux dissensions qui existent dans le pays ; en lui déclarant que le seul moyen d'y parvenir est de donner au peuple du Canada des institutions telles qu'il n'ait rien à envier aux États-Unis ; [...] que des centaines d'individus visitent les États-Unis et étudient ses institutions et qu'il est impos-

sible que, si l'on ne donne pas aux colonies un système propre à favoriser l'industrie et à satisfaire l'amour de la liberté, la comparaison qui se fait sans cesse de leur État et du nôtre ne prépare pas et ne hâte pas de grands événements. La pratique la plus sage et la plus dans l'intérêt de la métropole et des colonies, serait celle qui retarderait ces événements.

Le 18 mars, le gouverneur proroge prématurément la session, considérant la clôture comme « un événement qu'on ne peut trop regretter ». Le Parlement n'avait réussi qu'à étudier et adopter un seul projet de loi au cours de ses travaux sessionnels. Les deux camps durcissent leur position. Pour Papineau, reste la résistance, dernière arme possible. « Je crois, écrit-il à Roebuck le 25 mars, qu'un bien petit nombre d'années pareilles aux dernières persuadera à la presque unanimité du pays qu'il est dans son intérêt de se réfugier contre les partialités et les corruptions de ses administrateurs mêmes dans les voies dangereuses de la résistance. » Pour Gillespie, à Londres, les anglophones seront bientôt les plus à craindre. Après avoir déclaré au secrétaire d'État aux Colonies, le 6 avril, que « si le gouvernement ne se montre pas ferme, une collision ne peut être longtemps retardée », il ajoute le 9 mai :

> La population britannique doit être protégée dans la personne et la propriété, sans quoi il sera plus difficile de traiter avec elle qu'avec les habitants de descendance française qui ont reçu concessions sur concessions et ont fini par demander que le gouvernement réside dans une seule branche de la Législature, la Chambre d'assemblée, dans laquelle l'élément anglo-canadien n'est pas représenté. Le Conseil législatif est la seule branche en laquelle l'élément anglais a quelque confiance et s'il devient électif elle ne s'y soumettra pas. La partie anglaise de la population a plus de raison de se plaindre que les Canadiens français, bien que ces derniers aient quelques sujets de griefs.

Un voyage imprévu

Les autorités métropolitaines commencent à considérer que les deux Canadas causent beaucoup de problèmes. Dans le Haut-Canada, le groupe gravitant autour de William Lyon Mackenzie constitue une menace au moins aussi forte que les patriotes du Bas-Canada guidés par Papineau. Le 14 février 1835, lord Aberdeen avertit Aylmer que ses jours sont comptés : « Il doit être évident que l'exaspération qui règne parmi les membres de l'Assemblée et le peu d'union entre cette branche de la Législature canadienne et le gouvernement exécutif ont placé Votre Seigneurie dans une position tellement difficile qu'il ne vous reste pas même l'espoir de pouvoir employer avec avantage des paroles de conciliation et de paix. »

Londres décide enfin d'agir. Pour la mère patrie, le moyen de trouver une solution autre que celle préconisée en 1828 est l'envoi dans la colonie d'un commissaire royal « muni d'instructions pour examiner et terminer, s'il est possible, les divers débats dans l'espoir de régler tous les différends qui agitent depuis si longtemps la province et qui affligent vivement les loyaux sujets de Sa Majesté ».

Le 18 juin, Aylmer reçoit une lettre du nouveau secrétaire d'État aux Colonies, lord Glenelg, qui l'avertit que « l'arrivée de son successeur marquera le terme de son administration du Bas-Canada ». Archibald Acheson, comte de Gosford, un

Irlandais âgé de 59 ans, est nommé gouverneur général. Deux autres commissaires, sir Charles Grey et sir George Gipps, l'accompagneront. Dans ses instructions du 17 juillet au nouveau représentant du roi, Glenelg précise que « le grand but de votre mission était de concilier les parties et de régler les différends ». Pour atteindre ce but, on demande à Gosford « de vous attirer la confiance de la Chambre d'assemblée et de cultiver la bienveillance du peuple canadien ». Le nouveau gouverneur devra de plus voir à ce que les Canadiens accèdent plus facilement aux postes de fonctionnaire, se rappelant « que, entre des personnes de prétentions à peu près égales, il est peut-être à-propos de faire le choix de manière à satisfaire jusqu'à un certain point les droits que les habitants français peuvent raisonnable-ment faire valoir pour partager également la faveur royale ». Le secrétaire d'État recommande aussi que cesse le cumul des emplois, surtout lorsqu'ils sont incompa-tibles. Au sujet de la langue, on recommande de ne pas favoriser la langue anglaise, surtout devant les tribunaux et dans les actes officiels. « Votre Seigneurie signifiera qu'elle est prête à donner son assentiment à toute loi qui pourra donner aux habi-tants français et anglais les garanties les plus amples contre tout préjudice de cette nature. » Quant aux juges, on ne devra pas solliciter leur opinion sur des questions politiques ou publiques. Londres tient à redresser le plus de torts possibles, deman-dant même d'expulser du Conseil législatif John Caldwell, qui n'a pas complètement remboursé les sommes détournées par son père.

Le trio de la détente quitte l'Angleterre à bord de la *Pique* le 23 juillet. Moins d'un mois plus tard, soit le 21 août, le navire passe devant la station de la quaran-taine sans s'arrêter, le commandant pensant que les vaisseaux de guerre étaient exempts des règlements de la quarantaine. Le médecin visiteur l'invite à s'immobi-liser en faisant tirer quelques coups de canon. Le lendemain, il effectue sa visite réglementaire sur le navire qui avait mouillé vis-à-vis de Beaumont. Les passagers débarquent à Québec, le dimanche 23 août, au début de l'après-midi. Lord Aylmer s'était rendu à la rencontre des commissaires. Le lendemain même de son arrivée, lord Gosford prête les serments habituels et prend possession de son poste. Quant à Aylmer, il ne quittera la capitale du Bas-Canada que le 17 septembre. Deux jours auparavant, on avait organisé un bal en son honneur.

> Nos bureaucrates sont bien mécontents de lord Gosford, raconte la *Minerve*. Il paraît qu'il n'est demeuré que trois quarts d'heure au bal donné au seigneur de Balrath. [...] Lord Aylmer est parti de sa résidence à cheval. En passant devant le château, il s'arrêta quelques secondes pour attendre lord Gosford dont le carrosse, attelé de quatre chevaux, était à la porte ; ce dernier ne venant pas, lord Aylmer a continué son chemin avec sa suite. Il n'était pas rendu à l'hôtel de l'Union qu'on est venu donner ordre au cocher de mener les chevaux à l'écurie. Tout ce temps, lord Gosford le passait à s'amuser dans son jardin à regarder avec sa longue-vue *La Pique* qui levait l'ancre.

Du vin et des toasts

Les bureaucrates ne cachent pas leur inquiétude. Quelle attitude lord Gosford va-t-il adopter à leur endroit ? Les « patriotes » ne songent pour l'instant qu'à se réjouir du départ de lord Aylmer. Déjà, le 22 juin, la *Minerve* avait publié ce court texte sous le titre de « Calamité... supportable pour la province » : « Nous éprouvons l'indicible douleur d'annoncer que Mathieu lord Aylmer est définitivement rappelé du commandement qu'il exerça si loyalement dans le Bas-Canada. Concitoyens ! gémissons ! gémissons !! gémissons !!! »

Le 24 juin, une centaine de personnes se réunissent à l'hôtel Rasco, à Montréal, pour souligner « la fête du Saint-Patron du Canada ». « La salle était ornée de guirlandes, festons et touffes de verdure dont le goût le disputait à la méthode. Un faisceau de branches d'érable était placé à l'entrée, soutenant de chaque côté les drapeaux de la Grande-Bretagne et ceux adoptés par le pays. » Denis-Benjamin Viger, qui a séjourné quatre ans en Europe, préside les fêtes. Dans un discours improvisé, il se dit heureux de célébrer « cette fête patronale du peuple canadien ». Il parle aussi des graves problèmes de l'heure. « La liberté d'un peuple ne s'établit, ne se conserve que par l'exercice des vertus. S'il est un pays qui soit digne de la liberté, d'un bonheur durable, ce sont les Canadiens, car ils sont vertueux. »

Les toasts succèdent aux toasts et, chaque fois qu'on lève son verre, un orateur y va de son petit discours. Clément-Charles Sabrevois de Bleury lève le sien à la santé du roi et il en profite pour dénoncer le parti de la minorité dont les membres sont les accusateurs des patriotes :

> Mais, messieurs, qui sont-ils ces accusateurs ? Ce sont ces hommes qui, depuis plusieurs années, non seulement prêchent la révolution, mais veulent encore la guerre civile ! N'entendons-nous pas journellement ces ennemis du peuple ainsi que leurs organes menacer le gouvernement s'il nous rend justice ? Ne dirait-on pas, d'après leurs discours et leurs écrits, qu'ils cherchent un nouvel état d'existence politique ? Ils ont déjà conseillé le meurtre et l'assassinat et indiqué des victimes. [...] Heureusement que les réformateurs ont enduré patiemment ces bravades et ces menaces ; mais qu'on ne les brave pas plus longtemps, car la patience, trop longtemps exercée, vient à se lasser.

Le député Charles-Ovide Perrault dénonce le Conseil législatif et affirme que la Constitution américaine, mieux que la britannique, doit servir de modèle aux Canadiens. Des réformateurs des townships jusqu'aux États-Unis, en passant par le Haut-Canada, citant O'Connell, Hume et compagnie, sans oublier le clergé, les toasts touchent à tout, même « au beau sexe ». Le jeune George-Étienne Cartier chante, peut-être pour la seconde fois, une chanson de sa composition. « O Canada, mon pays, mes amours ».

Pour la première fois, en 1835, la fête de la Saint-Jean-Baptiste dépasse les cadres de Montréal. Le village Debartzch (Saint-Charles-sur-le-Richelieu) célèbre « la fête nationale » à sa façon. Selon l'hebdomadaire de l'endroit, l'*Écho du Pays* :

> La salle du dîner, préparée par M. Bunker, était ornée de verdure, où figurait principalement l'érable. Les portraits de MM. Papineau et Viger, et du regretté M. Bourdages, figuraient en tête de la table couronnés de feuilles comme autrefois on couronnait les anciens Romains lorsqu'ils revenaient victorieux des ennemis de la république. Au-dessus de la maison, se trouvait un transparent où l'on lisait ces mots : « Notre nationalité, nos usages et nos droits », et à chaque bout, ces autres

mots : « Industrie et prospérité. » Chacun des convives portait un bouquet de feuilles d'érable à la boutonnière.

On lève son verre dix-sept fois et, chaque fois, on tire un coup de canon !

À Saint-Denis, la fête commence par la célébration d'une grand-messe dans l'église paroissiale. Dans la salle du banquet, chez François Gadbois, l'érable est omniprésent. Il orne les tables, décore les portraits des Papineau, père et fils, de Denis-Benjamin Viger et de Bourdages. « Au milieu de la salle était suspendu un grand pavillon, dont le premier quart était d'un beau blanc, symbole de la pureté des motifs des Canadiens ; le fond était d'un riche vert, emblème de l'espérance qui reste aux habitants de cette colonie que la mère patrie leur rendra pleine et entière justice des abus dans lesquels ils gémissent depuis si longtemps. Sur le blanc étaient placée deux feuilles d'érable figurant les deux Canadas au-dessus était écrit : "Fraternité — Nos droits". » Après le repas, on remet à chacun des 108 convives une pipe chargée de feuilles d'érable. Les 28 toasts sont accompagnés d'applaudissements et, parfois, de discours. Wolfred Nelson demande à l'assistance de lever son verre « à la mémoire de Louis Marcoux, l'un des martyrs de son patriotisme ». On fait ensuite une collecte pour financer l'érection d'un monument en l'honneur du patriote.

Une soixantaine d'habitants du comté des Deux-Montagnes se réunissent à Saint-Eustache, le 24 juin. Là encore, chants, discours et toasts s'entremêlent au grand plaisir des participants. À Terrebonne, la fête est tout aussi joyeuse. On y porte des toasts au roi, « Puisse-t-il comprendre les griefs du Canada et faire cesser les abus qui sont le fait d'une minime portion de Bretons égoïstes et monopoleurs » ; « le clergé canadien et nos évêques. Puissent-ils, comme citoyens et membres de la grande famille, toujours faire cause commune avec le peuple qui les honore » ; « À nos frères canadiens qui, en ce jour, célèbrent la fête nationale ». La fête se termine par un feu d'artifices.

À Berthier, la fête est plus modeste, mais le correspondant de la *Minerve* se dit convaincu que l'année suivante la Saint-Jean aura plus d'éclat. « Je suis prêt à dire que cette assemblée, écrit-il, se composait, je crois, de patriotes seulement ; cependant je ne vois pas trop pourquoi désormais les Canadiens de quelque croyance politique qu'ils puissent être, quelle que soit leur origine, ne s'assembleraient pas pour célébrer leur Saint Patron comme une nation ; ne réclamons-nous pas tous les mêmes avantages, ne travaillons-nous pas ensemble à les obtenir ? »

Les habitants de Saint-Athanase, non loin de Maska, c'est-à-dire Saint-Hyacinthe, célèbrent également le 24 juin. Leur représentant à la Chambre d'assemblée, Pierre-Martial Bardy, porte un toast au départ de lord Aylmer.

La Saint-Jean-Baptiste de 1835 marque le vrai lancement de la fête patriotique des Canadiens. Les problèmes politiques demeurent au centre des manifestations.

Le lord flirte

Avant même que lord Aylmer ne quitte le sol du Bas-Canada, le nouveau gouverneur Gosford commence à faire la cour aux francophones. Il multiplie les invitations à manger à sa table aussi bien aux députés qu'aux notables de la capitale. Papineau a ses petites entrées chez lui.

L'ouverture de la deuxième session du quinzième Parlement est fixée au 27 octobre 1835. Le climat est vraiment à la détente, climat que le gouverneur cherche à développer au maximum. Dans son discours inaugural, il prône la bonne entente. « Comme gouverneur, déclare-t-il, j'exécuterai avec promptitude, impartialité et fermeté ce que je suis compétent à faire moi-même ; comme chef de la Législature provinciale, je coopérerai volontiers avec ses autres membres au redressement de chaque défectuosité que je pourrai trouver occasion de corriger ; comme commissaire, je m'engage solennellement à faire un expéditif et soigneux examen des matières importantes qui relèvent des plus hauts pouvoirs de l'empire. » Après avoir promis une série de réformes, il termine son discours par un appel à la fierté :

> Si vous étendez vos regards au-delà de la terre que vous habitez, vous trouverez que vous êtes habitants du beau patrimoine de l'empire britannique, qui vous constitue dans toute la force du terme citoyens du monde entier et vous donne une patrie sur tous les continents et sur tous les océans du monde. Il y a deux routes ouvertes devant vous : l'une vous mènera à la jouissance de tous les avantages dont vous avez la perspective ; par l'autre, vous vous en priverez et vous vous engagerez, ainsi que ceux qui n'ont en vue que votre prospérité, dans la voie la plus sombre et la plus difficile.

La Chambre prépare sa réponse au discours inaugural. Elle ne veut pas reconnaître officiellement le mandat des commissaires, mais elle se dit prête à collaborer. Papineau présente lui-même le texte au gouverneur qui répond d'abord en français, puis en anglais, ce qui a l'heur de choquer un journaliste anglophone qui voit, dans ce geste, « un premier pas vers la dégradation de la mère patrie qui a eu le tort de ne pas proscrire la langue française dès le début ». L'attitude du représentant officiel du roi a de quoi déplaire aux bureaucrates. Mais visiblement, Gosford semble préférer le voisinage des francophones.

Malgré tout, le président de la Chambre demeure persuadé que peu de choses vont changer. « La vie publique, au contraire, pour un Canadien, montre au pays, dans un temps plus ou moins prochain, un moment de crise et de souffrance qui sera affreux, écrit-il à sa femme le 23 novembre. Nous n'avons jamais eu justice par le passé, ajoute-t-il, nous ne l'aurons jamais dans l'avenir. »

À l'occasion de la fête de la Sainte-Catherine, le 25 novembre, le gouverneur organise au Château Saint-Louis un grand bal où la majorité des invités sont francophones. Quant aux anglophones, même s'ils sont invités, mais en plus petit nombre, plusieurs refusent de s'y rendre. La *Gazette* de Québec ne cache pas son dépit : « Ceux qui ont été dans l'habitude de fréquenter ses salons ont remarqué qu'ils connaissaient à peine un tiers des dames présentes. » Une heure avant la fin du bal, soit vers les trois heures du matin, raconte Papineau à sa femme, « le gouverneur s'est mis à danser une contredanse, très gaiement et quand les dames, en finissant ont voulu se retirer, il y avait pris le goût et les invitait à recommencer. Il n'en a rien été néanmoins ». « Ce qu'il y a de bon, note-t-il, c'est que, bien que ces empressements et attentions pour les Canadiens ne soient pas sans effet, il ait à cœur de se rendre agréable, comme moyen de rendre son administration plus facile. Il est sans intrigue et ne cherche nullement à gagner aucun des membres à soutenir aucune mesure en particulier. Toute sa suite, qui est nombreuse, a la même discrétion. Leur conduite sous ce rapport est respectable. »

Aux armes !

« L'affaire du bal », comme on l'appelle, déclenche une violente réaction chez plusieurs anglophones. Le 30 novembre, à Montréal, les Écossais célèbrent la fête de saint André, leur patron national. Quelques centaines de personnes se déplacent pour le traditionnel défilé. Y participent : la Société de Saint-Georges, celle de Saint-Patrick et la Société des Allemands. Au cours du banquet qui suit, on porte un toast à la santé du gouverneur, mais on le fait en renversant son verre sur la table, ce qui est une insulte...

Depuis la fin de septembre, dans le *Montreal Herald*, le journaliste-avocat d'origine écossaise, Adam Thom, caché sous le pseudonyme de Camillus, tire à boulets rouges sur le gouverneur, dans ses *Anti-Gallic Letters*. Il prêche le recours aux armes. « Les Anglais de cette province sont restés engourdis trop longtemps, écrit-il. Il y a temps pour l'action et temps pour le sommeil. Il est une chose certaine : la première goutte de sang anglais qui sera répandue dans la colonie pour l'agrandissement de la faction française soulèvera l'indignation de tout Anglais que l'avarice ou l'ambition n'auront point transformé en un traître. *Vœ victis*. Malheur aux vaincus, qu'ils soient des chasseurs de places anglais ou des Français démagogues. » Le gouverneur n'échappe pas aux invectives de Thom : « Grands dieux, monsieur Gosford, êtes-vous assez fou pour vous glorifier de votre honte, assez endurci pour vous réjouir d'une occasion de faire le mal par délégation de pouvoir, assez dégradé pour être heureux sous le double fouet d'un cabinet à la française et d'une faction française ? »

Les appels de Thom ne demeurent pas sans réponse. Le 7 décembre, au cours de l'après-midi, deux cents personnes, « musique en tête, cannes en main et bannières déployées », paradent dans les rues de Montréal avant de se rendre au Tattersall, le lieu de la rencontre. Là, des orateurs dénoncent Gosford et les patriotes.

> On a accusé les constitutionnels, déclare un tribun, de s'opposer à l'introduction du principe électif dans le gouvernement. Ils ne s'y opposent qu'à raison de l'ignorance du peuple. Ils espèrent que leurs privilèges et leurs intérêts ne seront pas confiés à la garde d'une population qui, quoique morale et religieuse, est incapable de maintenir ses propres intérêts et, par conséquent, encore moins capable de se charger des droits et des intérêts des autres. Si, dans la vie privée, nous refusons de soumettre nos différends à des hommes sans éducation, quel langage doit-on employer quand on veut confier à de tels hommes la conduite de nos libertés. Elle est telle cette ignorance que presque tous les jurés sont incapables de signer leurs noms et qu'il s'est vu plusieurs membres de la Chambre dans la même incapacité. Un semblable peuple est incompétent de juger des relations compliquées des sociétés, à décider des punitions que mérite chaque faute, à régler les intérêts du commerce, à comprendre les vœux de cette classe de la société, qui est plus instruite et qui se trouve placée plus haut dans l'échelle sociale.

En conséquence, on forme donc un comité exécutif chargé de former des comités de quartier dans la ville et les faubourgs « dont l'utilité serait sentie en cas de soulèvement ».

La *Minerve*, dans son édition du 10 décembre, avertit les Canadiens de se tenir prêts eux aussi : « Nous croyons que, de notre côté, nous ferions bien aussi de nous organiser pour n'être pas pris à l'improviste et être en état de leur faire face dans le cas où ils oseraient tenter une émeute. » Deux jours plus tard, le *Montreal Herald* préconise la formation d'un corps armé :

L'organisation, pour se combiner avec la détermination morale et la force physique, doit être autant militaire que politique. Il faut une armée aussi bien qu'un congrès ; il faut des piques et des carabines, aussi bien que des plumes et des langues, il faut de la valeur aussi bien que de la sagesse. Il nous faut cette double organisation au plus tôt. [...] Une basse soumission à la faction française et au gouvernement francisé flétrirait les habitants anglais de la province non seulement comme de vils lâches, mais encore comme des traîtres au premier des souverains, au premier des empires et à la meilleure des constitutions. [...] Appelons donc un congrès provincial immédiatement, portons à 800 le British Rifle Corps de Montréal, qui est son entier complément, envoyons des députés pour soulever les sympathies des provinces voisines. [...] En manquant à la loi, lord Gosford s'est rendu incapable de la mettre en force et il a donné une sanction virtuelle à l'anarchie.

Le 12 décembre, une nouvelle réunion se tient à Montréal pour mettre sur pied un corps armé de volontaires. Pour répondre à l'appel, le 16, lors d'une rencontre, des gens se présentent avec leurs armes. Le même jour, à l'hôtel de Orr, le Doric Club tient une assemblée où après avoir levé les verres à la santé du gouverneur Gosford et aux commissaires, on porte un toast à « la mort, plutôt qu'une domination française ».

À Québec, on commence à s'inquiéter des événements qui se déroulent à Montréal. Le 17, Papineau écrit à sa femme de quitter la ville pour aller avec les enfants « à Verchères ou ailleurs dans la famille » si le danger devient plus pressant. « Une visite à tes parents ou à nos enfants, ajoute-t-il, au temps des fêtes, n'a rien que de naturel. S'il était possible, ce que je ne crois nullement, que des actes de violence fussent tentés contre les maisons, j'aimerais mieux tous les malheurs imaginables pour moi et mes propriétés, que de savoir exposés ma femme et mes enfants. D'ici, je ne vois nulle probabilité à de semblables dangers, et j'espère que la violence inconsidérée de ceux qui ont proposé de s'armer, détruira l'influence de leur parti. » Le 16, Papineau rencontre le gouverneur au sujet de l'armement des 800 carabiniers. Quant au Conseil exécutif, il songe à émettre une proclamation contre le projet d'armement. Quelques Canadiens ne voient pas d'un mauvais œil l'agitation qui gagne le milieu anglophone de Montréal. « Plusieurs pensent, écrit Papineau à sa femme le 23 décembre, que les seules voies constitutionnelles ne peuvent pas nous procurer les réformes nécessaires et ils ne seraient nullement chagrins de les obtenir autrement, si on les jette malgré eux sur la défensive. »

Le 22 décembre, les constitutionnels signent une adresse au gouverneur Gosford lui demandant d'accorder sa sanction à l'organisation du Corps des carabiniers britanniques. Six jours plus tard, S. Walcott, secrétaire civil du gouverneur, adresse aux signataires de la pétition la réponse suivante :

Je suis requis de vous informer en réponse que l'union et les droits, dont vous parlez, ne sont pas considérés en danger par Son Excellence ; et que, s'ils l'étaient, leur préservation serait mieux garantie par l'autorité du gouvernement que par la formation, dans un temps de paix entière, d'un corps armé à la demande de particuliers. Une telle mesure n'est pas propre à promouvoir les bons desseins que vous avez en vue, mais au contraire à troubler la paix publique. Et Son Excellence me prie de vous assurer qu'elle est décidée à la maintenir contre toutes attaques, de quelque point qu'elles viennent, par tous les pouvoirs que lui accorde la loi.

Malgré la rebuffade qu'ils viennent de subir de la part du gouverneur, les constitutionnels continuent leurs activités. Le 7 janvier 1836, ils se réunissent à l'hôtel Nelson. À l'issue de la rencontre, ils vont manifester bruyamment devant la maison de Papineau. La même scène se répète deux jours plus tard, à la suite d'une nouvelle réunion pour souligner, celle-là, le retour de William Walker qui, avec John Neilson, s'était rendu à Londres présenter les doléances des anglophones.

Désireux de mettre un terme à toute cette effervescence, le gouverneur émet, le 15 janvier 1836, une proclamation officielle commandant « à tous magistrats et officiers chargés de la protection de la paix d'arrêter tous tels procédés illégaux et dangereux et toutes atteintes ou outrages ou infractions de la paix dans leurs juridictions respectives ». La proclamation demande aussi à tous les citoyens de prêter leur aide au maintien de la paix. Le calme est lent à revenir, mais, même si les manifestations publiques s'espacent, l'hostilité n'en cesse pas pour autant. Par ailleurs, les constitutionnels vont bientôt voir que le gouverneur Gosford est loin de tout sacrifier aux francophones !

Une bombe éclate

La lune de miel entre le gouverneur et la Chambre tire à sa fin. Les commissaires continuent leur enquête patiemment et accumulent renseignements sur renseignements. Un scandale éclate le 8 février alors que le greffier de la Chambre d'assemblée du Haut-Canada fait parvenir à Papineau des extraits des instructions secrètes au gouverneur et aux deux autres commissaires. Les députés de la province supérieure avaient pris connaissance de ces extraits quelques jours auparavant alors que le lieutenant-gouverneur Francis Bond Head les avait rendus publics. On y apprend que Londres ne veut, pour aucune raison, rendre le Conseil législatif électif. On accuse donc le gouverneur d'avoir trompé la Chambre et la population avec ses airs de conciliateur bienveillant et ses bonnes paroles.

Le 13 février, Papineau communique à la Chambre les extraits des instructions. Une vive discussion s'engage à savoir si le texte sera inscrit au journal. Les députés de la région de Québec s'opposent à ceux de la région de Montréal qui veulent l'inscription. Deux jours plus tard, Gosford fait parvenir le texte complet de ses instructions, précisant qu'il en avait donné l'essentiel dans son discours d'ouverture de la session.

L'agitation reprend de façon sporadique. Le gouverneur fait venir Papineau pour lui annoncer qu'il vient d'apprendre que trois Irlandais ont prêté serment « qu'il n'y aurait de repos dans le pays tant que vivraient lord Gosford, docteur [Edmund Bailey] O'Callaghan et monsieur Papineau ». Les menaces de mort ne sont pas rares, à cette époque. Le 25 décembre 1835, Adam Thom avait reçu, disait-il, une lettre écrite en français, lui annonçant qu'il allait être assassiné.

La discussion sur les subsides ne peut pas tomber plus mal à-propos. Le député Morin propose de ne les voter que pour une période de six mois, ce qui est majoritairement accepté. Gosford affirme à lord Glenelg, le 12 mars 1836 : « J'avais persuadé à Votre Seigneurie, avant que le résultat fût connu, ma persuasion que la publication partielle, dans le Haut-Canada, des instructions aux commissaires allait vraisemblablement opposer un sérieux obstacle au règlement des difficultés financières. Et, je regrette de le dire, mon anticipation a été plus que réalisée. Je ne puis que répéter que, sans cette publication, nous aurions eu les arrérages et les subsides pour toute l'année. »

La session se termine le 21 mars 1836. Dans son discours de clôture, lord Gosford ne cache pas sa déception et s'en remet à la métropole pour trouver des solutions. « C'est aux autorités de la Grande-Bretagne, déclare-t-il, à déterminer les mesures qu'il convient d'adopter pour remédier aux difficultés auxquelles la province a été réduite. »

Les députés et les conseillers législatifs avaient réussi à se mettre d'accord sur 59 projets de loi, lesquels reçoivent la sanction royale, sauf un concernant l'établissement d'un chemin de fer entre le fleuve Saint-Laurent et la frontière entre le Bas-Canada et le Nouveau-Brunswick.

Plusieurs projets de loi venant à échéance ne sont pas renouvelés. Les villes de Québec et de Montréal voient expirer leur charte d'incorporation. La dernière assemblée du Conseil de ville de Montréal a lieu le 29 avril 1836. Deux jours plus tard, soit le 1er mai, on revient au système des juges de paix comme administrateurs municipaux.

Rien ne va plus dans la colonie, ou presque. On appréhende l'avenir.

Une courte session

Au cours de l'été de 1836, le gouverneur Gosford fait pression auprès des autorités coloniales à Londres pour que des modifications soient apportées à la composition des Conseils exécutif et législatif. Mais aucune décision n'est prise à ce sujet. Le 21 septembre, veille de l'ouverture de la troisième session du quinzième Parlement, il rédige à l'intention de lord Glenelg une lettre confidentielle où il dit attendre « toujours la confirmation des nominations à faire aux Conseils législatif et exécutif ».

À plusieurs endroits, dans la ville de Québec, on a placardé des affiches en langue anglaise annonçant un spectacle théâtral extraordinaire : « Le gérant de ce lieu populaire de spectacle public annonce qu'il a décidé d'ouvrir son théâtre pour une courte saison, jeudi le 22 octobre 1836. Alors les serviteurs de Sa Majesté présenteront un grand mélodrame intitulé *Le grand corps du peuple* ; suivi d'une farce inimitable, *Les contingences ou les subsides*, ainsi que *Ginger*. Le tout sera sous le distingué patronage de Son Excellence lord Gosford. »

Dans son discours inaugural, le gouverneur précise que le but de la session est uniquement le vote des subsides. Il termine son allocution en rappelant ses bonnes dispositions : « Par la circonspection, la tolérance et par l'exercice de ce que je crois être une politique libérale, j'ai cherché à procurer le bien-être du pays et à gagner votre confiance. Si je réussis dans ce dernier point, je m'en réjouirai, principalement parce que cela me donnera le moyen de faire plus de bien ; et, si je ne réussis point, j'aurai toujours la consolation de pouvoir me rendre témoignage que j'ai travaillé sincèrement à la mériter. »

La Chambre décide de maintenir ses positions et réaffirme sa volonté de voir Londres donner suite aux demandes contenues dans les 92 Résolutions. On adopte un projet de loi rendant électif le Conseil législatif, assuré que ce dernier rejettera la mesure.

Le 30 septembre, les députés adoptent une adresse à lord Glenelg qui se termine par le paragraphe suivant : « Les circonstances nous font un devoir d'ajourner nos délibérations jusqu'à ce que le gouvernement de Sa Majesté ait, par ses actes et surtout en conformant la seconde branche de la Législature aux vœux et aux besoins du peuple, commencé le grand ouvrage de justice et de réforme, et créé la confiance qui peut seule le couronner. » Ce texte signifie, à toutes fins utiles, une grève des députés. Prolonger la session devient inutile. Le gouverneur le sait bien. Le 3 octobre, au moment où une délégation vient lui remettre l'adresse de la Chambre, il affirme : « La détermination que vous exprimez de ne jamais reprendre vos fonctions sous la Constitution existante a l'effet de priver virtuellement le pays d'une Législature domestique, et de le mettre dans une situation où l'on dût éprouver les plus graves embarras jusqu'à ce que les autorités suprêmes de l'Empire y aient appliqué quelque remède. »

La session est prorogée le lendemain. Gosford ne sait pas s'il va dissoudre la Chambre et ordonner des élections générales. Il demeure convaincu qu'il aurait suffi de peu de choses pour satisfaire la députation. Il revient sur le sujet dans une lettre confidentielle au secrétaire d'État aux Colonies, le 10 octobre : « Si on avait nommé au Conseil dix autres citoyens en qui le pays avait confiance, l'Assemblée aurait peut-être voté arrérages et subsides. »

Une presse... peu libre

Les journaux francophones et anglophones continuent à alimenter leurs lecteurs de commentaires sur la politique. Patriotes et bureaucrates, dans des lettres ouvertes, multiplient affirmations et accusations. Certains articles engendrent des querelles qui se terminent par des affrontements physiques, d'autres, par l'emprisonnement de leurs auteurs.

À la fin d'août 1836, l'éditeur de la *Minerve*, Ludger Duvernay, se retrouve devant les juges Reid, Pyke et Rolland, accusé de libelle diffamatoire. L'affaire remonte au 7 mars précédent, alors que le journal publiait un article, dans lequel il dénonçait la façon dont avait procédé un jury appelé à se prononcer dans le cas d'une accusation de meurtre portée contre le geôlier de la prison de Montréal dont un des pensionnaires, le prisonnier John Collins, était mort, présumément à la suite de la négligence du gardien. L'auteur de l'article litigieux met en cause la composition du jury.

Comme la loi du jury était expirée depuis le 1er mai 1835, on était retourné à l'ancien système, « c'est-à-dire que les jurés sont choisis au caprice d'un intéressé, d'un shérif par exemple pour le district de Montréal, contre lequel de si grandes plaintes et de si grands reproches ont été dirigés sous le rapport important du tirage au sort ». La *Minerve* lance donc l'accusation formelle que, dans le cas du geôlier, on a eu affaire à un jury trafiqué, et c'est ce qui lui vaut une citation en justice. Le paragraphe incriminé est clair : « Il n'est donc pas étonnant qu'avec un *packed jury* comme le grand jury actuel, un jury trié par un intéressé, un jury composé de partisans politiques de la violence connue de la majorité de ce corps, choisi au centre d'une population excitée, échauffée par les discussions politiques du jour on ait acquitté le geôlier. D'ailleurs, quelle confiance publique existe dans les officiers chargés de poursuivre les accusations du ressort de la cour criminelle ? Nulle confiance n'existe dans ces fonctionnaires, contre lesquels la voix générale s'est élevée. »

Le samedi 12 septembre 1836, les quatre juges de la Cour du Banc du Roi condamnent Duvernay à un mois d'emprisonnement et à 20 louis d'amende. L'éditeur effectue le trajet de la cour à la prison en triomphateur plutôt qu'en condamné. Son journal rapporte ainsi l'événement :

> Aussitôt on envoya chercher un carrosse dans lequel montèrent avec M. Duvernay, MM. LaFontaine, O'Callaghan, Cherrier, membre du Parlement, Jacques Viger, ci-devant maire de Montréal, et un autre citoyen. Suivaient un grand nombre de voitures, en un mot toutes celles qu'on put se procurer dans le moment et on se rendit en procession à la prison, suivi d'une foule considérable. On doit au grand connétable de reconnaître qu'il s'est prêté sans difficulté à cette manifestation populaire, que l'Histoire appellera une cassation du jugement de la cour. Le geôlier aussi a montré beaucoup d'égard pour son prisonnier et lui a dit qu'il aurait tout l'édifice et la cour pour prison. Une circonstance qui a fait honneur à la population de Montréal, c'est que, pendant tout le temps régna l'ordre le plus parfait ; pas un mot, pas un cri ne se fit entendre dans la rue. Et c'est au milieu d'une telle population que les hommes du pouvoir ont recours à des procédés exceptionnels, odieux, contre la presse !

Dès son arrivée à la prison, Duvernay s'empresse d'écrire une longue lettre aux citoyens dans laquelle il dénonce l'administration de la justice au Bas-Canada :

> Messieurs de l'ostracisme, ne perdez pas de vue qu'il n'y a que des abus dans l'administration de la justice qui font tomber dans le mépris les auteurs de ces abus ; ne commettez pas et ne permettez pas la commission d'abus et alors vous pourrez dire que vous êtes purs, intacts, immaculés ; les traits décochés contre vous tomberont à vos pieds. [...] En vous attaquant à la presse, vous entrez en lutte avec un adversaire qui a renversé des hommes plus puissants que vous, auprès desquels même des juges sont des fonctionnaires de mince importance. Vous avez cependant voulu cette lutte, sans toutefois prévoir que des parchemins et des fers sont des armes bien faibles pour combattre l'opinion publique.

Le fondateur de la fête de la Saint-Jean-Baptiste et éditeur de nombreux journaux retrouve la liberté au terme de sa condamnation. Pour lui, la lutte recommence ! Et pourtant, l'affaire n'est pas encore terminée. Le 16 novembre, le gouverneur avait expédié à lord Glenelg les documents relatifs à la condamnation de Duvernay, en déclarant « que l'affirmation de la *Minerve* était fausse quand elle disait qu'on avait exclu les jurés de langue française, car, contrairement à cette déclaration, sur 20 jurés assermentés, 11, c'est-à-dire la majorité, étaient d'origine française ». À Londres, les légistes de la Couronne se penchent sur le cas et affirment que la manière de procéder du procureur général Ogden a été « irrégulière et inexcusable ». En conséquence, le secrétaire d'État aux Colonies ordonne « de faire grâce à Duvernay de sa sentence et de lui remettre l'amende qui lui a été imposée ». Gosford reçoit cet avis le 8 mars 1837, bien trop tard pour « faire grâce de la sentence ».

Et l'enquête, alors ?

Le commissaire Charles Grey quitte Québec à destination de Londres au cours de novembre 1836. Quant à son confrère George Gipps, son départ n'a lieu qu'en février 1837. Quelque temps auparavant, le secrétaire de la commission Gosford, T. Fred. Elliott, avait envoyé quelques lettres sur le Bas-Canada à son ami Henry Taylor, du Bureau des affaires coloniales, à Londres. Selon lord Howick c'était là « le meilleur mémoire que j'aie jamais lu sur les affaires du Canada ».

Elliott veut comprendre le « phénomène Papineau ».

> Je n'ai jamais vu, écrit-il, personne qui parût plus versé que cet orateur canadien dans les artifices et la contenance au moyen desquels un seul homme domine l'esprit d'un grand nombre, et il s'affermit davantage tous les jours dans son autorité, comme eux dans leur obéissance. Tel est l'homme qu'un petit nombre de ses partisans ont la présomption de croire pouvoir mettre de côté lorsqu'il ne leur sera plus utile. Il est tout aussi probable que vos moutons, en Angleterre, se lèveront pour dire à leurs chiens-bergers : « Tant que nous avions besoin de vous, c'était fort bien ; mais il n'y a plus de loups ; nous allons donc prendre soin de nous-mêmes et nous passer de votre tutelle. » Un seul coup d'œil de Papineau subjuguerait tout son troupeau canadien. Le fait est que Papineau, avec toutes ses fautes, est un charmant garçon. J'ose dire que nous le trouverons méchant et suspect et que, s'il a jamais maille à partir avec nous, il nous blessera rudement. Néanmoins, on ne saurait nier ce qu'il y a de bon en lui. Il paraît être irréprochable dans sa vie privée ; dans les relations sociales, il fait preuve d'affabilité et de bon ton. [...] Ses grands défauts sont la violence, un manque de plus grande franchise et, je le crains, un préjugé acharné contre les Anglais. Quoi qu'il en soit d'ailleurs, il est impossible de reposer ses yeux sur lui sans voir que, par la nature autant que par la position à laquelle il s'est élevé, c'est le premier de la race canadienne-française.

Elliott saisit bien le problème de la dualité bas-canadienne.

> Les Canadiens français, écrit-il encore à Taylor, ne sauraient guère manquer de s'apercevoir que les Anglais se sont emparés de toutes les richesses ainsi que du pouvoir dans chaque pays où ils ont pu prendre pied. Dans toutes les parties du monde, civilisé ou sauvage, il s'est révélé chez les Anglais, soit comme sujets britanniques dans l'est, soit comme colons en révolte sur ce continent, la même impossibilité de fusion avec d'autres, le même besoin de prendre eux-mêmes le dessus. Il faut avouer que cela ne saurait être un agréable sujet de réflexion pour la race douce et d'humeur non contentieuse qui se trouve ici fixée au milieu d'établissements grandissants et de nations d'origine anglaise. Quelque force politique qu'elle ait pour le moment dans les limites de sa propre province, même là ses rivaux, plus actifs, tiennent dans leurs mains tout le commerce du pays ; et au-delà des bornes artificielles qui séparent des siennes les régions voisines, elle se

trouve entourée de tout côté par des millions d'individus dont la langue et les coutumes sont celles dont elle a tant de raison de redouter l'influence. Vu les circonstances, je ne puis croire qu'il serait très déraisonnable de la part des Canadiens français de redouter quelque future extinction de leur langue et de leurs usages particuliers ; et qu'il y en ait ou non parmi eux qui portent leurs vues jusque-là, il s'en trouve indubitablement qui craignent de voir tomber leur nation dans l'insignifiance.

Pour Elliott, il n'y a qu'une seule solution valable : « Se concilier les Canadiens français et les former dans l'art de gouverner est la politique la plus sûre et la plus convenable pour le présent, et aussi celle qui conduira le plus à des avantages solides et durables dans l'avenir ; mais il est probable que l'essai sera entravé par la perversité et l'égoïsme de différents côtés, et que, dans la mêlée, il en est parmi nous — actuellement employés en Canada — qui pourront perdre leur réputation. »

Malheureusement, T. Fred. Elliott n'est que le secrétaire de la commission Gosford. Le rapport des commissaires qui sera déposé le 2 mars 1837 contient plus de poudre que de fleurs.

Quelques rues et maisons de Montréal

LES RÉSOLUTIONS
RUSSELL
1837

POUR PLUSIEURS, L'ANNÉE 1837 DÉMARRE DANS LA MISÈRE. Quelques régions connaissent de mauvaises récoltes depuis quatre ans. On manque de tout, ou presque. Dans la région de Trois-Pistoles, les habitants sont réduits à manger leurs propres chevaux. Ils n'ont plus ni pommes de terre ni autres légumes. « L'indigence commence à se faire sentir dans Québec et les paroisses voisines parmi une classe de personnes qui n'ont pas été jusqu'ici dans l'habitude de réclamer les secours d'autrui, affirme la *Gazette* de Québec dans son édition du 5 janvier. Nous avons entendu citer plusieurs cas où des familles nombreuses, à la campagne, ont été plus de vingt-quatre heures sans avoir rien à manger et où le hasard seul fit découvrir leur situation déplorable. »

La région de Montréal n'échappe pas à la misère. Selon la *Minerve*, « sans les secours que reçoit l'indigence à la Maison d'Industrie, il n'y a pas de doute que quantité de pauvres seraient morts de faim et de froid dans la longue et rigoureuse saison de l'hiver. Quoique la détresse ne soit pas aussi grande dans notre district que dans celui de Québec, ajoute le journal, il ne laisse pas d'y avoir beaucoup de nécessiteux. Les récoltes ont été médiocres dans beaucoup de paroisses. La rareté de l'argent est à l'ordre du jour dans presque tous les pays : on s'en plaint partout, en Europe comme en Amérique. »

Peu de régions du Bas-Canada échappent à la misère. Plusieurs paroisses demandent à l'évêque la permission d'utiliser le produit de la quête de l'Enfant-Jésus ou même de puiser dans les fonds de la fabrique. Trois-Pistoles, Rivière-du-Loup, L'Île-Verte, Saint-Roch-des-Aulnaies, La Malbaie, Baie-Saint-Paul, Charles-bourg, Nicolet, Lavaltrie et Saint-Lin feront appel à ce genre de secours. Le Conseil exécutif accepte de secourir quelques paroisses. Ailleurs, des individus viennent en aide à la population. Le 17 avril, « le comité de régie des affaires pour venir au secours des indigents des paroisses de Saint-Étienne, Malbaie et Sainte-Agnès » remercie publiquement un de ses bienfaiteurs : « Il faudrait être bien ingrat, si on ne signalait pas les secours rendus par William Price, écuyer, de Québec, marchand, depuis plusieurs années, par ses grandes entreprises et plus particulièrement l'année dernière. Ces secours joints à ceux obtenus de l'Exécutif et des notables desdites paroisses ont été d'une grande assistance aux indigents. »

À compter du printemps de 1837, on appréhende une cinquième mauvaise récolte en cinq ans, surtout en aval de Québec où, encore à la mi-mai, la terre est couverte de « plusieurs pieds de neige ». Des habitants désertent les villages pour tenter fortune soit à Gaspé « dans les pêches », soit au Haut-Canada.

La crise sévissant dans la colonie se fait aussi sentir un peu partout en Amérique du Nord, et le mois de mai en sera le point culminant. Par ailleurs, en Angleterre, l'économie se trouve aussi en difficulté, ce qui ne manquera pas de rejaillir sur la colonie.

Nouvelle crise à l'horizon

Le 31 janvier 1837, dans le discours d'ouverture du Parlement britannique, le lord chancelier déclare : « Sa Majesté a ordonné que le rapport des commissaires nommés pour examiner l'état de la province du Bas-Canada soit mis devant vous et nous a recommandé d'appeler votre attention sur cet important sujet. »

Les commissaires déposent les cinq rapports le 2 mars. La rédaction de ces derniers s'était échelonnée du 23 janvier 1836 au 24 octobre de la même année. Pour les enquêteurs, les revendications de la Chambre d'assemblée du Bas-Canada se résument en cinq points principaux :

> 1er L'introduction de l'élection populaire dans le Conseil législatif ; 2e la responsabilité directe du Conseil exécutif ; 3e la cession immédiate à la Chambre de tous les revenus de la province, de quelque source qu'ils proviennent, sans aucune stipulation préalable pour une liste civile ; 4e la révocation de certains actes du Parlement impérial, entre autres l'Acte des tenures et l'Acte plus récent qui autorisait une compagnie à posséder des terres dans le Bas-Canada ; 5e l'admission du contrôle essentiel de la Législature sur l'administration et l'établissement des terres incultes.

Les commissaires ne sont pas toujours unanimes. Leurs recommandations et leurs rapports sur les questions à l'étude sont parfois minoritaires. Tous, par contre, sont unanimes pour déclarer que les revendications de la Chambre d'assemblée sont, sur plusieurs points, exagérées. « La plupart, affirment-ils, vont au-delà de ce que, par ses pouvoirs et ses privilèges, la Chambre d'assemblée peut réclamer comme droit, et qu'en particulier la demande d'un Conseil électif comporte un changement vital dans la Constitution à laquelle seule cette Chambre doit sa propre existence ; d'où il résulte que si, dans la résistance à de telles prétentions, il arrive qu'il soit porté atteinte à ses propres privilèges ou que son existence même soit mise en danger, ce ne sera qu'une conséquence de sa propre conduite, en s'engageant dans une pareille lutte. » Pour les trois commissaires, il ne faut pas songer à rendre le Conseil législatif électif, ni accorder la responsabilité ministérielle. Quant aux subsides, il faut trouver un moyen de récupérer l'argent avancé par la Couronne et fixer la liste civile à 19 000 livres sterling. « Quant à la durée de la liste civile, lit-on dans le premier rapport, nous sommes d'avis qu'elle ne devrait pas être permanente, mais limitée soit à la vie du roi ou à un nombre d'années déterminé, qui ne serait pas moins de sept. » Le problème des terres concédées à la British American Land Company ne doit pas être réglé par l'annulation des concessions faites.

Lord John Russell, secrétaire d'État aux Colonies, aborde à la Chambre des communes la question des « affaires du Bas-Canada ». Son intervention du 6 mars 1837 aura d'imprévisibles conséquences. « Je ne me suis jamais levé pour adresser la parole à cette Chambre avec autant de répugnance que je le fais aujourd'hui », déclare-t-il dès le début de son discours. Il souligne que la Chambre d'assemblée du Bas-Canada ne doit pas oublier son statut colonial. « Pour ce qui est de la proposition de rendre le Conseil exécutif responsable comme l'est le ministère ici, elle est absolument incompatible avec les rapports de métropole à colonie. Ces rapports exigent que Sa Majesté soit représentée non par une personne amovible au gré de l'Assemblée, mais par un gouverneur envoyé par le roi, responsable au roi et au Parlement impérial. » Passant ensuite en revue les autres demandes de la Chambre d'assemblée, il conclut :

> Je ne suppose pas cependant que ces colonies persistent dans leurs demandes ; mais si elles le font, nous n'avons pas les moyens de soutenir ici une résistance continuelle à leurs assemblées. Je ne pense pas que nous puissions faire marcher le gouvernement de la colonie sans le Conseil législatif ; et je désire avoir l'avis du Parlement sur le sujet, savoir si nous allons accéder à des demandes que nous considérons équivaloir à l'abandon entier de la colonie, ou si nous allons adopter la marche que je propose maintenant, par laquelle je me flatte de porter les colons à reconsidérer la matière en dispute, et à voir si ces disputes ne sont pas en grande partie le fruit de sentiments d'irritation, résultat de disputes récentes. J'espère donc que les mesures pratiques que je vais proposer les induiront à abandonner le plus grand nombre de ces plaintes.

Russell passe immédiatement à la lecture des dix résolutions connues depuis sous le nom de *Résolutions Russell*. Les deux premières ne sont rien d'autre qu'un rappel de la situation : depuis le 31 octobre 1832, la Chambre se refuse à voter les subsides et les sommes avancées par le gouvernement totalisent 142 160.14.6 livres sterling. La troisième résolution souligne que la Chambre, par son adresse du 3 octobre 1836, a décidé d'ajourner ses délibérations jusqu'à ce qu'on ait satisfait à toutes ses demandes. Les sept autres résolutions sont des prises de position officielles sur les sujets litigieux :

> 4e Que dans l'état actuel du Bas-Canada il n'est pas à propos de rendre le Conseil législatif de cette province un corps électif ; mais qu'il est expédient qu'il soit adopté des mesures pour assurer à cette branche de la Législature la confiance publique à un plus haut degré ; 5e que, tandis qu'il est expédient d'améliorer la composition du Conseil exécutif du Bas-Canada, il n'est pas à propos de le soumettre à la responsabilité demandée par la Chambre d'assemblée de cette

province ; 6ᵉ que le titre légal de la Compagnie des terres de l'Amérique septentrionale aux terres tenues par ladite compagnie en vertu d'un octroi de Sa Majesté,
sous le sceau public de la province et aux privilèges conférés à ladite compagnie
par l'Acte passé à cette fin dans la quatrième année du règne de Sa Majesté,
devraient être maintenus inviolables.

La septième résolution accepte la révocation de la loi sur la tenure des terres,
mais maintient les droits de toutes personnes acquis en vertu de cet acte. Le texte
de la huitième résolution, qui constitue une grave mesure d'exception, est celui qui
sera le plus contesté, tant par l'opposition à Londres que par la Chambre d'assemblée du Bas-Canada :

> 8ᵉ Que, pour payer les arrérages dus pour les dépenses établies et ordinaires de
> l'administration de la justice et du gouvernement civil de ladite province, il est
> expédient, après avoir appliqué à cette fin la balance qui restera, le 10ᵉ jour d'avril
> prochain, entre les mains du receveur général de ladite province, provenant du
> revenu héréditaire, territorial et casuel, que le gouverneur de ladite province soit
> autorisé à tirer sur aucune partie des revenus de Sa Majesté entre les mains du
> receveur général de ladite province, telles sommes ultérieures qui seront néces-
> saires pour effectuer le paiement de la somme ci-devant mentionnée de
> 142 160.14.6 livres sterling.

Si, par contre, la Chambre d'assemblée accepte de voter « une liste civile pour payer
les dépenses nécessaires de l'administration de la justice et pour le maintien et les
dépenses inévitables de quelques-uns des principaux officiers du gouvernement civil
de ladite province », la neuvième résolution autorise Sa Majesté « à remettre à la
disposition de la Législature de ladite province le produit net de son revenu héréditaire territorial et casuel perçu en icelle ».

Enfin, la dixième résolution autorise les législatures du Haut et du Bas-
Canada à régler elles-mêmes le contentieux concernant le partage des revenus
douaniers.

Un débat animé s'engage immédiatement à la Chambre des communes. La
plupart des intervenants se rendent compte de la gravité des décisions qu'ils auront
à prendre. Le député Robinson résume bien le problème :

> Si les Canadiens persévèrent dans de pareilles prétentions, s'ils persistent à tenir
> un tel langage à l'égard de ce pays, il faut leur dire nettement que la Chambre des
> communes d'Angleterre, poussée à bout, abrogera la Constitution de 1791. Si les
> Canadiens sont assez forts pour exiger ce qu'ils demandent, il faut leur dire que
> le temps est arrivé où, à l'exemple des États-Unis, ils doivent se séparer entiè-
> rement de nous ; car il n'est pas juste que ce pays continue sa protection à des gens
> qui renient leur allégeance à la Couronne britannique et refusent ou tentent de
> refuser leur obéissance à la Législature britannique.

Le champion de la défense des droits des Irlandais, Daniel O'Connell, affirme
qu'il doit être triste pour la Chambre d'assemblée du Bas-Canada « de se voir gou-
vernée comme elle l'est maintenant par sa Chambre des lords de la main gauche ».

La discussion reprend de plus belle le 8 mars. Roebuck, Hume, Gladstone tour
à tour s'adressent à leurs pairs. Gladstone ne rejette pas un recours à la force pour

régler de façon définitive le problème du Bas-Canada. « On nous a présenté sous des couleurs qui leur font une grande injustice les mœurs, le caractère des habitants du Bas-Canada et leurs sentiments à l'égard de ce pays. On nous a menacés, en leur nom, d'une révolution et d'une guerre civile. Quant à moi, je ne puis me persuader que les habitants du Bas-Canada soient assez aveugles sur leurs propres intérêts pour songer à se jeter entre les bras des États-Unis. »

Le 8 mars, seule la quatrième résolution est adoptée par 144 voix contre 16. Trois jours plus tard, Glenelg transmet au gouverneur Gosford le texte des résolutions et ses commentaires. « Il ressort du débat provoqué en cette récente occasion que, quoique préparé à faire face avec fermeté à la crise qui vient malheureusement de surgir, le gouvernement de Sa Majesté n'excédera pas les limites précises de la nécessité qu'exigera et justifiera son ingérence dans les privilèges de la Législature canadienne, quoique d'aucuns pourraient affirmer que les besoins pressants des affaires canadiennes nécessitent des mesures plus fortes. »

Le débat sur les résolutions Russell reprend à la Chambre des communes formée en comité général, le 14 avril. Dix jours plus tard, toutes les résolutions sont approuvées. Il faut ensuite qu'elles le soient par la Chambre des lords. Le 1er mai donc, lord Russell, accompagné de plusieurs membres des Communes, se rend à la Chambre supérieure « pour y tenir une conférence à l'égard des résolutions contre le Canada ».

La contestation s'organise

Il est à prévoir que, lorsque Papineau et ses partisans connaîtront le contenu des résolutions Russell, la réaction sera violente. D'ailleurs, Étienne Parent, dans le *Canadien* du 13 février, l'appréhendait : « Si l'on en croit certains journaux de l'une ou de l'autre couleur, il est temps que chacun commence à nettoyer sa carabine et à dérouiller sa lance ! »

Le 9 avril, le *Quebec Mercury* publie de larges extraits des rapports des commissaires enquêteurs. Le 13, on apprend comment Londres entend régler la question des subsides ainsi que sa réponse au sujet des réformes demandées. Les premières réactions connues sont celles des journaux. La *Montreal Gazette* et le *Herald* dénoncent les résolutions comme étant « du replâtrage », demandant l'union des deux Canadas ou une réforme de la loi électorale pour accorder à la minorité anglophone une meilleure représentation à la Chambre d'assemblée. La *Minerve* du 14 avril accuse Gosford d'être le grand responsable de la détérioration de la situation :

> C'est sur la tête de cet homme, c'est sur la faiblesse et l'imbécillité de son administration que nous faisons retomber tous les torts dont se rendent, dans ce moment, coupables les ministres en Angleterre. [...] Que la métropole fasse les lois que bon lui semble, qu'elle appesantisse son bras sur nous, ses décrets ne pourront jamais nous déplacer du continent où des institutions libres forment partie des croyances et de l'existence politique des habitants de l'Amérique du Nord. Le coup d'État que vient de nous porter le bureau colonial ne servira qu'à affermir nos libertés, si nous savons profiter des malheurs dont on veut nous frapper. Rien ne résistera à un peuple uni, persévérant, courageux et ferme à braver l'orage et à

poursuivre des réformes voulues, nécessaires à son existence et sans lesquelles le gouvernement ne peut avancer. [...] Les ressources ne manquent jamais à un peuple placé sur la frontière des États-Unis et qui, dans la grande lutte pour sa liberté, a pour lui la force de la vérité, la puissance de la justice, l'appui de tous les amis d'une cause sacrée et universelle, celle de l'égalité aux yeux de la loi et des droits populaires. Cette cause prévaudra, malgré les actes du pouvoir qui profite de sa puissance pour opprimer un peuple et lui dire : « Nous sommes forts, vous êtes faibles ; nous commandons, obéissez. » Est-ce là de la justice britannique ?

O'Callaghan, dans le *Vindicator* du 14 avril, fulmine d'indignation.

Le sort en est jeté, écrit-il ; le ministère britannique a résolu de marquer cette province du sceau de la dégradation et de l'esclavage et de la rendre actuellement, ce qu'elle passait déjà pour être — l'Irlande de l'Amérique du Nord. [...] Un parlement étranger dans lequel le peuple de cette province n'est pas, ne peut pas être représenté, est décidé à disposer de nos deniers sans le consentement et contre la volonté de ceux à qui leur disposition appartient de droit ; il a résolu de faire de cette province une autre Irlande. Mais il trouvera à ses dépens avant que plusieurs années se soient écoulées, qu'il n'a fait qu'un autre Massachusetts des colonies de l'Amérique du Nord [...]. Les deniers qui remplissent la caisse à Québec et qui vont être distribués d'une manière illégale par le Parlement britannique sont prélevés, comme droit de douanes, sur l'eau-de-vie, le rhum, les vins, le tabac, le thé et autres articles de cette espèce. Le peuple doit s'abstenir de les consommer. Au lieu de boire de l'eau-de-vie ou du rhum, qu'il boive du whisky fait dans le pays, s'il a besoin de ce stimulant, et encourage la contrebande du thé, du tabac et autres articles des États-Unis. C'est là seulement qu'est notre salut. Par ce moyen, il anéantira le revenu dont l'Angleterre dispose d'une manière illégale et inconstitutionnelle, et paralysera le bras de l'oppresseur.

Quelques jours plus tard, le *Vindicator* revient sur le sujet de la contrebande, reprenant ainsi le contenu de résolutions adoptées en avril 1836, lors d'une réunion du comté des Deux-Montagnes.

Le vol est le vol, écrit O'Callaghan. Russell peut donc commander à son lieutenant Gosford de piller la caisse publique ; son lieutenant et copain peut la piller ; mais cela même ne peut légaliser le pillage. Nos droits ne doivent pas être violés impunément. Un hurlement d'indignation doit être poussé d'un bout à l'autre de la province contre les voleurs et contre tous ceux qui participent au butin. Dorénavant, il ne doit plus y avoir de paix dans la province, pas de quartier pour les pillards. Agitation ! Agitation ! Agitation ! Que l'on détruise le revenu, que l'on dénonce les oppresseurs ! Tout est légal, quand les libertés fondamentales sont en péril. La garde meurt et ne se rend pas.

La *Minerve*, dans son édition du 27 avril, prône, elle aussi, un recours au boycottage de produits importés d'Angleterre :

Les objets que nous ne pouvons fabriquer ici, l'ami Jonathan [les États-Unis] nous les fournira. Pour cela donnons la main au contrebandier ; désormais, c'est un brave que chacun de nous encouragera. Il faut former à son métier une vigoureuse jeunesse, bien organisée et déterminée. C'est en grand qu'il faut faire la contrebande. Plus de ménagement ni de temporisation. À de grands maux, de grands remèdes. Il faut tarir la source du revenu. Les coffres se videront, les voleurs n'y trouveront plus rien. Alors l'Angleterre entendra raison. Jamais lutte n'aura été plus juste. Nous avons retenu les subsides ; on nous ôte ce moyen, on nous met dans la nécessité d'en chercher de plus efficaces.

Un peu partout, on parle de contrebande et de boycottage. Étienne Parent ne croit pas que les mesures proposées pour s'opposer aux résolutions Russell soient vraiment efficaces. Il affirme, dans le *Canadien* du 21 avril : « À entendre nos confrères depuis un an, qui ne les aurait vus préparés à frapper de grands coups à la première occasion ? Eh quoi ! tout ce tintamarre se réduit à dire à nos habitants qu'ils doivent se priver de leur petit coup de rhum, et payer plus cher aux Américains des articles que les Anglais peuvent leur vendre à un quart meilleur marché ? Et c'est d'une pareille mesure que dépend notre salut ; et c'était pour en venir là qu'on a fourni aux autorités impériales le prétexte de mettre la main dans nos coffres ! »

Pendant que les journalistes, surtout, s'agitent, le gouverneur Gosford persiste à rester calme et à croire qu'il en est ainsi de la majorité des habitants du Bas-Canada. Le 18 avril, dans une lettre confidentielle à Glenelg, il déclare que les résolutions Russell ne devraient pas produire « de commotion sérieuse ». En conséquence, il ne voit pas « de raison de s'attendre à une résistance sérieuse ».

Le 29, il revient sur le même sujet. Tout est tranquille, sauf que les « journaux avancés » se portent ouvertement à des excès. On cherche à organiser des assemblées de protestation, mais, croit-il, « ce sera probablement un fiasco ». En conséquence, il ne croit pas qu'il soit nécessaire d'augmenter les forces militaires. Il profite de l'occasion pour réaffirmer que les ennuis auraient été évités si le secrétaire d'État aux Colonies avait accepté d'augmenter le nombre des conseillers législatifs.

Un déluge de résolutions

Avant même qu'au Bas-Canada ne débute la série des assemblées publiques de protestation contre les résolutions Russell, en Angleterre, plus de 700 personnes se réunissent, le 3 avril au soir, à la Crown & Anchor Tavern. Elles sont là pour entendre des orateurs et pour adopter des résolutions dénonçant l'attitude du gouvernement britannique face au problème des Canadiens. L'Association des ouvriers donne l'exemple. L'Association des industriels adopte des résolutions favorables à la Chambre d'assemblée du Bas-Canada. D'autres réunions de même nature ont lieu à Londres et dans la banlieue.

Dans la colonie, la première grande assemblée se tient à Saint-Ours, le 7 mai. Quelques jours auparavant, le *Montreal Herald* faisait paraître une annonce légèrement provocatrice : « Tir à la carabine. Avis. — Un personnage en plâtre figurant certain grand Agitateur tiendra lieu de blanc, de bonne heure dans le mois prochain. Un prix sera décerné au tireur qui abattra la tête dudit personnage à 50 verges de distance. Les membres de la Légion bretonne et du *Doric Club* qui s'estiment bons tireurs sont respectueusement priés de se tenir prêts. »

La *Minerve* ne peut laisser passer l'occasion de souhaiter, à son tour, un réchauffement de l'atmosphère. On peut lire dans l'édition du 8 mai :

Nous avons dit que le tir aux armes, surtout à cette époque, est un exercice louable et salutaire, c'est pourquoi nous recommandons incessamment aux habitants des campagnes, et particulièrement à cette robuste jeunesse qui languit dans l'inactivité, de ne pas laisser rouiller leurs fusils, mais de consacrer leurs moments de loisir pour s'en rendre l'usage facile et sûr. C'est d'ailleurs un très agréable amusement, qui ne peut que tourner au profit de ceux qui s'y livreront, en leur épargnant les folles dépenses qu'entraînent les jeux ordinaires. Mais tout en recommandant de suivre cette partie de l'exemple breton qui se rattache aux règles hygiéniques, nous serions les premiers à les blâmer s'ils imitaient l'autre partie de l'exemple, la partie odieuse, atroce. Désormais qu'on organise dans toutes les campagnes des tirs aux armes, mais qu'on s'élève au-dessus des personnalités.

Ni Gosford ni Russell ne serviront de cibles. Par mesure de prudence, sans doute, Papineau rédige, le 10 mai, un testament par lequel il lègue tous ses biens à sa femme Julie. D'ailleurs, depuis plusieurs jours, la rumeur court que Papineau songerait à abandonner son poste de député !

À Saint-Ours, le 7 mai, on évalue à 1200 le nombre des personnes présentes. Côme-Séraphin Cherrier préside la rencontre où Wolfred Nelson, de Saint-Denis, et Siméon Marchesseault, de Saint-Charles, prennent la parole. On y adopte douze résolutions concernant, pour la plupart, les résolutions Russell.

Que, dans les circonstances, nous ne pourrions regarder autrement le gouvernement qui avait recours à l'injustice, à la force et à une violation du contrat social que comme un pouvoir oppresseur, un gouvernement de force, pour lequel la mesure de notre soumission ne devrait être désormais que la mesure de notre force numérique jointe aux sympathies que nous trouverons ailleurs. [...] Que ne nous regardant plus liés que par la force au gouvernement anglais, nous lui serons soumis comme à un gouvernement de force, attendant de Dieu, de notre droit et des circonstances, un sort meilleur, les bienfaits de la liberté et un gouvernement plus juste. Que cependant, comme notre argent public, dont ose disposer sans aucun contrôle le gouvernement métropolitain, va devenir entre ses mains un nouveau moyen d'oppression contre nous, et que nous regardons de notre devoir comme de notre honneur de résister par tous les moyens actuellement en notre possession à un pouvoir tyrannique ; pour diminuer, autant qu'il est en nous, ces moyens d'oppression, nous résolvons que nous nous abstiendrons, autant qu'il sera en nous, de consommer les articles importés et particulièrement ceux qui paient des droits plus élevés, tels que le thé, le tabac, les vins, le rhum, etc. Que nous consommerons de préférence les produits manufacturés en ce pays ; que nous regarderons comme bien méritant de la patrie quiconque établira des manufactures soit de draps, de toiles, soit de sucre, de spiritueux, etc. Que considérant l'Acte du commerce comme non avenu, tous regarderont comme très licite le commerce désigné sous le nom de contrebande ; jugerons ce trafic très honorable ; tâcherons de le favoriser de tout notre pouvoir, regardant mieux qui s'y livreront comme méritant bien du pays, et comme infâme quiconque se porterait dénonciateur contre eux.

L'assemblée de Saint-Ours, comme à peu près toutes celles qui vont suivre, tourne à la gloire de Papineau à qui on ne ménage pas les louanges. Le 7 mai, on adopte donc une résolution demandant l'établissement d'une souscription publique dont l'argent recueilli, selon l'historien Fernand Ouellet, devait servir « pour l'achat d'armes et de munitions ».

> Que pour opérer plus efficacement la régénération de ce pays, précise la 10ᵉ résolution, il convient, à l'exemple de l'Irlande, de se rallier tous autour d'un homme. Que cet homme, Dieu l'a marqué comme O'Connell pour être chef politique, le régénérateur d'un peuple ; qu'il lui a donné pour cela une force de pensée et de parole qui n'est pas surpassée ; une haine de l'oppression, un amour du pays qu'aucune promesse, qu'aucune menace du pouvoir ne peut fausser. Que cet homme déjà désigné par le pays est L. J. Papineau. Cette assemblée, considérant les heureux résultats obtenus en Irlande d'un tribut appelé *tribut O'Connell* est d'avis qu'un semblable tribut sous le nom de *Tribut Papineau* devrait exister en ce pays. Les comités de l'Association contre l'importation seraient chargés de le prélever.

Pour faciliter la contrebande avec les États-Unis, des patriotes font circuler une pétition au Congrès des États-Unis, demandant que disparaissent les droits sur un certain nombre de produits comme le thé, le coton, etc. On demande aussi que soient abolis les droits imposés sur le blé, la farine et le bois exportés du Bas-Canada vers les États-Unis.

Papineau à l'honneur

Montréal est le centre le plus important de la colonie. C'est là qu'on organise, pour le lundi 15 mai, à onze heures, après la grand-messe, une réunion des habitants du comté de Montréal. Des avis à cet effet sont publiés dans les journaux et lus aux portes des églises. La rencontre doit se tenir à Saint-Laurent, chef-lieu de la circonscription électorale. Le curé de la paroisse, Jean-Baptiste Saint-Germain, connu pour être surtout bureaucrate ou *chouayen*, devance l'heure de la messe pour que le moins grand nombre de ses paroissiens demeurent sur le perron de l'église pour l'assemblée. Ce geste irrite Papineau qui prononce alors un long discours d'une rare violence.

Il va sans dire que l'orateur attaque la 8ᵉ résolution de Russell.

> Je ne connais pas de pays, clame-t-il, où un pareil crime se soit jamais continué aussi longtemps avec impunité. La morale publique est outragée et perdue, si les hommes honnêtes ne flétrissent pas, par leur mépris fixe et ouvert, n'isolent pas par leur détermination de n'avoir avec eux aucun rapport même de civilité ; ne dénoncent pas comme ennemis du Canada, tous ceux qui, du premier au dernier, du gouverneur au connétable, recevront l'argent du pays, d'après la disposition soit d'un statut anglais, soit de toute autre autorité que celle de vos représentants. L'argent qu'a pris lord Gosford, l'argent qu'il fait prendre par l'entremise de lord Russell, l'argent que celui-ci ne lui permet pas de prendre quoiqu'il ait demandé de le faire, sont des motifs pour lesquels, si vous avez eu raison de haïr Dalhousie et Aylmer, vous aurez trois fois raison de haïr Gosford.

Ayant vanté la constitution américaine, le O'Connell canadien ne va pas jusqu'à prôner l'union avec les États-Unis : « Si cet arrangement, dit-il, était le seul qui pût rétablir la paix du ménage, oui, il faudrait y avoir recours. » Mais, en attendant, « il faut que le pécheur soit puni par où il a péché ». « Le gouvernement des nobles de l'Angleterre, ajoute-t-il, vous hait pour toujours ; il faut le payer de retour. Il vous hait parce qu'il aime le despotisme et que vous aimez la liberté ; parce que vous avez cessé de lui envoyer de loyales adresses, et les avez remplacées par des remontrances et des protestations contre l'inconduite de ses employés au milieu de vous. Mais tout ce qui excite contre nous ces persécutions du gouvernement est ce qui excite les sympathies du peuple anglais, exprimées pour nous jusqu'à l'enthousiasme. »

Papineau, à son tour, dénonce la vente de produits anglais qui rapportent au gouvernement. Il se lance dans l'apologie de la contrebande et de la consommation de produits locaux.

> Formez des associations de paroisses, demande-t-il à ses auditeurs ; rendez-les les plus nombreuses que vous pourrez ; dites aux divers marchands que vous donnerez la préférence aux produits canadiens et américains. Ils deviendront les dépositaires de nos fabriques et de celles de nos voisins, au lieu de celles d'outre-mer. Il y aura des différences de prix et de qualité et, selon le goût et les ressources de chacun, les dépôts des marchandises seront visités, leur trouble et leur aunage seront payés et ils vous seconderont ; dites aux aubergistes que, après un court délai, pour qu'ils vendent ce qu'ils avaient avant ce jour de produits taxés, vous n'irez pas chez ceux qui ne vendront pas de préférence les eaux-de-vie des grains du pays. Ils vous seconderont ; il suffira de votre appui donné à une maison pour que les autres en fassent bientôt autant.

Le président de la Chambre d'assemblée inaugure, en quelque sorte, la première campagne d'achat chez nous. « Multiplier nos troupeaux pour avoir plus de laine, notre bétail pour le manger, pour bonifier la terre, pour tanner plus de cuirs, et avoir plus d'artisans qui mettront en œuvre des produits plus abondants ; semer plus de lin pour avoir plus de toile, et pour occuper utilement, pendant nos longs hivers, nos industrieuses et jolies concitoyennes, les entendre gaiement chanter au métier et nous aider à affranchir le pays de taxes arbitraires ; tout cela se fera bien vite dans tout le comté, si tous ceux qui sont ici le veulent. »

Sept autres orateurs haranguent une foule moins nombreuse qu'espéré. À la fin de l'assemblée, on adopte 13 résolutions, en bonne partie dans la même veine que celles de Saint-Ours. La 7e touche le boycottage des produits anglais. On prend soin de noter « que nous ne prenons pas ce parti en haine du peuple anglais que nous respectons et que nous remercions de la sympathie qu'il manifeste pour ses frères canadiens opprimés ; mais que nous le prenons en haine des injustices que nous font éprouver les aristocrates whigs et tories et pour l'intéresser à briser le sceptre du premier de ses oppresseurs et des nôtres ».

Quelques résolutions concernent les bonnes relations avec les États-Unis et les autres colonies anglaises d'Amérique du Nord, en particulier la Nouvelle-Écosse « dont la représentation vient de demander l'introduction du principe électif dans le conseil formant partie de leur législature ».

Sur le plan organisationnel, la 12ᵉ résolution cherche à mettre sur pied une Convention générale qui doit se tenir « au cours de l'été prochain ». La dernière résolution forme un comité permanent « pour veiller aux intérêts politiques de ce comté, pour correspondre avec les autres comtés de cette province et dans les provinces britanniques, pour adopter telles mesures qui, de temps à autre, leur paraîtront nécessaires pour protéger nos droits et avancer la cause d'un bon gouvernement dans ces colonies et pour mettre à effet autant qu'il sera en son pouvoir les diverses recommandations, suggestions et résolutions agréées par cette assemblée. » Sur les 48 personnes nommées pour faire partie du Comité permanent, huit sont de langue anglaise.

Le 15 mai, deux autres assemblées ont lieu, la première à Québec regroupant les Irlandais réformistes, la seconde à Saint-Marc-sur-le-Richelieu à l'intention des habitants du comté de Verchères. À ce dernier endroit, on adopte une série de principes : « Égalité de tous les citoyens : point de distinction d'origine, de langue ou de religion ; [...] liberté pleine et entière de commerce : plutôt une lutte sanglante, mais juste et honorable, qu'une soumission lâche à l'oppression d'un pouvoir corrompu. »

Une autre crise

Pendant que les chefs patriotes battent la campagne pour convaincre la population de s'organiser pour résister aux décisions de Londres et pour boycotter les produits taxés, les financiers de Montréal sont plus préoccupés par les questions économiques que politiques. En effet, depuis deux mois, l'économie américaine est en pleine déroute. Au cours des mois de mars et avril, l'argent perdu dans les faillites, pour les seules villes de New York et de la Nouvelle-Orléans, dépasse les cent cinquante millions de dollars. Au début de mai, les banques de New York interrompent les paiements en espèces. Elles sont rapidement imitées par celles de Philadelphie, d'Albany et de Baltimore.

Le samedi 13 mai, plusieurs hommes d'affaires et financiers montréalais membres du Board of Trade se rassemblent pour étudier la situation. La réunion se poursuit le dimanche et le lundi. Ce dernier jour, ils entrent en communication avec les représentants des banques de la ville « sur la nécessité de suspendre le paiement de leurs billets en espèces ». Mardi 16, au marché Sainte-Anne, se tient une réunion générale, présidée par George Moffatt, au cours de laquelle on adopte six résolutions. « Résolu, précise la 3ᵉ, qu'on a reçu des informations positives qu'on a employé des individus à New York et ailleurs pour venir dans ces provinces et retirer l'argent monnayé des voûtes de nos banques ; qu'en conséquence il n'y a aucun temps à perdre pour déjouer ces desseins et par là nous préserver des effets d'une calamité qui ne vient pas de notre propre faute ; et que la seule mesure convenable dans la circonstance actuelle pour prévenir le mal tant redouté est la suspension par les banques de tout paiement en espèces. » La Banque de Québec adopte immédiatement ce principe.

Le Conseil exécutif est saisi de la chose et, lors de sa réunion du 22 mai, il prend sans délai position au sujet des droits de douanes et des bonds des importateurs. Les banques seront obligées, à partir de telle date et à certaines conditions, de payer à la Couronne en espèces « toutes les reconnaissances accordées aux marchands pour être déposées entre les mains du collecteur des douanes à compte des droits de la Couronne ».

La crise bancaire a des conséquences sur le commerce et l'industrie. Comme la *Gazette* de Québec le souligne dans son édition du 6 juin, « il résulte beaucoup d'embarras du dérangement qu'a produit dans les échanges la suspension des paiements en espèces par nos banques, en conséquence de la suspension générale de ces paiements par les banques des États-Unis. Il y a une rareté de petites monnaies et un défaut de fixité dans les valeurs qui a fait que l'industrie ne peut compter avec sécurité sur son salaire et qui produit de l'incertitude et de l'hésitation dans les affaires en général. »

Entre-temps, à Londres, la Chambre des lords approuve les résolutions Russell. L'opposition la plus farouche vient de lord Brougham qui fait enregistrer un protêt officiel où il dénonce le fait d'utiliser l'argent perçu en vertu des lois provinciales sans l'assentiment de la Chambre d'assemblée du Bas-Canada comme un geste « absolument subversif ».

Même si elles ont été adoptées par les deux Chambres, les fameuses résolutions n'ont pas encore force de loi. Dans une lettre à Gosford, datée du 22 mai, Glenelg fait le point :

> Par suite de ces résolutions, le gouvernement de Sa Majesté a l'intention de présenter sans retard devant le Parlement un projet de loi qui, en plus des pouvoirs qu'on se propose de vous donner pour liquider les arriérés dus aux différents services publics, vous permettra de régler les différentes questions dont traitent les résolutions et qui demandent une sanction législative. Malgré cela, aussi longtemps qu'une loi du Parlement ne vous aura pas donné des pouvoirs formels, vous ne vous considérerez pas comme ayant le droit de vous écarter de la voie habituellement suivie pour l'affectation d'une partie quelconque des revenus publics qui, jusqu'à maintenant, étaient sous le contrôle de la Législature provinciale. [...] Le gouvernement de Sa Majesté veut pourtant encore nourrir l'espoir que l'exercice de ces pouvoirs, que l'on veut vous confier, deviendra inutile grâce à l'intervention de la Législature provinciale.

Le secrétaire d'État aux Colonies demande au gouverneur Gosford de convoquer la Chambre d'assemblée dès la réception de sa lettre.

La ronde des assemblées

Le 23 mai, le comité central et permanent du comté de Montréal tient sa première réunion. George-Étienne Cartier et Chevalier de Lorimier en sont élus secrétaires. Décision est prise de faire imprimer 1000 copies des résolutions adoptées lors de l'assemblée de Saint-Laurent et aussi 1000 copies en langue française et autant en langue anglaise du discours de Papineau. Le tout devra être distribué à travers le Bas-Canada par l'intermédiaire des comités locaux des diverses paroisses. On demande à tous d'inciter la population à boycotter les produits importés. Le jour même de la réunion à Québec, 39 « gueux », condamnés à la déportation au Van

Diemen (auj. la Tasmanie) s'embarquent à bord du *Cérès*. Ces prisonniers de droit commun, par suite d'une décision du shérif Sewell, sont tous revêtus d'étoffe du pays et ce, pour ne pas désobéir aux résolutions de Saint-Laurent et aussi, selon le shérif, pour ne pas encourir le courroux de Papineau !

Le 28 mai, une assemblée patriotique rassemble environ 600 personnes à Québec. Le 1er juin, les habitants de Saint-Hyacinthe et ceux de Sainte-Scholastique tiennent aussi chacun une réunion. Papineau, à la suite d'une invitation lancée par le notaire Jean-Joseph Girouard, de Saint-Benoît, accepte de prendre la parole à Sainte-Scholastique. Comme le chef du parti patriote était logé chez le notaire, c'est de là que s'ébranle le cortège qui doit le conduire à Sainte-Scholastique.

> Toutes les voitures se rangèrent en ordre de marche et prirent la direction de Sainte-Scholastique, recevant sur leur passage les applaudissements des dames patriotiques qui peuplaient les balcons et les fenêtres de chaque côté. En partant de Saint-Benoît, la procession se composait de 92 voitures, sans compter les cavaliers et les piétons. Chacun portait soit un riche drapeau ou une bannière portant des devises adaptées à la circonstance. En tête de la procession, deux cavaliers portaient chacun un drapeau canadien ; sur l'un, le mot *Contrebande* était écrit en gros caractère, on y voyait aussi une caisse de thé à la marque de commerce américain, un baril de whisky canadien et une torquette de tabac. Ce drapeau indiquait le commencement de la guerre faite par les habitants du pays aux articles qui paient des droits. L'autre drapeau portait le mot suivant : « Le sang innocent répandu crie vengeance : Nadeau, Barbeau, Marcoux, Chauvin, Billet, Languedoc, 21 mai 1832. » Venait ensuite le pavillon national du Canada, il était rouge, blanc et vert ; il portait un castor, une feuille d'érable et un maskinongé.

Suivait la voiture à bord de laquelle avaient pris place Papineau et Girouard. Ceux qui marchaient derrière la voiture des « officiels » portaient toutes sortes d'inscriptions, comme « Fuyez tyrans, car le peuple se réveille » ; « Plutôt une lutte sanglante que l'oppression d'un pouvoir corrompu » ; « Honneur aux dames canadiennes patriotes » ; « Le peuple résistera aux mesures coercitives » ; « La mort plutôt que l'esclavage » ; etc.

On évalue à environ 2000 les personnes présentes à cette assemblée qui avait été convoquée dans les deux langues. Le principal orateur est, sans contredit, le « grand Papineau » qui prononce son discours en français et en anglais. Dans une déposition assermentée faite devant un magistrat le 2 janvier 1838, Thomas Danis résume ainsi les propos de l'orateur :

> Que depuis plusieurs années le gouvernement leur ôtait des droits qui leur appartenaient ; qu'on avait voulu leur enlever l'usage de leur langue ; qu'on donnait au clergé protestant des droits qui appartenaient aux Canadiens ; que le gouvernement refusait de rendre compte d'une somme considérable qui appartenait au pays ; qu'il refusait pareillement de donner des argents pour les écoles ; qu'en se privant des objets importés et qui payaient des droits, on obligerait le gouvernement à nous accorder nos demandes sans perdre un cheveu sur nos têtes ; que le gouvernement avait violé nos droits et nos lois ; qu'il fallait laisser mûrir la prune et, quand elle le serait, on la cueillerait.

Jean-Olivier Chénier, médecin à Saint-Eustache, va plus loin dans ses propos. Il déclare même qu'il est prêt à prendre les armes pour défendre ses droits. « Vous me suivrez, déclare-t-il, et je vous permets de me tuer si vous me voyez fuir. »

Le 4 juin, nouvelles assemblées à Longueuil et à Québec. Partout, on adopte des résolutions ; partout, on rend hommage à Papineau. Le gouverneur Gosford s'inquiète enfin. Le 10, il informe Glenelg qu'il se prépare à demander un nouveau régiment « afin de prévenir les troubles, d'arrêter l'agitation et de donner confiance aux timides ». « Le plan de M. Papineau, ajoute-t-il, a visiblement pour premier objectif de provoquer des expressions publiques d'indignation contre les mesures ministérielles et, par là, créer un sentiment d'hostilité contre le gouvernement puis d'établir une Convention qui, espère-t-il, imposera le respect aux autorités établies et lui permettra de mettre à exécution toutes les démolitions qu'il médite. J'en suis venu donc à la détermination de me prémunir pour enrayer, s'il y a lieu, le mal à son éclosion. »

La tension, avec toutes ces réunions, commence à devenir plus forte, surtout dans la région de Montréal. Selon une déposition faite à la police, il fallait alors « aider le parti révolutionnaire qui existait en fournissant et en contribuant avec d'autres de bonne volonté à fournir tout argent nécessaire pour acheter de la poudre, des balles, fusils et autres choses nécessaires pour mettre ledit parti rebelle en état au premier moment de sortir de combattre contre le gouvernement britannique ». Un nommé Archambault, clerc chez un notaire de Varennes, déclare, à son tour, « qu'il travaillait pour renverser le gouvernement de cette province pour l'établir en république et l'unir aux États-Unis ou pour en faire un gouvernement indépendant suivant qu'il sera jugé le plus avantageux et afin d'avoir un commerce libre avec les États-Unis et d'arrêter le commerce avec l'Angleterre ».

À Saint-Benoît, des francophones décident de ne plus avoir de contact avec les anglophones de la région. À Montréal, le comité central et permanent recommande « aux cultivateurs de tout le pays de ne pas tuer leurs agneaux et les membres du comité promettent de suite de s'abstenir d'en manger la chair ». Le but d'une telle recommandation est d'augmenter la production de laine pour le tissage d'étoffe du pays. Le comité invite aussi « tous les citoyens amis de la réforme à ne pas distribuer des insignes de deuil, tels que crêpes, gants, etc., aux funérailles » et il recommande aussi aux personnes conviées de les refuser si on leur en offre, « afin de mieux accomplir le vœu du jour, de tarir la source du revenu qu'on nous pille ».

Réunion d'urgence

Le 12 juin, le Conseil exécutif est convoqué d'urgence. Les membres qui habitent Montréal prennent immédiatement le bateau pour se rendre dans la capitale. Toutes sortes de rumeurs naissent alors sur la raison d'une convocation soudaine du Conseil. Est-ce pour dissoudre le Parlement ? Est-ce pour prendre des mesures contre les assemblées qui deviennent de plus en plus séditieuses ? Est-ce pour « puiser dans les coffres de l'Assemblée ? » Selon le *Montreal Herald*, si l'Exécutif plonge la main dans les coffres, cet acte sera « le signal d'un soulèvement général dans la province ».

La réunion qui a lieu le 15 juin se termine par l'adoption d'une proclamation concernant les assemblées publiques.

Vu que certains sujets de Sa Majesté ont récemment tenu dans différentes parties de cette province des assemblées publiques auxquelles [sic] ils ont adopté des résolutions ayant pour sujet la résistance à l'autorité légitime du roi et du Parlement et la destruction des lois ; [...] et vu que dans cette assemblée ceux qui en ont été les auteurs, hommes mal disposés et pervers, se sont servi d'artifices et de fausses représentations pour répandre parmi le peuple des avancés et des opinions en contradiction avec les devoirs des loyaux sujets de Sa Majesté et avec les principes reconnus de la Constitution, ennemis de l'autorité légitime de Sa Majesté et de son Parlement et de nature à faire croire aux sujets de Sa Majesté qu'ils sont absous de toute allégeance, qu'ils ne peuvent s'attendre à recevoir de la Mère Patrie ni justice ni protection et qu'ils doivent se servir d'autres moyens pour les chercher ailleurs, quand une occasion favorable se présentera.

Porté par le désir de détromper ceux qui n'étant pas sur leurs gardes se sont laissés séduire par ces représentations malicieuses et mensongères, il est de mon devoir de m'adresser très instamment aux citoyens de cette province, dans la confiance qu'ils écouteront la voix de la raison, qu'ils respecteront, à l'unanimité, les préceptes de cette juste subordination que prescrit leur pays, qu'ils ne risqueront par aucun acte d'une indiscrétion aveugle, ni leur bonheur présent ni leur prospérité future, et qu'ils ne souffriront pas non plus que d'autres portent atteinte à des intérêts si majeurs.

J'exhorte très solennellement, par ces présentes, et par l'avis du Conseil exécutif de Sa Majesté pour cette province, tous les citoyens à s'unir pour maintenir la paix et le bon ordre, à discontinuer la publication de tous les écrits de nature à irriter les esprits ou à exciter la sédition, je les exhorte à éviter toutes les assemblées d'un caractère équivoque ou dangereux, et j'enjoins, par les présentes, et je commande strictement à tous les magistrats dans toute l'étendue de la province, à tous les officiers de milice, à tous les officiers de paix, et à tous les autres sujets fidèles de Sa Majesté dans cette province, de s'opposer aux projets insidieux dont il est parlé dans cette proclamation et de faire tous les efforts pour les frustrer et pour conserver la vigueur et l'inviolabilité de ces lois dont dépendent leur religion et leur bonheur futur.

Le comité central et permanent de Montréal n'est pas lent à réagir à la proclamation de Gosford. À sa réunion hebdomadaire du 22 juin, il adopte une contre-proclamation affirmant qu'il est inconstitutionnel et contre les droits et privilèges du peuple canadien d'interdire les assemblées publiques patriotiques. « Si la proclamation est promulguée dans la rue, pour détourner le peuple de s'assembler publiquement, et de se prononcer sur l'agression sérieuse dont leurs droits et libertés sont menacés par le Parlement britannique, une telle démarche supposerait chez l'Exécutif de plus amples pouvoirs que ne lui en accordent la Constitution, les statuts ou le droit public. »

La parole est maintenant au peuple. Va-t-il obéir à la proclamation du gouverneur ou continuer à s'assembler ? Le jour même de la signature de la proclamation, Gosford fait part à Glenelg de sa décision de demander l'envoi d'un nouveau régiment. Méfiant, il n'est pas sûr que son appel à la paix sera écouté...

Des patriotes déchirent la proclamation de lord Gosford.

L'APPEL AUX ARMES
1837

L E 21 JUIN 1837, l'adjudant des milices émet un ordre général enjoignant à tous les officiers commandant les bataillons de profiter de la revue annuelle fixée au 29 pour lire « à la tête de chaque compagnie du bataillon sous leur commandement » la proclamation de lord Gosford concernant les assemblées séditieuses. « Dans le cas où ladite proclamation ne leur parviendrait pas à temps pour être lue le 29ᵉ du courant, ajoute la note, elle devra être lue le dimanche suivant après sa réception, à la porte de l'église, après le service divin et, s'il n'y a pas d'église, à l'endroit le plus public. »

Le texte de la proclamation est connu bien avant sa lecture officielle. Des copies sont distribuées en plusieurs endroits. Ainsi, le 17 juin, le comté de Yamaska se trouve « inondé de proclamations distribuées par le shérif du district, M. Ogden ». La raison d'un tel empressement s'explique par la convocation d'une grande assemblée pour le lendemain à Saint-François-du-Lac. Malgré l'interdiction, 700 personnes environ se réunissent pour entendre des discours et adopter les résolutions usuelles.

Le même scénario se déroule dans le comté de Berthier. Le samedi 17, le grand connétable Burns, qui avait reçu par voie expresse la proclamation en provenance de Québec, quitte Trois-Rivières pour en faire faire la lecture dans toutes les paroisses, de Maskinongé à Berthier. Le document est remis en pleine nuit à plusieurs capitaines de milice. Il faut faire vite, car une assemblée doit se tenir le lendemain matin, 18, à Berthier. « Cette petite, mais grossière manœuvre, écrit la *Minerve* dans son édition du 22, loin de diminuer le patriotisme du comté, ne servit qu'à l'exciter davantage. »

Papineau est la principale attraction de la rencontre. Comme c'était prévisible, il parle de la proclamation.

Vous êtes réunis, dit-il, pour délibérer sur la position actuelle et critique du pays ; c'est un droit que vous exercez dans ce moment et ce droit, personne ne peut vous le ravir. Vous n'avez d'avis à recevoir de personne dans cette circonstance : le milicien est ici tout autant que son colonel et le seigneur n'est pas plus que son censitaire. Le 29 juin, jour fixé pour la milice, vous aurez à répondre à l'appel de votre nom en conformité à la loi, à suivre les directions de vos officiers supérieurs, si ces directions sont en conformité à cette loi. Au-delà, vous ne devez aucune obéissance à ceux qui prétendent profiter de leur position pour usurper des pouvoirs qu'ils n'ont pas, et le gouverneur, pas plus que tout autre, ne peut vous empêcher d'exprimer paisiblement, mais avec fermeté, vos opinions sur tout ce qui vous intéresse, tout ce qui est lié à votre bonheur, à votre avenir, à celui de vos enfants. [...] Que les amis des violences, s'il en est ici, se retirent donc et nous laissent délibérer sur nos intérêts les plus chers avec ce calme et cette dignité qui distinguent les vrais patriotes.

L'allocution du président de la Chambre est beaucoup moins violente que celle qu'il avait prononcée à Saint-Laurent un mois auparavant.

À Saint-Hyacinthe, une assemblée se tient, le 23 juin, dans la salle d'audience. La fameuse proclamation avait été affichée sur la porte de la salle au-dessus de l'endroit où le président et le secrétaire de la rencontre avaient pris place. Le 25 juin, à Varennes, le médecin Eugène-Napoléon Duchesnois déchire une copie de la proclamation affichée sur une des portes de l'église paroissiale. Le 11 juillet, le grand connétable, en vertu d'une prise de corps signée par le juge de paix Daniel Arnoldi, se rend à Varennes où Duchesnois se constitue prisonnier. Traduit en justice, il sera acquitté au mois de novembre suivant.

Au jour fixé pour la revue de la milice et la lecture officielle de la proclamation, plusieurs officiers refusent de communiquer le texte à leurs miliciens, ce qui provoquera une série de destitutions. À Montréal, des soldats, baïonnette au fusil, protègent ceux qui sont chargés d'afficher les copies.

Une Saint-Jean politisée

À un moment où l'atmosphère est aussi survoltée, la fête nationale des Canadiens français ne peut passer inaperçue. Comme le 24 juin tombe un samedi, jour d'abstinence à plusieurs endroits, la fête est reportée au 26. À Saint-Thomas de Montmagny, sur la propriété de Charles Faucher, à la limite entre les comtés de Bellechasse et de l'Islet, se tient une grande « assemblée anticoercitive » pour marquer la fête nationale. L'assistance, qui regroupe plusieurs dames et demoiselles, est d'autant plus nombreuse que l'orateur invité est « le Grand Papineau ». Ce dernier dénonce, une fois de plus, la politique de Gosford et celle de Londres.

Montréal célèbre la Saint-Jean par un banquet qui réunit une centaine de personnes à l'hôtel Nelson que vient de louer « un jeune Canadien », Pascal Beaudouin. On n'y boit que de l'eau, du cidre et du whisky du pays. À Saint-Denis-sur-le-Richelieu, les participants, après avoir rendu hommage au patriote Louis Marcoux, dont le monument s'élève non loin de l'église, se rendent à l'hôtel Mignault où le repas est servi sur des nappes en toile du pays. Tout comme à Montmagny et à Montréal, on ne boit et on ne mange que des produits locaux. Un journal rapporte que la plupart des convives sont habillés de vêtements en tissus « fabriqués en Canada, dont quelques-uns étaient fort beaux ».

Les habitants de Verchères, sous la présidence du conseiller législatif François-Xavier Malhiot, se réunissent chez le notaire Pierre Ménard. Au-dessus de la maison flotte le drapeau tricolore des Canadiens : « Une des couleurs était blanche, symbole de la pureté des motifs des Canadiens. Le fond était d'un rouge éclatant emprunté au drapeau britannique en témoignage de loyauté, et l'autre partie était verte, emblème de l'espérance qui nous reste que notre souverain rendra au Canada la justice qu'il faut en corrigeant les abus qui oppriment le peuple canadien. »

Des célébrations se déroulent aussi à Trois-Rivières, Québec, Varennes, Pointe-aux-Trembles et Saint-Jacques de l'Assomption.

Un été chaud

Les assemblées vont devenir de plus en plus fréquentes. Ceux qui appuient le gouvernement, tout comme ceux qui le dénoncent, se réunissent pour toutes sortes de raisons et, presque toujours, ces réunions se terminent par l'adoption de résolutions ! Les journaux se font un devoir de les décrire, donnant aux unes et aux autres plus ou moins d'éclat, selon qu'elles sont menées par l'un ou l'autre parti. Les journaux bureaucrates se plaisent à diminuer l'importance des réunions patriotes et à exagérer celles des fidèles sujets, alors que le *Vindicator*, la *Minerve* et le *Libéral* agissent de même, mais en faveur du parti de Papineau.

Pour faire suite à une demande du gouverneur Gosford, le 28 juin, le 83e régiment, cantonné à Halifax, s'embarque à bord de la *Vestale* et du *Champion* à destination de Québec. Le 3 juillet, un détachement de 200 hommes, faisant partie du régiment des Royaux, débarque à Montréal avec armes et bagages. Gosford avait demandé à Colborne, quelque temps auparavant, à être tenu au courant de tout mouvement des troupes.

À Londres, au même moment, soit le 3 juillet, la Chambre des communes vote la somme représentant les arrérages « des dépenses pour l'administration de la justice et du gouvernement du Bas-Canada ». La mort du roi Guillaume IV, survenue le 20 juin, était venue perturber la vie parlementaire et l'on avait alors décidé de ne pas attendre l'adoption d'un projet de loi à cet effet. Thomas Storrow Brown fera remarquer que, si Londres avait adopté une telle mesure en mars plutôt que les résolutions Russell, « il n'y aurait pas eu de troubles 1837 ».

Les habitants du Bas-Canada semblent ignorer la proclamation de lord Gosford. Le 3 juillet, des juges de paix et des officiers de milice du comté de Vaudreuil émettent, à leur tour, leur propre proclamation interdisant les assemblées dites séditieuses sous peine de pénalités « qui pourront être infligées par les lois contre tous ceux qui, sciemment et volontairement, aideront et participeront à induire les sujets de Sa Majesté à oublier leur allégeance et à mettre en danger la paix publique ». Ce qui n'empêchera pas les habitants de l'endroit de se réunir, le 30 juillet !

Les assemblées patriotes continuent de prôner le boycottage des produits importés, avec succès puisque le relevé trimestriel des importations, pour la période se terminant le 5 juillet, révèle une appréciable diminution du revenu provenant de la taxe par rapport au trimestre correspondant de 1836. Dans les ports de Québec et de Montréal, on aurait importé en moins en 1837, 42 021 gallons de vin, 82 006 gallons de brandy et genièvre, 35 404 gallons de rhum, 480 229 livres de sucre raffiné, 35 487 livres de café, 39 562 livres de tabac et 140 105 livres de thé Twankay. Par ailleurs, on manque d'étoffe du pays. La *Minerve* du 27 juillet note, avec satisfaction, « qu'on fait en ce moment dans plusieurs de nos campagnes des apprêts pour manufacturer des étoffes convenables qui, nous l'espérons, prendront bientôt la place des draps importés. Le peu d'encouragement que recevaient depuis un certain temps nos tisserannes [*sic*], parce qu'on donnait toujours la préférence aux étoffes d'outre-mer, fait que la manufacture de nos tissus avait été négligée en ce pays. »

Le gouverneur Gosford déclare à lord Glenelg, le 11 juillet, qu'il ne s'attend pas à des troubles sérieux. Il déplore bien quelques actes de violence dans la région du lac des Deux-Montagnes, mais, selon lui, les poursuites intentées en justice et l'arrivée prochaine du 83ᵉ Régiment vont ramener la paix. Pourtant, ça et là, quelques gestes de violence indiquent bien que, malgré la proclamation du 15 juin, le calme n'est pas revenu. À Québec, lors d'une élection complémentaire, des partisans des deux candidats en viennent aux mains. À Montréal, des étudiants du collège brûlent le drapeau de la Grande-Bretagne.

Patriotes et bureaucrates songent à s'organiser, surtout pour se défendre les uns des autres. Le *Montreal Herald* demande la mise sur pied d'un corps de carabiniers volontaires et suggère la suspension de l'Acte d'*habeas corpus* « comme moyen de réduire au silence les deux journaux séditieux de Montréal et de rétablir l'ordre à Saint-Eustache ». Du côté des patriotes, les choses se font plus discrètes, mais on ne dédaigne pas une certaine militarisation de la population. Sous le titre « La jeunesse, l'espoir de la patrie », la *Minerve* écrit, dans son édition du 24 juillet :

> À une réunion réformiste aux Tanneries, dimanche le 16, aux fins d'organiser un comité de vigilance et de procurer des signatures à la pétition au Congrès [américain], un petit garçon de onze ans environ se présenta lui-même et offrit d'apposer sa signature au document. On lui représenta qu'il était trop jeune et qu'on ne pouvait pas obtempérer à sa demande. Le petit bonhomme se fâcha presque de cette réception : « Je suis, dit-il, aussi brave qu'un homme. Je puis charger et tirer un fusil et moi, je veux être enrôlé. » Il revint ainsi trois fois à la charge et, comme il ne put obtenir qu'un refus péremptoire, l'enfant se retira les yeux humides et le désappointement peint dans les traits. À l'arrivée de M. Papineau, dimanche au soir, au village de l'Acadie, on remarquait une compagnie de petits garçons habillés en uniforme, rangés dans un ordre militaire, et portant des petits sabres au côté. Qui sait s'ils ne seront pas un jour autant de héros ?

Pendant que l'on joue aux soldats, les vrais, en provenance d'Halifax, arrivent à Québec les 11 et 13 juillet. Parallèlement, un détachement d'artillerie quitte Québec pour l'Île Sainte-Hélène. Selon Édouard de Pontois, l'ambassadeur de France à Washington alors en visite au Bas-Canada, « la garnison de la place [Québec] se compose, en ce moment, de trois régiments d'infanterie de ligne (l'un d'eux dernièrement arrivé d'Halifax) et ne s'élève pas, y compris l'artillerie, à 1500 hommes ; 300 pièces de canon du calibre 32 garnissent les fortifications. Il y a deux régiments à Montréal, et un seul dans le Haut-Canada, chacun d'eux de moins de 500 hommes. »

Devant la politique des gouvernements local et métropolitain, francophones et anglophones ne forment pas des blocs homogènes. Deux assemblées illustrent les différentes prises de position. Le 4 juillet, plusieurs anglophones du comté de Missisquoi se réunissent à Stanbridge. « De bonne heure dans la matinée, rapporte le *Township Reformer*, les wagons et les voitures commencèrent à entrer dans le village, portant les respectables francs-tenanciers du comté et continuèrent de la sorte jusque vers midi, bannières et drapeaux déployés. Vers midi et demi, le maréchal et le député-maréchal à cheval invitèrent les francs-tenanciers à se former en procession, ce qui fut fait, à la suite d'un corps de bons musiciens. » La réunion a lieu dans l'église épiscopale et regroupe près de mille personnes. Elkanah Phelps est nommé président, C. A. Seymour, vice-président et J. E. Bangs et S. A. Philips, secrétaires. Au cours de l'assemblée, on adopte 15 résolutions, dont la 6ᵉ se formule ainsi : « Que, Américains nés, nous considérons les habitants de cette province comme un seul peuple et répudions tous préjugés d'origine, quelque empressement que les Européens mettent à les répandre, et que dans la distribution du pouvoir, des places ou des faveurs, en cette province, nous n'exigeons rien de plus que notre juste part, conformément au principe démocratique de droits égaux. » Après avoir dénoncé l'attitude de Londres et le contenu des résolutions Russell, les participants décident de boycotter les produits importés d'Angleterre et de continuer à accorder leur appui à la Chambre d'assemblée du Bas-Canada. On forme enfin un comité composé de représentants de Stanbridge, Saint-Armand, Dunham et Sutton. Sur 12 représentants, un seul est francophone.

Deux jours après l'assemblée de Stanbridge, Montréal est le théâtre d'une autre rencontre regroupant ceux qui appuient le gouvernement. De 3000 à 4000 personnes se réunissent sur la Place d'Armes pour entendre des orateurs et pour adopter, eux aussi, des résolutions. Des groupes viennent en procession des divers faubourgs de la ville.

> Les citoyens du faubourg Saint-Laurent, écrit le journaliste du *Populaire*, arrivèrent bientôt en procession, devancés par un corps de musique canadienne et vinrent se ranger en ordre autour de la place. Le détachement du faubourg Sainte-Anne suivit de près cette première troupe, ayant aussi sa musique pour cadencer sa marche. Enfin, le faubourg de Québec traversa toute la ville, précédé par les *Buglers* en costume national des montagnards d'Écosse. Dans chaque détachement, se remarquaient un grand nombre de Canadiens qui semblaient empressés de venir entendre la parole de vérité et qui se confondaient avec les Bretons, comme ne formant plus qu'une seule famille. Jamais on n'a vu nous pouvons l'affirmer avec assurance jamais l'on n'a vu autant d'union, de concorde et de bonne intelligence. À l'arrivée de chaque troupe, des hourras prolongés faisaient retentir les airs et étaient répétés par les citoyens qui occupaient les hustings. Les airs caractéristiques anglais, écossais, irlandais, canadiens se mêlaient avec l'harmonie la plus parfaite.

George Moffatt est élu président de l'assemblée, alors que l'avocat Léon Gosselin est l'un des deux secrétaires. Le député de Richelieu Clément-Charles Sabrevois de

Bleury s'adresse lui aussi à la foule. Une fois la réunion terminée, les participants défilent dans les rues de Montréal et vont saluer plusieurs personnalités.

Le problème bas-canadien soulève l'intérêt non seulement des partisans de William Lyon Mackenzie, au Haut-Canada, mais aussi de plusieurs journalistes américains. À Toronto, le 28 juillet, les réformistes adoptent une résolution demandant que « tous les réformistes du Haut-Canada fassent cause commune avec leurs concitoyens du Bas-Canada ». L'*Abeille* de la Nouvelle-Orléans, le *Plaindealer* de New York ou le *Mercantile Advertiser* multiplient les articles favorables aux revendications des patriotes.

Le clergé à la rescousse

Jusqu'ici, le clergé catholique, dans son ensemble, est demeuré en dehors de la polémique et des prises de position officielles. Le premier à rompre le silence est l'évêque de Montréal, Jean-Jacques Lartigue. Le 25 juillet, il consacre son coadjuteur Ignace Bourget. Au cours du banquet qui suit la cérémonie et qui réunit environ 140 prêtres ou ecclésiastiques, l'évêque rappelle quelques points de la discipline de l'Église.

> Comme il ne peut se rencontrer une occasion plus solennelle ni plus nombreuse que celle-ci, déclare-t-il, je dois en profiter pour donner aux pasteurs des paroisses quelques avis de la plus haute importance dans les circonstances spéciales où se trouve le pays, savoir : que les pasteurs devraient faire tous leurs efforts pour rétablir la charité et l'union parmi les ouailles ; qu'ils devraient représenter à leurs paroissiens qu'il n'est jamais permis de se révolter contre l'autorité légitime, ni de transgresser les lois du pays ; qu'ils ne devraient point absoudre dans le tribunal de la pénitence quiconque enseigne ou qu'il est permis de se révolter contre le gouvernement sous lequel nous avons le bonheur de vivre ou qu'il soit permis de violer les lois du pays, particulièrement celle qui défend la contrebande, bien moins encore ceux qui les enseignent et les violent en même temps.

La *Minerve* ne tarde pas à réagir aux propos de Lartigue. On peut lire dans l'édition du 27 de ce journal : « Si les paroles de l'évêque de Montréal devaient avoir force de loi, si le tribunal de la pénitence était converti en épouvantail politique, nous aurions le gouvernement théocratique dans toute sa plénitude, et une influence désastreuse planerait sur toutes les consciences. »

Un autre événement va permettre au haut clergé de faire preuve de loyalisme. Le 20 juin, Guillaume IV décède et la jeune princesse Victoria, petite-fille de George III, monte sur le trône. On apprend la nouvelle à New York le 24 juillet avec l'arrivée du paquebot *St. James*. Québec la connaît trois jours plus tard. Le deuil officiel commence le 3 août. La veille, Joseph Signay, évêque de Québec, émet un mandement ordonnant de chanter, le premier dimanche après la réception de la communication, un *Te Deum* d'actions de grâces « pour l'avènement au trône de la très haute et très puissante princesse Victoria ». Le 10, Lartigue demande la même chose au clergé de son diocèse. Entre-temps, soit le 4, les autorités civiles avaient organisé à Montréal une courte cérémonie pour la proclamation officielle de l'avènement de Victoria Ire. Si les cloches de la paroisse Notre-Dame sonnent pour l'occasion, celles de Saint-Jacques demeurent muettes.

Le *Te Deum* est chanté dans plusieurs paroisses, à l'issue de la grand-messe, le dimanche 13 août. Plusieurs personnes, surprises et choquées, quittent l'église en signe de protestation. Mais c'est à Saint-Polycarpe-de-la-Rivière-à-Delisle que l'événement dégénère presque en tragi-comédie. Joseph Quévillon, curé de la paroisse, profite de son sermon du 27 août pour faire l'éloge de la nouvelle souveraine en la comparant à Elisabeth Ire.

> Plusieurs personnes qui en assistant au saint sacrifice de la messe, ne s'attendaient pas à se trouver à une réunion politique, sortirent de l'église. Ce fut bien pis lorsque le *Te Deum* fut entonné ; tout ce qui se trouvait dans le temple sortit en foule, ne laissant que les femmes et 7 à 8 hommes parmi lesquels se trouvaient les marguilliers. La paroisse de Saint-Polycarpe est nouvelle, de manière que nous n'avons pas d'église ; les offices se disent dans un presbytère et la cloche se trouve suspendue sur une charpente en face. Les premiers qui sortirent de l'église ordonnèrent à l'assistant-bedeau d'arrêter la cloche, disant que cette cloche leur appartenait et non à la reine d'Angleterre.

À la demande du curé, le bedeau se rend à l'extérieur de l'église voir ce qui se passe. Devant l'accueil que lui réserve les paroissiens, il juge préférable de rentrer dans l'église et de faire rapport au curé. Quévillon demande alors aux marguilliers d'aller faire sonner les cloches. « Les marguilliers furent encore plus mal reçus que le bedeau. Étant retournés dans l'église, ils rendirent compte de leur mission au curé qui leur dit de retourner. Ceux-ci refusèrent et dirent au curé d'y aller lui-même, que, quant à eux, c'était inutile. Le curé renvoya le bedeau prier les habitants de laisser sonner la cloche, mais fut reçu de manière à lui ôter toute envie d'y retourner. » Le *Te Deum* s'acheva donc sans cloche ! Le curé, tenace et prisant peu l'attitude des paroissiens, informa ceux qui étaient demeurés dans l'église qu'il recommencerait la cérémonie le dimanche suivant ! L'après-midi, après les vêpres, plus de 400 habitants de Saint-Polycarpe s'assemblent pour protester contre l'attitude de leur curé. Ce dernier reçoit pourtant l'approbation de l'évêque Lartigue qui écrit, le 6 septembre, « qu'il peut poursuivre ceux qui ont arrêté le son de la cloche au *Te Deum*, s'il y a espérance de gagner le procès. Il ne faut point, ajoute le prélat, parler en chaire d'affaires politiques ni par conséquent d'assemblées, mais bien contre ceux qui perdent la messe d'obligation pour de pareilles causes. »

Des députés costumés

Le 8 juillet, le gouverneur Gosford émet une proclamation enjoignant aux députés de se trouver à Québec, le vendredi 18 août, date fixée pour la convocation de la nouvelle session. Le représentant de la reine aurait préféré recevoir une décision de Londres concernant la nomination de nouveaux membres au Conseil législatif.

La première quinzaine d'août est marquée par de nombreuses réunions tant chez les patriotes que chez les bureaucrates. Le 5, des individus saccagent l'imprimerie du *Township Reformer*, un journal réformiste publié à Stanbridge. « L'imprimerie fut ouverte avec effraction, tous les caractères amoncelés confusément et la presse dégarnie. » La *Minerve* de Montréal avait subi le même genre d'attentat quelques jours auparavant.

La violence est maintenant partout présente. Dans une lettre écrite à Wolfred Nelson, le 7 août, et qui aurait été trouvée chez le docteur, à Saint-Denis, lors d'une descente de police en décembre 1837, Papineau aurait affirmé :

> L'agitation commence dans le Haut-Canada. Le mécontentement y est profond. [...] Je vois que, chez eux comme ici, sans vues arrêtées, sans concert, les jeunes gens, d'eux-mêmes, se procurent des fusils et s'exercent à tirer vite et juste. L'agitation est vive. Ils veulent envoyer une députation de sept membres à la convention ou, comme ils l'appellent, à un congrès des deux provinces, dans lequel on devrait préparer un projet de constitution purement démocratique et dire à l'Angleterre que voilà ce qu'il nous faut en liaison avec elle si nous pouvons avoir justice, et indépendamment d'elle si elle ne la concède pas. Quant à moi, je regarde que pour le moment notre plan de non-consommation et d'agitation qui lui rendra la colonie plus dispendieuse par la présence de plus de troupes et la diminution de son commerce à un fort degré, est la meilleure politique à suivre pour le moment. Continuez à la pousser aussi vigoureusement que vous le faites.

Le gouverneur ne demeure pas inactif. Il destitue plusieurs officiers de milice et quelques juges de paix compromis par leur prise de position trop « patriotique ». D'autres offrent spontanément leur démission. Le 12 août, Samuel Walcott, secrétaire civil du gouverneur, demande à Papineau des explications sur sa conduite lors de l'assemblée de Saint-Laurent, le 15 mai précédent. On l'accuse, à titre de major du 3e bataillon de la milice de Montréal, d'avoir pris part à l'adoption de résolutions quasi séditieuses. Le 14 août, Papineau répond : « La prétention du gouverneur de m'interroger sur ma conduite à Saint-Laurent, le 15 mai dernier, est une impertinence que je repousse avec mépris et par le silence. Je ne prends donc la plume que pour dire au gouverneur qu'il est faux, comme dans son ignorance il peut le croire, ou comme du moins il le dit, que quelques-unes des résolutions adoptées dans l'assemblée du comté de Montréal [...] recommandent la violation des lois. » Voilà qui augure mal pour la session qui doit s'ouvrir dans quelques jours...

La population est vraiment aux aguets. Le moindre détail devient politique. À Trois-Rivières, lors d'une course de chevaux, Shelwigh remporte la course, mais c'est grâce à un animal importé. Le premier prix est alors accordé au second cheval qui, lui, a le mérite d'être né au pays !

La session s'ouvre le 18 à quinze heures. Plus de 2000 personnes accompagnent Papineau, de sa pension chez Lemoine jusqu'au Parlement. Les murs de l'édifice ont été maculés d'inscriptions injurieuses à l'endroit du président de la Chambre et des patriotes. Le costume de quelques députés attire entre autres l'attention du journaliste du *Quebec Mercury*. Rodier porte une redingote grise en étoffe du pays, une veste du même tissu rayé bleu et blanc, un chapeau de paille, une paire de souliers de bœuf, des bas tricotés à la main. Il ne porte pas de chemise, sans doute, remarque le journal anglais de la capitale, « parce qu'il n'a pas pu s'en faire fabriquer une au pays ». O'Callaghan est vêtu lui aussi à la mode canadienne. Perrault porte une culotte et un gilet « maison ». Louis-Hippolyte La Fontaine, Louis-Michel Viger dit le beau Viger, Ludger Duvernay, Jacob De Witt, Cyrille-Hector-Octave Côté, Jean-Baptiste Meilleur, Côme-Séraphin Cherrier et André Jobin, faisant fi de l'élégance ont, eux aussi, revêtu le costume habitant.

Dans son discours inaugural, le gouverneur explique qu'il a convoqué le Parlement « à cette époque inusitée » pour répondre à un ordre royal. Le but de la session est de voter les arrérages dus pour le service civil, avant que la résolution à cet effet n'ait pris « la forme d'une loi qui oblige ».

Pendant que la Chambre d'assemblée prépare sa réponse au discours du gouverneur, le Conseil législatif adopte la sienne. Il y dénonce la situation qui prévaut dans la colonie.

> Dans les circonstances actuelles où quelques hommes mal intentionnés et d'influence ont par leurs efforts secrets et publics répandu la méfiance et la crainte dans les différentes parties de cette province et recommandé publiquement la désobéissance et la résistance aux lois, le Conseil législatif croit qu'il est absolument de ses devoirs d'assurer de nouveau Votre Excellence de son soutien ferme et constant lorsqu'il sera nécessaire pour maintenir l'intégrité de la constitution, défendre la connexion qui subsiste si heureusement pour lui entre la mère patrie et cette province, favorisée à un si haut degré, et qu'il fera tout ce qui dépendra de lui pour remplir, avec une loyauté dévouée à sa souveraine, et les égards dus aux intérêts de l'empire en général, les devoirs importants qui lui ont été confiés par la constitution et qu'elle concourra volontiers avec Votre Excellence dans toutes les mesures qui seront calculées à maintenir et à perpétuer la paix, le bonheur et la prospérité de toutes les classes de sujets de Sa Majesté.

Le 22 août, le gouverneur Gosford, agissant comme il le souhaitait depuis longtemps, nomme dix nouveaux conseillers législatifs. Sept d'entre eux sont francophones. Les patriotes, comme il se doit, critiquent ces nominations qui, selon eux, arrivent trop tard, d'autant plus qu'ils réclament avec plus de vigueur l'électivité des conseillers.

À la Chambre d'assemblée, on délibère sur le texte de l'adresse à présenter au gouverneur en réponse à son discours inaugural. Le 22, Augustin-Norbert Morin présente un projet d'adresse qui réaffirme les droits de la députation et maintient les réclamations déjà formulées.

> Nous devons donc, y lit-on, avoir le courage de déclarer à la métropole que, si elle met à effet le principe de ces résolutions [Russell] dans le gouvernement de l'Amérique britannique et de cette province en particulier, son gouvernement n'y reposera plus sur les sentiments d'affection, de devoir et d'intérêt réciproque qui pourraient le mieux l'assurer, mais sur la force physique et matérielle, élément dangereux pour les gouvernants, en même temps qu'il soumet les gouvernés à une incertitude sur leur existence à venir et sur leurs plus chers intérêts, qu'on retrouve à peine dans les gouvernements les plus absolus de l'Europe civilisée.

Après trois jours de discussion et d'étude de différents amendements, la Chambre adopte, le 25 au soir, le texte de l'adresse qui sera présentée le lendemain, à trois heures, au gouverneur Gosford. Dans sa réponse, ce dernier ne cache pas sa déception devant l'intransigeance de la majorité des députés.

> Cet abandon volontaire et réitéré de vos fonctions comme branche de la Législature locale, déclare-t-il dans sa réponse, nonobstant l'assurance que vous avez reçue des plus hautes autorités auxquelles vous en avez appelé, que des

améliorations seraient faites dans les Conseils législatif et exécutif, tout en aug-
mentant journellement les maux qui pèsent sur cette province, est en même temps
une annihilation de la Constitution dont cette Législature tire son existence.
Comme l'on m'a malheureusement dénié l'assistance que j'espérais recevoir des
représentants du peuple, pour tirer le pays des difficultés pressantes dans lesquelles il se trouve, il ne me reste plus qu'à vous assurer que j'exercerai, au
meilleur de mon jugement, les pouvoirs dont je suis revêtu, comme représentant
de notre Souverain, pour préserver les droits et avancer les intérêts et le bien-être
de toutes les classes des sujets canadiens de Sa Majesté.

Et un de ces droits est le pouvoir de proroger la session à n'importe quel moment.
C'est ce que fait immédiatement Gosford. Les députés apprennent leur renvoi à leur
retour dans la salle de délibération. Papineau trouve sur son siège de président de
la Chambre une proclamation, déjà préparée, annonçant la fin de la 4e session du
quinzième Parlement.

Gosford voit plus clair

Selon Gosford, la Chambre d'assemblée du Bas-Canada vient de montrer que la
constitution de 1791 ne permet plus de contrôler la situation.

Le 2 septembre, dans une lettre « personnelle et confidentielle » à lord
Glenelg, il fait l'analyse de la situation et, pour la première fois peut-être, il envisage
les grands moyens.

Il est évident, écrit-il au secrétaire d'État aux Colonies, que le parti Papineau ne
sera satisfait d'aucune concession qui ne le mettra point dans une position plus
favorable pour mettre à exécution ses vues ultérieures, savoir la séparation de ce
pays d'avec l'Angleterre et l'établissement d'un gouvernement républicain. M.
Papineau a été si loin qu'il doit persévérer ou se soumettre à une défaite qui
détruirait toute son influence ; le plan qu'il suit montre qu'il est décidé à tout
tenter pour arriver à son but. Les attaques violentes et injustifiables qui ont été
faites par les ultra torys contre les Canadiens français en général ont créé une
animosité dont M. Papineau ne manque pas de se prévaloir, et j'attribue à cette
cause beaucoup de son influence sur un grand nombre des membres de la
Chambre. M. Papineau a des émissaires dans toutes les directions, et quoique je
ne sache pas qu'il y ait lieu de s'alarmer, il est besoin de beaucoup de précautions
et de vigilance pour prévenir et arrêter les désordres qui pourraient avoir lieu, en
conséquence des efforts qui sont faits pour exciter le mécontentement parmi le
peuple par les plus abominables représentations. Le gouvernement a besoin d'être
revêtu des plus amples pouvoirs et, d'après l'opinion que j'ai maintenant, vous
pourriez être dans la nécessité de suspendre la Constitution. Ce n'est qu'avec le
plus profond regret que j'énonce cette opinion ; mais mon devoir me force à le
faire.

Un nouvel élément va venir modifier le profil de la situation : la formation
d'un organisme politique et paramilitaire destiné à la jeunesse, l'Association des Fils
de la Liberté.

Une armée en formation

Le 24 août, à l'hôtel Nelson, à Montréal, se réunissent plusieurs jeunes gens décidés à « prendre en considération la convenance de former une association politique à l'instar de celle des jeunes gens de Vankleek's Hill, dans le Haut-Canada et de convoquer à cet effet une assemblée générale ultérieure de tous les jeunes gens patriotes ». L'avocat André Ouimet est appelé à la présidence de l'organisme en formation et des contacts sont établis avec Thomas Storrow Brown. Ce dernier note dans un mémoire : « Au mois d'août, je découvris que plusieurs jeunes gens organisaient le groupement dit Fils de la Liberté. Du premier coup d'œil, je me rendis compte de ce que l'on pouvait en tirer. C'était un parti politique, doublé d'une section militaire, où devait entrer toute la jeunesse des quatre provinces de l'Amérique du Nord. Ce groupe était censé former l'avant-garde qui proclamerait notre indépendance, le jour où la faiblesse de la Grande-Bretagne en fournirait l'occasion. »

La réunion de fondation de l'Association des Fils de la Liberté se tient à l'hôtel Nelson le 5 septembre. Environ 500 jeunes gens y assistent. Les députés Robert Nelson et Édouard-Étienne Rodier prononcent les discours de circonstance. D'autres orateurs prennent la parole et proposent des résolutions. Le nom de l'association est proposé par Louis-Joseph-Amédée Papineau, le fils du « Grand Papineau ». André Lacroix propose comme devise : *En avant !* « La société, précise la 4e résolution, se composera de la jeunesse en général et les seuls titres exigibles pour ceux qui désireront en faire partie seront l'honnêteté et l'expression sincère de défendre leur pays contre l'arbitraire administration qui le régit, sans distinction de rang, d'origine ou de culte. » Une meilleure connaissance de la situation politique par l'étude et l'audition d'essais sur le sujet figure parmi les devoirs des membres. Une réunion statutaire aura lieu le premier lundi de chaque mois.

Après l'élection des membres du bureau de direction et du comité de régie, les participants forment une procession et se rendent, musique en tête, devant la maison de Louis-Joseph Papineau et celle de Denis-Benjamin Viger.

Le 10 septembre, les jeunes gens de Saint-Denis se réunissent à leur tour pour former une association, adopter des résolutions et promettre leur appui aux aînés. « Nous ne désirons pas le trouble, nous voulons respecter les droits du gouvernement, mais nous ne souffrirons pas qu'il foule les nôtres aux pieds. [...] Les vrais amis des Canadiens trouveront dans les jeunes gens amitié et support ; leurs ennemis n'importe qu'ils soient Canadiens ou autres, n'importe leur état, trouveront à qui parler s'ils manquent de discrétion et d'honnêteté. » Chez les anglophones de Montréal, il est question de remettre sur pied le British Rifle Corps. Le *Montreal Herald* du 23 septembre fait état d'une demande d'armes au gouvernement. « Si, dans le cas d'un refus de la part du gouvernement d'accorder des armes, le comité se déterminera d'avoir des souscriptions pour armer et équiper disons 1200 hommes pour la protection de la cité, voyant que, dans le cas de troubles dans les districts circonvoisins, deux ou trois cents hommes de troupes régulières seraient obligés de se disperser dans les campagnes. » La Légion bretonne regroupe de plus en plus de membres et la jeunesse anglophone met sur pied le Doric Club, l'équivalent bureaucrate des Fils de la Liberté.

Les deux partis tiennent des réunions publiques, mais moins nombreuses qu'au cours des mois précédents. En quelques endroits, on organise des fêtes pour souligner soit les destitutions, soit les démissions d'officiers de milice. La campagne de boycottage bat son plein.

Des structures populaires

Dans certaines régions, on n'attend pas l'indépendance pour commencer à nommer des officiers publics. À Saint-Benoît, le 1ᵉʳ octobre, le comité permanent du comté des Deux-Montagnes adopte une série de résolutions fixant au 15 du même mois la date des élections des juges et de quelques officiers de milice, afin de remplacer ceux qui ont été destitués ou qui ont démissionné et aussi pour rejeter ceux qui ont été récemment nommés par le gouvernement. « Le devoir de ces juges ainsi élus sera de concilier les différends et difficultés qui pourront s'élever entre les réformistes de leurs localités ; et ils auront le pouvoir de juger et de déterminer toutes les plaintes qui seront portées devant eux. »

Les Fils de la Liberté se réunissent, le lundi 2 octobre. Ils ont déjà formé leur aile militaire et Brown a été désigné comme « général de la troupe ». La ville de Montréal a été divisée en six sections militaires et, à la tête de chacune d'elles, un chef de section a été nommé. Le 2, l'assistance est tellement nombreuse qu'il est impossible de trouver un local assez grand pour contenir le millier de personnes présentes, parmi lesquelles, note la *Minerve*, « huit à neuf cents jeunes patriotes, tous capables de porter les armes au besoin ». La foule se rend donc sur le terrain de Denis-Benjamin Viger, situé à l'extrémité de la rue Saint-Jacques. Deux jours plus tard, l'association rend publique une adresse à la population, rédigée par Brown. Après avoir fait une énumération rapide des griefs des Canadiens à l'égard du gouvernement britannique, Brown affirme qu'« une séparation est commencée entre les parties dont il ne sera jamais possible de cimenter l'union de nouveau, mais qui se poursuivra avec une vigueur croissante, jusqu'à ce qu'un de ces événements inopinés et imprévus, tels qu'il s'en offre de temps à autre dans la marche des temps actuels, nous ait fourni une occasion favorable de prendre notre rang parmi les souverainetés indépendantes de l'Amérique. Nous avons laissé échapper deux superbes occasions ; tenons-nous tout préparés pour une troisième. » Selon le manifeste, c'est à la jeunesse qu'il appartient de faire avancer la cause du Bas-Canada, de poursuivre l'œuvre entreprise par ses pères : « À nous est confiée la noble tâche de poursuivre leurs sublimes projets et d'affranchir de nos jours notre bien-aimée patrie de toute autorité humaine autre qu'une intrépide démocratie assise au milieu de son sein. »

Les membres de l'Association des Fils de la Liberté s'engagent donc solennellement à travailler à « procurer à cette province un système de gouvernement réformé », ce qui suppose l'acceptation par le gouvernement de toutes les demandes formulées par la Chambre d'assemblée !

Brown est alors convaincu qu'il ne manque qu'une chose pour que les souhaits formulés se réalisent. « Je puis l'avouer aujourd'hui, écrira-t-il plus tard ; s'il nous avait été possible d'obtenir des armes, nous aurions peut-être songé à une résistance immédiate et armée. Seulement, il était impossible de s'en procurer. Nous dûmes nous contenter d'un combat de paroles, tout comme nos aînés plus prudents que nous. »

Alors que plusieurs clament que la révolution commence et que la guerre civile est à la porte, le général John Colborne avertit le gouverneur Gosford, le 6 octobre, qu'il ne faut pas se laisser tromper par les apparences. « L'agitation, écrit-il, n'a pour but que d'intimider le gouvernement de l'Angleterre, en lui faisant croire que le pays est sur le point de se révolter. » Le lendemain, Gosford refuse d'accorder des armes aux carabiniers ou carabins anglais de Montréal qui en réclament.

Le 12 octobre, la *Minerve* consacre un long article à « la nécessité de s'organiser ». La rumeur court à Montréal que le gouverneur s'apprête à stationner des troupes dans les campagnes.

> Le seul moyen efficace de faire tête à l'orage, c'est de se préparer d'avance et de se tenir prêts afin de pouvoir agir à l'instant, car l'heure peut sonner au moment où l'on s'y attend le moins et il ne faut pas oublier que le premier coup vaut la moitié de la victoire. Que le seul, l'unique moyen de résister à l'injustice avec quelque chance de succès, c'est de s'organiser, mais il faut le faire comme il faut, délibérément, méthodiquement et incessamment. S'organiser, ce mot renferme tout l'avenir du pays. Qu'on y pense bien, et surtout qu'on le fasse. L'honneur, la justice, tout le commande. Si le peuple veut jouir de sa propriété, s'il veut travailler pour notre propre salut et celui de nos enfants, il faut s'organiser.

Certains bureaucrates croient vraiment que les Fils de la Liberté veulent s'organiser, puisqu'ils les accusent d'être les auteurs des nombreux vols d'armes qui ont lieu dans la région de Montréal !

On parade

Les allégeances politiques de bon nombre d'habitants sont de plus en plus évidentes. Voir quelqu'un vêtu d'étoffe du pays, c'est presque, à la vérité, voir un patriote ! Le 19 octobre, à Montréal, deux dames, mesdames Toussaint Peltier et Louis-Hippolyte La Fontaine, se font remarquer lors de leur promenade. « Elles portaient, selon le *Vindicator*, des robes d'étoffe du pays d'un patron exquis et à la dernière mode. À leur aspect, les éloges pleuvaient de toutes parts. Ces dames portaient en même temps des bottines d'étoffe canadienne et jamais chaussure aussi belle ne dessina plus élégamment leurs pieds. Lorsque les dames font ainsi preuve de leur détermination d'aider leurs frères et leurs époux à sauver leur pays et à défendre leurs droits, la défaite de Russell, Gosford et [Pierre-Dominique] Debartzch est plus que probable. »

D'autres ne craignent pas de brandir le tricolore patriote. Le *Montreal Herald* du 20 octobre recommande à ses lecteurs de déchirer ce drapeau lorsqu'ils le pourront.

Le dimanche 22 octobre, on évalue à 1200 le nombre de jeunes gens qui vont pratiquer la marche militaire sur le coteau à Baron, vis-à-vis de l'église Saint-Jacques. La démonstration, qui a lieu pendant les vêpres, attire plusieurs Montréalais. Les autorités civiles et religieuses sont inquiètes. Monseigneur Bourget note que « les principaux agitateurs étaient protestants, comme l'éditeur du *Vindicator*, les

deux Nelson, celui de Montréal et celui de Saint-Denis, Joshua Bell et Brown ».
« Mgr Lartigue, dit-il à l'évêque de Québec le 26 octobre, voudrait bien faire savoir
au gouverneur que ces chefs protestants sont plus redoutables que les Canadiens. »

Le *Montreal Herald* du 25 lance un appel aux armes pour contrer l'action des
Fils de la Liberté : « Dans la crise qui approche, nous espérons que la Brigade
volontaire de cette ville sera prête à marcher, lorsqu'elle sera appelée à supporter
l'autorité civile. Nous recommandons fortement à nos jeunes concitoyens qui ne
sont pas des Enfants de la Liberté, mais amis de la paix et de l'ordre, de s'enrôler
sans délai. Un pareil corps, bien organisé et discipliné, serait un bon substitut pour
une police régulière, si nécessaire en tout temps, mais surtout en temps de troubles
civils. »

Les deux assemblées

Deux assemblées importantes sont convoquées pour le lundi 23 octobre ; la première, à Montréal, doit regrouper des loyalistes ; la seconde, à Saint-Charles, doit
réunir les représentants de six comtés.

Sur la Place d'Armes, quelques milliers de personnes, 7000 disent les journaux
bureaucrates, sept fois moins, écrit la *Minerve*, viennent écouter des orateurs. Auparavant, des groupes s'étaient formés dans la plupart des faubourgs et avaient défilé
jusqu'à la grande place. Sur les 17 bannières arborées par les participants du
faubourg Saint-Laurent, une seule est en langue française : « La paix et le bonheur
du peuple est [sic] le seul objet de cette assemblée ». Sur les autres, on peut lire, en
anglais, bien entendu : « Le Canada ne doit pas et ne sera pas abandonné », « Pré-
pare-toi, la trahison est à la porte » ; « Être ou ne pas être, telle est la question »,
« Un Anglais meurt, mais ne capitule jamais », etc.

Les discours sont prononcés presque exclusivement en anglais. On adopte
ensuite six résolutions, qui toutes sont présentées et secondées par des anglophones.
La 3e précise : « Cette assemblée croit qu'il est avantageux que la partie loyale et bien
disposée de la société se forme en association dans ses quartiers respectifs, afin
d'être organisée et de marcher tous de concert, en cas de nécessité pressante ; que
les diverses associations nomment leurs comités respectifs parmi leurs membres
résidents, auxquels comités seront confiées l'organisation et la conduite locale et
qu'un sous-comité, consistant en deux membres de chaque quartier s'assemble pour
concerter un système général de mesures à suivre dans le cas de troubles dans la
ville. »

Après l'assemblée, les participants défilent dans les rues de la ville et vont
saluer les militaires. D'ailleurs, quelques soldats de l'artillerie légère avaient traîné
leur canon, à l'heure du midi, rue Notre-Dame, pour se rendre au faubourg Saint-
Antoine « sous prétexte de s'exercer ». Plusieurs patriotes jugent le geste indécent et
provocateur.

Les patriotes de la vallée du Richelieu doivent se réunir, eux aussi, le lundi
23 octobre, dans le pré situé derrière la maison de François Chicou dit Duvert,
médecin à Saint-Charles. Dès le début du mois, les patriotes de chacune des
paroisses des comtés de Richelieu, Saint-Hyacinthe, Rouville, Chambly et Verchères
avaient été invités à élire dix personnes par paroisse pour les représenter à la Con-

vention des Cinq Comtés. On précisait alors que « cette délégation n'exclura pas les autres habitants d'assister à l'assemblée qui, nous l'espérons, sera un grand triomphe de plus pour la cause du peuple ».

Papineau, l'orateur invité, arrive à Saint-Charles le samedi 21. Le lendemain, avec O'Callaghan, il rédige la première version des résolutions qui seront présentées, d'abord le 23 au matin, aux députés de la région, puis, au cours de l'après-midi, à la réunion générale.

Plusieurs habitants, quelques-uns accompagnés de leurs épouses et de leurs enfants, arrivent le dimanche à Saint-Charles. Le village déborde d'activité.

L'assemblée générale, rapporte le journaliste du *Vindicator*, fut ouverte à midi et quelques minutes. Le peuple s'assembla dans une grande prairie, près du village, au milieu de laquelle un husting avait été érigé. Parmi les assistants, on comptait treize membres de la Chambre d'assemblée et un membre du Conseil législatif, délégué de Verchères. Tous les habitants marquants et influents de la rivière Chambly et des paroisses circonvoisines s'étaient fait un devoir de ne pas manquer cette occasion d'exprimer leur résolution de servir, à tout prix, la sainte cause du pays. On remarquait avec plaisir parmi ces dignes et braves citoyens plusieurs personnes qui, jusqu'alors, s'étaient montrées tièdes à l'égard de la politique de l'administration du jour.

Wolfred Nelson, que plusieurs, à cause de son prénom, appellent le *Loup rouge*, est élu président de l'assemblée qui regroupe au moins cinq mille personnes. Une centaine de miliciens armés se tiennent, bien en ordre, derrière la foule, sous le commandement des capitaines Lacaisse et Jalbert. Drapeaux et bannières flottent dans les airs. On peut lire des inscriptions comme : « Indépendance », « Les Canadiens meurent, mais ne se rendent pas », « Liberté, nous vaincrons ou nous mourrons pour elle », etc.

Le président explique d'abord les buts de l'assemblée : la dénonciation de la politique de Gosford, le rejet des résolutions Russell et une affirmation des droits des Canadiens. Ensuite, Cyrille-Hector-Octave Côté, au nom d'une délégation du comté de L'Acadie, demande que cette circonscription électorale soit admise dans la Convention qui devient alors celle des Six-Comtés. Dans son discours, Côté va encore plus loin que Nelson dans ses affirmations. « Concitoyens ! déclare-t-il, rallions-nous d'un bout à l'autre de cette province. Faisons voir à l'univers entier que nous sommes des hommes qui méritent d'être indépendants. Faisons sentir à nos ennemis que, s'ils n'ont pas respecté la justice de nos plaintes, il nous reste encore un moyen de les arrêter dans leurs profits iniques. » L'orateur se lance, par la suite, dans l'apologie de Papineau, « le défenseur des droits canadiens ». « Sous sa conduite, ajoute-t-il, sous son égide, le pays se relèvera du précipice où il est maintenant englouti par les machinations machiavéliques d'un gouvernement despote. En attendant, concitoyens, le jour où paraîtra la nouvelle étoile pour le bonheur du Canada, nous formons des vœux sincères que tout nous soit prospère dans l'œuvre sainte que nous avons entreprise. »

Au bruit de coups de canons et de décharges de mousqueterie, la délégation de L'Acadie est admise officiellement. Arrive ensuite le moment tant attendu par toute la foule : le discours de Papineau. Nelson, d'une voix grave, le présente ainsi : « Approchez, Canadien illustre, venez réjouir par votre présence le cœur de vos concitoyens opprimés, outragés, et permettez qu'ils bénissent à haute voix le défenseur de leurs droits et le bienfaiteur de leur pays. » Le O'Connell canadien, vêtu en étoffe du pays, s'avance aux cris de *Vive Papineau !* Le discours du chef du parti patriote est un appel au calme, à la pondération. On n'a pas encore, selon lui, épuisé tous les moyens constitutionnels de revendication des droits ! Ses propos contrastent avec ceux des orateurs qui l'ont précédé.

Nelson ne peut cacher son impatience et, prenant la parole immédiatement après le chef, il déclare : « Je diffère d'opinion avec M. Papineau. Je dis que le temps est venu. Je vous conseille de mettre de côté vos plats et vos cuillers d'étain, afin de les fondre pour en faire des balles. » Côté est du même avis. Selon lui, « ce n'est plus le temps d'envoyer des requêtes, mais des balles ». D'autres orateurs prennent la parole et leurs propos sont à peu près de même venue.

La foule est de plus en plus exaltée. On passe ensuite à l'adoption de 13 résolutions, chacune étant approuvée au bruit des mousquets et des canons. On accepte le principe voulant que le peuple ait le droit d'abolir un gouvernement devenu oppressif et d'en établir un autre selon ses vœux. La 4e résolution autorise l'élection de juges de paix et d'officiers de milice. Ces élus du peuple, selon la 5e résolution, « formeront une opposition systématique contre les officiers qui seront nommés par lord Gosford de ce jour à celui de son départ de la province, leur refusant leur confiance, ne leur prêtant pas une aide cordiale, n'obtempérant à leurs ordres qu'autant qu'ils ne pourraient s'en dispenser sans une violation manifeste des lois ; et se cotisant pour les faire poursuivre et punir dans tous les cas où ils se rendront coupables d'abus de pouvoir ».

L'assemblée se termine par une cérémonie qui, aux yeux des autorités gouvernementales, prendra la signification d'une déclaration d'indépendance. Non loin de l'estrade, s'élève une colonne surmontée du « bonnet de la Liberté ». Une plaquette de bois clouée sur le poteau porte l'inscription : « À Papineau, ses compatriotes reconnaissants, 1837 ». Le chef est alors conduit devant la colonne. La foule lui rend hommage. Côté se prosterne devant le monument et le présente à Papineau. « Les jeunes hommes se présentèrent alors en face du poteau de la liberté, chantèrent un hymne populaire et jurèrent tous solennellement d'être fidèles à leur pays, de vaincre ou de mourir. Tout le monde s'engagea par le même serment, au bruit du canon et des décharges de la mousqueterie. C'était un spectacle touchant, magnifique, écrit le *Vindicator*. »

Le 24 octobre, « pour et au nom de la Confédération des Six-Comtés », Wolfred Nelson, président, Joseph-Toussaint Drolet et François Chicou dit Duvert, vice-présidents, et Philippe Boucher-Belleville et Amury Girod, secrétaires, rédigent une adresse « au peuple du Canada » qui est un appel à la résistance.

> Retirant votre confiance à l'administration actuelle et à tous ceux qui seraient assez bas pour accepter d'elle aucune charge, assemblez-vous incontinent dans vos paroisses et élisez des magistrats pacificateurs, à l'exemple de vos frères réformistes du comté des Deux-Montagnes, afin de protéger le peuple contre une dépense inutile. [...] Notre jeunesse, l'espoir de la patrie, doit partout s'organiser à l'instar de leurs frères, les *Fils de la Liberté* de Montréal et se tenir prête à agir avec promptitude et efficacité suivant que les circonstances pourront le requérir.

[...] Nous invitons tous nos citoyens dans toute la province à unir leurs efforts aux nôtres afin de procurer à notre commune patrie un système de gouvernement bon, peu dispendieux et responsable.

Comme le dira plus tard Étienne Chartier, curé de la paroisse de Saint-Benoît, on venait de dérouler l'étendard de la révolte !

Wolfred Nelson à l'assemblée des Six-Comtés

LA VICTOIRE
DE SAINT-DENIS

L'ASSEMBLÉE DES SIX-COMTÉS, tenue à Saint-Charles le 23 octobre 1837, marque pour plusieurs patriotes — mais surtout pour les autorités — le point de départ d'une opposition qui s'arme contre le gouvernement colonial. Selon la déposition assermentée d'Augustin Keeper, le patriote Timothée Kimber aurait déclaré, le lendemain de la fameuse assemblée : « Du moment que la rivière sera prise, nous irons avec 40 000 ou 50 000 hommes armés prendre Montréal. Tous les habitants sont bien armés et bien fournis de munitions et bien déterminés et, après Montréal, nous prendrons Québec. J'ai été à Saint-Charles et jamais, dans aucun pays, on n'a vu une pareille assemblée déterminée à se débarrasser du gouvernement anglais. »

Papineau ne croit pas, quant à lui, que l'assemblée du 23 soit incriminante. « Elle n'était ni plus ni moins répréhensible que tant d'autres ouvertement convoquées de toutes parts depuis six mois sur tous les points de la province, écrit-il le 18 décembre à George Bancroft. Une circonstance triviale, un accident fortuit et en soi de nulle importance a fourni un prétexte au gouvernement de s'abandonner à sa soif effrénée de domination arbitraire, à ses désirs de vengeance. » Il s'agit ici de la cérémonie de la colonne élevée en l'honneur du chef des patriotes.

Jean-Jacques Lartigue, évêque du diocèse de Montréal, croit, lui aussi, qu'à Saint-Charles, les patriotes sont peut-être allés trop loin. Le 24 octobre, il rend public un mandement qu'il a dû rédiger au cours des jours précédents. L'évêque commence par dénoncer la situation qui prévaut dans le Bas-Canada : « Depuis longtemps, nos très chers frères, nous n'entendons parler que d'agitation, de révolte même, dans un pays toujours renommé jusqu'à présent par sa loyauté, son esprit de paix et son amour pour la religion de ses pères. On voit partout les frères s'élever contre leurs frères, les amis contre leurs amis, les citoyens contre leurs concitoyens ; et la discorde, d'un bout à l'autre de ce diocèse, semble avoir brisé les liens de charité qui unissaient entre eux les membres d'un même corps, les enfants d'une même Église, du catholicisme qui est une religion d'unité. »

Après avoir rappelé que le « sang canadien » coule dans ses veines, Lartigue énumère les devoirs d'un chrétien envers le pouvoir légalement établi. L'évêque accorde tout son appui à la doctrine de la monarchie de droit divin et rejette par le fait même celle de la souveraineté du peuple. Sa prise de position est autant doctrinale que politique : « Ne vous laissez donc pas séduire, déclare-t-il, si quelqu'un voulait vous engager à la rébellion contre le gouvernement établi, sous prétexte que vous faites partie du *Peuple souverain.* »

Le mandement se termine par un appel aux sentiments « d'humanité et de christianisme » de la population : « Avez-vous jamais pensé sérieusement aux horreurs d'une guerre civile ? Vous êtes-vous représenté les ruisseaux de sang inondant vos rues ou vos campagnes, et l'innocent enveloppé avec le coupable dans la même série de malheurs ? Avez-vous réfléchi que, presque sans exception, toute révolution populaire est une œuvre sanguinaire. »

L'évêque de Montréal enjoint son clergé à lire le présent mandement « à la messe paroissiale ou principale de chaque église et au chapitre de chaque communauté de notre diocèse le premier dimanche ou jour de fête après sa réception ».

Le *Vindicator* et la *Minerve* ne ménagent pas les commentaires presque désobligeants au sujet de la prise de position de l'évêque. Le journaliste de la *Minerve* affirme qu'il s'était proposé d'accompagner la publication du texte de « quelques commentaires pour en faire ressortir toute l'absurdité dans ses rapports avec la politique et les principes de notre gouvernement, mais elle est si évidente qu'il est impossible qu'elle puisse ne pas frapper le lecteur attentif ».

Presque tous les curés du diocèse de Montréal font la lecture du texte du mandement, le dimanche 29 octobre. À Chambly, où Ignace Bourget était allé clore la retraite du collège, « trois hommes sont sortis de l'église après la lecture du mandement, écrit Lartigue à Jérôme Demers, vicaire général à Québec, et ont ramassé dans le village une vingtaine de personnes de la dernière classe qui, ayant le docteur [Timothée] Kimber à leur tête, ont vociféré sur la place devant l'église, lorsque l'évêque [Bourget] avec le clergé en est sorti après la messe, *À bas le mandement* et mille autres pauvretés. » La *Minerve*, dans son édition du 30, se basant sur le témoignage d'un spectateur, donne une version différente : « La presque totalité du monde qui se trouvait dans l'église en est sortie aussitôt qu'on s'aperçut qu'il était question de politique en chaire. » À Montréal, selon Lartigue, « des meneurs ont dit qu'il [le mandement] hâterait la révolution qu'ils projettent ».

Encore des accrochages

Pour plusieurs, la guerre civile est presque devenue inévitable. Le *Brockville Recorder* du Haut-Canada, dans son édition du 26 octobre, écrit : « On commence à croire plus sérieusement qu'on n'était disposé à le faire jusqu'à présent, qu'il y aura du sang de répandu avant que les droits et les libertés des Canadiens ne soient établis. Beaucoup de personnes se consolent en disant que les Canadiens étaient des lâches et n'osaient pas se battre. »

Les militaires ne reculent pas toujours devant la provocation. À Montréal, le 29 octobre, des sentinelles postées devant le commissariat, rue Notre-Dame, attaquent des passants « parce qu'ils passaient sur le trottoir près des factionnaires ». À Trois-Rivières, Chambly et Saint-Jean, on sent déjà des mouvements de troupes. La présence militaire se fait de plus en plus sentir.

Par ailleurs, des patriotes s'en prennent aux bureaucrates. Les quelques familles protestantes qui vivent non loin de Saint-Jean et du village de L'Acadie, sur le rang de la Grande-Ligne, sont soumises aux sévices des partisans de Papineau. Selon l'historien René Hardy, la petite colonie protestante, au mois d'octobre 1837, « comptait seize membres, dix autres Canadiens français étaient prêts à y entrer ». À Rigaud, l'agent de la seigneurie, Janvier-Domptail Lacroix, est pendu en effigie. À Sainte-Marguerite de Blairfindie, le juge de paix Jules-Maurice Quesnel est victime d'un charivari. À Montréal, plusieurs soldats « couchent tout habillés avec leurs fusils chargés et la baïonnette au bout, en cas de besoin ».

Quelques patriotes craignent que des bureaucrates multiplient les provocations, invitant ainsi les partisans de Papineau à déclencher les hostilités pour pouvoir ensuite les écraser. Le *Montreal Herald* du 2 novembre, après avoir déclaré qu'il n'y a plus d'arrangements possibles, conclut : « Il faut que le sang coule absolument. » Deux jours plus tard, les loyaux sujets de Chambly signent une pétition au gouverneur Gosford demandant qu'on leur envoie des armes et des munitions. Quant aux patriotes, quelques-uns ont déjà commencé à couler des balles, certains proférant même des menaces à leurs opposants. Selon la déposition de Jean Woburn dit Langlais, de Lacolle, l'aubergiste Jacques Surprenant, de Blairfindie, cria à un bureaucrate qu'il « avait une grande envie de lui briser la cervelle avec une carafe parce que lui, le déposant, était un bureaucrate et que tous les bureaucrates feraient mieux de laisser le pays ou que leur cervelle serait jetée au vent et ledit Surprenant a dit qu'il assisterait autant comme il serait en son pouvoir pour les hacher en morceaux ».

Le gouverneur Gosford constate enfin que la situation évolue dangereusement. En accord avec le général John Colborne et l'ordonnateur en chef, il a tiré de la caisse militaire jusqu'à 2000 livres sterling « afin d'obtenir des renseignements ». En conséquence, les délateurs vont devenir plus nombreux.

Premier affrontement

Alors que le Doric Club s'est fortement restructuré et que, de l'aveu du gouverneur, ses membres s'arment, les Fils de la Liberté ont vu des sections de leur mouvement se former à plusieurs endroits dont Saint-Charles et Pointe-aux-Trembles. Tel que prévu dans la constitution, la section de Montréal doit s'assembler le premier lundi de novembre. La veille de la rencontre, le 5, les magistrats de la ville émettent une proclamation interdisant l'assemblée. Au cours de la nuit, les constitutionnels distribuent des affiches invitant les loyaux sujets à se réunir à midi, le 6, sur la Place d'Armes « pour écraser la rébellion à sa naissance ». Le « général » Thomas Storrow Brown va rencontrer les autorités, les prévenant « que, s'il se produisait [un conflit], elles en seraient responsables. Si elles contenaient leurs gens, nous tranquilliserions les nôtres. Nous avions le droit de nous rassembler ; mais nous nous réunirions comme des citoyens, sans faire de parades et rentrerions chez nous de même, pourvu qu'on ne nous moleste point ».

Les Fils de la Liberté, dont c'est la dernière réunion de la saison, se rassemblent donc dans une cour de la rue Saint-Jacques, près de la rue McGill. Vers la fin de l'assemblée, alors qu'il ne reste plus dans la cour clôturée qu'environ 500 ou 600 personnes, des gens de l'extérieur, qui arrivaient de la Place d'Armes, commencent à lancer des cailloux par-dessus la clôture et à frapper dans les portes en criant : « Lâches, poltrons », etc.

Les assistants quittent les lieux et se dirigent vers la rue Notre-Dame. Un certain nombre empruntent la porte donnant sur la rue Saint-Jacques. Placés sur deux rangées et munis de bâtons, ils défoncent la porte et font « une irruption qui déblaya la rue jusqu'à la Place d'Armes ». La mêlée devint générale et selon le *Montreal Herald*, quelques coups de feu auraient été tirés. Les magistrats font alors appel à la garnison. Lorsque les soldats arrivent, la plupart des combattants ont déjà quitté le champ de bataille !

Forts de l'appui des forces de l'ordre, les constitutionnels se rendent jusqu'à la maison d'un monsieur Dupuis, au coin des rues Sanguinet et Dorchester, là où demeure Henri-Alphonse Gauvin, un des dirigeants des Fils de la Liberté. Toutes les vitres de la maison volent en éclats. Les manifestants s'emparent de trois fusils et d'un des drapeaux du mouvement patriotique. La *Minerve* remarque que « toutes ces abominations furent commises par les constitutionnels et, fait digne de remarque, à la vue même d'une compagnie du régiment des Royaux commandée par un officier qui se promenait nonchalamment à cheval près de la scène de la dévastation ».

Les manifestants poursuivent leur marche vers la rue Saint-Denis où ils s'en prennent aux jalousies et aux fenêtres de la maison de Louis-Joseph Papineau, puis à celles de Louis Perrault, propriétaire du *Vindicator*. Ils défilent rue Notre-Dame et passent devant le corps de garde où les magistrats Turton Penn et Benjamin Holmes « veillent à la tranquillité publique ». Alors qu'il fait presque nuit, les membres du Doric Club arrivent rue Saint-Vincent. Là, ils s'amusent à tout démolir dans les bureaux du *Vindicator*. Les cases de caractères d'imprimerie sont renversées à l'extérieur de l'immeuble et les papiers du rédacteur sont dispersés. Deux citoyens réclament l'aide des magistrats et des soldats pour rétablir l'ordre et arrêter le saccage. Personne ne bouge ! Plus tôt, le même soir, Brown descend la rue Saint-François-Xavier pour retourner chez lui. Il est alors assailli par des membres du Doric Club. « Tout à coup, raconte-t-il, je fus abattu d'un coup de fronde, frappé par derrière et aussitôt piétiné par la foule. Je perdis pour jamais l'usage de mon œil droit. L'on me conduisit comme un mort dans une maison voisine. On fit appel aux troupes, mais déjà le parti anglais avait occupé les rues et les bureaux du *Vindicator*, notre journal, étaient détruits. »

Le 9 novembre, le gouverneur Gosford écrit à lord Glenelg : « Les deux partis sont si excités qu'il faudra beaucoup de prudence pour prévenir un autre conflit. »

Une nouvelle intervention religieuse

Plusieurs prêtres de la région mascoutaine sentent le besoin de réagir, surtout après la publication du mandement de Lartigue. Ils se réunissent donc au séminaire de Saint-Hyacinthe, le 4 novembre, pour faire le bilan de la situation et rédiger un projet de requête au gouverneur Gosford lui demandant de tenir compte de quelques-unes des revendications des Canadiens. « C'est avec la sollicitude la plus vive, précise le texte, qu'il [le clergé] supplie instamment le gouverneur britannique de prendre en sa plus sérieuse et plus prompte considération les besoins de la colonie du Bas-Canada et d'accorder à ce pays tout ce que la justice de l'Angleterre et la générosité d'un gouvernement paternel peuvent faire espérer de biens et de droits à ses fidèles sujets de cette province. »

Une telle requête ne peut circuler, pour signature, parmi les membres du clergé sans l'assentiment de l'évêque. Dans le procès-verbal de la rencontre rédigé par le supérieur du séminaire de Saint-Hyacinthe, Jean-Charles Prince, les intentions des participants sont précisées : « Ce même clergé ne saurait rester muet dans la crise actuelle parce qu'il est canadien, parce que le rôle qu'il a joué de tout temps dans la société canadienne lui donne la mission extraordinaire de pouvoir intervenir comme il est intervenu. [...] On ne saurait nier que le retard apporté par le gouvernement à opérer, certaines réformes promises, sert de prétexte à un certain nombre pour justifier les excès auxquels ils se portent. »

Vers le 10 novembre, trois prêtres se rendent à Québec pour présenter le projet de requête. Mais la précipitation des événements viendra modifier les projets du clergé.

Le curé de la paroisse de Saint-Charles-sur-le-Richelieu, Augustin-Magloire Blanchet, décide d'intervenir à titre personnel. Le 9 novembre, il écrit au gouverneur Gosford pour l'éclairer sur la situation politique de sa région :

> Il est possible que, dans la ville de Québec où règnent la paix et la tranquillité, on ne connaisse pas l'agitation et le trouble où se trouve le district de Montréal. Il est difficile en effet de se l'imaginer, lorsque l'on n'est pas sur les lieux. Sans parler des autres parties du district, celle-ci est dans un état vraiment déplorable. Je crois que l'excitation est à son comble. Il n'y a pour ainsi dire qu'une voix pour condamner la conduite du gouvernement. Ceux qui, jusqu'ici, ont été tranquilles et modérés se réunissent à leurs concitoyens qui les avaient devancés, pour dire que, si le gouvernement veut le bonheur du peuple, il doit au plus tôt accéder aux justes demandes du peuple ; que bientôt il ne sera plus temps. Le mouvement est tel que, pour ma part, je doute beaucoup qu'ils en auraient la volonté. [...] Vous savez, milord, que je parle avec franchise. Je crois connaître assez l'opinion de la population circonvoisine pour vous dire que le danger est imminent, qu'il n'y a pas de temps à perdre, si vous avez quelque chose à faire pour le bonheur des Canadiens. [...] Je dois dire de plus qu'il ne faut plus compter sur les messieurs du clergé pour arrêter le mouvement populaire dans les environs. D'ailleurs vous savez que les pasteurs ne peuvent pas se séparer de leurs ouailles. Ce qui me porte à croire que bientôt il n'y aura plus qu'une voix pour demander la réparation des griefs parmi les Canadiens, de quelque état et de quelque condition qu'ils soient.

Les premiers prisonniers

Le 13 novembre, lady Colborne, mieux renseignée que plusieurs, écrit : « Des arrestations vont enfin avoir lieu. Lord Gosford y a consenti à contrecœur. On peut espérer que bientôt quelques-uns des principaux meneurs seront sous bonne garde ; et l'on estime que ceci contribuera fortement à réprimer les troubles. [...] Sir John a écrit à lord Gosford et lui a dit que, s'il ne faisait pas telle et telle chose, la province serait perdue pour l'Angleterre. Le gouverneur a pris cela en bonne part, et il est si effrayé qu'il paraît maintenant disposé à suivre les conseils. » L'évêque de Montréal partage l'avis de l'épouse de Colborne au sujet des arrestations, car il écrit à Joseph Signay, l'évêque de Québec, le 18 novembre : « L'arrestation de cinq ou six des chefs d'ici, surtout des étrangers comme Girod, Brown, les deux Nelson, Joshua Bell, O'Callaghan, ferait tout rentrer dans le repos, surtout en ville. »

Mais avant que les arrestations aient lieu, il faut accumuler les preuves de rébellion. Les patriotes s'en chargent ! Le 10 novembre, la cavalerie royale de Montréal prend le chemin de Saint-Jean, accompagnée de quelques artilleurs et d'une pièce de campagne. Peu après son arrivée à destination, le commandant des renforts, le colonel Glasgow, assuré qu'un groupe de patriotes de Saint-Athanase se prépare à attaquer Saint-Jean, décide d'aller faire une tournée de reconnaissance du côté des possibles assaillants. Selon le *Morning Courier* de Montréal, « il rencontra un parti assez nombreux d'hommes armés, rassemblés autour d'une auberge qui n'est pas bien éloignée du pont et, après quelques pourparlers avec eux, il retourna à Saint-Jean. La pièce de campagne fut alors placée sur le pont pour la nuit sous la charge d'un petit parti, avec ordre de tirer sur tout corps armé qui tenterait de forcer le passage. »

La nuit se passe dans le grand calme à l'exception de quelques coups de fusils tirés par on ne sait qui d'on ne sait où. Au cours de l'après-midi du 11, une quarantaine de volontaires viennent grossir le petit corps régulier composé d'une centaine d'hommes. Rien de grave n'est encore signalé. À Saint-Athanase, un groupe de patriotes dirigé par Pierre-Paul Demaray, notaire, et par Joseph-François Davignon, médecin, avait crié, à la vue des troupes régulières : « Hourra pour les patriotes ; hourra pour Papineau ! À bas les Anglais ; à bas les bureaucrates. » Voilà qui mérite vengeance !

La peur habite maintenant Montréal et les Montréalais. Le 13 novembre, affirme Bourget, « des bruits de toute espèce entretiennent la ville dans une continuelle frayeur. On ne parle partout que de révolution, que de nouvelles attaques et défenses ; et je vois que plusieurs citoyens paisibles se préparent à gagner la campagne ». Le lendemain, l'évêque coadjuteur donne à Louis-Marie Lefebvre, curé de Sainte-Geneviève, les grandes lignes de la conduite à tenir en cas de révolte :

> 1er Refus d'absolution à ceux qui ont concouru aux résolutions passées dans les assemblées révolutionnaires ou qui ont adhéré à cet enseignement de nos patriotes. Dans la pratique, n'en point parler au tribunal de la pénitence, mais dans les conversations particulières. 2e Tant qu'un gouvernement n'est pas solidement établi par le fait et que la puissance qui a été dépouillée réclame ses droits, je ne pense pas que l'on puisse s'y soumettre en conscience. En cas

d'émeute, il faut fuir ou mourir martyr des maximes de l'Évangile. [...] 3ᵉ Je pense qu'on peut livrer l'argent de l'Église, plutôt que de s'exposer à la mort ou à quelque autre grave inconvénient.

Dans la région de Québec, la chasse aux patriotes commence le 11 novembre, avec l'arrestation de Pierre Chasseur, sculpteur, doreur et propriétaire d'un musée. Deux jours plus tard, le peintre Joseph Légaré, Barthélémi Lachance et Eugène Trudeau prennent à leur tour le chemin de la prison commune. Cette première rafle est l'œuvre de l'assistant-chef de police de la capitale John Robert Nathaniel Symes, plus connu sous le nom de Bob Symes. Le *Canadien*, pourtant pondéré dans ses affirmations, accuse le sbire d'être « l'un des plus fanatiques, des plus fougueux et peut-être aussi des plus imbéciles de nos ennemis politiques ».

Le 15 novembre, Augustin-Norbert Morin, député de Bellechasse, est à son tour mis aux arrêts, sous l'accusation d'avoir illégalement, malicieusement et séditieusement contribué à troubler la paix et d'avoir essayé de détourner l'affection de ses concitoyens pour leur souveraine. Les cinq prisonniers québécois retrouvent leur liberté, le 18 novembre, bénéficiant de l'*habeas corpus* et après avoir fourni un cautionnement.

... et Papineau ?

Le Conseil exécutif du Bas-Canada décide d'agir pour mater l'esprit révolutionnaire. Le 13 novembre, on procède à un nettoyage chez les juges de paix de Montréal. Soixante et onze d'entre eux voient leur nom rayé des listes alors que vingt-sept autres se retrouvent sur la nouvelle liste. Ces changements avaient été demandés par le procureur général car, selon lui, « l'ouverture des poursuites comporterait des aléas qu'il n'était pas disposé à courir tant que certains individus resteraient dans la magistrature de Montréal ».

Le 16 novembre, des mandats d'arrestation sont émis contre 26 patriotes. Neuf seront arrêtés dans les jours qui suivent, mais la plupart ont déjà quitté la région de Montréal pour échapper aux poursuites.

Papineau sait qu'il sera l'un des premiers à être pourchassé par la police. Depuis plusieurs jours, il apparaît peu en public. Entre le 7 et le 10 novembre, il rencontre des membres du parti patriote du Haut-Canada. Le 12, William Henry Scott, le député de Deux-Montagnes, le visite chez lui. Papineau lui déclare que « la révolution était commencée dans le sud, mais que les chefs [...] n'avaient pu l'empêcher parce que c'était un mouvement spontané de la part des habitants ».

En fin d'après-midi, le 13 novembre, le « Grand Papineau », accompagné de O'Callaghan et de son neveu Louis-Antoine Dessaulles, quitte Montréal incognito. Le trio se rend à Pointe-aux-Trembles et traverse le fleuve en direction de Varennes, où il arrive au petit matin. Amury Girod vient lui aussi d'arriver au village, mais il avait déjà eu le temps de se rendre à l'hôtel Girard. Philippe Boucher-Belleville, entré en coup de vent, demande à Girod de le rejoindre à l'extérieur.

Je trouve là d'abord, raconte ce dernier, O'Callaghan tremblant de froid, mais aussi je crois de peur. Il avait un très élégant pardessus, sa tête était enfouie dans un immense fichu rouge qui formait le plus bizarre des contrastes avec la pâleur de son visage ; ensuite Papineau, vêtu d'une capote et qui avait l'air absolument différent du premier. Il était calme, composé et, bien que rien n'échappât à son regard, il ne laissait paraître le plus léger symptôme d'appréhension. Après les compliments d'usage, ils m'apprirent que le gouvernement avait lancé avec grand bruit des mandats d'arrestation contre moi et plusieurs autres et que nous étions accusés de haute trahison. Ils exigèrent que j'aille avec eux chercher un refuge contre le danger qui nous menaçait. Ce n'est pas sans beaucoup de peine que je parvins à les persuader de nous rendre chez Duchesnois et là nous verrions ce que nous avions à faire. Ils me proposèrent de fuir à la rivière Chambly ; ils désiraient connaître mon avis sur les mesures qu'il conviendrait que la population adoptât contre l'injustice du gouvernement. Je ne me rappelle pas quel est celui d'entre nous, mais il me semble que ce fut Boucher qui proposa qu'on convoquât une convention et qu'on établît un gouvernement provisoire. Nous acquiesçâmes à sa proposition, mais nous ajoutâmes que cette première mesure équivalait à un acte de rébellion ouverte et qu'il serait bon de chercher les moyens d'organiser le peuple et de se procurer des armes et des munitions. Nous fûmes tous d'accord sur cette proposition et nous commençâmes à parler de notre départ. [...] Juste à ce moment Duchesnois arriva, il avait été très malade ; Boucher avait grand faim, O'Callaghan était accablé de fatigue, Papineau seul n'articula pas une seule syllabe indiquant de la fatigue morale et physique.

Le 15 ou 16 novembre, les principaux chefs du mouvement patriote se réunissent pour décider de la conduite à tenir. Papineau n'est pas prêt ou est incapable de prendre la direction d'une armée. On décide donc alors de former deux comités. « Le premier qui avait un caractère "civil" fut appelé le Conseil des patriotes. Il était composé de Papineau et de O'Callaghan. Le second remplissait les fonctions militaires. Nelson en assumait la direction. En somme, Papineau se libérait de responsabilités écrasantes tout en demeurant le chef du mouvement. » Il fut aussi décidé de tenir une convention générale le 4 décembre et de faire adopter, à cette occasion, une déclaration d'indépendance. Le texte de cette déclaration est alors rédigé et signé d'abord par Papineau lui-même, puis par Wolfred Nelson et David Bourdages.

Wolfred Nelson commence donc à organiser « son » armée. Le dimanche 19 novembre, raconte Sophie Nelson, la fille aînée du médecin :

Comme je sortais de l'église [de Saint-Denis] avec ma mère, après la grand-messe, nous aperçûmes le docteur Nelson sur le hustings entouré d'une foule considérable. Nous nous approchâmes. Mon père leur disait que des mandats avaient été émanés contre lui et les autres hommes publics qui avaient pris part à cette assemblée [des Six-Comtés] et leur disait : « Mes enfants (c'était sa manière ordinaire et paternelle de leur parler), on viendra m'arrêter ; laissez faire et que chacun de vous reste chez soi. » La foule interrompit avec des cris : « Non, jamais ! nous serions des lâches ! Hourra pour le docteur Nelson, notre père, etc. — Mais vous n'êtes pas armés.— Oui, nous le sommes, nous avons des fusils. — Mais ils sont rouillés. — Nous les fourbirons et nous avons des fourches, » etc. C'était une clameur assourdissante qui s'élevait de cette réunion de braves et nobles patriotes. « Écoutez, reprit mon père, il y aura du sang de versé et vous ne pourrez pas réussir. Restez chacun chez vous. Ils viendront me prendre, m'emmèneront avec eux et je leur expliquerai les raisons de ma conduite. » Mais tous les efforts de mon père pour les convaincre furent inutiles. Leurs cris s'élevèrent davantage, pendant qu'ils protestaient qu'ils ne souffriraient jamais qu'il fût arrêté. Ce ne fut qu'en face d'une telle détermination qu'il fallut organiser la défense.

À Saint-Charles, le 18, les patriotes commencent à s'installer dans le manoir du seigneur Debartzch. Brown, qui vient d'arriver, est immédiatement nommé général.

Pendant ce temps, à Longueuil...

Parmi ceux contre qui des mandats d'arrestation ont été émis, le 16 novembre, figurent Demaray et Davignon. Le même jour, dans l'après-midi, le connétable Malo et 18 cavaliers de la Montreal Volunteer Calvary sous le commandement du lieutenant Charles Oakes Ermatinger, prennent le chemin de Saint-Jean. Au cours de la nuit suivante, ils arrêtent les deux patriotes qui dormaient paisiblement dans leur demeure. Plutôt que de reprendre la même route, le groupe emprunte le chemin de Chambly, s'obligeant ainsi à parcourir une quinzaine de kilomètres de plus.

La nouvelle de l'arrestation se répand rapidement dans cette région fortement sympathique à la cause des patriotes. Déjà, vers six heures du matin, le 17, quelques dizaines d'habitants sont en armes sur le chemin de Chambly, mais ils décident de ne pas intervenir. Trois heures plus tard, Malo et sa cavalerie arrivent près de Longueuil.

Bonaventure Viger, assisté du capitaine de milice Joseph Vincent, décide de libérer les deux prisonniers. Il s'installe donc non loin de la ferme d'un nommé Trudeau avec moins de 50 hommes armés. Lorsque paraît le groupe de loyalistes, Viger crie : « Halte ! Au nom du peuple, livrez les prisonniers. » Ces derniers, menottés, sont dans une voiture fermée. Ermatinger ordonne alors à ses cavaliers de faire feu sur les patriotes. Viger est blessé. La riposte est rapide. Les habitants visent surtout les chevaux. Comme plusieurs fusils sont chargés à la mitraille, Ermatinger est blessé au visage et à l'épaule, Sharp reçoit une balle dans la jambe, John Molson fils voit une balle traverser son chapeau et lui effleurer la tête, d'autres s'en tirent avec quelques blessures. Les deux prisonniers sont délivrés et on les conduit chez le forgeron Olivier Fournier dit La Grenade pour les débarrasser de leurs menottes.

Les cavaliers sont de retour à Montréal vers treize heures. Informé par un courrier de l'escarmouche qui vient d'avoir lieu, le général Colborne ordonne au colonel George Augustus Wetherall de se rendre au fort Chambly avec des renforts. La marche a lieu le 18. Presque toutes les fermes du chemin Chambly ont été abandonnées et les troupes ne réussissent qu'à faire six prisonniers. Le chef de police de Montréal, Pierre-Édouard Leclère, qui avait accompagné le groupe, revient faire son rapport à Montréal.

Les magistrats de Montréal émettent une proclamation demandant à la population de demeurer calme.

Nous vous exhortons, lit-on dans le texte daté du 19 novembre, non seulement à vous abstenir de toute démarche violente, mais encore à rentrer paisiblement dans vos foyers, au milieu de vos familles, dans le sein desquelles vous ne serez aucunement inquiétés. C'est en vous confiant à la protection de la loi et du gouvernement britannique que vous parviendrez à ramener la paix et la prospérité dans votre patrie. Déjà nous sommes informés que plusieurs des paroisses qui avaient été égarées sont revenues de leurs erreurs et s'en repentent sincèrement. Si nos vœux étaient méconnus, si la raison tardait à se faire entendre, il est encore de notre devoir de vous avertir que la force militaire ou les autorités civiles ne seraient point outragées impunément, et que la vengeance des lois serait aussi prompte que terrible.

Parmi les signatures, on retrouve celle de Denis-Benjamin Viger.

Le 20, les magistrats de Québec interdisent « à toutes personnes de prendre part à de telles assemblées et rassemblements illégaux. Et ils donnent avis par ces présentes qu'ils se serviront et employeront tous moyens légaux pour les supprimer et les magistrats défendent par ces présentes toute réunion ou assemblée publique ayant une tendance ou de nature à troubler la paix publique. Et ils enjoignent à tous citoyens loyaux et bien disposés de s'abstenir de tous actes de nature à enfreindre la paix publique ». À partir de la même date, soit le 20, les portes de la ville sont fermées pendant la nuit et le nombre de sentinelles de faction devant celles-ci est doublé. La porte Saint-Jean étant l'une des plus achalandées et étant « la grande voie des brigands nocturnes », on y construit un poste de garde.

Dernière tentative

Louis-Hippolyte La Fontaine considère qu'il est de son devoir d'intervenir pour empêcher l'éclatement d'une guerre civile. Le 19 novembre, à Montréal, il écrit au gouverneur Gosford pour quasi le supplier de convoquer le Parlement.

> Quoique je sois un de ceux qui croient à l'indépendance de ce pays et de nos colonies voisines, dans un temps futur, d'après l'ordre naturel des choses, affirme-t-il, je ne la voudrais cependant que du consentement mutuel des deux parties et dans leur intérêt commun. Quoique sujette à reproches que soit une partie des dernières nominations au Conseil, je n'hésite pas à dire à Votre Excellence qu'il est à regretter que cette mesure n'ait pas été suivie d'une convocation immédiate de la Législature. Si cette convocation avait eu lieu, tous les yeux se seraient tournés vers le Parlement. L'agitation qui se déploie maintenant et qui est naturelle aux gouvernements représentatifs dans les grandes crises politiques et qui, je ne crains pas de le dire, est interprétée et représentée sous un faux point de vue à Votre Excellence, n'aurait pas eu lieu ou aurait cessé immédiatement. Il n'y aurait pas eu lieu à l'adoption de précautions militaires qui, dans tous les temps, ne sont propres qu'à exaspérer l'opinion publique. On n'aurait pas à regretter les conséquences funestes qui en sont la suite. L'idée d'une révolution n'est entrée, j'ose le dire, dans la pensée d'aucune personne, pas même de celles qui aujourd'hui sont jetées dans les prisons. [...] Mais je vous dois, My Lord, de vous dire la vérité à quelque prix que ce soit, et vous déclarer franchement que, sans l'envoi de troupes dans les campagnes, tout serait resté tranquille. Encore même dans ce moment, si Votre Excellence convoquait la Législature, j'ose vous assurer que tout rentrerait dans l'ordre. [...] En terminant cette lettre, je ne puis trop répéter que, dans mon humble opinion, le seul moyen efficace de ramener la paix dans le pays consiste

dans la convocation du Parlement. Car il vaut cent fois mieux régner par la confiance et l'amour des peuples que par la force.

La demande de La Fontaine n'a pas de suite, pas plus que celle formulée par le *Canadien* dans son édition du 22 novembre :

> Nous exprimons l'opinion et le vœu le plus ardent de tous les citoyens éclairés que nous avons eu l'occasion de voir depuis que l'on a appris l'état où se trouve la population de la rivière Chambly, en désirant que lord Gosford convoque immédiatement la Législature provinciale. Nous sommes convaincus en effet que l'état alarmant des esprits dans le district de Montréal suffirait à lui seul pour faire surmonter des obstacles qui, sans cela, seraient insurmontables. C'est peut-être le seul moyen paisible qui reste de sauver le pays des horreurs d'une guerre civile. L'Exécutif ne court aucun risque à l'essayer. Et s'il réussissait, quelle obligation le pays n'aurait-il pas à lord Gosford ?

Le gouverneur est dans un bien piètre état physique. Victime d'une attaque de goutte, il ne peut presque plus marcher et il vient de demander à Londres de lui nommer un remplaçant. Le 22 novembre, il rédige une lettre à lord Glenelg par laquelle il l'avertit qu'il a autorisé la formation d'un corps de 800 volontaires armés dans les Eastern Townships.

Petit tour d'horizon

Dans la région du lac des Deux-Montagnes, s'il faut croire « Un loyaliste » dont le texte daté du 20 novembre est publié dans le *Montreal Herald* du 30, « le règne de la terreur avait commencé dans ce lieu. » Le 19, « des hommes furent envoyés dans les différents magasins tenus par les loyaux pour demander toute leur poudre, avec menace de détruire leurs maisons s'ils s'y refusaient, et la poudre en conséquence fut prise par force ». Selon le même informateur, « on menace les loyalistes des plus cruels traitements s'ils ne prennent point part à la rébellion ». Les patriotes, sous la direction de Girod et de Jean-Olivier Chénier, organisent des camps armés au Grand-Brûlé et à Saint-Eustache.

Dans la vallée du Richelieu, l'organisation va bon train. À Saint-Charles, Brown dirige les travaux de fortification du manoir Debartzch. « On entreprit qu'une seule œuvre de défense, écrit le général : une épaisse clôture de bois équarri, qui descendait du chemin du roi vers la rivière. On avait l'intention de la recouvrir de terre, mais on manqua et de temps et d'outils pour le faire. En outre, nous possédions deux pilons vieux et rouillés, d'un calibre de 4 et de 6, dépourvus de chariots. »

À Saint-Denis, l'activité est fébrile. Le 14, lors d'une assemblée, les participants adoptent une résolution « énonçant que le curé ainsi que les marguilliers donnaient leur consentement à ce qu'on prît l'argent de la fabrique pour l'acquisition d'armes ». François-Xavier Demers, curé de la paroisse, qui d'une pièce voisine avait entendu l'énoncé de la résolution, se rend dans la salle pour avertir « qu'il ne pouvait donner son consentement sans la permission de l'évêque du diocèse ». Le 18, le coffre-fort est déménagé chez le marguillier en charge, Joseph Chenette. Dans la nuit du 20, des patriotes masqués, au nombre de sept ou huit, s'emparent du contenu du coffre. Le fruit de l'emprunt involontaire est remis à Wolfred Nelson. Le capitaine de milice François Jalbert affirmera plus tard sous serment « que M. Papineau lui avait ordonné d'aller prendre l'argent de la fabrique pour s'en servir afin d'organiser la résistance ». Il est cependant démontré que Nelson enterra le coffre dans la cave de sa maison où on le retrouva, intact.

Le mercredi 22 novembre, Papineau préside une assemblée des chefs patriotes à Saint-Charles. On y désigne les officiers qui commanderont les patriotes de la paroisse. Le chef du parti, aux dires de témoins, déclare que « la révolution réussirait au Canada », d'autant plus qu'il vient d'apprendre que « le Haut-Canada a proclamé son indépendance ». S'intéressant à certains aspects concrets de la révolte, il demande à François Gadbois, menuisier et voiturier de Saint-Denis « d'obstruer le chenal près de l'île à Saint-Denis, dans l'endroit le plus étroit pour empêcher les steamboats de monter ». « M. Papineau, ajoute Gadbois dans sa déclaration, m'a suggéré d'emplir un canot de pierres et de le couler de travers dans le plus étroit du chenal. J'ai trouvé ce plan assez bon, mais n'ayant pu trouver de canot, je suis allé avec plusieurs autres, au nombre de vingt environ, boucher le chenal avec des pierres. »

En route pour Saint-Charles

Colborne, le commandant en chef des forces militaires anglaises, décide d'envoyer deux corps expéditionnaires à Saint-Charles pour faciliter l'arrestation de ceux contre lesquels des mandats ont été émis et pour écraser toute velléité de soulèvement armé. Le colonel Charles Gore, un vétéran de la bataille de Waterloo, se rendra d'abord à Sorel en bateau et, par voie de terre, se rendra jusqu'à Saint-Denis puis Saint-Charles où il fera jonction avec le colonel George Augustus Wetherall et ses hommes qui, entre-temps, auront franchi la distance séparant le fort Chambly de Saint-Charles.

Les hommes de Gore arrivent à Sorel, le 22 novembre, vers les six heures du soir. Il neige abondamment. Quatre heures plus tard, à la tête de 500 hommes, Gore prend le chemin de Saint-Denis. Sa petite armée se compose des compagnies de flanc du 24e Régiment, de la compagnie légère du 32e Régiment, de deux compagnies du 66e Régiment déjà cantonnées à Sorel et d'un petit détachement de la Montreal Volunteer Cavalry. Aux munitions ordinaires s'ajoutent quelques canons qui sont traînés par des hommes ou des chevaux.

Jean-Baptiste Kelly, curé de Sorel, fait annoncer le départ des troupes au curé Demers, de Saint-Denis. La nuit est froide et la route devient glacée. Gore décide de ne pas passer par Saint-Ours. Il emprunte plutôt le chemin du Pot-au-Beurre, se rallongeant ainsi de huit kilomètres. « Vers six heures du matin jeudi, 23 novembre 1837, écrit l'historien régional Jean-Baptiste Richard, un habitant de Saint-Ours, hors d'haleine, arrivait au village de Saint-Denis pour annoncer qu'une troupe considérable de soldats s'avançait par le rang du Ruisseau de Saint-Ours. Cet habitant les avait vus défiler devant sa maison, alors qu'il faisait son train. Sans perdre une minute, il était venu en courant à travers les champs, en informer les patriotes. »

Les esprits s'échauffent dangereusement. Au cours de la matinée de ce 23 novembre, un jeune officier du 32e régiment, George Weir, est capturé alors qu'il tentait de rejoindre les troupes de Gore qui marchent alors vers Saint-Charles. Ayant découvert son identité et sa mission, les patriotes le mènent chez Wolfred Nelson, à Saint-Denis. On décide alors de le transporter à Saint-Charles. Mais au cours de son transfert, Weir tente de s'enfuir. Dans l'excitation du moment, le prisonnier est gravement blessé. Weir meurt quelques minutes plus tard et son corps est immergé dans le Richelieu. Cet événement aura de lourdes suites.

Pendant ce temps, Wolfred Nelson fait seller sa jument et part immédiatement en tournée de reconnaissance. Des patriotes vont couper les ponceaux, espérant retarder ainsi la marche de l'armée.

> Vers 8 heures et demi, raconte *Un ami de la justice et de la vérité*, quelques personnes s'avisèrent de sonner les cloches pour annoncer l'arrivée des troupes. Ce fut alors que la consternation fut générale. De tous côtés, des femmes éplorées, des enfants effrayés fuyaient çà et là, sans savoir où aller. On a vu des mères désolées se sauvant avec plusieurs enfants dans les bras ; d'autres essayaient de retenir auprès d'elles leurs fils, leurs époux, mais inutilement... Il leur fallait marcher à la boucherie, aux cris mille fois répétés : « En avant, en avant ! » Le curé conseilla, dit-on, d'arrêter les cloches, on lui obéit. Mais peu de temps après, quelques jeunes gens allèrent sonner de nouveau, en disant que Papineau l'ordonnait.

Les femmes et les enfants sont, pour la plupart, dirigés vers Saint-Antoine et les villages environnants. Pendant ce temps, les hommes s'affairent à fortifier la maison de pierre de dame Charles Saint-Germain, « à deux étages et un grenier avec des lucarnes, de 84 pieds par 40 ; au rez-de-chaussée, deux portes et six fenêtres ; au premier étage, huit fenêtres et deux petites fenêtres dans chaque pignon ». Une barricade est élevée sur le chemin, vis-à-vis de la maison.

Vers neuf heures, la fusillade commence. Quelques minutes auparavant, au témoignage d'Ignace Bourget, Nelson aurait déclaré à ses hommes que l'Église accorderait la sépulture à ceux qui mourraient pour la cause qu'ils soutenaient.

Les forces patriotes se composent d'environ 300 hommes « n'ayant à leur disposition que 119 fusils dont 57 seulement pouvaient servir tant bien que mal », affirme Richard. Les autres ne disposent que de fourches, d'épées, de bâtons. Ils comptent cependant utiliser les armes de ceux qui seront abattus.

Pendant que se déroulent les préparatifs et que le combat s'engage, Papineau et O'Callaghan restent enfermés dans une pièce du premier étage de la maison de Wolfred Nelson. Horace, le fils du médecin, monte à leur chambre. En entrant, déclarera-t-il sous serment plus tard, « je m'aperçus que la crainte et l'anxiété étaient peintes sur leurs figures ; ils marchaient çà et là avec leurs chapeaux sur la tête et leurs surtouts sur le corps ; je leur dis quelques mots et je me retirai pour donner quelques ordres ». Pendant que le jeune homme se rend à la maison Saint-Germain, un nommé Fabre demande à voir Papineau. Charles Dansereau, un étudiant en médecine, conduit le visiteur à la chambre où se trouvent les deux personnages. La rencontre dure peu. « Alors je montai en haut et observai à messieurs Papineau et O'Callaghan qu'ils feraient mieux de descendre. Ils m'écoutèrent et descendirent. » Dansereau, dans sa déposition faite à Plattsburg le 1er octobre 1840, ajoute que peu après 10 heures et quart, les deux chefs patriotes demandent des chevaux. François Saint-Germain remet à O'Callaghan une jument noire appartenant à l'écurie de Wolfred Nelson, et à Papineau un petit cheval gris propriété de Jean-Baptiste Mignault. Théophile Saint-Pierre, un voiturier de Saint-Denis, demande à Papineau : « Partez-vous ? » Le chef répond oui, puis prend une tuque sur la tête d'une personne présente et lui donne en échange sa propre coiffure.

En route, Papineau et O'Callaghan rencontrent quelques patriotes. Jean Archambault, cultivateur de Saint-Denis, lui demande pourquoi il n'est pas sur le champ de bataille, car, lui dit-il, « on doit vous voir à notre tête vous qui nous avez conduits jusqu'à présent ». Le O'Connell canadien répond : « Rendez-vous, mon enfant, je vais à Saint-Charles pour chercher du renfort et je viens vous rejoindre à l'instant. » Plus loin, dans les concessions de Saint-Denis, le duo fait la rencontre de Luc Éthier, de Saint-Charles. Papineau explique « que les troupes avaient attaqué Saint-Denis, que cela ne serait rien à ce qu'il pensait ». Les deux chefs reprennent immédiatement le chemin de Saint-Hyacinthe.

La victoire se dessine

Gore avait divisé son armée en trois détachements. Les canons avaient été installés pour tirer sur la maison Saint-Germain surtout, là où près de 80 patriotes, possédant au plus 60 bons fusils, repoussent l'attaque des soldats. L'édifice, de construction récente, résiste aux boulets. Trois canonniers anglais sont tués avant même d'avoir pu allumer la mèche. Un des boulets traverse le toit de la maison, tuant quatre combattants. On décide alors de se retrancher au rez-de-chaussée. De la distillerie de Nelson, de la chapellerie de madame Saint-Germain et de quelques maisons avoisinantes, les patriotes tirent presque sans arrêt sur les soldats qui ripostent avec la même vigueur.

Nelson ne veut pas que ses hommes courent de risques inutiles. Un peu avant midi, alors que le combat fait rage depuis près de deux heures, il demande à Charles-Ovide Perrault, député de Vaudreuil, d'aller avertir des imprudents qui risquent de se faire tuer par le tir des soldats anglais. Le jeune avocat de 27 ans se lance dans la rue, s'arrête pour faire feu sur un ennemi, mais il est frappé de deux balles. Il réussit, malgré une blessure au talon et une autre à l'abdomen, à se traîner jusqu'à la maison Deschambault. « Il languit dans de grandes souffrances jusqu'à 3 heures le lendemain matin, écrit Louis-Joseph-Amédée Papineau, lorsqu'il s'envola libre au séjour des justes. Avant de mourir, il exprima sa satisfaction d'avoir versé son sang pour la liberté américaine et l'émancipation du joug anglais. »

Vers treize heures, le capitaine Markham, commandant la compagnie légère du 32e Régiment, reçoit ordre de contourner la maison Saint-Germain pour pouvoir ainsi prendre la « forteresse » entre deux feux. Pour cela, le corps de soldats doit s'avancer vers la rive de la rivière Richelieu. Il tombe alors sous le feu d'une quinzaine de Canadiens embusqués dans la distillerie. Quelques soldats sont tués et le capitaine est lui-même blessé.

Les patriotes, dont les munitions diminuent dangereusement, comptent sur des renforts. Heureusement, ceux-ci arrivent à point vers quatorze heures. Une centaine de patriotes réussissent à traverser le Richelieu et à prêter main-forte aux assiégés. Le combat prend alors une nouvelle allure. À quinze heures quinze, le clairon sonne la retraite. Gore venait de décider qu'il était inutile de continuer de se battre et qu'il ne réussirait pas, cette fois, à vaincre les insurgés.

Dans leur retraite précipitée, plusieurs soldats anglais laissent tomber leurs armes et leurs munitions que quelques patriotes, malgré la défense de Nelson, s'empressent de ramasser dans leur poursuite de l'arrière-garde des hommes de Gore. Lorsque les troupes s'arrêtent à Saint-Ours, 116 hommes manquent à l'appel. Une trentaine ont été tués, une soixantaine ont été blessés et seize ont été faits prisonniers. Parmi ces derniers, il y a six blessés auxquels Wolfred Nelson donnera les soins médicaux que requiert leur état.

Du côté des patriotes, les pertes sont moins élevées ; quatorze personnes perdent la vie : de la paroisse de Saint-Denis : Joseph Dudevoir, Antoine Lusignan, Pierre Minet, Eusèbe Phaneuf, Charles Saint-Germain, André Mandeville, François Dufault et Jean-Baptiste Patenaude ; de la paroisse de Saint-Antoine : Lévi Bourgeois, Honoré Bouthillet et Benjamin Durocher ; de la paroisse de Saint-Ours : François Lamoureux ; de Montréal : Charles-Ovide Perrault. Quant au quatorzième, son nom reste inconnu.

À Saint-Denis, le soir du 23 novembre, la joie de la victoire ne dissipe pas l'appréhension. Wolfred Nelson le sait bien et il ne manque de le rappeler à ses hommes : « Mes amis, leur dit-il, nous avons droit d'être fiers de notre victoire, vous avez fait noblement votre devoir, mais nos têtes sont maintenant en jeu. Il n'y a plus moyen de reculer, il faut que nous tenions bon et que nous acceptions, comme des hommes, les conséquences de nos actions. » Les meneurs de Saint-Denis se réunissent ensuite chez Nelson où ils décident de fortifier le village pour être en mesure de résister à une nouvelle attaque que l'on sait être inévitable. Les réjouissances sont de courte durée, car, selon Richard, « la nuit fut passée à fortifier les positions, à construire des barricades près de la maison Saint-Germain et aux extrémités du village, à mettre des embarras dans les chemins ; les ponts furent coupés à l'Amyotte, à l'entrée de Saint-Charles et de Saint-Ours ».

L'activité est moins grande, la même nuit, dans la maison d'Augustin Papineau, à Saint-Hyacinthe. Vers vingt-deux heures, Louis-Joseph Papineau et Edmund Bailey O'Callaghan sont arrivés de la façon la plus discrète. Louis-Joseph-Amédée, le fils du grand tribun, réfugié chez une de ses tantes à Saint-Hyacinthe depuis le 17 novembre, est frappé par le spectacle qui s'offre à lui :

> Le docteur était couché et dormait sur un sofa. Ils étaient accablés de fatigue, après avoir marché toute la journée sans s'arrêter et sans manger, leurs habits mouillés et glacés. Les chemins inondés et rompus ne leur avaient permis d'aller que le pas. Ils s'égarèrent plusieurs fois, interrompus dans leur marche par des patriotes armés qui ne les reconnaissaient point. Mon cher papa se leva, réveilla le docteur, et ils me suivirent chez ma tante où ils prirent quelque nourriture. On envoya chercher un fidèle et brave citoyen [le capitaine Louis Poulin, ancien député], qui emmena le docteur et papa chez lui où ils demeurèrent cachés plusieurs jours.

Papineau ignore alors que les patriotes viennent de remporter leur unique victoire...

Les troupes anglaises affrontent les patriotes à Saint-Denis.

Saint-Charles
et Saint-Eustache

À Montréal, en ce matin du 24 novembre 1837, dame Rumeur règne en maître. On sait qu'il y a eu affrontement entre les troupes de Sa Majesté et les patriotes, mais on ne connaît pas encore l'ampleur de l'engagement. Les rumeurs sont contradictoires, les unes rapportant qu'une centaine de Canadiens auraient perdu la vie ; les autres annonçant que les dégâts s'étaient limités à quelques coups de feu. On affirme même que Wolfred Nelson aurait menacé Papineau qui voulait s'enfuir de lui passer son épée à travers le corps. La ville est en proie à une agitation inaccoutumée. Ce n'est que vers quatorze heures que les nouvelles se précisent. Chez les bureaucrates, l'angoisse grandit. Colborne croit que l'insurrection générale vient de commencer.

Saint-Eustache apprend la nouvelle de la victoire de Saint-Denis, le 24, à vingt-deux heures. Robert Nelson avait envoyé deux messagers porter la nouvelle de l'heureux événement aux chefs de cette région. « En moins d'une heure, écrit Girod dans son journal, j'eus plus de 600 personnes avec moi et elles m'assurèrent que d'autres allaient venir. Le docteur R. Nelson m'envoya un mot pour me dire que la ville était dans un état d'affolement extrême, qu'il n'y avait que pas ou peu de troupes et que son frère et ses amis comptaient faire une diversion de ce côté-là du fleuve. Aussi, je résolus d'aller le jour suivant à Montréal et de l'attaquer. » Le lendemain, lors d'une réunion spéciale des dirigeants patriotes du lac des Deux-Montagnes, décision est prise de demeurer sur la défensive. « Je me repentis pour la première fois, ajoute Girod, d'avoir placé ma confiance en des personnes ayant un caractère si hésitant. »

Une longue marche

Alors qu'à Saint-Denis, on érige des fortifications de fortune, près de là, à Saint-Hilaire de Rouville, le détachement commandé par Wetherall se repose sur le terrain avoisinant la maison du seigneur de Rouville, un capitaine de milice. Partis le 22 novembre au soir du fort de Chambly, les 300 hommes ont marché sous la pluie froide et traversé la rivière Richelieu près des rapides de Chambly. La petite armée se compose de « quatre compagnies des Royaux, une compagnie du 66e, un détachement d'artillerie avec deux pièces de campagne et 12 cavaliers ».

La traversée de la rivière dure quatre heures. Des patriotes surveillent l'opération et signalent le progrès des troupes en lançant des fusées produisant une lumière bleue. Après une halte d'une heure à la Pointe-Olivier, appelée aussi Saint-Mathias, Wetherall ordonne à ses hommes de se remettre en marche en direction de Saint-Hilaire de Rouville où ils arrivent vers dix heures. Le reste de la journée est consacré au repos. Au cours de la soirée, on apprend la défaite de Gore à Saint-Denis. Le commandant anglais juge préférable de demander du renfort avant de poursuivre sa route vers Saint-Charles. Le magistrat Sidney Bellingham se rend immédiatement au fort Chambly où il obtient l'aide du major Warde et de ses grenadiers royaux.

À l'annonce de la défaite de Gore, le général Colborne avait jugé bon d'ordonner à Wetherall de ne pas engager le combat avec les patriotes de Saint-Charles dont on exagère le nombre et la force. Mais les deux messagers envoyés par Colborne sont faits prisonniers par les insurgés, de sorte que Wetherall ne connaîtra jamais l'ordre de son chef. L'armée anglaise se remettra en marche, le samedi 25 novembre à dix heures. La veille, selon le témoignage d'Olivier Lussier, Papineau s'était rendu à Saint-Charles rencontrer une quarantaine de patriotes installés dans le manoir Debartzch, leur disant « de tenir ferme, de ne point reculer parce que, si on reculait, il y aurait des gens par derrière qui les serviraient ».

Le 25 au matin, donc, selon le rapport officiel du gouvernement, « la marche se fit sans opposition et sans autre obstacle que la démolition des ponts, etc., jusqu'à ce qu'arrivés à environ un mille de Saint-Charles, on fit feu sur les troupes du côté gauche ou opposé de la rivière Richelieu et un soldat du régiment des Royaux fut blessé. Plusieurs coups de carabine ayant aussi été tiré d'une grange qui se trouvait en front, elle fut immédiatement brûlée par les troupes ».

Au camp Debartzch, les préparatifs vont bon train. Le capitaine Jean-Marie Tétro dit Ducharme passe sa compagnie en revue et dit à ses hommes : « Mes enfants, soyez braves, faites bien attention ; ne manquez pas ces sacrés gueux-là, visez bien et droit, visez au cœur, à l'estomac et à la tête ; point de grâce ni de quartier. »

Tôt le matin, Auguste Tessier, curé de la paroisse de Saint-Mathias, chante une grand-messe « pour les patriotes, afin qu'ils puissent réussir dans leur entreprise contre le gouvernement ». Quant à Augustin-Magloire Blanchet, curé de Saint-Charles, il se rend au camp, peu de temps avant la bataille, pressé sans doute par les patriotes. « Vous savez, messieurs, dit-il à ceux qui l'entourent, que mon ministère ne me permet point d'approuver la violence et encore moins l'effusion de sang, mais puisque vous voulez absolument combattre, tout ce que je puis faire pour vous, c'est de vous mettre sous la protection de la Sainte-Vierge. » Le prêtre fait ensuite réciter aux patriotes à genoux cinq *Pater* et cinq *Ave*, puis l'acte de contrition. Au sujet de cet épisode, Ignace Bourget écrira à l'évêque de Québec le 14 décembre : « S'il

[Blanchet] n'a pas montré toute la force et le courage que semblait exiger son ministère, c'est qu'il était au milieu et au pouvoir de furieux qui pouvaient lui faire un mauvais parti. Il est faux qu'il ait donné l'absolution générale. »

Le « général » Brown est absent du manoir Debartzch au moment où le colonel Wetherall arrive en vue du village. L'officier anglais envoie un messager au commandant des patriotes proposant la paix aux Canadiens à condition qu'ils livrent leurs chefs.

> J'étais au village, environ un tiers de mille plus bas [que le camp], raconte Brown, et je prenais des mesures pour faire moudre du grain. Un messager survint. Il me fit rapport que la colonne du colonel Wetherall descendait vers nous. Plus d'une fois on m'avait trompé avec de pareils rapports. Aussi je résolus de me rendre compte par moi-même. Je montai immédiatement à cheval et courus peut-être deux milles plus haut que le camp. Je m'adjoignis environ vingt hommes que j'avais rencontrés sur la route. C'était le reste des cent hommes ou à peu près que j'avais établis en sentinelle dans des maisons, la veille, depuis le village jusqu'auprès de l'île-aux-Cerfs. [...] Malgré les nuages, la température était agréable ; la route gelée, en excellent état. [...] Une foule d'hommes, de femmes et d'enfants descendaient en courant par la route ou traversaient les champs. [...] Au camp, je trouvai à peu près soixante-dix patriotes, dirigés par [Siméon] Marchessault et Durocher. Ils se dirigèrent vers la clôture de bois, résolus comme de vieux guerriers. En plus de ceux qui auraient dû être au camp, j'avais, supposais-je, environ cinquante hommes cantonnés dans le village. J'allai les chercher, mais ne pus les trouver. Comme je tournais devant le magasin de Durocher, un habitant solide accourut vers moi en toute hâte. Il m'apportait un message du colonel Wetherall. Celui-ci me déclarait que personne ne serait maltraité, si on ne tentait pas de l'arrêter. [...] On perdit quelques minutes à la recherche d'un messager qui retournerait avec le premier. Comme conséquence, je rentrai au camp environ deux minutes trop tard. Quand j'arrivai près de l'église, à environ cent verges plus bas, l'attaque avait déjà commencé et les fuyards retraitaient déjà.

Comme il ne recevait pas de réponse à son message, le commandant anglais avait donné ordre à ses hommes de se déployer devant le camp des patriotes, espérant que cela « occasionnerait quelque défection parmi ces hommes égarés ». Mais les patriotes commencent immédiatement à faire feu. L'engagement dure environ une heure. Des insurgés se réfugient dans les maisons et les granges voisines, mais les soldats incendient tous les bâtiments d'où l'on fait feu.

Entre-temps, Brown avait décidé de prendre le chemin de Saint-Denis « afin d'y conférer avec le docteur Nelson ». D'après Charles Beauclerk, capitaine du Royal Regiment, Papineau et O'Callaghan auraient assisté au combat de la fenêtre de la maison d'un nommé Drolet, à Saint-Marc, de l'autre côté de la rivière.

Le nombre des morts et des blessés dans les deux camps varie selon les témoignages. Du côté de l'armée anglaise, le rapport officiel fait état de trois morts et dix-huit soldats blessés. Les patriotes sont convaincus que les pertes de vie sont beaucoup plus élevées que celles déclarées.

Chez les Canadiens, on parle de carnage. Dans le rapport officiel, Samuel Walcott, secrétaire civil du gouverneur Gosford, affirme : « Un individu parti de

Saint-Charles ce matin rapporte qu'il a vu enterrer au-delà de 152 morts et qu'il en restait encore bien d'autres ; plusieurs personnes furent en outre tuées dans les maisons et leurs corps brûlés. Leurs blessés se montent au-delà de 300. »

Le flibustier Edward Alexander Theller, brigadier général dans le Canadian Republican Service, exagère encore plus : « Les mécontents, écrit-il, perdirent au moins cinq cents hommes par le feu, l'eau ou la poudre. » Différentes vérifications permettent de fixer à 32 le nombre de patriotes tués au cours de l'engagement de Saint-Charles. Le 27 novembre, selon les registres de la paroisse, on procède à l'inhumation de « 24 catholiques morts en combattant contre les troupes de Sa Majesté » : Joseph Goddue, Henri Chaume, Olivier Lescaut, Louis Fénix, Moyse Lemoine, Joseph Comeau, Toussaint Loisel, François Mingo, Jean-Baptiste Hébert, Amable Hébert, Gabriel Hamel, Moyse Pariseau, Joseph Boulé, Joseph Fénix, André Lévesque, Xavier Pariseau, Isaac Fontaine, Pierre Emery-Coderre, Abraham-Rémi Bellefleur, Gabriel Gosselin, un Provost, un Hamel et un Ménard. Chose surprenante, l'acte de décès ne donne que 23 noms, même si on en annonce 24 dans le préambule.

Le 25 novembre, à Saint-Denis, on procède à l'enterrement des patriotes tués deux jours auparavant. Le curé Demers écrit à Lartigue, le 1er décembre : « Les six hommes de cette paroisse tués au feu du 23, dont l'un a reçu l'extrême onction et un autre a donné des marques de repentir, ont été enterrés à la fois dans le cimetière. Ces combattants marchent tellement sous l'impression de la terreur, que je ne les regarde pas mourir *in flagranti delicto*. Dites-moi ce que vous en pensez, ainsi que des services qu'on pourrait demander pour eux. »

Un problème religieux

La discipline ecclésiastique de l'Église catholique précise que celui qui meurt les armes à la main lors d'un soulèvement contre l'autorité civile légalement établie doit être privé de sépulture dans un cimetière catholique. Lartigue et Bourget s'en tiennent à l'enseignement reçu à ce sujet. Le premier le rappelle à François-Xavier Demers, dans sa réponse du 4 décembre :

> Il n'y a pas le moindre doute qu'on ne peut absoudre aucun de ceux qui ont coopéré publiquement à la révolte par paroles ou par actions, à moins de rétractation aussi publique ; à plus forte raison ceux qui ont pris les armes contre la reine ; et s'ils meurent ainsi sans s'être repentis et rétractés ils doivent être privés de la sépulture ecclésiastique ; et il ne faut pas leur chanter de services publics, quoiqu'ils aient réparé, avant de mourir, leur agression armée ; ceux-là sont bien morts, selon mon avis, *in flagranti delicto*, quoiqu'on ignore ce qui a pu les excuser peut-être aux yeux de Dieu. Quant à ceux qui ont déjà été enterrés, sans réparation dans le cimetière avec les autres repentis, quoique ceux qui les ont ainsi enterrés soient coupables, il faut néanmoins laisser leurs corps où ils ont été mis.

En ce qui concerne les patriotes enterrés à Saint-Charles, les autorités ecclésiastiques prennent une décision différente. Bourget écrit à Blanchet le 5 décembre :

> Les patriotes rebelles et morts *in flagranti delicto* ne peuvent recevoir la sépulture ecclésiastique. Mais pour ne point exhumer ceux qui ont été mis dans votre

cimetière, ce qui ne pourrait se faire sans danger de répandre la corruption, il faudra séparer du lieu sacré par une clôture l'endroit où ils ont été déposés, de manière à le rendre profane, [...] comme vous le voyez observé pour l'enclos où l'on enterre les enfants morts sans baptême. Cette précaution, tout en sauvant les règles de l'Église, aura le bon effet d'inspirer aux vivants toute l'horreur qu'ils doivent avoir pour la rébellion en la voyant punie si exemplairement. Ne chantez point de service pour ceux qui sont ainsi morts les armes à la main. Mais vous pourrez dire des messes basses pour le repos de leurs âmes, parce que plusieurs ont pu être repentants avant de mourir, quoiqu'ils n'aient pas eu le temps d'en donner des marques.

Bourget ne semble pas donner ces directives de gaieté de cœur. Le 2 décembre, il confie à Jacques Paquin, curé de Saint-Eustache : « Quoique l'on ne sache pas encore le nombre des morts à Saint-Charles, il paraît certain qu'il est très grand ; et il a fallu, comme bien vous pensez, leur refuser les honneurs de la sépulture ecclésiastique ; ce qui a singulièrement chagriné les parents des malheureuses victimes qui assuraient qu'ils n'auraient pas été s'insurger de la sorte, s'ils eussent vu toutes les conséquences qui en devaient résulter. »

L'occupation

Après la bataille, les soldats de Wetherall envahissent le village de Saint-Charles. Ils saisissent l'arbre de la Liberté dressé lors de l'assemblée des Six-Comtés. Des hommes sont placés aux endroits stratégiques pour effectuer une surveillance constante, car on craint que des patriotes tentent de libérer les prisonniers enfermés dans l'église paroissiale. La nuit venue, la soldatesque entre à cheval dans le lieu sacré. Plusieurs carreaux des fenêtres sont brisés pour permettre de tirer plus facilement, car l'alarme est donnée par deux fois. À l'intérieur de l'édifice, la température tombe en-dessous du point de congélation. « Au centre de l'église, raconte Beauclerk, on avait allumé un grand feu autour duquel des groupes de soldats se régalaient. Le long des côtés ténébreux, une seule chandelle jetait une faible lumière. Devant l'autel, étaient étendus les cadavres des soldats ; dans la sacristie, joignant l'église, étaient logés les prisonniers, pour la plupart agenouillés et ployés apparemment dans une prière silencieuse et solennelle. Cette scène fit sur moi une profonde impression, que je n'oublierai pas de sitôt. »

Le dimanche 26, les soldats portent en terre les cadavres de leurs confrères tués au cours de l'engagement. Le lendemain, l'armée anglaise reprend le chemin de Montréal où elle arrive le 30 vers les onze heures. Le *Populaire* du 1er décembre décrit ainsi l'entrée triomphale des militaires et celle, moins brillante, des prisonniers :

Un grand concours de citoyens encombraient le quai ainsi que toutes les rues où le cortège passa, et ces militaires aguerris furent salués des plus vives acclamations, que le sentiment de pitié dû au malheur des prisonniers qu'on ramenait put à peine étouffer. La cavalerie était en tête guidée par son digne capitaine David. M. Lovell portait le fameux trophée républicain enlevé au camp de Saint-Charles : c'est une petite colonne en bois peint en blanc, sur laquelle est écrit : « À Papineau, des citoyens reconnaissants ». Elle est surmontée d'un bonnet de la liberté rouge avec un gland doré, tel à peu près qu'on l'avait inventé dans la grande révolution française. Un autre trophée était aussi offert en spectacle : c'était l'une des cuirasses faites avec le métal des mauvais sous le général Brown ! laquelle avait été percée de part en part par une balle et ne put rendre invulnérable le malheureux qui la portait. La musique des Royaux exécutait ses airs favoris, et le digne colonel suivait à cheval. Immédiatement après venait la compagnie de grenadiers et le reste du corps. Au milieu des rangs se trouvaient les infortunés prisonniers, attachés deux à deux par l'un des poignets. Ils étaient couverts des capots de nos habitants et beaucoup d'entre eux paraissaient consternés. Nous vîmes un jeune homme qui pleurait amèrement et nous entendîmes l'un d'eux s'écrier : « Citoyens, ne faites pas comme nous ; nous avons été trompés. » Plusieurs paraissaient blessés. Le notaire Duvert se distinguait par sa corpulence et semblait lever fièrement la tête ; Euzèbe Durocher et Lemire avaient l'air moins contrit que tous les autres. Les prisonniers furent conduits à la maison de justice, devant les magistrats assemblés et de là ils furent escortés jusqu'à la prison par les carabiniers volontaires.

La victoire de Saint-Denis n'est pas effacée par la défaite de Saint-Charles. Le colonel Gore, retranché à Sorel, accepte mal sa défaite et ne veut pas laisser impunis ceux qui ont terni sa gloire militaire. À la tête d'une armée de 1100 hommes, il reprend donc le chemin de Saint-Denis où il arrive le dimanche 3 décembre. Les chefs patriotes, plusieurs habitants compromis et le curé Demers ont fui le village. Il est convenu que seulement les biens de ceux qui ont pris une part active à l'organisation de la rébellion seront soumis au saccage.

Dès leur arrivée dans le village, les soldats se rassemblent sur la place devant l'église, puis sont dispersés dans presque toutes les maisons où l'on doit les héberger et les nourrir gratuitement. « Un ami de la justice et de la vérité » est scandalisé par la conduite des troupes de Sa Majesté. « Les maisons des fidèles sujets de Sa Majesté ne furent pas plus épargnées que les autres, probablement parce qu'elles étaient bâties sur une terre infâme, souillée par la rébellion, l'église fut seule respectée. Les soldats, après avoir réparé leurs forces, après avoir puisé dans la bouteille toute l'ardeur et le courage qui leur étaient nécessaires pour leur noble expédition se mirent en œuvre. » Plusieurs maisons et dépendances sont incendiées, et parfois même des édifices appartenant à des citoyens nullement mêlés à la rébellion.

Les soldats en veulent surtout aux biens de Wolfred Nelson. « J'étais fermier du docteur Nelson, je cultivais de moitié, déclare sous serment Joseph Charpentier. Le ou vers le 2 décembre, dix dragons vinrent chez moi et m'informèrent qu'ils allaient brûler les propriétés du docteur Nelson ; je représentai ma situation aux dragons, et on me permit de sortir de la maison tout ce qui m'appartenait ; on me laissa aussi enlever de ma grange une partie de mon blé ; les dragons mirent alors le feu aux bâtiments et s'en allèrent. »

La maison de Nelson, située dans le village, et sa distillerie deviennent elles aussi la proie des flammes. Il en est de même de la maison et de la chapellerie de madame Saint-Germain ainsi que des biens du capitaine Jalbert. Plusieurs autres maisons sont incendiées, parfois même pillées. Plus tard, le colonel Gore se défendra et accusera les volontaires anglophones qui avaient suivi l'armée régulière d'être responsables de tous les crimes.

Tous les efforts furent faits pour empêcher les troupes de détruire les propriétés, écrira-t-il au commissaire W. C. Hanson, et d'après le caractère bien connu des officiers qui accompagnèrent le détachement je peux être certain qu'il ne fut commis aucun acte malicieux par les troupes. [...] Les hommes furent tenus sous les armes, les rôles furent appelés fréquemment et, en passant à cheval autour du village, je trouvai les parties éloignées en feu ; il était impossible que les soldats fussent les auteurs de cet incendie, puisqu'on les avait constamment tenus sous les armes, et qu'ils n'avaient pas eu permission de s'absenter ; les seules maisons incendiées furent celles du docteur Nelson et de madame Saint-Germain.

Pour l'enquêteur Hanson, un des commissaires chargés, vers 1850, d'établir la responsabilité de pertes subies lors du soulèvement de 1837-1838, ce n'est pas l'armée anglaise qui est l'auteur du pillage. « Les volontaires et les maraudeurs, affirme-t-il, commencèrent immédiatement le pillage, emportant avec eux tous les effets appartenant à ceux qui avaient fui. Des bateaux chargés de marchandises furent emmenés à Sorel et des charretiers transportèrent des charges de meubles de ménage ; on accuse les volontaires d'avoir, après l'enlèvement de ces meubles, incendié la plus grande partie des maisons. »

Étant quasi assurés de l'impunité, les volontaires, pour la plupart des anglophones, s'en donnent à cœur joie. À son retour, le curé Demers décrit à Lartigue la situation de son village : « Toutes les maisons [...] ont été livrées au pillage et plusieurs sont inlogeables. [...] J'ai été pillé considérablement et ils ont levé le plancher du grenier et forcé les portes et les tiroirs. Si le coffre-fort fut resté au presbytère, il n'y serait assurément plus. [...] Les portes du tabernacle ont été forcées, tous les coffres et armoires ouverts. »

Saint-Denis, ainsi saccagé par ceux qui en voulaient à sa grande prospérité, se relèvera difficilement et perdra, au profit de Saint-Jean, sa primauté dans le domaine de la poterie.

Un renouveau loyaliste

Pour Gosford, il est important que la population revienne à des sentiments de loyauté envers la couronne britannique. Le 29 novembre, après une analyse sommaire de la situation, il émet une proclamation rappelant les devoirs des citoyens.

Attendu qu'il est notoire que l'aveugle et fatale excitation qui règne actuellement dans ce district [Montréal] doit s'attribuer aux machinations de quelques hommes pervers et mal intentionnés qui en ont imposé à la crédulité d'une population rurale trop confiante, et qui en lui présentant des faits réels ou supposés sous des couleurs plausibles quoique fausses, en mettant en jeu ses craintes et ses passions, en faisant des appels à des distinctions nationales, et en excitant des préjugés politiques que le gouvernement britannique s'est constamment efforcé de faire disparaître ont enfin réussi à impliquer une partie de cette population, jusqu'ici paisible et loyale, dans les premiers excès d'une révolte aveugle et désespérée.

Le représentant de la reine souligne que les Canadiens possèdent tout ce qui peut les rendre heureux : leur religion, leur langue, leurs lois. Quant aux revendications de la Chambre d'assemblée, tout ce qui était juste demande a été accordé ou est en voie de l'être. « J'engage donc maintenant, ajoute-t-il, ceux qui ont été jusqu'ici abusés à écouter le langage de la raison, de la sincérité et de la vérité. Écoutez les exhortations de votre clergé respectable et qui mérite si bien votre confiance. [...] Retirez-vous dans vos foyers et au sein de vos familles. Soyez assurés qu'un gouvernement puissant et miséricordieux a plus à cœur d'oublier que de venger les injures et que, dans ce sanctuaire, vous n'éprouverez de sa part aucune molestation. »

La proclamation se termine par un genre d'appel aux armes :

> Je, ledit Archibald, comte de Gosford, invite par ces présentes tous les loyaux sujets de Sa Majesté en cette province à se tenir prêts en tout temps à maintenir contre tous agresseurs l'autorité de notre souveraine Dame la Reine, et à résister aux projets rebelles des malveillants en cette province. Les droits et privilèges les plus chers à des sujets britanniques, leurs lois et leurs institutions, ont été ouvertement et audacieusement assaillis. Ils se souviendront que ces sentiments de loyauté et d'honneur qui ont été la gloire de leurs ancêtres sont l'héritage de leurs enfants ; et en défendant leur allégeance à leur gracieuse Reine et la connexion qui a si longtemps existé entre cette colonie privilégiée et la Grande-Bretagne, ils se précipiteront en avant comme un seul homme pour prouver leur gratitude pour les bienfaits dont ils jouissent, et leur résolution inébranlable de les conserver intacts.

Rapidement, l'appel gouvernemental porte fruit. Les assemblées publiques ayant pour objet l'adoption de résolutions de fidélité et la signature d'adresses à la reine et au gouverneur se tiennent dans la plupart des villes et des paroisses du Bas-Canada. Les deux premières ont lieu, le 29 novembre, l'une à la chapelle Saint-Roch à Québec, l'autre à Berthier. Il n'est pas rare que ceux qui avaient assisté aux assemblées patriotiques de l'été précédent se retrouvent dans les réunions loyalistes. Ainsi J.-Édouard Crevier-Belleville, curé de Saint-Hyacinthe, le 25 novembre, bénit une trentaine de jeunes gens qui vont se battre à Saint-Charles aux côtés des patriotes et quelques jours plus tard, il signe avec d'autres habitants de la paroisse une adresse « pour protester de leur déloyauté et promettre de conserver la paix envers le gouvernement de Sa Majesté britannique et s'obliger d'aider à maintenir l'existence de la loi en cette province du Bas-Canada ».

Dans la capitale, on met sur pied dix compagnies de volontaires et un corps d'infanterie légère comptant quatre compagnies dont deux de carabiniers. Les marins disponibles se regroupent dans un corps particulier. Selon James MacPherson Le Moine, « on n'entendait partout que le cliquetis des mousquets dans les rues de Québec ». Dans la région de Montréal, il y a longtemps que les volontaires se sont formés en compagnies.

Pour faire écho à une demande du gouverneur, trois régiments cantonnés dans les provinces maritimes sont dépêchés à Québec par voie de terre et ce, en plein hiver. Le 4 décembre, l'évêque de Québec adresse une lettre circulaire aux curés de toutes les paroisses situées entre la Pointe-Lévis et Rimouski.

> Comme il est probable que des troupes, au service de Sa Majesté, qui sont attendues sous peu de jours en cette province, passeront par votre paroisse, avant

d'arriver au lieu de leur destination et que leur passage pourrait peut-être créer chez quelques-uns de vos paroissiens des impressions défavorables, écrit Signay, je vous prie de rassurer là-dessus ceux qui pourraient témoigner de l'inquiétude, en leur faisant comprendre que, bien loin d'être appelées ici dans un but hostile, elles n'y viennent que pour protéger les habitants du pays et pour maintenir la tranquillité publique. Veuillez aussi recommander, dans l'occasion, à vos paroissiens de faciliter le passage de ces troupes, autant qu'il sera en leur pouvoir, et de se prêter de bonne grâce à leur rendre tel service que la nécessité pourra requérir. Vos efforts vers un but si louable ne manqueront pas d'être dûment appréciés par un gouvernement qui a donné des preuves non équivoques de ses bonnes dispositions en faveur du clergé.

Craignant l'attitude des habitants de Saint-Thomas de Montmagny, Signay prend soin d'adresser, le 5, une lettre personnelle à Jean-Louis Beaubien, curé de la paroisse. Il y exprime le souhait que les habitants de l'endroit « ne s'opposeront pas au passage des troupes anglaises dans leur paroisse ».

À Québec, l'espace réservé aux troupes devient trop exigu. On songe donc à utiliser l'édifice du Parlement qui, à cause des circonstances, est désormais inutile. « Les caves du Palais parlementaire, lit-on dans le *Canadien* du 4 décembre, ont commencé à se remplir d'objets d'approvisionnements de bouche pour les forces militaires et le bureau du greffier en loi, celui des traducteurs et celui des greffiers des comités viennent d'être occupés pour servir de dépôts d'armes et loger une garde. On espère que là se bornera l'occupation de cet édifice, qu'il serait vraiment pénible de voir convertir en entier en casernes, à cause des dégâts qu'entraînerait un tel usage. »

Louis-Joseph Papineau, toujours président de la Chambre d'assemblée, n'est plus là pour protester. Le 1er décembre, des placards offrent une récompense de mille livres ou 4000 piastres à celui qui réussira à « découvrir, prendre et appréhender ledit Louis-Joseph Papineau, en quelque lieu qu'il se trouve en icelle [province] et de l'amener devant un juge désigné pour conserver la paix ou magistrat principal, dans l'une ou l'autre des cités de Québec ou de Montréal ». Papineau, qui « a fui la justice », est accusé de haute trahison. Au début de décembre 1837, le chef du parti patriote ainsi que la plupart des dirigeants du soulèvement dans la vallée du Richelieu prennent, incognito, à travers bois, la direction des États-Unis.

Sous la loi martiale

L'agitation demeure grande dans la région du lac des Deux-Montagnes. Les derniers jours de novembre sont occupés à piller les fidèles sujets de Sa Majesté. « On a commis des déprédations sous prétexte de punir les loyalistes, note Girod dans son journal en date du 29 novembre. Quelques individus ont pillé des armes, des bestiaux, des meubles. J'ai proposé au comité de prendre des mesures pour faire cesser ces déprédations. »

Le 30 novembre, quelques centaines de patriotes, sous la direction de Girod et de Chénier, se rendent à la mission amérindienne du lac des Deux-Montagnes et au magasin de la Hudson's Bay Company pour s'emparer des armes et des munitions qui s'y trouvent. L'expédition échoue partiellement à cause du manque de discipline des Canadiens. Girod ne peut s'empêcher d'écrire : « Il est plus facile de faire comprendre à une oie qu'il ne faut pas cacarder qu'à un Canadien qu'il faut tenir sa langue. »

Pour retarder la marche de l'armée que l'on pourrait envoyer contre eux, les patriotes du lac des Deux-Montagnes détruisent partiellement le pont du meunier Lachapelle qui relie l'île de Montréal à l'île Jésus.

Convaincu de l'imminence d'un soulèvement dans la région de Montréal, le gouverneur Gosford émet, le 5 décembre, une proclamation établissant la loi martiale pour ce district.

> Attendu qu'il existe dans le district de Montréal une conspiration traîtreusement formée par un nombre de personnes se disant faussement des patriotes pour la subversion de l'autorité de Sa Majesté et la destruction de la constitution et du gouvernement établis dans ladite province. [...] À ces causes, je, Archibald comte de Gosford [...] ai donné ordre au lieutenant général sir John Colborne, commandant les forces de Sa Majesté dans ladite province et aux autres officiers des forces de Sa Majesté en icelle, d'arrêter et de punir toutes personnes agissant, aidant ou assistant de quelque manière que ce soit dans lesdites conspiration et rébellion maintenant existantes dans ledit district de Montréal et éclatées en attaques des plus audacieuses et des plus violentes sur les forces de Sa Majesté, suivant la loi martiale soit par la mort ou autrement, tel qu'il leur semblera juste et expédient pour la répression de tous rebelles dans ledit district : de quoi tous les sujets de Sa Majesté en cette province sont par les présentes requis de prendre connaissance.

Dans le district de Montréal, l'administration civile est donc suspendue et les tribunaux civils perdent leur autorité. Un problème légal se pose : les prisonniers incarcérés avant l'entrée en vigueur de la loi martiale seront jugés par quel tribunal ?

Un petit coup

Pendant que, dans la région du lac des Deux-Montagnes, on se prépare à attaquer et surtout à se défendre et qu'à Montréal on veut en finir avec le soulèvement des patriotes, des Canadiens songent à organiser une opération de diversion le long de la frontière américaine du Vermont. Les 5 et 6 décembre, Julien Gagnon, plus connu sous le nom de Gagnon l'habitant, parcourt les environs de Saint-Valentin pour convaincre les habitants de prendre les armes dans une tentative de pénétration en territoire loyaliste. Ses va-et-vient n'échappent pas au capitaine O. J. Kemp, de Frelighsburg-Saint-Armand. Ce dernier réunit rapidement un groupe de volontaires, leur fournit des armes et prépare la défense.

La petite armée d'invasion, qui a reçu la bénédiction de Papineau et de O'Callaghan, rencontrés à la baie Missisquoi lors de leur fuite vers les États-Unis, franchit la frontière à Highgate, le 6 décembre en fin de journée. Le capitaine Kemp, qui a réussi à regrouper plus de 300 volontaires bien armés, attend les 80 patriotes à Moore's Corner, à la jonction des routes de Saint-Armand et de Swanton. Il est près de vingt et une heures. Robert-Shore-Milnes Bouchette, qui dirige l'avant-garde, se rend compte de l'inutilité d'un combat ; mais on décide quand même de faire le coup de feu pour ne pas retraiter sans combattre. L'engagement dure un quart d'heure. Un patriote est tué, deux sont blessés et trois autres faits prisonniers. Dans son rapport à Colborne, Kemp fait état des prises : « Ils abandonnèrent aussi deux pièces de canon montées, 5 barils de poudre, 6 boîtes de cartouches, 70 fusils, dont partie en caisse et deux drapeaux. » Ces drapeaux avaient été confectionnés par des dames américaines sympathiques à la cause des patriotes.

La bataille de Moore's Corner sera la dernière à avoir lieu dans la région sud au cours de 1837.

Le grand coup

Le général Colborne considère qu'il ne reste qu'un seul foyer d'agitation digne d'intérêt et qu'il faut écraser : celui de la région du lac des Deux-Montagnes. Dès le début de décembre, il commence à masser des troupes à Saint-Martin, sur l'île Jésus, et à Carillon. Plusieurs régiments de volontaires, formés presque exclusivement d'anglophones, viennent prêter main-forte aux troupes régulières. À la veille du combat final, on aura réussi à réunir environ 2000 hommes.

L'armée effectue une surveillance régulière des ponts Lachapelle et Porteous, ce dernier joignant, à Sainte-Rose, le nord de l'île Jésus et la terre ferme. Le 6 décembre, 25 patriotes tentent de faire sauter le pont Porteous. Le lendemain, un inspecteur anglais déclare, selon Girod, que le pont est réparable : « L'arche du milieu est si peu endommagée que les piétons peuvent le traverser. J'ai envoyé le vieux Davis, ajoute-t-il, pour détruire complètement le pont. »

Quant aux hommes de Chénier et de Girod, ils ne demeurent pas inactifs. Ils s'occupent joyeusement à piller les biens des loyalistes. La proclamation du « général » Girod interdisant le vol est demeurée lettre morte. Il est désormais prévisible que les habitants anglophones de la région chercheront à se venger.

Le village de Saint-Eustache paraît être « en guerre ». Le curé de la paroisse, qui est reconnu pour manifester peu de sympathie aux patriotes, les décrit ainsi : « Ces hommes ne reconnaissaient aucune règle, et se croyaient maîtres de faire tout ce qui leur plaisait. [...] Jamais leurs chefs ne cherchèrent à leur apprendre aucune évolution militaire, jamais ils ne leur firent faire aucun exercice pendant qu'ils restè-rent au camp de Saint-Eustache. Ces gens étaient toujours dans l'oisiveté et ne s'occupaient qu'à piller, boire, manger, danser et se quereller. »

Devant l'imminence d'une attaque, plusieurs familles de Saint-Eustache et de Saint-Benoît cherchent refuge ailleurs. « Tous les prétendus loyaux, écrit Émilie Berthelot, avaient fui pour aller s'enrôler comme volontaires à Montréal. »

Mercredi le 13 décembre 1837, les chefs font la revue des patriotes sur la place en face de l'église de Saint-Eustache. Girod veut, par son discours, électriser ses hommes. Le suit Étienne Chartier, le curé de Saint-Benoît qui est, aux dires de son confrère Paquin, « un des plus violents chefs d'insurgés dans sa paroisse ». Presque au même moment, les dernières compagnies, sous les ordres des colonels Wetherall, Maitland et Dundas, quittent Montréal pour le camp de Saint-Martin. Six canons de campagne complètent l'armement régulier. À ces 2000 hommes qui se préparent à marcher sur Saint-Eustache, il faut en ajouter autant qui n'attendent que l'ordre de se rendre à Saint-Benoît.

> Le jour même du feu, le 14 décembre, raconte Émilie Berthelot qui est alors âgée de 21 ans, les volontaires ayant de nouveau été aperçus dans l'île Jésus, les patriotes envoyèrent un courrier dans la grande côte près de Sainte-Rose et là ils apprirent que les troupes réglées étaient en marche sur Saint-Eustache. De retour au village, l'alarme fut générale. On criait aux armes, on se réfugiait dans le domaine. M. le curé Paquin et aussi M. [François-Xavier] Desèves, alors vicaire, consommèrent les Saintes-Espèces et transportèrent les vases qui étaient encore à l'église depuis le service divin et s'enfuirent sur la terre qu'ils occupaient tous deux depuis ces derniers temps. Certains alors qu'il fallait entrer en bataille, nos guerriers canadiens se rendirent chacun à leur poste : c'était dans la maison de M. Joseph de Bellefeuille, dans le presbytère, le couvent et l'église. Ils montèrent dans les jubés et se servirent des châssis et des œil de bouc comme de meurtrière, tirèrent les escaliers après eux pour n'être pas surpris et attendirent l'ennemi courageusement. Vers les dix heures du matin, c'était un jeudi, par un beau temps clair et très froid, les volontaires traversèrent sur la glace vis-à-vis de l'église au nombre de 500 et attendirent les troupes anglaises dont la marche était plus lente ; elles passèrent par le chemin du roi au nombre de 1500, l'infanterie, l'artillerie, la cavalerie, l'état-major en grand costume, commandés par le gouverneur sir John Colborne ; puis des machines de guerre, des mortiers et des grandes voitures rouges à huit places pour transporter les blessés. Tout cela défila modérément, et avec une espèce de défiance, tant les faux bruits sur la prétendue révolte et sur les préparatifs que pouvaient avoir les patriotes pour les repousser avaient effrayé le gouvernement. [...] Arrivés à 40 arpents du village, ils firent halte, entrant dans les maisons pour faire boire les soldats, ce que les bonnes femmes firent en tirant l'eau de leurs puits.

Avant même que le combat ne s'engage, le village est complètement encerclé, même du côté de l'eau. Les patriotes ne sont plus qu'environ 250. Une soixantaine sont dans l'église avec Chénier. Les autres dans le presbytère, le nouveau couvent et les maisons des alentours. Le nombre de fusils est de beaucoup inférieur à celui des hommes. À quelqu'un qui lui en aurait fait la remarque, Chénier aurait répondu : « Soyez tranquilles il y en aura de tués parmi nous, vous prendrez leurs fusils. »

Vers treize heures, Colborne juge son armée prête à attaquer. Girod avait déjà quitté le lieu du combat pour se rendre à Saint-Benoît où, disait-il, il fallait chercher du renfort. Le curé Paquin met plutôt en cause sa bravoure et son courage !

Les grosses pièces de canons commencent à bombarder la façade de l'église. Les volontaires tentent d'y pénétrer par la sacristie. Le tir est nourri des deux côtés. On met le feu à l'une des maisons, puis à ses voisines. À moins de se rendre, les patriotes qui s'y trouvent sont voués à une mort quasi certaine. Malgré l'infériorité numérique des combattants patriotes, après deux heures de combat, l'église, le presbytère et le couvent tiennent toujours bon.

L'assaut général est donné. Des soldats pénètrent dans l'église et y mettent le feu. Chénier et ses compagnons décident de tenter une sortie pour continuer le combat. Dès leur apparition aux fenêtres, plusieurs sont frappés mortellement.

« Tous combattirent avec le courage du désespoir, écrit Theller. Bientôt une balle abattit le chef intrépide. Tombé mais non vaincu, soudain dans un sursaut d'énergie qui galvanisa ses forces chancelantes, il se leva et déchargea sa carabine sur le sol et deux fois il se releva pour attaquer. La quatrième fois le héros tomba pour ne plus se relever. »

À seize heures trente, le combat cesse. « De temps en temps seulement, affirme Paquin, on entendait le bruit de quelques coups de feu dirigés sur un fuyard ou de l'écroulement de quelque édifice consumé par l'incendie, qui faisait d'horrible progrès dans le village. La fumée épaisse qui s'élevait de l'église, du couvent, du presbytère et que le vent chassait du côté de la glace fut favorable à plusieurs des infortunés insurgés, qu'elle déroba dans leur fuite à la vue des soldats ; quelques-uns de ceux qui avaient échappé au massacre furent faits prisonniers à une certaine distance du village par les volontaires qui s'y étaient répandus. »

Le nombre des prisonniers atteint 120. Plusieurs sont logés dans leurs propres maisons, les mains attachées derrière le dos et gardés à vue par des soldats ou des volontaires peu sympathiques.

Le feu qui se propage de lui-même ou les incendies que les volontaires et parfois les soldats allument délibérément détruisent une soixantaine de maisons. Pour plusieurs, le temps de la vengeance vient de sonner. Selon l'historien Gérard Filteau, « les volontaires de [Maximilien] Globenski, dont un grand nombre étaient de Saint-Eustache même, en dépit de leurs efforts, ne parvinrent pas à sauvegarder leurs propres maisons ».

Feu Saint-Benoît !

Pour Colborne et les autres personnes reliées au gouvernement, la paroisse de Saint-Benoît est un lieu d'agitation aussi important que Saint-Eustache. Les patriotes y auraient construit des retranchements imposants qu'ils auraient armés de plusieurs pièces d'artillerie. On décide donc d'attendre le 15 décembre pour attaquer cet endroit.

Et pourtant, à Saint-Benoît, la situation est tout autre. Dès l'annonce de la défaite à Saint-Eustache, le notaire Jean-Joseph Girouard engage « les habitants à se retirer chez eux et à demeurer tranquilles après avoir fait disparaître leurs armes et leurs munition ».

> Je vis en ce moment, confie Girouard à son ami Augustin-Norbert Morin, de nos braves, les larmes aux yeux et la rage dans le cœur, protester qu'ils voulaient combattre en désespérés, parce que, disaient-ils, l'ennemi n'en ferait pas moins parmi nous les ravages commis à Saint-Eustache. J'eus beaucoup de peine à les persuader que ce serait un parti plus téméraire que sage d'entreprendre de défendre nos postes ; que la raison et l'humanité devaient nous engager à essayer d'éviter une ruine totale et l'effusion de sang ; qu'enfin, je ne voyais pas comment sir John Colborne pourrait ordonner ou permettre de mettre le feu et de piller, ni même de souffrir que l'on fît le moindre mal à une population qui ne lui offrirait aucune résistance. Combien je me trompais !

Girouard avait compté sans l'esprit de vengeance des volontaires anglophones : « Les troupes stationnées à Carillon avec les volontaires et loyaux d'Argenteuil, Chatham, Grenville et les orangistes de Gore, tous, ou au moins la plupart armés et ammunitionnés par le gouvernement, se divisèrent en deux bandes pour donner sur Saint-Benoît. Le même soir de mon départ de chez moi [le 14], une partie de l'expédition bivouaqua dans la baie de Carillon pour déboucher par les Éboulis, et j'aperçus leurs feux de l'endroit où j'étais arrêté ; l'autre partie chemina par la rivière Rouge et Saint-Hermas. »

Les volontaires anglophones se déchaînent et le notaire Girouard, témoin de leurs agissements, ne peut cacher son indignation : « Arrivés à la belle maison de pierre du capitaine Mongrain, d'où sa dame s'était sauvée avec ses enfants, ils pillèrent cette maison et y mirent le feu. J'étais à quelques arpents de là dans le petit bois qui se trouve non loin du chemin, et je pus voir de mes yeux toutes ces horreurs. Je les vis, ces sauvages, danser, gambader et jouer de la trompette devant la maison en jetant des cris féroces. Ils mirent ensuite le feu à la grange du capitaine Mongrain et à la maison voisine appartenant à la veuve Laframboise, près de la terre du père Payen que vous connaissez, et ils prirent le chemin de Saint-Étienne. »

Le même matin, vers les neuf heures, Colborne quitte Saint-Eustache pour se rendre à Saint-Benoît. Une délégation composée de 14 citoyens de ce dernier village vient au-devant de lui, drapeaux blancs à la main. Le général promet qu'il n'y aura pas de pillage si aucun coup de feu n'est tiré. Il arrive le soir à Saint-Benoît et s'installe dans la maison de Girouard. Le 16 au matin, dans le petit village, on dénombre entre 5000 et 6000 hommes de troupes, réguliers ou volontaires.

> Quoi qu'il en soit, raconte encore le notaire Girouard, l'on fit rassembler dans ma cour, qui est très large, comme vous savez, un nombre considérable d'habitants ; ils y furent mis en rang, et l'on braqua sur eux deux canons par la porte cochère, en leur disant qu'on allait les exterminer en peu de minutes. Il n'est point d'injures et d'outrages dont on ne les accabla, et de menaces qu'on ne leur fit pour les intimider et les forcer à déclarer la retraite de tous ceux que l'on appelait leurs chefs. [...] Je ne sais pourquoi ils firent prendre les noms de tous ceux que l'on fit rassembler chez moi et qui furent ensuite congédiés. Alors commencèrent des scènes de dévastations et de destruction comme on n'en vit jamais de plus atroces, le meurtre seul excepté, dans une ville prise d'assaut et livrée au pillage après un long et pénible siège. Ayant complètement pillé le village, l'ennemi y mit le feu et le réduisit d'un bout à l'autre en un monceau de cendre.

L'église paroissiale n'échappe pas à la profanation : « Avant de mettre le feu à l'église, raconte toujours le notaire indigné à juste titre, les soldats y étaient entrés et y avaient commis des profanations de toutes sortes. Ils n'y mirent pas leurs chevaux comme en celle de Saint-Charles, mais les uns montèrent sur l'autel pour briser les reliquaires, les autres pour s'emparer des vases sacrés et les firent servir à satisfaire leurs besoins naturels, après avoir percé, déchiré et foulé les hosties à leurs pieds. On en vit ensuite se revêtir des ornements sacerdotaux qu'ils avaient volés dans la sacristie et attacher des étoles autour du cou de leurs chevaux. »

Rien se semble vouloir diminuer l'ardeur vengeresse des volontaires déchaînés. Même les femmes et les enfants n'échappent pas à leur fureur :

Après avoir pillé tout ce qui se trouvait dans la maison et les bâtiments d'une ferme et s'être emparés de tous les animaux, les barbares faisaient déshabiller les hommes, les femmes et les enfants, que l'on laissait presque nus à la porte de leur maison embrasée. Les dames Dumouchel, Lemaire, Girouard et Masson ne furent pas exemptes ; à peine resta-t-il à ces dernières de quoi couvrir leur nudité. Je ne sais encore comment ces infortunées dames ont pu survivre à tant de misères et de malheurs. On avait défendu, sous peine d'incendie, aux habitants de donner hospitalité à ces pauvres dames et elles seraient mortes de froid sans le courage de quelques bons citoyens qui leur offrirent un logement au risque de subir la vengeance loyale. [...] Ces barbares entrèrent dans la maison de Benjamin Maynard, à la côte Saint-Jean de Saint-Benoît. Sa femme y était et avait mis un enfant au monde deux jours auparavant. Ils lui arrachèrent son lit et l'effrayèrent tellement qu'elle en mourut le lendemain.

Les témoins sont presque unanimes à accuser les anglophones des environs d'être les auteurs de telles vengeances. Le curé Paquin, qui ne peut être soupçonné de nourrir de la sympathie à l'endroit des patriotes, écrit dans son *Journal historique* : « On a accusé les volontaires de Saint-André de la plus grande partie des désastres ; on dit qu'ils conservaient rancune aux habitants de Saint-Benoît, à cause de leurs querelles réitérées dans toutes les élections et surtout dans celles de 1834. Quoi qu'il en soit, il est un fait certain, c'est que le village de Saint-Benoît n'est plus qu'un amas de ruines. »

Girouard, cela va sans dire, partage l'avis du curé de Saint-Eustache : « Les volontaires et les loyaux furent ceux qui commirent le plus de cruautés et de déprédations. Ils s'en retournèrent chez eux avec un nombre considérable d'animaux et de voitures chargées de lits, meubles, grains et autres provisions, instruments d'agriculture et autres effets. Ainsi des familles nombreuses auxquelles ils avaient arraché tout ce qu'elles possédaient, jusqu'à leurs vêtements, ont été obligées de mendier quelque nourriture pour subsister et quelques couvertures pour se garder du froid. »

Les villages de Sainte-Scholastique et de Saint-Hermas, à un degré moindre, ont eux aussi à souffrir du pillage et des incendies.

Aux yeux de la population, Colborne, qui se méritera par la suite le surnom de Vieux Brûlot, est responsable de la vindicte de ses hommes. Pourtant, dans une lettre datée du 22 juillet 1850 et adressée au commissaire W. C. Hanson, lord Seaton défend ainsi sa conduite :

À l'arrivée des troupes à Saint-Benoît, environ 100 des insurgés remirent leurs armes et on leur donna des passeports. Les soldats furent postés régulièrement dans le village par les soins du département du quartier-maître général et il fut donné à chaque officier des ordres rigoureux pour la protection des habitants et de leurs propriétés. [...] Le colonel Townshend [...] déclare qu'après le départ des troupes pour Montréal, des feux éclatèrent dans diverses parties du village et qu'il lui fut impossible, avec tous les efforts des détachements qu'il commandait d'éteindre les flammes. Le lieutenant-colonel Townshend supposa que quelques personnes vindicatives opposées aux insurgés et qui avaient souffert de leurs déprédations durant la rébellion et qui avaient été chassées de leurs maisons par Girod, ou que des maraudeurs parmi les volontaires des townships du nord, avaient mis le feu à la plupart des grandes maisons du village, pendant que les troupes se rassemblaient pour partir. [...] Chacune des maisons endommagées ou détruites à Saint-Benoît le fut pour des motifs malicieux, et malgré les efforts des gardes placés là pour protéger les propriétés.

À une telle défense postérieure, le notaire Girouard avait déjà répondu dans sa lettre du 28 avril 1838 à Morin :

Sans doute, mon bon ami, vous allez me demander comment sir John Colborne, un officier supérieur, le commandant des forces de Sa Majesté et le gardien de l'honneur du soldat anglais, ait pu ordonner et permettre tant de carnage et d'atrocités. Il nous répondra sans doute lui-même, que tout cela s'est fait malgré les ordres exprès qu'il avait donnés de respecter les propriétés et qu'il ne peut être responsable des œuvres de quelques volontaires d'Argenteuil. C'est ce que vous ont dit les gazettes loyales, c'est ce qu'ont crié les loyaux de Montréal, parmi lesquels plusieurs avaient une bonne part de butin ; car l'on sait où Arnoldi, fils, a fait sa provision de beurre, où un autre a pris une guitare qu'il a rapportée de l'expédition suspendue à son cou. Si le lieutenant-général avait donné des ordres exprès que les propriétés fussent respectées, comment donc a-t-il pu permettre qu'elles fussent pillées et brûlées sous ses yeux à Saint-Eustache et principalement à Saint-Benoît où il n'y eut pas un coup de tiré ?

Avec Saint-Eustache et Saint-Benoît, la première vague du soulèvement prend fin. Mais tout n'est pas terminé. Des centaines de patriotes prisonniers à Montréal et autant d'autres qui ont cherché refuge aux États-Unis, songent à reprendre le combat.

Saint-Eustache en ruines au lendemain de la bataille du 14 décembre 1837

LA MISSION DURHAM
1838

À LA MI-DÉCEMBRE, un vent de loyalisme souffle sur le Bas-Canada. Les remous causés par les engagements de Saint-Denis, Saint-Charles et Saint-Eustache engendrent une série d'assemblées au cours desquelles les participants éprouvent le besoin de renouveler leur confiance en la royauté britannique. Plusieurs villes et paroisses font remettre au gouverneur Gosford des adresses exprimant la soumission de la population aux autorités. Le représentant de la reine répond ainsi à l'adresse votée à l'assemblée de la ville et du comté de Québec le 4 décembre :

> Cette déclaration de loyauté émanant dans les circonstances actuelles d'un si grand nombre d'habitants respectables de la cité et du comté de Québec, ne pourra manquer, je l'espère, de détruire les impressions erronées que, par une falsification volontaire et continuelle des faits, on a malheureusement trop bien réussi à produire dans l'esprit de nos cosujets trop confiants et moins éclairés ; — et au moyen desquelles on a entraîné une partie d'entre eux à commettre des actes subversifs de l'ordre légal et de la tranquillité publique, qui ont si justement excité la douleur des signataires de l'adresse et de tous ceux qui désirent le bien-être, le bonheur et la prospérité de la province.

« Pour administrer et faire prêter le serment d'allégeance à toutes et chacune des personnes maintenant dans notre province du Bas-Canada », Gosford nomme 194 commissaires le 21 décembre. Il est entendu que ceux qui refuseront de prêter le serment d'allégeance ou qui voudront empêcher les autres de le faire seront passibles d'emprisonnement.

Les autorités religieuses viennent encore une fois prêter main-forte au pouvoir civil en rappelant aux catholiques leurs devoirs envers le gouvernement. Le 11 décembre, Joseph Signay, évêque de Québec, déclare dans son mandement :

Que, par des voies légales et constitutionnelles, on cherche à remédier aux abus dont on croit avoir raison de se plaindre, c'est un droit que nous ne prétendons contester à personne ; mais que pour y parvenir l'on ait recours à l'insurrection, c'est employer un moyen, nous ne disons pas seulement inefficace, imprudent, funeste à ceux mêmes qui en font usage, mais encore criminel aux yeux de Dieu et de notre sainte religion, c'est, sous prétexte d'éviter un mal, se jeter dans un abîme de maux irréparables ; et l'expérience de tous les siècles démontre que nous n'avançons à rien ici qui ne soit conforme à la plus exacte vérité.

Alors que Signay, dans son mandement, se contente de rappeler des points de doctrine, Jean-Jacques Lartigue, l'évêque de Montréal, se lance à pleine charge contre les patriotes et leurs chefs. Son mandement du 8 janvier 1838 ne ménage pas les accusations : « Quelle misère, nos très chers frères, quelle désolation s'est répandue dans plusieurs de nos campagnes, depuis que le fléau de la guerre civile a ravagé cet heureux et beau pays, où régnaient l'abondance et la joie, avec l'ordre et la sûreté, avant que des brigands et des rebelles eussent, à force de sophismes et de mensonges, égaré une partie de la population de notre diocèse ? Que vous reste-t-il de leurs belles promesses, sinon l'incendie de vos maisons et de vos églises. La mort de quelques-uns de vos amis et de vos proches, la plus extrême indigence pour un grand nombre d'entre vous ? »

Pour l'évêque Lartigue, ce sont les chefs patriotes qui sont responsables du pillage et des incendies et non les volontaires et les soldats, et cela en vertu du principe suivant : « Il est vrai que les temples de Dieu, les objets les plus saints, ont été profanés : et vos cœurs se soulèvent avec raison contre ces sacrilèges ; mais outre que le plus vaillant capitaine, quelque humain et quelque généreux qu'il soit, ne peut toujours, dans ces occasions, maîtriser la fougue du soldat, à qui doit-on attribuer la première cause de ces malheurs ? N'est-ce pas à ceux qui y ont plongé la province par leur propagande de rébellion ? N'est-ce pas à ces meneurs de révolte qui ont osé s'emparer eux-mêmes de la maison de Dieu, afin de s'en servir comme de fort et de redoute pour différer le châtiment qui les menaçait ? »

Le retour quasi collectif à la fidélité et à la loyauté est facilité par le renforcement des troupes anglaises auxquelles viennent se joindre de nouveaux effectifs. Le 28 décembre, arrive à la Pointe-Lévis un premier détachement du 43ᵉ Régiment qui avait quitté Frédéricton par voie de terre le 12 décembre. La division, qui comprend 160 hommes, traverse le fleuve à bord d'une quarantaine de canots. D'autres divisions arrivent au cours des jours suivants, ainsi que les trois divisions détachées du 85ᵉ Régiment.

« Complet ! »

Les arrestations se multiplient dans la région de Montréal. Les patriotes sont incarcérés dans la nouvelle prison, située au Pied-du-Courant. Ils y sont habituellement logés à raison de deux par cellule et ceux qui en ont le moyen peuvent prendre leurs repas en commun. Georges de Boucherville, secrétaire de l'Association des Fils de la Liberté, est emprisonné dans la vieille prison de la rue Notre-Dame, depuis le 16 novembre. Le 12 décembre, il écrit dans son journal :

Durant le courant de la journée, Phaneuf qui, tristement assis dans sa chambre, songeait à sa position, vit tomber quelques bouts de planches devant sa fenêtre. Quelques coups de hache ou de marteau qu'il entendit lui donnèrent une furieuse tremblade. Il se leva précipitamment et, malgré les ordres, nous cria d'un air tout déconcerté que l'on préparait la potence. En effet, elle se trouvait située presque au-dessus de sa fenêtre. Il ne pouvait expliquer autrement la chute des bouts de planches et les coups de marteau. Quelqu'un d'entre nous se hasarda à demander à la sentinelle ce que l'on faisait à l'autre prison. La sentinelle nous répondit assez poliment et du ton le plus sentimental du monde que l'on était à construire une demi-douzaine de potences. « Hélas, ajouta-t-il, je plains beaucoup votre malheureux sort. » L'on se regarda les uns les autres avec de grands yeux. La nouvelle était triste. C'était chiffonnant aussi.

À Montréal, plusieurs anglophones réclament des pendaisons. Adam Thom, dans le *Herald*, se fait le porte-parole des extrémistes :

Chaque agitateur local, dans chaque paroisse, doit subir son procès et s'il est trouvé coupable, il doit perdre ses propriétés et la vie. C'est ainsi que les coupables seront abattus et que toute cause probable de troubles futurs disparaîtra. [...] La punition des principaux chefs, quelque agréable qu'elle puisse être aux habitants anglais de cette province ne ferait pas une impression aussi profonde ni aussi durable sur la grande masse du peuple que la vue d'un cultivateur étranger sur la terre de chaque agitateur local et de l'état de dénuement de sa veuve et de ses orphelins, preuves vivantes de la folie et de la méchanceté de la rébellion. [...] Des mesures de cette vigueur auraient en outre l'effet d'établir un grand nombre d'étrangers dans la partie la plus turbulente et la plus riche du Bas-Canada et guériraient ainsi en même temps des maux politiques et avanceraient l'état de l'agriculture. [...] Une commission spéciale devrait être immédiatement nommée pour faire le procès de la fournée actuelle des traîtres emprisonnés. Il serait ridicule d'engraisser les gens tout l'hiver pour l'échafaud.

Malgré la construction des potences et la menace de mort qui pèse sur eux, bon nombre de prisonniers cherchent à tirer le meilleur profit du temps qui leur reste. Après la bataille de Saint-Eustache, le nombre des incarcérés augmente considérablement.

L'arrivée continuelle de ces nouveaux prisonniers, écrit Boucherville, forçait de doubler les cachots. Ainsi, au lieu de deux que nous étions, nous nous trouvâmes quatre ; vous pouvez vous imaginer combien nous étions à l'étroit. Dans un espace de dix pieds carrés sur quatre, avec une table, un pupitre, quatre chaises, des coffres, du linge, de la vaisselle, des livres, etc., imaginez-vous notre latitude. Nous étions quatre et nous ne pouvions sortir, et il y avait longtemps que nous y étions. L'air fétide et méphitique que nous respirions, joint au peu d'exercices que nous avions, aurait nécessairement fini par nous rendre malades ou engendrer la peste. Peu à peu, nos gardiens commençaient à se radoucir. Par grâce, l'on nous permettait de nous asseoir aux portes. Peu à peu encore, cette liberté s'étendit. L'on obtint trois heures de promenade par jour, y compris nos heures de repas. Maintenant quoique les ordres soient aussi sévères que jamais, l'on ne les met pas en force. L'on va et vient librement dans les cellules et au-dehors. L'on rit, l'on joue, l'on chante. Seulement aux heures où l'officier fait sa ronde, que les sentinelles sont relevées, l'on entre dans la première cellule venue. Il y a des jeux de cartes, de moine, de dames, de volant, de marble, d'échec, etc. Maintenant l'on s'est persuadé qu'il n'y a plus de danger pour nos vies et qu'avec l'exaspération s'est enfin éloigné le danger. Aussi vivons-nous sans crainte, dans l'attente de notre délivrance. Il nous était strictement défendu d'écrire ou de recevoir des nouvelles du dehors.

Dans la vieille prison, le jour de Noël, à minuit juste, les prisonniers se mettent à jouer de la musique et à chanter « la naissance de Celui que l'Église adore en ce jour ».

Au début de janvier 1838, la *Montreal Gazette* donne une liste comprenant les noms de 205 prisonniers politiques incarcérés à Montréal. Le notaire Jean-Joseph Girouard fait parvenir à John Colborne, le commandant des forces armées, une requête demandant d'améliorer les conditions d'incarcération.

> Je demande de son humanité, écrit le notaire à sa femme le 16 janvier, qu'il soit adopté au plus tôt des mesures sanitaires pour prévenir des maladies dangereuses que produiraient inévitablement la malpropreté, la mauvaise odeur, le défaut d'air renouvelé, le manque de linge et surtout d'une nourriture assez abondante et enfin je supplie que l'on nous accorde, à nous qui ne sommes pas encore juridiquement accusés, et encore bien moins condamnés, les consolations religieuses que l'on accorde sans difficulté dans les prisons qui ne renferment que des criminels subissant leur sentence. En attendant, M. Blanchet, curé de Saint-Charles, notre confrère prisonnier, fait régulièrement des prières et des lectures de piété.

La situation des prisonniers évoluera peu avant le mois d'avril 1838. Certains retrouveront la liberté alors que d'autres patriotes les remplaceront en prenant le chemin des cellules.

Une sympathie contrôlée

Même s'il accueille assez librement des patriotes en fuite sur son territoire, le gouvernement américain veut demeurer officiellement neutre. Le 7 décembre, John Forsyth, secrétaire au département d'État, fait parvenir une lettre aux gouverneurs des États de New York, du Vermont et du Michigan :

> Des hostilités ayant commencé sur le territoire de la Grande-Bretagne voisin des États-Unis, entre une partie de la population et le gouvernement, pendant lesquelles il pourrait se former des entreprises contraires aux lois des États-Unis qui ont été faites pour conserver les relations d'amitié avec les puissances étrangères et remplir les obligations de nos traités avec elles, le président me charge d'appeler l'attention de Votre Excellence sur les mouvements de cette nature qui pourraient être projetés dans l'État de New York [...] et vous prie de faire arrêter immédiatement les individus qui prendraient part à des entreprises d'une nature hostile contre une puissance étrangère quelconque, amie des États-Unis.

Malgré le ton de sa lettre, Forsyth n'est pas malheureux de l'évolution de la situation aux Canadas. Le 13 décembre au soir, il rencontre Édouard de Pontois, ambassadeur de France à Washington. Dès le lendemain, ce dernier s'empresse de faire part de la conversation au comte Molé, président du Conseil et ministre des Affaires étrangères de France.

Les événements du Canada, écrit-il, continuent à être ici le sujet de toutes les conversations et à exciter un intérêt que les personnages officiels eux-mêmes ne prennent pas trop la peine de dissimuler. Le ministre de la Guerre, M. Poinsett, exprimait dernièrement, devant moi, l'opinion que la domination anglaise ne pouvait se maintenir encore longtemps au Canada. Hier soir, M. Forsyth me parlait à peu près dans le même sens, sur ce ton de plaisanterie ironique qui lui est familier, et qui cachait à peine la satisfaction que lui causent les embarras de l'Angleterre en Amérique. Il prétend, au reste, que M. Fox lui-même est d'avis que le gouvernement britannique devrait abandonner dès à présent le Canada sans chercher à prolonger la lutte. « Je ne crois pas qu'il prenne si facilement son parti, lui ai-je dit ; mais en attendant, ne craignez-vous pas de vous brouiller avec l'Angleterre, en laissant faire ouvertement chez vous des enrôlements pour le Canada et envoyer des munitions et des secours de toutes espèces aux insurgés ? — Que voulez-vous ? tout ce que notre législation nous permet de faire, et encore fort difficilement, c'est d'empêcher que nos concitoyens partent armés. »

Le gouverneur de l'État du Vermont, S. H. Jenison, publie, le 13 décembre, une proclamation en réponse à la demande du secrétaire d'État. Il y déclare : « Dans la situation des affaires actuelles, notre devoir est manifeste : celui d'une stricte neutralité. Nous ne devons ni prêter une aide qui serait inconsistante avec ce caractère, ni dénier les droits d'hospitalité, aussi longtemps que ces hommes seront sur nos frontières, et qu'ils conserveront l'attitude de citoyens paisibles et tranquilles. » Le gouverneur Gosford, pour sa part, craint que l'attitude belligérante de quelques volontaires ne vienne compromettre les bonnes relations entre le Canada et les États-Unis. Le 20 décembre, à son tour, il émet une proclamation enjoignant « strictement à tous les sujets de Sa Majesté en cette province, sous les peines et pénalités de droit, de s'abstenir de tous actes qui ne seraient pas compatibles avec les relations amicales qui subsistent entre le gouvernement du Royaume-Uni de la Grande-Bretagne et les États-Unis d'Amérique ».

Malgré la politique officielle, les patriotes réfugiés aux États-Unis participent à plusieurs assemblées publiques où ils prennent la parole pour décrire le mouvement auquel ils adhèrent.

Les Amis de la liberté canadienne organisent des rencontres à New York, Buffalo, Oswego et Swanton. Une importante réunion a lieu à Albany, le 2 janvier 1838. La notice de convocation est ainsi formulée : « Assemblée publique des Amis de la liberté de l'Amérique septentrionale ! — Les citoyens d'Albany et des environs qui sympathisent avec les opprimés et qui sont en faveur de l'extension des principes républicains parmi les nations de la terre — qui désirent l'indépendance du continent entier de l'Amérique septentrionale du vasselage étranger, et qui veulent perturber les avantages d'un gouvernement libre parmi le genre humain, sont priés d'assister à une assemblée publique au City Hall, le mardi 2 janvier 1838, à 2 heures p.m. »

La sympathie de certains Américains va plus loin que la simple participation à des assemblées ou au don d'armes. Les généraux Wool et Scott se disent prêts à prendre la tête d'une expédition armée contre soldats et volontaires britanniques du Bas-Canada. Mais tous les patriotes ne sont plus d'accord sur la nécessité d'une intervention armée. Édouard-Étienne Rodier, réfugié à Burlington, avoue dans une lettre à Ludger Duvernay, le 20 décembre 1837 : « Les amis d'ici sont capables de donner le spleen à l'homme le plus gai et le plus courageux. Ce sont des chiens en culottes et des figures à claques. »

Probablement bien informé de l'évolution de la situation, le président des États-Unis, Martin Van Buren, émet, le 5 janvier 1838, une proclamation explicitant encore une fois la politique de son pays :

> Pour assurer le maintien de l'autorité des lois et faire respecter la foi des traités, moi, Martin Van Buren, j'exhorte instamment tous les citoyens des États-Unis qui ont ainsi violé leurs devoirs de retourner tranquillement chez eux ; et je les avertis ici que tous ceux qui compromettront la neutralité de ce gouvernement par une intervention illégale dans les affaires des provinces anglaises voisines, s'exposeront à être arrêtés et punis, conformément aux lois des États-Unis qui seront rigoureusement exécutées ; et, de plus, qu'ils n'auront à attendre aucune assistance ni protection, de la part de leur gouvernement, dans quelques difficultés qu'ils puissent se trouver engagés, en violant les lois de leur pays et le territoire d'une nation voisine et amie.

Et Papineau, alors ?

Alors que des patriotes comme O'Callaghan, Brown, Rodier, Duvernay et compagnie ne se cachent pas pour participer à des assemblées publiques en Nouvelle-Angleterre, Louis-Joseph Papineau vit sous un nom d'emprunt et fuit presque tout le monde. L'ancien chef des patriotes n'ose pas sortir dans la rue le jour, se contentant de prendre « quelquefois un peu d'exercice, le soir ». Dans les auberges ou les hôtels, il s'enregistre sous le nom de Jean-Baptiste Fournier, puis plus tard, sous celui de Mr. Lewis !

Le 2 janvier 1838, les principaux chefs patriotes se réunissent à Middlebury pour faire le point sur la situation et décider de la conduite à tenir. Papineau ne consent à discuter qu'avec un petit groupe. Robert Nelson propose de rédiger une déclaration d'indépendance préconisant, entre autres, l'abolition des droits seigneuriaux. Papineau s'y oppose avec force, ayant même, avec Rodier et Nelson, « de chaudes altercations ». Nelson qui, avec Cyrille-Hector-Octave Côté, apparaît comme un des leaders de l'aile radicale, écrit à Jean-Baptiste Ryan, le 25 février : « Papineau nous a abandonnés et cela pour des motifs personnels et familiaux concernant les seigneuries et son amour invétérée pour les vieilles lois françaises. Nous pouvons mieux faire sans lui qu'avec lui. C'est un homme bon seulement pour parler et non pour agir. » L'ancien curé de Saint-Benoît, Étienne Chartier, partage le même avis. Il affirmera plus tard à Papineau : « Hélas ! que la nature ne vous a-t-elle donné autant de courage que d'éloquence ! Vous seriez peut-être aujourd'hui [novembre 1839] glorieusement assis dans le fauteuil présidentiel de la république canadienne, et nous, les orgueilleux admirateurs de notre premier magistrat ! »

« Après l'assemblée de Middlebury, fait remarquer l'historien Fernand Ouellet, Papineau se tint éloigné des radicaux. Cela n'impliquait pas l'abandon de la cause de l'indépendance. Il continua d'exciter et de créer de nouvelles sympathies en faveur des Canadiens. Il comptait avant tout sur l'appui du gouvernement américain. »

Réactions à Londres

Dans la métropole, les événements qui troublent le Haut et le Bas-Canada inquiè-tent les autorités. On envoie des chaloupes au-devant des navires qui arrivent de New York pour connaître plus rapidement les dernières nouvelles. La Chambre des communes est saisie de l'affaire du Canada, lors de sa séance du 22 décembre 1837. Lord John Russell recommande une intervention armée pour rétablir l'ordre, alors que le député leader préconise l'indépendance des Canadas, ou du moins, du Bas-Canada.

> Si vous prenez un ton timide et pusillanime, déclare Russell, si vous n'écoutez pas ceux qui réclament votre protection, si vous abandonnez les fidèles sujets de Sa Majesté dans les colonies, en retirant les troupes ; en un mot, si vous agissez d'une manière aussi faible et aussi lâche, ne comptez point sur la paix, car vous serez attaqués et de plus vous serez un objet de mépris pour les autres puissances. [...] Le mécontentement qui règne au Canada peut être ou n'être pas exagéré ; mais si vous agissez de manière à dégrader et humilier la mère patrie, soyez sûrs qu'au-cune possession extérieure de la couronne ne restera longtemps sous le contrôle du gouvernement.

Le premier ministre Melbourne demande à John George Lambton, lord Durham, s'il accepte le poste de gouverneur des provinces anglaises de l'Amérique du Nord. Le 7 janvier 1838, en lui faisant parvenir un projet de loi concernant la Constitution du Bas-Canada, lord Melbourne écrit à lord Durham que les pouvoirs qui lui seraient accordés « ne peuvent se donner qu'à une personne comme vous, homme de haute valeur et dont les principes libéraux jouissent de la faveur du peuple ». En effet, Durham est connu pour ses idées libérales ; on l'a surnommé Radical Jack. Habile diplomate, il a représenté son pays en Russie pendant deux ans. Le 15, à la suite de l'intervention personnelle de la reine Victoria, Durham accepte sa mission au Canada, convaincu qu'il sera de retour en Angleterre avant l'automne de l'année suivante.

Le 17 janvier 1838, la Chambre des communes commence l'étude d'un projet de loi « pour établir des dispositions temporaires pour le gouvernement du Bas-Canada ». La mesure prévoit la suspension de la constitution de 1791 jusqu'au 1er novembre 1840 et le gouvernement de la colonie par un conseil spécial.

Après un assez long débat, le projet de loi est adopté en troisième lecture, le 29 janvier, par 110 voix contre 8. Daniel O'Connell, le héros de l'indépendance de l'Irlande, juge bon de ne pas défendre les patriotes, ce qui insulte Papineau qui déclara à J. A. Roebuck : « Russell et son entourage sont aussi immoraux que Durham et le sien pour ne s'être pas bornés à demander d'O'Connell sa fuite hon-teuse sur la question du Canada, malgré ses engagements antérieurs de le servir et l'analogie déchirante qu'il y a entre le sort de sa et de ma malheureuse patrie. Ils ont exigé qu'il se prostituât jusqu'à être le calomniateur de ceux qui sont ses imitateurs, plus timides que lui peut-être, parce qu'ils étaient en effet plus faibles, mais plus sincères et honnêtes que lui. »

À la Chambre des lords, le projet de loi est violemment combattu par lord Brougham, pour qui les résolutions Russell sont responsables des événements. « Vous dites, déclare-t-il, toute la dispute vient de ce que nous avons pris vingt mille livres sterling sans le consentement de leurs représentants ! Vingt mille livres sterling sans leur consentement ! Eh bien, ce fut pour vingt chelins qu'Hampden résista, et il acquit par sa résistance un nom immortel pour lequel les Plantagenets et les Guelfes auraient donné tout le sang de leurs veines. » Brougham est convaincu que Durham ne pourra accomplir sa mission « avec honneur », car pour lui il n'y a qu'une seule solution : « Je suis donc d'avis qu'il faut, par tous les moyens possibles en venir à une séparation à l'amiable avec le Canada. »

Lord Durham, qui participe lui aussi au débat à la Chambre des lords, définit l'objet de sa mission :

> Mon devoir, comme je le comprends, est d'établir en première instance la suprématie du gouvernement de Sa Majesté et de maintenir, en second lieu, l'honneur et la dignité de la loi veillant à ce qu'elle ne soit pas foulée aux pieds même dans la chaumière la plus éloignée, dans l'établissement le plus reculé du Canada [...]. Ayant posé ces préliminaires, je désire, repoussant toute considération d'un parti français, breton ou canadien — car je ne reconnaîtrai ni parti français, ni parti breton, ni parti canadien, mais je les regarderai tous d'un même œil comme sujets de Sa Majesté — je désire, je le répète, leur assurer à tous une égale justice, une égale protection. Je protégerai d'un côté les droits et privilèges locaux de ceux qui peuvent être considérés comme les propriétaires du sol, et d'un autre côté les droits et privilèges commerciaux qui sont regardés comme affectant plus particulièrement les colons bretons.

Durham fait remarquer à ses adversaires : « La constitution du Canada est suspendue, non par un acte du Parlement britannique, mais par les actes de rébellion d'individus dans cette province. »

Le projet de loi suspendant la constitution du Bas-Canada, après avoir été approuvé par la Chambre des lords, reçoit la sanction royale le 10 février. Déjà, dans les deux Canadas, les partisans de l'union se remettent à l'ouvrage, assurés, cette fois-ci, d'avoir gain de cause !

Alors que Durham commence à préparer son départ pour le Canada, lord Gosford quitte la colonie le 27 février pour retourner en Angleterre. Colborne est le même jour assermenté comme administrateur du Bas-Canada et son premier geste est de proclamer le maintien de la loi martiale pour la région de Montréal.

Rumeurs et réalité

Au début de février 1838, des rumeurs d'invasion deviennent de plus en plus persistantes. De jour en jour, on s'attend à ce que les patriotes, aidés par les Américains, tentent des coups de force contre les établissements frontaliers et qu'ils cherchent même à s'emparer de Montréal. Le journal bureaucrate, le *Populaire*, dans son édition du 5 février, fait état de la crédulité des habitants des campagnes :

> À Verchères, la semaine dernière, une idée fixe s'était emparée de tous les habitants et il eut été impossible d'en désabuser une grande partie : Papineau, suivant le bruit courant, était passé à Saint-Denis, en ballon et avait dit à nos bons Jean-Baptiste : « Courage, mes amis, j'arrive avec 60 000 Américains. » Les excellentes gens croyaient à cela comme à l'Évangile ! On disait en outre qu'il avait dans son armée une pompe traînée par 30 chevaux et bœufs, à l'aide de laquelle il se proposait d'éteindre le feu des Anglais. [...] Dans un autre village, un habitant prétendait avoir vu une piastre à l'effigie de Papineau [...] et, au bout de quelque temps, il apporta un dollar de la république de... Bolivia !

En homme prudent, Colborne dispose des troupes régulières le long de la frontière et envoie des cavaliers stationner dans les Eastern Townships, sur la frontière du Vermont. La garnison de Montréal est renforcée et des munitions sont expédiées à Saint-Jean-sur-le-Richelieu.

Mais toutes les rumeurs ne sont pas sans fondements, sauf que Papineau est exclu du coup qui se prépare. Robert Nelson et Côté préparent une marche sur le Bas-Canada. Le 23 février, avec la complicité d'officiers de garde, des patriotes font main basse sur 500 fusils et accoutrements à l'arsenal de l'État de New York à Watertown. Le lendemain, 1000 armes sont volées à l'arsenal d'Elizabethtown ; le surlendemain, celui de Batavia est pillé. Les autorités civiles américaines ne bougent pas. Dans la nuit du 26 au 27 février, quelques patriotes font irruption à Potton, un petit village de la région de Brome, pour s'emparer des armes des loyalistes de la place. Le 28, commandés par Nelson et Côté, quelques centaines de patriotes traversent « le lac Champlain avec une longue suite de traîneaux, quinze cents fusils et baïonnettes, des munitions et trois pièces de campagne », entrent dans la province et font halte à Week's House non loin de Caldwell's Manor. Robert Nelson, agissant alors comme président de la république du Bas-Canada, rend publique une proclamation d'indépendance.

> Nous, au nom du peuple du Bas-Canada, adorant les décrets de la Divine Providence, qui nous permet de renverser un gouvernement, qui a méconnu l'objet et l'intention pour lequel il était créé, et de faire choix de la forme de gouvernement la plus propre à établir la justice, assurer la tranquillité domestique, pourvoir à la défense commune, promouvoir le bien général et garantir à nous et à notre postérité les bienfaits de la liberté, civile et religieuse, déclarons solennellement : 1. Qu'à compter de ce jour, le peuple du Bas-Canada est absous de toute allégeance à la Grande-Bretagne et que toute connexion politique entre cette puissance et le Bas-Canada cesse dès ce jour ; 2. Que le Bas-Canada doit prendre la forme d'un gouvernement républicain et se déclare maintenant, de fait, république. 3. Que, sous le gouvernement libre du Bas-Canada, tous les citoyens auront les mêmes droits : les Sauvages cesseront d'être sujets à aucune disqualification civile quelconque et jouiront des mêmes droits que les autres citoyens de l'État du Bas-Canada ; 4. Que toute union entre l'Église et l'État est déclarée abolie et toute personne a le droit d'exercer librement la religion et la croyance que lui dicte sa conscience ; 5. Que la tenure féodale ou seigneuriale est, de fait, abolie

comme si elle n'eut jamais existé dans ce pays ; 6. Que toute personne qui portera les armes ou fournira des moyens d'assistance au Peuple canadien dans sa lutte d'émancipation, est déchargée de toutes dettes ou obligations réelles ou supposées envers les seigneurs, pour arrérages en vertu des droits seigneuriaux ci-devant existants ; 7. Que le douaire coutumier est, à l'avenir, entièrement aboli et prohibé ; 8. Que l'emprisonnement pour dette n'existera plus, sauf dans les cas de fraude évidente, que l'on spécifiera dans un acte de la Législature du Bas-Canada à cet effet ; 9. Que la peine de mort ne sera prononcée que dans le cas de meurtre seulement et pas autrement ; [...] 11. Qu'il y aura liberté pleine et entière de la presse dans toutes les matières et affaires publiques ; [...] 14. Que, pour assurer la franchise et la liberté élective, toute élection se fera par le moyen de ballot [scrutin secret] ; [...] 18. Qu'on se servira des langues française et anglaise dans toutes les matières publiques.

La déclaration d'indépendance stipule, de plus, que le procès par jury existera pour toutes les causes criminelles et dans certaines causes civiles ; que le droit de vote sera accordé à tout citoyen âgé de plus de 21 ans et que les terres de la Couronne, celles réservées au clergé et celles déjà concédées à la Compagnie des Terres de l'Amérique britannique du Nord deviennent propriété de l'État du Canada.

Une seconde proclamation, signée par Robert Nelson, commandant en chef de l'Armée patriote, est aussi émise le 28 février. Le texte est précis quant aux intentions immédiates des patriotes : « Nous ne déposerons les armes que lorsque nous aurons procuré à notre pays l'avantage d'un gouvernement patriote et responsable. » Il promet à ceux qui s'opposeront à leur marche le même sort que celui réservé aux patriotes par Colborne et ses hommes. Par contre, les personnes qui déposeront les armes seront bien traitées. « Nous, par conséquent, promettons solennellement d'accorder sécurité et protection et dans la personne et dans la propriété à toutes et telles personnes qui mettront bas les armes et qui autrement cesseront de nous opprimer ; promesse que notre caractère et les habitudes connues, morales et paisibles de notre population garantissent suffisamment. Ni ne mettrons-nous bas les armes jusqu'à ce que nous ayons effectué et atteint l'objet de notre première proclamation »

Peu de jours après, les journaux du Bas-Canada publient le texte des deux proclamations.

Malgré leurs espoirs, les patriotes de Nelson doivent déposer les armes plus tôt que prévu. En effet, selon le communiqué officiel du gouvernement du Bas-Canada, on apprend que : « Aussitôt qu'on eut appris qu'ils avaient passé la frontière, les volontaires de Missisquoi s'assemblèrent sur leur flanc, mais le colonel Ward, officier d'état-major inspecteur, leur ordonna de différer l'attaque jusqu'à l'arrivée des troupes de la reine, sous les ordres du colonel Booth, de Henryville. Les rebelles et les brigands repassèrent la frontière, le 1er mars, dans la matinée et rendirent leurs armes, munitions etc., au général Wool, de l'armée des États-Unis, qui était venu de Plattsburgh à leur poursuite. Nelson et Côté furent arrêtés et livrés aux autorités des États-Unis. »

Pour bien marquer son désaccord, et aussi pour aller retrouver des amis, Papineau quitte Albany le 20 février, pour se rendre à Philadelphie. C'est de là qu'il écrit à l'un de ses fils, le 26 mars : « Le pays succombe sous des forces évidemment trop grandes pour que tenter une lutte trop inégale n'eut pas pour résultat de délivrer au traitement affreux que la même domination orgueilleuse fit jadis éprouver aux malheureux Acadiens. C'est donc un moment où il faut céder et dissimuler. S'exciter à de trop justes ressentiments, c'est se mettre dans le cas de ne plus pouvoir calculer ses démarches ; d'être violents et injustes comme le sont nos amis du nord ; de se nuire à soi et à ses amis et à son pays. »

Pour Rodier, la conduite de Papineau ne reflète pas la prudence, mais plutôt la lâcheté. Il déclare à Duvernay, le 1er avril : « Je crois avoir dit à Hart ou à Sweeney que je considérais Papineau comme un poltron et que sans lui nous serions en Canada. C'est bien, je te le déclare, ce que je pense, mais je n'aurais pas dû le dire à un de nos ennemis politiques. [...] Rien de plus vrai qu'avec un peu d'énergie et d'adresse à profiter des sympathies du temps, Papineau nous conduisait triomphants en Canada. »

Pauvre Papineau ! Il n'y a pas que ses anciens fidèles qui l'attaquent ; ses ennemis font de même ! À Montréal, les magistrats de la ville, réunis le 27 février en session spéciale, décident qu'à l'avenir la *Place Papineau* s'appellera *Place de la Reine* et que le *Chemin Papineau* portera le nom de *Chemin Victoria*. De plus, des amateurs de peinture avaient déjà changé le nom de la *Place d'Armes* en celui de *Doric Square* et pour une raison que l'on ignore, le nom de la rue Saint-Charles-Borromé avait été changé, devenant Markham Street !

Un Conseil très spécial

Par une proclamation en date du 27 mars, John Colborne suspend immédiatement la Constitution de 1791. Le 2 avril, il nomme les membres de son Conseil spécial dont onze sont de langue française et onze de langue anglaise. Ce Conseil devra adopter des ordonnances qui auront force de loi, tout comme si elles avaient été adoptées par la Chambre d'assemblée dont les pouvoirs n'existent plus, à cause de la suspension de la Constitution. Le Conseil spécial tient sa première session du 18 avril au 5 mai 1838. Les séances se tiennent à huis clos. On y parle les deux langues et, selon le *Populaire*, « le gouverneur n'y assiste pas et laisse une entière liberté aux débats ».

Parmi les ordonnances adoptées, il y en a une qui suspend l'application de la loi d'*habeas corpus* pour toute personne accusée de haute trahison, de suspicion de haute trahison ou de pratiques séditieuses. Les personnes soupçonnées de tels crimes peuvent être détenues à volonté, sans pouvoir exiger de comparaître devant un juge dans un délai normal. On adopte aussi une ordonnance « pour indemniser les personnes qui, depuis le 1er octobre 1837 ont participé à l'appréhension, l'emprisonnement ou la détention des personnes suspectées de haute trahison ou de menées séditieuses ou à la suppression d'assemblées illégales et pour d'autres fins y mentionnées. » En vertu d'une telle décision, les personnes qui ont été arrêtées injustement perdent tout recours contre les responsables de leur incarcération abusive.

En plus des ordonnances concernant les affaires courantes, les conseillers adoptent une mesure autorisant le gouvernement à nommer des commissaires pour estimer les pertes des loyaux, pertes subies par suite des attaques des patriotes.

Par suite du calme qui règne dans la province du Bas-Canada, Colborne suspend, le 27 avril, l'application de la loi martiale. Plusieurs patriotes emprisonnés à Montréal retrouvent la liberté. Le 2 mai, à l'intention de lord Glenelg, l'administrateur trace le bilan suivant : 326 ont été libérés ; 161, dont 72 meneurs, demeurent incarcérés.

« Sois le bienvenu »

La commission nommant officiellement lord Durham gouverneur en chef du Haut et du Bas-Canada, de la Nouvelle-Écosse, du Nouveau-Brunswick et de l'île du Prince-Édouard est signée par la reine Victoria le 31 mars 1838. Des instructions additionnelles datées du 13 avril lui accordent le droit de constituer un Conseil spécial, différent de celui qui existe déjà. Le nombre minimal de conseillers est fixé à cinq.

En attendant son départ, Durham lit rapport sur rapport et rencontre diverses personnalités connaissant bien les affaires canadiennes. Le 5 avril, George Moffatt et William Badgley, les deux agents de l'Association constitutionnelle de Montréal, font parvenir à Durham un long mémoire analysant la situation de la colonie et recommandant comme premier remède l'union du Haut et du Bas-Canada. Le 21 avril, lord Glenelg recommande à Durham d'user envers les prisonniers politiques « de la plus grande bonté compatible avec la sécurité publique ». Le nouveau gouverneur est autorisé à accorder plein pardon au plus grand nombre de prisonniers, mais il faut quand même faire des exceptions. Les personnes soupçonnées de meurtres devront être traitées séparément. « Sauf dans le cas de meurtre, précise le secrétaire d'État aux Colonies, on devra éviter la peine capitale. »

Durham s'embarque à bord du *Hastings*, un vaisseau de guerre, le 24 avril. Le navire quitte Portsmouth ayant à son bord outre le gouverneur, sa femme et leurs enfants, une suite considérable : Charles Buller, secrétaire en chef ; Edward Ellice jr, secrétaire particulier ; Edward Gibbon Wakefield, qui sera nommé commissaire des terres de la Couronne et de l'Émigration ; Thomas Turton, conseiller légal de Durham ; et George Couper, secrétaire militaire et aide de camp.

Le navire arrive en rade de Québec, le dimanche 27 mai, « au son des instruments de la bande du 71e qui était à bord ». Comme la maison où doit loger Durham n'est pas encore prête, on décide de retarder le débarquement au lendemain après-midi, mais le 28, il pleut. Le nouveau gouverneur ne débarque donc que le 29, « vêtu de son uniforme aux broderies à fil d'argent et portant le collier de l'ordre du Bain ». Il se rend au cœur de la ville, monté sur un superbe cheval blanc.

Immédiatement après son assermentation, le 30 mai, Durham exige que l'on dépose devant lui une liste de tous les détenus politiques et des copies des dépositions faites contre eux.

Les Canadiens se demandent si lord Durham, dont on a tant vanté les idées libérales, va inaugurer son mandat par un geste de bonté ou d'autorité. Le représentant de la reine donne le ton de son administration future dans une proclamation qu'il signe à la toute fin de mai.

Dans cette province, dit-il, les plus déplorables événements ont rendu malheureusement nécessaire la suspension de sa constitution représentative, et le suprême pouvoir m'a été dévolu. La grande responsabilité qui m'est par là imposée et la nature ardue des fonctions que j'ai à remplir me rendront naturellement désireux de hâter le moment où le pouvoir exécutif sera de nouveau entouré des freins constitutionnels établis par les institutions libérales de la Grande-Bretagne. Il dépendra de vous, peuple de l'Amérique britannique, de votre coopération, que cet événement soit ajourné ou immédiat. Je vous invite donc à des communications absolument libres et sans réserve. Je vous prie de me considérer comme un ami et un arbitre, prêt en tout temps à écouter vos vœux, vos plaintes, vos griefs, et parfaitement déterminé à agir avec la plus stricte impartialité.

Dans l'immédiat, Durham, qui semble vouloir baser son administration sur l'impartialité et l'efficacité, congédie, le 31 mai, tous les membres du Conseil exécutif. Buller fait parvenir une lettre circulaire aux limogés : « Son Excellence croit essentiel, pour les objets de sa mission, que, pendant la suspension temporaire de la constitution, l'administrateur des affaires soit complètement indépendant de tous partis et de toutes personnes dans la province, et sans liaison avec eux. Dans le cours des événements déplorables qui viennent de passer, les dissensions et les animosités ont été naturellement portées à un tel point qu'on ne peut attendre d'aucun de ceux qui ont pris part à la lutte, d'un côté ou de l'autre, qu'il soit libre, au degré nécessaire, de tout esprit de parti. »

L'esprit d'objectivité de Durham subit une première entaille le 2 juin, lorsque le gouverneur fait membres de son conseil cinq personnes de son entourage immédiat : Dominick Daly, Randolph Isham Routh, Charles Buller, Thomas Edward Michell Turton et George Couper. La veille de ces nominations, Durham avait dissous par lettres patentes le Conseil spécial formé par Colborne.

Quelques mesures secondaires sont de nature à plaire à la population. Ainsi, les Québécois obtiennent la permission de fréquenter le jardin du Fort (auj. le jardin des Gouverneurs) « qui jusque-là avait été un lieu interdit à la population de Québec ». De plus, les détenus politiques peuvent maintenant se promener dans les cours des prisons. Robert-Shore-Milnes Bouchette note dans ses *Mémoires* : « Depuis l'arrivée de lord Durham, on a mitigé quelque peu [cette] sévérité. Nous pouvons maintenant écrire et recevoir des lettres. »

Des anglophones craignent que le nouveau gouverneur se montre trop conciliant envers les Canadiens français et que ces derniers tentent de séduire le représentant de la reine. Quelques journaux de langue anglaise multiplient les commentaires sur la situation politique du Bas-Canada en insistant sur la nécessité d'assimiler les anciens sujets de la France.

Il n'y a, en vérité, peut-on lire dans la *Montreal Gazette*, qu'un seul moyen d'arranger ces affaires, c'est de recourir à la mesure rigoureuse quoique nécessaire de rendre les habitants de cette province sujets britanniques et d'en faire des Anglais de fait, autant que de nom. C'est la seule condition à laquelle le Bas-Canada devrait continuer d'être une dépendante colonie de la Grande-Bretagne et c'est une condition sur laquelle on devrait insister, en retour de privilèges dont on ne peut jouir sous aucune souveraineté ou puissance du globe. Si on ne fait pas cela, les liens qui l'unissent au Bas-Canada doivent être rompus, et on doit laisser le champ libre à ceux qui peuvent être disposés à créer un ordre de chose à leur convenance dans la vue de leurs intérêts généraux. [...] Il faut que les Canadiens soient anglifiés dans toute institution civile et politique ou les décharger tout d'abord de leur allégeance pénible et forcée à la Grande-Bretagne.

Le *Missiskoui Standard*, publié à Frelighsburg dans les Eastern Townships, partage le même avis :

C'est une folie aux Canadiens français de lutter contre leur destinée. Il est impossible qu'une poignée de Français, à l'extrémité nord-est, puisse s'élever au rang de nation, contre le génie entreprenant d'une race qui a déjà couvert presque tout ce continent. C'est plus que de la folie. Depuis 1791 jusqu'à l'année dernière, les Français ont travaillé à conjurer leur sort ; quoiqu'ils possédaient toutes les facilités législatives à cette fin, ils n'ont pu réussir. Ils ont opprimé la race anglo-saxonne résidante dans la province, et ils se sont efforcés d'en éloigner ceux qui voulaient y venir. Et quel a été le résultat de tout cela ? Ils ont failli. Le pouvoir légal qu'ils possédaient n'était pas proportionné à la fin ; et lorsque, de désespoir, ils ont eu recours à la force pour accomplir leur désir favori, la race anglo-saxonne, semblable au boa constrictor, s'est entortillée autour d'eux, les a pressés de toutes parts, et les a écrasés.

Le *Canadien* ne demeure pas neutre face à de telles accusations. Il répond dans son édition du 20 juin : « Une pareille audace, dans de pareilles circonstances, est bien propre à faire concevoir au haut personnage qui se trouve chargé de nos destinées, combien le peuple canadien, qui est un peuple sensible, a eu à souffrir de la faction oligarchique, elle qui a été de tout temps maîtresse du gouvernement exécutif et de tout ce qui en dépend. »

Au moment où ces lignes sont écrites, la principale préoccupation du haut personnage en question n'est pas encore l'étude des problèmes raciaux, mais bien celui des prisonniers politiques.

Une bonne mauvaise solution

Les patriotes emprisonnés demandent à être jugés. Quelques-uns tentent de faire valoir qu'ils furent arrêtés avant la suspension de l'acte d'*habeas corpus* ; d'autres protestent de leur innocence. Colborne avait déjà fait valoir qu'il était impossible que justice se fasse devant des tribunaux civils où les jurés auraient eu tendance à manifester trop de clémence envers les accusés. Par ailleurs, on craint de faire comparaître les patriotes devant une cour martiale. Enfin, il se peut que des procès créent une agitation telle qu'un nouveau soulèvement soit à craindre. Durham cherche alors une solution juste qui satisferait presque tout le monde. Il a les pouvoirs de décréter une amnistie générale et la date du 28 juin, jour du couronnement de la reine Victoria, peut être l'occasion idéale de manifester la clémence royale.

John Simpson, qui a été député à la Chambre d'assemblée du Bas-Canada, est chargé des négociations avec les prisonniers. Mission délicate, car le gouverneur a décidé que si les huit principaux présumés chefs de la révolte avouaient leur culpabilité, les autres prisonniers, sauf quelques-uns, seraient libérés. Une première rencontre entre l'émissaire et Wolfred Nelson et Robert-Shore-Milnes Bouchette a lieu à la nouvelle prison de Montréal.

> Nous avons eu avec lui, raconte Bouchette, une entrevue privée dans la chambre du geôlier. Il nous a laissé entendre que lord Durham était favorable à une amnistie générale, mais qu'il lui manquait quelque déclaration qui pourrait faire la base d'une proclamation officielle d'amnistie. Il nous a alors communiqué un projet de lettre au gouverneur général qu'il avait préparée et qu'il nous a invités à signer, ainsi que les autres chefs qui ont pris part au mouvement insurrectionnel. Nous avons rejeté ce projet qui était tout à fait inacceptable. Cependant le but avoué de cette démarche nous parut recommandable. On nous représenta que, de ce que nous déciderions dans cette occasion, dépendrait le sort de trois ou quatre cents prisonniers politiques dans les deux Canadas.

Le 18, les huit présumés chefs signent une lettre au gouverneur où ils expliquent le pourquoi de leur conduite, sans ouvertement se déclarer coupables d'actes criminels.

> Nos âmes ne sont pas, comme nos personnes, prisonnières, déclarent-ils. Nous ne saurions jamais descendre jusqu'à invoquer la clémence pour nous-mêmes. Nous appartenons à notre pays et nous nous sacrifions volontiers sur l'autel de ses libertés. Nous nous sommes révoltés, monseigneur, que cet aveu ne vous étonne pas. Nous nous sommes révoltés ni contre la personne de Sa Majesté ni contre son gouvernement, mais contre une vicieuse administration coloniale ; et nous attendons l'événement, prêts à subir la peine qu'on voudra nous imposer. [...] Nous protestâmes, on se moqua de nous ; on épuisa contre nous l'invective, la calomnie, l'outrage. Poussés à bout, nous eûmes soit à résister courageusement à l'injustice, ou bien, acceptant l'esclavage, à devenir un peuple dégradé et apostat. Nous nous mîmes en armes pour nous défendre, non pas pour attaquer. [...] Nous ne voulons pas nous distraire du grand et glorieux objet de votre haute mission, ni vous supplier pour nous-mêmes, ni tenter de nous soustraire au sort qui nous attend. Nous désirons éviter les formalités d'un procès, convaincus que nous ne saurions trouver un tribunal impartial et devant lequel nous pourrions comparaître sans crainte. Rétablir la tranquillité, la paix et l'ordre parmi un peuple confiant et généreux, voilà ce que nous vous prions de nous permettre d'accomplir.

Simpson remet la lettre à Buller qui arrive à Montréal le 20 juin au soir. Le secrétaire du gouverneur trouve que le texte n'est pas satisfaisant, car il ne constitue pas un aveu formel « d'une faute morale ou d'une violation des lois civiles, mais plutôt un aveu d'héroïsme et de patriotisme ». Buller profite de son séjour à Montréal pour tâter le pouls des leaders du parti anglais. Il rencontre Peter McGill et Samuel Gerrard qui se disent d'accord sur la déportation des chefs patriotes accusés. George Moffatt n'expose pas ses vues, se contentant de manifester sa confiance en Durham. Le 25 juin, Buller fait rapport au gouverneur des entrevues qu'il a eues avec les principaux citoyens anglophones de la ville. Une trop grande mansuétude de la part du représentant de la reine risquerait de lui aliéner le parti anglais.

Sur l'invitation de Simpson, les huit chefs patriotes rédigent une nouvelle lettre le 26 juin : « [...] Permettez-nous donc, monseigneur, d'accomplir ce grand devoir, de marquer notre entière confiance en vous, et de nous placer à votre disposition sans nous prévaloir de clauses qui nous dégraderaient à nos propres yeux en manifestant une indigne défiance de part et d'autre. Avec cette courte explication de nos sentiments, nous nous plaçons de nouveau à votre discrétion et nous prions que la paix du pays ne soit pas mise en danger par un procès. »

Durham et son entourage craignent réellement les retombées d'un procès. Buller l'avouera en 1840 : « Un procès public aurait malheureusement dévoilé beaucoup de faits que, dans l'intérêt du gouvernement et des particuliers, comme dans l'intérêt plus important encore de l'ordre public, il était mieux d'ensevelir à jamais dans l'oubli. »

Le problème des prisonniers politiques trouve sa solution dans une ordonnance datée du 28 juin. « Nulles procédures ultérieures ne doivent avoir lieu contre aucunes personnes quelconques à raison d'aucun crime de haute trahison ou autres crimes de cette nature, dont elles sont maintenant accusées ou exposées à l'être au moment actuel, mais que toutes telles procédures sans exception ni distinction, sauf les cas ci-après mentionnés, doivent dorénavant cesser et n'avoir plus lieu. »

Les cas spéciaux se divisent en trois catégories. Il y a d'abord les huit prisonniers qui ont reconnu une certaine culpabilité : Wolfred Nelson, Robert-Shore-Milnes Bouchette, Bonaventure Viger, Siméon Marchesseault, Henri-Alphonse Gauvin, Toussaint H. Goddu, Rodolphe Des Rivières et Luc-Hyacinthe Masson. Il est loisible à Sa Majesté de les exiler aux Bermudes « pour les y détenir durant bon plaisir ».

La deuxième catégorie comprend 16 patriotes qui ont cherché refuge à l'étranger : Louis-Joseph Papineau, Cyrille-Hector-Octave Côté, Julien Gagnon, Robert Nelson, Edmund Burke O'Callaghan, Édouard-Étienne Rodier, Thomas Storrow Brown, Ludger Duvernay, Étienne Chartier, George-Étienne Cartier, John Ryan père, John Ryan fils, Louis Perrault, Pierre-Paul Demaray, Joseph-François Davignon et le mystérieux Louis Gauthier que personne ne connaît. Il est interdit aux personnes de ces deux catégories de séjourner ou de revenir dans la province du Bas-Canada, sans permission, et ce sous peine de mort. Une troisième catégorie comprend des patriotes accusés du meurtre de George Weir ou de celui de Joseph Chartrand et ceux soupçonnés d'être les complices de l'évasion de Louis Lussier : François Jalbert, Jean-Baptiste Lussier, Louis Lussier, François Mignault, François Talbot, Amable Daunais, François Nicolas, Étienne Langlois, Gédéon Pinsonnault et Joseph Pinsonnault.

Tous les autres prisonniers pourront retrouver leur liberté, moyennant caution.

L'ordonnance, en apparence juste et honnête, va engendrer une polémique qui aura de graves conséquences tant sur l'avenir de la colonie que sur celui de lord Durham.

LE SOULÈVEMENT
DE 1838

L ES PREMIÈRES RÉACTIONS, après l'adoption de l'ordonnance du 28 juin, sont favorables à lord Durham ; on loue, en général, la solution adoptée par le gouverneur pour régler le problème des prisonniers politiques. John Neilson, dans la *Gazette* de Québec, écrit :

> Le gouvernement anglais, éloigné des passions et des préjugés qui ont été soulevés dans cette province, a prêté l'oreille à l'inspiration de la miséricorde et à l'esprit qui prévaut dans les pays les plus éclairés du monde. À la mort et à la confiscation, que la loi avait fixées comme la pénalité de la trahison et de la rébellion, il a substitué l'exil temporaire et la détention de huit prisonniers sur des centaines dont plusieurs avaient été pris les armes à la main. [...] Nous souhaitons que la conduite du gouvernement britannique soit dûment appréciée ; ce gouvernement est assez puissant pour être généreux.

Étienne Parent, dans le *Canadien* du 2 juillet, va encore plus loin que son confrère : « Quiconque, sans les raisons les plus impérieuses, qui n'existeront jamais, nous l'espérons, chercherait à empêcher ses compatriotes de se rallier autour de l'administration actuelle, après la générosité qu'elle vient de montrer envers les prévenus politiques, acte qui prouve une répudiation complète d'une ancienne influence désastreuse, doit être considéré comme l'ennemi déclaré de son pays, de la cause de la réforme, et du retour dans leur plénitude des libertés et avantages politiques qui nous appartiennent comme sujets anglais. »

Même Durham semble heureux de la tournure des événements. Il s'empresse d'informer la souveraine sur les gestes qu'il vient de faire. « J'ai pu rendre cette amnistie sans danger au nom de Votre Majesté, écrit-il à la reine Victoria, parce que j'ai appliqué toute la politique nécessaire pour satisfaire au châtiment et à la sécurité. Pas une goutte de sang n'a été versée. Les coupables ont eu justice ; les égarés, merci ; mais en même temps, la sécurité est assurée aux sujets loyaux et pacifiques de cette province agitée jusqu'à ce jour. »

Les huit patriotes condamnés à l'exil se préparent à partir. Le samedi 30 juin, Simpson leur donne l'assurance qu'ils ne seront soumis à aucune indignité. Le départ est fixé au lundi 2 juillet vers seize heures. Une foule compacte envahit le quai où se trouve le bateau à vapeur *Le Canada* ; parents et amis des exilés sont au premier rang. On croit que les prisonniers seront acheminés, en voiture, de la nouvelle prison au quai d'embarquement. Peu après quinze heures trente, le navire quitte le quai. La foule s'empresse alors de courir vers la prison, mais le détachement du 7e de Hussards stationné sur la route entre la ville et la prison retarde la marche des curieux. Avant même que ces derniers n'aient réussi à atteindre le Pied-du-Courant, les huit exilés sont montés à bord du navire.

Malgré la promesse faite par Simpson aux exilés, le shérif Roch de Saint-Ours, après avoir serré la main de chacun des prisonniers, fait enchaîner les huit patriotes par la main deux à deux. Wolfred Nelson, lié à Bouchette, montre ses liens au général John Clitherow avec qui certains liens d'amitié s'étaient tissés. L'officier se contente de lever son chapeau. « En sortant de la prison pour gagner la voiture qui nous attendait, raconte Bouchette, nous n'éprouvâmes aucune honte de nous voir ainsi. Au contraire, nous élevâmes comme en triomphe nos bras chargés de chaînes, afin que nos amis qui se pressaient en foule aux fenêtres et aux soupiraux de la prison puissent voir et tirer leurs propres conclusions quant au passé, au présent et à l'avenir. »

Avant leur départ, les exilés adressent une lettre de remerciement aux hussards qui leur avaient témoigné quelques égards pendant le trajet de la prison au quai. Ils écrivent aussi une lettre à Durham pour protester contre leur enchaînement.

Le vapeur *Canada* descend lentement le fleuve vers Québec. Au cours de la nuit, peu de patriotes parviennent à dormir. À seize heures, mardi le 3 juillet, les prisonniers montent à bord du navire de guerre *Vestal* qui doit les conduire aux Bermudes. Il est convenu que les condamnés devront pourvoir eux-mêmes à leurs frais de séjour. Une collecte publique leur fournit quelque argent. Buller et Ellice font monter à bord les vivres nécessaires pour la traversée. Quelques amis ou parents sont admis sur le navire pour les derniers adieux. À vingt et une heures, les huit patriotes vont se coucher « tous bien portants ».

Le *Vestal* lève l'ancre le 4 juillet. La traversée s'effectue sans problème. « Si nous n'étions des déportés, écrira Nelson à La Fontaine, on se croirait de grands personnages faisant un voyage de plaisir dans un navire de guerre du gouvernement. » Alors que le capitaine du vaisseau garde ses distances avec les prisonniers politiques, quelques officiers subalternes se font instruire sur les revendications des Canadiens.

Le 24 juillet, le *Vestal* arrive dans les eaux bermudiennes et c'est ce moment que choisit un groupe d'officiers pour faire ses adieux aux déportés. Ce geste touche les patriotes : « Aussi est-ce avec notre meilleur bourgogne que nous buvons à la prospérité de ces véritables amis qui ont su comprendre et respecter notre malheureuse position », raconte Bouchette dans ses *Mémoires*.

Les huit patriotes ne peuvent débarquer immédiatement, car les Bermudes ne sont pas une colonie pénale et n'entendent pas le devenir. Le capitaine Carter présente à Stephen Chapman, gouverneur de l'île, une lettre de Durham l'informant qu'il a décidé d'envoyer les exilés aux Bermudes « endroit idéal, m'a-t-on dit, pour la détention de ces criminels ». Ce genre de visiteurs plaît assez peu au gouverneur sur lequel, d'ailleurs, Durham n'a aucune espèce d'autorité.

Le 28 juillet, Nelson et ses compagnons peuvent enfin toucher terre à Hamilton, capitale de l'île. « Nous débarquons dans une anse tranquille et nous gagnons la ville par un chemin étroit bordé de murs bas en pierres et ombragés de cèdres, de tilleuls, de bananiers et de citronniers. La ville nous paraît d'un singulier aspect avec ses toits concaves pour recueillir l'eau. Nelson et moi, écrit Bouchette, nous nous installons dans une vallée tranquille formée par le mont Langton et à quelque distance de la ville. Nos amis demeurent dans la ville même, à l'hôtel Hamilton, tenu par un brave homme du nom de Vaughan. »

La *Royal Bermuda Gazette*, dans son édition du 31 juillet, annonce l'arrivée des « visiteurs » : « Ils sont débarqués samedi et se sont fixés dans notre paroisse [Hamilton]. Ces personnes, croyons-nous, ont lieu d'être reconnaissantes. Le bannissement aux Bermudes est une peine fort légère pour une offense aussi grave que la leur, et le conseil du gouvernement a mis peu d'entraves à leur liberté en acceptant simplement leur parole d'honneur qu'ils ne quitteront pas l'île principale. »

Au cours des semaines suivantes, les Canadiens louent un petit cottage, non loin de la cathédrale anglicane de la ville et s'y installent. Il ne leur reste plus qu'à attendre le bon vouloir des autorités anglaises pour songer au retour.

On vide la prison

Avant même la publication de la fameuse ordonnance du 28 juin, Durham avait fait libérer quelques prisonniers. Ainsi, le 23 juin, 14 prisonniers mineurs recouvraient la liberté parce que, selon le gouverneur, « ces jeunes gens pouvaient être excusables et n'avaient agi que par des suggestions étrangères ». Le 3 juillet, le représentant de la reine annule les proclamations promettant des récompenses aux délateurs. Ainsi prend fin la chasse aux patriotes fugitifs.

Le 7 juillet, Charles Buller communique au procureur général la décision du gouverneur :

> [de] prendre les mesures nécessaires pour libérer les prisonniers d'État maintenant en prison à Montréal, sans délai, et en prenant les reconnaissances et les cautionnements exigés d'eux respectivement. Dans l'accomplissement de ce dernier devoir, ajoute le principal secrétaire, vous voudrez bien expliquer aux prisonniers et à leurs cautions que le gouvernement aura un œil vigilant sur leur conduite future, que les moindres manifestations de déloyauté, de turbulence ou de sédition soumettront les prisonniers à la perte de leurs reconnaissances et leurs amis à celle des cautionnements qu'ils auront eu la bonté de fournir pour eux, et s'ils se conduisent mal, cette pénalité sera réalisée par un procédé sûr et sommaire. Son Excellence espère toutefois que la modération sans exemple déployée par le gouvernement dans la manière dont il a traité les prisonniers sera plus efficace pour prévenir toute récidive que la crainte de cette punition.

Rapidement, la plupart des prisonniers fournissent la caution et retrouvent ainsi la liberté. Quelques-uns, dont Girouard, à cause du montant élevé exigé, doivent attendre quelques jours de plus. Un seul refuse de quitter sa cellule : Louis-Marie Viger. Il exige la tenue d'un procès, car il tient à prouver que ce ne sont pas ses idées politiques qui lui ont mérité l'emprisonnement, mais bien le fait qu'il était un des principaux gérants de la Banque du Peuple, un organisme reconnu pour avoir semé la crainte dans les milieux financiers anglophones de Montréal. Des bureaucrates auraient manigancé l'incarcération de Viger pour paralyser les opérations de la banque canadienne-française. Selon le *Canadien* du 27 juillet, « ce serait pour faire ressortir cette honteuse intrigue que M. Viger insisterait à avoir son procès ». De guerre lasse, le prisonnier volontaire fournit son cautionnement le 25 août 1838, après quoi il est immédiatement libéré.

Et Papineau, alors ?

Les patriotes exilés aux États-Unis suivent de près les événements qui se déroulent au Bas-Canada. Le 2 juillet, Augustin-Norbert Morin leur recommande la soumission. Il écrit à Louis Perrault :

> Vous devez voir qu'il n'y a aucun moyen de rentrer autrement qu'avec l'assentiment des autorités ; les sympathies, les agitations sont maintenant des rêves qui ne bercent plus ici personne. Jamais je ne vous conseillerai de faire des bassesses, mais nous devons faire notre paix, quelque peu que nous ayons à espérer de justice et de liberté. Vous priant donc bien de vous tenir en dehors de toute marche fondée sur d'autres espérances ; elles seraient infructueuses. Excusez la franchise avec laquelle je vous parle ; vous et mes autres amis n'en serez peut-être pas contents, et cependant après mûres réflexions, vous vous convaincrez que cette marche est la meilleure à suivre.

Presque au même moment, William Lyon Mackenzie, qui demeure à New York, tente un rapprochement entre les chefs des patriotes bas-canadiens de plus en plus divisés. Le 5 juillet, à son bureau, se rencontrent Louis-Joseph Papineau, O'Callaghan et Robert Nelson. Ce dernier refuse même, alors, de serrer la main du docteur O'Callaghan. L'opposition entre les deux tendances, l'une revendiquant l'indépendance du Bas-Canada par des voies constitutionnelles et l'autre qui exige la conquête par les armes au besoin, est trop forte. Édouard-Élisée Malhiot écrit à Duvernay, le 14 août : « Je viens d'apprendre par une personne qui arrive des États que malheureusement la division paraît augmenter parmi les exilés aux États. Je vous assure que cela a fait de la peine à tous les Canadiens patriotes de Montréal. Il est honteux pour nous exilés de voir que nous n'avons pas eu l'avantage de rester unis et de nous estimer comme des frères, tandis que nos compatriotes, les prisonniers, ont résolu de s'aider, s'aimer ici et surtout de ne pas se désunir entre eux. » Côté, réfugié à Rouse's Point, est déçu de cette situation. Il déclare à Rodier, le 16 août : « Adieu aussi Ô Canada, mon pays, la désunion nous renvoie à un jour chimérique qui n'arrivera jamais. »

Pendant ce temps, dans la campagne des environs de Montréal, plusieurs habitants attendent toujours le messie incarné par Papineau. Leur attitude vis-à-vis des anglophones s'est durcie.

Durham en tournée

Lord Durham n'oublie pas la partie de sa mission qui consiste à trouver une solution aux problèmes canadiens. Le 28 juin, il décide d'élargir les cadres de son Conseil exécutif en nommant six nouveaux membres, les juges Jonathan Sewell, James Reid, Philippe Panet, Jean-Roch Rolland et Joseph-Rémi Vallières de Saint-Réal, ainsi qu'Arthur Buller. Dans la colonie, plusieurs commencent à penser que le nouveau gouverneur pratique le népotisme et qu'il se plaît à donner différents postes aux gens de son entourage, exception faite des juges qui se retrouvent minoritaires au Conseil exécutif. Aubin, dans le *Fantasque* du 14 juillet, ne cache pas sa pensée :

> Je commence à croire vraiment que le si fameux lord Durham, avec tous ses talents, tous ses écus et toute sa réputation, n'est pas après tout si désintéressé ni si indépendant, ni si clairvoyant, ni si impartial qu'on veut bien le dire. À peine est-il débarqué que places, honneurs, titres et probablement tout le casuel y attaché, pleuvent à l'envie sur son entourage. Depuis longtemps, le monopole des emplois était l'un des griefs sur lesquels tous les partis s'accordaient, mais ce n'avait rien été jusqu'ici en comparaison de celui dont nous sommes déjà les témoins aujourd'hui. Réellement, lord Durham est le monopoleur en chef et je ne vois désormais aucun terme à cet envahissement général.

Au cours du mois de juillet, Durham visite la région de Montréal et le Haut-Canada. Une idée prend forme de plus en plus clairement : celle de l'union des deux colonies, d'autant plus qu'à Londres, on ne semble pas se rendre compte de la situation réelle qui prévaut au Canada. Le 9 août, le gouverneur peut tracer le bilan suivant : « En Angleterre, les personnes les mieux renseignées peuvent difficilement se faire une idée du désordre et de la désorganisation qui règnent dans tout ce qui touche le gouvernement. Seul, celui qui fait sur place une enquête consciencieuse peut s'en faire une idée. Les lignes qui précèdent ne sont encore qu'une expression bien incomplète de la vérité. Ce n'est pas uniquement le gouvernement, mais la société elle-même qui paraît ne plus exister. Le vaisseau de l'État n'est pas seulement en grand danger, comme on le supposait d'abord, mais il ressemble à une épave désemparée. » Durham revient sur la situation de la colonie dans une lettre secrète et confidentielle écrite à lord Glenelg, le 9 août. Il y note, entre autres, l'attitude belliqueuse des anglophones du Bas-Canada. « Avec moins d'antipathie, affirme-t-il, et plus de prudence, mais aussi avec plus de confiance en soi, ils sont aussi peu loyaux que les Canadiens. »

Pour mieux connaître la situation exacte du Bas-Canada, il confie à des gens de son entourage la mission d'enquêter sur divers points, entre autres l'éducation et la question municipale. Le responsable de ce dernier dossier n'est autre que le célèbre Adam Thom. Malgré toute la compétence qu'on lui reconnaît dans ce dossier, il est difficile de lui pardonner les propos exagérés et racistes qu'il tient fréquemment contre les francophones.

La bombe londonienne

Pendant que Durham poursuit sa mission en Amérique du Nord britannique, la publication de son ordonnance du 28 juin a tôt fait de provoquer des réactions à Londres. Le 28 juillet, lord Melbourne écrit au gouverneur pour lui faire part de la satisfaction de la reine au sujet de la façon dont il a réglé « la très difficile affaire des prisonniers ». Trois jours plus tard, c'est au tour de lord Glenelg de manifester son appui à Durham :

> La conduite que vous avez suivie, lui écrit-il, est d'accord avec les désirs que j'avais exprimés dans mes communications avec vous et sir John Colborne. L'on attaque l'ordonnance et la proclamation, mais ces attaques ne peuvent rien en Angleterre. Tous les gens raisonnables approuvent ici votre conduite. Mes collègues et moi-même l'approuvons entièrement. Bien qu'il puisse s'y trouver quelques inexactitudes de forme d'après la loi, la substance est parfaitement régulière. Vous avez résolu très judicieusement et fort bien une très difficile question, d'une façon tout à la fois indulgente et juste, également agréable aux parties adverses et aux juges sans partialité.

Tous ne partagent pas l'avis des hautes autorités. Lord Brougham saisit la Chambre des lords du problème de l'ordonnance qu'il juge outrageuse à la justice. Son ancien ami aurait, sans procès, condamné des patriotes à l'exil et ce, dans un territoire qui n'était pas sous sa juridiction. Brougham demande donc le désaveu de l'ordonnance du 28 juin. Melbourne défend faiblement le gouverneur du Bas-Canada, de sorte que les deux Chambres se prononcent majoritairement contre l'ordonnance.

Le 18 août, le secrétaire d'État aux Colonies fait part à Durham de l'opinion de deux légistes, Campbell et Rolfe, qui sont d'avis que « l'ordonnance se trouve bien dans les limites des pouvoirs du gouverneur et du Conseil spécial, sauf la partie relative aux exilés des Bermudes ». Deux jours plus tard, l'ordonnance est officiellement désavouée, par l'adoption d'un acte « pour indemniser ceux qui ont rendu ou mis à exécution certaines parties d'une certaine ordonnance faite sous couleur d'un Acte passé dans la présente session du Parlement, intitulé Acte pour faire des dispositions temporaires pour le gouvernement du Bas-Canada ».

La nouvelle du désaveu parvient au gouverneur Durham, par hasard, le 19 septembre, alors qu'il est à lire un journal reçu de New York. Dès le lendemain, Durham écrivait une lettre confidentielle à Colborne l'avertissant que, dès qu'il aurait reçu l'avis officiel du rejet de son ordonnance, il retournerait en Angleterre et offrirait sa démission.

Dès que cette nouvelle est connue publiquement, le *Canadien* organise une campagne invitant la population à protester contre le geste des parlementaires britanniques et tentant ainsi de convaincre Durham de demeurer au pays. Le 21 septembre, le journal publie l'annonce suivante :

> La nécessité de manifester sans délai la désapprobation publique des procédés des lords à l'égard de lord Durham a fait naître chez un nombre de citoyens l'idée d'aller en masse s'inscrire sur le livre des visiteurs, à la résidence de Son Excellence, comme étant, dans les circonstances actuelles, une démarche non

équivoque et comportant une telle désapprobation. En conséquence, nombre de citoyens ont, cette après-midi, été inscrire ainsi leurs noms. Nous trouvons l'idée excellente et de nature à répondre aux vues et motifs particuliers de chaque parti et nous pensons qu'elle devrait être suivie universellement par tous ceux qui désirent le prompt rétablissement de l'ordre constitutionnel.

De toutes parts, on craint que le départ de Durham ne signifie une reprise des troubles.

Le 21 septembre, le gouverneur reçoit une délégation de représentants de la Nouvelle-Écosse, du Nouveau-Brunswick et de l'Île-du-Prince-Édouard venus à Québec pour promouvoir l'idée d'une union de toutes les colonies anglaises de l'Amérique du Nord. Il profite de la circonstance pour faire connaître officiellement sa première réaction.

Dans le court espace d'un peu plus de trois mois, déclare-t-il aux délégués, j'ai vu la tranquillité se rétablir et la confiance renaître. J'ai fait exercer une justice substantielle, tempérée par la clémence. J'ai examiné avec soin, dans la vue de les réformer, toutes les instructions de la province plus immédiatement confiée à mes soins ; et j'étais sur le point de promulguer des lois qui auraient assuré protection à tous ces grands intérêts britanniques qui avaient trop longtemps été négligés. J'avais aussi, comme vous le savez bien, dévoué l'attention la plus soignée à tous les sujets qui pouvaient affecter les intérêts généraux de toutes les colonies, et avais presque amené à maturité le plan que je me proposais de soumettre en première instance à la considération des provinces et éventuellement au cabinet et au Parlement impérial. Dans cette voie utile, je m'en flatte, j'ai été soudainement arrêté par l'intervention d'une branche de la Législature britannique. [...] Dans les circonstances, il ne me reste plus qu'un parti à prendre — de résigner une autorité dont l'exercice a été par là tellement affaibli qu'elle en est devenue tout à fait insuffisante à la gravité des circonstances qui seule en requérait l'existence.

À Québec, le mardi 25 septembre, une partie de la population manifeste bruyamment son appui à lord Durham. Une autre manifestation se déroule à Montréal, le 3 octobre. Le 7 novembre, environ 3000 personnes (ou 300 selon le *Quebec Mercury* et le *Quebec Gazette*) se réunissent au faubourg Saint-Roch pour manifester leur appui à lord Brougham. Au même moment, on présente à Durham une adresse signée par 4287 personnes témoignant de leur gratitude envers le gouverneur.

« *Lord High Seditioner* »

Durham se voit dans l'obligation d'annoncer officiellement le désaveu de son ordonnance du 28 juin. Il lance donc, le 9 octobre, une proclamation à cet effet. Il profite, par contre, de la circonstance pour se justifier aux yeux du public bas-canadien et préciser les grandes lignes de sa pensée politique.

Pour m'encourager et me stimuler dans ma tâche difficile, j'avais de grands et dignes objets en vue. Je visais à élever la province du Bas-Canada à un caractère tout à fait britannique, à en attacher la population à la souveraineté de la Grande-Bretagne en les faisant participer à ces hauts privilèges, favorables à l'ordre comme à la liberté, qui ont si longtemps fait la gloire du peuple anglais. J'espérais conférer à un peuple uni une jouissance plus étendue d'un gouvernement libre et responsable, et noyer les misérables jalousies d'une petite communauté et les odieuses animosités d'origines, dans les sentiments plus élogieux d'une nationalité plus noble et plus compréhensive. Pour effectuer ces objets, il fallait que les pouvoirs de gouvernement fussent aussi forts qu'ils étaient grands ; qu'il fut connu que j'étais libre d'agir aussi bien que de juger pour moi-même, sans être perpétuellement contrôlé par des autorités lointaines.

[...] Je ne pouvais, sans procès et sans conviction, prendre aucune mesure d'un caractère purement pénal, mais je me crus justifié à me prévaloir d'un aveu de culpabilité et à prendre des mesures de précaution contre un petit nombre des plus coupables ou des plus dangereux des accusés. J'accordai à tous les autres une amnistie complète.

Durham note que, parmi les effets bénéfiques de son ordonnance du 28 juin, il y a l'approbation de sa politique par le peuple des États-Unis et, par la suite,

la cessation de la sympathie américaine avec toute tentative de troubler les Canadas. Le défaut signalé dans l'ordonnance et qui en a motivé le désaveu, ajoute-t-il, n'est pas venu de ce que je me suis mépris sur l'étendue de mes pouvoirs, mais de ce que j'avais compté sur la disposition du Parlement à suppléer à leur insuffisance en cas de besoin. [...] Ce peu d'aide ne m'a point été accordé, même pour ce grand objet ; et l'utilité de mon pouvoir délégué expire avec la perte de cet appui de la part de l'autorité suprême qui seule pouvait la soutenir.

La mesure qui vient d'être annulée n'était qu'une partie d'un grand système de mesures que je promis lorsque je proclamai l'amnistie. En cherchant à effacer les traces des discordes récentes, je m'engageai à en faire disparaître les causes, à prévenir le retour d'une lutte entre des races hostiles, à élever les institutions défectueuses du Bas-Canada au niveau de la civilisation et de la liberté britanniques, à aplanir tous les obstacles à la marche de l'industrie britannique de cette province, à encourager la colonisation et les améliorations dans les autres, et à consolider ces bienfaits généraux sur une base forte et permanente d'un gouvernement libre, responsable et compréhensif.

Le représentant souligne la conséquence légale du désaveu : « Il n'existe donc aucun obstacle au retour de ceux qui avaient fait l'aveu le plus formel de leur culpabilité ou qui avaient été exclus par moi de la province à cause du danger auquel sa tranquillité serait exposée par leur présence et aucun ne pourrait être créé sans l'adoption de mesures qui répugnent également à mes sentiments de justice et de politique. »

La publication de la proclamation soulève plusieurs commentaires. Le *Canadien*, entre autres, souligne l'annonce d'une politique d'anglicisation de la population canadienne-française. Quant au *Fantasque*, il affirme que Durham n'a qu'à s'en prendre à lui-même pour ce qui lui arrive. « Vous partez, milord ! écrit Napoléon Aubin, vous partez mécontent, mécontent du pays, de ses habitants, de l'Angleterre. Vous avez raison, mais vous l'auriez davantage encore si vous partiez mécontent de vous-même. Nous ne l'exigeons pas cependant ; vous êtes homme ; nous avons eu le tort de vous croire un dieu. » Usant d'ironie, le journaliste d'origine française met Durham en garde contre l'utilisation de certains mots :

On dirait, milord que vous vous êtes appliqué à faire comprendre au peuple canadien que son heure est venue, qu'il ne lui reste plus d'espoir et qu'il doit expier dans l'esclavage et le mépris l'immense tort de n'être pas anglais. Tous les colifichets que les hommes chérissent lui sont refusés : places, honneurs, égards leur sont enlevés et offerts à ceux qui les insultent à l'envie. [...] Vous allez défendre les intérêts *british* ! Ah, milord, changez ce mot-là, c'est un vilain mot. Dites que vous allez y défendre les intérêts coloniaux, provinciaux, tout ce que vous voudrez, mais point les intérêts *british* ; car, voyez-vous, on ne vous comprendra pas ici. Tout ce qui est abus, tout ce qui est cruauté, tout ce qui est tyrannie, ignorance, oppression, intolérance, vos compatriotes l'ont couvert par ce mot de *british*.

Durham, sympathique au début sans doute à la cause des Canadiens français dans quelques-unes de leurs revendications, s'est laissé circonscrire par la minorité anglophone de la colonie pour, en fin de compte, épouser leurs prises de positions. La *Montreal Gazette* du 18 octobre rappelle au représentant de la reine les grandes lignes qui doivent présider ses recommandations au gouvernement de la métropole :

Il ne doit plus y avoir d'hésitation ni de délai. Il n'y a plus à marchander sur l'expérience de gouverner un peuple d'une origine étrangère, selon les préjugés inhérents d'institutions gothiques ou d'une prétendue exemption des Canadiens de toute charge ou innovation, qu'ils ne désireraient pas. Non ; il n'y a plus de ménagements à garder à leur sujet. Le temps est arrivé où doit se faire une réforme radicale et complète dans les lois et institutions de cette province, qui se trouveront incompatibles avec sa prospérité et son bonheur comme colonie britannique et où il faut apprendre aux Canadiens français que la paix et le bien-être de tout un empire ne doivent pas être troublés parce qu'il ne leur plaît pas d'être gouvernés et législativement régis de la même manière que les autres sujets britanniques, leurs supérieurs en tout point de civilisation et de connaissance sont gouvernés et législativement régis. Que sont les Canadiens français, qu'ils aient la présomption de tirer une distinction entre eux et les autres habitants de ces colonies et de l'Empire, et d'insister à être émancipés de tout contrôle et à l'abri de toute intervention de leur état civil et politique ! Nous leur disons que des notions aussi ridicules et aussi étranges ne seront plus tolérées, et qu'ils peuvent être assurés que le temps approche où il leur faudra se soumettre à être régis et gouvernés par les institutions inhérentes à l'Empire. Quelle est, nous le demandons, la vraie cause de l'état de déchirement où en est cette province, et du long déchirement de mal administration et d'anarchie auquel elle a été soumise ? Quelle est-elle, si ce n'est que la majorité des habitants sont étrangers d'origine, d'usages, de lois, de langue et d'institutions à ceux de la nation en général ; et qu'aucune tentative n'a encore été faite pour les assimiler à ceux de la mère patrie.

Le 1er novembre, le gouverneur Durham, accompagné des membres de sa famille et de sa suite, quitte Québec à bord de l'*Inconstant*. Le général Colborne prend immédiatement charge du gouvernement. Il avait écrit le 19 octobre au colonel George Couper, secrétaire militaire et aide de camp de Durham, qu'il était convaincu qu'à cause de la menace d'invasion, il était important que le commandant en chef (Colborne) soit revêtu « de tous les pouvoirs civils et militaires » et que la présence de Durham causerait alors de la gêne. En conséquence, il apparaît important à Colborne que le gouverneur en titre quitte la colonie le plus rapidement possible.

À Washington, le départ de Durham apparaît comme une demi-catastrophe. Pontois, ambassadeur de France dans la capitale américaine, écrit le 3 octobre :

> L'on regarde généralement ici la retraite de lord Durham comme un véritable malheur dans les circonstances actuelles ; car il est certain que, quel que soit le jugement que l'on puisse porter sur la légalité de l'acte qui lui est reproché, la tendance générale de son administration a été libérale, modérée, conciliante et, par conséquent, propre à prévenir le choc des passions contraires, qui agitent encore le Canada et semblent lui présager peut-être dans un avenir peu éloigné, de nouveaux malheurs. Déjà les journaux loyalistes recommandent aux troupes, dans le cas où il éclaterait des troubles cet hiver, de ne plus faire de prisonniers, puisqu'on sait maintenant, par expérience, qu'avec des jurés canadiens les coupables sont assurés de l'impunité ; et il est à craindre que sir John Colborne, s'il demeure, comme on l'annonce, chargé du gouvernement de la colonie, ne prête un peu plus l'oreille à de pareils conseils, que ne le commanderaient l'humanité et la politique.

Le retour des exilés

Les patriotes exilés aux Bermudes apprennent le 26 octobre le désaveu de l'ordonnance de Durham et la possibilité qu'ils puissent quitter le lieu de leur détention.

> C'était pour la population des Bermudes, écrit Bouchette, tout un événement et pour nous, un véritable triomphe. Nos nombreux amis nous entourèrent et nous prodiguèrent leurs félicitations. Plusieurs personnages que notre état d'exilés avait tenus à distance vinrent nous faire visite. Malgré toutes ces démonstrations qui nous touchèrent vivement, nous n'avions qu'une pensée, partir. Une goélette se trouvait en ce moment à l'ancre dans le port, en partance pour la Virginie. Nous nous abouchâmes avec le patron, M. Davis, lequel consentit à nous donner passage sur son navire. Nous nous embarquâmes le surlendemain, 3 novembre 1838, jour à jamais mémorable pour nous. Nous trouvâmes le pont encombré de colis de toutes espèces, de cadeaux de fruits et autres objets adressés aux exilés par nos amis des îles. Voici l'instant du départ. Une foule compacte se presse sur le quai. Blancs et Noirs sont là réunis pour nous souhaiter bon voyage. Nous soulevons nos chapeaux, la foule lance des hourras formidables. La goélette hisse sa voile. Le docteur Masson s'avance et entonne ce qui est pour nous le chant du départ. Nous reprenons tous le refrain et nos amis sur la rive faisant de même, nous nous éloignons de cette terre hospitalière en y laissant l'écho de la douce chanson canadienne : *Lève ton pied, légère bergère. Lève ton pied légèrement.*

Le voyage de retour est marqué par de nombreux orages. Les huit exilés débarquent à Hampton Roads le 8 novembre. Bouchette et Nelson prennent le chemin de Washington alors que les six autres se dirigent vers New York. La plupart ne veulent plus prendre part à aucun soulèvement. Les troubles qui viennent d'éclater au Bas-Canada vont les empêcher, un temps encore, de rentrer dans leur patrie.

Vaines tentatives

Parmi les patriotes exilés volontairement aux États-Unis, Robert Nelson et quelques autres rêvent de nouvelles tentatives pour libérer le Canada du joug britannique. Déjà, le 4 juin 1838, Édouard-Élisée Malhiot confie à Duvernay : « Je décachète ma lettre pour vous annoncer que nous venons d'avoir [à Swanton] la visite du docteur Nelson ; il m'a demandé en arrivant les moules à balles et un état de nos armes, munitions, etc. Il n'a aucune confiance en Durham. Ne dites rien de cela en ville. »

Le 27 août, Robert Nelson est arrêté par la police américaine pour son excursion au Bas-Canada, à la fin de février. Après avoir fourni une caution de 3000 dollars, il retrouve la liberté, demeurant cependant étroitement surveillé, ce qui ne l'empêche pas de préparer avec Côté une nouvelle attaque contre soldats et loyaux du Bas-Canada. Une organisation militaire secrète est mise sur pied et, au tout début de septembre, elle comprend au moins 35 loges. De l'aveu du docteur Côté, Châteauguay, Trois-Rivières, Berthier et Québec possèdent chacune une loge des Frères Chasseurs, laquelle est plus que vigoureuse. Sainte-Martine, Beauharnois, Longueuil, Boucherville, Varennes, Contrecœur, Saint-Antoine, Saint-Marc, Chambly, Saint-Charles, Saint-Denis, Saint-Athanase, Sainte-Marie, Saint-Césaire, Brôme, Potton, Sutton, Stanstead, Milton, Barnston, Shipton, Nicolet, Saint-Hyacinthe, Montréal, Pointe-aux-Trembles, Sainte-Scholastique, Saint-Benoît, Vaudreuil, Saint-Jacques-le-Mineur, Hemingford et Sherrington possèdent elles aussi leur loge prête à attaquer lorsque l'ordre en sera donné.

L'Association des frères Chasseurs est une organisation secrète, bien structurée. À sa tête, le Grand Aigle, dont les fonctions correspondent à celles d'un général de division ; sous ses ordres, les Aigles, « qui remplissaient le rôle de colonels et avaient charges d'organiser une compagnie ». À chaque Aigle se joignent deux Castors, qui ont rang de capitaines ayant chacun sous ses ordres cinq Raquettes ou caporaux. Chaque Raquette commande neuf *Chasseurs* ou simples soldats.

N'entre pas qui veut dans l'Association des Frères Chasseurs. Il faut être présenté par un membre et prêter un serment solennel. Deux chasseurs, le 28 septembre 1838, révèlent à la police et au pouvoir judiciaire, les détails concernant l'assermentation :

> Dans la nuit du 21 au 22 courant, déclarent-ils sous serment, ils furent invités à aller dans l'écurie de N. où, étant rendus, ils trouvèrent rassemblés tant en dehors qu'en dedans de ladite écurie, de 50 à 60 hommes, que l'on y introduisait tour à tour quatre à quatre ; que l'on commençait par bander les yeux à ceux qui étaient admis dans ladite écurie, puis après les avoir fait mettre à genoux, on leur présentait un livre, que l'on disait être le Saint-Évangile, sur lequel chacun jurait de garder un secret inviolable sur tout ce qui allait leur être révélé, avec un engagement exprès de consentir à avoir le cou coupé et ses propriétés brûlées plutôt que de révéler le secret demandé

> La formule du serment que prête l'apprenti chasseur est explicite :

> Je, N., librement et en présence de Dieu tout-puissant, jure solennellement d'observer les signes secrets et mystères de la Société dite des Chasseurs ; de ne jamais écrire, peindre ou faire connaître d'une manière quelconque les révélations qui

m'auraient été faites par une société ou une loge de Chasseurs ; d'être obéissant aux règles et règlements que la société pourra faire si cela ne peut nuire grandement à mes intérêts, ma famille ou ma propre personne ; d'aider de mes amis, soins et propriétés tout Frère Chasseur dans le besoin de l'avertir à temps des malheurs qui le menacent. Tout cela, je le promets sans restriction et, si je n'y suis pas fidèle, consens de voir mes propriétés détruites et d'avoir moi-même le cou coupé jusqu'à l'os.

Divers signes existent pour permettre aux Chasseurs de se reconnaître. Les deux délateurs les révèlent à la police :

1er De se croiser les doigts du milieu, celui de la main gauche par-dessus celui de la main droite, 2e De mettre le pouce gauche dans la narine gauche et l'index de la gauche sur le côté du nez ; 3e De mettre le petit doigt de la main gauche dans l'oreille gauche ; 4e De se toucher mutuellement le bas des manches avant de se donner la main ; 5e De se saluer en s'abordant comme suit : « il fait beau aujourd'hui » (en ajoutant la quantième du mois, ou bien le jour de la semaine), le 25 ou lundi ; l'initié dans les mystères devant répondre : « oui, le 29, s'il peut faire aussi beau » ; ou bien, si le salut a été par un jour de la semaine : « Oui, s'il peut faire aussi beau mardi. »

L'Association des Frères Chasseurs comprend des membres non seulement au Bas-Canada, dans la plupart des régions, mais aussi aux États-Unis. On évalue à 10 000 le nombre des adhérents. Colborne, dans une lettre à Normanby datée du 5 mai 1839, croit que les membres, tant au Canada qu'aux États-Unis, avaient peut-être atteint un total de 200 000, ce qui est nettement exagéré.

Papineau condamne l'existence des Frères Chasseurs. Il écrit à Roebuck, le 28 septembre : « Quant aux sociétés secrètes et aux plans d'agression qu'elles peuvent former, j'en suis affligé, plus que surpris. Lorsque l'on a commencé à parler de leur organisation, je l'ai condamnée, en disant que le gouvernement avec son or et ses espions s'en servirait pour perdre et détruire ceux qui s'y aggrégeraient. Qu'il trouverait toujours quelques faux frères qui ne seraient que des agents provocateurs assurés de l'impunité, poussant les autres à des mesures extrêmes et les trahissant sans cesse. Que les hommes publics devaient se guider d'après une règle de conduite qu'ils pussent avouer. »

Derniers préparatifs

Les chefs des patriotes du Bas-Canada établissent avec William Lyon Mackenzie un plan d'attaque combiné selon lequel tous les principaux endroits des deux Canadas seront « visités », le même jour, par les insurgés. Le mois d'octobre est occupé à compléter les cadres des Frères Chasseurs. Le recrutement repose parfois sur l'intimidation et des menaces de violence. Par ailleurs, on ramasse des fonds pour l'achat d'armes. Certaines cotisations sont, elles aussi, le fruit de la violence.

La peur s'empare de plusieurs bureaucrates qui fuient leur demeure. Certains gagnent les États-Unis. On sent que le mouvement qui s'en vient est différent de celui de l'année précédente. Cette fois-ci, l'initiative de l'attaque appartient aux patriotes et l'esprit d'insurrection a gagné plusieurs habitants anglophones des

Eastern Townships. À Québec et à Montréal, la police resserre sa surveillance. Le 29 octobre, le bureau de l'inspecteur et surintendant de la police de Montréal fait paraître l'avis suivant : « Toutes personnes qui tiennent des hôtels, auberges et maisons de pension dans la ville et les faubourgs de Montréal, sont enjointes, par ces présentes, après le 30 octobre courant, d'envoyer tous les jours, au bureau de police, avant dix heures du matin, une liste contenant les noms et résidences de tout étranger qui peut maintenant résider et arriverait par la suite à leurs maisons respectives. »

L'attaque générale est fixée au 3 novembre. D'après les aveux de Jean-Baptiste-Henri Brien à la police, « Nelson et le général Martin devaient entrer dans le comté de L'Acadie et attaquer Saint-Jean ». Un autre groupe, dirigé par Malhiot, attaquera le fort de Sorel dont on convoite les armes et les munitions. « Malhiot me dit qu'il était sûr de son coup, qu'il avait déjà préparé les choses, visité la place avec deux ingénieurs, un Canadien et un Américain. » Les armées de Sorel et de Saint-Jean devaient ensuite se réunir à Chambly pour prendre le fort, alors qu'un autre groupe attaquerait Beauharnois et Laprairie. André-Benjamin Papineau avait reçu ordre, avec d'autres habitants de l'île Jésus, d'aller s'emparer du pont Lachapelle, « s'y retrancher et couper les communications ». Quant aux patriotes de la région du lac des Deux-Montagnes, leur mission était d'empêcher les volontaires loyaux d'Argenteuil et Ottawa de venir prêter main-forte aux forces loyales de Montréal, point central convoité par les patriotes. À Québec, on devait empêcher les soldats de sortir de la citadelle.

Les premiers patriotes qui passent à l'action sont ceux de la région de Beauharnois. Leur mission est de s'emparer des armes et des munitions qui pourraient se trouver dans la maison du seigneur Edward Ellice. Quelques centaines d'hommes participent à l'opération. Les habitants de la maison sont réveillés par les aboiements des chiens et les cris des dindes. Peu après une heure du matin, le 4 novembre, on commence à faire feu sur le bâtiment où se sont réfugiés plusieurs bureaucrates. Louis Dumouchel donne un pistolet à Brien pour qu'il pénètre « à la tête d'un certain nombre dans la cuisine et l'intérieur de la maison ». Au même moment, Brown, l'agent du seigneur, crie que « tout le monde se rendait, considérant une plus longue résistance inutile ». « On prit douze mousquets chez M. Ellice, rapporte Brien, onze barils de cartouches toutes faites, deux fusils de chasse, un superbe poignard que Dumouchel s'appropria, et quelques autres articles dont je ne me souviens plus. » Ellice et les autres personnes faites prisonnières sont conduits à Châteauguay. Le lendemain, les patriotes s'emparent du navire à vapeur *Henry Brougham*, brisent les machines et font prisonniers les passagers.

Le 4 novembre, au petit jour, une centaine de patriotes, sous le commandement de Joseph-Narcisse Cardinal et de Joseph Duquette, quittent Châteauguay pour se rendre à Caughnawaga s'emparer des armes et munitions qui se trouvent dans le village amérindien. Selon le *Montreal Herald*, « une femme du village étant à la recherche d'une vache égarée, découvrit dans le bois un parti nombreux d'hommes armés et en donna avis aux Sauvages qui étaient à la messe. Ils sortirent aussitôt, se saisirent de toutes les armes qu'ils purent se procurer, telles que fusils, casse-têtes et fourches et, poussant le cri de guerre, ils chargèrent les ennemis qui prirent aussitôt la fuite, en jetant bas leurs armes. Soixante-cinq furent faits prisonniers. »

Des patriotes, réunis à Saint-Constant le 3, reçoivent l'ordre de se rendre à Laprairie. En chemin, ils s'emparent des armes des loyaux sujets de Sa Majesté. Rendus à Rivière-à-la-Tortue, non loin de Laprairie, ils veulent forcer la porte de la maison d'un nommé Vitty où se sont réfugiés plusieurs bureaucrates. Au cours d'un échange de coups de feu, l'un des occupants de la maison, Aaron Walker, est tué. Il devient, avec Weir et Chartrand, un autre martyr de la rébellion. Le lendemain, une vingtaine de familles de Laprairie cherchent refuge à Montréal, « parce qu'on s'attendait d'un moment à l'autre que ce village serait attaqué par les rebelles dont il y avait un immense rassemblement à L'Acadie ».

Les projets d'attaque contre Sorel, Saint-Jean et Chambly ne se concrétisent pas, faute d'armes et, surtout, faute de chefs. Plusieurs Frères Chasseurs répondent quand même à l'ordre de marche qu'ils ont reçu.

> Ils partirent la nuit, par bandes de dix, vingt ou trente, portant au bout d'un bâton un petit paquet contenant une chemise et un morceau de pain et de lard, raccolant des compagnons d'armes sur leur passage, et forçant les gens de se lever, de décrocher le vieux fusil de chasse suspendu au soliveau et de les suivre, écrit L.-O. David. On dormit peu cette nuit-là ; bien des larmes coulèrent et les femmes de l'époque qui survivent se rappellent encore vivement les angoisses qu'elles éprouvèrent en voyant leurs maris partir pour se battre. Mais, ne trouvant pas, dans les limites désignées, les armes promises, et ne recevant aucunes nouvelles, la plupart revinrent chez eux ; les plus déterminés seulement se rendirent jusqu'à Napierville.

Le mouvement de masse qui avait été prévu ne se déclenche pas, surtout dans la région du lac des Deux-Montagnes. À Terrebonne, l'agitation est davantage liée aux tentatives d'arrestation de patriotes qu'à un soulèvement. Il en va de même dans le Bas-Richelieu.

Le rassemblement le plus important a lieu à Napierville où l'on établit le grand camp. Le 3 au soir, de 300 à 400 patriotes attendent l'arrivée de Robert Nelson qui doit venir prendre le commandement des troupes et des opérations. La marche de Nelson de St. Albans à Napierville n'a rien de triomphal et n'augure rien de bon.

> Cette nuit même [du 3 au 4], raconte l'officier français Charles Hindenlang, le peuple canadien soulevé devait, suivant l'infâme et misérable Nelson, se trouver sur les côtes pour le recevoir et le féliciter de son débarquement. 250 fusils avaient été amenés et déposés dans une chaloupe par le colonel américain Burton ! Nous partîmes et nous descendîmes la rivière jusqu'au quai Vitman, le docteur, son guide, un pilote et nous deux [Hindenlang et Trouvay, un autre Français]. Nous arrivons par un temps affreux ; pas un seul homme pour recevoir le fameux président du gouvernement provisoire et ce n'est qu'après une heure d'attente et de misère que le guide revint avec quelques hommes (5 ou 6 au plus) pour débarquer les fusils. À l'instant, on nous donna trois chevaux et nous fîmes route pour Napierville. C'est là que le docteur Côté, à la tête de 2 ou 300 hommes, reçut le docteur Nelson et le proclama président de la République du Bas-Canada. Rien ne fut oublié dans cette comédie, discours et promesses de part et d'autre.

Côté profite de son discours pour féliciter Nelson et présenter les deux officiers français : « Messieurs, je vous présente l'homme que nous attendions avec tant d'impatience et de confiance, Robert Nelson, le chef des patriotes et le président de la future république canadienne. Voilà notre chef, messieurs, il est venu au milieu de nous, comme il l'avait promis ; il vient se mettre à notre tête pour arracher le pays à la tyrannie et conquérir l'indépendance du Canada. Je vous présente aussi ses deux compagnons, deux nobles et vaillants officiers français, qui seront vos généraux et vous conduiront à la victoire. »

Nelson prend ensuite la parole : « Mes amis, je n'ai qu'un mot à vous dire : merci de votre accueil. J'espère que je saurai mériter votre confiance ; la tâche que nous entreprenons est difficile, mais elle n'en sera que plus glorieuse. L'année dernière, vous avez été écrasés parce que vous n'aviez pas d'armes, mais cette année nous triompherons parce que nous aurons ce qu'il nous faut : de l'argent, des hommes et des fusils. Courage, mes amis, et soyez convaincus qu'avant longtemps nous aurons délivré notre pays de la tyrannie et conquis la liberté. »

Le nombre de patriotes rassemblés à Napierville croît chaque jour. Ils sont près de 3000 hommes vers le 7 novembre. Pour nourrir ces gens, les chefs ont recours aux emprunts forcés. Le curé de la paroisse doit remettre aux insurgés le contenu du coffre-fort de la fabrique.

Le 6, Côté dirige un groupe de patriotes qui doivent récupérer les armes que l'on avait cachées le 3. Des volontaires d'Odelltown les attaquent et les forcent à déguerpir, laissant sur le champ de bataille les nouveaux fusils et un canon. Cette défaite a de graves conséquences : non seulement l'armement prévu tombe aux mains des volontaires, mais les communications avec les patriotes et les Américains sympathiques vivant de l'autre côté de la frontière sont brisées. Il devient donc nécessaire pour Nelson de tenter de rétablir ces communications.

Le jeudi [8], raconte Hindenlang, le docteur Nelson commanda la marche sur Odelltown. 600 hommes armés et tous les officiers l'accompagnaient. [...] La pluie nous arrêta à Lacolle où nous passâmes la nuit ; c'est là que, sous prétexte d'aller rejoindre pour l'amener à un poste éloigné de 150 hommes commandé par un nommé Dupuis et un autre capitaine, le lâche et misérable Nelson, muni de tout l'argent qu'il put rassembler, chercha à se sauver ; il fut lié, garotté et sur le point d'être livré par les Canadiens. Il ne dut son salut qu'aux prières et à l'intercession des capitaines Nicolas et Trudeau.

Pour Hindenlang, la prétendue fuite de Nelson ne fait pas de doute, alors que pour d'autres, le chef des patriotes avait été victime d'un coup monté par « le faux patriote capitaine Hefferman ». Quoi qu'il en soit, la réputation de Nelson est compromise. De retour au camp de Napierville, le président de la république jure de sa bonne foi et annonce qu'il commandera lui-même une nouvelle attaque contre Odelltown. Le 9 novembre, l'engagement a lieu.

Les volontaires, retranchés dans une église, se défendent vigoureusement. Ils utilisent le canon qu'ils ont enlevé aux patriotes quelques jours auparavant. Des renforts arrivent des villages voisins. Le combat dure déjà depuis deux heures et demie. Les patriotes craignent d'être encerclés. Comme s'ils répétaient un vieux scénario, devant la défaite, Nelson et quelques autres, abandonnant les patriotes à leur sort, fuient vers les États-Unis ; d'autres regagnent Napierville.

Ainsi prend fin la deuxième tentative de soulèvement. Commence alors le temps de la vengeance et des règlements de comptes !

La pendaison publique de cinq patriotes à la nouvelle prison du Pied-du-Courant

POTENCE ET EXIL
1838-1839

ÈS QU'IL REPREND LE POSTE D'ADMINISTRATEUR DU BAS-CANADA, Colborne remet en place le Conseil spécial qu'il avait formé, le 2 avril 1838. Tous les membres retrouvent leur poste, sauf Ichabod Smith et Thomas Brown Anderson. Le nouveau représentant de la reine juge bon d'ajouter à la liste deux nouveaux conseillers : George Moffatt et Dominique Mondelet, nommés le 2 novembre.

Le 4 novembre, le district de Montréal se retrouve sous la loi martiale et, à partir de ce jour, les arrestations se font de plus en plus nombreuses. Le *Montreal Herald* déclare que « les arrestations faites à Montréal l'ont été sur le simple soupçon de haute trahison et, dans tous les cas, d'êtres de très mauvais caractère. Nous recommandons, ajoute le journaliste, d'en arrêter encore quelques-uns, mais qu'on saisisse aussi leurs papiers. » À nouveau, la ville paraît comme en état de siège. Les citoyens reçoivent l'ordre « de tenir deux chandelles allumées au second étage de chaque maison dans la cité, entre le soleil couché et minuit ».

À Québec, la situation est peu différente. Le 5, à la suite d'une assemblée des marchands de la capitale tenue à la Bourse, décision est prise que les banques de la ville de Québec suspendront les paiements en espèces « jusqu'à ce que la tranquillité publique soit rétablie ». Au cours des jours qui suivent, la rumeur se répand que des assemblées d'une association secrète se tiennent au faubourg Saint-Roch. La police et les anglophones de la capitale sont sur les dents.

La crainte d'un soulèvement populaire incite les autorités de Québec à placer, à partir du 9 novembre, des hommes de police à toutes les portes de la ville, deux à l'intérieur et deux autres en dehors, qui prennent note des allées et venues. « On suppose que c'est pour s'assurer s'il entre plus de monde qu'il en sort. » Le 11, on procède à l'arrestation de quelques citoyens en vue et des mandats sont émis contre d'autres.

Afin de faciliter les opérations policières et de mater le soulèvement, le Conseil spécial, réuni à Montréal, adopte une série d'ordonnances suspendant le privilège de l'*habeas corpus* dans toute la province, étendant la loi martiale au district de Saint-François, autorisant la saisie et détention des armes, poudre, plomb et munitions de guerre et autorisant l'administrateur du gouvernement à créer des cours martiales pour le jugement des détenus politiques arrêtés et ceux qui le seront pour toutes offenses commises depuis le 1er novembre 1838. Cette dernière ordonnance ne vaut que pour le district de Montréal et elle est en vigueur jusqu'au 1er juin 1840. Elle pourra, par proclamation, être étendue à toute la province. Enfin, le Conseil spécial adopte une autre ordonnance « autorisant les banques chartrées à suspendre leurs paiements en espèces et rendant leurs billets suffisants pour offres légales, et cela jusqu'au 1er juin prochain. »

Les amis du feu

Pendant que se remplissent les prisons et que des mesures sont prises pour écraser les mouvements de révolte, les volontaires anglophones, aidés de soldats réguliers et de miliciens de Glengarry, incendient fermes isolées et villages où habitaient les supposés rebelles. La marche inutile des soldats commandés par Colborne sur Napierville trouve sa compensation dans la multiplication des incendies.

Pour Adam Thom du *Montreal Herald*, le ravage systématique des campagnes n'est pas suffisant. Le virulent journaliste, qui avait su gagner l'attention de Durham et parvenir à l'influencer, écrit le 13 :

> Dimanche au soir [le 11], tout le pays en arrière de Laprairie présentait l'affreux spectacle d'une vaste nappe de flamme vivide, et l'on rapporte que pas une seule maison rebelle n'a été laissée debout. Dieu seul sait que vont devenir les Canadiens survivants et leurs femmes et leurs familles, pendant l'hiver qui approche, attendu qu'ils n'ont devant les yeux que les horreurs de la faim et du froid. Il est triste de réfléchir sur les terribles conséquences de la rébellion, de la ruine irréparable d'un si grand nombre d'êtres humains, qu'ils soient innocents ou coupables. Néanmoins, il faut que la suprématie des lois soit maintenue inviolable, l'intégrité de l'empire respectée, la paix et la prospérité assurées aux sujets bretons, même aux dépens de la nation canadienne entière. L'histoire du passé prouve que rien moins que leur disparition de la terre et la réduction en poussière de leurs habitations, ne préviendra de nouvelles rébellions au sud du Saint-Laurent, ou de nouvelles invasions de la part des Américains. [...] Le châtiment déjà infligé a été très sévère, mais ce n'est pas assez. La pendaison de vingt chefs aura plus d'effet que de tuer deux cents hommes dans l'action, et s'il en doit échapper à la potence, ils devraient être condamnés au travail forcé et enchaînés ensemble employés à macadamiser l'île de Montréal.

Le *Montreal Herald* revient à la charge le 17, alors que près de 400 patriotes sont emprisonnés à Montréal : « Nous ne savons pas ce que Sir John Colborne prétend faire des prisonniers, mais nous savons que les sentiments des loyalistes s'exaspèrent d'heure en heure, de ce qu'il n'a encore été infligé aucun sentiment et qu'il se manifeste parmi eux un esprit d'une nature et d'une étendue dont sir John a peu d'idée. » Deux jours plus tard, le futur recorder de la Terre de Rupert, le bon

Thom, publie dans son journal : « Nous avons vu la nouvelle potence faite par M. Brondson, et nous croyons qu'elle sera dressée aujourd'hui en face de la prison, de telle sorte que les rebelles sous verrous jouiront d'une perspective qui, sans doute, aura l'effet de leur procurer un sommeil profond avec d'agréables songes. Six ou sept à la fois seraient là tout à l'aise, et un plus grand nombre peut y trouver place dans un cas pressé. »

Le 17 novembre, l'ordre général n° 7 précise qu'une cour martiale s'assemblera le 19 à 11 heures au Palais de justice de Montréal pour le procès de tels prisonniers qui seront amenés devant elle. La cour, qui sera sous la présidence du major général John Clitherow, sera composée de 14 membres choisis chez le 7ᵉ Hussard, le 2ᵉ bataillon des Grenadier Guards, le 15ᵉ Régiment et la garnison de Montréal. Le 27 novembre, Colborne émet un warrant rendant publique la formation de la cour martiale. Le lendemain, Dominique Mondelet, Charles Dewey Day et le capitaine Edward Angier Muller sont nommés procureurs de la Couronne.

Les accusés ne pourront être représentés par des avocats, comme cela se produit devant une cour civile. Des spécialistes en droit seront autorisés à leur fournir des conseils et même à rédiger pour eux des plaidoiries, mais il leur sera interdit d'intervenir directement dans le déroulement des procès. De plus, les avocats francophones sont exclus, sous prétexte que « des rebelles ne peuvent pas défendre des rebelles ». Mais les patriotes pourront quand même compter sur les services de deux avocats anglophones consciencieux, Lewis Thomas Drummond et Charles Hart, le fils d'Ezekiel Hart qui eut maille à partir avec la Chambre d'assemblée au début du siècle.

Le *Montreal Herald*, dans son édition du 19 novembre, informe ses lecteurs des procédures qui seront suivies : « Les procédés seront publics à l'exception des délibérations après l'examen de témoins, alors que chaque officier remet son opinion par écrit au président qui rend verdict en conséquence. On commence à demander au plus jeune officier son opinion sur l'innocence ou la culpabilité de l'accusé, opinion qu'il écrit sur un papier qu'il plie, de sorte qu'aucun membre de la cour ne peut user d'aucune influence indue. »

Le premier procès débute le 28 novembre 1838. On procède d'abord à l'assermentation des membres de la cour martiale, puis des avocats de la Couronne, puis de deux traducteurs en langue française et d'un en langue amérindienne. Des douze premiers accusés, onze sont de Châteauguay et un de Montréal. Ils sont tous accusés de haute trahison. Le procès se termine le 14 décembre, après que la cour eut siégé neuf fois. Plusieurs témoins sont d'origine amérindienne car, parmi les accusations, une concerne l'intervention des patriotes à Caughnawaga où ils s'étaient rendus pour négocier l'emprunt des armes de la réserve. Dénoncés et arrêtés par les habitants de l'endroit, ils attendent d'être jugés depuis le début du mois. Dans leur défense, les accusés font valoir que, pour la plupart, ils ne sont que de pauvres et pacifiques agriculteurs incapables de se défendre eux-mêmes contre des gens aussi instruits que les membres du tribunal et qu'en conséquence, ils remettent leur défense entre leurs mains.

Un premier jugement avait été rendu le 8 décembre. Deux des accusés, Édouard Thérien et Louis Lesiège dit Laviolette avaient été innocentés. Quant à Joseph-Narcisse Cardinal, Joseph Duquette, Jean-Louis Thibert et François-Maurice

Lepailleur, ils étaient condamnés à être pendus par le cou jusqu'à ce que mort s'ensuive. Les autres accusés, Joseph L'Écuyer, Jean-Marie Thibert, Léon ou Léandre Ducharme, Joseph Guimond, Antoine Côté et Louis Guérin dit Dusault appelé aussi Blanc Dusault, étaient condamnés à la déportation à vie.

Colborne décide de consulter les officiers de la loi de la Couronne sur les sentences prononcées. Les spécialistes sont d'avis que les sentences de déportation ne peuvent être légalement confirmées. En conséquence, l'administrateur demande donc aux membres de la cour martiale de s'assembler à nouveau pour réviser les condamnations. Le 14 décembre, à onze heures, les six condamnés à la déportation voient leur peine modifiée et changée en condamnation à mort. Mais les juges recommandent que cette dernière peine soit commuée et qu'une punition moins sévère soit appliquée.

De nouveaux détails qu'Andrew Stuart confie au capitaine Thomas Leish Goldie, secrétaire civil de Colborne, amènent ce dernier à demander l'avis du Conseil spécial, le 18 décembre. La sentence de mort contre Cardinal et Duquette est maintenue et leur exécution est fixée au vendredi 21 décembre.

Derniers recours

Pour la première fois depuis le début des soulèvements, deux patriotes doivent monter sur l'échafaud. Alors que Thom se réjouit à l'avance à l'idée de voir des Canadiens se balancer au bout d'une corde, d'autres citoyens, plus modérés, considèrent qu'il est de leur devoir d'intervenir. La journée du 20 décembre est marquée par plusieurs démarches de gens qui ne veulent pas la mort des deux condamnés. Les Amérindiens du Sault-Saint-Louis présentent une pétition à Colborne. « Nous venons donc à notre père, y lit-on, pour le supplier d'épargner la vie de ces hommes infortunés. Ils ne nous ont fait aucun mal. Ils n'ont pas trempé leurs mains dans le sang de leurs frères. Pourquoi répandre le leur ? S'il doit y avoir des victimes, il y en a d'autres que ces malheureux, qui sont mille fois plus coupables qu'eux. »

L'avocat Drummond intervient lui aussi. Dans sa lettre à Colborne, il déclare agir comme citoyen anglais. « Si, en ce moment, je m'adresse à Votre Excellence en mon caractère particulier, comme homme et comme chrétien, c'est pour vous demander, c'est pour vous implorer, dans l'intérêt de la justice, pour l'honneur de la nation anglaise, de vous arrêter avant la consommation de l'acte qui doit mettre fin à l'existence de deux de vos semblables, dont la culpabilité (comme il sera démontré avant longtemps), n'a pas été établie d'une manière légale. » L'avocat dénonce ensuite le fait que les accusés ont été « mis en jugement par une loi promulguée après la perpétration de l'offense ».

Un appel à la clémence est lancé à lady Colborne. Eugénie Saint-Germain, l'épouse de Cardinal, mère de quatre enfants et enceinte d'un cinquième, effectue une ultime tentative la veille de la pendaison de son mari. « Vous êtes femme et vous êtes mère, écrit-elle à lady Colborne. Une femme, une mère poussée par la détresse, oubliant les règles de l'étiquette qui la séparent de vous, tombe à vos pieds, tremblante d'effroi et le cœur brisé pour vous demander la vie de son époux bien-aimé et du père de ses cinq enfants. » La mère de Duquet, un célibataire de 22 ans, s'adresse quant à elle à Colborne lui-même, lui rappelant qu'elle est veuve et que son fils est son seul soutien. Elle souligne, elle aussi, que le condamné « n'a pas répandu une seule goutte de sang de ses semblables ». Mais les démarches sont vaines.

Ce fut le 21 décembre, à 9 heures du matin, raconte Prieur, que nos deux infortunés compatriotes montèrent sur l'échafaud, dressé au-dessus de la porte du mur de ronde de la prison de Montréal ; ils étaient soutenus par messire [Jean-Baptiste] Labelle, alors curé de Châteauguay, leur confesseur. Quelques heures après l'exécution, messire Labelle vint nous voir et nous raconta les terribles circonstances de cette scène. Le pauvre jeune Duquette eut beaucoup à souffrir ; l'exécuteur dut le reprendre à deux fois, la corde, mal ajustée, s'étant dérangée dans la chute, lui avait fait donner du visage contre le bord de l'échafaud et l'ayant ensanglanté.

Le *Montreal Herald* qui voulait voir en spectacle le sang canadien est bien servi, car, à cette époque, les pendaisons sont publiques et la foule qui assiste aux derniers moments des condamnés est habituellement nombreuse.

La cour martiale ne cesse de siéger. Le 17 décembre débute le procès du notaire Charles Huot, accusé de haute trahison. Le patriote avait agi comme quartier-maître au camp de Napierville et avait signé une série de reconnaissances de dettes pour achat « involontaire » ou « volontaire » de nourriture. Après quatre séances d'audition de témoins, Huot est condamné à mort, le 22 décembre. Mais les juges recommandent la clémence. Deux jours plus tard, débute le troisième procès mettant en scène onze patriotes attachés au camp de Napierville. Lors du prononcé de la sentence le 2 janvier 1839, deux d'entre eux sont acquittés et les autres condamnés à mort. Un seul, par contre, périra sur l'échafaud : Pierre-Théophile Decoigne, un notaire âgé de 27 ans et père de deux enfants. La fournée de pendus sera plus importante avec le quatrième procès qui débute le 3 janvier pour se terminer le 10. Les dix accusés sont considérés comme les chefs du soulèvement patriote à Saint-Constant. Trois sont acquittés et les sept autres condamnés à mort. La sentence sera exécutée dans quatre des sept cas : Joseph Robert, Ambroise Sanguinet, Charles Sanguinet et François-Xavier Hamelin.

Les procès se déroulent à peu près toujours de la même manière : les accusés quittent leur prison à pied ou en voiture, enchaînés deux à deux, escortés par un détachement de cavalerie. Peu après leur arrivée à la cour, ils sont déchaînés et ils doivent se tenir debout pendant toute l'audience, « car, écrit Louis Ducharme, nous n'avions pas de sièges, ayant à supporter non seulement le poids de notre corps, mais encore celui des dépositions des témoins de la Couronne ». Les procédures ont lieu en anglais, langue que ne comprennent pas la plupart des accusés. « Mais nos avocats, MM. Drummond et Hart, étaient infatigables et nous tenaient au courant de ce qui se passait, sur notre compte, pour ne pas dire à notre insu », affirme Prieur.

Les quelque 800 prisonniers logent dans trois prisons : celle du Pied-du-Courant, la vieille prison et un hangar de la Pointe-à-Callières transformé en lieu carcéral. Ceux qui attendent leur procès et ceux qui ont été condamnés partagent parfois les mêmes locaux. Les conditions de détention sont pénibles. « Nous demeurâmes trente-trois jours dans les cachots sans sortir ni jour ni nuit, raconte Ducharme ; nous couchions sur le plancher n'ayant qu'une simple couverte pour lit et couverture, dans cette saison où le frimas tapissait tout l'intérieur de nos cellules. Au bout de trente-trois jours, après beaucoup d'instance de notre part, l'on nous permit d'ouvrir les portes de nos cellules six heures par jour, c'est-à-dire de dix à quatre ; plus tard, nous obtînmes quelques heures de plus. »

À nouveau, la potence

Le 18 janvier, à neuf heures, Decoigne, Robert, Hamelin et les deux Sanguinet montent sur l'échafaud. Plusieurs parents et amis sont présents dans la foule de curieux. « C'était un spectacle déchirant, rapporte l'*Ami du peuple*, pendant les deux jours qui ont précédé l'exécution, que de voir les parents de ces malheureux coupables solliciter en pleurant la permission d'aller leur dire un dernier adieu ; les scènes devaient être bien plus déchirantes encore en prison. Le capitaine Robert a 28 frères ou sœurs vivants, et les 29 avaient à eux tous 146 enfants. »

Avant de mourir, Decoigne adresse quelques mots à l'assistance :

Mes frères en Jésus-Christ, je désirerais avoir plus de force pour vous faire entendre à vous qui êtes ici présents et à tous mes compatriotes en général les sentiments dont nous sommes animés en ce moment terrible. Nous confessons sincèrement nos égarements. Nous avons méprisé les salutaires instructions qui nous ont été données par nos charitables pasteurs ; nous nous étions faussement persuadés qu'ils nous trompaient en prêchant l'obéissance et la soumission aux lois et aux autorités établies ; maintenant, nous reconnaissons qu'ils nous ont enseigné la véritable doctrine. [...] Plaise à Dieu que le supplice ignominieux que nous sommes sur le point de souffrir soit salutaire à ceux de nos compatriotes qui sont encore dans l'erreur ; sur ce point, qu'ils sachent qu'à l'heure de la mort, on juge les choses bien plus sainement que pendant la vie. Dieu veuille qu'ils deviennent sages à nos dépens. Nous vous demandons sincèrement pardon de tous les scandales que vous avez pu recevoir de nous pendant notre vie et en particulier du mauvais exemple que nous avons donné par la faute qui nous a conduits ici.

La nouvelle pendaison a lieu alors que se déroule le cinquième procès de 11 patriotes mêlés à l'affaire de Beauharnois. Commencé le 11 janvier, il se termine le 21. Le 18, les accusés quittent la prison du Pied-du-Courant trois quarts d'heure plus tard qu'à l'accoutumée pour se rendre à leur procès. « Près de la porte de la prison, nous vîmes les cinq cadavres de nos amis étendus sur la neige dans leur toilette de condamnés. Il semblerait que de pareilles scènes auraient dû suffire à contenter la rage de haine dont une partie de la population était alors animée ; mais non !... Un volontaire nous dit, en nous montrant du doigt ces cadavres dont la vue nous saignait le cœur, que bientôt nous en aurions autant ; et, ce jour-là, notre voiture souleva sur son passage les mêmes menaces, les mêmes insultes et les mêmes vociférations que les autres jours. » François-Xavier Prieur, un des accusés, continue ainsi à raconter les péripéties du procès : « Pendant ces longs jours de notre procès, les outrages et les avanies ne nous ont point fait défaut de la part de la populace qui s'amassait sur notre passage et qui envahissait les abords du tribunal. Quelques-uns de nos juges même ne nous épargnaient pas les sanglantes insultes : c'est ainsi que quelques-uns d'entre eux s'amusaient, durant les séances, à dessiner des bonshommes pendus à des gibets, et ces grossières caricatures, qu'ils se passaient sous nos yeux paraissaient les amuser beaucoup. » Au cours des sept jours d'audience, les juges entendent les réponses de 44 témoins, dont 14 sont anglophones. Cinq femmes viennent témoigner. Prieur et Chevalier de Lorimier tentent de prouver leur innocence et celle des coaccusés. Ils opposent une défense solide, mais le 21 janvier, les onze patriotes sont déclarés coupables de haute trahison. Un après l'autre, ils entrent dans la chambre du geôlier où se trouvent les trois juges et ils entendent tous lecture de la même formule : « Que N... N... soit pendu par le cou jusqu'à ce qu'il soit mort, à tels temps et lieu que voudra bien indiquer Son Excellence le lieutenant général, commandant les troupes dans les provinces du Bas et du Haut-Canada et administrateur du gouvernement de la province du Bas-Canada. »

La formule utilisée ne semble pas légale à Colborne qui, le 26 janvier, charge Joseph Eden d'avertir le major général Clitherow de prononcer de nouvelles sentences, ce qui a lieu le même jour à quinze heures trente. Une seconde fois, les accusés se voient condamner à mort : « Que N... N... soit pendu par le cou jusqu'à ce qu'il soit mort, à tels temps et lieu que Son Excellence le lieutenant général, gouverneur en chef et commandant des forces indiquera. » Colborne tient à ce que l'on sache qu'il vient d'être nommé par la reine gouverneur en chef et qu'il a prêté serment à cet effet, le 17 janvier.

Jean-Baptiste-Henri Brien est condamné à mort comme les autres, mais il est peut-être le seul à savoir qu'il ne sera pas pendu. En effet, le 18 novembre 1838, il acceptait de se mettre à table et d'incriminer, dans une déclaration volontaire faite à la police, ses compagnons d'infortune et en particulier Chevalier de Lorimier, qu'il présente comme un des chefs du soulèvement dans la région de Châteauguay. Ironie du sort, il sera appelé à partager la même cellule que celui qu'il a contribué à faire condamner !

Le cas de Charles Hindenlang est rapidement réglé. L'audience des témoins ne dure que la journée du 22 janvier 1839. Quatre charges sont retenues contre lui, dont deux pour meurtre. Dans sa défense, l'accusé fait valoir sa qualité d'étranger, cherchant à prouver ainsi qu'il ne peut être accusé de trahison envers un souverain auquel il n'est pas soumis.

> L'histoire de tous les âges et tous les peuples, ajoute-t-il, nous apprend que tous ceux qui ont pris part à un mouvement politique quelconque, lorsqu'il a été couronné de succès, ont acquis avec la gloire, l'approbation et l'estime des nations ; mais qu'au contraire, lorsque la fortune a trahi leurs efforts, on leur a donné les noms de traîtres et rebelles, jamais chez les peuples civilisés, ceux infâmes de brigands, voleurs et pirates. C'est avec un chagrin bien vif que j'ai vu ces qualifications honteuses s'adresser à moi-même. J'en suis d'autant plus surpris que j'étais loin de m'attendre qu'un peuple aussi policé que celui de la Grande-Bretagne flétrirait de ce nom un homme, un étranger dont les actions qu'on lui impute à crime sont semblables à celles qui ont fait et font encore la gloire d'une foule de leurs grands hommes. [...] Si, comme tant d'autres, j'ai été trompé par le seul traître, l'infâme et lâche docteur Robert Nelson, le traître envers les deux partis, dois-je moi, qui n'y suis pour rien, participer à la honte et à l'opprobre qui ne sont le partage que de la lâcheté et du vandalisme.

La défense que présente Hindenlang, le 24 janvier, impressionne peu les jurés militaires, puisque le même jour, après une courte délibération, l'accusé est à son tour condamné à être pendu.

Un septième procès se tient entre le 26 janvier et le 6 février. Les onze accusés ont participé à la bataille d'Odelltown. Un de ceux-ci, François Nicolas, avait été arrêté le 18 janvier dans le bois de Saint-Valentin, « à moitié mort de froid et de faim ». Dans le *Montreal Herald*, Adam Thom exulte : « La Providence favorise évidemment les loyaux, puisqu'elle a livré à la justice un si grand coupable ; personne ne convient mieux à l'échafaud que Nicolas. »

Le 6 février, neuf patriotes sont condamnés à mort.

Quant aux accusés Constant Bousquet et Antoine Doré, ils sont acquittés. Au Pied-du-Courant, il y a donc maintenant 21 personnes en instance d'être pendues. Des listes circulent sur leurs chances d'échapper à la potence. Toutes les suppositions sont permises. Mais chacun attend !

Pour qui les cercueils ?

Le 12 février, vers vingt heures, l'inquiétude est grande à la prison du Pied-du-Courant. Deux Sulpiciens viennent rendre visite aux prisonniers et leur annoncent que les autorités « avaient fait une commande de sept cercueils. Ils venaient surtout, écrit Prieur, nous exhorter à offrir à Dieu, de bon cœur, le sacrifice d'une vie périssable, pour obtenir la faveur d'une existence éternelle de bonheur. Ces bons messieurs demeurèrent une heure dans la prison, conversant des choses d'en haut et priant de temps à autre, puis ils prirent congé de nous en nous bénissant. »

Le lendemain matin, vers les dix heures, les portes des cellules sont ouvertes ; les prisonniers peuvent converser ensemble et aborder l'unique sujet de leurs préoccupations qui est, bien entendu, de savoir qui va mourir. Certains sont convaincus qu'ils sont sur la liste.

> À trois heures de l'après-midi, le guichetier vint nous dire, écrit Prieur, que les trois juges-avocats venaient d'entrer au bureau du geôlier ; ils venaient signifier aux victimes choisies pour le gibet que le jour de leur exécution était fixé au vendredi prochain. C'était un peu plus qu'un jour d'avis ! Quelques instants après, la porte de notre prison s'ouvrit et le geôlier, s'arrêtant au milieu de la porte ouverte par son aide, appela : Charles Hindenlang ! Celui-ci répondit à l'appel, sortit de l'appartement dont la porte fut refermée sur nous. [...] Environ dix minutes après, la porte s'ouvrit de nouveau et le geôlier appela : Chevalier de Lorimier ! Celui-ci sortit avec les gardiens et la porte se referma une seconde fois.

La même cérémonie se répéta dans d'autres sections de la prison trois autres fois et François Nicolas, Pierre-Rémi Narbonne et Amable Daunais apprennent, à leur tour, qu'il ne leur reste plus que quelques heures à vivre !

Vers dix-huit heures, toujours ce mercredi 13 février, les guichetiers demandent aux prisonniers de réintégrer leurs cellules. Brien se sent incapable de partager le même espace que de Lorimier. Il obtient donc la permission de changer de cellule avec Prieur.

La veille de la pendaison, les condamnés reçoivent la visite de leur confesseur, de leurs parents et de leurs amis. Dans le bloc cellulaire où sont incarcérés de Lorimier et Hindenlang, on veut souligner de manière spéciale ce dernier soir.

Nous avions pris des arrangements pour donner à nos deux amis un dîner d'adieu, raconte Prieur. La table chargée de mets préparés sur notre ordre par le geôlier, avait été placée dans une pièce située près de la porte et qui donnait sur le corridor. À quatre heures, on se mit à table, Hindenlang présidait au banquet. De Lorimier n'occupa pas le siège qui lui était réservé ; mais il vint prendre avec nous un verre de vin. Pendant le repas, il se promenait dans le corridor, ayant madame de Lorimier au bras ; les autres membres de sa famille occupaient des sièges, tantôt dans sa cellule, tantôt dans le corridor ; les dames, de temps à autre, prodiguaient à la malheureuse épouse des caresses de consolation. Il régnait à notre table une certaine gaieté triste qu'Hindenlang, pour sa part, faisait quelquefois bruyante. Pendant ces instants de récréation, furent admis par les autorités de la prison six curieux, parmi lesquels, me dit-on, on trouvait le rédacteur du journal *The Herald*. Ils se tinrent au-dedans, près de la porte, visiblement étonnés de l'aspect de cette scène. Après s'être fait indiquer qui devait le lendemain monter sur l'échafaud, ils se retirèrent sans mot dire.

À vingt-deux heures, les prisonniers reçoivent l'ordre de regagner leurs cellules. Pour de Lorimier, ce moment est le plus cruel. Pour la dernière fois, il embrasse sa femme qui s'évanouit. Une heure plus tard, le patriote rédige ce que l'on considère comme son testament politique.

Je meurs sans remords, y déclare-t-il, je ne désirais que le bien de mon pays dans l'insurrection et l'indépendance ; mes vues et mes actions étaient sincères et n'ont été entachées d'aucun des crimes qui déshonorent l'humanité et qui ne sont que trop communs dans l'effervescence des passions déchaînées. Depuis 17 à 18 ans, j'ai pris une part active dans presque toutes les mesures populaires et toujours avec conviction et sincérité. Mes efforts ont été pour l'indépendance de mes compatriotes, nous avons été malheureux jusqu'à ce jour. [...] Malgré tant d'infortunes, mon cœur entretient encore du courage et des espérances pour l'avenir : mes amis et mes enfants verront de meilleurs jours, ils seront libres, un pressentiment certain, ma conscience tranquille me l'assurent. Voilà ce qui me remplit de joie, quand tout est désolation et douleur autour de moi. Les plaies de mon pays se cicatriseront après les malheurs de l'anarchie d'une révolution sanglante. Le paisible Canadien verra renaître le bonheur et la liberté sur le Saint-Laurent, tout concourt à ce but, les exécutions mêmes, le sang et les larmes versés sur l'autel de la liberté arrosent aujourd'hui les racines de l'arbre qui fera flotter le drapeau marqué des deux étoiles des Canadas.

De Lorimier termine sa lettre d'adieu aux Canadiens par un souhait :

Quant à vous, mes compatriotes, peuple, mon exécution et celle de mes compatriotes d'échafaud vous sont utiles. Puissent-elles vous démontrer ce que vous devez attendre du gouvernement anglais... Je n'ai plus que quelques heures à vivre, et j'ai voulu partager ce temps précieux entre mes devoirs religieux et ceux dus à mes compatriotes ; pour eux je meurs sur le gibet et de la mort infâme du meurtrier ; pour eux je me sépare de mes jeunes enfants et de mon épouse sans autre appui et pour eux je meurs en m'écriant : *Vive la liberté ! vive l'indépendance !*

Nicolas rédige lui aussi une lettre à l'intention de ses compatriotes, mais ses sentiments sont tout à fait différents de ceux de Lorimier.

Pères et mères qui élevez des enfants, déclare-t-il, employez donc tout le pouvoir que vous avez sur vos enfants pour éteindre dans leurs jeunes cœurs tous ressentiments possibles qu'il peut y avoir entre les personnes de différents pays ou de différentes croyances. Ne sommes-nous pas tous enfants d'un même pays ? Tous sujets de la même couronne ? et pourquoi montrer tant de vindication les uns contre les autres ? Il faut mettre bas tous les préjugés et être tous membres de la même famille. J'ai vu un temps où je me flattais d'être un sujet britannique, et j'en avais grand droit dans le temps ; mais ce n'est que depuis que des esprits fanatiques m'ont représenté les choses sous un autre point de vue, que je suis devenu désaffecté envers mon gouvernement.

Pour quelques condamnés, le sommeil de la dernière nuit est bien court. À cinq heures du matin, de Lorimier et Hindenlang sont assis à leur table en train d'écrire, le premier à « une dame qui lui avait demandé d'écrire dans son album quelques lignes qu'elle garderait comme souvenir », le second à John Braditch Eliovith, baron de Fratellin, un Hongrois demeurant à Québec et qui avait épousé la cause des patriotes. « Dans quatre heures, déclarait de Lorimier, je mourrai sur l'échafaud érigé par les ennemis de notre chère patrie. Oh ! quels mots enchanteurs je viens de prononcer ! Ma patrie ! O ma patrie ! à toi j'offre mon sang comme le plus grand et le dernier des sacrifices que je puisse faire pour te délivrer du joug odieux de tes traîtres ennemis. Puisse le Tout-Puissant agréer mon sanglant sacrifice ! Vous verrez des jours meilleurs. » Les sentiments de Hindenlang rejoignent ceux de son voisin :

Liberté, liberté, qu'il serait beau de souffrir pour toi, qu'il serait beau de faire comprendre aux Canadiens tout ce que tes amants reçoivent de force et de courage en te servant ! Réveille-toi donc, Canadien, n'entends-tu pas la voix de tes frères qui t'appellent ? Cette voix sort du tombeau, elle ne te demande pas vengeance, mais elle te crie d'être libre, il te suffit de vouloir. Arrière, Anglais, arrière, cette terre que vous foulez, vous l'avez baignée d'un sang généreux, elle ne veut plus te porter, race maudite, ton règne est passé ! Puis quand ils se réveilleront mes bons Canadiens, tu seras avec eux, baron, tu les aideras et moi je te bénirai et tous ceux qui feront comme toi.

La pendaison doit avoir lieu à neuf heures, le vendredi 15 février 1839. Une heure avant, de Lorimier se prépare. « Comme je lui fixais au cou une petite cravate blanche, raconte Prieur, il me dit : "Laisse l'espace nécessaire pour placer la corde." Les larmes me partirent en torrents des yeux, en recevant de lui une pareille recommandation. »

« À huit heures trois quarts environ, poursuit Prieur, le geôlier, accompagné de quelques officiers militaires, de plusieurs soldats et d'un bon nombre de curieux, vint chercher les deux victimes. De Lorimier, en voyant approcher ce cortège, dit au geôlier d'une voix ferme : "Je suis prêt !" Il m'embrassa, salua tous les amis, auxquels il avait déjà dit adieu et partit avec son compagnon Hindenlang. »

Les cinq condamnés, les mains liées derrière le dos, montent d'un pas ferme sur l'échafaud. Hindenlang, qui était le premier, s'avance et déclare à la foule : « La cause pour laquelle on me sacrifie est noble et grande, j'en suis fier et ne crains pas la mort. Le sang versé sera lavé par du sang : que la responsabilité en retombe sur ceux qui la méritent. Canadiens, mon dernier adieu est ce vieux cri de la France : "Vive la liberté, vive la liberté, vive la liberté". » « Il ne pouvait guère gesticuler qu'avec la tête, rapporte l'*Aurore des Canadas* ; ce qu'il faisait pourtant avec beaucoup de grâce. En achevant, il se tourna vers les détenus politiques de la prison, qu'il avait priés de se tenir aux fenêtres, et leur fit un dernier geste d'adieu. »

Nicolas prend ensuite la parole pour dénoncer ses actes : ceux qu'il avait faits en se soulevant. Ensuite les condamnés conversent pendant quelques minutes avec les ministres du culte qui les accompagnent, puis ils se placent « sur la trappe fatale ». « La mort fut à peu près instantanée chez Hindenlang et Nicolas, lit-on dans l'*Aurore des Canadas* ; de Lorimier et Daunais parurent souffrir peu de temps. Mais les souffrances de Narbonne furent longues et horribles. Comme un de ses bras avait été coupé, on n'avait pu sans doute le lier aussi bien que les autres ; dans les convulsions de l'agonie, il détacha sa main avec laquelle il saisissait les objets environnants et parvint à déplacer la corde de sa vraie position. Il parvint même deux fois à atteindre une balustrade voisine et à s'y placer les pieds et deux fois il en fut repoussé. »

La ronde des procès

Le même jour où les cinq patriotes meurent sur l'échafaud, douze autres Canadiens comparaissent devant la cour martiale. Ils sont accusés d'avoir participé au soulèvement de Beauharnois. Lorsque ce procès prend fin, le 21 février, huit sont condamnés à mort et les quatre autres sont soit acquittés, soit mis hors de cause. Parmi les personnes acquittées, se trouve James Perrigo qui, selon Prieur, dut sa libération au fait qu'il était franc-maçon.

Du 22 février au 1er mai, six autres causes seront entendues par la cour martiale et 43 patriotes seront condamnés à mort. Au cours du mois de juin, la nouvelle se répand parmi les prisonniers qu'il n'y aura plus d'exécution et que les condamnés à mort, actuels ou à venir, seront déportés.

La reine vs Jalbert

Aux yeux des autorités, le meurtre de George Weir est resté impuni. Parmi les prisonniers, il y a toujours le capitaine François Jalbert. Décision est donc prise de traduire devant les tribunaux le principal suspect dans l'affaire Weir. Le procès débute au Palais de justice de Montréal, le 3 septembre 1839, devant les juges George Pyke, Jean-Roch Rolland et Samuel Gale. Le jury se compose de huit francophones et de quatre anglophones. C'est donc devant un tribunal civil que sera jugé l'accusé.

La comparution d'une quinzaine de témoins ne démontre pas la participation active de Jalbert à la mort de Weir. Certains affirment même que l'accusé est arrivé sur les lieux après le meurtre du jeune militaire.

Le vendredi 6 septembre, à treize heure trente-cinq minutes, le jury commence à délibérer. À dix-sept heures, les membres déclarent « qu'ils ne s'entendent pas du tout ». Mais il va falloir faire vite, car la session criminelle se termine le 10 septembre et un verdict doit être prononcé avant la fermeture des tribunaux, sinon tout sera à recommencer. Les jurés délibèrent sans arrêt et comme les discussions s'éternisent, ils obtiennent la permission de manger aux frais du public. Le lundi 9 septembre, à neuf heures trente-quatre, un des jurés déclare aux juges « qu'ils sont dix contre deux : dix pour acquitter le prisonnier à la barre et deux pour le trouver coupable du dernier chef d'accusation, c'est-à-dire d'avoir été présent sur les lieux, quand le meurtre a été commis ».

Le mardi 10 septembre à minuit, un quart d'heure avant l'expiration du terme, les juges Rolland et Gale entrent dans la salle d'audience bondée. L'atmosphère est surchauffée, en raison, surtout, des nombreux articles virulents publiés dans les journaux anglophones montréalais. Le procureur général Charles Richard Ogden « est suffoqué par les vapeurs bachiques », alors que le jury fait connaître le maintien de sa position. « La presse est excessive, et les hurlements qui se font entendre contre les dix jurés qui sont pour l'élargissement du prisonnier, contre les avocats et contre le prisonnier lui-même annoncent d'avance l'orage qui va bientôt crever. » À minuit sonnant, le juge Rolland congédie les jurés et quitte la salle.

Immédiatement le tumulte éclate, les bureaucrates anglophones de Montréal ne pouvant accepter une telle décision. « Les cannes se lèvent, les bâtons se croisent et les dix jurés qui étaient pour l'élargissement sont impitoyablement battus, avant de pouvoir s'échapper de leurs loges, raconte un témoin. Cinq d'entre eux, MM. Paschal Lemieux, Edwin Atwater, Simon Lacombe, Elie Desève et Jean Cadotte reçoivent de graves blessures, tant à la tête qu'ailleurs. Les connétables et les officiers de police viennent de l'avant pour mettre les jurés à l'abri des violences ultérieures jusqu'à l'arrivée d'un détachement de grenadiers-gardes.

Pour la presse anglophone, l'issue du procès Jalbert remet en cause tout le système du procès par jury. « Voilà donc, lit-on dans la *Montreal Gazette*, une nouvelle preuve de l'extrême danger, de la grande folie et de l'absurde politique de confier le procès par jury, ce palladium de la liberté anglaise à des individus [les Canadiens français] qui n'apprécient pas la valeur de ce bienfait et qui ne possèdent pas l'intelligence nécessaire pour exercer les fonctions d'hommes libres. »

Jalbert recouvrera la liberté quelque temps plus tard et retournera vivre à Saint-Denis.

Départ imprévu

Il faut régler le sort des condamnés à mort et vider, autant que possible, la prison des patriotes arrêtés. Le 25 septembre 1839, à quinze heures, 58 des condamnés à mort apprennent que leur sentence a été commuée en sentence de déportation en Australie et que le départ a lieu le lendemain même !

Les parents et amis de plusieurs déportés n'ont pas le temps de se rendre à Montréal pour les derniers adieux. « À huit heures du matin, le jour où nous devions nous embarquer, un grand nombre de parents, d'épouses et d'enfants des condamnés envahirent la prison, pour dire un adieu, qu'on croyait être éternel et qui le fut pour plusieurs, l'un à un fils, l'autre à un époux, d'autres à un père. »

Prieur, qui avait reçu la visite d'un de ses frères la veille, est seul en ce matin du 26 septembre. À onze heures, raconte-t-il,

> on apporta dans la section de la prison que j'habitais un tas de menottes ; cela joint au bruit de portes et de ferrailles, que nous entendîmes dans les escaliers voisins, nous fit comprendre que l'heure du départ était arrivée. Bientôt on fit retirer les étrangers, c'est-à-dire les parents des familles des condamnés et, un instant d'après les officiers civils et militaires, accompagnés de soldats vinrent procéder à l'enchaînement des prisonniers. Nous fûmes liés deux à deux et conduits dans la cour intérieure de la prison, entre deux haies de soldats de pied ; à la porte stationnait un détachement de cavalerie. Là, aussi, se tenaient des épouses et des enfants de condamnés qui, avertis trop tard, n'avaient pu venir à temps pour converser, une dernière fois, avec leurs maris et leurs pères dans la prison. C'était des cris, des larmes, des adieux déchirants jetés à travers les rangs de soldats, quelquefois un élan vers les condamnés, réprimé par les agents de l'autorité. [...] Il y avait foule dans les rues ; mais la masse de curieux, paraît-il, était stationnée à l'embarcadère du port, dont elle encombrait les avenues. Pour éviter la foule, qui pouvait devenir une cause d'embarras et de trouble peut-être, on nous dirigea en toute hâte, sous escorte de cavalerie, vers le pied du courant, où nous trouvâmes le bateau à vapeur, *British America*, qui nous prit à son bord. On nous fit descendre sous le tillac avant et un instant après le bateau s'éloignait de la rive à toute vapeur.

Au cours de l'après-midi, les déportés sont temporairement débarrassés de leurs fers et ils peuvent manger une ration de pain et de jambon. Le bateau jette l'ancre dans les eaux du lac Saint-Pierre, attendant l'arrivée d'un autre navire à bord duquel se trouvent 83 patriotes du Haut-Canada également condamnés à la déportation ainsi que trois criminels de droit commun. À Québec, les 144 prisonniers sont transférés, menottes aux poignets, à bord du *Buffalo*, « un grand bâtiment à trois ponts, armé, je crois, de quinze à vingt canons de divers calibres et monté d'environ cent cinquante hommes d'équipage ».

Les prisonniers sont logés sur le troisième pont, en-dessous de la ligne de flottaison. Quel logement ! Le plafond est si bas qu'ils ne peuvent marcher la tête haute. L'endroit est à peine éclairé et très mal ventilé. Les patriotes couchent deux dans le même lit avec une seule couverture. La discipline est plus que sévère et les infractions aux règlements punies.

Le départ de Québec a lieu le 28 septembre à six heures. La traversée sera longue et pénible, surtout à cause de la mauvaise nourriture, du mauvais logement, du mal de mer et des insectes. Le 30 novembre, le *Buffalo* fait relâche dans la baie de Rio Janeiro. « Le 8 février 1840, écrit toujours Prieur, nous commençâmes à distinguer à l'horizon les côtes de Van-Diemen ; mais alors un vent contraire s'éleva et, pendant quatre jours, nous eûmes à louvoyer pour atteindre le port de Hobarttown, dans lequel nous laissâmes tomber les ancres le 13 février dans l'après-midi. Le lendemain, nous apprîmes que cette colonie était le lieu de destination de nos compagnons de voyage, les prisonniers du Haut-Canada ; c'était dans cette colonie qu'ils devaient subir la triste sentence qui les avait frappés comme nous. »

Le 25 février, le *Buffalo* commence à remonter la rivière Paramata, pour aller jeter l'ancre devant Sydney, la capitale de la Nouvelle-Galles du Sud. L'évêque catholique du lieu se rend immédiatement à bord du navire, accompagné d'un ecclésiastique d'origine irlandaise, pour rencontrer les déportés canadiens. Les deux prêtres parlent français, ce qui est tout un plaisir pour les patriotes.

La destination définitive des déportés n'est pas encore connue et ils n'ont pas encore mis pied à terre que la population locale est prévenue contre eux. « Il apparaît que de philanthropiques personnages, liés avec le gouvernement canadien d'alors, avaient fait de nous une peinture aussi chargée que hideuse ; cela, joint à l'effet produit par les articles mensongers et sanguinaires de certains journaux anglais de Montréal transmis à la Nouvelle-Galles du Sud, faisait qu'on s'imagina avoir affaire, en nos personnes, à des bandits prêts à tout entreprendre et à exécuter les plus grands attentats sans frémir. »

Grâce à l'intervention de l'évêque Polding et à la bonne recommandation du commandant du *Buffalo*, les déportés peuvent quitter le navire le 11 mars pour se rendre à Long Bottom, un établissement pénitentiaire situé à une douzaine de kilomètres de la capitale.

Au début de leur détention, les patriotes doivent travailler, comme les autres forçats, à casser de la pierre et à la transporter dans des brouettes pour construire un chemin. Du coucher au lever du soleil, ils sont enfermés dans une petite cabane très inconfortable, mais graduellement, leur bonne conduite contribue à l'amélioration de leur sort.

Au cours de la seconde année de détention, la maladie emporte deux des déportés : Gabriel-Ignace Chèvrefils et Louis Dumouchel. Après vingt mois, « l'ordre vint de nous louer à des habitants du pays, selon l'usage des colonies pénales en Australie ». Commence alors pour les déportés une nouvelle vie plus libre, même si leur situation s'apparente à celle des esclaves noirs des plantations d'Amérique.

À partir d'avril 1844, les déportés apprendront, par petit groupe, qu'on leur accorde leur pardon et qu'ils peuvent retourner dans leur patrie, à la condition de défrayer le coût du retour. Une souscription publique avait déjà eu lieu au Bas-Canada, mais l'argent, expédié à Londres, n'était pas parvenu aux exilés. Les derniers à quitter la Nouvelle-Galles du Sud entreprennent le voyage de retour en 1846. Un seul demeurera là-bas, Joseph Marceau, qui, le 9 octobre 1844, avait épousé Mary Barrett.

LE RAPPORT DURHAM
ET L'UNION

À LONDRES, l'annonce du retour précipité de lord Durham cause un choc d'autant plus grand que le gouvernement de lord Melbourne éprouve une certaine difficulté à se maintenir au pouvoir. Ses ennemis considèrent la venue du gouverneur des Canadas comme une bénédiction, car Durham pourrait maintenant agir comme chef d'une coalition. L'*Inconstant*, à bord duquel voyage l'important personnage, n'a pas encore atteint les côtes anglaises que les ministres apprennent la nouvelle de son arrivée prochaine par voie télégraphique. Le *Liverpool Chronicle* déclare que « Lord Durham, en arrivant, aurait le sort des Whigs entre ses mains, pouvant les sauver ou les perdre à son gré ».

Le navire à vapeur jette l'ancre à Plymouth le 26 novembre. Dès le lendemain, Edward Gibbon Wakefield, de retour dans la métropole depuis déjà quelques jours, prévient Durham que sa position est « excellente pourvu qu'il s'en rende compte avant de faire la moindre démarche ». Le 7 décembre, le gouverneur, dont on vient d'accepter officiellement la démission, arrive à Londres où il se met à la disposition des autorités pour fournir tous les renseignements nécessaires touchant sa dernière mission. Il avertit lord Glenelg qu'il ne pourra terminer la rédaction de son rapport avant l'arrivée de Charles Buller.

À Londres, certains ne se cachent pas pour accuser Durham de fuite honteuse. On le blâme d'avoir quitté son gouvernement sans la permission expresse de Sa Majesté. Le *Times* demande même qu'il soit formellement accusé devant le Parlement.

Wakefield et Buller participent à la rédaction du texte de Durham. Avant la fin du mois de janvier 1839, l'imprimeur a déjà produit plusieurs copies du texte, lequel est présenté au Bureau des Colonies, le 4 février. Le lendemain, Durham expédie un exemplaire de son rapport au président des États-Unis.

Le Parlement britannique recommence à siéger, après les vacances du temps des Fêtes, le 5 février 1839. La question des Canadiens est immédiatement mise à l'ordre du jour, mais, avant même que le *Report on the Affairs of British North America from the Earl of Durham* ne soit déposé à la Chambre des communes, le *Times* de Londres en publie de larges extraits dans son édition du 8. Durham proteste immédiatement à la Chambre des lords. Enfin, le 11 février, la Chambre des communes ordonne l'impression du texte. Au Canada, le *Canadien*, dans son édition du 3 avril, reproduit une analyse sommaire du rapport, d'après un article du *London Spectator* et commence à publier une traduction du texte le 8 avril.

Quelle analyse !

Durham appose sa signature au bas de son fameux rapport, le 31 janvier. Pour lui, le fond du problème bas-canadien est d'abord et avant tout d'ordre ethnique.

> Mon séjour dans la province, je le reconnais, a modifié du tout au tout mes idées sur l'influence relative des causes assignées aux maux présents. Je n'en suis pas venu à croire, il est vrai, que les institutions du Bas-Canada étaient moins défectueuses que je les avais supposées d'abord. Par suite des circonstances spéciales où je me trouvais, j'ai pu faire un examen assez juste pour me convaincre qu'il y avait eu dans la Constitution de la province, dans l'équilibre des pouvoirs politiques, dans l'esprit et dans la pratique administrative de chaque service du gouvernement, des défauts suffisants pour expliquer en grande partie la mauvaise administration et le mécontentement. Mais aussi j'ai été convaincu qu'il existait une cause beaucoup plus profonde et plus radicale des dissensions particulières et désastreuses dans la province, une cause qui surgissait du fond des institutions politiques à la surface de l'ordre social, une cause que ne pourraient corriger ni des réformes constitutionnelles ni des lois qui ne changeraient en rien les éléments de la société. Cette cause, il faut la faire disparaître avant d'attendre le succès de toute autre tentative capable de porter remède aux maux de la malheureuse province. Je m'attendais à trouver un conflit entre un gouvernement et un peuple ; je trouvai deux nations en guerre au sein d'un même État ; je trouvai une lutte, non de principes, mais de races. Je m'en aperçus : il serait vain de vouloir améliorer les lois et les institutions avant d'avoir réussi à exterminer la haine mortelle qui maintenant divise les habitants du Bas-Canada en deux groupes hostiles : Français et Anglais. [...] Toute dispute en est une de principe entre Français et Anglais ou le devient avant d'avoir touché son terme.

Pour Durham, la forte immigration anglo-saxonne des dernières décennies n'a fait qu'augmenter la tension entre les deux groupes ethniques.

> L'hostilité des races, affirme-t-il, a pris son caractère de permanence depuis quelques années seulement, et elle ne s'est pas manifestée partout à la fois. Elle s'affichait depuis longtemps dans les villes de Québec et de Montréal où les chefs et les masses rivales vinrent plus vite en conflit. Les habitants des Cantons de l'Est, sans contact aucun avec les Français et ceux du bas de Québec, qui éprouvaient peu d'intervention de la part des Anglais, continuèrent jusqu'à une époque très récente à entretenir des sentiments comparativement amicaux à l'égard de la race opposée. Mais par malheur la séparation s'est accentuée d'année en année. Les uns après les autres, les anciens leaders anglais de l'Assemblée se sont séparés de la majorité ; ils ont joint le parti qui appuyait le gouvernement britannique contre

elle. Chaque élection dans les Cantons de l'Est ajoutait à la majorité anglaise. [...] Le soulèvement de 1837 a accentué la division. Depuis le recours aux armes, les deux races se sont complètement tournées l'une contre l'autre. Aucun groupe de la population anglaise n'a reculé pour prendre les armes à la défense du gouvernement. À une exception près, il n'a été permis à personne au Canada de le faire, même lorsque quelques-uns disaient que leur loyauté les y engageait. L'exaspération s'est étendue ainsi sur la totalité de chaque race. Les plus justes et les plus sensés des Anglais, qui avaient toujours favorisé la modération dans les disputes provinciales, à partir de ce moment, ont pris parti contre les Français, avec autant de fermeté, sinon de chaleur, que leurs compatriotes ; ils sont déterminés à ne plus jamais se soumettre à une majorité française.

Un peuple rétrograde

Pour mieux faire sentir l'opposition entre les deux groupes ethniques, Durham peint chacun de façon bien précise. Le portrait qu'il trace des Canadiens francophones est loin d'être flatteur :

> Voici une race d'hommes habitués aux travaux incessants d'une agriculture primitive et grossière, habituellement enclins aux réjouissances de la société, unis en communautés rurales, maîtres des portions d'un sol tout entier disponible et suffisant pour pourvoir chaque famille de biens matériels bien au-delà de leurs désirs. Placés dans de telles circonstances, ils ne firent aucun autre progrès que le premier progrès que la largesse de la terre leur prodigua ; ils demeurèrent sous les mêmes institutions le même peuple ignare, apathique et rétrograde. [...] Ils sont doux et accueillants, frugaux, ingénieux et honnêtes, très sociables, gais et hospitaliers ; ils se distinguent par une courtoisie et une politesse vraie qui pénètrent toutes les classes de leur société. La Conquête n'a pas changé grand-chose chez eux. Les classes élevées et les citadins ont adopté quelques-unes des coutumes anglaises. Néanmoins, la négligence continuelle du gouvernement britannique fut cause que la masse du peuple ne put jamais jouir des bienfaits des institutions qui l'eussent élevée à la liberté et à la civilisation. Il les a laissés sans l'instruction et sans les organismes du gouvernement responsable d'ici ; cela eut permis d'assimiler leur race et leurs coutumes très aisément et de la meilleure manière, au profit d'un empire dont ils faisaient partie. Ils sont restés une société vieillie et retardataire dans un monde neuf et progressif. En tout et partout, ils sont demeurés Français, mais des Français qui ne ressemblent pas du tout à ceux de France. Ils ressemblent plutôt aux Français de l'Ancien Régime.

Par ailleurs, il est normal que l'ex-gouverneur des Canadas ne ménage pas ses épithètes louangeurs à l'intention de ses compatriotes. « J'ai trouvé, écrit-il, que la masse de la population anglaise, composée de vigoureux fermiers et d'humbles travailleurs, formait une démocratie très indépendant et pas toujours maniable, quelquefois un peu tumultueuse. Bien qu'ils fissent profession constante d'ultra-loyalisme et de doctrine de haute prérogative, je les trouvai très résolus à maintenir dans leur propre personne un grand respect de droits populaires, et singulièrement disposés à appuyer l'accomplissement de leurs désirs par les méthodes les plus fortes de pression constitutionnelle sur le gouvernement. »

Pour le grand diplomate, il était inévitable que les deux groupes ethniques, si différents et si opposés, finissent par se détester. « Les Français, ajoute-t-il, étaient forcés de reconnaître la supériorité et l'esprit d'entreprise des Anglais. Ils ne pouvaient pas se cacher leur succès à tout ce qu'ils touchaient ni leur progrès de chaque jour. Ils regardèrent leurs rivaux avec alarme, avec jalousie, enfin avec haine. Les Anglais le leur rendirent par une morgue qui ressembla bientôt à de la phobie. Les Français se plaignirent de l'arrogance et de l'injustice des Anglais ; les Anglais reprochaient aux Français les défauts d'un peuple faible et vaincu, les accusaient de bassesse et de perfidie. »

Pour Durham, tout — la religion, l'instruction, la langue, la culture, les loisirs et les relations sociales — contribue à opposer les deux groupes ethniques. Mais, avant de résumer près de quatre-vingts années d'incompréhension mutuelle, Durham souligne que « jamais la présente génération des Canadiens français ne se soumettra loyalement à un gouvernement britannique ; jamais les Anglais ne supporteront l'autorité d'une Chambre d'assemblée où les Français posséderont la majorité ou en approcheront ».

La vraie solution

Un haut commissaire se doit de présenter des éléments de solution aux problèmes analysés. Et un problème racial ne se résout pas facilement. L'assimilation des Canadiens français apparaît à Durham comme la seule solution valable, si elle est appliquée rapidement.

> La condition du Bas-Canada n'admet point de retard. La forme du gouvernement n'y est qu'un assujettissement temporaire et forcé. La dernière constitution en est une dont ne veulent le retour ni l'un ni l'autre des partis ; elle a si mal fonctionné que nul ami de la liberté et de l'ordre ne saurait désirer voir la province soumise de nouveau à son influence pernicieuse. Quelle que soit la difficulté de trouver un remède, l'urgence en est certaine et évidente.

> Les malheureuses dissensions nationales, qui sont la cause de malheurs très étendus, s'aggraveraient au moment présent s'il survenait un changement qui donnerait à la majorité plus de pouvoir qu'elle n'en a possédé jusqu'aujourd'hui. Le plan sur lequel on se proposerait d'assurer la tranquillité du gouvernement du Bas-Canada doit renfermer les moyens de terminer à l'Assemblée l'agitation des querelles nationales, en établissant pour toujours le caractère national de la province. Je n'entretiens aucun doute sur le caractère national qui doit être donné au Bas-Canada : ce doit être celui de l'Amérique britannique, celui de la race supérieure qui doit, à une époque prochaine, dominer sur tout le continent de l'Amérique du Nord. Sans opérer le changement ni trop vite ni trop rudement pour ne pas froisser les esprits et ne pas sacrifier le bien-être de la génération actuelle, la fin première et ferme du gouvernement britannique doit à l'avenir consister à établir dans la province une population de lois et de langue anglaises et de n'en confier le gouvernement qu'à une Assemblée décidément anglaise.

Durham souligne que les Canadiens forment un peuple conquis et qu'il est normal que le vainqueur prenne les moyens d'assurer le développement de sa nouvelle colonie. Bien plus, selon lui, les Canadiens français ne doivent pas considérer leur assimilation comme une punition.

Après tout, leur nationalité est un héritage. On ne doit pas les punir trop sévèrement s'ils ont rêvé sur les rives lointaines du Saint-Laurent le maintien et l'héritage pour leurs fils de la langue, des usages et des institutions de cette grande nation qui, pendant deux siècles, donna le ton de la pensée à l'Europe. Si les querelles des deux races sont irréconciliables, on peut rétorquer que la justice exige la soumission de la minorité à la suprématie des anciens et plus nombreux occupants de la province, et non que la minorité prétende forcer la majorité à prendre ses institutions et ses coutumes.

« Mais avant de décider laquelle des deux races doit garder la suprématie, ce n'est que prudence de chercher laquelle des deux prédominera à la fin. » Or, la population augmentera surtout par l'apport migratoire et ces immigrants seront anglophones.

Je ne dois pas supposer, cependant, que le gouvernement anglais se dispose à entraver l'immigration anglaise au Bas-Canada ni à paralyser le mouvement des capitaux qui y sont déjà. Les Anglais détiennent déjà l'immense partie des propriétés ; ils ont pour eux la supériorité de l'intelligence ; ils ont la certitude que la colonisation du pays va donner la majorité à leur nombre ; ils appartiennent à la race qui détient le gouvernement impérial et qui domine sur le continent américain. Si nous les laissons maintenant en minorité, ils n'abandonneront jamais l'espérance de devenir une majorité par la suite ; ils ne cesseront jamais de poursuivre le conflit actuel avec toute la férocité qui le caractérise aujourd'hui. En pareille occurrence, ils compteront sur la sympathie de leurs compatriotes d'Angleterre ; si elle leur est refusée, ils sont certains de pouvoir éveiller celle de leurs voisins de même origine. Ils devinent que, si le gouvernement britannique entend maintenir son autorité sur les Canadas, il doit se reposer sur la population anglaise. [...] Les Canadiens français, d'autre part, ne sont que le résidu d'une colonisation ancienne. Ils sont destinés à rester toujours isolés au milieu d'un monde anglo-saxon. Quoi qu'il arrive, quel que soit leur gouvernement futur, britannique ou américain, ils ne peuvent espérer aucunement dans la survie de leur nationalité. Ils ne pourront jamais se séparer de l'Empire britannique, à moins d'attendre que quelque grande cause de mécontentement ne les en détache, eux et les colonies limitrophes, et les laisse partie d'une confédération anglaise, ou encore, s'ils en sont capables, en effectuant seuls une séparation : se réunir ainsi à l'union américaine ou maintenir quelques années durant un simulacre misérable de faible indépendance, qui les exposerait plus que jamais à l'intrusion de la population environnante.

Il s'agit simplement de décider si le petit nombre de Français d'aujourd'hui seront anglicisés sous un gouvernement qui peut les protéger ; ou bien si l'on remettra à plus tard le procédé, jusqu'à ce qu'un plus grand nombre d'entre eux, par suite de la violence de leurs rivaux, aient à subir l'anéantissement d'une nationalité que sa survivance prolongée n'aurait que renforcée et aigrie. Et cette nationalité canadienne-française, devrions-nous la perpétuer pour le seul avantage de ce peuple, même si nous le pouvions ? Je ne connais pas de distinctions nationales qui marquent et continuent une infériorité plus irrémédiable. La langue, les lois et le caractère du continent nord-américain sont anglais. Toute autre race que la race anglaise (j'applique cela à tous ceux qui parlent anglais) y apparaît dans un état d'infériorité. C'est pour les tirer de cette infériorité que je veux donner aux Canadiens notre caractère anglais. Je le désire pour l'avantage des classes instruites que la différence du langage et des usages sépare du vaste Empire auquel elles appartiennent. [...] Je désire plus encore l'assimilation pour l'avantage des classes inférieures. Leur aisance commune se perd vite par suite du surpeuplement des réserves où elles sont enfermées. S'ils essaient d'améliorer leur condition en rayonnant aux alentours, ces gens se trouveront nécessairement de plus en plus mêlés à une population anglaise ; s'ils préfèrent demeurer sur place, la plupart devront servir d'hommes de peine aux industriels anglais. Dans l'un et l'autre cas, il semblerait que les Canadiens français sont destinés, en quelque sorte, à occuper une position inférieure et à dépendre des Anglais pour se procurer un emploi. La jalousie et la rancune ne pourraient que décupler leur pauvreté et leur dépendance, elles sépareraient la classe ouvrière des riches employeurs.

Pour Durham, les Canadiens francophones courent vers un cul-de-sac : au rythme où augmente leur population, ils s'appauvrissent en continuant à se diviser des terres de plus en plus petites et de moins en moins productives comme ils s'appauvrissent encore en allant s'établir là où les anglophones ont ouvert de nouvelles régions à la colonisation et, dans ce cas, ils deviendront des employés des Anglais.

« Sans histoire et sans littérature... »

Ce qui est plus grave encore et qui incite Durham à promouvoir l'assimilation des francophones est la pauvreté de leur vie intellectuelle.

On ne peut guère concevoir nationalité plus dépourvue de tout ce qui peut vivifier et élever un peuple que les descendants des Français dans le Bas-Canada, du fait qu'ils ont gardé leur langue et leurs coutumes particulières. C'est un peuple sans histoire et sans littérature. La littérature anglaise est d'une langue qui n'est pas la leur ; la seule littérature qui leur est familière est celle d'une nation dont ils sont séparés par quatre-vingts ans de domination étrangère, davantage par les transformations que la Révolution et ses suites ont opérées dans tout l'état politique, moral et social de la France. Toutefois, c'est de cette nation, dont les séparent l'histoire récente, les mœurs et la mentalité, que les Canadiens français reçoivent toute leur instruction et jouissent des plaisirs que donnent les livres. [...] La plupart de leurs journaux sont écrits par des Français de France. [...] De la même manière, leur nationalité joue contre eux pour les priver des joies et de l'influence civilisatrice des arts. Bien que descendants du peuple qui goûte le plus l'art dramatique et qui l'a cultivé avec le plus de succès, et qui habite un continent où presque chaque ville, grande ou petite, possède un théâtre anglais, la population française du Bas-Canada, séparée de tout peuple qui parle sa langue, ne peut subventionner un théâtre national.

La marche assimilatrice est irréversible. Elle est d'ailleurs bien commencée, note le commissaire : « Il y a, à Québec, dix fois plus d'enfants français qui apprennent l'anglais que d'Anglais qui apprennent le français. »

L'union, une panacée

L'assimilation préconisée peut s'effectuer assez rapidement en unissant les deux Canadas pour mettre en minorité les Canadiens francophones et en préconisant une immigration massive destinée à accentuer l'écart ethnique.

Durham ne cache pas son désaccord avec ceux qui suggèrent d'établir un système pour donner le pouvoir aux anglophones au Bas-Canada :

> À propos de chaque plan qui entend transformer la minorité anglaise en majorité électorale au moyen d'un scrutin bizarre ou nouveau ou par des divisions injustes du pays, je ne dirai que ceci : s'il faut priver les Canadiens du gouvernement représentatif, mieux vaut le faire franchement plutôt que de chercher à établir un régime permanent de gouvernement sur une base que le monde entier regarderait comme une fraude électorale. Ce n'est pas en Amérique du Nord qu'on peut tromper les gens sur une fausse apparence de régime représentatif ou qu'on peut les persuader qu'ils sont mis en minorité lorsque, de fait, ils perdent leur droit de vote.

Le seul moyen de donner aux anglophones du Bas-Canada une majorité « numériquement anglaise et loyale », c'est de les unir aux anglophones du Haut-Canada ou de toutes les autres colonies anglaises d'Amérique du Nord.

> On a proposé deux sortes d'union : fédérale et législative. Dans la première, l'Assemblée séparée de chaque province serait conservée dans sa forme actuelle ; elle retiendrait presque toutes ses attributions de législation intérieure. L'Assemblée fédérale, quant à elle, n'exercerait le pouvoir que sur les questions d'ordre général que les provinces constituantes lui auraient remises expressément. L'union législative entraînerait l'incorporation complète des provinces dans une seule Assemblée qui exercerait l'autorité législative universelle et unique sur elles toutes, de la même manière que le Parlement légifère pour toutes les îles Britanniques.

Si, à son arrivée dans la colonie, Durham avait opté pour une union fédérale, la situation qu'il a observée au Bas-Canada le convainc qu'un tel mode de gouvernement où l'Assemblée de cette dernière province continuerait à être à majorité francophone ne changerait rien ou presque à la situation. « Il ne faut rien attendre du temps dans la condition présente du Bas-Canada, ni se fier sur la collaboration d'une Assemblée dont la majorité représenterait les habitants français. La tranquillité ne peut revenir, je crois, qu'à la condition de soumettre la province au régime vigoureux d'une majorité anglaise ; et le seul gouvernement efficace serait celui d'une union législative. »

L'union du Haut et du Bas-Canada solutionnerait presque tous les problèmes de la province supérieure : la question du partage des revenus douaniers, la mise en commun des dettes, l'accès à la mer, etc.

Selon Durham, la réussite serait encore plus grande si, du même coup, on unissait toutes les colonies anglaises de l'Amérique du Nord.

> Cette sorte d'union réglerait une fois pour toutes la question raciale. Elle permettrait à toutes les provinces de coopérer au bien commun. Par-dessus tout, elle formerait un peuple fort et grand qui posséderait les moyens de s'assurer un bon

gouvernement responsable pour lui-même et qui, sous la protection de l'Empire britannique, pourrait, en une certaine mesure, contre-balancer l'influence prépondérante des États-Unis sur le continent américain. Je n'entrevois pas qu'une Assemblée coloniale aussi puissante désirât rompre son lien avec la Grande-Bretagne. Au contraire, je crois que l'absence d'une intervention indue, qui serait l'effet du changement, resserrerait les liens actuels des sentiments et des intérêts. Le lien ne deviendrait que plus fort et avantageux, parce qu'il y aurait plus d'égalité, de liberté et d'indépendance locale. Mais, de toute façon, notre premier devoir est d'assurer le bien-être de nos compatriotes des colonies. Et si, dans les décrets cachés de cette sagesse qui gouverne le monde, il est écrit que ces colonies ne doivent pas toujours demeurer au sein de l'Empire, nous devons à notre honneur de veiller à ce que, lorsqu'elles se sépareront de nous, elles ne soient pas le seul pays sur le continent de l'Amérique où la race anglo-saxonne sera incapable de se gouverner elle-même.

Quant à l'immigration, Durham suggère une meilleure organisation, des plans précis, des méthodes de recrutement et une plus grande surveillance des conditions de traversée. Mais avant d'encourager une immigration plus considérable, il est essentiel de régler les problèmes politiques de la colonie.

Premières réactions

Jean-Jacques Lartigue ne tarde pas à réagir au contenu et aux propositions du rapport Durham. Il dénonce le projet d'anglicisation et surtout celui d'établissement d'écoles neutres, qui échapperaient alors au contrôle du clergé. Il craint aussi que le gouvernement ne songe à abolir la dîme, comme l'a déjà laissé sous-entendre le gouverneur Colborne.

L'évêque de Montréal devient rapidement un des principaux opposants tant au rapport Durham qu'au projet d'union. Il déclare à Thomas Griffith, vicaire apostolique de Londres, le 17 juin : « Lord Durham, depuis son retour à Londres, a beaucoup aidé à cette disposition des esprits [contre les Canadiens français] en présentant à la reine un rapport affreux contre les Canadiens, où les torts de notre peuple sont prodigieusement exagérés et dénaturés et où il déploie tout son projet de nous anglifier, c'est-à-dire de nous décatholiciser, en procurant l'union législative du Haut et du Bas-Canada, pour nous dépouiller peu à peu de nos droits, surtout par son bill projeté des écoles qui ôterait au clergé catholique de ce pays toute influence sur l'éducation de la jeunesse. »

Alors que la presse anglophone de Québec et de Montréal semble contredire plusieurs affirmations et suggestions de Durham, le *Canadien* prêche un certain défaitisme.

Nous inviterons nos compatriotes, écrit Étienne Parent le 13 mai, à faire de nécessité vertu, à ne point lutter follement contre le cours inflexible des événements, dans l'espérance que les peuples voisins ne rendront ni trop durs ni trop précipités les sacrifices que nous aurons faits dans le cas d'une union avec eux ou aucun d'eux. Nous avons toujours considéré que notre *nationalité* ne pouvait se maintenir qu'avec la tolérance sincère, sinon l'assistance active de la Grande-Bretagne ; mais voici qu'on nous annonce que bien loin de nous aider à conserver notre nationalité, on va travailler ouvertement à l'extirper de ce pays. Situés comme le sont les Canadiens français, il ne leur reste d'autre alternative que celle de se résigner avec la meilleure grâce possible. Résister à ce décret de la politique britannique serait semer des germes funestes de discorde et de division entre eux et les populations anglo-saxonnes ou celtiques de ce continent, et auxquelles ils devront lier leur destinée du moment que l'Angleterre aura brisé l'œuvre de Pitt, cette œuvre d'un grand homme d'État qui deux fois conserva le Canada à l'Angleterre et qui pouvait le lui conserver encore. [...] L'œuvre de lord Durham au contraire aura l'effet de relâcher les liens qui attachaient les Canadiens français à la Grande-Bretagne et de les rapprocher des populations hétérogènes qui les avoisinent, de porter sur elles leurs espérances, et de confondre leurs intérêts sociaux et leurs affections nationales avec les leurs.

Parent se ressaisira assez vite et finira par dénoncer le projet d'assimilation, mais, en mai 1839, il semble s'y résigner : « L'assimilation, sous le nouvel état de choses, se fera graduellement et sans secousse, et sera d'autant plus prompte qu'on la laissera à son cours naturel, et que les Canadiens français y seront conduits par leur propre intérêt, sans que leur amour-propre en soit trop blessé. »

Les réformistes des deux Canadas sont d'accord pour que Londres accorde au futur gouvernement de ses colonies unies la responsabilité ministérielle, mais les torys dénoncent ce projet avec véhémence, car pour eux l'établissement d'une telle mesure signifierait, à plus ou moins brève échéance, l'annexion aux États-Unis. Un comité spécial du Conseil législatif du Haut-Canada se réunit à Toronto, le 11 mai, pour étudier certains points du rapport Durham. Dans ses remarques, le groupe dénonce le projet de gouvernement responsable :

> Si l'Angleterre retire son influence et laisse ses gouverneurs louvoyer entre les partis coloniaux, aucune loyauté existant actuellement dans l'un quelconque de ces partis ne les empêchera de chercher une autre influence dans la république voisine, pour remplacer celle qui serait retirée sans nécessité et, de même que les Français du Bas-Canada sollicitèrent l'alliance de leurs anciens ennemis, la population anglo-américaine des États-Unis voisins, pour obtenir d'eux les moyens de dominer la population britannique (pendant ce temps privé de l'approbation ou de l'appui du gouvernement britannique), de même le parti perdant de l'une ou l'autre colonie cherchera une certaine influence extérieure pour aider sa cause. L'Angleterre refuse l'arbitrage et il n'existe aucun doute qu'il sera volontiers offert, avant plusieurs années, aux États-Unis.

Quant aux patriotes francophones réfugiés aux États-Unis, ils sont, dans leur ensemble, favorables au projet d'union, car, selon eux, les vexations dont seront victimes les Canadiens français du Bas-Canada à la suite de cette annexion les amèneront à se soulever à nouveau et à se battre pour gagner leur indépendance.

Un ballon d'essai

Le 3 juin 1839, lord John Russell présente à la Chambre des communes un projet de loi visant à unir les deux Canadas. Antoine Gérin-Lajoie en résume ainsi le contenu :

Le district de Gaspé et les Îles de la Madeleine devaient être annexés au Nouveau-Brunswick ; les deux Canadas étaient divisés en cinq districts subdivisés chacun en neuf divisions électorales, formant quarante-cinq comtés représentés chacun par deux membres ; en outre les villes de Montréal, Québec, Toronto et Kingston nommaient chacune deux députés, ce qui faisait en tout quatre-vingt-dix-huit représentants. Les limites de ces districts devaient être fixées par cinq arbitres. Le Haut et le Bas-Canada avaient, autant que possible, un nombre égal de représentants. Les conseillers législatifs n'étaient nommés que pour huit ans. Dans chacun des cinq districts, il devait y avoir un conseil composé de vingt-sept membres, élus de la même manière que les membres de l'Assemblée, et dont neuf devaient sortir de charge chaque année, à tour de rôle ; ce conseil devait siéger tous les trois mois et s'occuper de tout ce qui fait aujourd'hui l'objet des délibérations des conseils municipaux. Une liste civile composée de la somme alors payable par les deux provinces devait être prise avant toute autre charge sur le revenu consolidé.

Le projet de loi est retiré après sa deuxième lecture, car il manque trop d'informations aux députés pour qu'ils puissent discuter brillamment du sujet. On se contente de prolonger le mandat du Conseil spécial de 16 mois et, pour faciliter la tâche du Parlement britannique, on décide d'envoyer dans la colonie un nouveau gouverneur, Charles Edward Poulett Thomson, un spécialiste des questions commerciales et financières. Ludger Duvernay écrit dans son journal le *Patriote canadien*, publié à Burlington, édition du 25 septembre : « On représente monsieur Thomson comme jouissant d'une constitution maladive et comme étant d'un caractère vif et emporté ; on dit qu'il s'est chargé de cette mission pour le bien de sa santé. La société anti-canadienne des marchands tories de Londres, qui a des relations commerciales avec le Canada, a formellement protesté contre cette nomination. Elle demandait aussi que sir John Colborne fut continué gouverneur ; mais lord Melbourne leur a répondu qu'il persistait dans le choix de monsieur Thomson, attendu que sir John avait demandé de résigner. »

Le 7 septembre, lord Russell donne ses instructions au nouveau gouverneur : « L'union des Canadas dépend de l'appui des provinces elles-mêmes et le plus important de vos devoirs sera d'obtenir leur coopération. »

La frégate *La Pique*, à bord de laquelle Thomson a pris place, fait voile de Portsmouth vers Québec, le 13 septembre. Elle jette l'ancre devant Québec le 17 octobre. Thomson ne débarque que deux jours plus tard, attendant que Colborne arrive dans la capitale. Le nouveau gouverneur prête immédiatement son serment d'office. Dans sa proclamation inaugurale, Thomson trace son programme d'action :

Concilier les différends qui existent, appliquer un remède aux griefs reconnus, étendre et protéger le commerce et augmenter les ressources des colonies confiées à mes soins, par-dessus tout encourager ce qui pourrait resserrer davantage les liens d'intérêt et d'affection qui les unissent à la métropole, tels sont les premiers objets de mes constants efforts. [...] Un des principaux objets de ma mission sera de déterminer de quelle manière et en quel temps on pourra avec le plus de sûreté mettre fin à cet état de choses [la suspension de la Constitution] et de rendre les bienfaits des institutions britanniques aux sujets de Sa Majesté dans le Bas-Canada.

Le *Morning Courier*, journal montréalais, se montre peu sympathique au nouveau représentant de la reine. Pour lui, l'union des deux groupes ethniques est une utopie : « L'huile et le vinaigre ne s'uniront pas ; les Anglais et les Français ne pourront jamais vivre ensemble. » De plus, Thomson ne semble pas bien préparé à sa nouvelle mission et sa participation à l'entreprise commerciale de son père pendant sa jeunesse lui attire des critiques : « Nous espérons qu'un homme qui a passé sa jeunesse, une plume derrière l'oreille, à faire des comptes courants, à copier des lettres et mesurer des billots dans un chantier ne tournera pas *Roi Billot* et, en vérité, il n'est pas du tout raisonnable de conclure à cette métamorphose. [...] Donc nous concluons que nos ennemis politiques, les Français, ont plus de raison de se réjouir que nous, Bretons. »

Colborne quitte Québec à bord de *La Pique*, le 23 octobre, pendant que le nouveau gouverneur choisit le même jour pour se rendre à Montréal, qui est considérée dorénavant comme la capitale du Bas-Canada, le Conseil spécial y tenant maintenant ses séances.

Le Conseil spécial entreprend sa cinquième session, le 11 novembre. Il est saisi d'un projet de résolutions concernant l'union des deux Canadas. Sous la présidence du juge en chef James Stuart, les conseillers adoptent, le 13, les résolutions suivantes :

1er Résolu que dans les circonstances actuelles, afin de pourvoir d'une manière efficace à la paix et à la tranquillité, ainsi qu'au gouvernement stable, constitutionnel et efficace des provinces du Haut et du Bas-Canada, la réunion de ces provinces sous une seule Législature, est, dans l'opinion du conseil, devenue une nécessité indispensable et urgente. 2e Résolu que la détermination prononcée de Sa Majesté, telle qu'annoncée dans son gracieux message au Parlement, de réunir les provinces du Haut et du Bas-Canada, est en unisson avec les vues dont le Conseil est animé, et qu'il y acquiesce humblement et avec cordialité. 3e Résolu qu'au nombre des principales dispositions qui, dans l'opinion de ce Conseil, devraient faire partie du Statut Impérial pour la réunion des provinces, il est expédient et désirable qu'il soit pourvu à une liste civile convenable, afin d'assurer l'indépendance des juges et de pourvoir au soutien du gouvernement exécutif, dans l'exercice de ses fonctions nécessaires et indispensables. 4e Résolu qu'ayant égard à la nature de la dette publique du Haut-Canada et aux objets pour lesquels elle a été principalement encourue, savoir : l'amélioration de communications intérieures, également utiles et avantageuses pour les deux provinces, il serait juste et raisonnable dans l'opinion de ce Conseil, que telle portion de la dette susdite, qui aurait été contractée pour cet objet, et non pour des dépenses de nature locale, fut défrayée à même les revenus des deux provinces. 5e Résolu que l'ajustement et le règlement des conditions de la réunion des deux provinces, dans l'opinion de ce Conseil, devraient, en toute confiance, être laissés à la sagesse et à la justice du Parlement impérial, dans la pleine assurance que des dispositions de la nature de celles qui sont déjà mentionnées, de même que telles autres que la mesure de la réunion pourra requérir, recevront la considération la plus réfléchie. 6e Résolu, dans l'opinion de ce Conseil, qu'il est très expédient, dans la vue d'assurer la sécurité des provinces septentrionales de Sa Majesté, et la prompte cessation des dépenses énormes qui sont maintenant encourues par la Mère Patrie, pour la défense du Haut et du Bas-Canada, que la présente Législature temporaire de cette province, soit aussitôt qu'il sera praticable, remplacée par une Législature permanente, dans laquelle le peuple de ces deux provinces pourra équitablement être représenté, et où leurs droits constitutionnels seront exercés et maintenus.

Le conseiller John Neilson vote contre toutes ces résolutions, alors que James Cuthbert et Jules Quesnel s'opposent à cinq d'entre elles. Les douze autres conseillers se montrent parfaitement d'accord avec leur contenu. Fort de cet appui massif, Thomson se rend à Toronto pour obtenir de la Législature de cette province un support identique. La Chambre d'assemblée du Haut-Canada avait déjà adopté des résolutions exprimant les conditions qu'elle posait à une union éventuelle : le siège du Canada-Uni devrait être fixé dans le Haut-Canada ; cette dernière devrait avoir à l'Assemblée 62 sièges, avec une population de 450 000 habitants, alors que le Bas-Canada ne pourrait compter que sur 50 représentants pour ses 650 000 habitants ; après 1845, seuls les endroits tenus en franc et commun socage auraient droit de vote ; enfin la langue anglaise serait la seule et unique langue en usage aussi bien à la Législature que dans les cours de justice.

Le 3 décembre 1839, Thomson prononce le discours inaugural de la nouvelle session du Parlement haut-canadien. Il réussit à y faire adopter des résolutions favorables à l'union et presque acceptables par le Bas-Canada. James Stuart rédige donc un projet de loi établissant l'union des deux colonies et, le 22 décembre, le texte est expédié à Londres. Le 31, Thomson peut se frotter les mains et écrire : « Ma besogne est faite ; l'union est acceptée par les Législatures des deux provinces. Il m'a fallu beaucoup de soin et d'intrigue pour en venir là, et ma tactique de la Chambre des communes m'a été fort utile, car je voulais avant tout éviter une dissolution. »

Une opposition prévisible

En janvier 1840, un comité dont la tâche est de faire signer une pétition contre l'Union se forme à Québec. John Neilson en devient le président. Le 24, le contenu des résolutions est rendu public et, le lendemain, Joseph Signay invite les membres du clergé de son diocèse « à user de leur influence pour faire signer la requête contre l'union des provinces ». L'évêque demande aux curés « d'user prudemment de votre influence auprès de vos paroissiens pour les engager à signer l'adresse qui va leur être présentée et dont le succès, comme il est à présumer, dépendra du nombre de signatures dont elle sera revêtue ».

Thomson compte bien que la pétition servira à démontrer aux autorités coloniales les dires de Durham sur l'ignorance des Canadiens.

> Il se peut, écrit-il le 12 février à lord Russell, que les pétitions que M. Neilson fait courir obtiennent un grand nombre de signatures, ou plutôt de croix ; mais je ne puis me persuader qu'on les laisse produire le moindre effet sur les délibérations du Parlement ; vu surtout que le motif pour lequel on réclame contre l'Union n'ait pas l'avantage de maintenir la forme actuelle de gouvernement du Bas-Canada, mais le retour à l'ancienne constitution de cette province ; chose à la possibilité de

laquelle je ne puis supposer qu'un homme d'État anglais croie un seul instant. Sous un rapport, je ne serai pas fâché si ces pétitions sont envoyées en Angleterre avec des croix nombreuses. Elles convaincront peut-être le gouvernement de Sa Majesté et le Parlement de la convenance d'adopter ma recommandation d'un *Educational Test* au bout de quelques années, comme une condition de l'exercice de la franchise élective par ceux qui d'ailleurs ont les qualités requises par la loi pour voter.

La pétition contre l'Union est signée par 39 028 personnes habitant les régions de Québec et de Trois-Rivières. À Montréal, la situation est autre. Le 31 janvier, Bourget déclare à Signay : « Il est à croire que nos laïcs ne voudront point se remuer pour éviter le malheur de l'Union. Plusieurs de nos patriotes sont sous cette impression que l'Union des deux provinces opérera plus vite leur désunion de la Mère Patrie. »

Bourget rencontre à Montréal le gouverneur Thomson qui venait, le 10 février 1840, de proroger la session du Parlement du Haut-Canada. Le représentant de la reine explique que le projet d'union ne vise aucunement « à abolir la religion catholique, à établir des taxes, à changer les lois civiles du Bas-Canada, à inciter les Haut-Canadiens à écraser ceux qui sont d'origine française, etc. ». Bourget réplique qu'il est prévisible que les habitants du Haut-Canada, lorsqu'ils en auront la chance, aboliront les lois civiles françaises et aussi les lois ecclésiastiques. Thomson lui demande alors d'écrire à ce sujet à l'évêque de Québec « pour vous exprimer ses craintes que le clergé ne se compromît en travaillant ainsi contre l'Union ». Le futur évêque de Montréal, qui raconte l'entrevue à Signay dans une lettre du 21 février, conclut : « Je désire que la présente soit pour vous seul et pour monseigneur le coadjuteur ; car le gouvernement ayant partout ses mouches, je pourrais peut-être être compromis ici inutilement. »

Constatant que « personne ne veut se remuer dans notre ville ou nos campagnes contre l'Union législative des deux provinces et que ma circulaire aux curés sur cet effet est ainsi arrêtée », Lartigue décide que le clergé de son diocèse présentera seul une adresse à la reine. Le 25 février, en plus des évêques Lartigue et Bourget, 148 prêtres demandent le rejet du projet d'union.

> Par l'union des deux provinces canadiennes projetée, contre les traités et actes les plus solennels de la Grande-Bretagne, déclarent-ils, nous sommes menacés de perdre les droits acquis et garantis en faveur de notre religion, de nos lois et même de notre langue ; que cette union n'aurait lieu qu'à des conditions avilissantes et onéreuses pour ce pays, telles que d'aider à payer les dettes du Haut-Canada que nous n'avons jamais contractées, d'être défranchisés de nos droits comme électeurs dans la proportion qui nous est due comme sujets britanniques et même de voir transporter le siège du gouvernement qui est la résidence naturelle d'un gouverneur général, du Bas au Haut-Canada.

Pour ne pas violer les usages établis, la copie de la pétition du clergé destinée à être remise à la reine Victoria est envoyée au gouverneur Thomson qui, le 4 avril, l'expédie à lord Russell avec ce commentaire :

> Dans ma dépêche du 9 du mois dernier, j'ai déjà expliqué à Votre Seigneurie les motifs qui ont engagé le clergé catholique français à prendre parti contre l'Union

et l'absence de tout fondement, comme il me paraît à ses craintes (Il s'oppose à l'union dans l'espérance, à ce qu'il paraîtrait, que s'il pouvait faire manquer cette mesure, la forme actuelle du gouvernement serait continuée.) Des réflexions ultérieures me confirment dans les opinions exprimées dans cette dépêche, et surtout dans la croyance qu'en demandant le rétablissement de la Constitution de 1791, le clergé n'exprime pas ses vœux réels, mais que son désir serait, s'il était possible de continuer la forme actuelle de gouvernement, au moins pendant quelques années. Dans ces circonstances, je ne puis m'imaginer qu'il faille attacher beaucoup de poids à la pétition que j'ai maintenant l'honneur de vous transmettre.

Lartigue charge le vicaire apostolique Griffith de remettre à lord Gosford la copie de la pétition destinée à la Chambre des lords et à Daniel O'Connell, celles de la Chambre des communes.

Les citoyens de Montréal préparent, eux aussi, leur pétition. Le 21 février, un comité présidé par François-Xavier Malhiot et auquel participe Louis-Hippolyte La Fontaine adopte un texte où on demande la remise en vigueur de la Constitution de 1791. La formulation de la demande déplaît à Lartigue qui considère l'adresse « rédigée peu convenablement ».

Une nouvelle constitution

À Londres, on a reçu depuis un certain temps déjà le projet de la loi formulé par James Stuart. Le 23 mars, lord Russell dépose donc le bill à la Chambre des communes en déclarant : « Les maux auxquels l'Union apporterait un remède ont leur source dans plusieurs causes, d'abord des lois féodales, des tenures mixtes des terres, et de la prépondérance des représentants d'extraction française, prépondérance qui leur avait donné le monopole de la législation à l'exclusion de fait de la race anglaise. » Il fait valoir que, d'après le gouverneur Thomson, la majorité de la population est d'accord avec le projet d'union.

Le projet de loi est approuvé en comité plénier de la Chambre des communes, le 29 mai, le jour même où le député Goulbourn présente la pétition des habitants du Bas-Canada contre le projet d'union. À la mi-juin, députés adoptent le bill par 156 voix contre 6.

À la Chambre des lords, le projet soulève des discussions beaucoup plus vives. Le 30 juin, lors du débat en deuxième lecture, lord Melbourne présente une pétition de citoyens de Québec, comportant 2422 signatures de personnes favorables au projet. Le même jour, lord Gosford dépose, à son tour, la pétition contre le projet et comportant près de 40 000 signatures, ainsi que la pétition du clergé.

Le duc de Wellington, lord Ellenborough et lord Gosford se prononcent contre la mesure préconisée. Quant à lord Brougham, son opposition était prévisible. Le 14 juillet, lord Seaton, alias Colborne, intervient dans le débat, affirmant « qu'il serait plus préjudiciable aux Canadas d'ajourner le bill que de laisser l'union s'effectuer ». Le 20 juillet, le projet est adopté en troisième lecture par la Chambre des lords. Deux jours plus tard, la Chambre des communes donne son accord aux quelques modifications apportées au texte par les lords et, enfin le 23 juillet 1840,

An Act to re-unite the Provinces of Upper and Lower Canada, and for the government of Canada (3 & 4 Victoria, c. 35) reçoit la sanction royale.

La nouvelle loi comprend 62 articles. Le premier déclare l'Union : « Les dites provinces ne formeront et ne constitueront qu'une seule et même province, sous le nom de Province du Canada. » Le Conseil législatif se composera d'au moins 20 membres dont 10 formeront le quorum. Pour être choisi conseiller, il faut être âgé d'au moins 21 ans et être sujet britannique. La nomination est valable pour la vie durant.

Le Haut et le Bas-Canada, malgré leur disproportion numérique, ont droit au même nombre de représentants. Des modifications sont apportées à quelques circonscriptions électorales du Bas-Canada.

Pour siéger et avoir droit de vote, tout député et tout conseiller doivent prêter le serment d'allégeance suivant :

> Je, A B, promets sincèrement et jure que je serai fidèle et porterai vraie allégeance à Sa Majesté la reine Victoria, comme légitime Souveraine du Royaume-Uni de la Grande-Bretagne et d'Irlande, et de cette province du Canada, dépendant dudit Royaume-Uni et lui appartenant ; et que je la défendrai de tout mon pouvoir contre toutes conspirations et attentats perfides quelconques qui pourront être tramés contre sa personne, sa couronne et sa dignité et que je ferai tout en mon pouvoir pour découvrir et faire connaître à Sa Majesté, ses héritiers et successeurs, toutes trahisons et conspirations et attentats perfides que je saurai avoir été tramés contre Elle ou aucun d'eux ; et tout ceci je le jure sans aucun équivoque, subterfuge mental ou restriction secrète, et renonçant à tous pardons et dispenses d'aucunes personne ou personnes quelconques à ce contraire. Ainsi que Dieu me soit en aide.

La recommandation de lord Durham d'accorder aux colonies la responsabilité ministérielle n'est pas suivie et le même procédé d'adoption des lois est maintenu. Le gouverneur demeure le personnage le plus puissant de la province unie des Canadas.

La politique d'assimilation et d'anglicisation prônée par Durham trouve son aboutissement :

> Qu'il soit statué que depuis et après la réunion desdites deux provinces, tous brefs, proclamations, instruments pour mander et convoquer le Conseil législatif et l'Assemblée législative de la province du Canada, et pour les proroger et les dissoudre, et tous les brefs pour les élections et tous brefs et instruments publics quelconques ayant rapport au Conseil législatif et à l'Assemblée législative ou à aucun de ces corps, et tous rapports à tels brefs et instruments, à tous journaux, entrées et procédés écrits ou imprimés, de toute nature, du Conseil législatif et de l'Assemblée législative, et d'aucun de ces corps respectivement, et tous procédés écrits ou imprimés et rapports de comité dudit Conseil législatif et de ladite Assemblée législative, respectivement, ne seront que dans la langue anglaise ; pourvu toujours que la présente disposition ne s'entendra pas empêcher que des copies traduites d'aucuns tels documents ne soient faites, mais aucune telle copie ne sera gardée parmi les records du Conseil législatif ou de l'Assemblée législative, ne sera censée avoir en aucun cas l'authenticité d'un record original.

On fusionne les revenus et les dettes des deux colonies. Cette mesure apparaîtra comme injuste aux francophones du Bas-Canada, vu que la dette du Haut-Canada était de 1 200 000 louis et celle du Bas, de 95 000 louis. Il est vrai que la Banque Baring, à laquelle est lié le gouverneur Thomson, est la principale créancière du Haut-Canada et qu'elle veut prendre les moyens de s'assurer le remboursement des montants prêtés.

Enfin, on accorde au gouvernement le droit d'annexer à l'Île-du-Prince-Edouard les îles de la Madeleine, si besoin est.

La nouvelle constitution entrera en vigueur le 10 février 1841.

Un retour
aux sources

Tout comme dans le premier tome, l'auteur continue à laisser la parole aux acteurs et aux témoins de l'époque aussi souvent que possible.

Au cours de la période allant de 1791 à 1840, les journaux deviennent de plus en plus nombreux et les ouvrages publiés se multiplient. Parmi les journaux, les plus consultés furent *The Gazette of Quebec, The Montreal Gazette, The Vindicator, The Quebec Mercury*, pour les publications en langue anglaise. *Le Canadien* et *La Minerve* ont été dépouillés de façon quasi systématique, surtout pour la décennie 1830. Tout comme les *Journaux de la Chambre d'assemblée du Bas-Canada*.

Les *Rapports de l'Archiviste de la province de Québec*, les *Rapports annuels des Archives du Canada*, le *Bulletin des recherches historiques*, la *Revue d'histoire de l'Amérique française*, la *Canadian Historical Review*, ainsi que les trois volumes des *Documents relatifs à l'histoire constitutionnelle du Canada* ont fourni une abondante documentation.

À cela s'ajoute la consultation de plusieurs thèses touchant divers aspects de cette période de notre histoire et de quelques correspondances de personnages importants, comme Louis-Joseph Papineau et Ludger Duvernay.

Enfin, l'auteur a tenu compte des ouvrages des principaux historiens qui ont écrit sur les premières décennies du siècle dernier.

Sources des
Illustrations

p. 42 : Coll. Confederation Life ; **p. 60** : Elizabeth Francis Hale, ANC ; **p. 76** : James Duncan, ANC ; **p. 140** : John Lambert, B. M. ; **p. 154** : ANC ; **p. 168** : Elizabeth Francis Hale, ANC ; **p. 182** : J. P. Cockburn, ROM ; **p. 196** : J. P. Cockburn, ANC ; **p. 224** : R. S. Milnes-Bouchette, B. M. ; **p. 238** : Coll. MacDonald Stewart, Société historique du Lac-Saint-Louis ; **p. 252** : R. A. Sproule, ASQ ; **p. 306** : ANC ; **p. 322** : *Le Monde illustré*, 1897 ; **p. 340** : H. Julien, *The Montreal Star*, 1887 ; **p. 356** : C. W. Jefferys, ANC ; **p. 372** : P. J. Brainbrigge, ANC ; **p. 404** : H. Julien, ANC.

INDEX

TABLE DES MATIÈRES

COMPOSÉ EN MINION CORPS 11
SELON UNE MAQUETTE RÉALISÉE PAR JOSÉE LALANCETTE
CE NEUVIÈME TIRAGE A ÉTÉ ACHEVÉ D'IMPRIMER
EN DÉCEMBRE 1999
SUR PAPIER OFFSET 100M
SUR LES PRESSES DE IMPRIMERIE TRANSCONTINENTAL INC.
DIVISION IMPRIMERIE GAGNÉ
POUR LE COMPTE DE DENIS VAUGEOIS
ÉDITEUR À L'ENSEIGNE DU SEPTENTRION